Grilli · Langner
Das Matthäus-Evangelium

Massimo Grilli · Cordula Langner

Das Matthäus-Evangelium
Ein Kommentar für die Praxis

www.bibelwerk.de

ISBN 978-3-460-33120-4

Alle Rechte vorbehalten.
© 2010 Verlag Katholisches Bibelwerk GmbH, Stuttgart
Umschlag: Neil McBeath, Stuttgart
Gedruckt in der Tschechischen Republik.

Inhaltsverzeichnis

Vorwort	9
Einführung	10

Erster Teil – Mt 1,1-4,16:
Jesus – Messias gemäß der Schrift   25

A. Die Genealogie und Kindheit Jesu – Mt 1,1-2,23   26

1,1-17	Die Genealogie	27
1,18-25	Die Zeugung und Geburt Jesu	32
2,1-12	Das Kind, Herodes und die Magier	37
2,13-23	Die Flucht nach Ägypten und die Rückkehr nach Israel	43

B. Die dreifache Bestätigung Jesu – Mt 3,1-4,16   47

3,1-17	Die Bestätigung Jesu in der Taufe durch Gott	48
4,1-11	Die Bestätigung Jesu in den Versuchungen durch den Teufel	54
4,12-16	Die Bestätigung Jesu in Galiläa durch die Schrift	60

Zweiter Teil – Mt 4,17-16,20:
Jesus – Messias in seinen Worten und Werken   63

A. Die Werke des Messias – Mt 4,17-11,1   63

a. Jesu Lehren und Handeln: 4,17-9,34   64

4,17-8,1	*Jesu Lehre*	64
4,17-25	Einleitung: Jesu öffentliches Auftreten	64
5,1-8,1	*Die Bergpredigt: Jesu programmatische Rede*	69
5,1-2	Narrative Einleitung	71
5,3-12	Die neun Seligpreisungen	72
5,13-16	Das Salz der Erde und das Licht der Welt	80
5,17-48	Jesus lehrt und interpretiert die Tora	83
6,1-18	Jesus lehrt die Spiritualität der Propheten	96
6,19-7,12	Jesus lehrt die Lehre der Weisheit	106
7,13-23	Drei Ermahnungen	114
7,24-27	Vom Hören und Tun	118
7,28-8,1	Narrativer Schluss	120
8,2-9,34	*Jesu Handeln*	120
8,2-4	Jesus heilt einen Aussätzigen	122
8,5-13	Jesus heilt den Jungen eines Zenturios	125
8,14-15	Jesus heilt die Schwiegermutter des Petrus	129

Inhaltsverzeichnis

8,16-17	Summarium	130
8,18-22	Erstes Verbindungsstück	132
8,23-27	Der Herr, der rettet	135
8,28-9,1a	Der Sohn Gottes, der befreit	138
9,1b-8	Der Menschensohn, der Vollmacht hat, Sünden zu vergeben	141
9,9-17	Zweites Verbindungsstück	145
9,18-26	Der Glaube, der den Tod überwindet	150
9,27-31	Der Glaube, der die Augen öffnet	153
9,32-34	Glaube und Unglaube	156

b. Jesus überträgt seinen Auftrag seinen Schülern – die Aussendungsrede: 9,35-11,1 157

9,35-10,5a	Narrative Einleitung	158
10,5b-15	Die Aufgaben der Gesandten	162
10,16-33	Aussendung und Auslieferung	167
10,34-42	Voraussetzungen der Aussendung	175
11,1	Narrativer Schluss	178

B. „Bist du der, der kommen soll?" – Mt 11,2-16,20 179

a. Das Fragen nach der Messiantität Jesu: 11,2-13,58 180

11,2-19	Die Werke des Messias und Johannes der Täufer	180
11,20-24	Die Ablehnung der galiläischen Städte	186
11,25-30	Die Offenbarung an die Kleinen	188
12,1-21	Jesu Interpretation des Sabbats und der Sinn seiner Werke	193
12,22-37	Die Deutung der Werke Jesu	199
12,38-45	Ablehnung eines Zeichens	204
12,46-50	Die „Familie" Jesu	207
13,1-53	*Die Gleichnisrede*	209
13,1-3a.3b-23	Vom Gleichnis zum Geheimnis	211
13,24-43	Die Geheimnisse des Himmelreiches	216
13,44-52.53	Das Verständnis der Geheimnisse	221
13,54-58	Jesus wird in seiner Heimat abgelehnt	225

b. Ablehnung und Anerkennung der Messianität Jesu: 14,1-16,20 227

14,1-12	Die Enthauptung Johannes des Täufers	227
14,13-21	Brotvermehrung für mehr als fünftausend Menschen	230
14,22-36	Die Erscheinung Jesu auf dem Wasser	233
15,1-20	Die Kontroverse über „rein" und „unrein"	236
15,21-28	Die Bitte einer heidnischen Frau	240
15,29-39	Heilungen und Brotvermehrung für mehr als viertausend Menschen	244
16,1-12	Ablehnung eines Zeichens und Ermahnung an die Schüler	246
16,13-20	Das Bekenntnis des Petrus und die Antwort Jesu	249

Inhaltsverzeichnis

Dritter Teil – Mt 16,21-28,20:
Jesus – Messias und Menschensohn in seinem Reich   253

A. Der Messias-Menschensohn
auf dem Weg in sein Reich – Mt 16,21-25,46   253

a. Jesu Weg nach Jerusalem: 16,21-20,34   254

16,21-28	Die erste Ankündigung von Leiden, Tod und Auferweckung, Reaktion des Petrus und Anweisungen zur Nachfolge	254
17,1-13	Die Verklärung Jesu und das Wiederkommen Elijas	257
17,14-20	Heilung eines epileptischen Jungen – die Kraft des Glaubens	264
17,22-23	Die zweite Ankündigung von Leiden, Tod und Auferweckung und die Reaktion der Schüler	267
17,24-27	Das Zahlen der (Tempel-)Steuer	268
18,1-19,2	*Das Zusammenleben in der Gemeinde: die Gemeinderede*	272
18,1-10	Die Gemeinde und die „Kleinen"	273
18,12-20	Die Gemeinde und die Sünde	278
18,21-19,2	Die Gemeinde und die Vergebung	285
19,3-12	Über Scheidung, Ehe, Ehebruch und Ehelosigkeit	290
19,13-15	Die Kinder und das Himmelreich	295
19,16-30	Reichtum und Nachfolge	297
20,1-16	Das Gleichnis von den Arbeitern im Weinberg	305
20,17-28	Die dritte Ankündigung von Leiden, Tod und Auferweckung, Reaktionen der Schüler und Belehrung Jesu	309
20,29-34	Die Heilung zweier Blinder bei Jericho	313

b. Jesu Aktivität in Jerusalem: 21,1-25,46   317

21,1-11	Jesu Einzug in Jerusalem	317
21,12-17	Jesu Aktionen im Tempel	321
21,18-22	Die Kraft des Gebets	324
21,23-27	Die Vollmachtsfrage	327
21,28-32	Das Gleichnis von den beiden Kindern	330
21,33-46	Das Gleichnis von den bösen Winzern	333
22,1-14	Das Gleichnis von den Hochzeitsgästen	340
22,15-22	Die Frage nach der Kaisersteuer	348
22,23-33	Die Frage nach der Auferstehung	352
22,34-40	Die Frage nach dem wichtigsten Gebot	355
22,41-46	Die Frage nach dem Messias	359
23,1-12	Ermahnende Worte über die Pharisäer und Schriftkundigen	362
23,13-36	Wehe-Worte an die Schriftkundigen und Pharisäer	366
23,37-39	Weissagung über Jerusalem	375

Inhaltsverzeichnis

24,1-25,46	Die eschatologische Rede	377
24,1-3	Narrative Einleitung	378
24,4-14	Anzeichen des Kommens des Menschensohnes	379
24,15-28	Große Bedrängnis	382
24,29-44	Das Kommen des Menschensohnes	385
24,45-25,30	Drei Gleichnisse	390
24,45-51	Das Gleichnis vom treuen und verständigen Knecht	392
25,1-13	Das Gleichnis von den zehn Jungfrauen	394
25,14-30	Das Gleichnis von den Talenten	396
25,31-46	Das Kommen des Menschensohnes und das Gericht über die Völker	400

B. Leiden, Tod und Auferstehung:
Die Inthronisation des Messias-Menschensohn – Mt 26,1-28,20 405

a. Der ausgelieferte Messias-Menschensohn: 26,1-27,31a 406

26,1-16	Die Tage vor dem Pessach-Fest	406
26,17-29	Das Pessach-Fest mit den Schülern	410
26,30-56	Die Gefangennahme in Getsemani	415
26,57-27,10	Der Prozess vor den Hohenpriestern und Ältesten	422
27,11-31a	Der Prozess vor den Römern	428

b. Der gekreuzigte und inthronisierte
Messias-Menschensohn: 27,31b-28,20 434

27,31b-66	Kreuzigung, Tod und Begräbnis	434
28,1-20	Die Auferweckung	444

Literaturhinweise 455

Vorwort

Das Matthäusevangelium zu kommentieren ist ein begeisterndes aber auch mühsames Unternehmen, denn es führt uns in die Zeit der großen Krise, die das Judentum mit der Zerstörung des Jerusalemer Tempels (70 n. Chr.) getroffen hat. Damals versuchte Matthäus einen Ausweg aus der Krise durch die messianische Bewegung des Jesus von Nazaret zu zeigen. Obwohl sich eine solche Krisensituation nicht leicht erfassen lässt, sind wir diesen arbeitsamen Weg mit Leidenschaft gegangen, angespornt von der bleibenden Aktualität des Evangeliums, das uns in unserer heutigen, krisenerschütterten Zeit eine andere Sicht auf die Geschichte eröffnen kann.

Diesen Kommentar prägt eine vielschichtige Zusammenarbeit: uns Autoren vereint dieselbe Vision der Hermeneutik des Bibeltextes und die enge Verbindung zum Judentum, in dem unser Christentum verwurzelt ist. Wir haben zusammen den Aufbau, die Grundideen und die Ziele des Kommentars entwickelt. Auch unsere Interpretationen der Perikopen haben wir gemeinsam erarbeitet, wobei wir darauf geachtet haben, dass sich in den einzelnen Teilen unsere je eigenen Stile und Schwerpunkte widerspiegeln. Unsere Zusammenarbeit fand im Rahmen der von Prof. F. Lentzen-Deis SJ gegründeten interkulturellen Forschungsgruppe „Evangelium und Kultur" (www.evangeliumetcultura.org/) statt: Bibelwissenschaftler/innen aus Europa, Asien, Lateinamerika und Afrika arbeiten daran, Zugänge zu entwickeln, die es heutigen Bibelleser/innen ermöglichen, die biblischen Texte für ihre Gegenwart zu aktualisieren. Deshalb ist unsere Arbeit im Kontext der bereits erschienenen „Kommentare für die Praxis" zu sehen. In dieser Reihe wurden in deutscher und spanischer Sprache bisher die Kommentare zum Markusevangelium (F. Lentzen-Deis SJ), zum Lukasevangelium (R. Dillmann / C. Mora Paz), zur Apostelgeschichte (D. Dormeyer / F. Galindo) und zum Johannesevangelium (S. van Tilborg) veröffentlicht.

Seit dem Erscheinen des Markus-Kommentars sind etwa 15 Jahre vergangen und unsere Forschungsarbeit hat sich weiterentwickelt, doch unsere hermeneutische Vision verbindet uns wie ein „roter Faden" mit den Anfängen. An diesen „roten Faden" knüpfen wir mit den Hinweisen zum methodischen Vorgehen an (S. 20ff). Unser Anliegen ist es, das Matthäusevangelium aus kommunikativer und pragmatischer Perspektive zu erschließen, so dass die Leser/innen heute die Impulse der Botschaft des Matthäus für ihren Glauben und für ihr Handeln aus dem Glauben entdecken können.

Wir danken ganz besonders dem Verein „Evangelium und Kultur" für seine gute Unterstützung der Forschungsgruppe und Adveniat und Missio, die die Teilnahme unserer Mitglieder aus Lateinamerika, Asien und Afrika an den Arbeitstreffen der Forschungsgruppe förderten. Unser Dank gilt ebenso dem Verlag Katholisches Bibelwerk und dem Lektor Herrn Tobias Dulisch für seine sehr kompetente und freundliche Betreuung.

Rom / Hannover   Massimo Grilli und Cordula Langner

Einführung

1. Der Autor

Der Autor des Matthäusevangeliums ist nach kirchlicher Tradition mit dem Apostel Matthäus identisch (Mt 10,3//Mk 3,18; Lk 6,15; Apg 1,13), den Jesus von der Zollstelle weg in seine Nachfolge gerufen hat (Mt 9,9). Das Problem, dass Mk 2,14 und Lk 5,27 diesen Zöllner-Apostel unter dem Namen Levi kennen, hat die Tradition mit der Erklärung gelöst, dass „Levi" der Stammesname des Matthäus sei, den er selbst natürlich nicht gebrauchte, weil er sich demütig „der Zöllner" nannte. Darüber hinaus sind sich die Kirchenväter (Papias, Eusebius, Irenäus, Origenes, Hieronymus u.a.) einig, dass Matthäus ein Jude aus Palästina war, der sein Evangelium in hebräischer bzw. aramäischer Sprache abfasste.

Die moderne Forschung erhebt gegen diese Tradition allerdings einige *Einwände*, weshalb der Autor des Evangeliums nicht der Apostel Matthäus gewesen sein kann:

— Die Tradition der Kirchenväter beruft sich allein auf die Meinung des Papias, so dass die anderen Kirchenväter nicht als eigenständige Zeugen wahrgenommen werden können.

— Der Verfasser schreibt ein flüssiges, grammatisch korrekt konstruiertes Griechisch und gebraucht sogar Wortspiele, die allein durch Übersetzung aus einer anderen (hebräischen oder aramäischen) Sprache nicht zu erklären wären. Die Hypothese der aramäischen oder hebräischen Urfassung des Evangeliums verkennt die besonderen sprachlichen Eigenarten des Verfassers. Außerdem war im ersten Jahrhundert n. Chr. die griechische Sprache in Palästina allgemein gebräuchlich; die Hypothese des Papias, dass Matthäus ursprünglich aramäisch oder hebräisch geschrieben hätte, wäre also noch zu beweisen.

— Schließlich lässt sich unter der Voraussetzung der Zwei-Quellen-Theorie, nach der Mk und Q die Quellen für Mt und Lk waren, kaum erklären, weshalb sich ein Augenzeuge im Aufbau seines Werkes so stark an diesen Vorlagen orientiert haben sollte.

Ein näherer Blick auf den Text des Evangeliums lässt weitere *spezifische Kennzeichen des Autors* erkennen:

— Matthäus gebraucht weder wie Lukas und Paulus die Ich-Form oder die direkte Anrede seiner Leser, um sich vorzustellen. Der Titel „Evangelium nach Matthäus" stammt jedenfalls nicht vom Autor selbst, sondern wurde erst nachträglich zur Kennzeichnung hinzugefügt.

— Der Text ist durch charakteristischen palästinensischen Wortgebrauch (*Reich der Himmel* statt *Reich Gottes*), spezifisch rabbinische Argumentationstechnik (*Tora und Propheten*; *binden – lösen*) und durch häufigen Bezug auf jüdische Traditionen und Bräuche (*euch ist gesagt worden – ich aber sage euch*; *damit erfüllt wird, was der Prophet gesagt hat*) geprägt. Vereinzelte griechische Begriffe (*Teufel*; *Gebetsriemen*) lassen sich durch den damals starken hellenistischen Einfluss auf das Judentum erklären.

Einführung

— Die Vertrautheit des Autors mit der jüdischen Tradition zeigt sich außerdem in seiner Kompositionskunst: so strukturiert er die Perikopen durch Zahlenschemata und verwendet rhetorische Figuren wie Inklusionen, Parallelismen und Chiasmen, die sich ebenfalls oft im Ersten Testament finden.

— Schließlich greift Matthäus auf theologischer Ebene wichtige Themen aus dem jüdischen Glauben auf: die bleibende Bedeutung der Tora, das Gebot der Nächstenliebe als das größte Gebot, die goldene Regel, die Sendung des Messias zum Volk Israel und die Ablehnung des Gesandten/Propheten. In den Paulusbriefen finden sich ähnliche stilistische und theologische Beziehungen zum jüdischen Glaubenshorizont (z.B. die Zusammenfassung und Erfüllung der gesamten Tora im Gebot der Nächstenliebe: Mt 22,37-40; Gal 5,14; Röm 13,8.10), so dass anzunehmen ist, dass auch Matthäus aus diesem Kontext stammt.

Zusammenfassend lässt sich deshalb über den Autor des Matthäusevangeliums sagen, dass er, obwohl er die griechische Sprache sehr gut beherrscht, fundamental im jüdischen Glauben verwurzelt ist. Das belegen besonders sein versierter Umgang mit der Schrift und den jüdischen Traditionen sowie seine Hochschätzung der Tora (5,17-20). Der Autor gibt sich dadurch als jüdischer Schriftgelehrter zu erkennen, für den Jesus von Nazaret der Messias und *Gott-mit-uns* ist, in dem sich die Verheißungen an Israel erfüllen.

2. Der sozio-kulturelle Rahmen des Evangeliums

Die Verortung des Autors im jüdischen Glauben zeigt sich besonders durch die von ihm angesprochenen theologischen Themen und die zahlreichen Bezüge zur jüdischen Heiligen Schrift. Weitere Indizien wie z.B. die Bedeutung der *Stadt* als Zentrum der Ausbreitung des Evangeliums (Mt 9,35 im Vergleich zu Mk 6,6: *Dörfer*) und die häufige präzise Erwähnung von Zahlungsmitteln mit unterschiedlichem Wert (Mt 29x; Mk 7x; Lk 17x; Apg 11x) lassen eine eher wohlhabende Leserschaft vermuten.

Andere Hinweise auf den Kontext des Evangeliums finden sich in der Art und Weise wie Matthäus die nähere Umwelt Jesu und der Schüler in seinem Evangelium beschreibt, denn hier spiegelt sich die vielschichtige und angespannte Situation seines eigenen sozio-religiösen Umfeldes wider: einerseits hält Matthäus an der hohen Wertschätzung und der bleibenden Gültigkeit von Tora und Propheten fest (5,17-20), andererseits kritisiert er die Pharisäer und ihre Torainterpretation (Mt 23).

Dieser scheinbare Widerspruch lässt sich im Blick auf die Geschichte besser verstehen: die Jesusanhänger verstanden sich selbst auch nach der Auferstehung Jesu weiterhin als Juden; die Apostelgeschichte beschreibt, wie sie selbstverständlich in den Tempel gingen und dass auch die ersten Missionare immer zuerst die Synagogen aufsuchten. Die ersten Gemeinden der Christusgläubigen wurden von Juden gebildet. Doch diese jüdischen Gemeinden dürfen wir uns nicht homogen vorstellen, denn zu ihnen gehörten – gerade auch in den Städten – Menschen, die zum jüdischen Glauben konvertiert waren (Proselyten), Menschen, die in ihrem Glauben stark durch

Einführung

Diasporasituationen geprägt waren (wie z.b. Paulus) und schließlich die Gottesfürchtigen (Heiden, die mit dem jüdischen Glauben sympathisierten, ohne jedoch mit der Beschneidung den Übertritt zu vollziehen). Für all diese Menschen löste die Zerstörung des Tempels in Jerusalem (70 n. Chr.) als dem Zentrum ihres Glaubenslebens eine Krise aus, die sie zu einer neuen Selbstdefinition nötigte. Mit der neuen Selbstdefinition der Juden beginnt nun auch die Identitätsfindung der Christen, die allerdings die Schwierigkeit hatten, dass sie als Anhänger eines Rebellen galten, der damals unter Pilatus gekreuzigt wurde. Aus demselben Grund waren Juden, wann immer es zu Unruhen wegen der Christusgläubigen kam, bemüht, sich von den „Aufrührern" zu distanzieren. Einerseits war es für die Christusgläubigen ein Vorteil, wenn sie vor der römischen Regierung als „Juden" galten, weil dann ihr Glaube als „jüdische Religion" toleriert wurde und sie somit vom obligatorischen Kaiserkult befreit waren. Andererseits war es für sie jedoch ein Nachteil, als „Juden" bzw. nach der „jüdischen Lebensweise lebend" angesehen zu werden, da sie dann den „fiscus judaicus" (statt der Tempelsteuer an Rom zu zahlende Abgabe plus Kopfsteuer) entrichten mussten und mit Diskriminierung zu rechnen hatten. Zudem wurde jeder, der nach „jüdischer Lebensweise" lebte – also gerade Proselyten, Sympathisanten und Christusgläubige aus den Heiden –, verdächtigt, den Kaiserkult abzulehnen und sich damit des Majestätsverbrechens schuldig zu machen. Die römische Administration reagierte deshalb äußerst empfindlich auf den Zulauf zur jüdischen Religion und stand entsprechend auch den Christusgläubigen ablehnend gegenüber.

Aber auch diese Prozesse der Identitätsfindung, der Abgrenzung und Selbstdefinition liefen langsam und in den jeweiligen Gemeinden abhängig von ihrem kulturellen Kontext auch unterschiedlich: während sich in einigen Gemeinden Juden und Christusgläubige relativ früh voneinander distanzierten, existierten in anderen Gebieten noch lange weiterhin christusgläubige Gemeinschaften innerhalb der jüdischen Gesellschaft und wieder an anderen Orten schlossen sich Gruppen zusammen, die ihre Wurzeln von Anfang an in heidnischen Religionen hatten und kaum Beziehungen zum jüdischen Glauben kannten. Herkömmliche Bezeichnungen wie „Juden-Christen", „Heiden-Christen" oder „hellenistische Judenchristen", „hellenistische Heidenchristen" und „palästinensische Judenchristen" vereinfachen die langwierigen und komplexen Prozesse der Identitätsfindung zu stark und spiegeln auch nicht die vielfältigen Gemeindesituationen wider.

Anhand der verschiedenen Konfliktsituationen, von denen Matthäus in seinem Evangelium berichtet, können wir für seine Gemeinde auf ein sehr gemischtes Umfeld schließen: es gab wohl eine starke „charismatische" Gruppe, die – anders als Matthäus – die weiterhin bestehende, uneingeschränkte Geltung Tora nicht mehr akzeptieren wollte (z.B. 24,11-12). Daneben existierten auch noch verschiedene, sich zum Teil widersprechende Interpretationen von Schriftgelehrten – sei es aus der eigenen Gemeinde, sei es von anderen Gemeinden (z.B. 23,13ff) –, die als andere Auslegungen

Einführung

gemäß der jüdischen Schriftinterpretation durchaus respektiert wurden, aber auch scharf kritisiert werden konnten.

All diese genannten Elemente zusammen mit der Verwurzelung des Autors im jüdischen Glauben und seiner uneingeschränkten Wertschätzung der Tora verweisen eindeutig auf den sozio-religiös-kulturellen Kontext innerhalb der jüdischen Gemeinden. Die matthäische Gemeinde ist also eine Gruppe innerhalb des Synagogenverbands. Darüber hinaus ist anzunehmen, dass diese Gemeinschaft im hellenistischen Umfeld verortet ist und in bescheidenem Wohlstand lebt. In der Gemeinde scheint es jedoch Spannungen sowohl zwischen Gemeindemitgliedern als auch mit Schriftgelehrten anderer jüdischer Gemeinden zu geben, mit denen über die Bedeutung Jesu und über Jesu Toraauslegung diskutiert wird. Das Matthäusevangelium versucht deshalb, gegenüber den kritischen Anfragen aus den eigenen Reihen die Interpretation der Tora im Hinblick auf Jesus zu verdeutlichen: Jesus ist der erwartete Messias.

3. Ort und Zeit der Abfassung

Unter den vielen Möglichkeiten, die von Fachleuten als Entstehungsorte vorgeschlagen wurden – z.B. Jerusalem, Cäsarea maritima, Phönizien, Alexandrien in Ägypten, Antiochien in Syrien –, bleiben mit größerer Wahrscheinlichkeit wegen des deutlich prägenden jüdischen Hintergrundes nur Jerusalem und Antiochien in Syrien. Das Evangelium setzt außerdem ein städtisches Lebensumfeld voraus, in dem die jüdische Gemeinde stark vertreten ist; darüber hinaus sind noch die ausgesprochen positiven Darstellungen von Heiden zu beachten (z.B. die drei Magier 2,1-12; der Glaube des Hauptmanns 8,10; der Glaube der Kanaanäerin 15,28; das Bekenntnis des Hauptmanns und seiner Leute 27,54; auch der Auftrag Jesu 28,19-20). Diese Indizien könnten auf Antiochien in Syrien hinweisen: eine Stadt mit einer starken jüdischen Gemeinde und zugleich ein bedeutendes Zentrum der Heidenmission.

Einige *Rahmendaten* helfen, die Entstehungszeit des Evangeliums einzugrenzen:

— während Paulus seine Mission der Heiden erst rechtfertigen musste, ist bei Matthäus die Heidenmission bereits ein unhinterfragbares Faktum (8,10-11; 28,16-20);
— Matthäus setzt die Zerstörung des Tempels im Jahr 70 n. Chr. voraus (22,7; 23,38);
— die Leser des Evangeliums kennen in ihren Gemeinden eine gewisse Organisation (10,41; 23,34: Propheten, Weise, Schriftgelehrte), doch eine gegliederte kirchliche Struktur wie sie die Pastoralbriefe (um 100 n. Chr.) reflektieren, ist noch unbekannt;
— Ignatius von Antiochien (um 110 n. Chr.) zitiert das Matthäusevangelium.

Aufgrund dieser Indizien wird Matthäus nach 70 und vor 100 sein Evangelium verfasst haben; denkbar wäre z.B. die Zeit der achtziger Jahre.

Einführung

4. Gliederung des Evangeliums

Um den Lesern seine Intentionen zu vermitteln, gebraucht Matthäus verschiedene Elemente:

— Besonders auffällig sind die stereotypen Wiederholungen von Sätzen: *und es geschah, als Jesus diese Worte beendet hatte* (7,28; 11,1; 13,53; 19,1; 26,1) sowie: *Jesus zog umher... lehrte... verkündete das Evangelium und heilte...* (4,23; 9,35; 11,1), aber auch formelartige Wendungen, wie etwa: *...damit erfüllt würde, was durch den Propheten gesagt wurde* (1,22; 2,15.17.23; 4,14; 8,17; 12,17; 13,35; 21,4; 26,56; 27,9).

— Matthäus verwendet außerdem rabbinische und antike Erzähltechniken wie Inklusionen (z.b. das Immanuel-Motiv in 1,23 und in 28,20), chiastische und konzentrische Kompositionen (z.b. 18,10-14; 6,1-18 mit dem Vaterunser im Zentrum) sowie Zahlenrhythmen als Ordnungsschemata (mit Vorliebe für die Zahlen 3 und 7, z.b. drei Versuchungen Jesu, drei Werke der Frömmigkeit, sieben Wehe-Rufe über die Pharisäer, sieben Seligpreisungen, sieben Vaterunser-Bitten).

— Eine wichtige Rolle spielen schließlich noch die Schlüsselbegriffe (z.B. *die Kleinen*; *Schüler*), die außerdem noch mit theologischen Vorstellungen verbunden sein können (z.b. *Gerechtigkeit*; *nachfolgen*).

All diese Strukturmerkmale dienen dazu, den Lesern deutliche Signale zu geben, damit sie sich im Text orientieren, die Intentionen des Autors erkennen und die Botschaft des Textes verstehen können.

Doch trotz dieser strukturierenden Elemente lässt sich das Evangelium nicht leicht gliedern, weil Erzähl- und Redeteile miteinander verwoben sind und auch die zentralen Themen immer wieder aufgegriffen werden. Die Gliederung, die wir darum vorschlagen, basiert deshalb sowohl auf der narrativen Struktur als auch auf den theologischen Themen, denn das Matthäusevangelium ist kein wissenschaftlicher Traktat, sondern eine theologische Erzählung: Matthäus möchte Jesus als den Messias gemäß den Schriften Israels vorstellen und verdeutlicht sein Jesus-Verständnis auch durch den Aufbau und die Gliederung seines Evangeliums.

Einen markanten strukturellen Hinweis gibt die zweimal auftauchende Formulierung *von da an* (4,17; 16,21), die einen einschneidenden Wechsel bzw. Neubeginn kennzeichnet und damit das Evangelium in drei Teile gliedert. Im ersten Teil (bis 4,17) wurde Jesus von anderen – von einem Engel, von den Magiern, von Johannes dem Täufer, von der Himmelsstimme und vor allem durch die Schrifterfüllungszitate – als Messias und Gottes Sohn vorgestellt und bestätigt. Im zweiten Teil (4,17-16,20) wird Jesus selbst aktiv und zeigt sich in seinen Werken und durch seine Lehre als Messias. Der dritte Teil (ab 16,21) leitet mit Jesu Ankündigung seines Leidens und seiner Auferstehung die Erzählung von der Passion ein, die mit dem Sendungsauftrag des Auferstandenen endet und Jesus als Messias und Pantokrator offenbart. Das folgende Schema präzisiert die beschriebenen drei Teile noch durch Untergliederungen:

Einführung

I. Teil   Jesus – Messias gemäß der Schrift
1,1-4,16

A. 1,1-2,23 Der Ursprung von Jesus, dem Messias – „Gott mit uns"
B. 3,1-4,16 Die Bestätigung des Messias Jesus – „Gott mit uns"

II. Teil   Jesus – Messias in seinen Worten und Werken
4,17-16,20

A. 4,17-11,1 Die Wirkung des verkündeten und praktizierten Evangeliums
   a. 4,17-9,34 Jesu Lehren und Handeln
   b. 9,35-11,1 Jesus überträgt seinen Auftrag an seine Schüler

B. 11,2-16,20 „Bist du der, der kommen soll?"
   a. 11,2-13,58 Das Fragen nach der Messianität Jesu
   b. 14,1-16,20 Ablehnung und Anerkennung der Messianität Jesu

III. Teil   Jesus – Messias und Menschensohn in seinem Reich
16,21-28,20

A. 16,21-25,46 Der Messias- Menschensohn auf dem Weg in sein Reich
   a. 16,21-20,34 Jesu Weg nach Jerusalem
   b. 21,1-25,46 Jesu Aktivität in Jerusalem

B. 26,1-28,20 Leiden, Tod und Auferstehung:
                 Die Inthronisation des Messias-Menschensohn
   a. 26,1-27,31a Der ausgelieferte Messias-Menschensohn
   b. 27,31b-28,20 Der gekreuzigte und inthronisierte Messias-Menschensohn

    Der erste Teil des Evangeliums fungiert als Prolog, der uns die Person Jesu von seinem Ursprung an bis zum Beginn seiner öffentlichen Tätigkeit vorstellt. In diesem Teil sind zwei Abschnitte erkennbar: der erste (1,1-2,23) enthält das so genannte „Kindheitsevangelium", das von Jesu Geburt und seiner Kindheit handelt; der zweite (3,1-4,16) erzählt von der Person Jesu vor seinem öffentlichen Auftreten. Auf der narrativen Ebene präsentiert der Autor hier den Kernpunkt der Identität Jesu, nämlich seine Beziehung zu Gott und zu den Menschen. Auf der theologischen Ebene stellen die fünf Schrift-Erfüllungszitate die Beziehung zwischen der Geschichte Jesu und den Heiligen Schriften Israels her, indem sie verdeutlichen, dass Jesus der nach der Schrift erwartete Messias ist. Damit gibt Matthäus seinen Lesern die entscheidende Deutungshilfe: die Heiligen Schriften sind der Interpretationsschlüssel, um die Geschichte Jesu und seine Messianität in ihrer umfassenden Bedeutung zu verstehen.
    Der zweite Teil beginnt mit der Ankündigung der öffentlichen Aktivität Jesu. Das zentrale Thema dieses Teils sind die Werke des Messias (11,2): im ersten Abschnitt (4,17-11,1) wird zuerst das öffentliche Wirken Jesu – seine

Verkündigung (5,1-7,29) und sein Handeln (8,1-9,34.35) – sehr ausführlich vorgestellt, in das dann auch seine Schüler explizit von ihm eingebunden werden (9,36-11,1). Der zweite Abschnitt (11,2-16,20) thematisiert dann das entscheidende Problem der Messianität Jesu. Die einleitende Frage Johannes des Täufers, ob Jesus aufgrund seiner Werke wirklich der erwartete Messias sei (11,3), öffnet eine Reihe weiterer zweifelnder und skeptischer Positionen zur Messianität Jesu (11,2-13,52). Anschließend stellt der Autor verschiedene Antworten zur Identität Jesu vor (14,1-16,20), die schließlich im Bekenntnis des Petrus gipfeln, der das Handeln Jesu als messianisches Wirken erkennt und ihn deshalb als *Messias, den Sohn des lebendigen Gottes* (16,16) bekennt.

Der dritte Teil des Evangeliums antwortet auf die im zweiten Teil gestellte Frage nach der Messianität Jesu, indem Jesus sowohl als der ausgelieferte, gekreuzigte und als der in seine Herrschaft eingesetzte Menschensohn vorgestellt wird. Der erste Abschnitt (16,21-25,46) handelt vom Weg des Menschensohnes nach Jerusalem (16,21-20,34), von seinem „königlichen" Einzug in die Stadt und von seinen letzten Aktionen in Jerusalem (21,1-25,46). Der zweite Abschnitt erzählt die Passion Jesu, seine Auslieferung (26,1-27,31a), seinen Tod am Kreuz und seine Auferweckung mit der Einsetzung des Menschensohnes in seine universale Herrschaft (27,31b-28,20).

5. Theologische Leitgedanken

Matthäus entwickelt noch keine ausgefeilte Theologie; seine Erzählungen entfalten vielmehr verschiedene theologische Aspekte, deren Grundvorstellungen wir hier so zu systematisieren versuchen, dass einige theologische Leitgedanken des Matthäusevangeliums zu den Schwerpunktthemen „Gott", „Messianität Jesu", „Gemeinde" und „Ethik" deutlich werden.

— Wenn Matthäus von *Gott* spricht, dann handelt es sich um den Gott Israels: der Gott, den Jesus verkündet, ist der Gott Abrahams, Isaaks und Jakobs und der Gott der messianischen Gemeinschaft, die aus Israel und den Heidenvölkern besteht.

Gott ist der Vater Jesu. Auffällig ist, dass Matthäus an entscheidenden Stellen und häufiger als die anderen Synoptiker das Wort *(himmlischer) Vater* oder *Vater in den Himmeln* als Synonym für Gott verwendet. Gott ist in erster Linie und auf einzigartige Weise der Vater Jesu, denn *keiner erkennt den Sohn außer der Vater, auch den Vater erkennt keiner außer der Sohn und wem immer der Sohn es offenbaren will* (Mt 11,27). Die Beziehung zwischen Jesus und Gott, dem Vater, ist deshalb etwas Besonderes, weil es Jesus ganz und gar darum geht, den Willen des Vaters zu erfüllen (6,10; 7,21; 26,39.42).

Gott ist ebenso der Vater der Schüler und auch unser Vater. Dass auch wir Kinder Gottes sind, ist Matthäus ein zentrales Anliegen: in den Reden Jesu und in den Anweisungen an die Schüler betont er, dass wir Gott *unseren Vater* nennen können (6,9), denn Gott ist uns ein Vater, der schon weiß, was wir brauchen (6,8.32) und der uns Gutes gibt, wenn wir ihn darum bitten (7,11). Die Lehre Jesu über Gott, unseren Vater, gipfelt in der Ermahnung, dass wir jemanden von uns auf der Erde nicht „Vater" nennen sollen, denn wir alle haben nur einen Vater: den im Himmel (23,9).

Gott, unseren Vater, sollen wir nachahmen und versuchen, wie er vollkommen zu sein (5,48). Gottes barmherzige Geduld und Vergebungsbereitschaft kennt keine Grenzen (5,45), sie begründet deshalb sogar die Feindesliebe (5,44). Ebenso sind auch wir als Kinder Gottes zu einer Haltung aufgefordert, die in der Liebe zum Nächsten über das bekannte und üblicherweise erwartete Maß hinausgeht (5,43-48).

Gott, unser Vater, formt die Geschichte zur Heilsgeschichte. Mit der Erzählung von der Rettung Jesu vor denen, die ihm nach dem Leben trachteten – als Anspielung auf die Rettung Israels aus Ägypten – hebt Matthäus gleich zu Beginn hervor, dass Gott die Geschichte nach seinem Heilsplan gestaltet. Die häufigen Schrift-Erfüllungszitate in der Vorgeschichte weisen eindeutig darauf hin, dass die Geschichte Jesu weder dem Zufall entsprungen, noch ihm überlassen ist, sondern einem Plan folgt, der von Gott entworfen wurde und schon in der Schrift – in der Tora und in den Propheten – dargelegt ist. Dieser Heilsplan zeigt für Matthäus ebenfalls von Anfang an Gott als Vater (vgl. das Zitat von Hos 11,1 in Mt 2,15: *Aus Ägypten rief ich meinen Sohn*), der seinen Heilsplan in und durch Jesus erfüllt.

— Die Frage nach der *Messianität* Jesu ist der für Matthäus zentrale Gedanke, den er aus verschiedenen Blickwinkeln beleuchtet:

Jesus ist der Messias Israels. Gleich am Anfang des Evangeliums wird Jesus als *Messias, Sohn Davids, Sohn Abrahams* (1,1) vorgestellt. Diese Genealogie verdeutlicht Jesu Eingebundenheit in die Geschichte Israels und stellt zugleich dar, dass mit ihm ein neuer Abschnitt dieser Geschichte beginnt (1,17). Die häufigen Schrift-Erfüllungszitate im ersten Teil des Evangeliums dienen als Beleg dafür, dass Jesus wirklich der nach der Schrift erwartete Messias ist. Die Messianität Jesu zeigt sich sowohl in seiner Lehre als auch in seinen Handlungen (5-7.8-9): Jesus lehrt mit Vollmacht (7,29), er hat die Vollmacht, Sünden zu vergeben (9,6) und die Macht, die Menschen von ihren Krankheiten zu heilen (8,17).

Die Frage Johannes des Täufers: *bist du der Kommende oder sollen wir einen anderen erwarten?* (11,3) bringt die messianische Erwartung jener Zeit auf den Punkt. Jesu Antwort (11,4-6) greift das von Jesaja beschriebene Heilsgeschehen des messianischen Zeitalters auf (Jes 26,19; 29,18-19; 35,5-6; 61,1) und stellt es als bereits realisiert dar. Jesus versteht sich als zu den *verlorenen Schafen des Hauses Israel* (15,24) gesandt und sendet seine Schüler ebenfalls zuerst zu den *verlorenen Schafen des Hauses Israel* (10,6). Beide Stellen unterstreichen die Bedeutung Israels im messianischen Wirken Jesu.

Jesus ist der „Menschensohn". Die Titel *Menschensohn* und *Messias* sind eng verbunden. Es ist gut möglich, dass im Judentum zur Zeit Jesu neben der Erwartung des davidischen Messias auch die Erwartung des eschatologischen Menschensohnes bestand, wie sie z.B. das Buch Daniel beschreibt, in dem die Figur des Menschensohnes anfangs weniger messianisch, sondern eher als kollektive Entität verstanden wird und sich erst spä-

Einführung

ter eine individuelle messianische Gestalt herauskristallisiert. Schon das Markusevangelium spielte auf Parallelen zwischen Jesus und der apokalyptischen Figur des Menschensohnes an.

Matthäus greift solche bestehenden Ideen aus seiner Zeit auf. Die Figur des Menschensohnes ermöglicht es ihm, den leidenden Gottesknecht, den davidischen Messias und die eschatologischen Aspekte des erwarteten Menschensohnes miteinander zu verbinden. Entsprechend gestaltet er das Leiden und die Auferstehung Jesu als Passion und Inthronisation des Messias-Menschensohnes (26,64), die in der Schlussszene des Evangeliums mit der Darstellung des auferstandenen Jesus als glorreichem Messias-Menschensohn und Pantokrator gipfelt (28,18).

Jesus ist der „Gott mit uns", der „Sohn Gottes". In 1,22-23 kündet ein Schrift-Erfüllungszitat den von Jesaja erwarteten Emmanuel (Jes 7,14) an. Mit der Erklärung des Namens Emmanuel (*Gott-mit-uns*) konstruiert Matthäus eine Inklusion mit der Zusage Jesu am Schluss des Evangeliums: *ich bin bei euch* (28,20). Für Matthäus ist Jesus der Emmanuel, der *Gott-mit-uns*, die Gegenwart Gottes (*Schechina*) auf der Erde; damit geht es ihm nicht um eine kultische Präsenz, sondern um die Anwesenheit Gottes in der Geschichte.

So wie sich Gott bereits früher in der Geschichte Israels gezeigt hat, um sein Volk zu retten, so wirkt er jetzt in der eschatologischen Zeit in und durch seinen Sohn. Diese enge Beziehung zwischen Gott und Jesus verdeutlicht Matthäus im Logion vom gegenseitigen tiefen Erkennen zwischen Vater und Sohn (11,25-27). Gott selbst zeigt sich in Jesus, dem Sohn Gottes (3,17; 17,5; 28,19), dem alles übergeben ist (11,25-27) und der alle Macht im Himmel und auf Erden erhalten hat (28,18). Als Offenbarer des Vaters bringt Jesus den authentischen Sinn der Tora zur Erfüllung.

Jesus erfüllt die Tora. Die programmatische Formulierung, dass Jesus gerade nicht gekommen ist, um die Tora oder die Propheten aufzulösen, sondern vielmehr um sie zu erfüllen (5,17), fasst seine umfassende Wertschätzung der Tora zusammen. Wie diese Erfüllung der Tora zu verstehen ist, wird durch die mit *also sage ich euch* beginnenden Erläuterungen erklärt, die weder die Aufhebung noch Abschwächung oder Radikalisierung der Weisungen meinen, sondern ihre wirkliche Erfüllung (5,17-48). Matthäus erkennt Jesus als bevollmächtigten Lehrer und authentischen Interpreten des Willens Gottes, der allen Weisungen der Tora zugrunde liegt: *seid vollkommen, wie euer himmlischer Vater vollkommen ist* (5,48). Mit der Torainterpretation Jesu nimmt Matthäus die „alttestamentliche" Tradition auf, die den Willen Gottes in den Weisungen der Tora grundgelegt sieht. Matthäus erkennt in der Auslegung Jesu die den Willen Gottes in seiner Vollständigkeit erfassende Interpretation dieser Weisungen.

Jesus ist „Lehrer" und „Herr". Im Matthäusevangelium wird Jesus von seinen Schülern stets mit *Herr* angesprochen, nur Judas nennt ihn zweimal *Rabbi* (26,25.49); Pharisäer, Schriftgelehrten, Sadduzäer und andere bittende oder fragende Menschen nennen ihn außerdem noch *Lehrer*. Jesus selbst spricht von sich in der dritten Person und gebraucht dabei die Wendung *der*

Lehrer (10,24-25; 26,18). Er lehrt seine Schüler, dass sie sich selbst nicht *Rabbi* (Lehrer) nennen lassen sollen, weil nur einer ihr Lehrer sei, sie alle aber Geschwister seien (23,8). Für Matthäus ist Jesus der mit Vollmacht autorisierte Lehrer und Ausleger der Weisungen der Tora und der Schrift, weil er in ihr die Intention Gottes in ihrer Vollständigkeit erkennt, sie erfüllt und sie erfüllen lehrt. Vor diesem Horizont ist auch der Auftrag des Auferstandenen zu verstehen, der seine Schüler in die Welt schickt, alle Menschen zu Schülern zu machen und sie zu lehren, das zu bewahren, was er sie lehrte (28,19-20).

— Ein weiterer wichtiger Aspekt im Matthäusevangelium ist das Verständnis der Gemeinde. Matthäus entwickelt zwar nicht ein konkretes Kirchenmodell wie z.B. Eph 5, doch finden sich bei ihm bedeutende *Grundvorstellungen für die messianische Gemeinde*, die nicht nur damals, sondern auch heute richtungweisend sind:

Die „ekklesia" ist die eschatologische Gemeinschaft. Das Matthäusevangelium enthält als einziges zweimal das Wort *ekklesia*, das übersetzt *Versammlung* bedeutet und ganz allgemein die Versammlung im öffentlichen Bereich meint, der den sakralen mit einschließt. Die Septuaginta gebraucht das Wort *ekklesia* hauptsächlich für die religiös-kultische Versammlung, für die Versammlung Israels vor Gott. Im Laufe der Zeit gewann dieser Begriff eine eschatologische Bedeutung hinzu und bezeichnete die endzeitliche Sammlung des (verstreuten) Israels. In diesem Sinne verdeutlicht auch der Auftrag Jesu, der sich zu den *verlorenen Schafen des Hauses Israel* (10,5-6; 15,24) gesandt weiß, diese endzeitliche Sammlung. Nach der Ankündigung der Propheten (Jes 2,2; 56,7) entsteht in Israel durch den Ruf Gottes die sich versammelnde endzeitliche Gemeinschaft aus Israel und aus den anderen Völkern. In dieser eschatologischen Gemeinschaft ist auch der auferstandene Jesus gegenwärtig (28,20).

Die „ekklesia" steht im Dienst am Reich Gottes. Im Gesamtzusammenhang des Evangeliums markiert bereits die Erzählung von der Berufung der ersten Schüler (4,18-22) den Anbruch des Reiches Gottes, in dem das verstreute Volk Gottes gesammelt und unter der Heilsherrschaft Gottes wieder hergestellt wird. Die unerlässlichen Grundlagen für alle in diese Gemeinschaft Gerufenen stellt Jesu „Gemeinderede" in Kapitel 18 vor: *Wenn ihr nicht umkehrt und werdet wie die Kinder, kommt ihr nicht ins Königreich der Himmel* (18,3). Hier wird deutlich, dass die *ekklesia* nicht einen Selbstzweck erfüllt, sondern allein im Dienst des Reiches Gottes steht. Sie ist nicht dazu bestimmt, ein eigenes Reich – sei es ökonomisch oder strukturell – zu errichten, sondern ist zum Dienst an Gott und an den Menschen gerufen. Ein weiteres wesentliches Charakteristikum der Menschen, die diese Gemeinschaft bilden, ist die Grundhaltung des Kindes. Damit sind die gewöhnlichen Kategorien umgedreht: nicht die Größe, sondern vielmehr das Klein-Sein – Sanftmut und Demut – sollen das Verhalten gegenüber den Nächsten und Gott gegenüber bestimmen.

Die „ekklesia" ist die „Familie Gottes", in der die *Kleinen,* die diese Gemeinschaft bilden, Gott *unseren Vater* (6,9) nennen, sich bemühen, *voll-*

kommen zu sein, wie es ihr himmlischer Vater ist (5,48) und versuchen, *den Willen des Vaters zu erfüllen* (7,21; 12,50). Weil alle in dieser Gemeinschaft denselben Vater und Jesus als Bruder und Lehrer haben, sind sie untereinander Geschwister (23,8) und bilden als Jesu Schüler die Gemeinschaft derer, die ihm nachfolgen.

Die „ekklesia" als „Gebäude". In 16,18 sagt Jesus Petrus zu, auf *diesem Felsen seine Gemeinschaft zu errichten.* Die Apostel, die Jesu Schüler sind (10,1-2), ihm nachfolgen (16,24) und von ihm zuerst zu den verlorenen Schafen des Hauses Israels (10,6), dann in alle Welt (28,19-20) gesandt werden, bilden das „Fundament" dieses „Gebäudes". Weitere „Bausteine" dieser Gemeinschaft sind die „Propheten" (10,41; 23,34), die „Gerechten" (10,41), die „Weisen" und die „Schriftgelehrten" (13,52; 23,34).

— Schließlich enthält das Matthäusevangelium einige fundamentale *ethische Grundzüge*, die ebenfalls noch heute aktuell sind:

Die Gerechtigkeit in überfließendem Maß erfüllen. Die ersten Worte Jesu im Evangelium geben programmatisch ein ihm wichtiges Anliegen vor: alle Gerechtigkeit zu erfüllen (3,15). Im Kontext des Evangeliums (5,6.10.20; 6,1.33; 21,32) wird deutlich, dass diese Gerechtigkeit, um die es Jesus geht, die Gerechtigkeit ist, die allein darauf zielt, gemäß dem Willen Gottes zu leben und ihn zu erfüllen. Das bedeutet, den tiefen, ursprünglichen und vollen Sinn des Willens Gottes in den Weisungen der Tora zu befolgen (5,19.48; 23,23), Glaubensbekenntnis und Glaubenspraxis als Einheit zu leben (7,21.24), und Gerechtigkeit konkret im Alltag zu praktizieren (6,1-18.33).

Die Ethik der Verantwortung leben. Jesus identifiziert sich ausdrücklich mit den Armen, Elenden, Verachteten und Marginalisierten (25,31-48). Wer sich bemüht, gemäß dem heilbringenden Willen Gottes zu leben, muss sein Handeln stets von seiner Verantwortung für die Kleinen, Schwachen und Benachteiligten – für die geringsten Brüder und Schwestern Jesu – leiten lassen. Wer diese Werke der Barmherzigkeit praktiziert (den Hungernden zu Essen geben, den Durstigen zu Trinken geben, die Fremden und Obdachlosen aufnehmen, die Nackten bekleiden, sich um die Kranken kümmern und zu den Gefangenen gehen), ahmt in seinem Handeln Gott nach, dem es, wie die Tora zeigt, wesentlich um die Sorge für alle Benachteiligten geht.

6. Methodische Vorbemerkungen

Die Annäherung an einen Text, seine Untersuchung und Auslegung geschieht immer aus einer bestimmten Perspektive und mit einem bestimmten Interesse. Deshalb stellen wir im Folgenden unsere Perspektive und unser erkenntnisleitendes Interesse vor:

— *Die Lektüre der biblischen Texte ist eine besondere Form der Kommunikation.* Das lateinische Wort *communicare* meint die Beziehung zwischen zwei oder mehreren Gesprächspartnern, die die Interaktionen „sprechen", „hören", „verstehen / interpretieren" und „reagieren / antworten" umfasst. Authentische Kommunikation ist ein Prozess, den die Gesprächspartner

Einführung

miteinander durchführen. Bei einem geschriebenen Text besteht die Besonderheit, dass der Text als „Gesprächspartner" nicht reagieren kann. Die Kommunikation verläuft in diesem Fall nur in eine Richtung: vom Text zum Leser. Ein weiteres Charakteristikum speziell der biblischen Texte im Gegensatz zu anderen geschriebenen Texten ist ihr Anspruch, „Wort Gottes" zu sein. Das Wort Gottes gibt als Offenbarungswort nicht nur den Willen Gottes und seine Verheißung kund, ihm ist auch eine eigene dynamische Wirkkraft eigen: es bewirkt etwas, indem es eine neue Wirklichkeit schafft (Gen 1,1-3; Jes 55,11; Jer 23,28f; Joh 1,1; Apg 6,7; 19,20).

— *Wir können das Wort Gottes, das in den Heiligen Schriften durch Menschen formuliert wurde, verstehen* (Dei Verbum 12-13), weil es den Regeln unserer Sprache entspricht. Ein nach diesen sprachlichen Regeln formulierter Text (von lat. texere = weben) ist gleichsam ein „Gewebe" oder „Geflecht" aus Worten und Sätzen, die ein strukturiertes Netz von Beziehungen bilden, das auf Kommunikation zielt, d.h. das vom Autor mit einer gewissen Absicht für die Leser verfasst ist. Auf der strukturellen Ebene ist der Text sowohl durch seinen Umfang als auch durch seine interne Organisation – das Satzgefüge (Syntaktik) und die Wortwahl (Semantik) – bestimmt. Auf der kommunikativen Ebene lassen die Art der Wortwahl und die Kombination von Sätzen sowie die inhaltliche erzählerische (narrative) Gestaltung von unterschiedlichen Charakteren, Handlungen und Dialogen die Leser die Intentionen des Autors erkennen, ob er beispielsweise etwas mitteilen möchte oder ermahnt, zu etwas motivieren will oder etwas hinterfragt, welches Weltverständnis er hat und welche ethischen Werte für ihn handlungs- und richtungweisend sind. Die Absichten des Autors sind allerdings nicht linear und einseitig, sondern vielschichtig und komplex: indem er beispielsweise eine Information gibt, kann er zugleich etwas hinterfragen und dazu anregen, Alternativen zu überlegen.

— *Der Autor möchte mit seinem Text bei den Lesern gewisse Wirkungen erzeugen.* Je nach seinem Interesse formuliert er seinen Text so, dass seine beabsichtigten Wirkungen von den Lesern sofort als seine offensichtlichen Intentionen erkannt werden können, z.B. bei Ermahnungen. Der Autor kann aber auch auf eine solche Weise formulieren, dass der Text seine Wirkung erst dann erzeugt, wenn die Leser später noch einmal darüber nachdenken, wie z.B. bei einer Frage, die auch von den Lesern selbst eine Antwort fordert, wie die Frage Jesu an die Schüler in 16,15: *für wen haltet ihr mich?* Außerdem gibt es noch die Möglichkeit, Texte so zu formulieren, dass sie eine Wirkung ausüben, die den Lesern erst im Nachhinein bewusst wird (z.B. die tröstende Wirkung eines Psalms). Hier wird die vielschichtige Wirkung der Texte, ihre verändernde und handlungsorientierte (performative und pragmatische) Dimension deutlich: die biblischen Texte „handeln" gleichsam durch ihre Worte, denn sie „verändern" etwas dadurch, indem sie in den Lesern etwas bewirken und / oder sie dazu anregen, etwas zu tun.

— *In unserer Auslegung geht es uns vor allem um die Perspektive der performativen und pragmatischen Dimension der biblischen Texte*, die als Wort Gottes nicht nur informieren, sondern die neue Wirklichkeit Gottes

Einführung

schaffen wollen. Diese dynamische Wirkungskraft des Wortes Gottes kann auch die Leser dazu bewegen, den Willen Gottes zu entdecken und entsprechend zu handeln. Ausgehend von der syntaktischen bzw. narrativen Struktur der Texte und der semantischen Bedeutung der Worte untersuchen wir auf der Ebene der Kommunikationsstrategie, auf welche Weise den Lesern bestimmte „Signale" gegeben werden, welche Wirkungen dadurch beim Lesen hervorgerufen werden können und welche Impulse die Leser dadurch für ihr Handeln bekommen. Richtungsweisendes Kriterium für das Handeln nach dem Wort Gottes bleibt stets, den Willen Gottes zu erfüllen (5,48; 7,21).

— *Ein Text wird in seiner Aussage und Intention auch durch seinen Kontext mitbestimmt.* Der Satz: „Es ist kalt" kann nicht nur eine Information über die Temperatur sein, sondern auch eine Aufforderung, die Tür zu schließen, eine Empfehlung, einen wärmeren Pullover anzuziehen oder eine Begründung dafür, dass die Saat noch nicht so weit aufgegangen ist, wie es zu erwarten war. Erst der Kontext enthüllt die gemeinte Intention. Die biblischen Texte sind nicht in unserem, sondern in einem anderen soziokulturellen Kontext vor einem anderen geschichtlichen Hintergrund und in einer anderen Zeit entstanden. Sie enthalten Voraussetzungen und Anspielungen, die uns heute nicht mehr unmittelbar einleuchten, so dass sich das Problem stellt, wie und warum wir diese Texte verstehen können. Einige Fragen – was z.B. ein Weinschlauch oder ein Tetrarch ist – lassen sich relativ schnell klären; etwas mehr Hintergrundinformationen braucht man, um zu erläutern, was Dämonen sind oder weshalb Gott auch als Hirte gesehen wird. Dennoch verstehen wir die Botschaften der Texte, auch ohne alle Details genau zu kennen. Das liegt daran, dass wir mit den Menschen damals zum einen dieselben Sorgen, Ängste, Hoffnungen und Sehnsüchte teilen; zum anderen ist es unser Glaube, der uns verbindet. Wir finden uns deshalb in den Menschen, von denen die biblischen Geschichten handeln oder die in den erzählten Gleichnissen handeln, so leicht wieder.

— *Unser gemeinsamer Glaubenshorizont*, der uns durch die Tradition der Verkündigung und der Glaubensbekenntnisse verbindet, *bildet den Rahmen für die Glaubenserfahrungen und -deutungen der Menschen damals und heute.* Deshalb interpretieren wir vor diesem Glaubenshorizont die biblischen Texte als Glaubenszeugnisse. In diesem Kontext bezeichnet z.B. das Wort *Hirte* nicht nur jemanden, der Schafe hütet, sondern sowohl einen König als auch Gott, und Sätze wie *selig die Armen dem Geist nach, denn ihrer ist das Königtum der Himmel* (5,3), *der Bittende empfängt, der Suchende findet und dem Anklopfenden wird geöffnet* (7,8) oder *wo zwei oder drei versammelt sind in meinem Namen, da bin ich in ihrer Mitte* (18,20) sind keine unrealistischen Utopien, sondern bereits der Beginn des Reiches Gottes.

7. Unsere Vorgehensweise

Wir analysieren die Struktur, den Aufbau und die erzählerische Entwicklung des Evangeliumstextes (syntaktische und narrative Analyse) und fragen nach der Bedeutung von Worten und Sätzen in ihrem Kontext (semantische Analyse). Ein Text wirkt aber auch immer auf die Leser ein, möchte und kann sie sogar „verändern"; deshalb untersuchen wir im Horizont des Glaubens diese mögliche verändernde Wirkung der Texte auf die Leser (pragmatisch-performative Dimension). Unsere methodischen Voraussetzungen und unsere Vorgehensweise lassen sich gut mit dem Bild eines „Fischernetzes" veranschaulichen:

Ein Fischernetz besteht aus verschiedenen Fäden, die in einer bestimmten Weise miteinander verbunden sind, so dass ein gefügtes „Ganzes" entsteht. In ähnlicher Weise bilden auch die Verbindungen von Worten zu Sätzen, von Sätzen zu Abschnitten und Szenen einen Text. *Um diese Textstruktur zu verdeutlichen, stellen wir den Evangeliumstext bereits in seiner besonderen Anordnung dar.* Dabei ist es hilfreich, das Textbild zuerst nur zu betrachten, ohne genau zu lesen. Auf den ersten Blick kann so schon deutlich werden, welche Szenen eine Erzählung aufbauen, welche Abschnitte eine Rede gliedern und welche Worte zusammenhängen oder in Beziehung stehen. Nach der graphischen Darstellung untersuchen wir den Text in drei Schritten:

1) Die Gewebestruktur des Textes
So wie die in verschiedene Richtungen diagonal verlaufenden Fäden dem Fischernetz sowohl Stabilität als auch Flexibilität verleihen, so bilden die Worte und Sätze eines Textes durch ihre Verbindung die formale Struktur des Textes. Deshalb untersuchen wir in einem ersten Schritt alles, was die „Stabilität" und den schlüssigen Zusammenhang eines Textes ausmacht: die Beziehung zwischen den Worten, den Satzbau, stilistische Formen, die Gliederung in Abschnitte, Szenen, etc.

2) Das semantische Geflecht des Textes
Doch das Fischernetz ist nicht starr, sondern aufgrund seiner besonderen Verknüpfung beweglich und dehnbar. So wie die Worte und Sätze einerseits eine feste Struktur bilden, stellen sie sowohl untereinander als auch zu anderen Abschnitten eine deutliche Beziehung her. Unter dem Aspekt der „verbindenden Flexibilität" fragen wir z.B. nach der Bedeutung der Worte und untersuchen die Wortfelder. Wir beziehen bei der semantischen Analyse nicht nur den Evangeliumstext, sondern auch seinen engeren und weiteren Kontext mit ein, d.h. das gesamte Evangelium, andere neutestamentliche Schriften, den Horizont der jüdischen Heiligen Schriften (unser „Erstes Testament") und den antiken sozio-kulturellen Rahmen. Durch das Wieder-Aufgreifen von Worten, durch gegensätzliche Wortpaare, Anspielungen, Zitate, etc. entstehen Assoziationsfelder und Interpretationslinien, die den Lesern – damals und heute – einen weiten Interpretationshorizont eröffnen.

Einführung

3) Pragmatische Knotenpunkte des Textes

Ebenso wie sich im Fischernetz die Fäden kreuzen und Knoten bilden, die Stabilität verleihen, verbinden und erst das Netz zum Netz (anstatt zu einem losen Gewebe) werden lassen, so dass es seine Funktion erfüllen kann, so hängen auch die Wirkungen, die die biblischen Texte auf die Leser ausüben, mit ihrer Struktur, Wortwahl und Kommunikationsabsicht zusammen. Die pragmatisch-performative Dimension ist deshalb kein weiterer, zum Text hinzukommender Aspekt – denn sie findet sich schon auf den strukturellen, semantischen und narrativen Ebenen –, sondern vielmehr eine bestimmte Perspektive auf den Text. In diesem dritten Punkt greifen wir aus dieser pragmatisch-performativen Perspektive die Kommunikationsabsicht aus den anderen Text-Ebenen auf und stellen einen oder einige bedeutende Punkte vor, die das Wirkungspotential des Textes ausmachen. In Redeteilen bilden z.B. Imperative, Fragen oder direkte Anreden in der 2. Person Ansätze für pragmatische Knotenpunkte. In Erzählungen stellen die handelnden Figuren den Lesern Modelle zur Identifikation oder Konfrontation vor. Im Leseprozess fühlen sich die Leser durch direkte Anrede, Imperative oder Fragen angesprochen, und in Erzählungen verleihen die Leser den Figuren über Identifikation oder Ablehnung „ein Gesicht". Durch Reden und Erzählungen fordert der Bibeltext die Leser zur Stellungnahme auf und enthält damit für sie das Potential einer positiven Veränderung.

Um mit dem Fischernetz Fische zu fangen, muss das Netz ins Wasser geworfen werden; an Land fängt man damit keine Fische und zusammengefaltet in der Ecke liegend erfüllt es nicht seinen Zweck. In ähnlicher Weise entfalten auch die biblischen Texte ihre Wirkung: das Wasser steht für den Glaubenshorizont; Land oder Luft wären ein anderer Bereich, d.h. biblische Texte sind im Glaubenshorizont verfasst worden, um genau dort zu wirken. Sie lassen sich nicht mit der gleichen Wirkungskraft auf andere Bereiche wie z.B. die Naturwissenschaften übertragen.

Schließlich können wir nur Fische fangen, wenn wir das Netz auswerfen und wieder einholen: wir selbst müssen eine Beziehung zum Text herstellen, ihn uns durch Identifikation oder Ablehnung und durch unsere Stellungnahme aneignen, um ihn im Horizont des Glaubens für unseren Glauben fruchtbar werden zu lassen. Dann erst erfüllen die biblischen Texte ihren Zweck und helfen uns, unseren Glauben zu vertiefen und aus unserem Glauben zu leben. Diesen letzten Schritt muss jede und jeder selbst tun; mit den „pragmatischen Knotenpunkten" möchten wir einige Anregungen zum Weiterdenken, Vertiefen und zum gegenseitigen Austausch geben.

Erster Teil

Mt 1,1-4,16: Jesus – Messias gemäß der Schrift

Der Beginn einer Erzählung ist keinesfalls beliebig, sondern von großem hermeneutischem Interesse, weil der Autor oft gerade hier seine Schlüsselworte nennt und wichtige strukturelle Merkmale für eine angemessene Interpretation seines Werkes vorstellt: Der Anfang gibt gleichsam die „Weichenstellung" für die folgende Erzählung vor.

In den synoptischen Evangelien nimmt die Verkündigung des Reiches Gottes eine zentrale Stelle ein, doch von Jesus her fehlt uns der konkrete Anfangspunkt. Keiner der Synoptiker beginnt sein Evangelium mit Jesu Verkündigung vom Reich Gottes. Alle drei stellen eine eigenständige „Vor-Erzählung" (*Diegese*) voran, die als Einführung in die anschließende „Haupt-Erzählung" dient, indem sie den Interpretationsrahmen absteckt. Die Diegesen der Evangelien beschreiben jeweils Jesus genauer: *Wer* ist er und *wie* ist er im Zusammenhang mit der Heilsgeschichte zu verstehen?

Während Markus diese Vor-Erzählung in 13 Einleitungsversen ausformt, konstruieren Matthäus und Lukas eine komplexere Diegese, in der dem Markusstoff einige Elemente eingefügt werden, die weiter zurückliegen, wie z.B. die Genealogie, die Geburt und die Kindheitsgeschichte Jesu. Diese ersten Kapitel präsentieren den Lesern auf der kommunikativen Ebene wie eine Ouvertüre schon skizzenhaft alle Hauptmotive, die später weiter entwickelt und differenzierter ausgestaltet werden.

Obwohl der Text unserer Untersuchung das „Kindheitsevangelium" (Mt 1,1-2,23) als relativ geschlossene literarische Gattung enthält, sehen wir es in Verbindung mit der folgenden „Mission des Johannes (Mt 3,1-4,16). Es handelt sich um eine Diegese, die in diesen beiden Sektionen die Voraussetzungen für die Verkündigung des Reiches Gottes (4,17) vorstellt. Im Lukasevangelium ist die Beziehung zwischen diesen beiden Teilstücken noch deutlicher zu erkennen, da beide Sektionen parallel gestaltet sind: zwischen dem Prolog (Lk 1,1-4) und der eigentlichen Erzählung des Evangeliums, die in Lk 4,15 beginnt, fügt Lukas eine Erzählung ein (Lk 3,16-4,14), die die Ähnlichkeiten zwischen Johannes dem Täufer und Jesus durch ihre besonderen Zeugungsgeschichten, die Kindheitsgeschichten und die Vorzeichen für ihr öffentliches Lebens deutlich hervorhebt.

In Mt 3,1 markieren zwar die Zeitbestimmung (*in jenen Tagen*) und der Subjektwechsel (*Johannes der Täufer*) einen gewissen Einschnitt, doch Matthäus führt die Einleitung weiter bis zu 4,16, denn in 4,17 weist das Signalwort *von da an* (ἀπὸ τότε) auf den offensichtlichen Beginn einer neuen Phase hin, die ihrerseits bis zu 16,20 andauert, weil in 16,21 ein zweites *von da an* die nächste Phase einleitet. Ein weiteres Kennzeichen der Einheit des ersten Teils (1,1-4,16) sind die zahlreichen Schrift-Erfüllungszitate in diesen ersten Kapiteln bis hin zu 4,15-16; danach nehmen die Schrift-Erfüllungszitate (bis zu Mt 8,17) merklich ab.

Der strukturelle Rahmen von Mt 1,1-4,16 erscheint daher gut durchkonstruiert. Der erste Teil besteht aus zwei Sektionen, die sich ihrerseits aus 7 Perikopen zusammensetzen:
  A. Die Genealogie und Kindheit Jesu (Mt 1,1-2,23 = 4 Perikopen)
  B. Die Bestätigung Jesu (Mt 3,1-4,16 = 3 Perikopen)

A. Die Genealogie und Kindheit Jesu – Mt 1,1-2,23

Die Erzählung in den ersten beiden Kapiteln des Matthäusevangeliums lässt sich in vier Perikopen unterteilen, von denen sich die erste (1,1-17) durch ihre formale Struktur als Genealogie unterscheidet und gleichsam als „Einleitung" verstanden werden kann. Die drei folgenden Perikopen zeigen je eine geschlossene, kompakte Struktur, die die Zeugung des Kindes (1,18) bis zu seiner Niederlassung in Nazaret (2,23) umfasst. Die ersten drei Perikopen sind durch das Wortfeld *Geburt* miteinander verbunden: In den ersten beiden Perikopen (1,1-17; 1,18-25) wird das Substantiv *Ursprung, Geburt* (1,1.18) gebraucht; die dritte (2,1-12) enthält eines der Schlüsselwörter *zeugen, gebären* (2,1), das auch in den vorigen beiden Einheiten erwähnt wurde (vgl. 1,2-16 und 1,20). Die vierte Perikope (2,13-23) ist mit den vorhergehenden durch das Motiv des Traumes des Joseph (2,13 par 1,20), durch die Person des Herodes (2,13-15 vgl. 2,3-12.22) und schließlich durch den Ausdruck *das Kind und seine Mutter* (2,13.14.20.21; vgl. 2,11) verknüpft.

Die Anfänge der Geschichte Jesu entwickeln sich in vier Perikopen:
  1. Die Genealogie: 1,1-17
  2. Die Zeugung und die Geburt: 1,18-25
  3. Die Verfolgung: 2,1-12
  4. Die Rettung: 2,13-23.

Eine Textgattung, die die Themen Ankündigung, Geburt, Verfolgung und Rettung des Herrschersohnes beinhaltet, bezeugen diverse profane antike Schriften. Dass Matthäus direkt aus diesen profanen Gattungsvorlagen geschöpft habe, ist nicht leicht zu beweisen, denn es finden sich ebenso starke Parallelen zur jüdischen Haggada, darunter vor allem zur Geburtsgeschichte des Mose. Diese Parallelen dienen nicht dazu, Jesus als „neuen Mose" zu interpretieren; sie bestätigen vielmehr, dass Matthäus traditionelle Schemata übernommen und mit neuen Inhalten und Funktionen gefüllt hat.

Die Genealogie: 1,1-17

Titel
¹ Buch des Ursprungs von Jesus Christus, dem Sohn Davids, dem Sohn Abrahams.

Erste Generationsliste
² Abraham   zeugte den Isaak,
  Isaak   zeugte den Jakob,
  Jakob   zeugte den Judas   und seine Brüder,
³ Judas   zeugte den Phares   und den Zara   aus der Thamar,
  Phares   zeugte den Hesrom,
  Hesrom   zeugte den Aram,
⁴ Aram   zeugte den Aminadab,
  Aminadab   zeugte den Naasson,
  Naasson   zeugte den Salmon,
⁵ Salmon   zeugte den Boes   aus der Rachab,
  Boes   zeugte den Jobed   aus der Ruth,
  Jobed   zeugte den Jessai,
⁶ᵃ Jessai   zeugte den David,   den König.

Zweite Generationsliste
⁶ᵇ David   zeugte den Solomon   aus der (Frau) des Uria,
⁷ Solomon   zeugte den Roboam
  Roboam   zeugte den Abia,
  Abia   zeugte den Asaph,
⁸ Asaph   zeugte den Josaphat,
  Josaphat   zeugte den Joram,
  Joram   zeugte den Ozias,
⁹ Ozias   zeugte den Joatham,
  Joatham   zeugte den Achaz,
  Achaz   zeugte den Hezekias,
¹⁰ Hezekias   zeugte den Manasses,
  Manasses   zeugte den Amos,
  Amos   zeugte den Josias,
¹¹ Josias   zeugte den Jechonias   und seine Brüder
                                      während der Deportation nach Babylon.

Dritte Generationsliste
¹²   Nach der Deportation nach Babylon:

  Jechonias   zeugte den Salathiel,
  Salathiel   zeugte den Zorobabel,
¹³ Zorobabel zeugte den Abiud,
  Abiud   zeugte den Eliakim,
  Eliakim   zeugte den Azor,
¹⁴ Azor   zeugte den Sadok,
  Sadok   zeugte den Achim,
  Achim   zeugte den Eliud,
¹⁵ Eliud   zeugte den Eleazar,
  Eleazar   zeugte den Mattan,
  Mattan   zeugte den Jakob,

Die Kindheit Jesu

¹⁶ Jakob	zeugte den Joseph,	den Mann	Marias,
			aus der gezeugt wurde:
		Jesus, der Christus (Messias) genannt wird.	

Zusammenfassung
¹⁷ Alle Geschlechter sind also:
von Abraham bis David: vierzehn Geschlechter
und von David bis zur Deportation nach Babylon: vierzehn Geschlechter,
und von der Deportation nach Babylon bis zu dem Messias: vierzehn Geschlechter.

Die Gewebestruktur des Textes

Gleich zu Beginn teilt der Autor seinen Lesern seine Kommunikationsabsicht mit: 1,1 erklärt, dass das vorliegende Werk ein Buch über Jesus Christus ist. Das griechische βίβλος γενέσεως kann sowohl *Buch des Ursprungs* als auch *Buch der Geschichte* bedeuten. Der einleitende Vers fungiert zugleich als Titel des Gesamtwerkes und als Überschrift für die folgenden Generationslisten. Mit diesem Titel in doppelter Funktion bietet Matthäus seinen Lesern zwei Perspektiven an: als *Buch des Ursprungs Jesu* wird die Genealogie Jesu thematisiert, der Fokus zentriert sich auf die Person Jesu. Als *Buch der Geschichte Jesu* ist die Geschichte Jesu mit der Geschichte seiner Vorfahren und damit mit der Geschichte des Volkes Israel verknüpft, hier wird der kontextuelle Interpretations-Horizont eröffnet. Diese beiden Perspektiven schließen sich nicht aus, sondern ergänzen einander und verdeutlichen, dass es um diesen Jesus Christus im Kontext der Geschichte seines Volkes Israel geht.

Ein weiteres deutliches Signal der Kommunikationsstrategie des Autors enthält der Vers 1,17, der als Zusammenfassung dient und das Gliederungskriterium der vorhergehenden Verse benennt: die Liste enthält drei Generationenfolgen, die je aus vierzehn Geschlechtern bestehen. Außerdem bietet dieser Vers die dreifache Unterteilung *von – bis*: Abraham – die Deportation nach Babylon – und Jesus. Die Gliederung des ersten Teils präsentiert sich klar strukturiert:

1,1   Titel der Genealogie und des Gesamtwerkes
1,2-6a   Die Generationenfolge bis zu David
1,6b-11 Die Generationenfolge bis zur Deportation nach Babylon
1,12-16 Die Generationenfolge bis zu Jesus
1,17   Zusammenfassende Erklärung.

Das semantische Geflecht des Textes

1,1 Titel
Dieser Vers hat die doppelte Funktion des Buchtitels und der Überschrift für die sich anschließenden Genealogien. Die Leser aus der Antike kennen aus ihrer Zeit verschiede andere Werke der jüdischen und christlichen Literatur, die in ähnlicher Weise beginnen, z.B.: Tob 1,1: Buch der Geschichte (Taten und Worte) von Tobit, dem Sohn des Tobiels,… oder die Apokalyp-

se Abrahams 1,1: Buch der Offenbarung Abrahams, Sohn des.... Trotzdem ist der Ausdruck βίβλος γενέσεως etwas Besonderes, denn er findet sich in der Literatur des Neuen Testaments nur an dieser Stelle. In der jüdischen Literatur bezieht sich der ähnliche Ausdruck *Buch der Generationen (sefer toledōt)* auf Genealogien oder auch auf die Söhne einer bestimmten Persönlichkeit, die dann genauer vorgestellt werden. In Mt 1,1 hingegen geht es nicht in erster Linie um eine Abstammung in dem Sinne, dass Jesus wirklich ein Nachkomme Abrahams und Davids ist, sondern vielmehr um die bedeutenden Personen und Generationen, die schon zuvor die Geschichte geprägt haben, in die dann Jesus hineingeboren wird. Im Ursprung Jesu ist also schon die Bedeutung seiner Existenz enthalten.

Die Person *Jesus Christus* bestimmt den Inhalt des Buches. Für Matthäus ist *Jesus* immer Personalname, während er *Christus / Messias* entweder als Eigenname oder als Titel gebraucht. Wenn Matthäus einen messianischen Inhalt vermitteln möchte, stellt er den bestimmten Artikel voran: *der* Messias (1,17).

Sohn Davids und *Sohn Abrahams* sind zwei Merkmale, die Jesus mit seinen Vorfahren verbinden und zugleich seine Identität betonen. *Sohn Davids* ist ein gebräuchlicher messianischer Titel, den Matthäus an den Anfang stellt und in den folgenden Erzählungen wiederholt, wodurch er zum Ausdruck bringt, dass Jesus die Erfüllung der messianischen Hoffnung Israels ist: er ist der Erbe der Verheißungen, die an David ergingen. Die Bezeichnung als *Sohn Abrahams* hingegen ist kein messianischer Titel. Ganz Israel versteht sich als *Volk der Kinder Abrahams* (Mt 3,9 // Lk 3,8), die durch dasselbe Blut mit dem Stammvater und seinen Familienmitgliedern verbunden sind, mit denen Gott einen immerwährenden Bund geschlossen hat (Gen 15). Die Heilsgeschichte Abrahams hat aber auch die Funktion, dass sie Abraham als Vermittler des Segens Gottes für alle Völker vorstellt (Gen 12,3; 18,18). Jesus ist ein wahrer Sohn Abrahams, weil er ein Israelit ist und weil sich in ihm der Heilsplan Gottes für alle Völker realisiert (8,10-11). Die beiden Vorfahren (Abraham und David) und ihr Nachkomme (Jesus) bezeugen den Plan Gottes, der die gesamte Heilsgeschichte umfasst.

1,2-6a Erste Generationsliste

Die ersten 14 Generationen führen in absteigender Linie von Abraham (1,2) zu David (1,6), wobei sie dem Schema „x zeugte y" folgen, das 1 Chr 2,9-12 entspricht. Die lukanische Parallele (Lk 3,23-38) übernimmt hingegen das Schema „y Sohn des x" nach 1 Chr 3,10-16 und führt in aufsteigender Linie von Jesus (Lk 3,23) bis zu Adam (Lk 3,38). Den aufmerksamen Lesern wird auffallen, dass in 1,2 Judas mit *seinen Brüdern* genannt wird. Die Anspielung auf die Brüder des Judas hält die Erwartung der Wiederherstellung *ganz* Israels lebendig, die für die matthäische Theologie ein wichtiges Thema ist. Die Nennung von David am Ende der ersten Generationenliste (1,6) erfüllt eine doppelte Funktion: seine zusätzliche Bezeichnung als *König* weist – ebenso wie die Nennung der Brüder Judas – auf die heilsgeschichtliche Erwartung Israels hin; außerdem besteht der Name David im

Hebräischen aus drei Konsonanten, deren numerischer Wert 14 beträgt, so dass damit schon am Ende der ersten Generationsliste die Zahl der Geschlechter für die drei Listen angegeben wird.

1,6b-11 Zweite Generationsliste
Die zweite Generationenfolge führt bis zur Deportation nach Babylon. Diese Zeit bedeutet im Judentum eine unumgängliche Zäsur. Die matthäische Namensliste ist durch die Liste der Könige von Juda beeinflusst, die in Jerusalem residierten (1 Chr 3,5-16). Den Lesern entgeht auch nicht ein gewisses Durcheinander der Personen bis hin zum Auslassen und Verändern einiger Namen, damit am Ende das Schema der vierzehn Generationen erhalten bleibt, das den Autor vorrangig interessiert: daher verschmelzen z.b. König Jojakim (609-598) und sein Sohn Jojachin (598-597) zu einem einzigen Namen Jechonias (1,11).

1,12-16 Dritte Generationsliste
Unklar bleibt, aus welchen Quellen Matthäus die dritte Generationsliste zusammengesetzt hat, denn die Namen entsprechen weder 1 Chr 3,19b-24 noch der Parallelversion Lk 3,23-27. Damit wird deutlich, dass Matthäus bei den Genealogien in erster Linie eine theologische Absicht verfolgt, nicht eine historiographische. Dieses theologische Verständnis unterstreicht auch abschließend der Vers 1,16, der Joseph als Ehemann Marias vorstellt, nicht aber als den natürlichen Vater Jesu: die Passivform verweist auf Gott selbst (Passivum Divinum), der Jesus aus Maria gezeugt hat.

1,17 Zusammenfassung
Der zusammenfassende Schlussvers präzisiert die Kompositionskriterien (3 x 14 Generationen) und betont, dass es sich um *alle* Geschlechter *ganz* Israels handelt. Numerische Schemata sind im Judentum gebräuchlich. Matthäus unterstreicht durch diese schematische Konstruktion, dass Gott von Anfang an die Heilsgeschichte geplant hat: das Kommen des Messias ist der Höhepunkt des göttlichen Plans, der mit höchster Sorgfalt und Genauigkeit für alle Menschen entworfen wurde. Entsprechend werden dann am Ende des Evangeliums die Schüler Jesu zu *allen* Völkern gesandt. Damit bietet Matthäus seinen Lesern schon gleich zu Beginn des Evangeliums den Schlüssel für das Verständnis der Gestalt Jesu an: Jesus ist nach göttlichem Heilsplan der Messias *ganz* Israels und für *alle* Völker.

Pragmatische Knotenpunkte des Textes

Die Generationslisten am Anfang des Buches eröffnen den Lesern mehrere Perspektiven. Die Genealogien dienen der Legitimierung: Matthäus verdeutlicht, dass Jesus nicht nur ein wahrer Jude ist, sondern auch ein Nachfahre aus dem Haus Davids. Die Generationslisten unterstreichen die Kontinuität innerhalb der jüdischen Tradition und betonen, dass Jesus von Nazaret in dieser Tradition steht. Die Zugehörigkeit zum Stamm Davids unterstützt schließlich die Berechtigung des messianischen Anspruchs.

Außerdem wird der Autor mit der Genealogie auch seine Gemeinde im Blick haben, die sich aus Gläubigen aus dem Judentum und aus den Heidenvölkern zusammensetzt: beide finden ihre gemeinsame Basis in Jesus als dem *Sohn Davids* und dem *Sohn Abrahams*. Abraham als Stammvater einer Vielzahl von Völkern ist der Grund für die universale Heilszusage (Mt 28,18-20). Jesus als der Nachkomme Abrahams und Davids bringt die Erfüllung des göttlichen Heilsplans, der den Vorvätern versprochen wurde.

Eine weitere Funktion der Genealogie zielt auf die Leser, die Schwierigkeiten haben, den Plan Gottes im gekreuzigten und scheinbar gescheiterten Messias Jesus realisiert zu finden. In den Generationslisten fällt nämlich die ausdrückliche Erwähnung von vier Frauen neben Maria besonders auf: Thamar (1,3), Rachab (1,5), Ruth (1,5) und die Frau des Uria (1,6). Normalerweise werden Frauen in Genealogien nicht erwähnt; außerdem sind die hier genannten Frauen gerade nicht die bekannten „großen Mütter Israels" (Sarah, Rebekka, Rachel und Lea). Die traditionelle Meinung, dass all diese Frauen Sünderinnen seien, trifft nicht zu: Thamar kämpft für das Recht auf Nachkommen, das ihr von Juda vorenthalten wurde; Rachab übt als Prostituierte nur ihren Beruf aus und über Ruth weiß die Tradition nur Gutes zu berichten. Batseba, die Frau des Uria, ist für das Handeln Davids nicht verantwortlich, obwohl sie – als einzige der vier genannten Frauen – in gewisser Weise eine Mitschuld trifft.

Matthäus verbindet also mit der Nennung gerade dieser Frauen andere bedeutende assoziative Verknüpfungen. Allen Frauen ist gemeinsam, dass sie durch ihre Entscheidung, ihr Handeln und ihr nicht einfaches Lebensschicksal entscheidend zum Heilsplan Israels beigetragen haben: Thamar beharrt auf dem Recht auf Nachkommen, damit ihre Familie – ein Teil des Hauses Juda – nicht ausstirbt (Gen 38,6-30); Rachab rettet den beiden israelitischen Kundschaftern das Leben und trägt damit zur Eroberung Jerichos bei (Jos 2,1-25); Ruth entscheidet sich, bei ihrer armen Schwiegermutter Noomi zu bleiben, ihr Sohn Obed ist der Großvater Davids; Batseba ist die Mutter Salomos und setzt sich dafür ein, dass ihr Sohn König wird. Diese Frauen spielen – wie Maria im Evangelium – keine „Hauptrollen", doch verstehen die Leser, dass ihre Entscheidungen und ihr Handeln für die Geschichte Israels entscheidend waren.

Allen Frauen ist weiterhin gemeinsam, dass sie durch ihr Handeln in ihrem Umfeld auf Unverständnis stoßen und Ablehnung hervorrufen: Thamar muss sich als Prostituierte verkleidet ihr Recht auf Nachkommen erkämpfen, Rachab verrät ihre Stadt Jericho und lebt als Fremde in Israel, Ruth verlässt die Sicherheit ihrer Familie in ihrer Heimat, um mit ihrer Schwiegermutter Noomi in Armut in Israel zu leben, und Batseba lässt sich auf Geschlechtsverkehr mit David ein, obwohl sie verheiratet ist. Die voreheliche Schwangerschaft Marias ist in Josephs Augen ebenfalls ein Skandal, denn er überlegt, sich von ihr zu trennen (1,18f). Diese fünf Frauenschicksale zeigen jedoch, dass Gott auch ungewöhnliche, in unseren Augen „skandalöse" Wege und Schicksale wählt, um seinen Heilsplan zu verwirklichen. Entsprechend können die Leser verstehen, dass auch das scheinbare Scheitern des Messias Jesus am Kreuz letztlich ein Teil des Heilsplans Gottes ist.

Schließlich verbindet die vier Frauen, dass sie als Fremde (Thamar, Rachab, Ruth), Prostituierte (Rachab), Entrechtete (Thamar) und Ausgenutzte (Batseba, die Frau des Uria) am Rand der Gesellschaft stehen. Matthäus signalisiert zu Beginn des Evangeliums, dass die Heiden und die Kleinen der Gesellschaft einen festen Platz im universalen Heilsplan Gottes haben.

Die dreifache Genealogie lädt die Leser heute dazu ein, ihre eigenen Heilsvorstellungen kritisch in den Blick zu nehmen und durch den universalen Heilsplan Gottes korrigieren zu lassen. In Gottes Heilsplan haben auch Geschichten und Schicksale Platz, die nach unseren Vorstellungen scheinbar „unfromm" oder „unbedeutend" sind. Gott realisiert das Heil für uns, in unserer menschlichen Geschichte, mit den „Kleinen" der Gesellschaft.

Die Zeugung und die Geburt Jesu: 1,18-25

Einleitung
[18a] Mit dem Ursprung Jesu Christi war es so:

Situationsbeschreibung
[18b] Maria — seine Mutter, die dem Joseph versprochen war –
wurde schwanger befunden aus Heiligem Geist,
noch bevor sie zusammengenommen waren.
[19] Joseph aber — ihr Mann, der gerecht war und sie nicht bloßstellen wollte –
beschloss, sie heimlich zu entlassen.

Geburtsankündigung
[20] Während er aber dies dachte,
– siehe! – ein Engel des Herrn erschien ihm im Traum sagend:
Joseph, Sohn Davids, fürchte dich nicht, Maria als deine Frau anzunehmen,
denn das in ihr Gezeugte ist aus Heiligem Geist.
[21] Gebären aber wird sie einen Sohn
und du wirst seinen Namen Jesus rufen:
denn er wird sein Volk von seinen Sünden erretten.
[22] Dies alles aber ist geschehen,
damit erfüllt würde das vom Herrn Gesagte durch den Propheten:
[23] *Siehe, die Jungfrau wird schwanger werden,*
und gebären wird sie einen Sohn,
und rufen werden sie seinen Namen Emmanuel, (Jes 7,14 LXX)
das ist übersetzt: *Gott (ist) mit uns. (Jes 8,8.10 LXX)*

Schluss
[24] Aber vom Schlaf aufstehend,
tat Joseph, wie ihm der Engel des Herrn aufgetragen hatte,
und er nahm seine Frau an,
[25] und er erkannte sie nicht, bis sie einen Sohn gebar;
und er nannte seinen Namen Jesus.

Mt 1,18-25

Die Gewebestruktur des Textes

Diese Perikope besteht aus einem Einleitungsvers (1,18a), dem sich eine Situationsbeschreibung (1,18b-19) anschließt. Ein neues Ereignis beginnt in 1,20-21 und wird gleich anschließend durch ein Schrift-Erfüllungszitat (1,22-23) gedeutet. Die Verse 1,24-25 beenden die Erzählung.

Der nüchterne Stil in 1,18a kennzeichnet einen Neubeginn. Die Wortwahl *Ursprung Jesu Christi* stellt dabei die Verbindung zu den Generationslisten der vorherigen Perikope her (vgl. 1,1.16-17), so dass der nun folgende Abschnitt in Beziehung zum vorangehenden werden kann. In 1,18b-19 wird die neue Situation dargestellt: Die beiden Verben *schwanger befunden* und *beschloss, (sie) zu entlassen* beschreiben die Ereignisse, die das Handeln Josephs bestimmen und das Erscheinen des Engels erklären. Außerdem erfahren die Leser schon hier eine bedeutende Tatsache, die Joseph noch verborgen bleibt: Maria ist schwanger aus Heiligem Geist.

Die folgenden Verse (1,20-23) stellen den antiken Lesern eine bekannte literarische Gattung vor: die Ankündigung einer Geburt durch einen Engel im Traum. Diese Episode hat die Funktion, den Blick auf den Heiligen Geist als einen weiteren Hauptdarsteller in der Heilsgeschichte zu lenken. Das Signalwort *siehe!* (1,20) möchte die Aufmerksamkeit der Leser für das nun beginnende Ereignis wecken. Hier kündigt es etwas Unerwartetes an, das dann näher ausgeführt wird (1,20-21). Die anschließenden Verse (1,22-23) bieten auf der Folie eines Prophetenzitats den Interpretationsschlüssel für die Deutung des Geschehen im Licht der prophetischen Tradition. Mit der feierlichen Formulierung *dies aber alles ist geschehen, damit erfüllt würde* hebt Matthäus die besondere Bedeutung des Ereignisses hervor und unterstreicht zugleich die zum Verständnis geforderte Interpretation des Geschehen im Horizont des Prophetenzitats.

Die Erzählung schließt in 1,24-25 mit der beispielhaften Reaktion Josephs ab. Das zentrale Verb *tun* (1,24) wird in drei kurzen Sätzen näher erklärt: *und er nahm – und er erkannte nicht – und er nannte*.

Das semantische Geflecht des Textes

1,18a Einleitung
Die Überschrift leitet formal in die nun folgende Perikope über, verknüpft jedoch durch die Wortwahl *Ursprung Jesu Christi* diesen Abschnitt mit dem ersten. Die Leser können die vorhergehenden Generationslisten mit dem Jesus-Ereignis in Zusammenhang bringen, so dass das Wirken Gottes an Israel offensichtlich wird. Jesus ist ein Sohn seines Volkes, aber – und das ist die Neuigkeit dieser Perikope – er ist auch auf besondere Weise der Sohn Gottes.

1,18b-19 Situationsbeschreibung
Diese Verse thematisieren einen entscheidenden Punkt in der Genealogie: *Wer* ist Jesus? Dieses Kind, das *aus Heiligen Geist* gezeugt ist, erscheint als

etwas Besonderes. Von Anfang an zeigt sich eine Identität Jesu an, die sich nicht aus der Genealogie ableiten lässt. Die Genealogie kann das Charakteristikum des Messias als Nachkomme Davids bezeugen; die Tatsache aber, dass Jesus *Gott mit uns* (1,23) ist, hängt von göttlichem Wirken ab.

Zum ersten Mal wird in 1,18 der *Heilige Geist* genannt, der seine schöpferische Kraft entfaltet. Damit spielt der Autor auf die Wirkung des Heiligen Geistes zu Beginn der Schöpfung (Gen 1,2) und bei der Wiederherstellung des Volkes Israel nach dem Exil (Ez 37,1-14) an. In den folgenden Erzählungen des Evangeliums entfaltet der Heilige Geist seine bedeutende Rolle bei der Taufe (3,11) und bei den Versuchungen Jesu (4,1).

Die Beziehung zwischen Maria und Joseph ist mit einem Verb beschrieben, das nur hier (und zweimal in Lk) vorkommt; die deutsche Übersetzung mit *verlobt* oder *versprochen* bringt die juristische Verpflichtung dieses Versprechens leider nicht ausreichend deutlich zur Geltung. Die rabbinischen Quellen berichten, dass ein Eheversprechen normalerweise relativ früh geschlossen wurde, etwa mit 13 oder 14 Jahren (b.Yeb 62b). Obwohl es vor der Heirat noch kein Zusammenleben der beiden Partner gab, wurde das Mädchen bereits als „Gattin" angesehen (Dtn 20,7), die im Falle von Ehebruch (Dtn 22,23-24) bestraft werden konnte oder durch den Akt der Scheidung entlassen werden konnte (m.Ketub. 1.2; 4.2). Die Ratlosigkeit Josephs ist angesichts des Umstands, dass Maria schon vor ihrem gemeinsamen Zusammenleben schwanger ist, durchaus verständlich.

1,19 beschreibt die Ratlosigkeit Josephs zusammen mit seiner *Gerechtigkeit*. Für das rabbinische Judentum und das erste Evangelium ist die *Gerechtigkeit* ein zentrales Thema; Matthäus gebraucht diesen Begriff auch, um die geforderte Haltung der Schüler Jesu zu beschreiben. Die Gerechtigkeit Josephs charakterisiert ihn als gläubigen Gerechten, der seinen Weg vor Gott geht und Gottes Weisungen beachtet. Abel, der Gerechte (23,35), die Propheten und die Gerechten des Bundes (13,17) dienen als Vorbilder. Es geht dabei nicht allein um eine genaue Einhaltung der Tora, sondern vielmehr um eine authentische spirituelle Haltung Gott und den Nächsten gegenüber: um die Aufmerksamkeit des Menschen für den Willen Gottes und für die Bedürfnisse seiner Nächsten.

1,20-23 Geburtsankündigung

Das semantisch-narrative Gewicht der kurzen Erzählung konzentriert sich auf die Ankündigung der Geburt im Traum und die angehängte Deutung durch das Schrift-Erfüllungszitat. Der zentrale Punkt der Geburtsankündigung ist der Name, denn der Name sagt die Identität aus (1,21.23). Die antike Gattung der „Geburtsankündigung" verlangt folgende Elemente:
1. Eingriff Gottes (gewöhnlich durch einen himmlischen Boten);
2. Erschrecken, Verwirrung und Beunruhigung;
3. Die Botschaft bezieht sich auf den Plan Gottes;
4. Ein Hindernis im göttlichen Plan;
5. Der Bote gibt ein Zeichen für die Verwirklichung der Ankündigung;
6. Letzte erklärende Elemente.

All diese Punkte bis auf das ausdrückliche Erschrecken Josephs vor der Erscheinung des Engels (vgl. hingegen Lk 1,29) sind in unserer Erzählung vertreten. Der Befehl *fürchte dich nicht* bezieht sich daher nicht auf ein nicht genanntes vorheriges Erschrecken Josephs, sondern auf die Furcht angesichts des göttlichen Ereignisses.

Der Engel spricht Joseph als *Sohn Davids* an. Diesen Namen hat Matthäus normalerweise für Jesus reserviert (1,1; 9,27; 15,22; 30,30), aber hier greift er dadurch noch einmal auf den Ursprung Jesu zurück. Weil allein die menschliche Abstammung nicht vollständig die Identität Jesu erfasst, präsentiert Matthäus gleich anschließend den Ursprung Jesu aus dem Heiligen Geist (den die Leser schon aus 1,18 kennen) und unterstreicht somit Jesu göttliche Herkunft. In diesem Zusammenhang gebraucht Matthäus zwei Namen, die jeweils von einer Bedeutungserklärung begleitet sind: *denn er wird sein Volk von ihren Sünden retten* (1,21) und: *Gott (ist) mit uns* (1,23).

Die griechische Namensform Ἰησους ist dem hebräischen Wort *Ješū'a* aus der Wurzel *jš'* (*retten*) nachgebildet. Gleich anschließend folgt die Erklärung, dass *retten* sich auf die Heilsfunktion Jesu für sein Volk bezieht. Mit dem *Volk* ist Israel gemeint; die Befreiung ist genauer spezifiziert als *Befreiung von Sünden*. Auf diese Weise bietet Matthäus seinen Lesern ein Signal an, das sie das Werk Jesu als Geschehen inmitten seines Volkes interpretieren lässt: Jesu Worte und Taten, sein Leiden, Tod und seine Auferweckung sind Zeichen des Kampfes und des Sieges über die Sünde. Am Ende des Evangeliums wiederholt Matthäus diese Deutung in den Worten, die Jesus über den Kelch spricht: das Blut des Bundes wird vergossen *zur Vergebung der Sünden* (26,28). Der Charakter der Befreiung von der Sünde deutet schon im Voraus die wahre Versöhnung mit Gott an: das Werk Jesu muss vor allem in diesem Sinne verstanden werden.

Der zweite Name wird in 1,22-23 mittels einer zusammengesetzten Wendung vorgestellt, die hier zum ersten Mal erscheint und ein Zitat aus Jes 7,14 (nach der Septuaginta, der griechischen Übersetzung der hebräischen Bibel = LXX) einleitet. Es handelt sich um die stereotype Formulierung *dies aber alles ist geschehen, damit erfüllt würde das vom Herrn Gesagte durch den Propheten*, die noch häufiger in den ersten Kapiteln des Evangeliums gebraucht wird (2,15; 2,17-18; 2,23). Die theologische Funktion dieser Formel besteht darin, die Propheten als Zeugen der Ereignisse anzuführen: das Christus-Ereignis ist Erfüllung der Schrift. Die Schrift-Erfüllungszitate stellen für die Leser ein sehr bedeutendes Signal dar, weil sie die Aufmerksamkeit auf die zentralen Elemente des Textes lenken und sie als von den Propheten vorhergesagtes Handeln Gottes wieder in Erinnerung bringen. Es geht hier also nicht in erster Linie um das Wunder einer Jungfrauengeburt, sondern darum, dass sich die von den Propheten angekündigte Erfüllung des göttlichen Heilsplans nun realisiert.

Die Funktion der Schriftzitate besteht weniger in Apologie, als vielmehr im Zeugnis-Geben von der Erfüllung der Geschichte Jesu nach einem göttlichen Plan. Im Kindheitsevangelium finden die Leser Identifikationsmodelle, die diesen göttlichen Plan annehmen (Joseph) oder ablehnen (Herodes;

Jerusalem). Von Anfang an ist der Messias vom Gesetz und von den Propheten bezeugt – und von Anfang an wird er angenommen und abgelehnt.

Hinsichtlich des zweiten Namens fällt auf, dass Matthäus nicht so sehr am Eigennamen *Emmanuel* interessiert ist, sondern hauptsächlich an dessen Bedeutung: *Gott (ist) mit uns.* Möglicherweise schöpft der Autor aus einem Passus, der kurz nach seinem Jesajazitat (Jes 7,17) in Jes 8,8.10 steht: *...dein Land, Emmanuel (mit uns ist Gott);* und: *...die frevelhaften Pläne der Völker kommen nicht zustande, denn mit uns ist Gott.* Matthäus konstruiert hier eine zusammenschließende Verbindung (Inklusion) mit den letzten Worten des Evangeliums *ich bin bei euch* (28,20). Somit verdeutlicht er, dass Jesus nicht nur der Sohn Davids ist, sondern Dank des Eingreifens des Heiligen Geistes die Manifestation der Gegenwart Gottes mit uns.

1,24-25 Schluss
Diese Verse bilden auf der narrativen Ebene den Abschluss der Episode. Unter theologischem Aspekt heben sie die Gerechtigkeit Josephs hervor, die darin besteht, zu *tun* (1,24), was Gott ihm durch den Engel aufgetragen hat. Eines der grundlegenden Kennzeichen der matthäischen Gerechtigkeit ist der tatkräftige Gehorsam gegenüber den Weisungen Gottes (vgl. 7,21-23). Joseph repräsentiert als positive Identifikationsfigur das Modell des gerechten Menschen.

Das Verb *erkennen* meint hier wie oft im biblischen Kontext das geschlechtliche Erkennen. Die Information, dass Joseph *sie nicht erkannte,* verdeutlicht den Lesern, dass *das in ihr Gezeugte aus Heiligem Geist ist* (1,20). Der Satz *und er erkannte sie nicht, bis sie einen Sohn gebar* (1,25) gibt keine Information über die Jungfräulichkeit Marias „post partum", denn die Formulierung *nicht...bis* sagt nur, dass *dieser Sohn* Marias nicht die Frucht der ehelichen Beziehung ist; über das, was danach geschah, sagt sie nichts aus, denn das lag nicht im Interesse des Erzählers.

Pragmatische Knotenpunkte des Textes

Schon gleich in der einleitenden Situationsbeschreibung werden die Leser mit dem „Eingreifen" Gottes konfrontiert: die Schwangerschaft Marias geschieht durch den Heiligen Geist. Die Leser können sich an ähnliche Situationen des Ersten Testaments erinnern, wo ebenfalls Gott die Schwangerschaften von Sara, Rebekka und Rachel, den „Müttern" des Volkes Israel, bewirkte. Durch dieses Geschehen wird Maria den großen „Urmüttern" an die Seite gestellt, doch bleiben den Lesern aufgrund der vorangestellten Genealogie ebenso die „kleinen" Frauen (Fremde, Prostituierte, Entrechtete, Ausgenutzte) vom Rande der Gesellschaft präsent.

Die Erscheinung des Engels erklärt die Motivation Gottes: das Kind ist vom Heiligen Geist und wird die Sünden des Volkes vergeben. Hier werden die Leser plötzlich an die Schuld des Volkes, mit dem sie sich identifizieren, erinnert. Schuld ist ein fundamentales Hindernis für die Gottesbeziehung. Zugleich erinnern sie sich aber auch an die Erzählungen des Ersten

Testaments, die festhalten, dass Gott stets nach dem Sündigen des Volkes eine neue Geschichte mit ihm begonnen hat (z.B. die Erzählungen von der Sintflut und dem Exil). Entsprechend können die Leser folgern, dass auch jetzt mit diesem Kind eine „neue Geschichte" beginnt. Der Name des Kindes *Gott (ist) mit uns* zeigt das Ziel und das Programm dieser neuen Geschichte an. Die Leser finden sich der komplexen und besonderen Identität Jesu gegenüber: Jesus ist Gottes Sohn, der Nachkomme Davids, der Messias, der uns von unseren Sünden befreit, der *Gott mit uns*. Auf der Folie dieser Identität soll das gesamte Evangelium, alle Worte und Taten Jesu verstanden werden. Einer solchen Information gegenüber können die Leser nicht indifferent bleiben, zumal die Identität Jesu zu einem bedeutenden Teil durch die Beziehung zu *uns* bestimmt ist: Jesus ist der, der *uns* von *unseren* Sünden befreit. Jesus ist der *Gott mit uns*. Die Leser sind eingeladen, über ihre Beziehung zu Jesus und zu Gott nachzudenken. Wie verändert sich diese Beziehung, wenn meine Sünden kein Hindernis mehr sind? Wie gehe ich mit der Zusage um, dass auch „Gott mit mir" ist?

Die Schriftzitate erinnern die Leser an den Heilsplan Gottes, den schon damals die Propheten erkannt haben. Damit stellen sie eine andere Sichtweise auf die Geschichte vor. Aus dieser Perspektive wirkt die gesamte Heilsgeschichte sorgsam, auf lange Zeit und auf die Vollendung hin geplant. Die Schriftzitate bieten den Lesern an, diese andere Perspektive einzunehmen und sich selbst als einen Teil der Heilsgeschichte wahrzunehmen, eingewoben in den Heilsplan Gottes.

Zwar kommt Maria im Heilsplan Gottes eine gewichtige Bedeutung zu, doch Matthäus erzählt das Kindheitsevangelium aus der Perspektive des „Nebendarstellers" Joseph. Damit verdeutlicht er wie schon zuvor durch die „kleinen Frauen" in der Genealogie, dass auch die scheinbar unbedeutenden, kleinen Rollen wichtig sind. Der Schluss der Erzählung stellt die Person Josephs als Modell des Gerechten vor: er *tut* den *Willen Gottes*. Es genügt nicht, den Willen Gottes bloß zu kennen oder theoretisch zu respektieren, denn der Wille Gottes will getan werden. Die Leser sind gerufen, sich wie Joseph aktiv in die Geschichte Gottes einbeziehen zu lassen. Das Tun des Willens Gottes kann zu einer Glaubenshaltung werden, die das ganze Leben prägt. Manchmal mag es nicht einfach sein, dem Willen Gottes zu folgen, vor allem dann nicht, wenn er menschlichen Vorstellungen und Idealen zu widersprechen scheint, wie bei der vorehelichen Schwangerschaft Marias. Joseph als Identifikationsfigur zeigt, dass es dennoch möglich ist, den Willen Gottes zu tun: im Blick auf die Bedürfnisse des Nächsten.

Das Kind, Herodes und die Magier: 2,1-12

Die Suche nach dem König
¹ Als aber Jesus in Bethlehem in Judäa geboren war
— zu der Zeit des Königs Herodes –,
— siehe! – Magier aus dem Osten kamen nach Jerusalem,

Die Kindheit Jesu

² sagend: Wo ist der (neu)geborene König der Judäer?
Denn wir sahen seinen Stern beim Aufgang,
und wir kamen, ihm zu huldigen.

König Herodes
³ Es hörend aber, wurde der König Herodes verwirrt – und ganz Jerusalem mit ihm –,
⁴ und – versammelnd alle Hohenpriester und Schriftkundigen des Volkes –,
erkundigte er sich bei ihnen, wo der Messias geboren werde.
⁵ Die aber sprachen zu ihm:
In Bethlehem, in Judäa,
denn so ist geschrieben durch die Propheten:
⁶ *Und du Bethlehem,* Land Juda,
keinesfalls bist du die geringste unter den Führern Judas,
denn aus dir wird herauskommen ein Herrscher,
der mein Volk Israel weiden wird. (Mi 5,1.3; 2Sam 5,2; 1Chr 11,2)
⁷ Da – die Magier heimlich rufend –
erkundete Herodes bei ihnen genau die Zeit des erscheinenden Sterns,
⁸ und – sie nach Bethlehem schickend – sprach er:
Hineingehend forscht genau nach dem Kind!
Wenn ihr es gefunden habt, meldet es mir,
damit auch ich – kommend – ihm huldige.
⁹ᵃ Die aber – hörend den König – gingen weg.

Das Finden des Kindes
⁹ᵇ Und – siehe! – der Stern, den sie beim Aufgang sahen, ging ihnen voran,
bis – kommend – er darüber stand, wo das Kind war.
¹⁰ Sehend aber den Stern, freuten sie sich mit sehr großer Freude.
¹¹ Und – kommend in das Haus –   sahen sie das Kind, mit Maria, seiner Mutter,
und – niederfallend –   huldigten sie ihm,
und – öffnend ihre Schatzkästen – brachten sie ihm Geschenke:
Gold, Weihrauch und Myrrhe.
¹² Und – unterwiesen im Traum, nicht zurückzukehren zu Herodes –
kehrten sie auf einem anderen Weg zurück in ihr Land.

Die Gewebestruktur des Textes

Diese Perikope besteht aus drei Szenen, von denen die erste das Thema angibt – die Suche nach dem *König der Juden* (2,1-2) –, das dann die folgenden Szenen ausführen: zuerst stößt die Suche auf Herodes (2,3-9a), bevor sie erfolgreich beim Kind und seiner Mutter endet (2,9b-12).

Der Autor hat hier eine dramatisch-ironische Episode geschaffen. In der ersten Szene erscheinen die Magier (2,1) und das Motiv ihrer Suche nach dem König der Juden aufgrund des Sterns wird vorgestellt (2,2). Dieses Motiv wiederholt sich in den folgenden Szenen. In der zweiten Szene tritt Herodes in der Hauptrolle auf (2,3); auf seiner Seite stehen *ganz Jerusalem* und die Repräsentanten des Volkes (2,4). Auch hier sind die Motive des Sterns (2,7) und der Anbetung (2,8) genannt, dieses Mal aber aus der interessegeleiteten Perspektive des Herodes (*heimlich*), wodurch eine effektgeladene, vergleichende Gegenüberstellung zu den Magiern entsteht. In der dritten Szene treten wieder die Magier auf; der Stern ist der Auslöser ihrer übergroßen Freude (2,9b-10), denn ihr Vorhaben (2,2) realisiert sich im Finden des Kindes und in der Anbetung (2,11).

Das semantische Geflecht des Textes

In der dieser Erzählung zeigt sich auf der thematischen Ebene eine durch Gegensätze geprägte konzentrische Struktur (*kommen – gehen, suchen – finden,*...) die das Prophetenzitat an die zentrale Stelle rückt und dadurch das König- und Hirte-Sein Jesu betont. Damit stellt der Autor seinen Lesern eine neue, weitere Identität Jesu vor: Jesus ist Hirte und König.

2,1 Magier *kommen* aus einem fernen Land im Osten
  2,2 Magier *suchen* den König der Juden und wollen ihm huldigen
    2,3 Herodes und ganz Jerusalem *erschrecken*, als sie vom Stern hören
    2,4-5 Herodes und die Schriftkundigen *forschen*, wo der Messias geboren wird
      2,6 *Prophetenzitat*: Aus Bethlehem kommt ein Herrscher, der mein
        Volk weiden wird (*Hirtenmotiv für den König = der wahre König!*)
    2,7-8 Herodes beauftragt die Magier nach dem Kind zu *forschen*
      (falsches, *scheinheiliges Forschen*)
    2,9-10 die Magier *freuen* sich, als sie den Stern wieder entdecken
  2,11 Magier *finden* den König der Juden und huldigen ihm
2,12 Magier *gehen* zurück in ihr Land.

2,1-2 Die Suche nach dem König
Die Geburt Jesu wird hier nur kurz festgestellt. Im Gegensatz dazu beschreibt Lk wesentlich ausführlicher die Geburt und die damit verbundenen Ereignisse als Parallele zur Geburt Johannes des Täufers (Lk 1,57-79 // 2,1-39). Matthäus betont vor allem die Bedeutung des Daseins Jesu für die Geschichte Israels und für die Völker. Die Magier und Herodes mit ganz Jerusalem und seiner repräsentativen Führungsschicht geben als Identifikationsfiguren unterschiedliche Antworten auf das Heilsprojekt Gottes.

Dem Autor kommt es nicht auf eine präzise Identitätsbeschreibung der handelnden Personen an, doch spricht einiges dafür, dass er die Magier als Heiden darstellt: die Suche bezieht sich explizit auf den *König der Juden* (2,2; 27,11), und die Herkunft der Magier *aus dem Osten* kennzeichnet sie als Fremde, denn bei den Rabbinen werden die Heiden oftmals als „Sternenanbeter" beschrieben. Matthäus konstruiert eine kontrastreiche Gegenüberstellung zwischen Jerusalem mit seinen jüdischen Repräsentanten und den Heiden. Bei dieser positiven Darstellung der Heiden handelt es sich um ein proleptisches Element eines zentralen Themas des Matthäusevangeliums: das von Jesus gebrachte Heil gilt nicht nur ausschließlich Israel (2,6), sondern allen Völkern (vgl. 28,19-20).

In diesem Zusammenhang ist der *Stern* von besonderer Bedeutung: die Bezeichnung als *sein Stern* knüpft zum einen an den Volksglauben an, der sich vorstellt, dass jeder Mensch unter einem bestimmten Stern geboren wird; zum anderen ruft der *aufgehende Stern* eine Episode des Sehers Bileam aus dem Orient in Erinnerung, der den Stern Davids aufgehen sieht

Die Kindheit Jesu

(Num 24,17). Die Erwähnung des Sterns könnte außerdem noch an einen anderen Prophetentext anknüpfen, der ebenfalls von einem *aufgehenden, erscheinenden Licht* spricht: *Auf, werde licht, denn dein Licht kommt und die Herrlichkeit des Herrn geht auf über dir...doch über dir geht leuchtend der Herr auf, seine Herrlichkeit erscheint über dir. Völker wandern zu deinem Licht und Könige zu deinem strahlenden Glanz* (Jes 60,1-3). In den folgenden Versen (Jes 60,5-6) kommen zudem noch weitere parallele Motive wie *Freude, kommen, Schatz, Weihrauch und Gold* vor: *Du wirst es sehen und du wirst strahlen, dein Herz bebt vor Freude und öffnet sich weit. Denn der Reichtum des Meeres strömt dir zu, die Schätze der Völker kommen zu dir. Zahllose Kamele bedecken dein Land, Dromedare aus Midian und Efa. Alle kommen von Saba, bringen Weihrauch und Gold und verkünden die ruhmreichen Taten des Herrn* (vgl. auch Ps 72,10-11).

Die *Zeit des Königs Herodes* (2,1) erinnert an eine vergangene Epoche, doch der Hinweis, dass die Magier *aus dem Osten* gekommen sind, konfrontiert die antiken Leser mit ihrer Gegenwart, in der die Christusgläubigen von Osten und Westen kommen, um im Himmelreich zusammen *mit Abraham* und den anderen Vätern des Glaubens zu Tisch zu sitzen (8,11). Die Magier werden zu einem positiven Identifikationsmodell: die Leser können in deren Reise ihren persönlichen Glaubensweg, der sie zur Suche nach Jesus Christus bewegt hat, erkennen.

2,3-9a König Herodes

Die zweite Szene rückt den Kontrast zwischen den Magiern und der Rolle des Herodes in den Mittelpunkt. Das Verb *verwirrt werden* beschreibt ebenfalls das Erschrecken der Schüler Jesu in 14,26, in der einzigen Stelle, in der dieses Wort außerdem noch im Evangelium genannt wird. Es meint ein Erschrecken aus Angst vor einer bedrohenden Realität.

Der Ausdruck *und mit ihm ganz Jerusalem* (2,3) spielt auf ein theologisches Problem an, das sich noch an anderen Stellen im Matthäusevangelium wiederholt: die Beziehung des jüdischen Volkes zu Jesus als Messias. Dieses Problem wird hier durch den Gebrauch des Adjektivs *ganz* provoziert, das auch in einem anderen theologisch bedeutsamen Text vorkommt, in dem *das ganze Volk* ruft: *sein Blut (komme) über uns und über unsre Kinder* (27,25). Dass die gesamte Bevölkerung von Jerusalem zusammen mit Herodes vor einem neuen König in Angst gerät, ist historisch undenkbar. Matthäus gebraucht diese übertriebene Wortwahl, um zum ersten Mal in seinem Evangelium die theologische Kategorie der Ablehnung des Messias darzustellen. Wichtig ist dabei, dass das Wort *ganz* für Matthäus gerade nicht die völlige Gesamtheit aussagen will (vgl. den Gebrauch in 24,9). Es ist gerade nicht ganz Israel, das Jesus abgelehnt hat, sondern speziell die Hohenpriester und Schriftkundigen, die hier als neue Gruppe in Verbindung mit Herodes und mit der antiken politischen Macht eingeführt wird. Diese Gruppe wird später in den Leidenankündigungen und in der Passionsgeschichte als Gegner Jesu auftreten (16,21; 20,18; 21,15; 26,57; 27,41). Matthäus gebraucht das betonende *ganz*, um von Anfang an einen roten Faden in der Handlung des Evangeliums vor Augen zu führen: während die Fernen sich nähern, bleiben die Kinder des Reiches auf Distanz (8,11-12).

Diese Gegenüberstellung zwischen den Fremden und Israel ist deshalb so krass, weil für Matthäus die Schriften Jesus als Messias bezeugen. Er interpretiert Mi 5,1 und 2 Sam 5,2, die er etwas freier in 2,6 zitiert, als Zeugnis für den Messias. Indem Matthäus das *Bethlehem-Efrata* aus der Vorlage (sei es die Septuaginta oder der Masoretische Text) zu *Bethlehem in Juda* umwandelt, betont er ausdrücklich die den Erwartungen Israels entsprechende davidische Abstammung. Mit der Verortung der Geburt Jesu in Bethlehem – und nicht in Nazaret in Galiläa, das nicht für einen davidischen Ursprung geltend gemacht werden kann – zeigt Matthäus, dass Jesus wirklich allen Erwartungen der messianischen Hoffnung entspricht: der Messias ist in Bethlehem geboren und er ist aus dem Geschlecht Davids. Ebenso wichtig ist das Samuelzitat, das auf die eschatologische Erwartung des wahren Hirten antwortet, der das verstreute Volk Gottes sammeln wird (vgl. Ez 34,4-16; Mi 5,1-9; 4 Esra 13,34-50). Das Hirtenmotiv, das Jesus ausdrücklich mit dem Hirten des Volkes Israels identifiziert, greift Matthäus in 9,36 und 26,31 wieder auf; in 25,32.34 schließlich erscheint Jesus zugleich als eschatologischer Hirte und König. Das Matthäusevangelium zeigt ein besonderes Interesse an den Themen des Messias und des eschatologischen Hirten Israels, der kommt, um das Volk unter die Herrschaft Gottes zurückzuführen.

2,9b-12 Das Finden des Kindes

Diese letzte Szene beschreibt die Wohltaten und Segnungen Gottes für die Völker gemäß der Schrift. Die Schriftzitate (Mi 5,1 und 2 Sam 5,2) der vorigen Szene betonten die davidische Herkunft Jesu; nun erinnert das Auftreten der Magier mit ihren Geschenken an Jes 60,5-6 und Ps 72,10-1, an die Völkerwallfahrt zum Sion. Der Sohn Davids ist auch der Sohn Abrahams, durch den alle Völker der Erde Segen erlangen. Die lange Reise der Magier gipfelt im Finden und Verehren des Kindes. Das Verb *verehren, huldigen* ist eines der Vorzugsworte im Evangelium; ebenso wird in 14,33 der Sohn Gottes und in 28,17 der auferweckte Jesus, dem dieselbe Macht wie Gott zukommt (28,18), verehrt. In diesem Zusammenhang wird die redaktionelle Intention des Matthäus deutlich: Jesus ist nicht nur Sohn Davids und Sohn Abrahams, sondern er ist vor allem der Emmanuel, der *Gott mit uns*, dem Verehrung gebührt (2,2.11).

Über die Bedeutung der Geschenke der Magier – Gold, Weihrauch und Myrrhe – ist viel spekuliert worden. Festzuhalten bleibt, dass es sich um große Kostbarkeiten handelt. Bedeutungsvoll ist außerdem nach der Huldigung die Geste der Gabe der Geschenke, die die Wertschätzung unterstreicht und zugleich die Hingabe der Verehrenden ausdrückt.

Auch die heidnischen Magier erhalten eine Botschaft im Traum, die sie wie selbstverständlich richtig verstehen, über die Interessen des Königs Herodes setzen und sofort befolgen. Obwohl weder Gott als Sender oder ein Engel als Überbringer der Traumbotschaft explizit genannt ist (ebenso nicht in 2,22), haben in den biblischen Schriften Träume die Funktion, das Handeln Gottes nach seinem Heilsplan darzustellen. Gott bezieht in seinen Plan von Anfang an auch die Heiden mit ein, die genau wie Joseph den Willen Gottes erkennen und tun.

Pragmatische Knotenpunkte des Textes

Die Geburt Jesu fordert zu einer Reaktion heraus, für die unsere Erzählung verschiedene Handlungsmodelle vorstellt. In der ersten Szene bieten die Magier das erste Identifikationsmodell an: für sie ist Jesus der König der Juden und möglicherweise noch „mehr", wie sie aufgrund des Sterns deuten. Dass die Sterne die Geburt Jesu anzeigen, verweist auf die kosmische Bedeutung seiner Existenz. Die Reaktion der fremden, wohl nichtjüdischen Magier ist ungewöhnlich: sie verlassen ihr eigenes Land und unternehmen eine lange Reise, um einem fremden König zu huldigen; sie demonstrieren damit, dass sie die besondere Bedeutung dieses neuen König der Juden erkannt haben. Dadurch veranschaulicht Matthäus seinen Lesern zum einen die über die Grenzen des Volkes Israel hinausreichende Bedeutung Jesu und zum anderen die Fähigkeit der Heiden, gerade diese besondere Bedeutung Jesu selbst zu erkennen und entsprechend zu handeln. Ähnliche Glaubenszeugnisse von Heiden beschreibt Matthäus in den Beispielen vom Hauptmann (8,5-13) und der kanaanäischen Frau (15,22-28). Wenn sich die Leser an die Heiden im Stammbaum Jesu erinnern (Thamar, Rachab, Ruth, Uria), wird ihnen mit der Rolle der Magier der Platz der Heiden in der Heilsgeschichte Gottes noch einmal bestätigt: auch den heidnischen Frauen und Männern, den „Kleinen" und „Großen" gilt das Kommen des Messias.

In der zweiten Szene lernen die Leser weitere Handlungsmodelle als Reaktion auf die Geburt Jesu kennen, nämlich die Rolle des Herodes (zusammen mit ganz Jerusalem) und die der Schriftkundigen. Das Erschrecken des Herodes angesichts der Botschaft vom neuen König lässt ihn in einem negativen Licht erscheinen. Seine Nachforschungen in der Schrift zeigen aber auch, dass er die Bedeutung Jesu erahnt. Doch er nimmt Jesus als Bedrohung oder Konkurrenz zu seiner eigenen Welt wahr; infolgedessen versucht er, seine eigene Position zu verteidigen. Sein Vorhaben, den Aufenthaltsort des Kindes zu erfahren, um ihm ebenfalls zu huldigen, ist deshalb nicht als plötzlicher Gesinnungswandel, sondern im Licht seines vorigen Erschreckens und des heimlichen Fragens zu interpretieren, was dann die folgende Erzählung vom Kindermord verdeutlicht.

Die Schriftkundigen kennen die Interpretation der Schrift für Jesus: Jesus ist der wahre Hirte, der wahre König Israels. Diese Deutung Jesu vonseiten der Autorität der Schriftkundigen untermauert ihre Richtigkeit und Gültigkeit. Umso überraschender ist es, dass von den Schriftkundigen keinerlei Reaktion berichtet wird: obwohl sie wissen, wer Jesus ist, bleibt ihr Wissen ohne Folgehandlungen; obwohl sie die Reaktion der Magier sehen, reagieren sie nicht. Matthäus stellt dem positiven Identifikationsmodell der Magier zwei Negativ-Modelle gegenüber: Herodes, der Jesus ablehnt und mit allen Mitteln bekämpft und die Schriftkundigen, die sich von der Botschaft, dass der Hirte Israels gekommen ist, nicht berühren lassen.

In der dritten Szene führt Matthäus dann die Rolle der Magier als positive Identifikationsfiguren weiter aus: auch sie erfahren, dass dieser neue König nicht ihren Vorstellungen entsprechend im Palast zu finden ist, doch sie geben nicht auf, sie lassen ihr Königsbild korrigieren und finden schließlich Jesus in einem gewöhnlichen Haus. Die große Freude, die sie verspüren, als sie das Kind sehen, lässt schon die eschatologische Freude anklingen. Die Magier huldigen Jesus, doch sie belassen es nicht bei der so demonstrierten Anerkennung Jesu als König, sie bringen ihm außerdem noch kostbare Geschenke. Mit einem Geschenk gibt der Schenkende auch immer ein Stück von sich, d.h. die Magier zeigen neben der Verehrung auch ihre persönliche Hingabe. Wie Joseph empfangen die Magier im Traum eine Botschaft Gottes. Auch für sie ist diese Botschaft nicht leicht zu erfüllen, denn sie bringt sie in den Konflikt mit dem Auftrag des Königs, der ihnen befohlen hatte, ihm zu melden, sobald sie das Kind gefunden haben. Die Magier können die Bedeutung der Botschaft Gottes richtig einschätzen und befolgen sie, auch wenn das für sie bedeutet, einen anderen Weg einzuschlagen, um zurück in ihre Heimat zu kommen.

Das Bild, das Matthäus in seiner Vorgeschichte von Jesus zeichnet, erweitert er in dieser Perikope, indem er bereits die kosmische und völkerübergreifende Bedeutung Jesu andeutet. Außerdem erfahren seine Leser, dass sie Jesus als den wahren Hirten des Gottesvolkes verstehen sollen. Je abhängig davon, wie Jesus wahrgenommen und interpretiert wird – ob als Konkurrenz-König oder als wahrer Hirte und *Gott mit uns* –, fallen die Reaktionen auf seine Existenz unterschiedlich aus. Die Leser sind eingeladen, Stellung zu beziehen: Wer ist Jesus für mich? Wo suche und erwarte ich Jesus? Welche meiner Vorstellungen kann ich in einem neuen Blick auf Jesus korrigieren? Wie reagiere ich, wenn mich die Botschaft Gottes oder Jesu in einen Konflikt mit anderen Aufträgen bringt?

Die Flucht nach Ägypten und die Rückkehr nach Israel: 2,13-23

Die Flucht nach Ägypten
13 Als sie aber zurückgekehrt waren,
– siehe! – ein Engel des Herrn erscheint im Traum dem Joseph,
sagend: Aufstehend nimm das Kind und seine Mutter
und flieh nach Ägypten,
und bleibe dort, bis ich zu dir spreche,
denn Herodes will das Kind suchen, um es zu vernichten.
14 Der aber – aufstehend – nahm das Kind und seine Mutter – nachts –
und floh nach Ägpyten,
15 und er war dort bis zum Tod des Herodes,
damit erfüllt würde das Gesagte vom Herrn durch den Propheten, den sagenden:
Aus Ägypten rief ich meinen Sohn. (Hos 11,1)

Die Kindheit Jesu

Der Kindermord
¹⁶ Da – sehend, dass er von den Magiern genarrt wurde – wurde Herodes sehr zornig, und – schickend – tötete er alle Knaben in Bethlehem und in allen seinen Gebieten, ab zweijährig und darunter, gemäß der Zeit, die er genau erkundete bei den Magiern.
¹⁷ Da wurde erfüllt das Gesagte durch Jeremia, den Propheten, den sagenden:
¹⁸ *Eine Stimme wurde in Rama gehört, Weinen und viel Klage; Rachel beweinend ihre Kinder, und sie wollte nicht getröstet werden, weil sie nicht mehr da sind. (Jer 31,15)*

Die Rückkehr nach Israel
¹⁹ Als aber Herodes gestorben war,
– siehe! – ein Engel des Herrn erscheint im Traum dem Joseph in Ägypten,
²⁰ sagend: Aufstehend nimm das Kind und seine Mutter
und geh ins Land Israel!
Denn gestorben sind, die dem Kind nach dem Leben trachteten.
²¹ Der aber – aufstehend – nahm das Kind und seine Mutter
und ging ins Land Israel.
²² – Hörend aber, dass Archelaos König sei über Juda anstelle seines Vaters Herodes –, fürchtete er sich, dorthin zu gehen;
– unterwiesen aber im Traum –
zog er sich nach Galiläa zurück,
²³ und – angekommen –
wohnte er in einer Stadt, genannt Nazaret,
damit erfüllt würde das Gesagte durch die Propheten:
Er wird Nazoräer genannt werden.

Die Gewebestruktur des Textes

Die Komposition entwickelt sich in drei gut gestalteten und miteinander verknüpften Szenen: die erste handelt von dem Weg Jesu und seiner Familie nach Ägypten (2,13-15), die zweite vom Massaker an den Kindern (2,16-18) und die dritte von der Rückkehr Jesu und seiner Familie nach Israel (2,19-23). Die erste und die letzte Szene beginnen beide mit der Erscheinung eines Engels (2,13.19); sie enthalten einige Anweisungen, die dann von Joseph genau ausgeführt werden. In der mittleren Szene tritt Herodes als Protagonist auf. Alle drei Szenen enden jeweils mit einem interpretierenden Schrift-Erfüllungszitat (2,15.17-18.23).

Das semantische Geflecht des Textes

2,13-15 Die Flucht nach Ägypten
In dieser Szene finden sich Parallelen zur Mose-Geschichte: auch Mose musste in seiner Jugend vor dem Pharao fliehen, der ihm nach dem Leben trachtete (Ex 2,15). Matthäus schreibt dieselbe Absicht Herodes zu, aber im Hintergrund dieses Ereignisses besteht eine Verbindung zwischen der Flucht und dem ausdrücklichen Befehl Gottes, der durch einen Engel Joseph aufträgt, *das Kind und seine Mutter* (2,13) in Sicherheit zu bringen. Vor einiger Zeit hatte Gott Mose gerettet, bevor er ihm die große Mission anvertraute (Ex 3,1-12); genauso rettet er jetzt seinen Sohn.

Das erste Schriftzitat *aus Ägypten rief ich meinen Sohn* (Hos 11,1) wird von Matthäus aus dem hebräischen Text übersetzt, der sich deutlicher als die Septuaginta auf „Israel als Gottes erstgeborenen Sohn" (Ex 4,22) bezieht. Dieses Hosea-Zitat scheint schlecht in den Kontext integriert; es hätte besser an die Stelle nach 2,21 gepasst, der von der Rückkehr Josephs, des Kindes und seiner Mutter aus Ägypten erzählt. Dennoch enthält das Zitat an dieser Stelle den Schlüssel für die theologische Interpretation der gesamten Erzählung: indem Matthäus das Hosea-Zitat an die erste Stelle setzt, ruft er den Lesern den Exodus in Erinnerung; danach spielt er mit dem zweiten Prophetenzitat an das Exil an und gestaltet so die Geschichte Israels im Kleinen. Der Sohn Jesus durchläuft also erneut den Weg, den zuvor der Sohn Israel gegangen ist.

2,16-18 Der Kindermord

Die jüdische Tradition erzählt, dass der Pharao von Ägypten, der kaum von der Geburt des zukünftigen Befreiers der Israeliten gewusst haben konnte, den Befehl gab, die jüdischen Jungen zu töten. Genauso handelt auch Herodes, als ihm klar geworden ist, dass er genarrt wurde. Das Schrift-Erfüllungszitat ist dieses Mal durch *da wurde erfüllt* eingeleitet, die Partikel *damit* fehlt hier im Gegensatz zu den anderen Schrift-Erfüllungszitaten. Das Fehlen dieser Partikel erklärt möglicherweise die Absicht des Autors, eine Beziehung zwischen dem Blutbad und dem göttlichen Willen zu vermeiden.

Das Jeremia-Zitat (Jer 31,15) von der Mutter Rachel, der Frau Jakobs, die um ihre Kinder weint, bezieht sich in seinem Originalkontext auf das Exil. Rama ist der Ort, in dem nach Jer 40,1 die Menschen für die Deportation ins babylonische Exil versammelt wurden. Nach Gen 35,19 und 48,7 befindet sich das Grab Rachels nahe Bethlehem. Möglicherweise dachte Matthäus aus diesem Grund an Rachel; sie weint, weil Jesus ins Exil geht und wegen des Massakers an den Kindern, das darauf folgt. Die Ablehnung Jesu durch Herodes mit dem Kindermord in Bethlehem nimmt in gewisser Weise die gewaltsame Ablehnung Jesu durch die jüdische Opposition in der Passionserzählung vorweg. Wenn auch das Weinen Rachels in diesem Zusammenhang gesehen wird, findet sich schon in der Kindheitsgeschichte ein weiteres proleptisches Element der Passion.

2,19-23 Die Rückkehr nach Israel

Auch die Rückkehr Jesu aus Ägypten wird als göttlicher Plan und unter dem Schutz Gottes gesehen, so wie im Buch Exodus Mose nach dem Tod des Pharaos aufgrund des Befehls Gottes zu seinen Brüdern zurückkehrt (Ex 4,19). Die Rückkehr nach Galiläa und speziell nach Nazaret wird durch das letzte Schrift-Erfüllungszitat begründet. Die Quelle dieses Schriftzitats lässt sich nur schwer identifizieren, denn die allgemeine Formulierung der Quellenangabe *durch die Propheten* ist wenig präzise. Im Markusevangelium wird Jesus viermal mit dem Begriff Ναζαρηνός (Nazarener) bezeichnet; Matthäus, Lukas und Johannes hingegen nennen Jesus Ναζωραῖος (Nazoräer). Der Ursprung des Wortes könnte die hebräische Wurzel *nāzīr* (*geweiht*)

Die Kindheit Jesu

sein (Num 6); möglich wäre aber auch *neser (Spross, Trieb)* mit Anspielung auf den Baumstumpf Isais (Jes 11,1), oder aber *nasūr (der Verschonte, Bewahrte)* im Sinne von Jes 49,6. Die einfachste Erklärung wäre, dass Matthäus diese Deutung schon aus der Tradition übernahm und sie als eine Ableitung von *der aus Nazaret (kommt)* verstand.

Auf jeden Fall setzt Matthäus das historische Nazaret in Beziehung zum Plan Gottes, der schon zuvor in der Schrift deutlich wurde. Historisch gesehen bleibt die Wahrscheinlichkeit der Flucht nach Ägypten und des Kindermordes in Bethlehem problematisch. Hingegen fällt die starke Ähnlichkeit mit der haggadischen Mose-Tradition auf. So wird erneut deutlich, dass der Evangelist bei seiner Geschichtserzählung in erster Linie ein theologisches Interesse verfolgt: auf diese Perspektive sollten sich die Leser konzentrieren.

Pragmatische Knotenpunkte des Textes

Diese Erzählung richtet in der ersten und dritten Szene den Fokus wieder auf die Person Josephs, nur in der zweiten Szene wechselt er zu Herodes. In der ersten und der dritten Szene fällt besonders das Handeln Josephs auf, der die Aufträge des Engels wortgemäß befolgt und ausführt. Die Leser können sich an die erste Engel-Erscheinung erinnern und sehen jetzt, wie sich der Heilsplan Gottes trotz Widerstände und Schwierigkeiten unaufhaltsam entwickelt. Vor diesem Hintergrund wird auch deutlich, dass der Kindermord nicht zu diesem Plan gehörte, sondern in der gewalttätigen Opposition des Herrschers Herodes begründet war.

Dreimal konfrontiert der Autor seine Leser mit Schrift-Erfüllungszitaten. Diese Schriftzitate stehen immer wie eine Zusammenfassung oder wie ein abschließender Kommentar am Ende eines erzählten Abschnitts. Sie sind durch eine feste Formel eingeleitet, die ein Ereignis aufgrund der Schrift bestätigt und dieses als Erfüllung der Schrift deutet: X ist geschehen damit/und erfüllt wurde, was Y sagte. Der Autor bietet damit seinen Lesern eine bestimmte Perspektive an, die ihnen helfen kann, (schwer verständliche) Ereignisse zu deuten. Für Matthäus sind die heiligen Schriften Israels der Horizont, vor dem er das Geschehen interpretiert. Damit gibt er ausdrücklich den theologischen Rahmen seiner Interpretation von Ereignissen in der Geschichte vor: Gott hatte von Anfang an (s)einen Plan für das Heil der Menschen. In diesem Heilsplan Gottes spielt sein erwähltes Volk Israel eine besondere Rolle. Das Leben Jesu ist Teil dieses Heilsplans, deshalb finden sich sowohl Parallelen zwischen dem Schicksal Jesu und dem Schicksal Israels, als auch Verbindungen zu Israels bedeutenden Persönlichkeiten. Die Schrift-Erfüllungszitate markieren die zentralen Punkte der matthäischen theologischen Perspektive; sie finden sich darum gehäuft in der Vorgeschichte, weil hier der Autor die Grundthemen seines Evangeliums vorstellt.

Doch die theologische Perspektive des Heilsplans Gottes für alle Menschen ist nicht nur eine unter anderen, die für Matthäus und seine Zeit zur Kenntnis genommen werden kann, denn mit Jesus ist ja weder der Heilsplan

Gottes für Israel noch für alle Menschen abgeschlossen. Wer die Deutung von Matthäus akzeptiert, dass Gott einen Heilsplan für uns hat, kann sie nicht nur als Deutung der Vergangenheit annehmen, sondern schließt seine aktuelle Geschichtsdeutung, Weltdeutung und Zukunftsdeutung mit ein und kann sich auch selbst als Teil dieses Heilsplans Gottes wahrnehmen.

Die Leser können ihre eigene Geschichts- und Zukunftsdeutung in den Blick nehmen und sie zur Perspektive von Gottes Heilsplan in Beziehung setzen: Wie verändert die Perspektive von Gottes Heilsplan meine Deutung der Ereignisse in meiner Welt? Wenn ich ein Teil des Heilsplans Gottes bin – wie wirkt sich das auf mein Handeln aus?

B. Die dreifache Bestätigung Jesu – Mt 3,1-4,16

Eingeleitet durch die Formulierung *in jenen Tagen* und nach dem vorhergehenden Teilstück über den Ursprung und die Kindheit Jesu erscheint Mt 3,1-4,16 als eine eigene Sektion, die aus drei verschiedenen Perikopen besteht, deren Hauptthema die Identität Jesu und seine Sendung ist. Einige Elemente signalisieren den Anfang des neuen Teilstücks: in 3,1 wird das Erscheinen von Johannes durch die feierliche Formulierung *in jenen Tagen kommt Johannes der Täufer* eingeleitet. Die Hauptfiguren in dieser Erzählung sind Johannes der Täufer und Jesus, das wichtigste Schlüsselwort bis zu 3,17 ist *taufen*. Ab 4,1 wechseln Thema, Wortgebrauch und handelnde Personen. Eine neue Figur erscheint, *der Teufel*, der nach einem Streitgespräch mit Jesus in 4,11 verschwindet. Die erneute Erwähnung von Johannes dem Täufer in 4,12 leitet die letzte Perikope ein, die mit einem Schriftzitat abgeschlossen wird (4,16).

Das erste Teilstück stellte den Heilsplans Gottes und die Funktion Jesu innerhalb dieses Plans vor; im zweiten Abschnitt werden nun diese Gedanken unter dem zentralen Thema „Jesus – Gottes Sohn" (3,17; 4,6) weitergeführt und ausdifferenziert. Entsprechend umfasst das zweite Teilstück die Bestätigung Jesu als Sohn Gottes auf drei verschiedene Weisen:
1. Die Bestätigung Jesu in der Taufe (3,1-17) – durch Gott
2. Die Bestätigung Jesu in den Versuchungen in der Wüste (4,1-11) – durch den Teufel
3. Die Bestätigung Jesu in Galiläa (4,12-16) – durch die Schrift.

Insgesamt bilden die vier vorangehenden Perikopen des ersten Teilstücks mit diesen drei folgenden eine große literarische Einheit, die aus sieben Perikopen besteht. Alle thematisieren in unterschiedlicher Weise den Heilsplan Gottes sowie Jesus als Gottes Sohn als bedeutenden Teil dieses Heilsplanes. Auch die letzten drei Episoden enthalten einige Schriftzitate, die wiederum die erzählten Ereignisse deuten und bestätigen.

Die dreifache Bestätigung Jesu

Die Bestätigung Jesu in der Taufe durch Gott: 3,1-17

Johannes der Täufer
1 In jenen Tagen kommt Johannes der Täufer – verkündend in der Wüste von Judäa –,
2 sagend: Kehrt um!
    Denn das Königreich der Himmel ist nahe gekommen!
3 Den dieser ist der Angekündigte durch Jesaja, den Propheten, den sagenden:
Stimme eines Rufenden in der Wüste:
Bereitet den Weg des Herrn,
macht gerade seine Straßen! (Jes 40,3 LXX)

- - - - -

4 Er aber – Johannes – hatte sein Gewand aus Kamelhaaren
und einen ledernen Gürtel um die Hüfte;
seine Nahrung aber waren Heuschrecken und wilder Honig.
5 Damals eilte zu ihm Jerusalem und ganz Judäa und die ganze Umgegend des Jordans,
6 und – ihre Sünden bekennend – wurden sie von ihm im Fluss Jordan getauft.

- - - - -

7 Sehend aber viele der Pharisäer und Sadduzäer kommend zu seiner Taufe,
sprach er zu ihnen: Natternbrut,
    wer lehrte euch, vor dem kommenden Zorn zu fliehen?
8   Bringt also Frucht, der Umkehr wert,
9   und meint nicht, bei euch sagen zu können:
        Als Vater haben wir den Abraham.
Denn ich sage euch:
    Gott kann aus diesen Steinen dem Abraham Kinder erwecken!
10 Schon aber ist die Axt an die Wurzel der Bäume gelegt:
    Jeder Baum, der nicht gute Frucht bringt,
    wird ausgehauen und ins Feuer geworfen.
11 Ich   taufe   euch zwar   mit Wasser zur Umkehr,
    der aber nach mir Kommende ist ein Stärkerer als ich,
    dessen ich nicht wert bin, die Sandalen zu tragen;
    er   wird taufen   euch   mit Heiligem Geist und mit Feuer.
12 Die Wurfschaufel ist in seiner Hand
und er wird seine Tenne von Grund auf reinigen,
und er wird einsammeln   sein Getreide   in die Scheune,
aber   die Spreu   wird er verbrennen mit unlöschbarem Feuer.

Die Taufe Jesu
13 Da kommt Jesus von Galiläa an den Jordan zu Johannes,
um von ihm getauft zu werden.
14 Johannes aber hinderte ihn,
sagend: Ich habe es nötig, von dir getauft zu werden
    und du kommst zu mir?
15 Antwortend aber sprach Jesus zu ihm:
    Lass es jetzt (zu),
    denn so ist es uns möglich, jegliche Gerechtigkeit zu erfüllen.
Da lässt er ihn.

- - - - -

16 Getauft aber stieg Jesus sofort aus dem Wasser:
und – siehe! – die Himmel wurden geöffnet
und er sah den Geist Gottes herabsteigend wie eine Taube, kommend auf ihn.

| ¹⁷ Und – siehe! – eine Stimme aus den Himmeln |
| sagend: Dies ist mein geliebter Sohn, an dem ich Gefallen fand. |

Die Gewebestruktur des Textes

Die Erzählung besteht aus zwei Szenen, die durch dasselbe Verb *kommen / auftreten* in 3,1.13 gekennzeichnet sind: die erste Szene (3,1-12) führt Johannes ein, die zweite (3,13-17) Jesus. Beide Szenen setzen sich aus verschiedenen Sequenzen zusammen.

Die erste Szene stellt in der ersten Sequenz (3,1-3) die Person Johannes des Täufers und seine Botschaft vor. Überraschenderweise steht das Verb *kommen / auftreten* hier im Präsens, wodurch das Ereignis für die Leser in den Vordergrund gerückt wird. Der anschließende Vers 3,3, durch die Konjunktion *denn* mit den vorigen verbunden, erklärt das Geschehen mit einem Schriftzitat. Die zweite Sequenz (3,4-6) beginnt mit der redundanten Formulierung *er aber, Johannes* und beschreibt die Situation, in der Johannes wirkt. Die Wiederholung von *ganz* sowie *und* in 3,5-6 verbinden die unterschiedlichen Segmente, während die Verben im Imperfekt Hintergrundinformationen geben. Die dritte Sequenz (3,7-12) rückt die Botschaft Johannes des Täufers in den Vordergrund. Die Pharisäer und Schriftkundigen sind anfangs als Adressaten der Rede des Johannes genannt (3,7), doch danach werden sie nicht mehr erwähnt. Der Horizont des Adressatenkreises erweitert sich durch die Anrede eines nicht näher präzisierten *euch* (3,11-12) auch auf die gegenwärtigen Leser.

Die zweite Szene setzt sich aus zwei Sequenzen zusammen: die erste (3,13-15) führt Jesus neu ein und erzählt seinen Dialog mit Johannes. Die zweite (3,16-17) stellt zwei Ereignisse vor, die plötzlich nach der Taufe Jesu geschehen. Sie werden durch das Signalwort *und siehe!* eingeleitet, das die Aufmerksamkeit der Leser speziell auf diese Ereignisse lenken möchte.

Das semantische Geflecht des Textes

3,1-12 Johannes der Täufer

3,1-3: Alle Synoptiker erzählen von dem Auftreten Johannes des Täufers am Anfang des öffentlichen Wirkens Jesu. Seinem Erscheinen kommt damit eine besondere Bedeutung für das Verständnis der Heilsgeschichte und für Jesu Stellung darin zu. Die Mission des „Vorläufers" bildet gleichsam eine Einleitung – wie ein Präludium – zur Mission Jesu. Beide Missionen sind durch die Begegnung von Johannes und Jesus zueinander in Beziehung gesetzt: die Mission des Johannes steht im Dienst der Mission Jesu. Das Erscheinen des Täufers wird durch die allgemeine Wendung *in jenen Tagen* eingeleitet, die an die Formulierung *in jener Zeit / in jenen Tagen* erinnert, die die Propheten gebrauchten, um eschatologische Ereignisse anzukündigen (z.B. Jer 3,16.18; Joel 3,2; 4,1; Sach 8,23). Der matthäische Gebrauch dieser Wendung an anderen Stellen (z.B. 7,22; 9,15; 10,15; 11,22.24) zeigt, dass eine eschatologische Konnotation auch in diesem Text denkbar ist. Die

Die dreifache Bestätigung Jesu

Zeit von Johannes und Jesus kann als Zeit der eschatologischen Erfüllung verstanden werden, die bereits die Propheten angekündigt haben.

Die Synoptiker verorten die Mission des Johannes *in der Wüste*. Möglicherweise könnte es sich dabei um die südliche Tiefebene des Jordantals in Richtung auf das Tote Meer hin handeln. Das war auch der Ort, wo man sich das Wirken Elijas vorstellte und wo er durch einen Wirbelsturm in den Himmel aufgefahren sein sollte (2 Kön 2,11). Etwas weiter südlich liegt Qumran. Die Essener erklärten ihren Aufenthalt in der Wüste als Erfüllung von Jes 40,3: *bereitet in der Wüste den Weg des Herrn*.... Hinter der Vision von Qumran stand wohl auch die Hoffnung, dass das Heil einer neuen Generation in der Wüste geschenkt wird: die apokalyptisch-eschatologische Erwartung war eng mit der Wüste verbunden. Die Mitglieder der Gemeinschaft von Qumran bereiteten nach ihrem Selbstverständnis durch das Studium der Tora und einen tadellosen Lebenswandel der endgültigen Offenbarung Gottes den Weg (1QS 8.13-14).

Auffällig ist die Botschaft des Johannes, die Matthäus mit denselben Worten formuliert, die später auch Jesus (4,17) und die Schüler (10,7) gebrauchen: *Kehrt um, denn nahe gekommen ist das Königreich der Himmel!* Auf diese Weise ist Johannes in die eschatologische Zeit eingebunden. Er ist nicht der letzte der Propheten (so aber bei Lukas), sondern Elija, der wiederkommen soll (11,11-14). Schriftzitate bestätigen die besondere Bedeutung des Täufers und seiner Mission. Diese Schriftzitate interpretieren die prophetische Verkündigung und die Tätigkeit des Johannes als übereinstimmend mit dem Willen Gottes und dem göttlichen Heilsplan.

Alle Synoptiker zitieren Jes 40,3, doch Markus schickt ein kombiniertes Zitat aus Ex 23,20 und Mal 3,1 voraus, das Matthäus und Lukas später, im Kontext der Aussage Jesu über Johannes bringen (Mt 11,10; Lk 7,27). Die Synoptiker beziehen damit das von Maleachi angekündigte Kommen Gottes auf Jesus. Insofern Johannes als der Vorläufer oder Bote erkannt wird, von dem Maleachi spricht, wird gleichzeitig Jesus mit Gott identifiziert: diese Identifikation war für die ersten Gemeinden von fundamentaler Bedeutung. Damit bleibt aber auch Johannes Jesus untergeordnet. Die Unterordnung des Johannes verdeutlichen die Synoptiker in den Worten seiner Predigt und in seinem Werk am Jordan.

3,4-6: Sowohl die Botschaft als auch der Ort in der Wüste und die Kleidung, die Johannes trägt, erinnern an einen eschatologischen Prediger. Der Bezug zur Bekleidung Elijas (2 Kön 1,8) ist offensichtlich, denn die Verbindung zu diesem Propheten ist für Matthäus sehr wichtig, wie die Fortsetzung der Erzählung zeigen wird. Matthäus beschreibt die Menge, die zu Johannes an den Jordan eilt, als Menschen aus Jerusalem, Judäa und der Umgebung des Jordan. Diese Orte spielen auf einen theologischen Kontext an, indem sie die Sendung des Johannes zu Israel hervorheben.

3,7-12: Nun betritt eine neue Gruppe die Bühne der Erzählung: die Pharisäer und Sadduzäer, die sofort mit *Natternbrut* negativ charakterisiert werden. Damit bereitet Matthäus schon hier die Haltung dieser Gruppe gegenüber Jesus vor, die ihn immer wieder auf die Probe stellen (16,1; 19,3; 22,23; 22,34-35) und ihm nach dem Leben trachten (12,14).

Die Themen der Predigt des Johannes sind die Hauptthemen der jüdischen Soteriologie: das nahe Zornsgericht, der Ruf zur Umkehr, die Taufe und der Verweis auf den, der kommen wird. Die pharisäische Richtung insistierte auf Buße und ausgleichende Werke wie Almosen und Fasten als Wiedergutmachung der Zuwiderhandlungen gegen die Tora. Die Essener bezeichneten sich als diejenigen, „die Buße wegen der Zuwiderhandlung gegen die Tora tun" (1QS 10,20), oder als diejenigen, „die sich aus dem Volk Israel bekehrten" (DC 6,5; 8,16). Ihr Verständnis der Bekehrung ähnelt dem des Täufers: a) ganz Israel wird zur Bekehrung aufgerufen; b) die Bekehrung ist angesichts des Endgerichts nötig; c) Bekehrung meint völligen Abstand nehmen von Vergangenem. Für die Essener bedeutete die Bekehrung im Wesentlichen das Eintreten in die Kommunität, in der durch das Leben in ganzheitlicher Beachtung der Tora eine neue Gemeinschaft mit Gott entsteht. Johannes der Täufer unterscheidet sich in diesem Punkt von den Essenern: sein Umkehrruf zielte darauf, nach dem Modell der Propheten das eschatologische Israel zu sammeln (3,8.10.12); die Zugehörigkeit zu einer besonderen Gemeinschaft ist für die Umkehr nicht notwendig. Doch für diese endgültige Bekehrung genügt eine Wassertaufe nicht, deshalb kündigte Johannes die Taufe mit dem Geist als bevorstehend an.

Das Bußkonzept des Johannes zeigt sich in 3,8: *bringt Frucht würdig der Umkehr*. Das bedeutet, dass die Rettung an Werke der Umkehr gebunden ist, nicht nur an die Abstammung von Abraham. *Frucht* ist eines der Schlüsselworte der matthäischen Theologie, denn *Frucht bringen* gehört zu den Kriterien des christlichen Propheten (7,16-20) und kennzeichnet das Glaubensleben eines jeden Gläubigen (21,43). Die Werke der Glaubenspraxis sind für Matthäus Merkmale des Glaubens-Lebens, darum werden sie besonders im Zusammenhang mit dem Jüngsten Gericht thematisiert (7,21-23; 25,31-46).

In 3,11-12 bezeichnet Johannes Jesus als *den nach mir Kommenden*. Diese Formulierung bezieht sich auf den Messias: auch Ps 118,26 nennt den Messias *den, der kommt* und in Mt 11,2-3 schickt Johannes seine Schüler zu Jesus, damit sie ihn fragen: *bist du der Kommende oder sollen wir einen anderen erwarten?* Die Worte des Täufers zeigen, dass er einen *starken* Messias erwartet, der *mit Heiligem Geist und mit Feuer* taufen wird (3,11). Man könnte die beiden Elemente trennen (Heiliger Geist *und* Feuer), oder beide als Einheit in dem Sinne verstehen, dass Feuer dasselbe wie Heiliger Geist wäre. Im Ersten Testament und in der jüdischen Literatur gehört das Feuer zum Endgericht (Ps 50,3; 97,3). Auch bei Matthäus ist das Feuer ein zentrales eschatologisches Element (5,22; 7,19; 13,40.42.50; 18,8-9; 25,41). Ebenso findet sich die Vorstellung der Endzeit-Ernte verbunden mit dem Jüngsten Gericht (3,12) im prophetischen und apokalyptischen Sprachgebrauch. Vor diesem Horizont wären dann auch die Worte des Johannes zu verstehen: mit der Ankunft des Messias wird Israel gereinigt und die Bösen werden vernichtet. Das Heilige-Geist-Feuer ist das Mittel dessen, der dieses

Die dreifache Bestätigung Jesu

radikale Erneuerungswerk realisiert. Die Umkehr- und Gerichtsrede richtet sich nicht nur an Israel und spart etwa die Jesus-Nachfolger aus. Die Adressaten sind auch nicht nur die Pharisäer und Sadduzäer, sondern vielmehr *alle* – die Leser des Evangeliums mit eingeschlossen –, wie das *euch* in der Anrede verdeutlicht und wie auch die weiteren Gerichtsreden (7,21-23; 13,24-30; 25,31-46) des Evangeliums betonen.

3,13-17 Die Taufe Jesu

3,13-15: Die Erzählungen der Evangelisten über die Taufe Jesu sind recht ähnlich, doch alle setzen eigene Schwerpunkte. Matthäus legt dem Täufer einen Einwand in den Mund (3,14), den Jesus zurückweist (3,15). Es handelt sich hier um die ersten Worte Jesu, die ein für Matthäus zentrales Thema unterstreichen: *die Erfüllung jeglicher Gerechtigkeit.* Das griechische Verb an dieser Stelle bedeutet *verwirklichen / zur Erfüllung bringen* (5,17). Jesus *tut* nicht bloß Gerechtigkeit wie Joseph (1,19) oder die Schüler (6,1), sondern er bringt die Gerechtigkeit zur Erfüllung: indem er sich dem Willen Gottes anpasst, offenbart er dessen eigentlichen, tiefsten Sinn. Matthäus fasst in diesem ersten Satz Jesu dessen Wirken programmatisch zusammen. Entsprechend muss *jegliche Gerechtigkeit* in Bezug zur Tora verstanden werden. Es ist der Wille Gottes, der sich in seinem Heilsplan umfassend zeigt und der in Übereinstimmung mit menschlichem Handeln und Mitwirken zu seiner vollständigen Verwirklichung kommt. Jesus lädt also Johannes ein, sich zusammen mit ihm dem Willen Gottes zu unterstellen, um dadurch die Tragweite des göttlichen Willens deutlich zu zeigen und zur Erfüllung zu bringen.

3,16-17: Matthäus stellt hier einige Ereignisse vor, die sich im Zusammenhang mit der Taufe Jesu ereignen. Nicht die Taufe selbst steht im Mittelpunkt des Interesses, denn sie wird nur durch ein Partizip erwähnt, sondern vielmehr die damit verbundenen Offenbarungsereignisse, die für die folgenden Interpretationen eine Schlüsselbedeutung haben: die Öffnung des Himmels, das Herabkommen des Geistes Gottes in Gestalt einer Taube und die Stimme vom Himmel. Während bei Markus (1,9-11) alle Ereignisse auf Jesus bezogen sind und nur er sie wahrnimmt, beschreibt Matthäus das Geschehen für alle Beteiligten als offensichtliche Tatsachen. Durch das doppelte *und siehe* hebt er zwei Punkte besonders hervor: das Sich-Öffnen des Himmels mit dem Herabkommen des Heiligen Geistes und die Erklärung der Himmelsstimme. Während sich bei Mk und Lk die Stimme aus dem Himmel an Jesus selbst wendet und ihm sagt *du bist mein geliebter Sohn,* richtet sich bei Matthäus die Himmelsstimme an alle Anwesenden als Adressaten ihrer Botschaft: *dieser ist mein geliebter Sohn.* Die Empfänger dieser Himmelsbotschaft sind damit nicht nur die Menschen, die sich um den Täufer versammelt haben, sondern generell alle Leser des Evangeliums.

Die Episode in ihrer Gesamtheit hat einen epiphanen-interpretativen Charakter: das Herabkommen des Heiligen Geistes und die Himmelsstimme erklären, wer Jesus ist und verdeutlichen sein Mysterium. Die Himmelsstimme findet sich noch ein weiters Mal im Evangelium bei der Verklärung (17,1-13), wo sie ebenfalls explizit verkündet, wer Jesus ist und dazu die-

Mt 3,1-17

selben Worte wie an dieser Stelle gebraucht (17,5). Der Geist Gottes kommt in Gestalt einer Taube und die Stimme vom Himmel bezeichnet *den geliebten Sohn an dem Gott Gefallen hat*. Im Ersten Testament und im Judentum wird die Taube nicht als Verkörperung des Geistes gesehen, aber die Beschreibung der Bewegung des Geistes Gottes gleicht einem Schweben (Gen 1,2), so dass der Vergleichspunkt die aktive Nähe Gottes wäre.

Jesus wird *geliebter Sohn* genannt. Darin findet sich möglicherweise eine Anspielung an den messianischen Ps 2,7: *mein Sohn bist du, heute habe ich dich gezeugt*. Der Ausdruck *Gefallen haben* in Jes 42,1 enthält in seinem engen Kontext noch weitere Anspielungen (Knecht, Geist, Recht), die Matthäus beeinflusst haben könnten: *seht, das ist mein Knecht, den ich stütze, das ist mein Erwählter, an ihm finde ich Gefallen, ich habe meinen Geist auf ihn gelegt, er bringt den Völkern das Recht*. Indem Matthäus in den Worten der Himmelsstimme *gezeugt* und *Gefallen haben* verbindet (3,17), erklärt er die Beziehung zwischen Gott und Jesus: Jesus ist der Messias, der als Knecht Gottes handelt. *Dies ist mein Sohn* betont den Höhepunkt des Mysteriums Jesu. Jesus ist Sohn und Knecht, in dem die neue Schöpfung beginnt. Aber auch das Leiden Jesu lässt sich vor diesem Horizont verstehen, da es sein Sohn-Sein verdeutlicht: als leidender Gerechter akzeptiert Jesus den Dienst als Hingabe bis zum Tod (Mt 20,28). Jesus erfüllt seine eigene Bestimmung, wenn er sich den Armen und Sündern nähert: als Armer unter Armen, solidarisch mit denen, die wegen der Vergebung der Sünden zur Umkehr-Taufe kommen. Jesus – nicht Johannes – ist die entscheidende Person in der Heilsgeschichte nach dem Plan Gottes: Er, der zugleich in seinem Volk und vor seinem Vater steht.

Pragmatische Knotenpunkte des Textes

Der direkte Befehl des Umkehrrufs von Johannes trifft die Leser unvorbereitet. Erst anschließend erklärt der Autor mit einem Schriftzitat und durch genauere Beschreibung, wer der Täufer ist. So baut er vor seinen Lesern das Szenario auf: von überall her kommen die Menschen, um sich von Johannes als Zeichen ihrer Umkehr taufen zu lassen. Dieser detaillierte Aufbau der Szene ermöglicht den Lesern, sich ebenfalls unter den Zuhörern des Täufers wieder zu finden. Noch als Beobachter wie von ferne hören sie, wie die Pharisäer und Schriftkundigen angesprochen werden. Die direkte Anrede *denn ich sage euch* hebt mit ihrem Anspruch auf Allgemeingültigkeit die Distanz auf: jetzt sind die Leser mit einbezogen. Auch die weiteren Personalpronomen (*euch, ihr*) schließen die Leser mit ein. Damit richtet Johannes seinen Umkehrruf und seine Endzeitansage auch an die aktuellen Leser. Die Endzeit ist bereits angebrochen, denn *schon ist die Axt an die Wurzel der Bäume gelegt* und *die Wurfschaufel ist in seiner Hand*. Es kommt darauf an, *Frucht zu bringen*. Die Leser sind eingeladen, sich selbst mit ihrem Handeln unter dieser Perspektive wahrzunehmen und ihr Handeln der angebrochenen Endzeit anzupassen.

Die dreifache Bestätigung Jesu

Uns heutigen Lesern scheint nach gut 2000 Jahren die Aktualität der Endzeit verjährt, die Dringlichkeit, deswegen das eigene Handeln zu überprüfen und zu verändern, ist verloren gegangen. In gewissem Sinn hat sich unsere Perspektive geändert, denn wir erwarten nicht mehr das nahe Ende, sondern planen unsere Zukunft und die der Erde. Aber auch hier ist es nötig, unser Handeln kritisch in den Blick zu nehmen: welche Ziele leiten mein Handeln? Welche Früchte – Konsequenzen, Nebenwirkungen, Spätwirkungen – wird mein Handeln mit sich bringen?

Der folgende Dialog zwischen Johannes und Jesus stellt den Lesern ein konkretes Handlungsziel vor Augen: *jegliche Gerechtigkeit Gottes zu erfüllen*. Das kann auch bedeuten, die eigenen Vorstellungen und Überzeugungen korrigieren zu lassen oder etwas zuzulassen, was zuvor nicht in die eigenen Denkschemata passte: so wie Johannes sich von Jesus sagen ließ, was es heißt, die Gerechtigkeit zu tun und so wie Jesus sich trotzdem Johannes unterordnete, obwohl der Täufer dafür keine Veranlassung sah.

Wie die Zuhörer in der Geschichte hören schließlich auch die Leser die Himmelsstimme: *dieser ist mein geliebter Sohn, an dem ich Gefallen fand*. In den vorigen Perikopen – besonders in der Genealogie und in der Geburtsgeschichte – wurde Jesus als Teil des Heilsplans Gottes vorgestellt, der in der Schrift durch die Propheten angekündigt wurde. Durch die Himmelsstimme wird Jesus nun in offizieller Weise von Gott bestätigt. Vor diesem Hintergrund können nun die Leser die folgenden Erzählungen des Evangeliums lesen und verstehen. Auch wenn ihnen das Handeln und die Worte Jesu manchmal anstößig oder unverständlich vorkommen, wissen sie: Gott hat Jesus im Voraus legitimiert; das, was Jesus sagt und tut, entspricht dem Willen Gottes. So werden die Leser bestärkt, sich auf Jesus einzulassen und ermutigt, ihm nachzufolgen.

Die Bestätigung Jesu in den Versuchungen durch den Teufel: 4,1-11

Einleitung
¹ Da wurde Jesus vom Geist hinaufgeführt in die Wüste,
um vom Teufel versucht zu werden.

Erste Versuchung
² Und – vierzig Tage und vierzig Nächte fastend –,
hungerte ihn schließlich.
³ Und – hinzukommend – sprach der Versucher zu ihm:
    Wenn du Gottes Sohn bist – sprich, dass diese Steine Brot werden.
⁴ Er aber sprach – antwortend –:
    Es ist geschrieben:
        Nicht von Brot allein wird der Mensch leben,
        sondern von jedem Wort, kommend aus dem Mund Gottes. (Dtn 8,3)

Mt 4,1-11

Zweite Versuchung
⁵ Da nimmt ihn der Teufel mit in die heilige Stadt
und stellte ihn auf den Rand des Heiligtums
⁶ und sagt ihm:
    Wenn du Gottes Sohn bist – wirf dich hinunter,
    denn es ist geschrieben:
        Seinen Engeln wird er gebieten deinetwegen (Ps 91,11)
        und: *auf Händen werden sie dich tragen,*
            damit du deinen Fuß nicht gegen einen Stein stoßest. (Ps 91,12)
⁷ Jesus sagte ihm:
    Es ist auch geschrieben:
        Du sollst den Herrn, deinen Gott, nicht versuchen. (Dtn 6,16 LXX)

Dritte Versuchung
⁸ Wieder nimmt ihn der Teufel mit auf einen sehr hohen Berg
und zeigt ihm alle Königreiche der Welt und ihre Herrlichkeit
⁹ und sprach zu ihm: Dies alles werde ich dir geben,
            wenn du – niederfallend – mir huldigst.
¹⁰ Da sagt Jesus ihm: Geh fort, Satan!
    Denn es ist geschrieben:
        Vor dem Herrn, deinem Gott, sollst du niederfallen
        und ihn allein verehren. (Dtn 6,13 LXX; 10,20)

Schluss
¹¹ Da lässt ihn der Teufel,
und – siehe! – Engel kamen hinzu und dienten ihm.

Die Gewebestruktur des Textes

Diese Perikope besteht aus einem Einleitungsvers (4,1), drei Szenen (4,2-4.5-7.8-10), die jeweils durch Ortsangaben gekennzeichnet sind und aus einem Schlussvers (4,11).

Insgesamt ist diese Erzählung klar durchstrukturiert: Matthäus zeigt hier wieder seine Vorliebe für die Dreizahl und seine Fähigkeit, Episoden und verschiedene Gattungen miteinander zu verbinden. Eine seiner bevorzugten Konjunktionen ist *da / dann*, mit der er diese Perikope beginnt und zugleich mit der vorangehenden Erzählung von der Taufe verknüpft. Der Vers 4,1 ist als Einleitung des gesamten Passus gedacht, während schon 4,2 zur ersten Versuchung gehört, weil der Hunger Jesu die Voraussetzung für diese Versuchung bildet. Die folgenden Versuchungserzählungen sind alle ähnlich aufgebaut: jede Erzählung beginnt mit einem Hinweis auf die Situation (4,2.5.8), der die Frage des Versuchers folgt (4,3.6.9) und wird mit einer Antwort Jesu abgeschlossen (4,4.7.10), die aus einem Tora-Zitat besteht. Die drei Versuchungsszenen sind also sowohl formal als auch durch die Ortswechsel gut voneinander abzugrenzen.

Die erste Szene spielt in der Wüste (4,2-4), die zweite auf dem Tempel (4,5-7) und die dritte auf einem hohen Berg (4,8-10). Diese drei Orte (Wüste, Tempel, Berg) sind in der Tradition Israels mit einer besonderen eschato-

Die dreifache Bestätigung Jesu

logisch-apokalyptischen Erwartung verbunden. Die Dynamik innerhalb dieser Szenen basiert auf einem Frage-Antwort-Schema, das durch stereotype Sätze gegliedert ist. Die letzte Antwort Jesu ist durch ein *da sagt* eingeführt, das hier einen definitiven Charakter besitzt, so dass die Leser verstehen, dass die Diskussion nun beendet ist. Der Vers 4,11 schließt die gesamte Perikope zusammenfassend ab.

Das semantische Geflecht des Textes

4,1 Einleitung
Die Synoptiker bringen die Erzählung von der Versuchung Jesu nach derjenigen von seiner Taufe. Von Anfang an sind diese beiden Episoden zueinander in Beziehung gesetzt: der Jordan und die Wüste, beides Orte des Wirkens von Johannes, werden nun zu Orten der Offenbarung Jesu. Matthäus verknüpft beide Ereignisse durch die Formulierung *da / dann* und das Schlüsselwort *Geist*, so dass die Versuchungserfahrung mit dem Geist verbunden wird: Jesus wird vom Geist in die Wüste geführt, um versucht zu werden. Schon im Ersten Testament ist die Wüste ein vielschichtiges Symbol. Israel wird wegen seiner Auflehnung gegen Gott in die Wüste geführt, bevor es das versprochene Land in Besitz nehmen kann (Dtn 1,19-21).

Die Wüste ist ebenfalls der Ort, wo das Volk Gott auf die Probe stellt (Hebr 3,8-11; Ps 95,7-11). Im persischen und ägyptischen Glauben ist die Wüste ein Ort weit ab vom Leben und von der menschlichen Gesellschaft; sie ist außerdem der Ort des Todes und der Wohnort der bösen Geister. Die biblische Tradition sieht die Wüste als Ort der Prüfung. Dtn 8,2-6 (LXX) klingt sowohl thematisch als auch stellenweise wörtlich wie unsere Perikope: Gott führte Israel in die Wüste, um es zu erproben, ob es die Weisungen beachtet, und um es zu lehren, dass der Mensch nicht allein von Brot lebt, sondern gerade auch von Gottes Wort. Israel erfährt, dass Gott sogar in der Wüste gegenwärtig ist und auch dort – wie immer – für sein Volk sorgt.

4,2-4 Erste Versuchung
Die Synoptiker erwähnen die vierzig Tage Jesu in der *Wüste*, doch nur Matthäus und Lukas berichten vom Fasten Jesu und verbinden die 40 Tage mit den Versuchungen Jesu und seinem Hunger. Diese drei Motive – die 40 Tage, das Hungern und die Versuchungen – erinnern an die 40 Jahre des Volkes Israel in der Wüste (Ps 95,10) und an die 40 Tage und Nächte, die sich Elija in der Wüste beim Berg Horeb aufhielt (1 Kön 19,4-8). Matthäus und Lukas übernehmen die Typologie der Prüfung mit ausdrücklichen Bezugnahmen auf Dtn: so wie damals Israel, wird nun auch Jesus in der Wüste geprüft. Matthäus greift deshalb die Zitate aus Dtn (8,3; 6,16; 6,13) in dieser Perikope wieder auf und ordnet sie so, dass sie in ihrer neuen Reihenfolge an die Ereignisse des Exodus – das Manna, das Wasser und das versprochene Land – erinnern.

Auf die erste Versuchung nach *Brot* antwortet Jesus mit Dtn 8,3. Matthäus ergänzt hier nach der Septuagintafassung noch Dtn 8,3b: ... *sondern von jedem Wort, aus dem Mund Gottes kommend.* Der Kontext von Dtn 8,1-11 bildet also den Hintergrund für das Verständnis der Antwort Jesu. Jesus macht dieselbe Erfahrung wie das Volk Israel in der Wüste. Seine Antwort auf die Prüfung entspricht der von Gott erwarteten Modellantwort.

4,5-7 Zweite Versuchung

In der zweiten Versuchung wird Jesus zum *Tempel* gebracht. Die Bedeutung von πτερύγιον (*höchster Punkt, Zinne*) ist nicht ganz klar, weil dieses Wort nur hier im Neuen Testament auftaucht. Man kann sich vielleicht den höchsten Punkt des Tempels am südlichen äußeren Vorhof vorstellen, von dem aus das ganze Tal zu sehen war. Nach der jüdischen Tradition befand sich der Tempel in der Mitte der Stadt Jerusalem, die als Zentrum der Welt galt (z.B. Ez 5,5; 38,12). Im Zentrum der Welt wird Jesus versucht, das zu verlassen, worauf er vertraut hatte: in der ersten Versuchung hatte er sein Vertrauen in Gott zum Ausdruck gebracht; die zweite Versuchung geht nun mit den Worten von Ps 91,11-16, der den Schutz des Gerechten versichert, genau von diesem Punkt aus (4,6).

Manche Exegeten denken hierbei an eine Versuchung messianischer Art in dem Sinne, dass der Teufel von Jesus ein spektakuläres Wunder verlange, das das Ziel habe, seine messianische Identität zu offenbaren. Diese Interpretation überzeugt nicht, weil sie den Ort des Tempels nicht erklärt, denn für ein Wunder ist es nicht nötig, auf dem höchsten Punkt des Tempels zu stehen. Die Versuchung auf dem Tempel als dem symbolischen Ort der Präsenz Gottes dreht sich deshalb weniger um die Wunderkraft, sondern primär um die Gegenwart Gottes und damit um die Beziehung des Sohnes zum Vater: *wenn du Gottes Sohn bist....*

Die Worte *ihr sollt den Herrn, euren Gott nicht versuchen* (Dtn 6,16), mit denen Jesus die Versuchung zurückweist, erinnern an die Episode von Massa und Meriba in der Wüste (Ex 17,1-7 // Num 20,2-13; Ps 95,7-9; Hebr 3,7-10), wo die Israeliten den Herrn versuchten, indem sie fragten: *ist der Herr in unserer Mitte oder nicht?* Der Sohn Jesus stellt den Vater nicht auf die Probe, sondern hält seine Haltung des Vertrauens in die Gegenwart des Vaters aufrecht – erst recht, wenn er sich am symbolischen Ort der Gegenwart Gottes befindet. Jesu Antwort drückt dieses tiefe, unerschütterliche Vertrauen aus: welche Gefahr auch immer ihm begegnen würde, niemals würde sie ihn an der Treue und Zuverlässigkeit des Vaters zweifeln lassen.

4,8-10 Dritte Versuchung

Die dritte Versuchung verortet Matthäus auf einem hohen *Berg*. Das Motiv des Berges wird von Matthäus in vielschichtiger Weise entfaltet: es ist ein gut sichtbarer Ort für alle (5,14); es ist ein Ort der Einsamkeit (14,23); ein Ort der Versuchung (4,8), aber vor allem ist es der Raum der Begegnung zwischen Gott und Mensch. Diese Symbolik erscheint schon in der religionsgeschichtlichen Tradition des Ersten Testaments (Ex 3,1; 19,20; 24,16) und ist auch in 17,1 und 28,16 präsent, wo Jesus sich selbst und seinen Anspruch offenbart. Die Versuchung auf einem hohen Berg stellt das Pendant zur letzten Szene des Evangeliums (28,16-20) dar: hier bietet der Teufel Jesus *die Reiche der Welt und ihre Herrlichkeit* an – in der letzten Szene des Evangeliums bestätigt Jesus den Schülern, vom Vater *alle* macht im Himmel und auf Erden bekommen zu haben. Aber erst am Ende nach dem Leidensweg und nur vom Vater erhält Jesus die Macht. Der Versucher wird mit den Worten aus Dtn 6,13 zurückgewiesen, die im Originaltext im Zusammenhang mit Götzendienst stehen. Jesus bekräftigt: es gibt nur einen wahren Gott, dem gedient wird und der angebetet wird.

4,11 Schluss
Matthäus und Markus beenden die Erzählung mit dem Hinweis, dass die Engel Jesus dienten. Für Matthäus hat der Dienst eine theologische Bedeutung: Das Verb *dienen* (διακονέω) könnte sich auf den Tischdienst beziehen, doch bei Matthäus und in der gesamten biblischen Literatur schließt *dienen* auch den kultischen Dienst gegenüber Gott mit ein (Ex 3,12; Dtn 4,28; 13,5). Den Kult, den Jesus dem Teufel verweigerte, erweisen die Engel jetzt Jesus. Auch dadurch wird Jesus als Sohn Gottes offenbar.

Pragmatische Knotenpunkte des Textes

Die Erzählung von der Versuchung Jesu will nicht ein Ereignis im Leben Jesu referieren, sondern ist ein theologisch-christologisches Zeugnis, das Jesus als vom Geist geleiteten Messias und als Sohn Gottes präsentiert. Es handelt sich hier um eine Erzählung, die eine Schriftstelle durch Beispiele interpretiert (einen *Midrasch*) zu Versen aus dem Buch Deuteronomium. Dieser Midrasch stellt Jesus als Gottes Sohn dar, der den Versuchungen in der Wüste widersteht, indem er dem Wort und den Weisungen Gottes folgt. Die Messianität und das Sohn-Sein Jesu zeigen sich gerade darin, dass Jesus dem Wort Gottes vertraut und sein Handeln ganz durch sein Vertrauen auf Gott und Gottes Heilsplan leiten lässt.

Auch Adam und Eva wurden in einer ähnlichen Weise von der Schlange versucht (Gen 3,1-7). Bei beiden Versuchungsgeschichten steht die Beziehung zu Gott auf dem Spiel. Die Art, wie die Versuchung die Personen angreift, ähnelt sich in beiden Erzählungen, d.h. sie erzählen eine sehr typische Versuchungsfalle: zuerst wird etwas Gutes, das die Menschen oder Jesus schon haben, in Frage gestellt und Zweifel werden geweckt, ob es wirklich so gut ist, wie man bisher glaubte. Die Schlange fragt: *hat Gott wirklich gesagt, ihr dürft von keinem Baum essen?* Indirekt steckt dahinter die Frage: *hat Gott wirklich für euch gut gesorgt?* Und der Teufel fragt Jesus: *bist du wirklich Gottes Sohn?* Selbstverständlich hat Gott im Paradies für die Menschen gesorgt; sie sollten nur von einem Baum nicht essen. Selbstverständlich ist Jesus Gottes Sohn, das hat Gott selbst kurz zuvor bei der Taufe durch die Himmelsstimme bestätigt. Dennoch hinterfragt der erste Schritt der Versuchung das bereits bestehende Gute.

Der zweite Schritt der Versuchung knüpft an die erste an und sät gezielt das Misstrauen an Gott: die Beziehung zu Gott wird angezweifelt und dadurch gestört. Die Schlange behauptet: *wenn ihr von den Früchten esst, werdet ihr nicht sterben, wie Gott gesagt hat.* Das heißt implizit: *Gott hat euch belogen.* Der Teufel sagt Jesus: wenn du von Gottes Wort lebst, wie du gerade gesagt hast und *wenn du Gottes Sohn bist, kannst du das ausprobieren und Gott beim Wort nehmen, indem du dich vom Tempel stürzt.* Das ist indirekt die Aufforderung, an Gott zu zweifeln und Gottes Wort zu misstrauen. Diese Art der Formulierung bewirkt im selben Moment Misstrauen. Eine solche Wortwahl, die eine Wirkung bei den Hörern oder Lesern erzeugt, die sie selbst nicht beeinflussen können, ist die „performative Wirkung" des Satzes. Durch die Art der Formulierung dieser Versuchung, die Misstrauen hinterlässt, sind schon im selben Moment das Vertrauen und die Beziehung zu Gott gestört. Sich gegen diese Versuchung zu wehren und das Vertrauen jetzt wieder herzustellen, fällt darum jetzt schon sehr schwer; so bereitet diese Art der Versuchung den letzten Schritt vor.

Der dritte Schritt basiert auf dem jetzt bestehenden Misstrauen in Gott und stellt die Menschen bzw. Jesus vor die Alternative, selbst so zu sein wie Gott und damit die Beziehung zu Gott aufzulösen. Die Schlange erklärt den Menschen: *ihr werdet wie Gott und erkennt Gut und Böse.* Der Versucher bietet Jesus an: *ich gebe dir die Macht über die ganze Erde.* Damit ist Gott überflüssig geworden und die Gottesbeziehung endgültig zerstört.

Unsere Erzählung zeigt, dass der Weg der Versuchung über die Schritte „Zweifel wecken" und „Misstrauen säen" läuft und schließlich dazu führt, die bisherige sehr gute Beziehung völlig zerstören. Vielleicht ist es noch möglich, den Zweifeln zu widerstehen, doch danach entwickelt die Versuchung eine Eigendynamik, aus der nur sehr schwer herauszukommen ist. Das Misstrauen ist im selben Moment wie das Wort des Misstrauens da. Damit hat aber die Beziehung schon gelitten, weil sie bereits anfängt zu zerbrechen, wenn sie von einem Partner nicht mehr aufrechterhalten wird.

Das Beispiel Jesu zeigt, dass es möglich ist, die Dynamik der Versuchung zu unterbrechen und dass wir uns nicht jedes Mal in der Versuchungstaktik verfangen müssen. So zeigt Jesu erste Antwort, dass es nicht nötig ist, jedem Zweifel nachzugeben und das bestehende Gute immer wieder zu hinterfragen. Schwieriger ist es schon, gegen das gesäte Misstrauen anzukommen. Jesu Handlungsweise stellt einen wirkungsvollen Ausweg vor, denn auf das Misstrauen antwortet er mit weiterem Vertrauen in Gott. Indem er das Vertrauen in Gott und in Gottes Wort klar und deutlich erneuert, verhindert er, dass das Misstrauen sich festsetzt: das gelebte, bestätigte Vertrauen kann das Misstrauen besiegen! Gegen die dritte Versuchung, die die Gottesbeziehung zerstört, indem sie den Menschen an die Stelle Gottes setzt und damit Gott für überflüssig erklärt, bekräftigt Jesus seinen Platz in dieser Beziehung und seine bestehende enge Verbindung zu Gott.

Den Lesern heute kann ein kritischer Blick auf die Versuchungstaktik helfen, sie zu durchschauen, um eigenen Versuchungen und Zweifeln zu widerstehen. Das Beispiel Jesu verdeutlicht, dass wir nicht notwendig immer „in die Falle" gehen müssen, sondern im gelebten Vertrauen in Gott unsere Versuchungen überwinden können.

Die dreifache Bestätigung Jesu

Die Bestätigung Jesu in Galiläa durch die Schrift: 4,12-16

¹² Hörend aber, dass Johannes ausgeliefert wurde,
 entwich (Jesus) nach Galiläa,
¹³ und – zurücklassend Nazaret –,
 – angekommen – wohnte er in Kapharnaum, am Meer,
 im Gebiet von Zebulon und Nephtalim;

- - - - -

¹⁴ damit erfüllt würde das Gesagte durch Jesaja, den Propheten, den sagenden:
¹⁵ *Land Zebulon* und *Land Nephtalim – gegen das Meer hin, jenseits des Jordans –:*
 Galiläa der Heiden:
¹⁶ *das Volk,   das in Finsternis sitzt,   sah ein großes Licht,*
 und denen   im Land und Schatten
 *   des Todes Sitzenden: ein Licht ging ihnen auf. (Jes 8,23-9,1)*

Die Gewebestruktur des Textes

Die fünf Verse, aus denen dieses Stück besteht, sind durch eine ausgearbeitete, verschachtelte Syntax miteinander verbunden. Der Anfang (4,12-13) ist narrativ gestaltet und besteht aus Partizipialkonstruktionen, die das Ziel haben, die Leser mit Verzögerung zur Ortsangabe Kapharnaum zu bringen (4,13b). Die nähere Erklärung dieses Ortes ermöglicht es, ein Schrift-Erfüllungszitat (4,14-16) anzuschließen, das durch die bekannte Formulierung *damit erfüllt werde* eingeleitet wird. Auch der Satzbau des Zitats ist kompliziert – aber wirkungsvoll.

Das semantische Geflecht des Textes

4,12-13: Die Perikope beginnt ohne Einleitung abrupt mit der Erzählung dessen, was geschieht. Noch einmal wird Johannes der Täufer erwähnt, von dem die Leser wie nebenbei erfahren, dass er gefangen genommen wurde. Jesus beginnt also seine Mission, nachdem sein Vorläufer festgenommen wurde. Folglich können die Leser aufgrund der zuvor beschriebenen Beziehung zwischen Jesus und Johannes auch das bevorstehende Schicksal Jesu erahnen. Auf der narrativen Ebene ist die Festnahme des Johannes die Ursache für den Ortswechsel Jesu innerhalb Galiläas nach Kapharnaum. Matthäus beschreibt Jesus gerade nicht als umherziehenden Wanderprediger, sondern betont, dass Jesus wie auch seine Schüler einen Wohnsitz hatten: die Magier finden Jesus in einem Haus (2,11) und auch Petrus besitzt ein Haus (8,14); das Possessivpronomen *seine Stadt* (9,1) könnte auf den Wohnort Jesu bezogen sein und auch das Haus ohne namentlich genannten Besitzer (13,36) könnte Jesu Haus sein.

Die Absicht des Autors war es wohl, *Kapharnaum* mit *Zebulon* und *Neftalim* in Verbindung zu bringen: Zebulon am Mittelmeerufer und Neftalim im Westen des Sees von Genezareth gehörten zu den Nordstämmen, die bei der Invasion 721 v. Chr. nach Assyrien deportiert wurden. Nach assyrischem und babylonischem Brauch wurde stets ein Teil der Bevölkerung des besiegten Landes in das Land der Sieger ins Exil gebracht und der Teil, der im Land verblieb, mischte sich mit der Besatzungsmacht. Trotz der nachexilischen Wende und der makkabäischen Bemühungen, zur ursprünglichen Reinheit zurückzukehren, blieben die Nordregionen in den Augen der frommen Juden des Südens ein Territorium, das ständig Fremdkontakten ausgesetzt war: so erklärt sich die Bezeichnung *Galiläa der Heiden*. Die Erwähnung dieser Gebiete erscheint sowohl historisch als auch geographisch unpassend, denn Galiläa gehört weder zu Zebulon noch zu Neftalim; sie dient daher einzig der theologischen Absicht des Matthäus, einen Anknüpfungspunkt für das anschließende Schrift-Erfüllungszitat zu bringen.

4,14-16: Mit der typischen Formel, die ein Schrift-Erfüllungszitat ankündigt (4,14) leitet Matthäus ein Zitat von Jesaja (Jes 9,1-2) ein. Den Ansatzpunkt dafür bieten die geographischen Erwähnungen: Zebulon und Neftalim, die Verortung am Meer und Galiläa. Der erste Teil des Zitats gibt Jes 8,23 nach dem Masoretischen Text wieder, wo von den Ländern Zebulon und Neftalim gesprochen wird, die zuerst vom Herrn mit Dunkelheit und Angst bedeckt wurden, denen dann aber die Herrlichkeit aufleuchtet. Das Erscheinen des Messias bedeutet für Matthäus die Ankunft des *Lichts* inmitten der Finsternis. Das *Volk, das ein großes Licht sieht* (4,16), ist daher zunächst Israel, weil sich der Ausdruck *das Volk* bei Matthäus wie auch in der Septuaginta in erster Linie auf Israel bezieht. Aber auch die Erwähnung des *Galiläa der Heiden* ist beabsichtigt: die Leser können hier ein Signal dafür finden, dass Jesus der Messias Israels ist – aber auch der Messias der Heiden. Auffällig ist, dass Matthäus vom aufgehenden Licht nicht wie die Septuaginta im Futur spricht, sondern wie der Masoretische Text die Vergangenheit gebraucht: Das Licht ist bereits da!

Pragmatische Knotenpunkte des Textes

Mit dieser Perikope schließen die sieben einleitenden Erzählungen ab, die auf unterschiedliche Weise den Heilsplan Gottes und die Identität Jesu vorstellten. Diese Perikopen präsentierten die wichtigsten Motive, die später im Evangelium wieder aufgegriffen werden; somit ist das hier Erzählte der Schlüssel, um das folgende Geschehen zu interpretieren. Matthäus liest die Geschichte Jesu gemäß der Schrift und deutet sie entsprechend als Heilsereignis. Die Schrift-Erfüllungszitate stellen jeweils einem Ereignis im Leben Jesu ein von den Propheten verkündetes Wort Gottes gegenüber und deuten so die Geschichte in gegenseitiger Beziehung. Die Ereignisse im Leben Jesu zeigen erneut, dass Gott schon immer so an Israel gehandelt hat: hier wird die beständige Treue Gottes in der Geschichte deutlich. Der neue Kontext der Zitate enthüllt aber auch zugleich einen neuen Sinn des Wortes Gottes: die Schrift-Erfüllungszitate bestätigen das Heilsgeschehen Gottes in Jesus sowohl für Israel als auch für die Welt.

Dieses Heilsereignis wird in den ersten vier Perikopen (1. Genealogie, 2. Geburtsgeschichte, 3. Verehrung der Magier und 4. Flucht nach Ägypten) in einem größeren geschichtlichen Kontext verortet, der das Handeln Gottes an Israel einschließt: die Geburt Jesu ist Teil des universalen Heilsplans Gottes. Die drei anschließenden Perikopen thematisieren die Person Jesu in ihrem Verhältnis zu Gott und den Menschen (5. Bestätigung Jesu in der Taufe), zum Versucher als Gegenspieler Gottes (6. Bestätigung Jesu in der Versuchung) und deuten seine Bedeutung als Licht für die Heidenvölker und damit für die Welt an (7. Bestätigung Jesu in Galiläa durch die Schrift).

Die letzten drei Perikopen verdeutlichen, dass Matthäus das öffentliche Auftreten von Johannes und Jesus als definitive Bezeugung des *Königreichs Gottes* verstanden hat. Die Absicht des Matthäus bestand darin, Zeit und Auftreten des Täufers und Jesu zu verknüpfen. Er verbindet beide, indem er ihnen wortwörtlich dieselbe Botschaft in den Mund legt (3,2 // 4,17) und sie gemeinsam die *Erfüllung der Gerechtigkeit* verwirklichen lässt.

Auf der theologischen und christologischen Ebene betonen diese sieben Perikopen, dass der Nazarener wirklich der Gesalbte Gottes ist, denn in ihm zeigt sich Gott auf besondere Weise. Die Erzählung von der Taufe Jesu stellt eine modellhafte Antwort auf die Frage dar: wo finden wir Gott? In der Taufe offenbart sich die Identität Jesu und verdeutlicht die Besonderheit der Zeit, die mit ihm begonnen hat. Die letzte Perikope hebt erneut durch die Ortsangaben hervor, dass das mit Jesus angebrochene Heil dem Volk Israel gilt. Die Erwähnung der *Heiden* und die unbestimmte Formulierung vom *Volk in Finsternis* deuten aber schon Jesus als Licht für die Heiden an.

Diese vielschichtige Einführung konfrontiert die Leser mit dem Jesusgeschehen als universalem Heilsereignis, dem gegenüber sie nicht indifferent bleiben können. Der Heilsplan Gottes, der sich in der Geschichte – auch in unerwarteten Situationen und entgegen menschlichen Vorstellungen und Erwartungen – zeigt, kann die Leser ermutigen, sich auf das Handeln Gottes vertrauensvoll einzulassen.

Zweiter Teil

Mt 4,17-16,20:
Jesus – Messias in seinen Worten und Werken

Nachdem Matthäus im ersten Teil die schriftgemäße Messianität Jesu und seine heilsgeschichtliche Bedeutung vorgestellt hat, schließt er nun ausführlichere Erzählungen von der Lehre Jesu und seinen Werken an. Der zweite Teil des Evangeliums besteht ebenfalls aus zwei Sektionen, von denen die erste das Wirken des Messias – seine Lehre und seine Taten – vorstellt und die zweite Sektion die Frage nach der Messianität Jesu deutlicher thematisiert:

    A. 4,17-11,1   Die Werke des Messias
    B. 11,2-16,20 Bist du der, der kommen soll?

Die Leser sollen erkennen, dass sich Jesus als Messias auch in seinen Worten und Werken zeigt, dass aber umgekehrt weder seine Worte noch seine Werke genügen, um ihn wirklich umfassend als Messias zu begreifen. Matthäus hält die Problematik dieser Ungleichung offen, indem er den zweiten Teil mit der Frage nach Jesu Messianität enden lässt. Auch die Leser müssen sich entscheiden, ob sie Jesus (allein) aufgrund seines Wirkens für den Messias halten. Für Matthäus wird die Messianität Jesu vollends erst mit seinem Tod und seiner Auferweckung deutlich, von der dann der dritte Teil des Evangeliums handelt.

A. Die Werke des Messias – Mt 4,17-11,1

Innerhalb des zweiten Teils des Evangeliums bildet der Abschnitt Mt 4,17-11,1, der von den Werken des Messias erzählt, eine geschlossene, klar gegliederte Einheit, die ihrerseits wieder aus zwei Erzählbögen besteht:

    a. 4,17-9,34 Jesu Lehren und Handeln
    b. 9,35-11,1 Jesus überträgt seinen Auftrag an seine Schüler

Diese beiden Erzählbögen sind durch stilistische, literarische und inhaltliche Elemente miteinander verbunden. Ein sehr deutliches Verbindungselement ist z.B. die summarische Zusammenfassung des Dienstes Jesu: *und er (Jesus) zog in ganz Galiläa umher, lehrend in ihren Synagogen und verkündend das Evangelium des Königtums und heilend jede Krankheit und jede Schwäche im Volk* (4,23). Dieses Summarium wird mit geringfügigen Varianten am Ende des ersten Erzählbogens (9,35) wiederholt und schließt auch den gesamten Abschnitt ab (11,1). Dieser dreimal wiederholte Vers signalisiert den Lesern, wie die dazwischen geschalteten Erzählungen interpretiert werden sollen: Jesus verkündet das Reich Gottes *und* realisiert es

Jesu Lehren und Handeln

zugleich durch seine Werke der Heilung und Rettung. Denselben Auftrag bekommen dann von ihm auch seine Schüler.

Im ersten Erzählbogen stellt Matthäus die Werke des Messias auf zweifache Weise dar, die beide zusammen das Evangelium vom Himmelreich verwirklichen: die Bergpredigt (5,3-7,27) stellt das dem Himmelreich entsprechende Verhalten vor und die anschließenden Heilungen (8,2-9,35) zeigen die schon beginnende Verwirklichung des Himmelreiches; beide Aspekte gehören untrennbar zusammen.

Der zweite Erzählbogen enthält nur einen Teil, nämlich die Beauftragung Jesu Schüler mit demselben Dienst (9,36-11,1).

a. 4,17-9,34: Jesu Lehren und Handeln

4,17-8,1: Jesu Lehre

Einleitung: Jesu öffentliches Auftreten: 4,17-25

A – Jesu Verkündigung
¹⁷ Von da an begann Jesus zu verkünden und zu sagen:
    Kehrt um!
    Denn das Königtum der Himmel ist nahe gekommen.

B – Nachfolge der Schüler
¹⁸ Umhergehend aber entlang dem Meer von Galiläa,
    sah er zwei Brüder: Simon, den Petrus genannten
    und   Andreas, seinen Bruder
    – werfend ein Wurfnetz ins Wasser –, denn sie waren Fischer.
¹⁹ Und er sagt ihnen: Hinter mich!
    Und ich werde euch zu Menschenfischern machen!
²⁰ Die aber – sofort die Netze lassend – folgten ihm.
²¹ Und – weitergehend von dort –,
    sah er zwei andere Brüder: Jakobus, den Sohn des Zebedäus
    und   Johannes, seinen Bruder,
    – im Boot mit Zebedäus, ihrem Vater, ausbessernd ihre Netze –,
    und er rief sie.
²² Die aber – sofort das Boot und ihren Vater lassend – folgten ihm.

A' – Jesu Wirken
²³ Und er zog umher in ganz Galiläa,
    lehrend in ihren Synagogen
    und verkündend das Evangelium des Königtums
    und heilend jede Krankheit und jede Schwäche im Volk.

B' – Nachfolge von Menschenmengen
²⁴ Und es verbreitete sich sein Ruf in ganz Syrien
    und sie brachten ihm alle, denen es schlecht ging:
      – von vielerlei Krankheiten und Qualen Bedrängte

und Besessene und Epileptiker und Gelähmte –
und er heilte sie.
²⁵ Und es folgten ihm große Volksscharen
   von Galiläa und der Dekapolis
und von Jerusalem und Judäa
und von jenseits des Jordans.

Die Gewebestruktur des Textes

Die Worte *von da an* (4,17) markieren einen Neubeginn: dieser Vers enthält die programmatische Verkündigung des Evangeliums. Gleich zu Beginn finden sich zwei Schlüsselworte: *bekehrt euch / kehrt um* und das *Himmelreich / Königtum der Himmel*. An die Verkündigung Jesu schließt sich sofort dessen Wirkung an (4,18-22), nämlich die Berufung der ersten Schüler. Das Summarium in 4,23 spricht wiederum von der Verkündigung und dem Dienst Jesu, worauf ebenfalls die Auswirkungen folgen (4,24-25), jetzt auf große Volksscharen bezogen. Matthäus strukturiert thematisch parallel:
A Verkündigung   4,17 – B Nachfolge der Schüler   4,18-22
A' Wirken Jesu   4,23 – B' Nachfolge von Menschenmengen 4,24-25.

Auch die zweite Episode von der Nachfolge der Schüler (4,18-22) ist parallel aufgebaut: zuerst handelt sie von der Berufung des Simon und Andreas (4,18-20), dann von der Berufung des Jakobus und Johannes (4,21-22). Nach einer einleitenden Ortsbeschreibung setzt die Handlung ein: Jesus sieht und ruft, die Schüler verlassen ihren aktuellen Lebensbereich und folgen Jesus.

Der programmatisch zusammengefassten Verkündigung in 4,17 entspricht das Summarium des Wirkens Jesu in 4,23: Jesus *lehrt, verkündet* und *heilt*: eben darin zeigt sich das nahe gekommene Himmelreich. Die folgenden Verse (4,24-25) beschreiben die Auswirkung dieses Wirkens Jesu: Jesu Ruf verbreitet sich in der ganzen Gegend, viele leidende Menschen kommen zu Jesus und werden von ihm geheilt. Die Leser verstehen, dass Jesu Verkündigung des Himmelreiches (4,17) und sein heilendes Wirken (4,24) die Nachfolge der Menschenmengen bewirkt (4,25).

Das semantische Geflecht des Textes

4,17 Jesu Verkündigung
Die Synoptiker bemühen sich, gleich am Beginn des Auftretens Jesu seine zentrale Botschaft in wenigen Worten auf den Punkt zu bringen (Mk 1,14-15; Lk 4,18-21). Sie betonen das „Nahe-Sein" der Gottesherrschaft und die „erfüllte Zeit". Damit greifen sie zwar einerseits apokalyptische Konzepte ihrer Zeit auf (z.B. 4 Esra 4,36-37; syrische Baruch-Apokalypse 40,3), andererseits verdeutlichen sie aber zugleich mit der Wortwahl *Evangelium* und *verkündigen*, dass Jesu Botschaft der anbrechenden Gottesherrschaft eindeutig eine Heils-Botschaft ist. Bei Matthäus hat das Verb *verkündigen* auch noch an anderen Stellen die positive Konnotation der guten Botschaft

Jesu Lehren und Handeln

des angekündigten Heils, so bei der Verkündigung von Johannes dem Täufer (3,1), bei Jesus (4,23; 9,35; 11,1), den Jesu Schülern (10,7.27) und in der Verkündigung der der zukünftigen Gemeinde (24,14; 26,13).

Der Umkehrruf bei Matthäus hat hier zwar nicht die herausgestellte Bedeutung wie etwa bei Lk oder Mk, doch macht Matthäus mit dem betonten *denn* ebenso unmissverständlich deutlich, dass die nahende Gottesherrschaft ein entsprechendes Verhalten fordert. Im Unterschied zu Lukas, der vom *Reich Gottes* spricht, gebraucht Matthäus den Ausdruck *Himmelreich* oder *Königtum der Himmel*. Mit dieser abstrakteren Bezeichnung vermeidet er nach rabbinischer Tradition, den Namen Gottes zu nennen, meint aber damit das gleiche, nämlich das Regieren Gottes über sein auserwähltes Volk. Die Herrschaft Gottes zeigt sich bei Matthäus sowohl im heilsgeschichtlichen Wirken Gottes an seinem Volk, als auch in den Zeichen, die Jesu Ankündigung begleiten, wie z.B. die Heilungen der Kranken (Mt 4,23-24; 8,16; 9,35; 10,1.8; 12,15; 14,14; 15,30).

Die Erwartung der Gottesherrschaft hat ihre Wurzeln in der Geschichte Israels und findet sich entsprechend z.B. in Ex 15,1-18; Num 23,21; 2 Sam 7,12-16; Ez 1, Jes 42-44; Ps 96,10; 97,1. Hier wird auch deutlich, dass die Herrschaft Gottes gerade nicht „Machtausübung" meint, sondern vielmehr auf die Verwirklichung des Heils für sein Volk zielt. Im Spätjudentum, seit dem 2. Jhd. v. Chr., verbindet sich der Gedanke der Gottesherrschaft mit der Erwartung des messianischen Retters: der Messias-König als Sohn Davids soll die Gottesherrschaft in Israel errichten (so z.B. in 4 Q 61,8-10; PsSal 17,23-51; und die 11. Bitte des Achtzehn-Bitten-Gebets).

Auf diese Erwartungen antwortet die Botschaft Jesu in den synoptischen Evangelien. Jesus erscheint als der Träger des eschatologischen Gottesreiches, denn in seinen Worten *und* Werken zeigen sich die Erwartungen der Gottesherrschaft als erfüllt. Worte und Werke Jesu gehören untrennbar zusammen: die Verkündigung des Gottesreiches wird zugleich in seinen Werken sichtbar. Allein auf Worte reduziert – wie etwa im apokryphen Thomasevangelium oder in der so genannten Quelle Q – kommt die Evangeliumsbotschaft und generell die bibische Botschaft zu kurz: was Gott sagt, führt er auch aus. Dieser enge Zusammenhang von Wort und Tat zeigt sich z.B. sehr schön in der Schöpfungsgeschichte: *Gott sprach* und *Gott machte* (Gen 1,1-2,3), ebenso auch in Jes 55,11 und im Ps 147,15-20.

4,18-22 Nachfolge der Schüler

Unmittelbar an Jesu Verkündigung des Evangeliums schließen sich die Erzählungen vom Ruf zur Nachfolge an. In dieser Aufforderung zur Nachfolge zeigen sich die Autorität und der Anspruch der Verkündigung der Gottesherrschaft in aller Deutlichkeit. Die Leser entdecken hier den Anfang ihres gemeinsamen Weges: wo das Evangelium verkündet wird, ist es verbunden mit dem Ruf zur Nachfolge, der die Antwort der Menschen fordert. Nach rabbinischer Praxis suchten sich die Schüler einen Rabbi, bei dem sie lernten und dem sie nachfolgten (so auch in Mt 8,19). In diesen Berufungserzählungen geht die Initiative jedoch von Jesus aus. Ähnliches lesen wir auch in der Erzählung von Elija, der sich Elischa auswählt (1 Kön 19,19-22). Jesus sieht und ruft die Brüder, ihm zu folgen; sie reagieren sofort, indem sie ihre aktuelle Tätigkeit verlassen und Jesus nachfolgen.

Aber wozu ruft Jesus? Er fordert die Schüler eindringlich dazu auf, ihm nachzufolgen und sagt ihnen zu, sie zu Menschenfischern zu machen. Die Worte *hinter mich!* enthalten einen sehr starken persönlichen Bezug. Den verdeutlichen ebenso die späteren Aufforderungen zur Nachfolge in 10,38 und 16,24-25, die noch prägnanter betonen, dass die Nachfolge Jesu einschließt, Leben und Leiden Jesu zu teilen. Das Bild der *Menschenfischer* spielt im Kontext von Jer 16,16 und 1QH 5,8; 3,26 auf das Endgericht an. Die von Matthäus außerdem gebrauchten Bilder von den Arbeitern für die Ernte bzw. für den Weinberg (9,37-38; 13,30; 20,1-2.8) und das Gleichnis des Fischernetzes (13,47-50) thematisieren ebenso die eschatologische Zeit, betonen jedoch stärker den Aspekt der gegenwärtig noch zu erledigenden Arbeit. Der Blick Jesu richtet sich also nicht in erster Linie auf das Gericht der Endzeit, sondern auf die nötige Verkündigung des Evangeliums, auf die Ankündigung der Gottesherrschaft als eschatologische Heilszeit. Jesu Schüler werden später beauftragt, genau wie ihr Lehrer das Himmelreich sowohl zu verkünden als auch durch Taten und Zeichen verwirklichen (10,7-8).

Der Ruf zur Nachfolge beinhaltet die volle Verantwortung für die Menschen und für die Menschheit. Dieser spezifische Sendungsauftrag zu den Menschen unterscheidet das matthäische Nachfolgeverständnis von der Gemeinschaft in Qumran, die gerade die Abgeschiedenheit der Wüste suchte, um sich physisch und spirituell von den „Ungerechten" abzusondern. Im Gegensatz dazu betont Matthäus die Gegenwart Gottes als *Gott-mit-uns* (1,23; 28,20), die Jesus besonders durch seine Nähe zu den Marginalisierten und Sündern verkündete und lebte. Die matthäische Gemeinde soll ebenso in ihren Werken und in ihrer Verkündigung *Licht der Welt* für alle Menschen sein (5,16). In der eschatologischen Zeit leben *und* sich deshalb aktiv für das Evangelium einzusetzen, gehören untrennbar zusammen.

Die Antwort der Gerufenen ist eine Modell-Antwort. Sie ist mit dem wichtigen Schlüsselwort ἀκολουθέω beschrieben, das *nachfolgen / begleiten / Schüler werden* meint und besonders die persönliche Beziehung zwischen Jesus und seinen Schülern beschreibt. Ähnlich formuliert auch die Berufungsgeschichte über Elischa (1 Kön 19,20-21): *...dann stand er auf, folgte Elija und trat in seinen Dienst.* In dieser Formulierung wird deutlich, dass sich die Nachfolge des Schülers gerade nicht nur im Lernen und in der Verehrung des Meisters erschöpft, sondern zur Lebensaufgabe wird. Matthäus hebt diese enge, persönlich-verpflichtende Beziehung zu Jesus dadurch hervor, dass er das Verb *nachfolgen* in Verbindung mit Personalpronomina (*mir, ihm, dir*) gebraucht, die sich (außer in 9,27, wo Jesus dem Synagogenvorsteher folgt) allesamt auf Jesus beziehen.

Die zweite Begebenheit – die Berufung von Jakobus und Johannes – folgt dem gleichen Schema mit einer allerdings auffälligen Variante, denn es wird auch deren Vater namentlich genannt. Die beiden neuen Schüler verlassen für die Nachfolge Jesu nicht nur ihr Boot und ihre Netze, sondern

Jesu Lehren und Handeln

auch ihren Vater, d.h. ihre familiären Bindungen. Die aufmerksamen Leser finden hier bereits eine Anspielung auf die fundamentale Bedeutung, die der himmlische Vater für die Nachfolger Jesu hat.

4,23 Jesu Wirken
Dieses Summarium, das sich ganz ähnlich formuliert in 9,35 und 11,1 wiederholt, bringt das messianische Wirken Jesu auf den Punkt: Jesus erscheint als Lehrer, als Verkünder des Evangeliums und als Therapeut. Das Lehren Jesu ist ergänzt durch die Bezeichnung *in ihren Synagogen*. Das Possessivpronomen *ihren* will aber nicht etwa einen Bruch zwischen der matthäischen Gemeinde und dem pharisäischen Judentum aussagen, denn Jesus besucht ja diese Synagogen, um dort zu lehren. Die Formulierung *in ihren Synagogen* bezieht sich daher auf die unterschiedliche Tora-Interpretation von verschiedenen Gruppen innerhalb des Judentums.

Das Verkünden Jesu beschreibt Matthäus als Verkünden *des Evangeliums des Königtums* – an anderen Stellen sogar noch genauer als *Königtum der Himmel*, womit er das regierende Wirken Gottes meint. Das Evangelium vom regierenden Wirken Gottes fasst gleichsam die Verkündigung Jesu zusammen: sowohl Jesu Worte als auch seine Werke verdeutlichen und realisieren dieses Heilswirken Gottes. In 24,14 begegnen wir in einem anderen Zusammenhang der Verkündigung *des ganzen Evangeliums des Königtums*: dieses Evangelium wird nachösterlich durch die Schüler Jesu *aller Welt* verkündet werden. Der Begriff *Evangelium des Königtums der Himmel* meint bei Matthäus also sowohl die Verkündigung und das Wirken Jesu, als auch die nachösterliche Verkündigungstätigkeit der Schüler Jesu – und schließlich bezeichnet es gleich einem „Credo" (Glaubensbekenntnis) die christliche Botschaft, die Jesu Lehren und Wirken verkündet.

Die Heilungen Jesu sind nicht etwa eine „Zugabe", sondern sie konkretisieren sinnlich und körperlich spürbar das Königtum Gottes. Das Volk Gottes, das in Treue zu den Weisungen und unter dem Segen Gottes lebt, kennt weder Krankheit noch Unglück (Dtn 7,15). Das regierende Wirken Gottes wird in der Überwindung des Leidens sichtbar; um es besonders zu betonen, formuliert Matthäus sogar doppelt generalisierend: *und er heilte jede Krankheit und jede Schwäche im Volk.*

4,24-25 Nachfolge von Menschenmengen
Matthäus hebt den großen Einfluss Jesu hervor: in *ganz Syrien* verbreitet sich sein Ruf. Möglicherweise verstand Matthäus aber unter *Syrien* nicht die ausgedehnte römische Provinz, sondern nur den Teil südlich des Gebirges Hermon, wo es viele jüdische Kolonien gab. Zum Schluss gebraucht Matthäus noch einmal das Verb *nachfolgen*, dieses Mal von der Volksmenge. Die Nachfolge der Volksmenge ist eindeutig positiv dargestellt, doch meint Matthäus hier wohl nicht die enge persönliche Bindung, die er bei der Nachfolge der Schüler Jesu impliziert. Mit der Erwähnung der Gebiete ganz Palästinas und *jenseits des Jordans* will Matthäus den großen Erfolg Jesu

herausstellen, unabhängig davon, ob solch ein weit verbreiteter Ruf schon zu Beginn seines Wirkens plausibel ist.

Pragmatische Knotenpunkte des Textes

Die kurze Einleitung, die die Verkündigung Jesu prägnant beschreibt, lässt für ein „Wenn und Aber" keinen Raum. Jesus tritt mit dem Anspruch auf, dass *jetzt* die eschatologische *Heilszeit* beginnt: sie zeigt sich als dynamisches Geschehen in Jesu messianischem Handeln und zielt auf eine grundlegende Veränderung sowohl in jedem Menschen als auch in der Menschheit. Deshalb handelt es sich gleichzeitig um die Stunde der Entscheidung. Die einzig angemessene Reaktion auf diese angebotene neue Situation ist die Umkehr. Der Begriff *Umkehr* bezeichnet das Verhalten, das Jesus von seinen Hörern angesichts der anbrechenden Heilszeit erwartet. Mit den anschließenden Reaktionen illustriert Matthäus, wie der Erwartung und dem Anspruch Jesu konkret entsprochen werden kann.

Die beiden parallelen Szenen von der Aufforderung zur Nachfolge unterstreichen durch ihre Doppelung die Wirkkraft des Wortes Jesu und betonen die Radikalität seines Rufs. Matthäus bevorzugt das Stilmittel der Verdoppelung, um wichtige Elemente und Aussagen hervorzuheben. Ein anderes vom ihm gebrauchtes Stilmittel ist die Stilisierung von Erzählungen, durch die er den Inhalten einen generellen, für alle Zeiten und alle Orte geltenden Charakter verleiht. Verdoppelung und Stilisierung haben beide die Funktion, die Aufmerksamkeit der Leser auf das Wesentliche zu lenken.

Mit dem Umherziehen will Matthäus Jesus nicht als „charismatischen Wanderlehrer" darstellen, sondern Jesu Wirken in der angebrochenen Heilszeit beschreiben: Jesus zieht ja nicht nur lehrend und verkündend umher, sondern heilt sogar jegliche Krankheit und Schwäche. Im selben Sinne sind auch die Bemerkungen zu verstehen, dass es der Ruf Jesu ist, der *hinausgeht* bis nach Syrien und dass Menschenmengen aus allen umliegenden Gebieten zu Jesus kommen, um ihm zu folgen.

Die Bergpredigt: Jesu programmatische Rede 5,1-8,1

Die Bergpredigt als erste von fünf langen Reden Jesu im Matthäusevangelium gilt als programmatische Rede Jesu, die die von den Glaubenden geforderte Grundhaltung angesichts der beginnenden Heilszeit in wesentlichen Zügen thematisiert. Eine ähnliche, jedoch kürzere Version findet sich auch im Lukasevangelium (Lk 6,20-49), die allerdings nicht die Position einer programmatischen Rede einnimmt, denn Jesu Programm stellt Lukas schon in 4,18-21 vor. Obwohl Matthäus sein Werk in der Regel gut durchkomponiert, ist es hier nicht ganz einfach, ordnende Kriterien für eine deutliche Struktur zu finden, wie sich z.B. ab 7,13 zeigt, wo eine gemischte Logien-Sammlung vorzuliegen scheint.

Die Bergpredigt

Folgende Beobachtungen ermöglichen jedoch eine erste Gliederung: einleitende (5,1-2) und abschließende Bemerkungen (7,28-8,1) zur Rede Jesu sind als solche deutlich zu erkennen, denn sie heben sich von der direkten Rede ab: beide enthalten als Ortsangabe den Berg, erwähnen die Hörer Jesu – die Menschenmenge und die Schüler – und beschreiben die Tätigkeit Jesu als Lehren. Innerhalb der langen Rede lässt sich die Sequenz 5,17-7,12 als Einheit erkennen, denn sie ist durch einen einleitenden (5,17) und einen abschließenden Vers (7,12) markiert, der jeweils die Formulierung *Tora und Propheten* enthält. Dabei weist die Einleitung programmatisch auf die dann näher ausgeführte Erfüllung von Tora und Propheten hin, während der Abschluss das Gesagte zusammenfasst. Innerhalb dieses Rahmens geht es um die Funktion des Messias, der die Tora (5,17-48), die Spiritualität Propheten (6,1-18) und die Weisheit des Glaubens-Lebens (6,19-7,12) lehrt. Das mittlere Teilstück 6,1-18 fällt besonders durch seine perfekte parallele Struktur auf, deren Zentrum das Vater Unser bildet.

Die Markierung der zentralen Sequenz hilft, die Anfangssequenz (5,3-16) und die Schlusssequenz (7,13-27) voneinander abzugrenzen. Somit wird auch deutlich, dass der Anfangsteil aus neun Seligpreisungen mit weiteren Logien besteht, und dass die Schlusssequenz (7,13-27) eine weitere Logien-Sammlung enthält. Die Anfangssequenz nennt in den Versen 3-12 neunmal das Wort *glückselig*, jeweils verbunden mit der Begründung *denn*. Obwohl die letzte Seligpreisung durch ihre Länge und den Gebrauch der 2. Pers. Pl. stilistisch auffällt, ist sie mit den vorigen Versen durch das Verb *verfolgt werden* verbunden. Die beiden parallelen Logien über das *Salz* und das *Licht* stellen eine Erweiterung der Seligpreisungen dar, denn ebenso wie die letzte Seligpreisung sind auch diese Verse in der 2. Pers. Pl. formuliert. Inhaltlich verdeutlichen sie ebenso wie die anderen Seligpreisungen die Veränderung zum Positiven: trotz negativer Erfahrung wie Ablehnung und Verfolgung bleiben die Taten der Anhänger Jesu wirksam.

In der Schlusssequenz (7,13-27) findet sich eine Reihe von Ratschlägen, die durch Imperativformen besonders nachdrücklich wirken: es geht um das Hören und Tun des Willens Gottes. Durch den Wortgebrauch lassen sich drei Themen unterscheiden: die erste Einheit (7,14-15) mit den charakteristischen Worten *Tür* und *Weg* bezieht sich auf den Weg der Nachfolge. Die zweite Einheit (7,15-20) thematisiert das *Frucht bringen* und die letzte Einheit (7,21-23) das *Tun des Willens des Vaters*. Auch die Schlusssequenz wird durch eine Ergänzung zum Thema *den Willen des Vaters tun* erweitert (7,24-27), die zugleich die gesamte Rede zusammenfassend abschließt.

Aufgrund dieser Beobachtungen lässt sich in der Bergpredigt eine Dreier-Gliederung als bestimmendes Strukturmerkmal erkennen. Die gesamte Rede setzt sich aus drei großen Teilen zusammen. Der erste Teil enthält neun (3 x 3) Seligpreisungen. Der zweite Teil ist der längste; seine zentrale Stellung zeichnet ihn als den Hauptteil aus: er handelt von der Tora. Auch dieser Hauptteil ist wiederum thematisch dreigeteilt. In der Mitte des Hauptteils, im Zentrum der Bergpredigt steht das Vater Unser. Auf diese Weise verdeutlicht Matthäus, dass das Geschehen des Willens des Vaters das

Grundanliegen Jesu ist. Entsprechend handelt es sich in allen Auslegungen und Weisungen um das Erfüllen des Willens des Vaters. Der abschließende Teil besteht aus drei Ermahnungen, die das dem Willen des Vaters entsprechende Tun zusammenfassend auf den Punkt bringen. Eine schematische Gliederung der Bergpredigt könnte so aussehen:

Narrative Einleitung	5,1-2	
NEUN SELIGPREISUNGEN (3 x 3)	5,3-12	
+ Erweiterung	5,13-16	Salz der Erde und Licht der Welt
TORA UND PROPHETEN	5,17-7,12	
	Einleitung	5,17
	Jesus lehrt und interpretiert die Tora	5,18-48
	Jesus lehrt die Spiritualität der Propheten	6,1-18
	Jesus lehrt die Lehre der Weisheit	6,19-7,11
	Abschluss: Goldene Regel	7,12
DREI ERMAHNUNGEN	7,13-23	
+ Erweiterung	7,24-27	Hören und Tun
Narrativer Schluss	7,28-8,1	

Diese Konstruktion scheint vielleicht künstlich, aber diese Form entspricht durchaus den üblichen rabbinischen Schemata. Matthäus zeigt sich hier als Schriftgelehrter, der durchaus solche Formen und Strukturierungen im Dienst am Evangelium vom Königtum der Himmel zu nutzen weiß.

Narrative Einleitung: 5,1-2

¹	Sehend die Volksmengen,	stieg er auf den Berg,
	und als er sich gesetzt hatte,	kamen seine Schüler zu ihm
²	und – öffnend seinen Mund –	lehrte er sie, sagend:

Diese kurze Einleitung stellt Jesus als einflussreiche Lehrautorität vor, denn wie ein Rabbi *sitzt* er in Gegenwart seiner Schüler und der Volksmenge und *lehrt*. Das Motiv des *Berges* wird im Zusammenhang mit der sich versammelnden Volksmenge eingeführt, so dass es scheint, als ob Jesus auf den Berg steige, um besser gehört zu werden und seine Hörerschaft im Blick zu behalten. Doch die aufmerksamen Leser erinnern sich auch an andere wichtige biblische Ereignisse, die im Zusammenhang mit einem Berg erzählt werden, wie den Bundesschluss (Ex 19-24). Mose bekam die Tora am Berg Sinai, doch Matthäus will deshalb nicht etwa die Bergpredigt als „neue Tora" und Jesus als „neuen Mose" darstellen, denn Jesus gibt ja ausdrücklich keine neue Tora (5,17-20), sondern interpretiert und lehrt mit Autorität und eschatologischem Anspruch dieselbe Tora. Im Matthäusevangelium kommt das Motiv des Berges noch öfter vor, z.B. bei den Versuchungen (4,8-11),

Die Bergpredigt

bei der Verklärung (17,1-9) und bei der Aussendung der Schüler durch den Auferstandenen (28,16-20). In diesen Ereignissen ist der Berg stets ein wichtiger Ort der göttlichen Manifestation. Alle Merkmale dieser Einleitung – die ausgefeilte Struktur, der besondere Ort, die Lehrautorität Jesu, der programmatische Anspruch – lassen vermuten, dass Matthäus die Bergpredigt als „Magna Charta der Nachfolge" gestaltet.

Unser Text nennt zwei Adressatenkreise, an die sich Jesus mit seiner Lehre wendet: die *Schüler* (4,18-22) und die *Volksmengen*, die Jesus von Galiläa, von der Dekapolis, von Jerusalem, Judäa und aus dem Gebiet jenseits des Jordans folgen (4,25). Der Hinweis, dass seine *Schüler* zu ihm kommen (5,1), deutet an, dass sie wohl die Hauptadressaten sind. Auch inhaltlich lassen sich viele Formulierungen der Bergpredigt unter der Perspektive, dass sie sich an die Schüler richten, besser verstehen, so z.B. die Verfolgung um Jesu Namens willen (5,11-12), das Zeugnis vor der Welt (5,13-16), das von Jesus geforderte „Mehr" an Gerechtigkeit (5,20), das Vater Unser (6,9-13) und der Anruf *Herr, Herr* (7,21). Doch Matthäus erwähnt ausdrücklich am Anfang und am Ende der Lehre die *Volksmengen* als Hörer (5,1-2; 7,28-29), die auf Jesu Lehre begeistert reagieren. Diese Männer und Frauen aus der Menge sind für Matthäus potentielle Schüler Jesu, die sich durch das Hören der Lehre Jesu zur Nachfolge entscheiden.

Die neun Seligpreisungen: 5,3-12

3	Glückselig die Armen im Geist,	*denn ihnen gehört das Himmelreich.*
4	Glückselig die Trauernden,	*denn sie werden getröstet werden.*
5	Glückselig die Sanftmütigen,	*denn sie werden die Erde erben.*
6	Glückselig die Hungernden und Dürstenden nach der Gerechtigkeit,	*denn sie werden gesättigt werden.*
7	Glückselig die Barmherzigen,	*denn sie werden Barmherzigkeit erfahren.*
8	Glückselig die Reinen im Herzen,	*denn sie werden Gott sehen.*
9	Glückselig die Friedensstifter,	*denn sie werden Kinder Gottes heißen.*
10	Glückselig die Verfolgten wegen der Gerechtigkeit	*denn ihnen gehört das Himmelreich.*
	- - - - -	
11	Glückselig seid ihr, wenn sie euch schmähen und euch verfolgen und Böses über euch sagen [lügend] um meinetwillen.	
12	Freut euch und jubelt,	*denn euer Lohn ist groß im Himmel, denn so verfolgten sie die Propheten, die vor euch waren.*

Die Gewebestruktur des Textes

Ein prägnanter, einfacher und deshalb einprägsamer Rhythmus formt die Seligpreisungen. Die ersten acht Seligpreisungen (5,3-10) sind in der 3.

Pers. Pl. allgemeingültig nach dem Schema *glückselig ... denn* konstruiert. Außerdem fällt auf, dass die Begründung der ersten und der achten Seligpreisung *denn ihnen gehört das Himmelreich* inhaltlich identisch ist. Diese beiden Begründungen stehen zudem im Präsens, die der anderen Seligpreisungen hingegen im Futur. Die erste und die achte Seligpreisung bilden eine deutliche Inklusion, doch die aufmerksamen Leser, die die Vorliebe des Matthäus für Zahlenspiele kennen, werden nach der achten Seligpreisung nun noch eine besondere Aussage in der neunten erwarten. Die neunte Seligpreisung (5,11-12) nimmt also eine Sonderposition ein. Das zeigt sich schon in ihrem Aufbau: die 2. Pers. Pl. (*ihr, euch*) drückt die direkte Anrede aus und enthält neben einer detaillierten Beschreibung der Glückseligen noch zwei Imperative und eine Erklärung. Inhaltlich nimmt sie das Thema der Verfolgung aus der achten Seligpreisung wieder auf, ergänzt es durch genauere Beschreibunden von Situationen und Umständen und erklärt die besondere Bedeutung der Verfolgung für die Anhänger Jesu.

Das semantische Geflecht des Textes

5,3 Glückselig die Armen im Geist
Jesus eröffnet seine erste lange Rede mit einer Seligpreisung der *Armen*. Auch im Lukasevangelium (Lk 4,18-27) weiß sich Jesus zu den Armen gesandt. Die frohe Botschaft von Gott für die Armen ist gleichsam der rote Faden, der sich durch beide Testamente zieht. Die erste Seligpreisung richtet sich generell an die *Armen*, in den folgenden Seligpreisungen werden andere Gruppen genannt – die Trauernden, die nach Gerechtigkeit Hungernden, die Verfolgten,... – die aber nicht notwendig zur Gruppe der ökonomisch Armen gehören müssen. Die Sehnsucht nach Gerechtigkeit oder nach Frieden bewegt alle Menschen, unabhängig von ihrer finanziellen Situation, ebenso wie Barmherzigkeit und ein reines Herz nicht grundsätzlich oder ausschließlich Eigenschaften von Armen sind. Auch in 11,5 werden Menschengruppen aufgezählt, die das Heil bringende Wirken Jesu am eigenen Leib erfahren: Blinde, Lahme, Aussätzige, Tote – und Arme. Die Armen und Leidenden bilden im Matthäusevangelium eine bedeutende Gruppe, der ausdrücklich die frohe Botschaft gilt.

Im Vergleich mit dem lukanischen Paralleltext fällt auf, dass ebenfalls die Armen glückselig gepriesen werden, doch Matthäus bestimmt die Armen näher als *arm im Geist*. Den hermeneutischen Hintergrund für diesen Begriff bilden vor allem Jes 61,1-3 und Ps 34,19b: im Jesajatext wird das hebräische Wort *'anāwīm* (*die Armen, Bedürftigen, Schwachen*) mit dem griechischen πτωχοί (*die Armen*) übersetzt; im Psalm 34,19b nennt die LXX einen ähnlichen Begriff: *die Geringen im Geist*. Auch in anderen Psalmen (z.B. Ps 14,6; 22,25; 25,16; 40,18) werden *die Armen / arm sein* genannt: es sind besonders die Menschen, die Gottes Hilfe bedürfen, bzw. die Frommen, die ganz und gar auf Gott vertrauen. Daher ist die Verbindung zwischen den *Armen* und den *Demütigen*, *Frommen* und *Barmherzigen* offensichtlich: es sind die Menschen gemeint, die sich in vollem Vertrauen in

Gottes Hände geben, anstatt alles von den Menschen zu erwarten oder allein auf sich selbst zu vertrauen. Ein ähnlicher Gedanke findet sich auch in den Schriften von Qumran, wo von Gott als demjenigen gesprochen wird, der die Feinde durch *die Demütigen im Geist* überwinden wird (1QM 14,7).

Es geht bei Matthäus und ebenso bei Lukas also weder um eine rein „innerliche" Bedeutung der Armut, die sich in stoischer Manier vom Besitztum distanziert, noch um eine Armutsspiritualität, die die Armut idealisiert. Beide Evangelisten meinen mit den Armen die in der Gesellschaft Marginalisierten. Die matthäische Ergänzung *im Geist* verdeutlicht jedoch, dass diese Armen nicht ausschließlich die materiell Armen sind, sondern dass zu dieser Gruppe auch die Leidenden und die Gläubigen, die ganz auf Gott vertrauen, hinzugehören. Das erste Selig preist also nicht die Armut, sondern die Menschen, die sich in ihrem Leben, Handeln und Hoffen vertrauensvoll auf Gott hin ausrichten.

Das Himmelreich, zu dem die Armen Zugang haben, ist kein Versprechen, das erst für die Zukunft gilt; das Präsens weist darauf hin, dass es bereits in der Gegenwart Wirklichkeit ist: *denn ihnen gehört das Himmelreich*. Schon in der Verkündigung Jesu *kehrt um, denn das Königtum der Himmel ist nahe gekommen* (4,17) wurde deutlich, dass sich dieses Königtum in der Geschichte und im regierenden Wirken Gottes zu Gunsten seines Volkes zeigt. Genau darauf zielt auch die erste Seligpreisung: die Armen sind die Adressaten des Heilswirkens Gottes – deshalb ist das Himmelreich bei denen, die sich voll Vertrauen auf Gott hin ausrichten.

5,4 Glückselig die Trauernden
Die zweite Seligpreisung bezieht sich auf die Trauernden. Dasselbe Wort findet sich auch in Jes 61,2; 60,20 und 66,10, wo es die Trauernden Zions meint. Matthäus hat also mit den Weinenden nicht nur die aktuell Weinenden im Blick, sondern bezieht auch diejenigen mit ein, die wegen der noch ausstehenden Verwirklichung des von Gott zugesagten Heils betrübt sind. Diesen Traurigen wird Tröstung versprochen. Das gewählte Futur Passiv weist auf Gott als Handlungsträger (Passivum Divinum) hin.

5,5 Glückselig die Sanftmütigen
Die dritte Seligpreisung ähnelt inhaltlich der ersten: dort wird den Armen im Geist das Himmelreich zugesagt, hier wird den *Sanftmütigen das Erbe der Erde* versprochen. Interessanterweise ist im Hebräischen sprachlich die Unterscheidung zwischen den *Armen* und den *Sanftmütigen* nicht offensichtlich, weil sich die Wortbedeutungen überschneiden; das Griechische differenziert stärker, denn es gebraucht zwei verschiedene Worte. Viele Kirchenväter kehren allerdings die Reihenfolge der Seligpreisungen so um, dass auf die erste die dritte folgt, so dass die Verbindung von *Armen* und *Sanftmütigen* gewahrt bleibt. Diese Koppelung verdeutlicht einen zentralen Aspekt der jüdischen Frömmigkeit, der Matthäus sehr wichtig ist: Jesus selbst stellt sich als *sanft* und *von Herzen demütig* dar (11,29) und lädt seine

Schüler ein, diese Haltung von ihm zu lernen; auch in 21,5 beschreibt Matthäus analog zu Sach 9,9 den sanftmütigen, friedfertigen Messias.

Sanftmut, Demut und (freiwillige) Machtlosigkeit charakterisieren im Ersten Testament die Armen, Gerechten und Frommen in ihrem völligen Vertrauen auf Gott. Ps 37 beschreibt diese Haltung mit ähnlichen Worten wie die Seligpreisungen: auch hier werden die Armen, die Gerechten und alle, die auf Gott hoffen und vertrauen, das Land erben. Der Begriff des *Erbens des Landes* enthält also außerdem eine spirituelle und eine eschatologische Komponente, die ebenso in der Hoffnung der Propheten deutlich wird (Am 9,13-15; Jes 49,9-13; 60,21-22; außerbiblisch z.B. in 2 Hen 50,2). Vor diesem Hintergrund kann Matthäus die eschatologische Hoffnung, die sich im Erben des Landes ausdrückt, mit der Zusage des Himmelreiches für die Armen, Sanftmütigen und Demütigen, die ganz und gar auf Gott vertrauen, verknüpfen.

5,6 Glückselig die Hungernden und Dürstenden nach der Gerechtigkeit
Die vierte Seligpreisung nennt mit der *Gerechtigkeit* einen zentralen Begriff des Matthäusevangeliums. Bereits vorher lud Jesus Johannes den Täufer dazu ein, mit ihm die Gerechtigkeit zu erfüllen (3,15). Das Erfüllen der Gerechtigkeit bedeutet, den Willen Gottes zu tun (so auch in 6,1.33). Diese *Gerechtigkeit*, die dem Willen Gottes entspricht, enthält einen doppelten Aspekt, denn sie ist sowohl Eigenschaft Gottes und Ausdruck des göttlichen Heilswillens als auch Aufgabe und Anspruch für uns Menschen. Als Eigenschaft Gottes ist die Gerechtigkeit mit der Barmherzigkeit verbunden (9,13; 12,7); wir Menschen erfüllen die Gerechtigkeit, die dem Willen Gottes entspricht, im barmherzigen Umgang miteinander (5,22-24; 18,15-17.21-35).

Diejenigen, die *nach der Gerechtigkeit hungern und dürsten*, sind Menschen, die in erster Linie das Reich Gottes suchen, indem sie versuchen, in einer Beziehung zu Gott und zu den Menschen zu leben, die von Liebe, Barmherzigkeit und Gerechtigkeit geprägt ist. Angesichts der bestehenden Machtverhältnisse zwischen Menschen und Völkern scheint ein solches Vorhaben utopisch – und dennoch verspricht Jesus diesen Hungernden und Dürstenden die *Sättigung* ihres Bedürfnisses.

Die Wortwahl in diesem Vers erinnert an Ps 107,5-9, wo ebenfalls die Bedrängten, Hungernden und Dürstenden zu Gott um Hilfe schreien und erfahren, dass Gott *die lechzende Seele gesättigt (und) die hungernde Seele mit seinen Gaben erfüllt hat* (Ps 107,9). Auch in Jes 49,10; 55,1-2 finden wir die Zusage, dass es keinen Hunger und keinen Durst mehr geben wird. Lukas formuliert im Magnificat ähnlich: *die Hungernden beschenkt er mit seinen Gaben* (Lk 1,53), im Johannesevangelium verspricht Jesus: *ich bin das Brot des Lebens; wer zu mir kommt, wird gewiss nicht mehr hungern, und wer an mich glaubt, wird gewiss nicht wieder dürsten* (Joh 6,35) und in der Apokalypse lesen wir in Anlehnung an Jes 49,10: *sie werden nicht mehr hungern und sie werden nicht mehr dürsten* (Apk 7,16). Dieser Kontext verdeutlicht, dass die *Sättigung von Hunger und Durst nach der Gerechtigkeit* die eschatologische Erfüllung meint. Da sie bisher noch nicht ganz

Die Bergpredigt

verwirklicht ist, bestehen Hunger und Durst nach Gerechtigkeit zwar noch weiterhin, doch die Hungernden und Dürstenden dürfen gewiss sein, dass sie von Gott *gesättigt werden* (Passivum Divinum).

5,7 Glückselig die Barmherzigen
Die *Barmherzigkeit* bildet mit der Gerechtigkeit eine feste Einheit, denn beide sind mit dem Willen Gottes eng verbunden und betreffen deshalb als Aufgabe und Anspruch auch uns Menschen. Im Ersten Testament und in der jüdischen Tradition gilt die *Barmherzigkeit* als eine bedeutende Eigenschaft Gottes: Gott wird beschrieben als barmherzig und langmütig, reich an Güte und Treue (Ex 34,6; Neh 9,17; Ps 86,15; 103,8; 145,8; Joe 2,13; Jona 4,2). In den weisheitlichen Schriften und in der jüdischen Tradition wird Barmherzigkeit, Langmut, Güte und Treue aber auch den Menschen zugesagt (Spr 11,17; 19,11; 20,6) und ebenso von ihnen erwartet (Mich 6,8; Spr 14,12, TestSeb 5,1.3; 7,1-8,6; Schab 151b). Wichtig ist dabei, dass *Barmherzigkeit* nicht als ein bloßes Gefühl verstanden wird, sondern eine aktiv-effektive Haltung meint, die sich in Gottes heilsgeschichtlichem Handeln und in der zwischenmenschlichen Beziehung zeigt: bei Matthäus besonders in der Vergebung (5,43-48; 6,12.14-15; 18,21-35; 25,31-46).

5,8 Glückselig die Reinen im Herzen
Die *Reinheit des Herzens* bildet die Grundlage des geforderten Verhaltens gegenüber Gott: es geht nicht um eine äußerliche, bloß formale Reinheit, sondern um die Verankerung der Gottesbeziehung im Herzen als dem Lebenszentrum der Person. Diese Beziehung zu Gott soll *mit ganzem Herzen* verwirklicht werden, wie es das *Höre Israel* (Schema' Jisrael) deutlich bekennt (Dtn 6,4-6). Deshalb können Dtn 4,29 und der Prophet Jeremia (Jer 29,13) zusagen, dass diejenigen, die Gott mit ganzem Herzen und mit ganzer Seele suchen, ihn auch finden werden. Vor demselben Hintergrund beschreibt auch der Prophet Ezechiel die gelungene Gottesbeziehung mit dem Bild des erneuerten Herzens aus Fleisch (Ez 36,26). Die Formulierung *ein reines Herz haben* ist also fest im jüdischen Glaubensleben verwurzelt, auch wenn dieser Ausdruck nur ein Mal in Ps 24 begegnet: *Wer darf hinaufziehen zum Berg des Herrn, wer darf stehen an seiner heiligen Stätte? Der reine Hände hat und ein lauteres Herz, der nicht betrügt und keinen Meineid schwört. Er wird Segen empfangen vom Herrn und Heil von Gott, seinem Helfer. Das sind die Menschen, die nach ihm fragen, die dein Antlitz suchen, Gott Jakobs* (Ps 24,3-6).

Matthäus stützt sich auf den Begriff des *reinen Herzens*, um seinen Lesern eine gelungene Gottesbeziehung zu beschreiben, damit sie zu einer tiefen persönlichen Beziehung zu dem *Vater, der das Verborgene sieht* (6,4.6.18), gelangen können. Eine solche gelungene Gottesbeziehung zeigt sich auch darin, dass wir tun, was Gott gefällt und nicht das, was die Menschen beeindruckt (6,1-18). Doch die Beziehung zu Gott ist undenkbar ohne eine entsprechende Beziehung zu den Mitmenschen. Auch diese Beziehung soll auf der Basis des *reinen Herzens* aufgebaut sein und sich dann in der Versöhnungs- und Vergebungsbereitschaft zeigen (5,28; 18,35).

Denen, die ein *reines Herz* haben, wird versprochen, dass sie *Gott sehen* werden. Das Sehen Gottes ist nicht einfach möglich; die Tora warnt deshalb davor, unvorbereitet oder nur aus Neugier Gott sehen zu wollen (Ex 19,21; 33,20; Lev 16,2; Num 4,20), doch gleichzeitig hält sie fest, dass sehr wohl Menschen vor dem Angesicht Gottes standen und Gott „sahen". Zu diesen Menschen gehören Jakob, der Gott von Angesicht zu Angesicht sah (Gen 32,31), und Mose, der mit Gott Auge in Auge, wie mit einem Menschen redete (Ex 33,11) und der auch die Herrlichkeit Gottes und „den Rücken" Gottes sehen durfte (Ex 33,18-23). Jitro, Aaron und die Ältesten Israels halten vor dem Angesicht Gottes ein Mahl (Ex 18,12), und Mose, Aaron, Nadab, Abihu und die siebzig Ältesten aus dem Volk Israel sahen Gott und aßen und tranken vor seinem Angesicht (Ex 24,9-11). Gott selbst hat auch mit dem ganzen Volk Israel von Angesicht zu Angesicht geredet und ihm die Weisungen verkündet (Dtn 5,4). Eine von diesen Weisungen ist der Auftrag, das Angesicht Gottes zu schauen (Dtn 16,16; 31,11), d.h. wir Menschen sind ausdrücklich eingeladen, unsere Beziehung zu Gott aufzubauen und zu vertiefen.

5,9 Glückselig die Friedensstifter

Die siebte Seligpreisung muss ebenfalls im Horizont des Ersten Testaments und des jüdischen Glaubens verstanden werden, auch wenn das Wort *Friedensstifter* nur zweimal in der Bibel belegt ist (Spr LXX 10,10; Kol 1,20). Das hebräische Wort *schalom* meint nicht bloß Frieden, sondern die Fülle des Guten, umfassendes physisches und geistliches Wohlergehen, das Gott den Menschen schenkt (Jes 45,7; 57,19). Im Rahmen der eschatologisch-messianischen Vorstellung wird der Messias als Friedensfürst (Jes 9,5-6) erwartet, der die verlorenen paradiesischen Zustände für das Volk wieder herstellt und so eine neue Ära der Gerechtigkeit, des Rechts und des Friedens schafft (Jes 11,1-2; Sach 9,9-10). Entsprechend wird dann auch im Ersten Testament und in den außerbiblischen jüdischen Schriften die Beziehung zwischen Gott und uns Menschen mit den Worten Gerechtigkeit und Recht, Wahrheit und Frieden beschrieben (Jes 32,17; 60,17; Ps 85,11; Sach 8,16; Pea 1,1; 1 Hen 1,7-8; 2 Hen 52,11-12).

In diesem Kontext umreißt auch das Neue Testament mit verschiedenen Begriffen, was die *Friedensstifter* tun und bewirken. Dazu gehört nicht nur die Vermeidung eines bewaffneten Konflikts (Lk 14,32), sondern Frieden und Gerechtigkeit unter den Menschen zu stiften (Jak 3,18), Feindesliebe zu üben, das Böse durch das Gute zu überwinden und auf Vergeltung zu verzichten (Röm 12,18-21; 1 Petr 3,11). Die *Friedensstifter* bewirken Harmonie und Eintracht in der Gemeinde (Eph 4,3; 2 Kor 13,11; 1 Thess 5,13) und schaffen Einheit zwischen Juden und Heiden (Eph 2,14-17). Jesus als *Friedensstifter* tritt für die Versöhnung mit Gott ein (Kol 1,19-20) und durch ihn erfahren die Menschen das eschatologische Heil (Lk 1,79; 2,14; Apg 10,36). Matthäus verbindet das *Friedensstifter-Sein* mit dem *Kind-Gottes-*

Die Bergpredigt

Sein: wer wie Gott barmherzig und nachsichtig ist und vergibt (5,23-24.44-48), schafft Frieden – nicht nur zwischen den Menschen untereinander, sondern auch zwischen den Menschen und Gott – und zeigt sich gerade dadurch als Kind Gottes.

5,10 Glückselig die Verfolgten wegen der Gerechtigkeit
Die Seligpreisung der *Verfolgten wegen der Gerechtigkeit* ist mit einigen anderen Seligpreisungen semantisch verknüpft: mit der ersten Seligpreisung durch die identische Zusage des Himmelreiches, mit der vierten durch die Erwähnung der Gerechtigkeit und mit der neunten über die Thematik der Verfolgung. Dadurch können die Leser die *Verfolgung* als wichtiges Kriterium sowohl für die programmatische Rede, als auch für den weiteren Verlauf des Evangeliums erkennen. Die umfassende *Gerechtigkeit*, nach der sich die Hungernden und Dürstenden sehnen, ist hier der Grund ihrer *Verfolgung*. Es scheint, als sei die Verfolgung nicht nur ein einmaliges oder gelegentliches Ereignis, sondern charakterisiere wie ein Zustand das Leben der Gläubigen. Die Leser erinnern sich z.B. an die Propheten Elija (1 Kön 19,10) und Jeremia (Jer 2,30), die sich mit leidenschaftlichem Eifer für die Sache Gottes einsetzen und eben deshalb verfolgt und mit dem Tod bedroht wurden. Die letzte Seligpreisung greift den Topos des verfolgten Propheten aus dem Ersten Testament auf (2 Chron 36,15f) und beschreibt eben dieses Prophetenschicksal auch für die Nachfolger Jesu. Propheten und Nachfolger Jesu werden wegen ihres Einsatzes für Gerechtigkeit und wegen ihres Zeugnisses für die göttliche Heilsgeschichte verfolgt.

5,11-12 Glückselig seid ihr
Über das Thema der *Verfolgung* ist die letzte Seligpreisung mit der vorherigen verbunden. Hier fällt neben der Länge besonders der Wechsel von der 3. zur 2. Pers. Pl. auf. Die neunte Seligpreisung scheint nicht recht zur Ordnung und Struktur der anderen Seligpreisungen zu passen, auch wenn das Thema der Verfolgung für die Leser nicht neu ist, da sie bereits von der Verfolgung des Jesuskindes durch Herodes (2,1-12) gelesen haben. Ursache der Verfolgung ist aber jetzt die Zugehörigkeit zu Jesus, deshalb fokussiert die letzte Seligpreisung nicht mehr generell „alle, die", sondern speziell die verfolgten Anhänger Jesu und schließt somit auch die Leser mit ein. Matthäus verbindet dadurch die Verfolgung wegen der Gerechtigkeit (5,10) mit der Verfolgung um Jesu willen (5,11). Zuvor hatte er Jesus als denjenigen dargestellt, der im Gehorsam gegenüber Gott jegliche Gerechtigkeit erfüllt (3,15); jetzt wird die zu erfüllende Gerechtigkeit zur Aufgabe der Schüler Jesu, zu denen auch die Leser gehören. Indem sie diese Aufgabe übernehmen, verwirklichen und verstärken sie ihre Beziehung und Zugehörigkeit zu Jesus, dem Messias (10,18.39; 16,25).

Matthäus erwähnt nicht die Verursacher der Verfolgung oder die Verfolgenden, dadurch bleibt eine Leerstelle, die die Leser im Verlauf des Evangeliums mit verschiedenen Personen füllen: sei es mit den religiösen und politischen Führern des Judentums, mit den Heiden oder mit den aktuellen

Verfolgern ihrer Zeit. Auf den ersten Blick scheint die Aufforderung, in einer Leidsituation wie der Verfolgung sich zu freuen und zu jubeln, paradox, doch soll ja nicht die Verfolgung Grund zur Freude sein, sondern vielmehr der *Lohn im Himmelreich.* Es geht also weder um eine Leidsmystik, noch darum, Leidsituationen hinzunehmen oder gar bewusst zu suchen, sondern um einen Perspektivenwechsel für diejenigen, die sich aufgrund ihrer Zugehörigkeit zu Jesus oder ihres Prophetendienstes in einer Leidsituation finden: ihr Leiden ist nicht sinnlos, sondern wird von Gott gesehen und vergolten werden.

Der *Lohn* vom Vater für gerechtes, dem Willen Gottes entsprechendes Verhalten (6,1-16; 10,41-42) ist ein wichtiges Thema bei Matthäus. Er verdeutlicht dadurch seinen Lesern, dass Gott an der Seite der Leidenden und Verfolgten steht, ihr Leiden wahrnimmt und zum Guten wenden wird. Diese Hoffnung kann das Leid erträglicher werden lassen.

Pragmatische Knotenpunkte des Textes

Das literarische Genus der *Seligpreisung* ist sowohl in der jüdischen als auch in der griechischen Literatur verbreitet. In der biblischen Tradition finden sich Seligpreisungen vor allem in den Psalmen (Ps 1,1; 41,2; 111,1; 118,1-2) und in der Weisheitsliteratur (Spr 3,13; Ijob 5,17; Sir 14,1-2); die griechische Literatur nennt Menschen mit besonderen innerlichen oder äußerlichen Qualitäten selig, und auch in den Qumranschriften finden sich Seligpreisungen, die formal denen des Matthäus ähneln (4Q 525,1-4). Inhaltlich werden im Qumrantext diejenigen selig gepriesen, die die Weisheit suchen und die Weisungen Gottes beachten, während unser Evangelist die Seligpreisungen im Zusammenhang mit dem *Himmelreich* sieht.

Im Matthäusevangelium richten sich die Seligpreisungen allesamt an Menschen, die aufgrund ihrer Situation weit entfernt davon sind, sich glückselig zu fühlen. Wollten die Seligpreisungen auf eine bessere himmlische Zukunft vertrösten oder gar das Leid verklären, würden sie der Botschaft Jesu widersprechen. Für Matthäus steht eindeutig das Reich Gottes mit Gottes Gerechtigkeit im Mittelpunkt (6,33), das eine klare Umkehrung der bisherigen menschlichen Werte und Kategorien fordert. Statt der Starken, Mächtigen, Reichen, Intelligenten und Angesehenen, den scheinbaren „Gewinnern des Lebens", werden nun die bisherigen „Verlierer", die Armen, Sanftmütigen, Barmherzigen, Friedensstifter, Verfolgten,... glücklich sein. Dieser radikale Perspektivenwechsel schockiert die Leser und bringt sie zum Nachdenken. Die Seligpreisungen verklären nicht etwa das harte Schicksal der Leidenden, sondern machen aus ihnen die Hauptpersonen der Heilsgeschichte Gottes: gerade deshalb sind die Armen, Barmherzigen, Sanftmütigen, Frieden Stiftenden, Verfolgten... wirklich selig zu nennen.

Als Sprach-Handlungen (Sprechakte) realisieren die Seligpreisungen mehrere Aktionen gleichzeitig: indem sie die Wirklichkeit aus der Perspektive Gottes beschreiben („glückselig sind die Verlierer"), stellen sie die bisherige menschliche Perspektive („glücklich sind allein die Reichen, Mäch-

Die Bergpredigt

tigen...") buchstäblich als „ver-kehrt" dar. Dadurch motivieren sie die Leser zur nötigen Korrektur ihres Blickwinkels und vor allem ihres Handelns. Außerdem verweisen die Formulierungen im Passiv (5,4-9) auf Gott als Handelnden (Passivum Divinum). Die Seligpreisungen drücken damit Gottes Selbstverpflichtung aus, sich der Trauernden, Sanftmütigen, nach Gerechtigkeit Hungernden, Barmherzigen... anzunehmen und ihre Sehnsucht nach umfassendem Heil zu erfüllen. Die letzte Seligpreisung (5,11-12) verbindet die verachteten, verfolgten Nachfolger Jesu mit den Propheten. So tröstet und ermutigt sie diejenigen, die um Jesu willen leiden, in ihrem harten Schicksal nicht zu verzweifeln. Gleichzeitig bietet diese Seligpreisung den Nachfolgern Jesu einen weiteren Perspektivenwechsel an: erlittene Schmach, Verleumdung und Verfolgung sind nicht Zeichen ihres Misserfolgs, sondern wie bei den Propheten Kriterien der Glaubwürdigkeit und Authentizität ihres Zeugnisses, die ihren Einsatz bestätigen.

Schließlich stellt sich die Frage, weshalb die Seligpreisungen am Beginn der Rede Jesu stehen und nicht besser zusammenfassend den Abschluss bilden. Matthäus stellt in dieser Rede der messianischen Gemeinde die radikalen Forderungen des Reiches Gottes vor, indem er von Anfang an deutlich hervorhebt, dass dieses Reich Gottes umfassendes Heil bedeutet. Die Spannung von Anspruch und Zusage durchzieht das gesamte Evangelium und die Wirklichkeit der Christen heute. Die Seligpreisungen am Beginn der programmatischen Rede Jesu verdeutlichen: gerade die noch folgenden anspruchsvollen Weisungen Gottes *sind* Evangelium.

Das Salz der Erde und das Licht der Welt: 5,13-16

> [13] Ihr seid das Salz der Erde.
> Wenn aber das Salz salzlos wird, mit was wird es salzig gemacht werden?
> Zu nichts ist es mehr nütze,
> außer, hinausgeworfen und zertreten zu werden von den Menschen.
> - - - - -
> [14] Ihr seid das Licht der Welt.
> Eine Stadt auf dem Berg liegend, kann sich nicht verbergen.
> [15] Auch zündet man nicht eine Leuchte an und stellt sie unter den Scheffel,
> sondern auf den Leuchter und sie leuchtet allen im Haus.
> - - - - -
> [16] So soll euer Licht leuchten vor den Menschen,
>   damit   sie eure guten Werke   sehen
>   und   euren Vater im Himmel preisen.

Die Gewebestruktur des Textes

Unser Text ist eine Erweiterung der Seligpreisungen, was sich daran zeigt, dass die Rede in der 2. Pers. Pl. aus der letzten Seligpreisung fortgesetzt wird (5,11-12). Es schließen sich zwei Logien an, von denen das erste (5,13) kurz und bündig, das zweite (5,14-16) ausführlicher formuliert ist.

Die Anfänge beider Logien sind als Parallelismus konstruiert (*ihr seid…*). Auf beide Metaphern (das Salz und das Licht) folgt jeweils eine Erklärung. In 5,16 schließt sich eine Interpretation an, die zusammenfassend den Sinn beider Logien erhellt.

Das semantische Netz des Textes

5,13 Ihr seid das Salz der Erde
Eine besondere Betonung liegt auf der direkten Anrede durch das *ihr seid…*; es handelt sich um dieselben Adressaten, die zuvor mit den Seligpreisungen, besonders mit der letzten angesprochen wurden: die Schüler Jesu, die Gemeinde des Matthäus, alle Menschen, die Jesus nachfolgen, einschließlich uns Lesern heute. Wir sollen *Salz der Erde* sein. Die Parallele zur *Welt* (5,14) verdeutlicht, dass hier mit der Erde nicht nur das Land Israel gemeint ist, sondern dass eine universale Aussage beabsichtigt ist.

Salz hat vielfältige Eigenschaften, so dass es in der Antike zur Konservierung, zum Würzen, Desinfizieren und Heilen genutzt wurde. Unser Text lässt offen, in welcher Weise die Gemeinde Salz sein soll, aber das Schlusswort verdeutlicht, dass es um das Tun guter Werke geht: die Werke der Nachfolger Jesu sollen wie Salz wirken. Wie ist das zu verstehen? Rabbi Jehoshua ben Chananja antwortete einem Schüler, der ihn fragte: „Wie kann man Salz salzig machen?" mit der Gegenfrage: „Kann Salz denn unsalzig werden?" Die erwartete Antwort kann nur negativ sein. Aber die Worte Jesu gehen von der extremen Möglichkeit aus, dass selbst das Salz unsalzig werden kann. Es handelt sich um eine eindringliche Warnung an die Schüler, nicht *salzlos* zu werden. Dasselbe Wort im Sinne von *fade, dumm, töricht werden* wird auch noch später gebraucht (5,22; 7,26), wo es ebenfalls den Gerichtsgedanken enthält. Dem Hinausgeworfen-Werden in unserem Text entspricht dort die Verurteilung zur Hölle (auch in 18,8.9). Diese deutlichen, ermahnenden Worte erinnern die Leser daran, wozu sie gerufen wurden. Unsere Werke sollen wie das Salz auf unterschiedliche gute Art wirksam sein: heilsam, bewahrend, reinigend, würzend…

5,14-15 Ihr seid das Licht der Welt
Die zweite Metapher von der *Stadt auf dem Berg* und dem leuchtenden *Licht* zielt darauf, dass alle dieses Licht sehen können und dass es für die Menschen etwas Gutes ist. Das leuchtende Licht erinnert an eine Eigenschaft Gottes, die mit dem bewirkten Heil verbunden ist: *der Herr ist mein Licht und mein Heil* (Ps 27,1; Jes 45,7). Die Kombination von Licht und Heil taucht ebenfalls in den Liedern vom Gottesknecht auf, der im Auftrag Gottes allen Völkern das Heil bringt (Jes 42,6; 49,6). In diesem Sinne hat Matthäus die Metapher vom *Licht* schon auf Jesus übertragen (4,16): *das Volk, das im Finstern sitzt, sah ein großes Licht, und denen, die im Land und im Schatten des Todes sitzen, geht ein helles Licht auf.* Während in der jüdischen Tradition der Gottesknecht oder auch Jerusalem (Jes 62,1-3) *Licht* für alle Völker bringt und ihnen das von Gott angekündigte Heil bezeugt,

sind hier die Schüler Jesu aufgerufen, Licht und Zeugen für die Welt zu sein. Der Schlussvers erläutert näher die Art und Weise.

5,16 So soll euer Licht leuchten
Die beiden Metaphern finden hier ihren interpretierenden Schlüssel: die *guten Werke*. In der jüdischen Tradition zeichnet sich ein Gerechter durch die Werke der Gerechtigkeit und die Liebeswerke aus, die er tut. Ebenso sind die Schüler Jesu Salz und Licht, wenn sie das Gute tun. Es sind aber nicht einzelne Aktionen gemeint; vielmehr sollen die Schüler durch ihr gesamtes Leben Zeugnis geben. In ähnlicher Weise beziehen sich auch die Werke des Messias in 11,2 nicht nur auf die Wunder, die Jesus wirkte, sondern sowohl auf seine Taten als auch auf seine Verkündigung. Die *guten Werke* sollen dazu dienen, dass auch *die anderen Menschen Gott preisen*: sie dienen also der gelebten Verkündigung und haben deshalb einen verkündenden und Zeugnis gebenden Charakter. Ziel dieser Verkündigung durch den gelebten Glauben der Schüler Jesu ist die Verherrlichung Gottes als Ursprung und Quelle des umfassenden Heils durch alle Menschen.

Pragmatische Knotenpunkte des Textes

Als Erweiterung der Seligpreisungen muss unser Text vor dem Horizont dieses neunfachen *Glückselig* verstanden werden. Die messianische Gemeinde, gekennzeichnet von der Glückseligkeit des Himmelreiches, strahlt aus wie Licht, wird schon von weitem gesehen wie eine Stadt auf dem Berg und ist auf vielfältige Weise wirksam wie Salz. Die direkte Anrede *ihr seid das Salz... ihr seid das Licht* bestimmt nicht nur den neuen Platz der Nachfolger Jesu in der Welt, sondern bezieht im Kontext der Seligpreisungen auch die Armen, Barmherzigen, Friedensstifter,... mit ein.

Als Sprach-Handlung (Sprechakt) ist die einfache Aussage im Präsens, Licht und Salz sein, gleichzeitig Zuspruch, Auftrag und Anspruch. Zuspruch, da die Angesprochenen weder spezielle Fähigkeiten brauchen, noch bestimmte Voraussetzungen erfüllen müssen, um Licht und Salz zu sein: sie sind es ja schon! Das gilt auch und gerade besonders in ihrer aktuellen Leidsituation von Armut, Verfolgung, Trauer, Sehnsucht nach Frieden und Gerechtigkeit... Der Auftrag, Licht und Salz zu sein, wird durch die Hinweise deutlich, dass eine Stadt auf dem Berg nicht verborgen bleiben kann und dass ein Leuchter selbstverständlich so positioniert sein soll, dass er allen leuchtet. Dass dieser Auftrag immer Anspruch bleibt, signalisiert die Warnung, nicht salzlos zu werden. Es besteht die Möglichkeit, den doch einfachen Auftrag nicht zu erfüllen, wenn etwa das Leid versteckt, die Armut vertuscht, die Tränen nur heimlich geweint und die Sehnsucht nach Gerechtigkeit und Frieden als unerfüllbare Utopie dargestellt werden.

Zusammen mit den Nachfolgern Jesu sind es also gerade die Armen, Trauernden, Sanftmütigen, Barmherzigen, sich nach Gerechtigkeit Sehnenden... die der Welt Salz und Licht sind. Durch ihr Wirken nützen sie den Menschen: sei es durch weithin sichtbare Taten (wie eine Stadt auf dem

Berg oder wie Licht auf dem Leuchter), oder sei es durch verborgenes, unscheinbares Wirken (wie das Salz in der Suppe oder im Pökeltrog). Ihre Armut, die auf Gott vertraut, ihre Tränen, ihre gelebte Barmherzigkeit und Sanftmut, ihre tiefe Gottesbeziehung, ihr Sehnen nach Gerechtigkeit, ihr Einsatz für Frieden, ihre erlittene Verachtung und Verfolgung lassen die Welt aus der Perspektive Gottes und in einem anderen Licht erscheinen. Somit verändert ihr auch unscheinbares Wirken die Welt und gibt ihr Sinn.

Die Tora und die Propheten: 5,17-7,12

An die Seligpreisungen mit dem Einschub Salz der Erde und Licht der Welt zu sein, schließt sich ein langer Abschnitt an, in dem Jesus zum Willen Gottes, so wie er in der Tora und bei den Propheten ausgedrückt ist, Stellung nimmt. Dieser Teil, der in seiner Einleitung und in seiner Schlussfolgerung die Formulierung *Tora und Propheten* enthält, lässt sich nochmals unterteilen: im ersten Teil (5,17-48) wird Jesus zum Lehrer und Ausleger der Tora Gottes; im zweiten (6,1-18) lehrt er die Spiritualität der Propheten und im dritten (6,19-7,12) lehrt er die weisheitliche Lehre des Glaubens-Lebens.

Jesus lehrt und interpretiert die Tora: 5,17-48

Jesus und die Tora
¹⁷ Denkt nicht, dass ich kam, die Tora oder die Propheten aufzulösen;
nicht kam ich um aufzulösen,
sondern: um zu erfüllen.
¹⁸ Amen, ich sage euch:
bis Himmel und Erde vergehen, nicht ein einziges Jota,
nicht ein einziges Häkchen
von der Tora vergeht, bevor alles geschieht.
¹⁹ Wer also eine einzige dieser geringsten Weisungen auflöst
und ebenso die Menschen lehrt,
wird der Geringste genannt werden im Königreich der Himmel;
wer aber immer sie tut
und (sie ebenso) lehrt,
der wird groß genannt werden im Königreich der Himmel.
²⁰ Denn ich sage euch: wenn eure Gerechtigkeit nicht überfließt
mehr als die [Gerechtigkeit]
der Schriftkundigen und Pharisäer:
keinesfalls werdet ihr hineingehen ins Königreich der Himmel.

Die Toraauslegung Jesu
²¹ Ihr hörtet, dass den Alten gesagt wurde:
Du wirst nicht morden!
Wer aber mordet, wird vom Gericht verurteilt werden.
²² Also sage ich euch:
Jeder, der seinem Bruder zürnt, wird vom Gericht verurteilt werden.

Die Bergpredigt

²³ Wer aber zu seinem Bruder
„Dummkopf!" sagt,   wird vom Sanhedrin   verurteilt werden.
Wer aber   „Idiot!" sagt,   wird vom Feuer der Hölle verurteilt werden.

²⁴ Wenn du nun deine Gabe zum Altar bringst
und dich dort erinnerst, dass dein Bruder etwas gegen dich hat,
lass dort deine Gabe vor dem Altar,
und zuerst: geh!   – versöhne dich mit deinem Bruder!
und dann: komm!   – bring deine Gabe!

²⁵ Sei deinem Gegner schnell wieder Freund,
– noch während du mit ihm auf dem Weg bist –
damit der Gegner dich nicht dem Richter ausliefert,
und der Richter (dich) dem Gerichtsdiener (ausliefert),
und du ins Gefängnis geworfen wirst.

²⁶ Amen, ich sage dir: du wirst von dort nicht herauskommen,
bis du nicht den letzten Cent bezahlt hast.

- - - - -

²⁷ Ihr hörtet, dass gesagt wurde:
Du wirst nicht die Ehe brechen!

²⁸ Also sage ich euch:
Jeder, der eine Frau ansieht, um sie zu begehren,
hat in seinem Herzen bereits mit ihr die Ehe gebrochen.

²⁹ Wenn dir aber dein rechtes Auge Skandal macht,
reiß es aus!   – und: wirf es von dir!
Denn es ist besser für dich, dass eins deiner Glieder zugrunde geht,
und nicht dein ganzer Leib in die Hölle geworfen wird.

³⁰ Und wenn dir deine rechte Hand Skandal macht,
schlag sie ab!   – und: wirf sie von dir!
Denn es ist besser für dich, dass eins deiner Glieder zugrunde geht,
und nicht dein ganzer Leib in die Hölle kommt.

- - - - -

³¹ Gesagt wurde aber:
Wer seine Frau entlässt, gebe ihr den Scheidebrief.

³² Also sage ich euch:
Jeder, der seine Frau entlässt – außer bei Ehebruch –,
treibt sie in den Ehebruch,
und wer eine (aus der Ehe) Entlassene heiratet,
begeht Ehebruch.

- - - - -

³³ Ihr hörtet auch, dass den Alten gesagt wurde:
Du wirst keinen Meineid schwören!
Erfüllen wirst du dem Herrn deine Eide!

³⁴ Also sage ich euch:
gar nicht schwören!
Weder beim Himmel,   denn er ist Thron Gottes,

³⁵ weder bei der Erde,   denn sie ist Schemel seiner Füße,
weder bei Jerusalem,   denn sie ist Stadt des großen Königs,

³⁶ weder bei deinem Kopf schwöre,
denn du kannst nicht einmal ein einziges Haar
weiß oder schwarz machen.

³⁷ Euer Wort soll sein: ja: ja! – nein: nein!
Was aber mehr als das ist, ist vom Bösen.

- - - - -

Mt 5,17-48

³⁸ Ihr hörtet, dass gesagt wurde:
    Auge anstelle für Auge!, und: Zahn anstelle für Zahn!
³⁹ Also sage ich euch:
    Leistet dem Bösen keinen aktiven Widerstand!
    Sondern:
    Wer dich auf die rechte Wange schlägt,   dem halte auch die andere hin!
⁴⁰ Und wer mit dir rechten will,
    und dein Hemd nehmen will,   dem lass auch den Mantel!
⁴¹ Und wer dich zwingen will zu einer Meile, geh mit ihm zwei!
⁴² Wer dich bittet,   dem gib!
    Und wer von dir leihen will,   dem kehre nicht den Rücken zu!
    - - - - -

⁴³ Ihr hörtet, dass gesagt wurde:
    Lieben wirst du deinen Nächsten!
    Und: Hassen wirst du deinen Feind!
⁴⁴ Also sage ich euch:
    Liebt eure Feinde!
    Und: Betet für die, die euch verfolgen!,
⁴⁵   dass ihr Söhne und Töchter eures Vaters im Himmel werdet!,
        weil er seine Sonne aufgehen lässt über Böse und Gute
    und   weil er regnen lässt auf Gerechte und Ungerechte.
⁴⁶   Denn: Wenn ihr liebt, die euch lieben? Welchen Lohn habt ihr?
        Tun nicht auch die Zöllner dasselbe?
⁴⁷   Und: Wenn ihr allein eure Brüder grüßt, was tut ihr Besonderes?
        Tun nicht auch die Heiden dasselbe?
    - - - - -
⁴⁸ Ihr also: seid vollkommen!,
    wie euer himmlischer Vater vollkommen ist.

Die Gewebestruktur des Textes

Der Text ist sehr akkurat strukturiert: es lassen sich zwei Einheiten (5,17-20 und 5,21-48) erkennen. Die erste hat als Einleitung die Funktion, mögliche Missverständnisse der Leser zu verhindern. Die zweite Einheit ist durch ihren erklärenden Inhalt bestimmt: sie setzt sich aus sechs (2 x 3) Lehrsätzen mit dazugehörenden Erläuterungen zusammen. Eine zusammenfassende Sentenz (5,48) schließt den gesamten Abschnitt ab.

Die erste Einheit besteht aus einer Behauptung (5,17), an die sich ein bestätigendes *Amen ich sage euch*-Wort anschließt (5,18), das seinerseits durch ein Beispiel näher erläutert wird (5,19). Ein weiteres nachdrückliches *ich sage euch*-Wort (5,20) bringt mit dem Begriff *Gerechtigkeit* den Kern allen Handelns auf den Punkt. Es schließt die Einleitung ab und leitet zugleich zur folgenden Einheit über, die dann näher erklärt, wie die überfließende Gerechtigkeit zu verstehen ist.

Sechs Lehrsätze bilden die zweite Einheit. Sie werden alle mit der Formulierung *ihr hörtet, dass gesagt wurde* eingeleitet, auf die dann jeweils die Zusammenfassung einer Tora-Weisung folgt. An diese Lehrsätze schließt Jesus pointiert formuliert durch *also sage ich euch* seine eigene Interpretation an. Inhaltlich finden wir folgende Themen angesprochen: Mord (5,21-

Die Bergpredigt

26), Ehebruch (5,27-30), Scheidung (5,31-32), Schwören (5,33-37), Vergeltung (5,38-42) und Feindesliebe (5,43-47). Der Verweis auf Gottes Vollkommenheit als Leitziel für das menschliche Handeln schließt zusammenfassend die Einheit ab (5,48).

Das semantische Geflecht des Textes

5,17-20 Jesus und die Tora
5,17: Im Zentrum dieses Verses steht das Verb *kommen*, das hier auch christologische Bedeutung hat, da es die Sendung des Messias Jesu thematisiert (ebenso 11,19; 15,24), die – wie auch der Wille Gottes – in der Schrift grundgelegt ist. Die Formulierung *die Tora und die Propheten* bzw. *die Tora oder die Propheten* meinen die gesamten Schriften des Ersten Testaments, in denen Gott seinen Heilswillen offenbart und die das Fundament des entsprechenden menschlichen Handelns enthalten. In diesem Sinn ist dann auch das *Erfüllen* bzw. *Auflösen* zu verstehen: wer sein Handeln nach dem göttlichen Heilswillen ausrichtet, ihn also erfüllt, trägt zur Verwirklichung des Heils bei und hat deshalb auch Teil daran.

Jesu Verhalten und Lehre (z.B. am Sabbat oder hinsichtlich der rituellen Reinheit) schienen offensichtlich Anlass zur Vermutung gegeben zu haben, dass er die Weisungen Gottes abschaffen wolle. Deshalb erklärt Jesus hier unmissverständlich, dass er absolut nichts abschafft und auch nichts Neues einführt, sondern gerade Tora und Propheten *erfüllt*. Dieses *Erfüllen* aber im Sinne von „vervollkommnen" zu verstehen, würde implizieren, dass die Tora, der geoffenbarte Wille Gottes, mangelhaft wäre – ein Widerspruch in sich. Das Verb, das Matthäus hier gebraucht (πληρόω – *erfüllen*, statt τελέω – *zum Ziel bringen*), hat eine religiöse Bedeutung. Dasselbe Verb verwendet er ebenfalls stets im Zusammenhang mit den Schrift-Erfüllungszitaten (*…damit sich erfüllt, was durch den Propheten gesagt wurde,* 1,22; 2,15.17.23; 13,35; 21,4; 27,9). Matthäus betont damit, dass Jesus (oder dass sich durch Jesus) genau das erfüllt, was die Propheten im Blick auf die Heilsgeschichte Gottes mit seinem Volk angekündigt haben.

Wenn Jesus Tora und Propheten erfüllt, meint das weder die Radikalisierung der Weisungen Gottes noch die Reduzierung aller Gebote auf das Doppelgebot der Gottes- und Nächstenliebe, sondern die gelebte völlige Übereinstimmung mit dem Heilswillen Gottes, die dadurch den göttlichen Heilsplan verwirklicht. Die Leser werden aufgerufen, sich in ihrem Handeln und Denken an Gottes eschatologischem Heilswillen zu orientieren.

5,18: Dieses Amen-Wort unterstreicht noch einmal die bestehende Gültigkeit des in der Tora und in den Schriften der Propheten geoffenbarten Heilswillens Gottes. Weil dieser Vers auf dem vorigen aufbaut und in dessen Licht verstanden werden muss, kann es nicht um eine rein nomistische Interpretation gehen. Das *Jota* und das *Häkchen* meinen nicht eine lediglich buchstabengetreue oder berechnend-aufrechnende Befolgung der Weisungen Gottes, sondern beziehen sich auf ihre umfassende, generelle Gültigkeit. Jesus hebt hervor, dass selbst der kleinste Buchstabe (das Jota) und ein scheinbarer unbedeutender Akzent (das Häkchen) ihren Wert haben, denn sie enthalten den Heilswillen Gottes für die Menschen. In diesem Sinne soll die Gemeinde – und auch die heutige Kirche – die Tora und die Propheten bewahren und schätzen.

5,19: Dieser Vers, der aus zwei parallelen Sätzen besteht, erläutert noch einmal die gleich bleibende, unveränderte Gültigkeit aller Weisungen Gottes. Da sie alle den Heilswillen Gottes enthalten, ist es undenkbar, dass auch nur eine davon ungültig wird. Die Formulierung *die geringste Weisung* bezieht sich demnach nicht etwa auf den Rang der Wichtigkeit, sondern auf die Schwierigkeit und die Kraft, die aufzuwenden ist, um sie zu erfüllen. Wenn also eine der Weisungen Gottes leicht zu erfüllen ist, heißt das weder, dass sie unbedeutend wäre, noch dass sie gar aufgehoben werden könne.

Wer sich bemüht, die Weisungen Gottes zu erfüllen, nach ihnen lebt und entsprechend lehrt, wird *groß* im Himmelreich genannt werden, d.h. sein Bemühen wird anerkannt und er selbst deswegen geschätzt werden. *Groß* ist er nicht im Sinne körperlicher Größe oder weil er sich einen höheren Rang im Himmel verdient habe, sondern wegen seines Einsatzes für die Verwirklichung des Heilswillens Gottes. Entsprechend sind jene, die sich nicht so sehr einsetzen, die den „bequemen" Weg gehen, Weisungen umgehen oder aufheben, nicht etwa vom Himmelreich ausgeschlossen, sondern sie werden aufgrund ihres mangelnden Engagements als solche erkannt, die sich nicht wirklich um den Heilswillen Gottes bemüht haben. Dass diese Menschen ihren „Makel" selbst im Himmelreich nicht loswerden, ermahnt die Leser umso eindringlicher, ihr Denken und Handeln auch in scheinbar unbedeutenden Angelegenheiten und in Kleinigkeiten ganz und gar nach Gottes Heilswillen auszurichten.

5,20: Mit der nachdrücklichen Formulierung *ich sage euch* führt Matthäus wieder das Thema der Gerechtigkeit ein. Gerechtigkeit meint hier das Glaubens-Leben, d.h. das Leben und Handeln entsprechend dem Heilswillen Gottes, der in der Tora und den Schriften der Propheten enthalten ist. Das Glaubensleben der Schüler Jesu und auch das der Leser wird dem Glaubensleben der Pharisäer und Schriftkundigen in der matthäischen Gemeinde, die sich entschieden und sogar berufsmäßig mit den Heiligen Schriften beschäftigen, gegenübergestellt. Selbstverständlich leben auch die Pharisäer und Schriftkundigen ganz und gar nach dieser Gerechtigkeit. Jesus fordert aber eine *überfließende* Gerechtigkeit, also nicht nur das nötige Tun des Willens Gottes, nicht nur das volle Maß, sondern ein „Mehr". Denn der Wille Gottes ist nicht irgendwann einmal so erfüllt, dass es nichts mehr zu tun gibt. Keiner kann sagen „jetzt habe ich genug getan" – selbst die Pharisäer und Schriftkundigen nicht, die sich wirklich intensiv in ihrem Leben um die Erfüllung des Willens Gottes bemühen. Deshalb soll die Gerechtigkeit der Schüler Jesu und die der Leser noch *überfließender* als die der Pharisäer und Schriftkundigen sein, d.h. sie sollen sich noch mehr als jene um die Erfüllung des Willens Gottes bemühen.

Jesus richtet damit den Maßstab anders aus: die Gerechtigkeit der Pharisäer und Schriftkundigen – ihr geschätztes und bewundertes intensives

Glaubensleben – ist nicht das höchste Maß, wie damals allgemein angenommen, sondern das Minimum. Jesus fordert, nicht nur berufsmäßig oder ehrenamtlich oder nur „sonn- und feiertags" aus religiöser Pflichterfüllung nach dem Willen Gottes leben, sondern: immer! Denn der Beruf und das Ehrenamt kennen einen „Feierabend" und die religiöse Pflicht ist irgendwann getan – doch der Wille Gottes gilt ständig, auch am „Feierabend" und auch nach der Erfüllung des ohnehin geforderten Nötigsten. Die Erfüllung des Willens Gottes soll „mehr" als Pflicht sein, sie soll zur Wesensart der Gläubigen werden, sie soll das ganze Herz und die ganze Seele und das ganze Denken des Menschen erfüllen, so wie es das Schma Jisrael sagt (Dtn 6,5-9) und wie es die nun folgenden Beispiele erläutern.

5,21-48 Die Toraauslegung Jesu

Die Torainterpretation Jesu muss im Horizont der von ihm hervorgehobenen bleibenden Gültigkeit der Tora, der geforderten überfließenden Gerechtigkeit und dem Vorbild der Vollkommenheit des himmlischen Vaters gedeutet werden (5,17-20.48). Jesu Toraauslegung richtet sich also weder gegen die Tora – es sind keine „Antithesen"! –, noch ist sie als „neue Tora" gedacht, sondern sie hebt auf seine Weise die bleibende Verbindlichkeit des Willens Gottes hervor. Der Akzent liegt auf dem *also (folglich)* und dem *ich* beim *also (folglich) sage ich euch*: es geht nicht um Widerspruch gegen die Tora, sondern um Jesu Auslegung der Tora. Solche und ähnliche Formulierungen finden sich allenthalben in der rabbinischen Literatur, wenn ein Rabbi seine Lehrautorität der eines anderen, einer anderen Schule oder Lehrtradition gegenüberstellt; allen geht es dabei jedoch stets um die Erfüllung der Weisungen Gottes. Jesu Auslegung zeigt nun anhand sechs konkreter Beispiele, wie der Wille Gottes mit überfließender Gerechtigkeit erfüllt werden soll: die Weisungen der Tora sind nicht das zu erfüllende Ideal, sondern lediglich das Minimum dessen, was dem Heilswillen Gottes entspricht – gefordert ist also eigentlich ein „Mehr".

5,21-26: Erster Lehrsatz vom Morden

Du wirst nicht morden, ist eines der Zehn Gebote (Ex 20,13; Dtn 5,17), das den willkürlichen Mord als persönliche Rache verbietet. Das Leben kommt von Gott und der Mensch hat kein Recht, darüber zu verfügen, denn Gott ist der Richter (Gen 9,5). Die Ergänzung in 21b ist eine Zusammenfassung aus Ex 21,12; Lev 24,17-20; Num 35,12 und Dtn 17,8-13, die näher beschreiben, wie über jemanden, der getötet hat, geurteilt werden soll. In 5,22 setzt Jesus einen anderen Maßstab an. Die immer gröberen Schimpfworte dienen als Beispiele, die eine immer härtere Strafe nach sich ziehen. Matthäus verdeutlicht damit, dass sich die Beziehung zum Bruder bzw. zur Schwester – und entsprechend natürlich auch die Beziehung zu Gott – auf einer anderen Ebene als der der begrenzten Rechtslage bewegen und dass deshalb mit anderem Maß gemessen wird. Diese engen, persönlichen Beziehungen zum Bruder, zur Schwester und zu Gott beeinflussen intensiv das Leben des

Menschen. Deshalb kann Matthäus ähnlich wie 1 Joh 3,15 sagen *wer seinen Bruder / seine Schwester hasst, ist ein Mörder.*

Die anschließenden Verse 5,23-26 stellen anhand von zwei Beispielen die Pflicht zur Versöhnung dar. Das erste Beispiel (5,23-24) verdeutlicht, dass die Feier des Gottesdienstes als die gefeierte Beziehung zu Gott nicht unabhängig von der Beziehung zum Bruder / zur Schwester gesehen werden kann, denn die Beziehung zum Nächsten spiegelt die Gottesbeziehung – und umgekehrt. Deshalb können Opfer keinesfalls die nötige Versöhnung ersetzen, und ein Kult, der ohne Beteiligung des persönlichen Lebens lediglich rein formal abgehalten wird, ist leer. In diesem Sinne verweist Matthäus später noch zweimal auf das Hosea-Zitat: *Barmherzigkeit will ich, nicht Opfer* (Hos 6,6 in 9,13 und 12,7). Das zweite Beispiel (5,25-26) legt den Schwerpunkt auf den Zeitpunkt. Jesus mahnt, schnell zur Versöhnung zu kommen, so lange noch Gelegenheit dazu ist, denn das Urteil des Jüngsten Gerichts lässt sich nicht umkehren. In der angebrochenen eschatologischen Zeit ist die Versöhnung nicht nur notwendig, sondern auch dringend: im Reich Gottes sollen alle mit allen in Frieden leben.

5,27-30 Zweiter Lehrsatz vom Ehebruch
Wieder bringt Jesus ein Beispiel aus dem Dekalog: *du wirst nicht die Ehe brechen* (Ex 20,14; Dtn 5,18). Auch für Jesus ist der Ehebruch ein Angriff auf die Ehe, aber er begnügt sich nicht mit der Missbilligung des begangenen Ehebruchs, denn *jeder der eine Frau ansieht, um sie zu begehren, hat in seinem Herzen bereits die Ehe mit ihr gebrochen* (5,28). Das Verb *begehren* kann ebenso die Sehnsucht meinen, wie auch das Verlangen nach Nahrung oder das sexuelle Begehren. Als geschlechtliches Begehren erscheint es noch einmal im neunten von den Zehn Geboten: *du wirst nicht die Frau deines Nächsten begehren* (Ex 20,17; Dtn 5,21). Der Sitz des Begehrens ist im Alten Orient das Herz, das zugleich auch das Entscheidungszentrum ist. So wird die hier vorausgesetzte Beziehung von Absicht und Ausführung deutlich: die Absicht ist schon Plan und damit Entscheidung zur Handlung. Es geht nicht darum, dass sexuelle Wünsche oder Gefühle nicht aufkommen dürfen, denn die lassen sich nicht steuern, sondern darum, wie mit ihnen umgegangen wird. Ob man seinen Wünschen nachgibt oder nicht, entscheidet jeder für sich: hier liegt alles in der Verantwortung des Menschen.

Die beiden anschließenden Sentenzen (5,29-39) über den Anlass zum Skandal finden sich auch in 18,8-9, allerdings in umgekehrter Reihenfolge. Das griechische Verb *Skandal bereiten* meint wörtlich *jemandem ein Hindernis in den Weg legen / jemanden zu Fall bringen*. Für Matthäus scheinen das Auge und die Hand sowohl die anstößige Absicht als auch die skandalöse Handlung zu verursachen. Obwohl der Alte Orient die Verstümmelung als Strafe kennt, sind die Imperative das Auge und die Hand auszureißen bzw. abzuschlagen, übertrieben und deshalb nicht wörtlich zu verstehen, denn nicht die Körperteile verursachen das Problem, sondern das Herz, das die entsprechende Entscheidung trifft. Mit diesen radikalen Formulierungen

Die Bergpredigt

unterstreicht Matthäus das geforderte Maß an verantwortungsvollem Umgang mit den eigenen sexuellen Wünschen und Gefühlen.

5,31-32 Dritter Lehrsatz von der Scheidung
Nach dem Ehebruch geht es nun um die Scheidung, genauer: um das Entlassen der Frau aus der Ehe, das nach Dtn 24,1-4 mit einem Scheidebrief möglich war. Der Scheidebrief hatte die Funktion, der entlassenen Frau die Möglichkeit zur Wiederverheiratung zu geben, um sich damit vor dem sozialen Abstieg und der drohenden Verarmung zu schützen. Jesus lehrt: *jeder, der seine Frau entlässt (...), treibt sie in den Ehebruch*. Er untersagt die Scheidung vor dem Hintergrund, dass die Wiederverheiratung der Frau nur eine Möglichkeit, aber keine Garantie ist. Denn wenn eine entlassene Frau keinen Partner findet und auch nicht von ihrer Familie aufgefangen werden kann, bedeutet eine Scheidung ihre sichere Verelendung. Um der Gefahr des sozialen Abstiegs zu entgehen, müsste sich eine entlassene Frau um einen neuen Partner bemühen und liefe dadurch Gefahr, ungewollt zur Ehebrecherin zu werden. Ihr Ehemann, der sich von ihr trennt, hat in diesem Fall seine Frau mit der Scheidung in den Ehebruch getrieben. Daher *begeht auch ein Mann, der eine aus der Ehe entlassene Frau heiratet, Ehebruch*, denn der erste Mann hätte seine Frau nicht entlassen dürfen; es besteht also noch die erste Verbindung. Später (19,1-6) greift Jesus diese Rede noch einmal auf und begründet sie mit der von Gott gewollten ursprünglichen Ordnung (Gen 1,26).

Matthäus fügt aber noch – anders als Paulus, Markus und Lukas – einen Sonderfall ein: *außer bei* πορνεία (ebenso in 19,9). Dieses Wort meint generell ungesetzliche Beziehungen und kann sowohl Ehebruch, Inzest, Unzucht als auch außereheliche Geschlechtsverkehr bedeuten. Manche dieser Beziehungen wurden aber in der römisch-hellenistischen Umwelt nicht immer als widergesetzlich (wie im Judentum) angesehen; deshalb bleibt hier unklar, was Matthäus mit πορνεία genau gemeint hat. Vom Kontext her legt sich aber die Übersetzung mit *Ehebruch* nahe: *jeder, der seine Frau entlässt – außer bei Ehebruch – treibt sie in den Ehebruch*. Entsprechend lehrt dann Jesus: wenn ein Mann sich von seiner Frau trennen will, weil sie Ehebruch begangen hat, dann hat sich die Frau schon vorher selbst zur Ehebrecherin gemacht; ihr Mann macht sie mit der Scheidung also nicht mehr zur Ehebrecherin. Das muss nun aber nicht notwendig so ausgelegt werden, dass Ehebruch ein Grund wäre, der die Scheidung rechtfertigt, denn durch die Scheidung würde die Frau ja genötigt werden, weiterhin Ehebruch zu begehen.

So wie schon zuvor beim Thema Ehebruch (5,27-30) im Hintergrund die Verantwortung stand, muss dieselbe Verantwortung auch hier vorausgesetzt werden: beide Partner sind sowohl verantwortlich füreinander als auch für das Gelingen ihrer Beziehung. Eine gelungene Beziehung kann aber nur mit gewährter Vergebung bestehen, wird die Vergebung versagt, zerbricht sie. Positiv und im Sinne der überfließenden Gerechtigkeit ausgedrückt, geht es hier um die gemeinsame Aufgabe, die Beziehung zu schützen und sie weder durch das eigene Verhalten aufs Spiel zu setzen, noch sie durch verweigertes Verzeihen zu gefährden.

5,33-37 Vierter Lehrsatz vom Schwören
Bei diesem Abschnitt, in dem es um die Wahrhaftigkeit der Rede geht, ist es nicht ganz einfach, die Passagen aus dem Ersten Testament zu finden, auf die sich Jesus hier bezieht. Möglicherweise fasst Matthäus Weisungen zum Schwören und zu Gelübden aus Ex 20,7; Lev 19,12, Num 30,3; Dtn 23,22-24, Sir 23,9-13 und Zach 8,17 zusammen: meistens wird ein Schwur von der Anrufung des Göttlichen begleitet, um die Wahrheit des Gesagten zu bestätigen. Die Juden vermieden jedoch, den Namen Gottes auszusprechen, deshalb gab es Schwüre z.B. beim Himmel, bei der Heiligen Stadt oder bei anderen Dingen, die in einer Verbindung mit Gott standen.

Jesu Weisung, *überhaupt nicht zu schwören*, scheint nicht nur im Gegensatz zu 23,16-22 zu stehen, wo Jesus das Schwören gerade nicht verbietet, sondern scheint auch den zahlreichen Schwüren im Ersten Testament zu widersprechen, die sowohl gläubige Menschen (Abraham, David) als auch Gott selbst leisten (z.B. Gen 14,22; 22,16; Ex 6,8; 1 Kön 1,29; Jes 45,23; Ps 110,4). Bei näherer Betrachtung gerade auch des letzten Verses (5,37) wird jedoch deutlich, dass sich Jesus vielmehr auf die wahrhaftige Rede bezieht, etwa in dem Sinne: deine Rede sei so wahr und authentisch, dass du es nicht nötig haben musst, sie mit Schwüren zu untermauern. Matthäus stellt auf dieser Basis hier ein einfaches Handlungsmodell vor, das das Leben mit dem Denken und Handeln in völliger Übereinstimmung zeigt, nämlich dann, wenn *ja* tatsächlich *ja* und *nein* wirklich *nein* bedeuten, kurz: wenn jedes Wort wahrhaftig und authentisch gesprochen wird.

5,38-42 Fünfter Lehrsatz von der Vergebung
Das in diesem Abschnitt genannte Talionsrecht ist in der antiken Welt seit dem Codex des babylonischen Königs Hammurabi (18. Jhd. v. Chr.) bekannt und akzeptiert; auch im Ersten Testament finden sich ähnliche Regelungen (Ex 21,24; Dtn 19,21; Lev 24,20). Ziel dieser Rechtsform ist sowohl die Vermeidung von willkürlicher Rache und unangemessener Strafe als auch die Gleichheit vor dem Recht. Jesu Forderung *dem Bösen keinen aktiven Widerstand entgegenzusetzen* will nicht ein neues Staatsrecht einführen, denn seine Rede richtet sich nicht an staatliche Institutionen, sondern an die, die ihm nachfolgen und deren persönliche Rechte durch andere verletzt werden. Alle vier Beispiele mit denen Jesus seine Forderung konkretisiert, stammen aus dem alltäglichen, persönlichen Bereich und verdeutlichen, dass es um die zwischenmenschlichen Beziehungen geht: nicht das Böse mit Bösem vergelten, sondern das Böse durch das Gute überwinden (so auch Röm 12,21). Auch wenn hier in erster Linie persönliche Beziehungen angesprochen sind, ist damit ja nicht ausgeschlossen, dass eine solche Haltung nicht auch auf ein größeres Umfeld übertragen werden könnte und politische Entscheidungen beeinflussen könnte.

Die Bergpredigt

Die von Jesus genannten vier Beispiele spiegeln die Situation in jener Zeit in Palästina wider. Die zuerst genannte Haltung, sich nicht gegen Schläge zu wehren, könnte vom Motiv des leidenden Gottesknechts (Jes 50,6; Mt 26,67) inspiriert sein. Das zweite Beispiel, dem Pfänder auch noch den Mantel zu geben, wirkt vor dem Hintergrund von Ex 22,25-26 paradox, denn der gepfändete Mantel soll bis Sonnenuntergang zurückgegeben werden, weil er als Decke für die Nacht dient. Die Leser verstehen durch dieses Beispiel aber, dass es vielmehr darum geht, nicht auf dem eigenen Recht zu beharren. Das dritte Beispiel bezieht sich auf eine ungerechte Forderung oder eine erzwungene Leistung vonseiten der römischen Besatzungsmacht. Jesu Forderung scheint der zelotischen Widerstandshaltung ganz und gar entgegenzustehen, ruft er doch zum Entgegenkommen und zu einer freiwilligen Mehrleistung auf. Dabei geht es ihm sicher weder um Anbiederung bei den Besatzern noch um Ergebenheit in sein Schicksal, sondern vielleicht einfach darum, durch die eigene Mehrleistung zu verhindern, dass noch mehr andere Menschen solchen Zwang ertragen müssen. Das letzte Beispiel bedenkt den Fall des Leihens und der Pflicht zur finanziellen Hilfeleistung: ganz im Sinne von Dtn 15,7-11 fordert Jesus, dem Bedürftigen die Hand zu öffnen, ohne sofort an Zinsnahme oder an schnelle Rückforderung des Geborgten zu denken.

Alle vier Beispiele verdeutlichen, dass es gemäß der geforderten überfließenden Gerechtigkeit nicht darum gehen kann, im Fall des erlittenen Unrechts auf Ausgleich zu bestehen, denn ein Ausgleich ist ja letztlich doch nur durch die gleiche Handlung (Auge für Auge) zu erreichen und würde damit Unrecht weiterhin zulassen. Das Böse kann aber nicht „ausgeglichen" werden, es wird einzig und allein durch eine positive Haltung und Handlung aufgehalten und überwunden.

5,43-47 Sechster Lehrsatz von der Nächstenliebe
Die sechste und letzte Weisung Jesu bildet zugleich den Höhepunkt dieses Abschnitts. Ausgehend von einem Zitat aus Lev 19,18b und einer matthäischen Ergänzung dazu nennt Jesus seine Forderung *liebt eure Feinde*, die wieder der überfließenden Gerechtigkeit entspricht. Zur näheren Erklärung fügt er die zugrunde liegende Motivation *damit ihr Söhne und Töchter eures Vaters im Himmel werdet* und zwei Beispiele an. Nicht nachvollziehbar bleibt allerdings die Behauptung, dass angeblich auch gesagt wurde, die Feinde zu hassen, denn so etwas findet sich nirgendwo in den Schriften des Ersten Testaments – im Gegenteil: es gibt sogar explizite Weisungen, dem Feind den verlorenen Ochsen oder Esel zurückzubringen und sogar dem Esel des Gegners zu helfen (Ex 23,4-5).

Zur Nächstenliebe gibt es verschiedene rabbinische Interpretationen, die sich jeweils darin unterscheiden, wer der Nächste ist: der jüdische Bruder oder auch der Proselyt? Eine dieser Interpretationen basiert auf dem Wortspiel, dass das Wort *Freund* und *Bösewicht* dieselbe Wurzel haben und sich nur durch die Vokalisierung unterscheiden lassen: folglich sei der Nächste immer zu lieben, auch wenn er ein Bösewicht ist. In diesem Sinne führt die

Weisung Jesu die vorangegangene weiter, denn auch hier gilt es, das Böse (die Feinde, die Verfolger) durch das aktive Tun des Guten (lieben, beten) zu überwinden.

Matthäus und auch die anderen Synoptiker verwenden generell das Verb ἀγαπάω (nicht wie Johannes φιλέω), um die Liebe zu Gott und zum Nächsten auszudrücken (z.B. Mt 19,19; 22,37.39). Diese Liebe ist tatkräftig (25,31-46) und nicht nur rein emotional. Bei den Feinden denkt Matthäus wahrscheinlich zuerst an die Verfolger: auch diese Feinde sollen *Nächste* bleiben. Hier bezieht sich der Imperativ Jesu nicht nur auf das verletzte Recht, sondern trifft den menschlichen Instinkt, den Feind zu hassen. Die Weisung Jesu, *die Feinde zu lieben* und *für die Verfolger zu beten*, bricht angewöhnte oder anerzogene Haltungen auf, indem sie dazu aufruft, das eigene Leben aktiv und positiv zu einer tatkräftig-liebenden Beziehung zu den anderen zu gestalten und so *zu Söhnen und Töchtern Gottes zu werden*.

Mit und durch das eigene Handeln *zu Söhnen und Töchtern Gottes zu werden*, ist für Matthäus die Basismotivation, die dem von Jesus geforderten Verhalten zugrunde liegt. Das Verhalten und Handeln Gottes ist das Vorbild und die Leitlinie für die Gläubigen. Gott aber ist wie ein Vater, der die Sonne aufgehen lässt über Böse und Gute und der es auf Gerechte und Ungerechte regnen lässt (5,45), wie auch Ps 145,9 sagt: *der Herr ist gütig zu allen und sein Erbarmen waltet über alle seinen Kreaturen*. Es geht nicht um einen reinen Humanismus, bei dem die Vervollkommnung des Menschen das höchste Ziel ist, sondern um die Nachahmung Gottes (imitatio Dei). Die Aufforderung zur Nachahmung Gottes findet sich auch noch in anderen neutestamentlichen Schriften (z.B. Eph 5,1-2; 1 Joh 4,7-12; 1 Petr 1,15-17), sie ist gleichsam die geforderte und angestrebte christliche ethische Grundhaltung. Für Matthäus, Paulus und Johannes sind wir jetzt schon *Kinder Gottes* (Mt 6,9; Joh 1,12; Röm 8,14; Gal 3,26; Eph 1,5). Doch unsere Kindschaft entbindet uns nicht von unserer Verpflichtung entsprechend zu handeln, sondern bleibt als Anspruch angesichts des noch nicht vollendeten Reiches Gottes bestehen. Durch unser Handeln sollen wir uns immer wieder neu als *Kinder Gottes* erweisen (Mt 5,9). Die beiden anschließenden Beispiele der Zöllner und Heiden fordern entsprechend ein „Mehr" an Nächstenliebe analog zur Forderung der überfließenden Gerechtigkeit (5,20): die Liebe soll nicht nur innerhalb der Grenzen der eigenen Gemeinde bleiben, sondern die Grenzen überwinden, um bedingungslos und grenzenlos zu werden – wie die Liebe Gottes.

5,48 Zusammenfassung

Der Satz: *Seid also vollkommen, wie auch euer himmlischer Vater vollkommen ist* nennt noch einmal zusammenfassend auf den Punkt gebracht das Leitmotiv aller vorhergehenden Forderungen Jesu. Das Ideal der Vollkommenheit findet sich sowohl im Ersten Testament als auch in Qumran (1 QS 8,21; 9,2.5-6.8-9), bei Matthäus noch in 19,21. Das Adjektiv *vollkommen* bezieht sich sowohl auf die körperliche Unversehrtheit (Lev 11-15), auf gelebte Rechtschaffenheit und Aufrichtigkeit (Gen 17,1; Dtn 18,13) als auch auf das tadellose Befolgen der Weisungen Gottes (Ps 119,1). Vorbild dieser Vollkommenheit ist Gott selbst: *seid heilig, denn ich, der Herr, euer Gott, bin heilig* (Lev 19,2). Die Gläubigen sollen in ihrem Handeln, Denken und Verhalten Gott nachahmen (imitatio Dei). Die Heiligkeit Gottes, Gottes Barmherzigkeit, Güte und Liebe – auch zu den Bösen und Ungerechten (5,45) – wird zum Kriterium und Maß ihres Handelns. In der Liebe zum Feind und im Beten für die Verfolger wird dann die Liebe der Gläubigen wie die Liebe Gottes: bedingungslos und unbegrenzt. Indem die Gläubigen die überfließende Gerechtigkeit (5,20) praktizieren und in ihrem Verhalten Gott nachahmen, erfüllen sie den Heilswillen Gottes.

Pragmatische Knotenpunkte des Textes

Im Abschlussvers *seid also vollkommen, wie auch euer himmlischer Vater vollkommen ist* (5,48) wird unmissverständlich deutlich, dass Jesus gerade nicht gekommen ist, um Tora und Propheten aufzuheben, sondern: um sie in ihrer vollkommenen Nachahmung der Heiligkeit, Barmherzigkeit und Liebe Gottes zu erfüllen (5,17). Jesus steht mit seinen Forderungen ganz in der Linie von Tora und Propheten, denn er verweist wie sie ausdrücklich auf den zu lebenden Heilswillen Gottes, der das Heil aller Menschen will. Die Weisungen Jesu sind mit dem Heilswillen Gottes, den Tora und Propheten verkünden, und mit dem Leben der Gläubigen eng verbunden. Deshalb betreffen die Forderungen Jesu die Beziehung zu den Mitmenschen, in der sich immer auch die Gottesbeziehung spiegeln soll. In meinem Umgang mit dem und den Nächsten zeigt sich, wer Gott für mich ist – und wenn Gott für mich der ist, der das Heil aller Menschen will, bin ich verpflichtet, auch entsprechend anderen Menschen gegenüber zu handeln.

Als Sprach-Handlungen (Sprechakte) verdeutlichen die übertrieben oder radikal scheinenden Interpretationen Jesu, dass das in der Tora Geforderte nicht das eigentliche Ziel, sondern nur das Minimum des Nötigsten ist. Dass wir erkennen, dass der Wille Gottes „mehr" ist, setzt die Tora mit den einfachen Formulierungen schon voraus: du *wirst* nicht morden, stehlen, lügen, Ehe brechen... verweisen auf eine andere Wirklichkeit, in der nichts Böses mehr getan wird. Doch das Gute ist ja nicht schon dadurch geschehen, dass man das Böse nicht tut. Schließlich ist nicht jeder, der nicht mordet schon ein guter Mensch. Das Gute ist eine „überfließende" Erfüllung des Minimums. Es ergibt sich aber nicht von allein: das Gute und damit der Wille Gottes müssen engagiert getan werden! Jesu Auslegung baut darauf auf. Seine Forderungen sind nichts Neues, sie laden nur mit den markanten Gegenüberstellungen zu einem Perspektivenwechsel ein: sich nicht mit dem Minimum begnügen, was man nicht tun soll oder nicht tun wird, sondern sich auf das fixieren, was man tun muss, um wirklich Gutes zu bewirken!

Die erste Weisung Jesu (5,21-26) unterstreicht: wer dem Nächsten zürnt oder ihn verachtet, vergiftet damit nicht nur die Beziehung zum anderen, sondern ebenfalls seine Beziehung zu Gott, weil er gegen Gott handelt, der für alle Menschen den Frieden wünscht. Im Reich Gottes, das schon angebrochen ist, sollen alle mit allen in Frieden leben: Versöhnung ist und bleibt daher dringende Aufgabe. Wer Versöhnung schafft, erfüllt den Heilswillen Gottes und trägt so zur Verwirklichung des Reiches Gottes bei.

Die nächsten beiden Weisungen (5,27-30.31-32) betreffen die zwischenmenschlichen Beziehungen zwischen Mann und Frau in der Ehe bzw. in der gescheiterten Beziehung: Jesus fordert dazu auf, mit den eigenen Gefühlen und sexuellen Wünschen verantwortungsvoll umzugehen und nicht egoistisch an sich zu denken, sondern auch an die Gefühle der Partnerin und an die des anderen Mannes, kurz: an alle Beteiligten. Dennoch besteht auch die Möglichkeit des Scheiterns von Beziehungen. Wenn eine Beziehung auf Dauer angelegt ist, kann sie nur gelingen, wenn beide Partner nicht nur im aktuellen Moment leben, sondern mit der Perspektive der gemeinsamen Zukunft ihre Beziehung verantwortungsvoll gestalten. Das setzt gegenseitiges Vertrauen und die Bereitschaft zum Verzeihen voraus, denn verweigertes Verzeihen oder mit der Verzeihungsbereitschaft zu rechnen und sie als „Freifahrtschein" auszunutzen, gefährden die Beziehung.

Die Aufforderung zur wahrhaftigen Rede (5,33-37) gilt grundsätzlich allen Gläubigen. Wenn das Reden mit dem Handeln übereinstimmt, ist es wahrhaftig und authentisch, es ermöglicht und schafft Vertrauen: die Voraussetzung für ein gelingendes Zusammenleben. Die folgenden Weisungen (5,38-42.43-47) bauen darauf auf und illustrieren mit konkreten Beispielen, wie ein gutes Zusammenleben im Sinne des Heilswillens Gottes realisiert werden kann. Da das Böse nicht durch Vergeltung oder gleiches Handeln „ausgeglichen" werden kann, ist es nur möglich, das Böse durch gutes Handeln aufzuhalten, um es schließlich zu überwinden. Die von Jesus genannten Beispiele zeigen Möglichkeiten, das Böse „anzuhalten", indem z.B. kein Widerstand geleistet wird, denn der provoziert wieder nur.

Auch Angriffe und Beleidigungen sollen nicht „mit gleicher Münze zurückgeben" werden, denn das würde den Maßstab des Bösen aufrechterhalten. Ungerechte Forderungen sollen in überfließendem Maß erfüllt werden, so dass dem Fordernden die Möglichkeit genommen wird, noch mehr fordern zu können. Durch das übermäßige Erfüllen der Forderungen wird aber auch verhindert, dass andere Mitmenschen zu ähnlichen Leistungen genötigt werden. Wenn einer eine Mehrleistung gewährt, ist sein Handeln zugleich Dienst an den anderen seiner Gemeinschaft. Schließlich soll Not sofort und im Blick auf den / die Notleidenden gelindert werden und nicht mit dem Interesse betrachtet werden, wie noch Profit aus der Notsituation anderer gezogen werden könnte.

Die letzte Weisung Jesu (5,43-47) meint sicher nicht, das Böse zu lieben, wohl aber: den Menschen trotz seiner Fehler zu lieben. Die Liebe der Gläubigen soll wie die Liebe Gottes nicht an Bedingungen gebunden sein, sondern bedingungslos und grenzenlos werden; sie soll sich nicht nur auf Gleichgesinnte beziehen, sondern auf alle Menschen. Wenn sogar die Feinde geliebt werden und wenn auch für die Verfolger gebetet wird, dann gibt es keine Feinde mehr, sondern nur noch Kinder Gottes! Das ist das Ziel des Heilswillens Gottes!

Die Bergpredigt

Jesus lehrt die Spiritualität der Propheten: 6,1-18

Grundsatz
¹ Hütet euch, eure Gerechtigkeit vor den Menschen zu tun,
   um von ihnen (an)gesehen zu werden;
      andernfalls habt ihr keinen Lohn bei eurem Vater im Himmel.

Über das Almosengeben
² Wenn du also etwas spendest,
      posaune es nicht aus,
         wie es die Scheinheiligen in den Synagogen und auf den Gassen tun,
            damit sie von den Menschen verherrlicht werden.
               Amen, ich sage euch: ihnen ist schon vergolten.
³ Du aber, wenn du etwas spendest,
      wisse nicht deine Linke (Hand), was deine Rechte (Hand) tut,
⁴   so dass deine Spende/Wohltat im Verborgenen ist,
            und dein Vater, der im Verborgenen sieht, wird es dir vergelten.

Über das Beten
⁵ Und wenn immer ihr betet,
      seid nicht wie die Scheinheiligen,
         die es lieben, in den Synagogen und an den Straßenecken stehend zu beten,
            um sich vor den Menschen darzustellen.
               Amen, ich sage euch: ihnen ist schon vergolten.
⁶ Du aber, wenn du betest,
      geh in deine Kammer und – schließend die Tür –
         bete zu deinem Vater, der im Verborgenen ist,
            und dein Vater, der im Verborgenen sieht, wird es dir vergelten.

Das Vaterunser
⁷ Aber wenn ihr betet,
   macht nicht viele Worte wie die Heiden,
   die meinen, aufgrund ihres Wortschwalls erhört zu werden,
⁸ Macht euch nicht ihnen ähnlich,
   denn euer Vater weiß, was ihr braucht, noch bevor ihr ihn bittet.
   - - - - -
⁹ So sollt ihr beten:
   Vater unser im Himmel
      geheiligt werde   dein   Name,
¹⁰   *es komme   dein   Reich,*
      es geschehe   dein   Wille   wie im Himmel so auf Erden,
¹¹   *unser nötiges Brot gib uns   heute*
¹²   *und vergib   uns   unsere Schulden,*
                                wie auch wir vergeben haben unseren Schuldnern
¹³   *und führe   uns   nicht in Versuchung,*
      sondern erlöse   uns   vom Bösen.
   - - - - -
¹⁴ Denn wenn ihr den Menschen ihre Verfehlungen vergebt,
   wird auch euch euer himmlischer Vater vergeben;
¹⁵ wenn ihr aber den Menschen nicht vergebt,
   wird auch euer Vater eure Verfehlungen nicht vergeben.

Mt 6,1-18

> Über das Fasten
> ¹⁶ Und wenn ihr fastet,
>   seid nicht trübsinnig wie die Scheinheiligen, die ihr Gesicht verstellen,
>   damit sie sich den Menschen als Fastende darstellen,
>   Amen, ich sage euch: ihnen ist schon vergolten.
> ¹⁷ Du aber, wenn du fastest,
>   salbe deinen Kopf und wasche dein Gesicht,
> ¹⁸   damit du nicht den Menschen als fastend erscheinst,
>   sondern deinem Vater, der im Verborgenen ist,
>   und dein Vater, der im Verborgenen sieht, wird es dir vergelten.

Die Gewebestruktur des Textes

Dieser Abschnitt bildet den zweiten Block innerhalb des Teils über *die Tora und die Propheten* (5,17-7,12). Er formt sowohl strukturell als auch inhaltlich das Zentrum der Bergpredigt. Jetzt geht es um ein wichtiges Anliegen der Propheten: um die gelebte Gerechtigkeit, wie 6,1 einleitend vorstellt. Anschließend werden die einzelnen Belehrungen mit Beispielen aus dem jüdischen Glaubensleben zum Almosen-Geben (6,2-4), zum Gebet (6,5-15) und zum Fasten (6,16-18) näher erläutert. Im Zentrum dieses Abschnitts und damit auch der gesamten Bergpredigt steht das Vaterunser (6,9-13).

Das eindringliche *hütet euch* am Anfang (6,1) hat die Funktion, die Leser vor einer bestimmten Art der praktizierten Gerechtigkeit zu warnen. Die folgenden konkretisierenden drei Beispiele sind jeweils parallel konstruiert: die erste Sequenz beschreibt stets das Verhalten der Scheinheiligen beim Almosen-Geben, Beten und Fasten; die zweite Sequenz stellt diesen negativen Beispielen dann das nötige, von den Schülern Jesu verlangte Verhalten gegenüber. Diese markante Gegenüberstellung erleichtert es den Lesern, das positive Verhalten für ihr eigenes Glaubensleben zu übernehmen.

Das semantische Geflecht des Textes

6,1 Grundsatz
Nach den Ausführungen zum Erfüllen des Willens Gottes (5,17-48) setzt Matthäus mit einer eindringlichen Warnung neu an, um an drei Beispielen konkret das Tun der Gerechtigkeit gemäß des Willens Gottes zu beschreiben. Das Thema der Gerechtigkeit ist nicht neu, denn es wurde schon vorher im Evangelium angesprochen (3,15) und auch bereits im ersten Teil der Bergpredigt erläutert (5,6.10.20). Hier geht es nun um die Gerechtigkeit als innere Haltung und als Grundmotivation des Handelns: um die Gerechtigkeit als Fundament und als Weg der gelebten Gemeinschaft mit Gott.

Matthäus stellt keinesfalls das Tun der Gerechtigkeit an sich in Frage, sondern er setzt es vielmehr voraus. Allerdings ist auch das Tun der überfließenden Gerechtigkeit immer von der latenten Gefahr bedroht, nur rein äußerlich und oberflächlich – im wahren Sinn des Wortes: „schein-heilig" – zu sein (6,2.5.16). Daher warnt der Evangelist noch öfter vor der Scheinheiligkeit (z.B. 23,13-33), der es nicht um die verwirklichte Gerechtigkeit ge-

Die Bergpredigt

mäß des Heilswillens Gottes geht, sondern nur um das eigene Ansehen vor den Menschen. Der scheinheiligen, äußerlichen Religiosität stellt Matthäus den gelebten Glauben *im Verborgenen* gegenüber. Damit meint er aber weder eine rein innerliche Spiritualität noch ein anonymes Christentum, sondern ein Glaubensleben, das aus der tiefen persönlichen Beziehung zum Vater lebt. Das Handeln (Almosen geben, beten, fasten, Hilfeleistung, gute Werke...) erhält seine Bedeutung durch die lebendige Beziehung zu Gott als Vater. Wie wichtig Matthäus diese innige Beziehung zu Gott für das Glaubensleben ist, wird auch daran deutlich, dass er in unserem Abschnitt 10x das Wort *Vater* nennt: die Beziehung zum Vater ist das Fundament der gelebten Gerechtigkeit. Vor diesem Horizont muss dann auch die *Vergeltung* verstanden werden, von der Matthäus hier so häufig spricht: es geht nicht um „Arbeiter-Lohn" oder „Belohnung", sondern um die Reaktion des Vaters als „Antwort" auf die so erfüllte Gerechtigkeit.

6,2-4 Über das Almosengeben

Das Almosen-Geben ist die erste von drei Handlungsweisen, die Matthäus als Beispiel dient, mit Gott in einer authentischen Beziehung zu stehen. Das griechische Wort ἐλεημοσύνη hat dieselbe Wurzel wie *Barmherzigkeit* und meint nicht nur eine Geldspende, sondern ganz generell *etwas für eine bedürftige Person tun, Barmherzigkeit zu üben*. Es geht hier um eine im Judentum sehr verbreitete und hochgeschätzte Praxis (z.B. Tob 12,8-9 Spr 14,21.31 Sir 17,22; 29,8;), die eine gläubige Person kennzeichnet, die die Tora erfüllt (Ijob 29,12). Das Üben von Barmherzigkeit einem Armen gegenüber wird in der Tora immer wieder gefordert: *...es sollte kein Bedürftiger unter dir sein...Wenn bei dir ein Armer lebt..., dann sollst du nicht hartherzig sein und sollst deinem armen Bruder deine Hand nicht verschließen. Du sollst ihm deine Hand öffnen und ihm gegen Pfand leihen, was der Not, die ihn bedrückt, abhilft* (Dtn 15,4.7-8). Das nötige barmherzige Handeln wird mit dem Mitleid und der Barmherzigkeit Gottes begründet, der den Schrei der Notleidenden und Unterdrückten hört (z.B. Ex 22,21-26). Auf das barmherzige Handeln den Bedürftigen gegenüber reagiert Gott mit Segen (z.B. Dtn 15,10.18; 23,21; 24,19; auch Sir 35,10-13).

Matthäus verurteilt nicht das Tun von Barmherzigkeit, denn die Metapher von der *Linken, die nicht weiß, was deine Rechte tut* hebt ja die gewünschte Großherzigkeit besonders hervor. Mit dem Bildwort des *Ausposaunens* warnt er aber vor einem Verhalten, das nicht die authentische Beziehung zu Gott sucht, sondern auf die menschliche Anerkennung bedacht ist. Dem stellt er stattdessen das Handeln im Verborgenen gegenüber. Damit beschreibt Matthäus den innersten Bereich des Menschen, zu dem nur Gott Zugang hat (vgl. Ps 139,1-3.23-24) und in dem die tiefe, persönliche Beziehung zu Gott verwurzelt ist. Das Ausüben von Barmherzigkeit, Gebet und Fasten kann und soll diese Beziehung zu Gott intensivieren und wachsen lassen. Die persönliche Gottesbeziehung ist Ausgangspunkt und Ziel des barmherzigen Handelns, Betens und Fastens. Gerade deshalb ist es nicht nötig, dass es in der Öffentlichkeit, vor den Augen der Menschen geschieht.

6,5-6 Über das Beten

Während der vorherige Passus in der 2. Pers. Sg. stand, finden wir hier beim Thema des Gebets einen Wechsel zur 2. Pers. Pl., denn das Gebet ist nicht nur eine persönliche Angelegenheit, sondern auch eine gemeinschaftliche, daher nennt Matthäus ausdrücklich das Gebet in der Synagoge. Er wendet sich aber nicht gegen den Gottesdienst, sondern verurteilt nur das äußerlich zur Schau gestellte, scheinheilige Gebet, sei es während des Gottesdienstes oder im Familienkreis. Das Gebet dient dazu, die persönliche Beziehung zu Gott zu vertiefen. Vor Gott steht jeder trotz all seiner mitmenschlichen Beziehungen erst einmal allein. Deshalb ist jede Selbstdarstellung unnötig, denn Gott als Vater weiß schon, was seine Kinder brauchen (6,8.32). Dass wir „allein" vor Gott stehen, isoliert uns aber nicht von unseren Mitmenschen, sondern nimmt uns im Gegenteil gerade für sie in die Pflicht, wie es besonders die Vergebungsbitte im Vaterunser anspricht.

6,7-15 Das Vaterunser

Das Vaterunser (6,9-13) ist zwischen einer Warnung, sich der wortreichen Gebetsweise der Heiden anzugleichen (6,7-8) und einer Mahnung zur gegenseitigen Vergebung (6,14-15) eingefügt. Diese Konstruktion hebt die zentrale Bedeutung dieses Gebets hervor und unterstreicht zugleich dessen inhaltliche Kernaussagen, nämlich die Beziehung zu Gott als Vater und die nötige gegenseitige Vergebung.

6,7-9a Die Einleitung

Einleitend stellt Matthäus polemisch kontrastierend dem gewaltigen Wortschwall der Heiden die äußerst knappen Formulierungen des Vaterunsers gegenüber: Gott hat es nicht nötig, mit Worten überzeugt zu werden, denn als Vater weiß er doch im Voraus, was seine Kinder brauchen (6,7-8.32). Beim Beten kommt es allein auf die authentische Beziehung zu Gott an, der es zuerst um Gottes Reich geht – und der dann entsprechend alles andere von Gott dazu geschenkt wird (6,33). Das Gebet, das aus der Beziehung zu Gott entsteht, vertieft und intensiviert deshalb die Gemeinschaft mit Gott.

Das Vaterunser steht im Zentrum der Bergpredigt, weil es die Priorität des Reiches Gottes mit der Aufgabe verbindet, die von Gott gewollte Gerechtigkeit zu verwirklichen. Auch wenn dieses Gebet später das christliche Gebet schlechthin geworden ist, das schließlich das mehrfach täglich gebetete Schema' Jisrael (Höre Israel) und das Achtzehn-Bitten-Gebet der Christusgläubigen verdrängte, hat es doch seinen Ursprung und seine Wurzeln in der jüdischen Spiritualität. So beginnt auch das Kaddisch mit dem Lobpreis des Namens Gottes und enthält die Bitte um das Kommen des Reiches Gottes: *verherrlicht und geheiligt werde Gottes großer Name in der Welt, die Gott nach eigenem Ratschluss schuf. Gottes Reich entstehe in eurem Leben und zu euren Zeiten und im Leben ganz Israels schnell und bald....*

Als Gebet Jesu wurde das Vaterunser dann das Gebet seiner Schüler und das der jungen Kirche (Did 8,2-3), die darin sowohl ihre aktuelle Situation vor Gott brachte als auch ihre eschatologische Hoffnung ausdrückte. Das

Die Bergpredigt

Lukasevangelium kennt ebenfalls das Vaterunser (Lk 11,1-4), allerdings in einem anderen Zusammenhang und auch in einer kürzeren Form. Die Anrede *Vater*, die Wünsche nach der Heiligung seines Namens und des Kommens seines Reiches sowie die Bitten um Brot und um Vergebung enthält es allerdings ebenso.

Die Gliederung der sieben Bitten wurde von der Tradition bisher immer in der Form von drei theozentrischen plus vier anthropozentrischen Bitten gesehen. Eine andere Position sieht hingegen die Bitte um das Brot im Zentrum und als Verbindungsstück: mit den ersten drei Wünschen bittet sie um etwas Positives, statt wie in den letzten drei Bitten um die Befreiung von etwas Negativem; außerdem hat die Brotbitte mit den letzten drei Bitten die 1. Pers. Pl. gemeinsam. Allerdings sind die ersten drei Bitten sowohl formal als auch inhaltlich identisch, da sie um die Offenbarung Gottes in seiner Heiligkeit, seiner Herrschaft und in seinem Heilswillen bitten, was wiederum für die traditionelle Gliederungsweise spricht.

Die Anrede *Vater* lässt den Gesprächspartner sichtbar werden: *Vater* ist die Anrede Jesu für Gott. Die Leser verstehen dadurch auch, dass es nicht der Gott der griechischen Philosophen, sondern der Gott Abrahams, Isaak und Jakobs ist, der sich Israel als seinen Sohn geschaffen (Dtn 32,6) und als sein Volk erwählt hat (Dtn 14,1-2), das er mit väterlicher Liebe durch die Geschichte geleitet (Jer 31,9). Für Hosea ist die Geschichte Gottes mit Israel die Geschichte eines Vaters mit seinem Sohn: *als Israel jung war, gewann ich ihn lieb; aus Ägypten rief ich meinen Sohn* (Hos 11,1). Das Vaterunser ist das Gebet der Kinder Gottes. Die gegenseitige Beziehung wird durch das Possessivpronomen *unser* als Zugehörigkeit ausgedrückt: *denn du bist ein Volk, das dem Herrn, deinem Gott, heilig ist. Dich hat der Herr, dein Gott, ausgewählt, damit du (...) das Volk wirst, das ihm persönlich gehört. Nicht weil ihr zahlreicher als die anderen Völker wäret, hat euch der Herr ins Herz geschlossen und ausgewählt (...), sondern weil der Herr euch liebt (...)* (Dtn 7,6-8). Mit dem Wort *unser* bekennen sich die Beter zu dieser Beziehung zu Gott, dem Heiligen Israels, als Vater aller Menschen, die sich als seine Kinder sehen. Die Bezeichnung Gottes als Vater *im Himmel* drückt die Erhabenheit und Unverfügbarkeit Gottes aus: trotz der ganz engen, nahen Beziehung lässt sich Gott nicht von den Menschen vereinnahmen. Gott bleibt immer auch Geheimnis und „der Andere", deshalb können wir zu Gott *unser Vater im Himmel* sagen.

6,9b-10 Die ersten drei Bitten
Die Bitte um die Heiligung des Namens ist eigentlich eher eine Segnung (Benediktion) als eine Bitte, denn es ist eine fundamentale biblische Aussage, dass Gott und nur Gott heilig ist (Lev 19,2; Jes 6,3; 40,25; Am 4,2; Apk 4,8). Diese Heiligkeit Gottes ist aber nicht einfach nur eine Eigenschaft, sondern bezieht sich auf Gottes Sein und Wirken. Im Johannesevangelium spricht Jesus ebenfalls Gott mit *heiliger Vater* an (Joh 17,11), und auch die frühchristliche Liturgie übernimmt diese Anrede (Did 10,2). *Geheiligt werde dein Name* ist also in erster Linie ein Appell an die Heiligkeit des Heili-

gen, dass er in der Welt seine Heiligkeit manifestieren möge. Es ist aber zugleich auch die Selbstaussage der Betenden – gleichsam als Antwort auf die Heiligkeit Gottes, dass sie den Namen Gottes heiligen werden. Diese Heiligung des Namens Gottes geschieht durch das Erfüllen des Heilswillens Gottes, der sich in den Weisungen der Tora und der Propheten ausdrückt. Das Erfüllen des Heilswillens Gottes bezeugt deshalb gleichzeitig Gott als Vater (5,48). Die Heiligung des Namens Gottes und die Beziehung zu Gott als Vater gehören wie die zwei Seiten einer Medaille untrennbar zusammen: sie werden im Erfüllen seines Heilswillens deutlich.

Jesu Verkündigung und sein Wirken steht ganz im Dienst des *kommenden Reiches Gottes* (4,17). Hier im Vaterunser wird das Reich Gottes als die umfassende Verwirklichung des Heilswillens Gottes in der Geschichte zum wichtigen Anliegen der Schüler Jesu und schließlich der Kirche. Wie schon die vorige Bitte um die Heiligung des Namens Gottes enthält auch diese Bitte die beiden Aspekte des göttlichen und des menschlichen Handelns. Es ist Gottes Reich, das er verwirklichen soll, indem er seinen Heilswillen realisiert, und die Betenden ersehnen dieses Reich für sich, d.h. sie versprechen damit, Gottes Herrschaft anzunehmen und gemäß seinem Heilswillen zu leben.

Nur das Matthäusevangelium enthält die Bitte um die umfassende Verwirklichung des Heilswillens Gottes. Das Geschehen des Willens Gottes als Realisierung des göttlichen Heilsplans ist Matthäus ein zentrales Anliegen. Die dritte Bitte spricht nun direkt aus, was die vorigen Bitten bereits enthalten haben: *Gottes Heilswille geschehe*. Auch hier finden wir wie zuvor zwei Aspekte: Gott möge seinen Heilswillen verwirklichen, und die Betenden stimmen diesem umfassenden Heilswillen zu, was besonders das *auf Erden* unterstreicht. Diese Zustimmung der Menschen kann wiederum auf zwei verschiedene Weisen geschehen, die Jesus beide verwirklicht, denn Jesus erfüllt in seinem Leben und Wirken den Willen Gottes (5,17) – und in Getsemani unterstellt er sich dem Willen Gottes mit denselben Worten: *dein Wille geschehe* (26,42). Damit wird deutlich, dass der Heilswille Gottes einerseits etwas Feststehendes ist – wie die Weisungen, die die Gläubigen erfüllen sollen (7,21; 12,50; 21,31) –, andererseits aber auch etwas Lebendiges ist, das sich in der Geschichte ereignet.

6,11-13.14-15 Die letzten vier Bitten und die Ergänzung
Die Bitte um das nötige Brot verwundert, denn Jesus hat gerade zuvor betont, dass unser Vater schon wisse, was wir brauchen, noch bevor wir ihn darum bitten (6,8.32), und er wird gleich anschließend noch davor warnen, sich allzu sehr um alltägliche und materielle Bedürfnisse zu sorgen (6,25.34). Schon in der Erzählung von den Versuchungen Jesu in der Wüste hat Matthäus klargestellt, dass der Mensch nicht allein von Brot lebt (4,4). Die Brotbitte muss also durch ihren näheren Kontext erhellt werden. Dabei fällt auf, dass die Bitte um Brot nach der Bitte um das Reich Gottes steht: in erster Linie soll es den Schülern um das Reich Gottes gehen, alles andere wird ihnen dazugegeben (6,33). Außerdem wird das Brot als Gabe erbeten

Die Bergpredigt

und als *unser* Brot bezeichnet, es ist also nicht das Brot der Sorge (6,25) und auch nicht das, was sich der Mensch im Schweiße seines Angesichts erarbeiten muss (Gen 3,19), sondern das Brot Gottes, Geschenk aus Gottes Hand. Schließlich wird um das *nötige* oder *tägliche* Brot gebeten: es wird sich weniger um das eucharistische Brot oder um das Brot des eschatologischen Mahls handeln, wie es die Kirchenväter interpretiert haben, sondern einfach um das alltäglich-nötige Brot für heute; denn Jesus warnt ausdrücklich davor, sich heute bereits um das Morgen zu sorgen (6,34). Auch in der Wüste bekam Israel jeden Tag von Gott das Manna, das es nötig hatte und sollte sich ebenfalls nicht bevorraten (Ex 16,15-20). Matthäus betont hier das Brot als tägliches Geschenk Gottes, der immer für uns sorgt, so dass wir uns nicht um die Zukunft sorgen müssen und uns deshalb ganz und voller Vertrauen in die Hände des Vaters geben können, der unsere Bedürfnisse kennt, noch bevor wir sie aussprechen.

Das Erlassen der Schuld ist eine Grundforderung des Jubeljahres (Lev 25); selbst wenn es nicht oft verwirklicht wurde, bewahrt und erinnert es an das Ideal, der Barmherzigkeit und Güte Gottes zu entsprechen, der die Vergehen seines Volkes immer wieder vergibt. Auch die Weisheitsliteratur und die rabbinische Lehre kennen die Verbindung von menschlichem und göttlichem Vergeben: *vergib deinem Nächsten das Unrecht, dann werden dir, wenn du betest, auch deine Sünden vergeben* (Sir 28,2); *wer barmherzig ist, wird Barmherzigkeit finden* (Spr 17,5 LXX); *so lange wie du Mitleid haben wirst, wird auch der Barmherzige mit dir Mitleid haben* (Baba Qamma 9.30). Matthäus fügt der Bitte um Vergebung der Sünden aber noch eine Ergänzung hinzu: *wie auch wir vergeben haben unseren Schuldnern*. Damit scheint er die Vergebung Gottes von unserer vorgängigen Verzeihung den Brüdern und Schwestern abhängig zu machen, wie es scheinbar auch die anschließenden Verse über die Vergebung noch präzisieren (6,14-15), doch ein näherer Blick auf das Thema zeigt, dass das nicht so ist.

Die doppelte Behandlung des Themas (6,12b.14-15) verdeutlicht das besondere Interesse des Matthäus an der zu gewährenden Barmherzigkeit und Vergebung. Dennoch bleiben einige Fragen: ist nicht die Vergebung Gottes ein Geschenk, unabhängig von jeder menschlichen Leistung? Ist nicht die menschliche Vergebung erst aufgrund der vorgängigen göttlichen Vergebung überhaupt erst möglich, so wie es im Gleichnis der Herr von den beiden Schuldnern erwartet (18,33)? Gerade die Verbindung mit dem Gleichnis (18,23-35) verdeutlicht aber, dass es Matthäus nicht um eine auf Ausgleich bedachte „Reihenfolge" geht: die menschliche Vergebung soll weder nur die Bedingung, noch bloß die Folge des Verzeihens Gottes sein, denn berechnendes oder aufrechnendes Denken als „wie du mir – so ich dir" ist weder Barmherzigkeit noch echte Vergebung.

Matthäus geht es um „Gleichzeitigkeit" (die er natürlich hier in 6,14-15 und im Gleichnis 18,23-35 nur nacheinander beschreiben kann): nur wenn das Empfangen von Vergebung und das Schenken von Vergebung „gleichzeitig" im Sinne von „immer / ständig" und damit bedingungslos geschehen, werden Barmherzigkeit und Vergebung wahrhaft und authentisch gelebt. Schließlich ist nur mit bedingungsloser Vergebung ein Wachsen der zwischenmenschlichen Beziehung und der Gottesbeziehung möglich.

Auch die beiden letzten Bitten formen eine Einheit. Das Thema der Prüfung und Versuchung kommt in der Bibel häufig vor. Der Prototyp ist Abraham, der in der Prüfung für treu befunden wurde (Sir 44,20). Die Bitte bezieht sich auf alltägliche Situationen, in denen die Gläubigen versucht sind, ihren Glauben zu verlieren (13,19). Die Formulierung *führe uns nicht in Versuchung* könnte – analog zur Probe Abrahams (Gen 22,1) – Gott als denjenigen vermuten lassen, der den Glauben der Menschen erproben will. Allerdings wird sonst nirgendwo im NT behauptet, dass Gott die Menschen auf die Probe stellt, sondern im Gegenteil festgehalten, dass Gott niemanden in Versuchung führt (Jak 1,13). Die biblische Lektüre erlaubt daher nicht, von Gott als direktem Urheber einer Prüfung oder Versuchung zu sprechen.

Sowohl die Erzählung von Abraham als auch von Jesus in Getsemani zeigen, dass alles – auch die „Prüfung" – unter Gottes Einfluss steht und dass gerade deshalb der Mensch von Gott die Kraft bekommt, sie zu überwinden. Entsprechend erscheint in Lk 22,43 ein Engel vom Himmel, der Jesus stärkt. Gott ist nicht der Initiator oder Beobachter eines Experiments mit dem Menschen, sondern begleitet den Menschen in und durch Situationen, die ihm wie Prüfungen oder Versuchungen erscheinen. In diesem Zusammenhang werden die letzten beiden Bitten des Vaterunsers verständlich: sie gehen von der realistischen Situation der Gläubigen aus, die in ihrem Alltagsleben mit dem Bösen (Krisen, Angst, Zweifel, Hoffnungslosigkeit,...) konfrontiert sind. Sie bitten deshalb darum, dass Gott uns in Glaubenskrisen beisteht und uns nicht dieser Macht des Bösen überlässt. Die Aufforderung Jesu in Getsemani: *wacht und betet, damit ihr nicht in Versuchung geratet* (26,41) zeigt ebenso sehr deutlich, dass Gott uns gerade in Versuchungssituationen beisteht und uns besonders im Gebet vor Resignation oder vor der Kapitulation vor dem Bösen bewahrt.

6,16-18 Über das Fasten

Außer dem Üben von Barmherzigkeit (Almosen geben) und dem Gebet empfiehlt Jesus seinen Schülern entsprechend der Trias des jüdischen Glaubenslebens auch das Fasten, um die überfließende Gerechtigkeit im angebrochenen Reich Gottes zu leben. Der jüdische Glaube kennt sowohl feste Fasttage wie z.B. Yom Kippur (Lev 23,26-32), das Fasten zum Gedenken an nationale Katastrophen oder in besonders kritischen Momenten (z.B. in einer Dürreperiode) als auch das Fasten als kontemplative Übung.

Dass Matthäus Jesu ausdauerndes Fasten in der Wüste beschreibt (4,2), verdeutlicht, dass er keinesfalls die asketische Übung des Fastens hinterfragt. Ihm geht es vielmehr wieder um die zugrunde liegende Motivation: wird nur scheinheilig „äußerlich" gefastet, um die eigene Frömmigkeit herauszustellen – oder geht es wirklich um die Vertiefung der Beziehung zu Gott? Wie schon beim Almosen-Geben und Beten sind wieder die Scheinheiligen das Negativmodell, weil sie ihr Gesicht verstellen, um damit nach

Die Bergpredigt

außen hin ihre Tugend zu demonstrieren. Mit der Wendung zur 2. Pers. Sg. kehrt Matthäus zum persönlichen Handeln zurück: das Fasten als Vertiefen der Gottesbeziehung ist erstens eine positive und zweitens eine zutiefst individuelle Angelegenheit. Es hat deshalb seinen Ort nicht in der Öffentlichkeit, sondern im Verborgenen, wo es von Gott gesehen und geschätzt wird. Die Vergeltung, die Jesus den Gläubigen zusagt, ist – wie auch beim Üben von Barmherzigkeit und im Gebet – die Antwort Gottes auf die so erfüllte überfließende Gerechtigkeit.

Pragmatische Knotenpunkte des Textes

Dieser zweite Block im Zentrum der Bergpredigt zeigt die prophetische Dimension der Lehre und des Auftretens Jesu: wie die Propheten im Ersten Testament wendet sich Jesus gegen religiöse Missformen und lehrt das rechte, angemessene Verhalten Gott gegenüber, das Gottes eschatologischem Heilswillen entspricht. Dabei lehnt Jesus äußerliche religiöse Scheinheiligkeit entschieden ab und insistiert umso mehr auf der Aufrichtigkeit des Glaubenslebens vor Gott. Die allgemeinen Formulierungen verdeutlichen, dass es Matthäus hier weder um eine Gegenüberstellung von Pharisäern und Schülern Jesu, noch von Juden und Christen geht, denn Scheinheilige finden sich in jeder Religion. Jesus wendet sich im zweiten Teil der Bergpredigt jetzt besonders an die Gläubigen und Frommen: an alle, die sich bemühen, Gutes zu tun und Gerechtigkeit zu praktizieren. Auch ihr gutes Handeln kann ichbezogen, eigennützig motiviert und deshalb scheinheilig sein. Jesus hingegen ist die authentische Beziehung zu Gott wichtig, die die Gläubigen sowohl in ihrem Privatleben als auch in ihrer Glaubensgemeinschaft leben und vertiefen sollen.

Das Vaterunser verdeutlicht, wer Gott und wer der Mensch in seiner Beziehung zu Gott ist. Vor dem Vater, der im Verborgenen sieht, erfährt sich der gläubige Mensch als Sohn oder Tochter Gottes und als Bruder oder Schwester der anderen Gläubigen. Das Gebet ruft in erster Linie Gott als Vater in die Verantwortung, sich als Gott und als Vater zu offenbaren: in den ersten drei Bitten des Vaterunsers wird Gott als unser Vater gebeten, sich als Gott zu erweisen, indem er seinen Namen heiligt, er sein Reich kommen lässt und seinen Willen verwirklicht. In den anschließenden vier Bitten soll sich Gott als unser Vater zeigen, indem er uns sättigt, uns vergibt, uns in schwierigen Situationen beisteht und uns vom Bösen erlöst.

Doch das Gebet nimmt ebenso den bittenden Menschen selbst in die Verantwortung: er erkennt sein Bedürfnis nach Nahrung, Versöhnung und Erlösung und wendet sich damit vertrauensvoll an Gott, seinen Vater, der aber nun nicht einfach nur seine Bedürfnisse erfüllt, sondern den Menschen auf seine Beziehung zu seinen Mitmenschen verweist. Als Kinder Gottes haben wir alle dieselben Bedürfnisse und Gott ist für uns alle *Vater*. Wenn wir unsere eigene Angewiesenheit und Bedürftigkeit erkennen, können wir uns mit uns selbst versöhnen und auch wahrhaft barmherzig gegenüber unseren Mitmenschen sein.

Als Sprach-Handlung (Sprechakt) warnt das einleitende *hütet euch!* nicht nur davor, die Gerechtigkeit zu tun, um selbst gesehen zu werden, sondern es weist zugleich auch darauf hin, sich selbst über die eigene Motivation, Gerechtigkeit zu tun, klar zu werden. Warum bemühe ich mich darum, Gerechtigkeit zu leben? Warum bete ich eigentlich? Weshalb faste ich? Wozu spende ich? Im ersten Teil der Bergpredigt lehrte Jesus, *überfließende* Gerechtigkeit zu tun (5,20). Jetzt lenkt er den Blick auf die zugrunde liegende Motivation des Handelns: wenn ich Gutes oder die Gerechtigkeit letztlich nur „für mich" tue oder um selbst gut dazustehen, bekommt das Gute einen „negativen Beigeschmack", denn es verdreht den Blickwinkel und kann zu Neid, Verachtung, Unehrlichkeit oder sogar zu Ungerechtigkeit führen. Die „große Münze", die ich dem Armen in der Öffentlichkeit gebe, lenkt den Blick ab vom Armen und hin auf mich und meine „Großzügigkeit". Wenn mein gutes Handeln die Armut und die Armen instrumentalisiert, ist es gerade keine Gerechtigkeit mehr, sondern „Schein-Heiligkeit".

Das Gleiche gilt für das Fasten und das Beten: in der Öffentlichkeit zur Schau getragen, lenkt es den Blick ab von Gott und stellt stattdessen mich und meine „Frömmigkeit" in den Mittelpunkt. Damit widerspricht ein solches Handeln der eigentlichen Intention des Betens und Fastens. Werden Beten und Fasten oder generell das Tun des Guten und der Gerechtigkeit instrumentalisiert, handelt es sich um Heuchelei. Scheinheiliges Tun sucht nur die Anerkennung vor den Menschen und wird deshalb auch mehr nicht erhalten als menschliche Aufmerksamkeit. Die Gerechtigkeit und das Gute sollen auf den / die Anderen hin ausgerichtet sein und um des / der Anderen willen getan werden: so entsprechen sie dem Heilswillen Gottes und werden deshalb auch von Gott „belohnt".

Der dreifache Aufruf, die Werke der Gerechtigkeit *im Verborgenen* zu tun, zielt ebenso darauf, Heuchelei und egozentrisches Verhalten zu vermeiden. Der jeweils anschließende Hinweis, dass *dein Vater im Verborgenen* das Handeln *sieht* und es *belohnt*, verstärkt diese Aufforderung. Darüber hinaus vermag diese Ergänzung aber auch diejenigen zu trösten, die bereits im Verborgenen wirken und entweder das Gelingen ihres Handelns (noch) nicht bemerken, oder vielleicht zweifeln, ob nicht doch ein öffentliches Handeln wirksamer sein könnte. Diese Menschen laufen Gefahr, an ihrem verborgenen Wirken zu zweifeln oder mit zwar guter Absicht doch wieder vor den Augen anderer zu handeln. Ihnen sagt Matthäus: euer Vater, der euch kennt, ist auch im Verborgenen und sieht, was im Verborgenen geschieht. Euer verborgenes Handeln wird wahrgenommen und belohnt, sorgt euch nicht! Der letzte Teil der Bergpredigt greift deshalb das Thema der Sorge noch einmal vertiefend auf.

Die Bergpredigt

Jesus lehrt die Lehre der Weisheit: 6,19-7,12

Gott oder das Geld
[19] Sammelt euch nicht Schätze auf der Erde,
    wo (sie) Motte und Rost vernichten
    und wo Diebe einbrechen und (sie) stehlen;
[20] sammelt euch aber Schätze im Himmel,
    wo (sie) weder Motte noch Rost vernichten
    und wo Diebe nicht einbrechen und (sie) nicht stehlen.
[21] Wo nämlich dein Schatz ist, dort wird auch dein Herz sein.

- - - - -

[22] Die Leuchte des Leibes ist das Auge.
    Wenn nun dein Auge rein ist,   wird dein ganzer Leib licht sein;
[23] wenn aber dein Auge böse ist,   wird dein ganzer Leib finster sein.
Wenn nun das Licht in dir Finsternis ist, wie groß (ist) die Finsternis!

- - - - -

[24] Keiner kann im Dienst von   zwei Herren stehen;
    entweder wird er den einen hassen und   wird den anderen lieben,
    oder er wird an dem einen hängen und   wird den anderen verachten.
Ihr könnt nicht im Dienst von   Gott und dem Mammon stehen.

Sorgt euch nicht!
[25] Deswegen sage ich euch:
Sorgt euch nicht um euer Leben,   was ihr essen sollt,
    und (nicht) um euren Leib,   was ihr anziehen sollt!
    Ist nicht das Leben   mehr als Nahrung?
    Und der Leib   mehr als Kleidung?
[26] Seht die Vögel des Himmels,
    sie säen nicht, sie ernten nicht, sie sammeln nicht in Speichern,
        und euer himmlischer Vater ernährt sie.
Seid ihr nicht viel mehr wert als sie?
[27] Wer aber von euch kann durch seine Sorge
    zu seiner Lebenszeit eine einzige Elle hinzufügen?
[28] Und was sorgt ihr euch um Kleidung?
Lernt von den Ackerlilien,
    wie sie wachsen: sie mühen sich nicht, sie spinnen nicht.
[29] Ich sage euch aber: nicht einmal Salomon in seiner ganzen Pracht
        war bekleidet wie eine von ihnen!
[30] Wenn aber Gott das Gras des Ackers so (schön) kleidet,
das heute da steht und morgen ins Feuer geworfen wird,
um viel mehr (wird er) nicht euch (kleiden), ihr Kleingläubigen?

- - - - -

[31] Sorgt euch also nicht,   sagend: was sollen wir essen?
        oder: was sollen wir trinken?
        oder: was sollen wir anziehen?
[32]   Denn all das erstreben die Heiden.
Euer himmlischer Vater weiß schon, dass ihr all das braucht.
[33] Sucht aber zuerst   das Reich Gottes und seine [= Gottes!] Gerechtigkeit,
    und dies alles wird euch dazu gegeben werden.

- - - - -

³⁴ Sorgt euch also nicht um das Morgen,
    denn das Morgen wird seine eigenen Sorgen haben.
    Es genügt für jeden Tag dessen eigene Plage.

Das Maß der gegenseitigen Beziehungen
⁷,¹ Richtet nicht, damit ihr nicht gerichtet werdet!
²   Denn mit dem Richtspruch, mit dem ihr richtet,
      werdet ihr gerichtet werden,
    und mit dem Maß, mit dem ihr (zu)messt,
      wird euch (zu)gemessen werden.
³   Was aber siehst du auf den Splitter im Auge deines Bruders,
      aber den Balken in deinem Auge beachtest du nicht?
⁴   Oder wie kannst du deinem Bruder sagen:
    Lass, ich möchte den Splitter aus deinem Auge ziehen,
      und sieh! – der Balken (ist) in deinem Auge?
⁵   Du Scheinheiliger!   Zieh zuerst den Balken aus deinem Auge,
    und dann wirst du gut sehen, um den Splitter
          aus dem Auge deines Bruders zu ziehen.
      - - - - -
⁶ Gebt nicht das Heilige den Hunden
 und werft nicht eure Perlen vor die Schweine,
    damit sie sie nicht mit ihren Füßen zertreten
    und sich umdrehen, um euch zerreißen!
      - - - - -
⁷ Bittet und es wird euch gegeben werden,
 sucht und ihr werdet finden,
 klopft an und es wird euch geöffnet werden.
⁸   denn   jeder Bittende empfängt,
   und   der Suchende findet,
   und   dem Anklopfenden wird geöffnet werden.
⁹ Oder wer von euch ist ein Mensch, der,
  wenn sein Sohn ihn um Brot bittet, ihm etwa einen Stein geben wird?
¹⁰ Oder wenn er ihn um einen Fisch bittet, ihm etwa eine Schlange geben wird?
¹¹ Wenn nun schon ihr, die ihr böse seid,
     euren Kindern gute Gaben zu geben wisst,
 um wie viel mehr
 wird euer Vater im Himmel   denen gute Gaben geben, die ihn bitten!

Die „goldene Regel"
¹² Alles nun, was ihr wollt, das euch die Menschen tun, tut auch so ihr ihnen!
 Denn dies sind die Tora und die Propheten.

Die Gewebestruktur des Textes

Der dritte Block der Bergpredigt enthält eine Reihe von Anweisungen, die das Verhalten generell, aber besonders auch zum Nächsten betreffen. Das Basisthema ist immer noch das Reich Gottes und Gottes Gerechtigkeit (6,33), doch dieses Mal kommen die verschiedenen Belehrungen aus einer eher weisheitlichen Perspektive. Es lassen sich drei Gruppierungen von Weisheitssprüchen nach Stichworten geordnet unterscheiden. Der erste Abschnitt (6,19-24) besteht aus drei verschiedenen Sprüchen, die Matthäus zu

Die Bergpredigt

einer Reflexion über das Wesentliche zusammengestellt hat, das den Menschen in seinem Herzen und Denken bestimmt und in seinem Handeln leitet. Der zweite Abschnitt (6,25-34) enthält eine Reihe von Imperativen, unter denen das dreimalige *sorgt euch nicht* (6,25.31.34) besonders auffällt: die Sorge um materielle Güter wird entschieden abgelehnt. Der dritte Abschnitt (7,1-11) besteht wiederum aus drei verschiedenen Themen: nicht zu richten, das Heilige zu bewahren und mit der Hoffnung zu bitten, dass das Gebetene auch gegeben wird. Diese Anweisungen fasst Matthäus zu einer Richtschnur für das eigene Handeln zusammen (7,12), die auf die Erfüllung von Tora und Propheten zielt und damit den Hauptteil der Bergpredigt (5,18-7,11) abschließt.

Das semantische Geflecht des Textes

6,19-24 Gott oder das Geld
Die Gruppierung der ersten drei Sprüche thematisiert die nötige Klarheit der Intention, die das Handeln des Menschen bestimmt. Matthäus fragt deshalb mit dem Bild vom Schatz (6,19-21) zuerst nach den angestrebten Werten: sind es materielle oder immaterielle? Das nach antikem medizisch-physischen Verständnis formulierte Bild des Auges (6,22-23), das dem Körper Licht gibt und somit über „gut" und „böse" entscheidet, würden wir heute eher als Frage nach der Perspektive oder Weltanschauung formulieren: welche Intention bestimmt meine Handlungen? Das letzte Bild von den beiden Herren (6,24) drängt auf das Fällen einer definitiven Entscheidung: lebe ich für Gott oder für den Mammon?

6,19-21: In diesem Abschnitt geht es um das Schätze sammeln, also im übertragenen Sinne um das, was mir wertvoll und wichtig ist. Während Lukas (Lk 12,33-34) in einem ganz ähnlichen Wort das Schätze sammeln mit der Sorge für die Armen verbindet, stellt Matthäus dem irdischen Schatz den himmlischen Schatz gegenüber. Der irdische Schatz wird aber durch *Motte und Rost zerstört*, d.h. er ist vergänglich, weil Stoffe von Motten zerfressen und Metall durch Rost zersetzt wird. Dem himmlischen Schatz entspricht in der vorigen Einheit die persönliche Beziehung zu Gott dem Vater (6,1-18) und in dieser Einheit das Reich Gottes und Gottes Gerechtigkeit (6,33) – alles andere ist Zugabe. Der Weisheitsspruch über den Schatz und das Herz hält zwar allgemein fest: der Mensch investiert in das, was sein Herz für das eigene Leben als bedeutend einschätzt. Im Zusammenhang mit den beiden Imperativen *sammelt euch (nicht) Schätze...* mahnt er aber zur kritischen Prüfung dessen, was mir wirklich „am Herzen liegt".

6,22-23: Das Auge ist im Alten Orient das wichtigste Sinnesorgan des Menschen, denn es dient zur Wahrnehmung des Geschehens in der Welt. Die Augen vermitteln dem Menschen Kontakt mit seiner Umwelt. Entsprechend beeinflusst das, was die Augen sehen oder nicht sehen (wollen) das Handeln des Menschen. Der Zusammenhang von „(nicht) sehen und handeln" wird in einigen Weisungen der Tora besonders deutlich: *du sollst nicht zusehen, wie sich der Ochse deines Bruders oder sein Schaf verirrt, dich abwenden und so tun, als ginge es dich nichts an, sondern du sollst sie deinem Bruder zurückbringen. (...) so sollst du mit allem tun, was dein Bruder verloren hat und du findest, du darfst dich nicht abwenden und so tun, als ginge es dich nichts an. Du sollst nicht zusehen, wie der Esel deines Bruders oder sein Ochse am Weg zusammenbricht und so tun, als ginge es dich nichts an, sondern du sollst sie aufrichten* (Dtn 22,1-4). *Hüte dich, dass du nicht in niederträchtigem Herzen den Gedanken hegst: bald kommt das siebte Jahr, das Brachjahr!, und deinen armen Bruder böse ansiehst und ihm nichts gibst* (...) (Dtn 15,9).

Ein „reines" Auge, ein offener Blick für die Nöte und Sorgen der Mitmenschen führt zu einem Handeln entsprechend den Weisungen Gottes; ein „böses" Auge, das nur den eigenen Vorteil im Blick hat, übersieht die Mitmenschen und führt zu einem Handeln, das der Tora widerspricht. Wenn nun nach der geforderten überfließenden Gerechtigkeit (5,20) selbst das vermeintlich gute und der Tora entsprechende Handeln doch noch nicht ausreichend ist, wenn also *das Licht in dir eigentlich Finsternis ist* (6,23), müssen die Leser folgern, dass die Finsternis wahrhaftig groß ist und entsprechend ihr Handeln verändern!

6,24: Auch das Bild von den zwei Herren stellt wie die beiden vorigen zwei sich völlig widersprechende Alternativen zur Auswahl: himmlische oder irdische Schätze und Werte sammeln; sehen und gut handeln oder nicht sehen und böse handeln; Gott oder dem Mammon dienen? Die parallele Form der chiastischen Gegenüberstellung von *hassen oder lieben* und *anhängen oder verachten* hebt die Widersprüchlichkeit von *Gott oder Mammon* deutlich hervor. Dabei gehören *Schätze im Himmel, ein reines Auge und ein lichter Leib* und *Gott* zum selben Wortfeld; *Schätze auf der Erde, ein böses Auge und ein finsterer Leib* und *Mammon* bilden das entgegen gesetzte Wortfeld. Aufgrund dieser Wortfelder geht es nicht bloß um eine ethische Wahl oder um eine reine Glaubensangelegenheit, sondern um die grundsätzliche Ausrichtung des Lebens mit dem entsprechenden Handeln. Die Leser sind damit aufgefordert, ihr bisheriges Leben, ihr handlungsleitendes Interesse und ihr Lebensziel kritisch zu überprüfen, um zu entscheiden, welchem *Herrn* sie dienen möchten, um ihr Leben und Handeln auf dieses Ziel hin zu orientieren (vgl. 7,21).

6,25-34 Sorgt euch nicht

Dieser zweite Block ist über das *deswegen sage ich euch* (6,25) mit dem ersten verbunden und beschreibt nun das Leben näher, das sich nicht um den Mammon sorgt, sondern Gott dient und sich durch ein Handeln gemäß Gottes Weisungen Schätze im Himmel sammelt. Innerhalb dieses Abschnitts fällt besonders das wiederholte *sorgt euch nicht* auf, das jeweils mit einer oder zwei rhetorischen Fragen verbunden ist, die die Argumentation verstärken und so die Leser zum Ziel des gewünschten Verhaltens führen. So lassen sich auch hier drei Einheiten erkennen: die erste, ausgedehnte (6,25-30) bereitet mit Fragen und Beispielen das angemessene Verhalten vor; die zweite (6,31-33) nennt das Ziel – das Reich Gottes und Gottes Gerechtigkeit –, auf das sich das Handeln hin ausrichten soll; die dritte (6,34) fügt schließlich noch eine endgültige Begründung hinzu.

6,25-30: Die erste Einheit thematisiert mit den Beispielen der Nahrung und der Kleidung die ständige Sorge um Alltäglichkeiten. Es geht nicht darum, die Hände in den Schoß zu legen und gar nicht mehr zu arbeiten; auch nicht um ein „gedankenloses Leben in den Tag hinein". Matthäus meint hier das übertriebene, rastlose Sorgen, das nicht zur Ruhe kommt, deshalb nennt er ausdrücklich die Sorge um notwendige Güter und nicht um Überflüssiges. Auch die Bilder der Vögel und der Ackerlilien beziehen sich auf die alltägliche Arbeit (säen, ernten, spinnen) und beschreiben eindrucksvoll die Fürsorge Gottes für all seine Geschöpfe: weil Gott für sie sorgt, müssen sie sich nicht selbst sorgen, sondern können ganz aus dem Vertrauen auf Gott leben. Ein ähnlicher Gedanke findet sich im Buch der Weisheit: *du liebst alles, was ist, und verabscheust nichts von allem, was du gemacht hast; denn hättest du etwas gehasst, so hättest du es nicht geschaffen. Wie könnte etwas ohne deinen Willen Bestand haben, oder wie könnte etwas erhalten bleiben, das nicht von dir ins Dasein gerufen wäre? Du schonst alles, weil es dein Eigentum ist, Herr, du Freund des Lebens* (Weish 11,24-26).

Sogar um die schnell vergänglichen Dinge wie das Gras kümmert sich Gott, so dass selbst der sprichwörtliche Reichtum Salomos nichts gegen eine Feldblume ist: bei Gott wird nichts vernachlässigt. Um wie viel mehr sorgt er sich dann erst um den Menschen, um Mann und Frau, die er nach seinem Ebenbild geschaffen hat! Die Sorge um Vergängliches kennzeichnet den schwachen Glauben. Jesus hat gerade zuvor die Gläubigen gelehrt, dass Gott als Vater schon immer unsere Bedürfnisse kennt: wir können uns an den Vater wenden und ihn um unser tägliches Brot bitten (6,11), so dass wir ganz im Vertrauen auf Gott leben können, der sich um uns kümmert.

6,31-33: Die zweite Einheit greift die Sorge um Alltägliches (Nahrung und Kleidung) wieder auf, schreibt sie aber dieses Mal den Heiden zu (6,32). Die Heiden werden wie schon zuvor in der Bergpredigt durch ein typisch „weltliches" Verhalten charakterisiert: sie grüßen nur die, von denen sie selbst gegrüßt werden (5,47) und sie beten mit vielen Worten (6,7-8). Die Gläubigen sollen aber nicht in diesem Sorgen um Weltliches aufgehen, weil es einen Mangel an Glauben zeigt. Sie sollen sich zuerst um das Reich Gottes und Gottes Gerechtigkeit kümmern, dann wird ihnen auch alles andere dazugegeben werden (6,33). Matthäus baut die Bergpredigt damit auf dem Vorrang des Reiches Gottes auf. Die Sorge um die Güter dieser Welt wird dadurch zu einem Glaubensproblem und kennzeichnet den *Kleinglauben* (6,30), der Gott und das Reich Gottes zweitrangig werden lässt.

6,34: In dieser letzten kurzen Einheit wird das Sorgen mit der Sorge um *das Morgen* verbunden. Damit spricht Matthäus die Grundsorge des Menschen um seine Zukunft an. Oft hat das Sorgen um die weltlichen Güter gerade seinen Ursprung in der Ungewissheit der Zukunft. Dennoch findet sich in der Bibel und auch in der rabbinischen Literatur immer wieder die Warnung, sich übermäßig vor der Zukunft zu sorgen und sich „absichern" zu wollen. Das Volk Israel in der Wüste soll jeweils nur für den aktuellen Tag das Manna sammeln und sich nicht bevorraten; alles, was es darüber hinaus sammelt, verdirbt (Ex 16,4.16-21). Rabbi Eleazar lehrte dazu: „Wer Nahrung hat für heute und sich fragt, was er morgen essen wird, ist ein Mensch ohne Glauben" (Mekhilta zu Ex 16,4). Ein weisheitliches Sprichwort sagt: *rühme dich nicht des morgigen Tages, denn du weißt nicht, was der Tag gebiert* (Spr 27,1). Die Mahnung, sich heute nicht schon Sorgen für das Morgen zu machen, ist also vor dem Hintergrund zu verstehen, dass jeder Tag schon genügend Erfahrungen mit sich bringt, an denen wir unseren Glauben bewähren können. Deshalb können wir unsere Zukunft beruhigt in Gottes Hände legen.

7,1-11 Das Maß der gegenseitigen Beziehungen
Der dritte Block von wiederum drei Sprüchen beginnt abrupt, ohne Anknüpfung zum Vorhergehenden. Der andere Wortschatz weist auf einen neuen Abschnitt hin, auch wenn die Serie der Imperative fortgesetzt wird. Inhaltlich geht es um die Beziehung zum Nächsten und zu Gott: die erste Einheit (7,1-5) handelt vom Urteilen über den Nächsten; die zweite (7,6) bezieht sich auf den Umgang mit den Heiden; die dritte (7,7-11.12) thematisiert die vertrauensvolle Beziehung zu Gott. Der Vers 7,12 fasst die Sprüche dieses Blocks zusammen und bildet zugleich als Pendant zu 5,17 den Abschluss des gesamten Abschnitts der Bergpredigt über die Tora und die Propheten (5,18-7,11).

7,1-5: Die erste Einheit beginnt mit einem deutlichen Imperativ mit angeschlossener Begründung. *Richten* meint hier nicht in Rechtsangelegenheiten Urteile zu fällen oder Kritik zu üben, sondern eine lieblose oder kleinliche Beurteilung des Anderen. Zuvor hatte Matthäus als Maß die Barmherzigkeit Gottes (5,45.48) genannt. Deshalb warnt er hier nun eindringlich vor hartherzigen, übertriebenen Urteilen. Das Urteil fällt auf einen selbst zurück, denn was ich über einen anderen sage, sagt gleichzeitig auch etwas über mich selbst aus. Daher gilt dann auch dasselbe Maß für mich vor Gott. Die Tora und die rabbinische Literatur lehren ebenfalls: *du sollst in deinem Herzen keinen Hass gegen deinen Bruder tragen. Weise deinen Stammesgenossen zurecht, so wirst du seinetwegen keine Schuld auf dich laden* (Lev 19,17); „urteile nicht über deinen Nächsten, bevor du dich nicht in seiner Situation findest" (Abot 2,4); „mit dem Maß, mit dem ein Mensch misst, wird er (von Gott) gemessen werden" (Sota I,7).

Matthäus spricht hier nicht von der nötigen Zurechtweisung des Anderen, denn die ist ihm grundsätzlich sehr wichtig (vgl. 18,15-17): der *Splitter* im Auge des Nächsten ist wirklich (nur) ein Splitter. Der Evangelist wendet sich gegen ein unbarmherziges Aburteilen des Anderen, ohne die eigenen Fehler und Schwächen, nämlich den *Balken im eigenen Auge* zu berücksichtigen. Mit einem Balken im Auge ist das Sehen gänzlich unmöglich (7,5). Im Vergleich mit Gott sind wir alle schlecht (7,11): wir können uns also gar kein Urteil über den Anderen erlauben! Maß der nötigen Kritik und Zurechtweisung soll daher die größere Gerechtigkeit und die Barmherzigkeit

Die Bergpredigt

Gottes (5,20.45.48) sowie die grundsätzliche Vergebungsbereitschaft sein, wie wir auch im Vaterunser beten (6,12).

7,6: Die sprichwortähnliche Redewendung scheint nicht recht in den bisherigen Kontext zu passen, aber Matthäus wird sie nicht grundlos an dieser Stelle eingefügt haben. Im Zusammenhang mit der Beziehung zum Nächsten (7,1-5) und der Beziehung zu Gott (7,7-11) kann es hier durchaus um die Beziehung zu den Heiden gehen, die durch das Bild der unreinen Tiere dargestellt werden, so dass Matthäus davor warnen würde, das Evangelium durch die Mission an uninteressierte Heiden zu „verschwenden". Im engeren Kontext der Bergpredigt lässt sich außerdem eine Verbindung zum salzlosen Salz sehen, das von den Menschen *zertreten* wird (5,13): die Gläubigen sollen den ihnen anvertrauten Heilswillen Gottes bewahren und entsprechend leben, anstatt ihn durch gegenteiliges Verhalten (Mammonsdienst, übertriebene Sorge, Verurteilen des Anderen,...) in den Schmutz zu treten. Das Sprichwort wendet sich dann an die Gläubigen, die durch ihr Glaubensleben gemäß der Weisungen Gottes dafür Sorge zu tragen haben, dass der Heilswille Gottes von den Heiden nicht missverstanden wird.

7,7-11: Diese letzte Einheit ist sehr übersichtlich strukturiert: auf drei Imperative (7,7) folgen die entsprechenden Erklärungen (7,8), an die sich zwei kurze Gleichnisse mit rhetorischem Charakter anschließen (7,9-10), die mit einer zusammenfassenden Begründung (7,11) abgeschlossen werden. Inhaltlich geht es um die Beziehung der Gläubigen zu Gott: sie können in vollem Vertrauen auf Gott leben, der ihnen das, worum sie bitten, auch geben wird. Das Passiv (7,8) verweist auf Gott als den Handelnden, der die Bitten erfüllt, das Gesuchte gibt und dem Anklopfenden öffnet. Die Gläubigen werden aber auch die gegenteilige Erfahrung kennen, dass wer sucht, eben nicht findet, dass dem Bittenden nicht gegeben und dem Anklopfenden nicht geöffnet wird. Deshalb ergänzen die anschließenden Gleichnisse ausgehend von der Situation unter Menschen (jeder Vater gibt seinem Kind, um was es gebeten hat), dass Gott, unser Vater uns noch viel mehr Gutes geben wird. Wir können Gott als unserem fürsorglichen Vater vertrauen. Die Vaterschaft Gottes ist schon im Ersten Testament ein wichtiges Thema: die Gläubigen können aufgrund der bisherigen Heilsgeschichte darauf vertrauen, dass Gott seine Kinder nicht vergisst (Jes 49,15).

Die Schlussfolgerung (7,11) geht von der Voraussetzung aus, dass alle Menschen im Vergleich mit Gott schlecht sind und trotzdem ihren Kindern gute Dinge geben, denn als Eltern wissen sie, was für ihre Kinder gut ist. Gott hingegen (im Vergleich mit den Menschen) ist ganz und gar gut und wird umso mehr denen Gutes geben, die ihn bitten. Dieses Gute ist im Horizont der Bergpredigt und besonders des Vaterunsers nicht nur all das, was wir Menschen brauchen, denn das weiß Gott ohnehin und gibt es uns (6,8.32). Wir dürfen Gott auch um die Weisheit seiner Weisungen bitten (Jak 1,5), um gemäß seines Heilswillens zu leben, denn darin bestehen die Tora und die Propheten (7,12).

7,12 Die „Goldene Regel"

Die so genannte „Goldene Regel", die den zentralen Teil der Bergpredigt (5,17-7,12) abschließt, gehört zur religiösen Tradition der Menschheit. Sie repräsentiert das Ideal des gegenseitigen Respekts im gesellschaftlichen Zusammenleben und ist im Judentum, in der griechisch-römischen Welt, im Buddhismus und im Konfuzianismus bekannt. Diese Regel steht nicht etwa im Widerspruch zur größeren Gerechtigkeit (5,20), zur Feindesliebe (5,44) und zur asymmetrischen göttlichen Liebe (5,45), denn wie im Denken der Heiden (5,46-47) geht sie vom symmetrischen Verhalten aus, das auf Gegenseitigkeit und der Aufrechnung von Gleichem beruht.

Diese Regel fordert dazu auf, das Prinzip des eigenen Handelns zu überdenken und das gleiche Maß am Anderen anzulegen, mit dem man selbst gemessen werden möchte (7,2). Das Maß, das ich mir für mich selbst wünsche, ist sicherlich nicht hartherzig und kleinlich, sondern im Gegenteil: das Maß der barmherzigen Liebe Gottes (5,45-48)! Grundlage und Maß unseres Verhaltens dem Anderen gegenüber soll deshalb wieder die größere, *überfließende Gerechtigkeit* (5,20) und die barmherzige Liebe Gottes sein. Ein solches barmherziges Handeln entspricht dem Willen Gottes, es erfüllt Tora und Propheten. Damit bringt die „Goldene Regel" am Ende des zentralen Teils der Bergpredigt die Kernaussagen der Tora-Interpretation Jesu zusammenfassend auf den Punkt.

Pragmatische Knotenpunkte des Textes

Dieser dritte Block der Bergpredigt thematisiert die weisheitliche Lehre zur gelungenen Lebensführung entsprechend der Tora. Er enthält viele pragmatische Impulse, die sich stets am Prinzip *zuerst das Reich Gottes und Gottes Gerechtigkeit* (6,33) ausrichten. Eine solche konsequente Entscheidung für das Reich Gottes und Gottes Gerechtigkeit zieht natürlich wichtige Folgen nach sich, die sich dann z.B. im Umgang mit Besitz zeigen. Reichtum gilt bei Matthäus und auch im Judentum – anders als z.B. der philosophischen Richtung der Stoa – nicht grundsätzlich als schlecht, denn er kann ja auch im Dienst an den Mitmenschen eingesetzt werden (so besonders im lukanischen Doppelwerk). Dennoch birgt Reichtum immer auch die Gefahr, den Menschen in unnütze Sorgen zu stürzen und ihm das einzig wichtige Ziel des Reiches Gottes zu verdunkeln. Dabei geht es Matthäus nicht um das Abwenden von dieser Welt, sondern vielmehr um ein Leben angesichts des Reiches Gottes, das in Jesus schon gegenwärtig ist. Vor diesem Horizont müssen die Ermahnungen und Aufforderungen (*sammelt euch keine Schätze, sorgt euch nicht, richtet nicht,...*) verstanden werden. Die alleinige „Sorge" der Gläubigen soll das Reich Gottes sein, denn dann können sie ohne Angst vor der Zukunft ganz aus dem Vertrauen auf Gott leben, der als Vater schon weiß, was seine Kinder brauchen und der ihnen all das Gute gibt, um das sie ihn bitten (6,32; 7,11).

Als Sprach-Handlungen (Sprechakte) stellen die Imperative und die gegensätzlichen Bilder die Leser vor fundamentale Lebensentscheidungen: sie

Die Bergpredigt

müssen wählen zwischen irdischen oder himmlischen Schätzen, zwischen Gott oder dem Mammon, zwischen der Sorge um das Leben oder dem Vertrauen in Gott. Diese Entscheidungen thematisieren grundlegende Hoffnungen, Ängste und Sehnsüchte und betreffen den direkten Umgang mit den Mitmenschen. Sie sind deshalb so bedeutend, weil sie das alltägliche Leben anbelangen: die Alternative zwischen Lebenssorge oder Vertrauen in Gott zielt auf die leitende Grundhaltung meines Denkens und Handelns. Die Frage nach dem wahren Schatz sucht nach den eigentlichen Werten, für die ich mich einsetze. Die Wahl zwischen den beiden Herren (Gott oder Mammon) fragt sowohl nach der Absicherung des eigenen Lebens, als auch mit dem das Stichwort *dienen* nach dem Sinn und Ziel meines Handelns.

Als richtungweisendes Kriterium für diese wichtigen Lebensentscheidungen kann den Gläubigen das Prinzip vom Vorrang des Reiches Gottes und Gottes Gerechtigkeit (6,33) dienen. Wie passt aber das völlige Vertrauen auf Gott, der seinen Kindern gibt, um was sie bitten, mit dem tatkräftigen Einsatz für das Reich Gottes zusammen? Das Vertrauen in Gott meint sicher nicht, abwartend die Hände in den Schoß zu legen und alles einfach von Gott zu erwarten, denn Gottes väterliche Fürsorge ist keinesfalls entmündigend. Hier ist vielmehr die Grundhaltung des Vertrauens in Gott gemeint, die uns die Sorge und Angst um uns selbst nimmt: ganz gleich, was Schlechtes uns auch geschehen mag, wir werden niemals tiefer fallen als in Gottes Hände. Befreit von dieser Sorge um mich selbst, um mein Leben und meine Zukunft, muss ich deshalb mein Leben nicht noch zusätzlich absichern: weder durch „finanzielle Polster", noch durch ein alleiniges Vertrauen auf meine eigenen Kräfte, sondern ich kann mich völlig unbesorgt für das Reich Gottes einsetzen und versuchen, Gottes Gerechtigkeit zu leben. Allerdings soll ich dabei mein Handeln auch nicht überschätzen (darauf gehen die folgenden drei Ermahnungen ein). Niemand soll das Reich Gottes allein aufbauen, aber Gott wird es auch nicht ohne uns tun. Das Vertrauen in Gott den Vater bewirkt eine „engagierte Gelassenheit": es befreit zu einem mutigen Handeln für das Reich Gottes und Gottes Gerechtigkeit – und es befreit gleichzeitig davon, zu meinen, alles selbst tun zu müssen.

Drei Ermahnungen: 7,13-23

¹³ Geht durch das enge Tor hinein!
    Denn breit ist das Tor   und weit der Weg,   der ins Verderben führt,
                              und viele sind es,   die durch es hindurch gehen;
¹⁴   Wie eng ist das Tor   und schmal der Weg,   der ins Leben führt,
                              und wenige sind es,   die es finden.
    - - - - -
¹⁵ Hütet euch vor den falschen Propheten,
    die zu euch in Schafspelzen kommen, innen aber wilde Wölfe sind!
¹⁶   An ihren Früchten werdet ihr sie erkennen.
    Sammelt man denn Weintrauben von Dornenpflanzen oder Feigen von Disteln?

17	So bringt jeder	gute Baum	edle Früchte,	
	aber der	schlechte Baum	üble Früchte.	
18	Weder kann ein	guter Baum	üble Früchte	hervorbringen,
	noch kann ein	schlechter Baum	edle Früchte	hervorbringen.
19	Jeder Baum,	der keine	edle Frucht bringt,	
	wird abgeschlagen und		ins Feuer geworfen.	
20	An ihren Früchten also werdet ihr sie erkennen.			

- - - - -

21 Nicht jeder, der zu mir sagt: „Herr!, Herr!", wird ins Himmelreich hineingehen,
sondern der, der den Willen meines Vaters im Himmel tut.
22 Viele werden an jenem Tag zu mir sagen:
„Herr, Herr, prophezeiten wir nicht in deinem Namen?
Und warfen wir nicht in deinem Namen Dämonen hinaus?
Und taten wir nicht in deinem Namen viele Wunder?
23 Und dann werde ich ihnen erklären:
„Niemals habe ich euch gekannt!
Geht weg von mir, die ihr gegen die Tora handelt!"

Die Gewebestruktur des Textes

Nach der Zäsur der „Goldenen Regel" (7,12), die den Abschnitt über *die Tora und die Propheten* abgeschlossen hat, folgen unmittelbar drei weitere Belehrungen mit deutlich eschatologischer Prägung. Wortfelder wie *Verderben – Leben* (7,13-14), die eindringliche Mahnung zur Achtsamkeit (7,15), das Fruchtbringen (7,16-20) und das Hineingehen in das Himmelreich (7,21-23) spielen auf die eschatologische Endzeit und das Jüngste Gericht an. Auch dieser Abschnitt besteht wieder aus drei kleineren Einheiten: die erste (7,13-14) handelt vom Weg zum Leben; die zweite (7,15-20) vom Fruchtbringen; die dritte (7,21-23) thematisiert das Handeln, das dem Willen Jesu, der Erfüllung der Tora, entspricht und hält damit die Kontinuität zu den vorigen Teilen aufrecht.

Das semantische Geflecht des Textes

7,13-14 Die zwei Wege
Die erste Einheit beginnt unvermittelt mit einer isolierten Ermahnung, der dann eine doppelte Erklärung folgt. Die Metaphern *Tor* und *Weg* beziehen sich weniger auf den Moment des Eintretens, sondern betonen vielmehr die Dauer, das Wandeln auf dem Weg des Verderbens bzw. auf dem Weg des Lebens. Das Bild des Weges als Motiv für die verschiedenen Wahlmöglichkeiten des Menschen, die ihn entweder zum Leben oder in den Ruin führen, ist sowohl im Judentum (Jer 21,8; Weish 5,6-7) als auch in der hellenistischen Welt verbreitet. Die Schüler Jesu und die Leser sind damit vor die Entscheidung gestellt. Das enge Tor und der schmale Weg sind keine Metaphern für eine asketische Lebensweise, sondern sie verdeutlichen die Ernsthaftigkeit der Entscheidung, dem von Jesus in der Bergpredigt vorgezeichneten Weg zu folgen. Auch die Ziele der zu wählenden Wege und der Hinweis, dass nur *wenige* den Weg zum Leben finden, benennen mit den escha-

Die Bergpredigt

tologischen Konsequenzen die Bedeutsamkeit dieser definitiven Entscheidung: das Verderben oder das Leben.

7,15-20 Das Frucht-Bringen

Die zweite Einheit wird durch eine Ermahnung eingeleitet, der eine Begründung folgt, die später noch einmal wiederholt wird (7,16.20): Matthäus konstruiert mit dem Motiv der Früchte eine Warnung zur Achtsamkeit, indem er mit der verdoppelten Begründung darauf hinweist, dass allein die *Früchte* es ermöglichen, zwischen wahren und falschen Propheten zu unterscheiden. An die Propheten erinnert auch 7,22; offensichtlich handelt es sich um eine Personengruppe, die die ursprünglichen Leser gut kannten (vgl. 10,41), möglicherweise auch um eine Gruppe innerhalb der matthäischen Gemeinde (vgl. 23,34). Auch die Gemeinde in Korinth kannte die prophetische Gabe, der sie eine große Bedeutung zumaß (1 Kor 12-14). Es ist gut vorstellbar, dass einige Gemeindeglieder die Gabe der prophetischen Rede für sich beanspruchten, aber von anderen nicht als Propheten akzeptiert wurden. Die Unterscheidung zwischen wahren und falschen Propheten ist immer ein Problem gewesen.

Matthäus steht mit dem Verweis auf die *Früchte* als Kennzeichen der wahren oder falschen Propheten in der Linie des klassischen Prophetentums, das die Handlungsweise der Propheten ebenfalls als Unterscheidungsmerkmal ansah (Jer 23,14-16). Die *Früchte* sind auch im Ersten Testament eine bekannte Metapher, die die Verhaltensweise und Lebensführung des Menschen bezeichnet; auch für die Predigt Johannes des Täufers gebraucht Matthäus dieses Bild (3,10). Die Wortwahl *abgeschlagen* und *ins Feuer geworfen* (7,19) lässt den eschatologischen Tenor bestehen, doch hier überwiegt die Ermahnung zur Achtsamkeit: das zeigt die ausführliche Belehrung über die Früchte, die durch die Verdoppelung (7,17-18) besonders auf Einprägung zielt. Matthäus insistiert auf dem Handeln gemäß der Tora als dem grundsätzlichen Unterscheidungskriterium; das wiederholt er auch im folgenden Abschnitt.

7,21-23 Den Willen Gottes tun

Auch die dritte Einheit beginnt mit einer Feststellung, die durch die zwei folgenden Verse näher erklärt und bestätigt wird. Dieser Abschnitt knüpft an die Argumentation des vorigen an, entwickelt aber stärker die eschatologische Dimension, was auch der Sprachgebrauch unterstreicht (*ins Himmelreich hineingehen, an jenem Tag*). Generell drückt die Anrede *Herr* den Respekt gegenüber dem Meister aus. Im Matthäusevangelium wenden sich die Schüler mit *Herr* immer an Jesus. Hier handelt es sich jedoch um ein Glaubensbekenntnis, denn der unmittelbare Kontext reflektiert eine Situation der Gemeinde, die an Jesus, den Herrn glaubt. Prophezeiungen, Exorzismen und Wunder galten denen, die sie ausführten, als Garant des Heils und der Rettung angesichts der Endzeit. Matthäus korrigiert diese Perspektive sehr deutlich, indem er präzisiert, dass nicht das Ausüben von Charismen im Endgericht entscheidend ist, sondern allein das Erfüllen der Tora.

Mt 7,13-23

Pragmatische Knotenpunkte des Textes

Auf der strukturellen Ebene bilden diese drei Schlussmahnungen das Pendant zu den Seligpreisungen (5,3-12). So wie dort die Armen, Trauernden, Barmherzigen, die, die sich nach Gerechtigkeit sehnen, die Sanftmütigen, Friedensstifter, Verfolgten... trotz ihrer widrigen Lebenssituation glückselig gepriesen werden, fordert Jesus hier dazu auf, das enge Tor und den schmalen, unbequemen Weg zu wählen. Beides widerspricht der menschlichen Logik, der bevorzugten Bequemlichkeit und dem Hang, Probleme zu übersehen. Die Lehre Jesu, die Tora zu erfüllen, erhellt diese scheinbar paradoxen Aufforderungen, denn überfließende Gerechtigkeit und grenzenlose Barmherzigkeit zu leben, lässt sich weder mit unserem Egoismus noch mit unserer Bequemlichkeit vereinbaren – aber nur so ist das Leben, das Gottes Heilswillen entspricht, möglich.

Nicht große Worte oder Pläne, sondern die *Früchte* dienen deshalb als deutliches Erkennungszeichen dafür, was dem Willen Gottes entspricht oder widerspricht. Die Früchte verweisen auf das Tun der Tora: weder ein bloß scheinheiliges Lippenbekenntnis noch ein frömmelndes Anrufen des *Herrn* garantieren die Teilhabe am Reich Gottes. Auch großartige Wunder, Exorzismen und Prophezeiungen *im Namen Jesu*, mögen sie auch mit guter Absicht gewirkt worden sein, sind nicht die Erfüllung der Tora. In den Seligpreisungen wurden die verfolgten, geschmähten und verachteten *Propheten* glückselig gepriesen (5,11-12), denn nicht das erworbene Ansehen, die Achtung der Leute oder ihr Staunen kennzeichnen den verwirklichten Heilswillen Gottes, sondern die Reaktion der Armen und Trauernden, derer, die sich nach Gerechtigkeit sehen und Frieden stiften, derer, die Sanftmütigkeit und Barmherzigkeit leben... Die Leser verstehen, dass der Heilswille Gottes nicht auf einmalige Taten zielt, sondern grundsätzlich Wirklichkeit werden will: im Alltag! Jeden Tag sollen wir Gottes Gerechtigkeit und Barmherzigkeit in überfließendem Maß leben – nicht bloß in einmaligen, Aufsehen erregenden Aktionen.

Während der vorige Abschnitt (6,19-7,12) den Lesern die Wahlmöglichkeiten der grundsätzlichen Entscheidungen vorstellte, geht es nun darum, diese Entscheidung auch definitiv zu treffen. Als Sprach-Handlungen (Sprechakte) laden die mit den kontrastierenden Bildern (*eng – breit, Leben – Verderben, gut – böse*) verbundenen Imperative dazu ein, sich jetzt für das Himmelreich zu entscheiden. Diese Entscheidung ist nicht bloß ein intellektuelles Votum, sondern verlangt entsprechendes Handeln: das Tun des Willens Gottes – der Tora. Dass ein solches Handeln nicht immer einfach ist, signalisieren die Bilder vom *engen Tor* und *schmalen Weg* und der Hinweis auf die *Wenigen*, die diesen Weg finden.

Der direkte Imperativ *geht durch das enge Tor hinein!* signalisiert aber den Gläubigen, dass sie zu diesen Wenigen gehören, die den Weg bereits gefunden haben. Dadurch werden sie umso stärker motiviert, diesem Weg zu folgen. Das abschließende harte Urteil Jesu *geht weg von mir, die ihr gegen die Tora handelt!* gilt denjenigen, die sich für das Tun des Willens

Die Bergpredigt

Gottes entschieden haben und nun meinen, ganz sicher auf der richtigen Seite zu stehen. Aber die Entscheidung garantiert nicht schon das entsprechende Handeln. Deshalb müssen auch die Christusgläubigen ihr Handeln immer wieder kritisch in den Blick nehmen, um zu überprüfen, ob das, was sie tun, nicht trotz guten Willens und echten Bemühens *gegen die Tora* ist.

Vom Hören und Tun: 7,24-27

> 24 Jeder nun, der diese meine Worte hört und sie tut,
> wird einem verständigen Mann gleichen, der sein Haus auf Felsen baute.
> 25 Und es strömte der Regen, und es stiegen die Flüsse und es stürmten die Stürme,
> und sie schlugen auf jenes Haus,
> und es stürzte dennoch nicht ein, denn es war auf Felsen gegründet.
> 26 Und jeder nun, der diese meine Worte hört und nicht tut,
> wird einem unverständigen Mann gleichen, der sein Haus auf Sand baute.
> 27 Und es strömte der Regen, und es stiegen die Flüsse und es stürmten die Stürme,
> und sie stießen an jenes Haus,
> und es fiel zusammen
> und es war völlig ruiniert.

Die Gewebestruktur des Textes

Diese Verse bilden eine Erweiterung zu den drei vorigen Schlussmahnungen und schließen gleichzeitig die gesamte Rede ab. Diese Erweiterung über das *Hören* und *Tun* entspricht auf der strukturellen Ebene der Erweiterung am Anfang über das Salz und das Licht (5,13-16). Auch inhaltlich können diese Verse als Präzisierung dessen verstanden werden, was *Salz und Licht für die Welt sein* für das eigene Handeln bedeutet. Hier wird in der Form eines Parallelismus der Gläubige, der hört und tut, demjenigen gegenübergestellt, der hört, aber nicht tut. Die beiden Glieder des Parallelismus entsprechen sich größtenteils wörtlich, nur am Ende des zweiten Teils (7,27d) lässt Matthäus die Begründung weg und verstärkt durch eine inhaltliche Verdoppelung die harte Konsequenz; die Leser erkennen dadurch die besondere Bedeutung der Aussage.

DAS SEMANTISCHE GEFLECHT DES TEXTES

7,24-27 Hören und Tun
In der orientalischen Weisheitslehre sind Vergleiche in dieser Art bekannt und verbreitet; stilistisch und inhaltlich ähneln diese Schlussermahnungen den rabbinischen Belehrungen über das Befolgen (bzw. nicht Befolgen) der Tora, die ebenfalls dem weisen, verständigen Mann einen dummen, unverständigen Mann gegenüberstellen. Diese Form der lehrhaften Beispiele hat ihre Wurzeln in den Ermahnungen der deuteronomistischen Tradition, auf die Weisungen Gottes zu achten (Dtn 11,1; 12,1; 31,12), bei den Propheten (Jer 5,21) und in der Weisheitsliteratur (Spr 12,7; 14,11).

Mt 7,24-27

Hören und tun gehören bei Matthäus untrennbar zusammen: man kann nicht Jesus als Messias bekennen, ohne dass dieses Bekenntnis Auswirkungen auf das Leben hätte. Die gegensätzlichen Folgen vom Hören und Tun bzw. Hören und Nicht-Tun werden durch das Bild des Hauses auf dem Felsen bzw. auf dem Sand verdeutlicht. Der entscheidende Unterschied liegt dabei zwischen dem Tun und Nicht-Tun der Lehre Jesu, also dem Erfüllen des Heilswillens Gottes – der Tora: deren Basis ist das volle Vertrauen in Gott, das sich dann in überfließender Gerechtigkeit und Barmherzigkeit gegenüber den Mitmenschen zeigt (wie es die vorigen drei Ermahnungen in 7,13-23 erläuterten). Das Haus symbolisiert den Menschen. Der Felsen steht für Solidität, Beständigkeit und Sicherheit eines Glaubenslebens, das auf dem Hören und dem Tun der Lehre Jesu – also der Erfüllung der Tora – gegründet ist: ein solches Leben gibt dem Menschen Festigkeit und Halt. Der Sand umschreibt die Unsicherheit und Unbeständigkeit eines Glaubenslebens, dem die praktische Umsetzung der Lehre Jesu fehlt, weil es nur auf dem Hören gegründet ist. Regen, Wassermassen und Sturm symbolisieren die Krisen des Lebens und stehen auch für das Jüngste Gericht.

Nur wer die Lehre Jesu in die Tat umgesetzt hat, wer auf Gott vertrauend gelebt und gehandelt hat, wird die Krisen des Lebens durchstehen und kann aufgrund seines gerechten und barmherzigen Handelns auch im Jüngsten Gericht bestehen. Wer die Lehre Jesu aber nur als „erbauliche, nette Worte" hört, ohne sie in seinem Leben umzusetzen, findet in Krisensituationen keinen Halt. Das völlig ruinierte Haus verdeutlicht das Scheitern im Endgericht, weil ein solcher Mensch weder Gerechtigkeit noch Barmherzigkeit gelebt hat.

Pragmatische Knotenpunkte des Textes

Die erste große Rede Jesu endet – wie später auch die anderen vier – mit dem Thema des Endgerichts: die Leser erkennen die Ernsthaftigkeit der Lehre Jesu und ihre Bedeutung für den Heilsplan Gottes. Gerade deshalb betonen diese Schlussermahnungen besonders nachdrücklich, dass es nicht nur um das Hören der Lehre geht, sondern um das Tun, um das Verwirklichen dessen, was Jesus lehrte: die Erfüllung der Tora, des Heilswillens Gottes in überfließender Gerechtigkeit und vollkommener Barmherzigkeit. Weder scheinheilige Frömmigkeit (6,1-18) noch spektakuläre Taten wie Prophezeiungen, Exorzismen oder Wunder (7,21-23) erfüllen die Tora, denn Gottes Heilswillen will permanent im Alltag Wirklichkeit werden.

Das Ziel des Handelns soll deshalb nicht das eigene Bestehen im Endgericht sein, sondern die Verwirklichung des Willens Gottes im eigenen Leben: das Hören und Tun der Lehre Jesu. Als Sprach-Handlung (Sprechakt) enthält dieser Abschluss eine ernste Ermahnung an die Gläubigen, ihr tatsächliches Tun kritisch in den Blick zu nehmen und an der größeren Gerechtigkeit sowie an der Barmherzigkeit Gottes zu allen Menschen zu orientieren. Diejenigen, die sich in ihrem Alltag an der Lehre Jesu orientieren und sie bereits verwirklichen, werden in ihrem Handeln bestärkt, denn sie

Die Bergpredigt

haben auf solides Fundament gebaut. Sie können darauf vertrauen, dass Gott sich wie ein Vater um sie kümmert und sie auch in Krisen nicht fallen lässt.

Narrativer Schluss: 7,28-8,1

> ²⁸ Und es geschah, als Jesus diese Worte beendet hatte,
> waren die Volksmengen außer sich über seine Lehre,
> ²⁹ denn er lehrte sie wie einer der Vollmacht hat
> und nicht wie ihre Schriftkundigen.
> ⁸,¹ Als er aber vom Berg herab gestiegen war,
> folgten ihm viele Volksscharen.

Matthäus beendet die Bergpredigt, indem er durch Wiederholen einiger markanter Worte, die er schon in der Einleitung nannte – *Berg, Menschenmenge* und *Lehre Jesu / lehren* – einen Rahmen um die Rede konstruiert. Die Formulierung *und es geschah, als Jesus diese Worte beendet hatte*, ist eine für Matthäus charakteristische Wendung, mit der er alle großen Reden Jesu abschließt (so auch in 11,1; 13,53; 19,1; 26,1). Im Anschluss daran rückt er das Lehren Jesu mit besonderer Vollmacht in den Mittelpunkt. Das Staunen der Volksmengen ist darin begründet, dass sie die Belehrungen Jesu von denen der Schriftkundigen unterscheiden: Jesus lehrt mit Vollmacht. Um was für eine Vollmacht es sich handelt oder woher sie kommt, erklärt Matthäus jetzt noch nicht; erst später fragen die Hohenpriester und Ältesten genau nach (21,23). Hier ist für Matthäus einzig entscheidend, dass Jesus sich durch sein Lehren mit Vollmacht von den anderen Schriftkundigen unterscheidet. Für die Leser steckt in dem Hinweis auf die Vollmacht nicht nur eine Aussage über die anerkannte Autorität Jesu, sondern vor allem der Appell, dieser Lehre Jesu zu folgen. Genau dazu haben sich *viele Volksscharen* entschieden (8,1): die Leser sind eingeladen, sich anzuschließen.

8,2-9,34: Jesu Handeln

Nach der Lehre Jesu (Bergpredigt 4,17-8,1) erzählt Matthäus von Jesu Handeln: von seinen Heilungen, die die Identität des Messias Jesus bestimmen und zum Glauben an ihn führen sollen. Auch in diesem Teil lässt sich eine narrative Gliederung feststellen, denn Markierungspunkte sind Orts- und Zeitwechsel, auftretende Personen und kleine Dialoge.

Matthäus setzt in diesen beiden Kapiteln die Thematik der Frage nach dem Messias fort. Er präsentiert seinen Lesern nicht einfach nur ein Bild von Jesus als dem Messias, denn dieser Messias Jesus entspricht nicht völlig den Erwartungen in jener Zeit: ein Messias, der seine Vollmacht in Wundertaten zeigt – der aber auch der machtlose Diener ist; ein Messias, der mit Autorität zur Nachfolge aufruft – der aber auch barmherzig zu den

Sündern ist. Dieser Abschnitt stellt also nicht einfach nur die Messianität Jesu fest, sondern beschreibt durch Jesu Handeln den besonderen Charakter seines Messias-Seins. Diese Kapitel lassen sich wie folgt gliedern:

DIE HEILUNGEN DES MESSIAS	8,2-17	Heilung eines Aussätzigen	8,2-4
		Heilung eines Heiden	8,5-13
		Heilung einer Frau	8,14-15
		Summarium mit Schrift-Erfüllungszitat	8,16-17
VERBINDUNGSSTÜCK	8,18-22	Zwei Lehrsprüche über die Nachfolge	
DIE IDENTITÄT DES MESSIAS	8,23-9,9	der Herr, der rettet	8,23-27
		der Sohn Gottes, der befreit	8,28-9,1a
		der Menschensohn, der Vollmacht hat, Sünden zu vergeben	9,1b-8
VERBINDUNGSSTÜCK	9,9-17	Zwei Streitgespräche	
DER GLAUBE AN DEN MESSIAS	9,18-34	Glaube, der den Tod überwindet	9,18-26
		Glaube, der die Augen öffnet	9,27-31
		Glaube und Unglaube	9,32-34

Die erste Einheit (8,2-15.16-17) setzt sich aus drei Heilungserzählungen und einem Summarium zusammen. Die Ortswechsel, die verschiedenen Personen und die Zeitangabe *als es Abend geworden war* (8,16) lassen den Eindruck eines bewegten Tages entstehen. Als Jesus nach der Bergpredigt vom Berg herabkommt (8,1), heilt er einen Aussätzigen, in Kapharnaum lässt er den Sohn eines Hauptmannes genesen, und als er das Haus des Petrus betritt, heilt er dessen Schwiegermutter; am Abend kommen viele Besessene und Kranke zu ihm, die er auch alle heilt. Diese Heilungserzählungen laufen auf das Jesajazitat im Summarium hin (8,16-17), das als Schrift-Erfüllungszitat dem Geschehen eine besondere Bedeutung gibt.

Das erste Verbindungsstück (8,18-22) fügt Matthäus zwischen dem Aufbruch Jesu zum gegenüberliegenden Ufer und der eigentlichen Abfahrt des Bootes ein. Die Begegnungen mit dem Schriftkundigen und einem Schüler thematisiert die Radikalität der Nachfolge. In diesem Kontext handelt es sich allerdings um die Nachfolge Jesu als Therapeuten; Jesu eigentliche komplexe Identität bleibt bis jetzt noch verborgen. Die Leser können aber aufgrund des Schrift-Erfüllungszitats und der Nachfolgethematik ahnen, dass Jesus nicht nur Heilpraktiker ist: wer ihm nachfolgt, folgt also nicht nur einem Therapeuten.

In der mittleren Einheit (8,23-9,8) finden wir die Frage nach der eigentlichen Identität Jesu auf unterschiedliche Weise gestellt. Die Menschen, die sich wundern, dass sogar die Naturkräfte Jesus gehorchen, fragen zuerst staunend nach Jesu Identität. In der zweiten Episode bleibt die Frage eher indirekt: die Menschen der heidnischen Stadt (im Land der Gadarener) bitten Jesus, ihr Gebiet zu verlassen, denn als Heiden können sie (noch) nicht

Jesu Handeln

nach Jesu Identität fragen. Diese Bitte und ihre Furcht geben aber zu verstehen, dass sie Jesus nicht nur als gewöhnlichen Menschen sehen. Auch in der dritten Episode von der Sündenvergebung und Heilung des Gelähmten wird die Identität Jesu zweimal thematisiert: Jesus selbst spricht von der Vollmacht des Menschensohnes, Sünden zu vergeben und die Menschen loben Gott, der den Menschen eine solche Vollmacht gegeben hat. Die Skepsis der Schriftkundigen bereitet dann das zweite Verbindungsstück vor.

Das zweite Verbindungsstück (9,9-17) unterbricht mit zwei Disputen die Entwicklung der bisherigen Erzählung. Die Funktion dieser Einschaltung wird durch die Inhalte der Streitgespräche klar: in beiden Fällen geht es um eine veränderte Nuance in der messianischen Erwartung. Der erste Disput dreht sich um den Sendungsauftrag Jesu, der nicht wie erwartet das Endgericht bringt, sondern Barmherzigkeit (9,13), und der zweite bezeichnet Jesus als den messianischen Bräutigam. Beide Diskussionen behandeln nicht nur die Identität Jesu, sondern benennen ebenfalls die (schwierige) menschliche Disposition, dieses veränderte Messiasbild anzunehmen. Die Leser müssen sich der Frage stellen, ob sie einen Messias akzeptieren können, der mit den Sündern isst und der seine Schüler nicht zum Fasten anhält.

Die letzte Einheit (9,18-34) bildet den Höhepunkt der Problematik um die Identität des Messias, denn hier haben wir es mit dem Glauben bzw. Unglauben gegenüber den Werken des Messias zu tun. Die Funktion dieses Abschnitts wird durch die verschiedenen Krankheiten erhellt, die nämlich nicht nur einen physischen Defekt bezeichnen, sondern ebenso einen symbolischen Aspekt enthalten: Tod und Blutfluss bezeichnen den Verlust des Lebens und den Ausschluss aus der menschlichen Gemeinschaft; Blindheit und Taubheit sind ebenfalls Metaphern des menschlichen Verhaltens. Heilung bedeutet dann Auferstehung, Leben in Fülle und Öffnung auf eine Zukunft in geglückter Beziehung. In allen drei Szenen geht es um den Glauben (bzw. Unglauben), der die Leser wiederum mit der Frage nach der Identität des Messias konfrontiert: sie verstehen, dass sie selbst zu Jesus als Messias Stellung beziehen müssen. Die Leser müssen für die entscheidenden Fragen eine Antwort finden: welche Art von Messianismus verwirklicht Jesus? Was für ein Messias zeigt sich durch sein Handeln? Ist Jesus für mich der Messias?

Jesus heilt einen Aussätzigen: 8,2-4

> ² Und – siehe! – ein Aussätziger kam hinzu,
> fiel vor ihm nieder,
> sagend: Herr, wenn du willst, kannst du mich rein machen.
> ³ Und – die Hand ausstreckend –
> berührte er ihn,
> sagend: Ich will, werde rein!
> Und sofort wurde er von seinem Aussatz rein.
>
> - - - - -

Mt 8,2-4

⁴ Und Jesus sagt ihm: Sieh zu, dass du niemandem etwas sagst,
sondern geh, zeig dich dem Priester,
und bring die Gabe, die Mose vorgeschrieben hat,
als Zeugnis für sie!

Die Gewebestruktur des Textes

Diese kurze Erzählung beginnt mit dem Aufmerksamkeitssignal *und siehe!*. Anschließend entwickelt sich eine schlichte Heilungserzählung nach klassischem Schema: a) Vorstellung des Kranken (8,2a), b) Bitte um Heilung (8,2b), b') Erfüllung der Bitte (8,3a), a') Feststellung der Heilung (8,3b). Ein Jesuswort mit zwei Befehlen (8,4) schließt sich an. Matthäus schmückt diese Erzählung nicht besonders aus, so dass das Gewicht auf der Bitte des Aussätzigen und auf der Antwort Jesu liegt, was auch durch die Wortwiederholungen deutlich wird: *wenn du willst – ich will*; *kannst du mich rein machen – werde rein – wurde rein*. Diese Wiederholungen dienen dazu, die Autorität Jesu zu verstärken. Das Schlusswort Jesu scheint auf narrativer Ebene allerdings unpassend, denn angesichts der anwesenden Volksmenge (8,1) macht eine Geheimhaltung der Heilung wenig Sinn.

Das semantische Geflecht des Textes

8,2-3: Als Aussatz wurden in jener Zeit verschiedene, teils unheilbare, meist aber heilbare Hautanomalien bezeichnet. Die Leser erinnern sich auch an die Heilung des Syrers Naaman, des Obersten des Heeres des Königs von Aram, der von Elischa von seinem Aussatz geheilt wird (2 Kön 5,1-14). Nach Lev 13-14 gilt ein Aussätziger als unrein und muss daher für eine bestimmte Zeit vom Kult ausgeschlossen werden. Aussatz galt daher generell als „Schlag" Gottes, der vom sozialen und religiösen Zusammenleben ausgrenzte. Inwieweit die Aussätzigen tatsächlich strikt vom Gemeinschaftsleben ausgeschlossen waren, lässt sich heute nicht genau sagen; immerhin taucht in dieser Erzählung ein Aussätziger in einer Menschenmenge auf, ohne dass das Probleme hervorruft, und später isst Jesus im Haus Simons, des Aussätzigen (26,6).

Der Erzähler beschreibt das Verhalten des Aussätzigen durch eine Geste und eine Bitte. Das Verb προσκυνέω, das die Geste des *Niederfallens* vor Jesus bezeichnet, drückt Verehrung aus und dient hier dazu, die Bitte zu unterstützen (so auch in 9,18; 15,25). In anderen Zusammenhängen ohne angeschlossene Bitte gebraucht, bezeichnet das Verb προσκυνέω die Verehrung des Messias und setzt damit ein (teilweises) Erkennen der Messianität Jesu voraus (so in 2,2.11; 14,33; 28,9.17). Der Aussätzige spricht Jesus zudem mit *Kyrie* (*Herr*) an und verdeutlicht mit dieser ehrenvollen Anrede, dass er Jesus eine große Macht zutraut. Sein Vertrauen in Jesus äußert er ebenso in den Worten seiner Bitte. Die Leser können in dieser Formulierung eine Anspielung auf den alles bewirkenden und schöpferischen Willen Gottes hören (Ps 115,3; 135,6): dieser Wille Gottes ist der Heilswille für

Jesu Handeln

alle Menschen. Die Bitte des Aussätzigen artikuliert also nicht bloß eine Möglichkeit, sondern ist ein Appell an den Heilswillen Gottes, den der Aussätzige in den Werken Jesu als präsent erkennt.

Jesus reagiert auf die Geste und die Bitte des Aussätzigen ebenfalls mit einer Geste – er berührt den Aussätzigen – und mit einem Wort, das seinen expliziten Willen zur Heilung hervorhebt. Die Berührung des Aussätzigen darf weder als magische Geste noch als „Überwindung" des Gesetzes missverstanden werden, denn beides würde der Intention des Matthäus widersprechen. Die Geste Jesu unterstreicht seinen Willen zur Heilung und ist darüber hinaus auch ein Zeichen der Solidarität mit den Ausgegrenzten. In ähnlicher Weise verdeutlichen ebenfalls die Mähler mit den Sündern und Zöllnern (9,10-13; 11,19) die gemeinschaftliche Verbundenheit.

8,4: Die Anweisung zur Geheimhaltung des Geschehens wirkt unpassend. Zwar übernimmt Matthäus wahrscheinlich die Erzählung von Markus, aber im Gegensatz zu ihm folgt er nicht der Linie des so genannten „Messiasgeheimnisses", sondern verkündet stets ausdrücklich die Messianität Jesu. Mit dem Befehl Jesu, von der Heilung nichts zu erzählen, bevor nicht offiziell ein Priester die Genesung festgestellt hat und das vorgeschriebene Opfer dargebracht wurde (Lev 14,3-20), betont Matthäus wiederum, dass Jesus die Tora beachtet und erfüllt. Danach mag der Geheilte von dem Ereignis erzählen. Die Formulierung *als Zeugnis für sie* stellt also sowohl die geschehene Heilung als auch Jesu Befolgen der Tora fest; darüber hinaus ist die Heilung natürlich auch ein Zeugnis für den Heilswillen Gottes und für die Messianität Jesu.

Pragmatische Knotenpunkte des Textes

Die Heilung des Aussätzigen ist die erste ausführliche Erzählung einer Wunderheilung im Matthäusevangelium, denn zuvor haben wir in 4,24 nur allgemein von Heilungen und Exorzismen durch Jesus gelesen. Bei Markus und Lukas findet die erste ausführlich erzählte Heilung, die eigentlich eine Dämonenaustreibung ist, in einer Synagoge statt; später berichten die anderen Synoptiker dann auch von der Heilung eines Aussätzigen.

Bei Matthäus folgt die Heilung des Aussätzigen unmittelbar im Anschluss an die Bergpredigt und muss deshalb auch in diesem Kontext gedeutet werden. Jesus erfüllt nicht nur voll und ganz die Tora, sondern schafft auch die soziale und religiöse Gemeinschaft, die Gottes Heilswillen entspricht, indem er die physische Integrität des Aussätzigen wieder herstellt, so dass er am Leben der Gesellschaft wieder teilnehmen kann.

Die Leser verstehen, dass mit Jesus die messianische Zeit beginnt, die die Erfüllung der Weisungen Gottes und die Verwirklichung des Heilswillens Gottes für alle Menschen bedeutet: auch Verachtete und Marginalisierte werden jetzt nicht mehr ausgegrenzt, sondern gehören zur Gemeinschaft dazu. Diese Erzählung fordert die Leser dazu auf, diese Perspektive der Verwirklichung des Heilswillens Gottes auf ihre je aktuelle Situation zu übertragen und entsprechend zu handeln.

Jesus heilt den Jungen eines Zenturios: 8,5-13

Der Zenturio und Jesus
⁵ Als er nach Kapharnaum hineinkam,
kam ein Zenturio zu ihm, der ihn bat
⁶ und sagte: Herr, mein Junge liegt gelähmt im Haus,
fürchterlich gequält.
⁷ Und er (Jesus) sagt ihm: Muss ich also kommen, um ihn zu heilen?

⁸ Und antwortend
sagte der Zenturio:
Herr, ich bin nicht würdig, dass du unter mein Dach kommst,
aber sprich nur ein einziges Wort: – und mein Junge wird gesund werden.
⁹ Denn auch ich, der ich Autorität unterstehe, habe Soldaten unter mir.
Und ich sage diesem: Geh! – und er geht,
und zu einem anderen: Komm! – und er kommt.
Und meinem Knecht: Tu das! – und er tut es.

Jesus und die ihm Folgenden
¹⁰ Hörend aber, staunte Jesus
und sagte zu denen, die ihm folgten:
Amen, ich sage euch:
bei keinem in Israel habe ich so einen großen Glauben gefunden!
¹¹ Ich sage euch aber:
viele werden von Osten und Westen kommen
und mit Abraham, Isaak und Jakob im Himmelreich zu Tisch liegen,
¹² aber die Kinder des Reiches werden in die Finsternis
nach draußen hinausgeworfen werden,
wo Heulen und Zähneknirschen sein wird!

Jesus und der Zenturio
¹³ Und Jesus sagte dem Zenturio:
Geh! – Wie du glaubtest: – so geschehe dir.
Und sein Junge wurde geheilt in jener Stunde.

Die Gewebestruktur des Textes

Diese zweite Wundergeschichte im Matthäusevangelium erzählt, wie Jesus „aus Distanz" den *Jungen* eines Zenturios heilt. Das griechische Wort παῖς kann sowohl *Knecht* als auch *Knabe / Junge* bedeuten; wir übersetzen hier mit *Junge*, weil Matthäus für *Knecht* sonst δοῦλος gebraucht (10,24-25) und an anderer Stelle παῖς als Synonym für Sohn verwendet (17,14-18). Die Erzählung lässt sich durch die Dialoge gut gliedern: der erste Teil (8,5-9) handelt von dem Gespräch des Zenturios mit Jesus, das aus der Bitte des Hauptmanns, der Reaktion Jesu und einer weiteren Antwort des Zenturios besteht. Dieser Dialog wird unterbrochen, als sich Jesus unvermittelt an die Menschen wendet, die ihm folgen (8,10-12). Ein Schlussvers (8,13a) bringt ein Wort Jesu, das die Heilung zusagt und eine abschließende Formulierung des Erzählers (13b), der die Heilung nochmals ausdrücklich feststellt.

Jesu Handeln

Die ersten Worte des Zenturios haben als Sprach-Handlung (Sprechakt) sogar mehrfache Funktionen: indem der Zenturio Jesus den Fall seines Jungen vorstellt, bittet er nämlich indirekt schon um Hilfe; gleichzeitig drückt er damit sein Vertrauen in Jesus aus und seine Erwartung, dass Jesus hilft. Die Antwort Jesu verstehen wir hier nicht als Bestätigung (*ich werde kommen und ihn heilen*), sondern – weil das Futur im Griechischen nicht nur einen zeitlichen Aspekt ausdrückt, sondern vielmehr in erster Linie die persönliche Perspektive benennt – als Frage, die in gewisser Weise auch eine Abweisung enthält: *muss (ausgerechnet) ich also kommen, um ihn zu heilen?* Dass Jesus sich bei Matthäus spontan entscheidet, das Haus eines Heiden zu betreten, ist angesichts seiner Sendung zu Israel (15,24) unwahrscheinlich. Außerdem wird durch die Übersetzung als Frage die Antwort des Zenturios verständlicher. Die Worte Jesu an die Menschen, die ihm folgen (8,10-12), heben besonders die Bedeutung des Glaubens hervor. Auch das Schlusswort Jesu und die Bestätigung des Erzählers führen die erfolgte Heilung unmissverständlich auf den Glauben des Zenturios zurück.

Das semantische Geflecht des Textes

8,5-9 Der Zenturio und Jesus
Matthäus stellt sich den Zenturio als Heiden vor, denn nur so wird die Antwort des Zenturios (8,8) und die Äußerung Jesu, bei niemandem in Israel einen solchen Glauben gefunden zu haben (8,10) verständlich. Jesus erkennt die Worte des Zenturios sofort als Bitte, weist sie aber zurück, da er sich im Matthäusevangelium nur zum Haus Israel gesandt weiß (ebenso in 10,5 und 15,24). Diese Zurückweisung entmutigt den Zenturio keinesfalls – im Gegenteil: er erklärt, dass er Jesus gar nicht in sein Haus bitten möchte oder kann, da er (nach den jüdischen Reinheitsvorschriften) dazu nicht würdig ist. Dann wiederholt er seine Bitte, die er sogar noch verstärkt, indem er zum Ausdruck bringt, wie sehr er der Wirkmächtigkeit eines einzigen Wortes Jesu vertraut. Dieses Vertrauen unterstreicht er mit drei Beispielen aus seinem eigenen Leben, die ebenfalls die Wirksamkeit eines Wortes verdeutlichen: die beiden ersten Beispiele beziehen sich auf sein militärisches Umfeld, das dritte (der Knecht, dem etwas befohlen wird) kann von jedem Menschen nachvollzogen werden.

8,10-12 Jesus und die ihm Folgenden
Die Antwort Jesu besteht aus zwei Teilen, die jeweils durch die besondere Einleitung (*amen, ich sage euch* und *ich sage euch aber*) Autorität für sich beanspruchen. Der erste Teil vergleicht den Glauben des Zenturios mit dem *Glauben Israels* (8,10) und der zweite kündigt das eschatologische Mahl an, von dem die *Kinder des Reiches* ausgeschlossen werden (8,11-12). Auf den ersten Blick scheint es sich um ein Urteil gegen Israel zu handeln, das sein eschatologisches Erbe an die Heiden verliert – und in der Tat ist dieser Text auch häufig auf diese Weise missverstanden worden.

Näher betrachtet ist die Klage Gottes über den mangelnden Glauben Israels ein fester Topos der biblischen Tradition (z.B. Ex 16,28; Num 14,11-12; Jer 4,14; 13,27). Zur Klage Gottes gehört aber auch seine Reaktion: Gott verstößt niemals sein auserwähltes Volk, sondern verzeiht ihm immer wieder (Num 14,20; Jes 55,7; Ps 86,5). Die Klage über den mangelnden Glauben ist also kein Gerichtswort, sondern vielmehr eine deutliche Mahnung zur Umkehr (Jer 36,3)! In der vorigen Erzählung hat der Aussätzige – einer aus dem Volk Israel – seinen Glauben sehr deutlich zum Ausdruck gebracht (*Herr, wenn du willst...*) und wurde von Jesus geheilt. Jetzt zeigt der heidnische Zenturio seinen Glauben und sein Vertrauen in Jesus. Matthäus betont damit in der Linie von Jes 56,4-8, dass nicht die ethnische Zugehörigkeit oder die Mitgliedschaft in einer sozial-religiösen Gemeinschaft über die Teilnahme am eschatologischen Mahl entscheidet, sondern allein der gelebte Glaube! Dasselbe Maß hat er schon in 7,21-23 angewandt: *nicht jeder, der zu mir sagt „Herr, Herr!", wird ins Himmelreich kommen. (...) weg von mir, die ihr gegen die Tora handelt!*

Die christliche Tradition sah im Horizont der missverstandenen Interpretation des vorigen Verses in den hinausgeworfenen *Kindern des Reiches* die Juden und in den Vielen, die von Osten und Westen kommen, um mit Abraham, Isaak und Jakob am Tisch zu sitzen, natürlich die Kirche aus den Heiden. Gegen ein solches Textverständnis ist einzuwenden, dass unser Text die Völker gar nicht erwähnt – und auch nicht die Kirche. In der biblischen Tradition bezeichnen *Osten* und *Westen* die jüdische Diaspora. Der Orient ist der Ort des Exils, der Okzident steht für das Land Ägypten, das Land der Sklaverei und des Exodus. Israel wurde aufgrund seines Unglaubens zerstreut. Die Sammlung des verstreuten Israels aus Osten und Westen ist deshalb das Zeichen der beginnenden Heilszeit (Sach 8,7-8)! Weil es sich um die eschatologische Heilszeit handelt, haben auch die Heidenvölker Anteil daran. Jesaja beschreibt diese Heilszeit als Mahl auf dem Berg Zion, an dem alle Völker teilnehmen (Jes 25,6-7). Der Glaube des Zenturios zeigt, dass auch die Heiden zum eschatologischen Volk Gottes dazugehören und aufgrund ihres Glaubens am Reich Gottes teilhaben.

Die *Kinder des Reiches*, die hinausgeworfen werden, meinen also keinesfalls das Volk Israel. Matthäus gebraucht den Ausdruck *Kinder des Reiches* ebenfalls im Gleichnis vom Unkraut unter dem Weizen (13,38). Dort stehen die *Kinder des Reiches* für die Gläubigen und Gerechten, die gemäß der Tora leben: sie werden im Himmelreich *wie die Sonne leuchten*. Daher sind die vom eschatologischen Mahl Ausgeschlossenen also nicht etwa die Gläubigen – dann wären auch Abraham, Isaak und Jakob nicht dort –, sondern vielmehr die, die nicht gemäß der Weisungen Gottes und der größeren Gerechtigkeit gelebt haben.

8,13 Jesus und der Zenturio

Auch der Schlussvers unterstreicht noch einmal die entscheidende Bedeutung des Glaubens: die Heilung erfolgt aufgrund des *Glaubens* des Zenturios sofort, *in jener Stunde*. Anders als vom Zenturio und vielleicht auch von den Lesern erwartet, heilt Jesus gerade nicht mit einem „Machtwort", sondern stellt vielmehr fest, dass der Glaube des Zenturios das Erbetene bewirkt.

Pragmatische Knotenpunkte des Textes

Das zweite Wunder Jesu geschieht für einen Heiden. Der Zielpunkt der Erzählung liegt in den Worten Jesu an die Menschen, die ihm folgen (8,10-12), also an die Gläubigen der Gemeinde. Die Gemeinde des Matthäus bestand überwiegend aus Juden, aber es gehörten auch Heiden dazu, die die göttliche Vollmacht in Jesus erkannten und ihn als Messias bekannten. Die matthäische Gemeinde befand sich innerhalb des Judentums als eine unter vielen verschiedenen Gruppen. Ihr Konflikt mit anderen Gruppen bestand darin, dass sie in Jesus den Messias bekannte, Jesu Auslegung der Tora vertrat und auf Jesus die Zugehörigkeit der Heiden zur Gemeinschaft zurückführte. Kennzeichen der messianischen Heilszeit waren für diese Gläubigen die Sammlung des versprengten Volkes Israel und die Versammlung der Völker, um den wahren Gott zu verehren. Unser Text verbindet die messianische Heilszeit mit Jesus und spricht entsprechend der prophetischen Tradition den Heiden die Zugehörigkeit zur messianischen Gemeinde zu.

Die scharfen, harten Worte, die wir hier das erste Mal finden, die sich aber im Evangelium noch öfter wiederholen, haben ihren Grund in eben diesem Gegensatz zwischen der messianischen Gemeinschaft, die sich im Namen Jesu versammelt und den anderen jüdischen Gruppen, die Jesus als Messias ablehnen. Eine pragmatische Funktion des Textes besteht in der Verteidigung des Glaubens an Jesus als den Messias und der damit verbundenen Überzeugung, dass die Heiden Dank ihres Glaubens zur messianischen Gemeinschaft dazugehören. Eine weitere Funktion des Textes betrifft genau diese Gemeinschaft der Gläubigen: so wenig wie die bloße Zugehörigkeit zum Volk Israel die Teilnahme am eschatologischen Mahl garantiert, so wenig genügen im Namen Jesu vollbrachte Exorzismen und Wunder, die Zugehörigkeit zur Gemeinde oder die Mitgliedschaft in der Kirche: für die Teilhabe am Himmelreich entscheidend ist allein der gelebte Glaube!

Beispiel eines solchen Glaubens ist die Haltung des heidnischen Zenturios. Sein Vertrauen in die Wirkmächtigkeit eines Wortes demonstriert seine starke Glaubensgewissheit. Doch auch dieser *große Glaube* kann noch wachsen: es ist nämlich nicht einmal ein Machtwort Jesu nötig. Denn es sind nicht Gesten oder Worte, die hier etwas bewirken, sondern allein der Glaube. Das ist für die Leser (damals und heute) wichtig, die ja kein direktes Wort Jesu hören können. Ihnen gilt: der Glaube allein genügt. Damit ist ihnen aber auch als Anspruch aufgegeben, einen solchen starken Glauben zu entwickeln.

Mt 8,14-15

Jesus heilt die Schwiegermutter des Petrus: 8,14-15

> [14] Und als Jesus in das Haus des Petrus gekommen war,
> sah er dessen Schwiegermutter: fiebernd – daniederliegen.
> [15] Und er fasste ihre Hand:
> und das Fieber verließ sie.
> - - - - -
> Und sie stand auf:
> und seitdem diente sie ihm.

Die Gewebestruktur des Textes

Diese knappe Erzählung ist äußerst stilisiert; sie besteht (im griechischen Text) aus zwei Versen zu je fünfzehn Worten, die dreißig Silben enthalten. In einer synoptischen Gegenüberstellung fällt diese Stilisierung noch deutlicher auf, denn im Vergleich zu Mk 1,29-31 und Lk 4,38-39 wirkt unsere Erzählung auf das Wesentliche reduziert. Die Erzählung wird durchgängig durch die Verben im Erzähltempus (Aorist) aufgebaut; umso stärker tritt das Imperfekt im letzen Vers hervor (*sie diente ihm*), das nicht eine einmalige Aktion, sondern besonders die Dauer betont: *seitdem diente sie ihm*. Im Gegensatz zu den Parallelerzählungen bei Markus und Lukas und der vorigen Erzählung von der Heilung des Sohnes des Zenturios besteht unsere Erzählung außerdem allein aus Aktionen: Jesus *sieht – berührt –* das Fieber *weicht –* die Frau *steht auf* und *dient*; es fehlt hier jegliche wörtliche Rede.

Das semantische Geflecht des Textes

8,14-15a: Im Vergleich mit den anderen Synoptikern entwickelt sich diese Szene ohne die Schüler allein zwischen Jesus und der Frau. Wir erfahren, dass die Frau vor der Ankunft Jesu daniederlag und nach der Begegnung mit ihm aufsteht und ihm dient (διακονέω). Diese Veränderung wird durch den Blick Jesu und seine Berührung bewirkt. Es ist die einzige Erzählung im Matthäusevangelium, in der die Initiative von Jesus ausgeht: *Jesus sieht* die Frau – und *fasst ihre Hand*. Der Blick Jesu erkennt das Leiden der Frau; es scheint, dass er der einzige ist, der ihr Leiden wahrnimmt. Mit der Berührung drückt er seine Anteilnahme an ihrem Leiden aus – und heilt sie. In der wortlosen Berührung zeigt sich zugleich auch die messianische Kraft Jesu. Die Heilung wird mit wenigen Worten beschrieben: das *Fieber verlässt* die Frau und *sie steht* auf.

8,15b: Die Reaktion der geheilten Frau auf die Aktion des Messias wird im Imperfekt beschrieben, das die Dauer ausdrückt, im Deutschen würden wir deshalb passender sagen: *seitdem diente sie* Jesus. Das Tempus macht eindeutig klar, dass hier nicht nur das übliche gastfreundschaftliche Beherbergen an jenem Tag gemeint ist, sondern dasselbe Dienen, das die Schüler in ihrer Nachfolge dem Meister gegenüber erweisen: das Dienen als Lebensaufgabe. Die Leser erinnern sich außerdem an die Versuchungserzäh-

Jesu Handeln

lung Jesu, in der die Engel kamen, um ihm in der Wüste zu dienen (4,11): der Dienst an Jesus hat bei Matthäus immer auch eine kultische Komponente, durch die Jesus als Sohn Gottes offenbar wird. Unsere Erzählung enthält also auch einen klaren christologischen Akzent.

Pragmatische Knotenpunkte des Textes

Die starke Stilisierung der Erzählung und das Fehlen jeglicher historischer Umstände ermöglichen problemlos ihre Übertragung und Aktualisierung auf jede Zeit. Den Lesern gelingt es leichter, sich selbst in einer Erzählung zu finden, wenn sie nur aufs Wesentliche beschränkt ist. Die reine Handlung und die „Redelosigkeit" erleichtern die Identifikation. Als Identifikationsmodelle stehen die Frau und Jesus zur Verfügung.

Der Ort der Handlung ist das Haus des Petrus, in das Jesus aus eigenem Antrieb kommt. Die Leser erinnern sich, dass Jesus das Haus des Zenturios nicht betreten hat; später wird Jesus allerdings noch häufiger im Haus angetroffen: es ist Ort des gemeinsamen Mahles mit Zöllner, Sündern und Aussätzigen (9,10; 26,6), Ort der Lehre (12,46), der Heilung (9,23-25.28-30) und es soll ein Ort des Friedens sein (10,12-13). Die Leser können hier an die kleinen Hausgemeinden denken. Jesus bildet sein messianisches Volk aus den Armen, Demütigen, Barmherzigen, Friedensstiftern,... und den Marginalisierten der Gesellschaft, wie den Zöllnern, Sündern, Heiden, Aussätzigen,... Die Frauen haben in dieser Gemeinschaft selbstverständlich ihren Platz, wie das Beispiel unserer Erzählung von der geheilten Frau, die Jesus dauerhaft dient, deutlich zeigt.

Das Dienen der geheilten Frau stellt den Lesern das Modellhandeln aufgrund des erfahrenen Heils vor. Die Leser verstehen, dass Jesu Heilshandeln auf eine entsprechende Reaktion der Gläubigen zielt. Entsprechend sind auch die gläubigen Leser heute aufgefordert, auf ihre Glaubens- und Heils-Erfahrungen mit ihrem Handeln zu antworten.

Summarium: 8,16-17

> [16] Als es Abend geworden war, brachten sie ihm viele Besessene,
> und durch ein Wort trieb er die (unreinen) Geister aus,
> und alle, denen es schlecht ging, heilte er,
> [17] damit erfüllt würde das Gesagte durch Jesaja, den Propheten, den sagenden:
> *Er hat unsere Schwachheiten ertragen*
> *und unsere Krankheiten auf sich genommen. (Jes 53,4)*

Die Gewebestruktur des Textes

Die auffallend einfache Struktur dieses kleinen Abschnitts ist auf der kommunikativen Ebene ausgesprochen dicht: er besteht aus einer Zusammenfassung der Heilungen Jesu und einem Schrift-Erfüllungszitat. Es handelt sich hier nicht nur um einen Anhang an die ersten drei Heilungswunder Jesu, denn das Schrift-Erfüllungszitat als strukturierendes Element (wie schon besonders deutlich am Anfang des Evangeliums) weist auf eine generelle Aussage hin, die den Sinn der heilenden Tätigkeit Jesu erklärt.

Das semantische Geflecht des Textes

8,16-17: Das Summarium nennt Exorzismen und Heilungen. Im Gegensatz zum Markusevangelium, das die exorzistische Tätigkeit Jesu besonders herausstellt, erwähnt Matthäus sie nur in den Zusammenfassungen. Außerdem betont Matthäus ausdrücklich das Wort Jesu als Heilungsinstrument, sei es, um ein magisches Missverständnis der Exorzismen Jesu zu vermeiden, oder um die Bedeutung der Worte Jesu als Handlungsträger hervorzuheben. Dass Jesus *alle* – und nicht wie bei Markus *viele* – heilte, kennzeichnet nicht nur die grenzenlose Autorität Jesu, sondern unterstreicht auch die Universalität des durch Jesus gebrachten Heils.

Das Schrift-Erfüllungszitat enthält den Interpretationsschlüssel nicht nur für das Summarium, sondern für alle Heilungen Jesu. Das Jesaja-Zitat des Matthäus ist dem ursprünglichen hebräischen Text näher als der Septuaginta-Übersetzung; außerdem verstärkt Matthäus durch seine Wortwahl die Bedeutung von *etwas auf sich nehmen / sich mit etwas belasten* und *tragen / ertragen*. Die Leser erkennen hier den Bezug zum Gottesknecht, der die Krankheiten und Schwächen der Menschen auf sich nimmt und erträgt – und dadurch das Heil für alle Menschen ermöglicht.

Damit verweist das Jesaja-Zitat schon auf die Passionsgeschichte: nachdem Jesus triumphierend in Jerusalem eingezogen ist, kommen im Tempel die Blinden und Lahmen zu ihm – und er heilt sie (21,14). Matthäus berichtet als einziger Evangelist am Beginn der Passion im Zusammenhang mit dem Hinauswerfen der Händler aus dem Tempel auch von Heilungen im Tempel. Dadurch beschreibt er wieder die Sammlung der messianischen Gemeinschaft durch Jesus, in der auch die Marginalisierten und Schwachen Platz haben – und er verbindet die Heilungen mit dem Leiden Jesu. Auch in 12,15-21 fügt Matthäus nach einem generellen Heilungsbericht ein Zitat aus Jesaja an, das sich ebenfalls auf den Gottesknecht bezieht.

Matthäus versteht die Heilungstätigkeit des Messias Jesus also vom Modell des Gottesknechts her: in seinem Leiden teilt Jesus das Leiden der Menschen, der Kranken und Ausgegrenzten; durch seine Heilungen integriert er sie – wie die Erzählungen vom Aussätzigen, dem Sohn des Zenturios und der Schwiegermutter des Petrus exemplarisch zeigten – in die messianische Gemeinschaft. Jesu messianische Autorität zeigt sich also ganz besonders in seiner Solidarität mit den Schwachen, deren Schicksal er teilt und denen er ihren Platz im messianischen Volk zuweist.

Jesu Handeln

Pragmatische Knotenpunkte des Textes

Wir modernen westlichen Menschen sind eher abgeneigt, an Wunder zu glauben und versuchen stattdessen, sie irgendwie zu erklären. In der antiken biblischen und außerbiblischen Welt hingegen zeigten Wunder das Wirken der göttlichen Kraft an; nicht nur Götter (Zeus, Apollo, Asklepios), sondern auch begabte Menschen konnten Wunder wirken (z.b. manche Rabbinen und andere fromme Menschen). Entsprechend wurde die messianische Zeit generell als Zeit der Zeichen und Wunder beschrieben. Auch Matthäus teilt diese Auffassung und beschreibt eine messianische Zeit der physischen und moralischen Reintegration. Er erzählt ebenfalls von den Wundern Jesu, wobei er allerdings alles Spektakuläre und jegliche Ausschmückungen entfernt, damit die Leser sich auf das Wesentliche konzentrieren, anstatt sich auf einen Wunderglauben zu verlassen. Vor diesem Hintergrund ist auch die ernste Warnung am Ende der Bergpredigt zu verstehen: wenn sich die Schüler allein auf ihre Wundertätigkeit berufen, wird Jesus sie nicht kennen (7,21-23). Jesus geht es vielmehr darum, den Willen Gottes zu erfüllen, der das Heil für alle Menschen will.

Matthäus zeigt mit diesem Summarium den Gläubigen ein völlig anderes Wunderverständnis, das Heilung und Passion verbindet: wenn er die wunderbare Heilungstätigkeit Jesu erwähnt, verweist er gleichzeitig immer auch auf die Passion Jesu und auf den leidenden Gottesknecht (auch in 12,15-21). Er betont dadurch, dass beides – Heilung und Kreuz – unmittelbar zusammengehört: eine messianische Gemeinschaft darf niemals vom Kreuz absehen, die Leidenden und Marginalisierten vergessen oder übersehen – auch nicht auf dem Gipfel ihrer größten Erfolge oder in ihrer Glanzzeit.

Erstes Verbindungsstück: 8,18-22

Einleitung
¹⁸ Als Jesus eine Volksmenge um sich herum sah,
befahl er, an das jenseitige Ufer zu fahren.

Der Schriftkundige und die Nachfolge
¹⁹ Und – hinzukommend – ein Schriftkundiger
    sprach zu ihm: Lehrer, ich werde dir folgen, wo immer du hingehst.
²⁰ Und Jesus sagt ihm: Die Füchse   haben   Höhlen
    und die Vögel des Himmels   Nester,
    aber der Menschensohn   hat nichts,   wo er den Kopf
    hinlegen kann.

Der Schüler und die Nachfolge
²¹ Und ein anderer der Schüler
    sprach zu ihm: Herr, erlaube mir zuerst, wegzugehen,
    um meinen Vater zu beerdigen.
²² Jesus aber sagt ihm: Folge mir!   – und lass die Toten die Toten beerdigen.

Mt 8,18-22

Die Gewebestruktur des Textes

Auf die narrative Überleitung (8,18) folgen zwei kurze, parallel aufgebaute Szenen: zuerst wendet sich ein Schriftkundiger, dann ein Schüler Jesu an Jesus (8,19.21); beide beschäftigt das Thema der Nachfolge. Auffällig ist die Antwort Jesu (8,20.22) jeweils im Präsens, während die Anliegen der Nachfolge in der Vergangenheit (Aorist) formuliert sind. Wieder erfahren die Leser kaum etwas über Situationen oder Zusammenhänge. Diese Stilisierung der Erzählung erleichtert es ihnen, die Antworten Jesu auf ihren eigenen Lebenskontext zu übertragen und für sich zu aktualisieren.

Das semantische Geflecht des Textes

8,18 Einleitung

Dieser Vers leitet mit dem Verweis auf das Übersetzen mit dem Boot eigentlich das folgende Geschehen – die Stillung des Seesturms – ein: 8,23 knüpft hier nahtlos an. Die beiden kleinen eingefügten Begegnungen mit dem Schriftkundigen und dem namenlosen Schüler verschieben nun allerdings das Ereignis der Überfahrt. Auf der narrativen Ebene hat dieser einleitende Vers außerdem die Funktion, die Volksmenge präsent zu halten, die die anschließenden Gespräche mit dem Schriftkundigen und dem Schüler über die Nachfolge hört. Jesu Worte über die Nachfolge gelten also ebenso der Menge von interessierten Menschen, die um ihn versammelt ist.

8,19-20 Der Schriftkundige und die Nachfolge

Ein Schriftkundiger wendet sich an Jesus und bietet ihm an, ihm nachzufolgen. Die Anrede *Lehrer*, die bei Matthäus nie die Schüler und Anhänger Jesu gebrauchen, weist darauf hin, dass es sich nicht schon um einen Schüler Jesu handelt, sondern um einen Schriftkundigen, der Jesu Schüler werden möchte (wie auch in 13,52). Über die Motivation des Schriftkundigen erfahren die Leser nichts, daher bleibt offen, ob ihn die zahlreichen Wunderheilungen Jesu zur Nachfolge animieren, oder ob er verstanden hat, dass sich in Jesu Handeln der Heilswille Gottes erfüllt.

Die Antwort Jesu – *der Menschensohn hat nichts, wo er den Kopf hinlegen kann* – findet sich inhaltlich ähnlich auch in der griechisch-römischen (Homer) und jüdischen Literatur, obwohl sie sich dort eher generell auf die bedrohte, schwache menschliche Existenz bezieht, während Jesus hier aber ausdrücklich von sich selbst spricht. Manche Exegeten denken an Jesus als Wanderprediger, der deshalb ebenfalls von seinen Schülern fordert, ohne Absicherungen zu leben, zu verkünden und zu heilen (10,9-14). Allerdings erwähnt Matthäus sonst nirgendwo den Aspekt des Wanderlehrers, sondern betont eher im Gegenteil, dass Jesus in einem Haus zuerst in Nazaret (2,23) und später in Kafarnaum (4,13; 9,1) wohnte. Andere Ausleger sehen in diesen Worten einen Hinweis auf die Ehelosigkeit Jesu, doch im Judentum war und ist das zölibatäre Leben unüblich und stellt auch sonst bei Matthäus kein bedeutendes Thema dar.

Die dritte Interpretationsmöglichkeit erklärt dieses Wort Jesu vor dem Hintergrund seiner erfahrenen Ablehnung: Jesus ist der zurückgewiesene Messias, der den Machenschaften seiner Gegner ausgeliefert ist. Im Kontext der Kapitel 8-9 erwähnt Matthäus öfter den Widerspruch, den Jesus hervorruft (8,10-12; 9,3.11-13.14.34). Zudem bezeichnet der Ausdruck *Menschensohn* nicht nur den Menschen, sondern meint im apokalyptischen Kontext (Dan 7, 1 Hen 37-71; 4 Esr 13) auch die eschatologische Rettergestalt. Wenn Matthäus für den lehrenden, verkündenden Jesus die Bezeichnung *Menschensohn* verwendet, dann verweist er in diesem Zusammenhang auch auf den Widerstand seiner Gegner (11,18-19), denen Jesus ausgeliefert ist (17,12). Matthäus verbindet hier die zwei scheinbar widersprüchlichen Aspekte von Macht und Machtlosigkeit: derjenige, der die Macht zu heilen besitzt und in seine Nachfolge ruft (8,20.22), ist derselbe, der keinen sicheren Ort hat, wohin er sich vor seinen Gegnern zurückziehen kann. Die Antwort Jesu an den Schriftkundigen ist keine Ablehnung, denn sie betont vor allem die Beschwerlichkeit der Nachfolge: Jesus nachzufolgen bedeutet auch, sein Schicksal der Ablehnung zu teilen (10,24-25).

8,21-22 Der Schüler und die Nachfolge
Die zweite Szene ist eng mit der ersten verbunden. Das Anliegen des Schülers Jesu klingt verständlich, umso mehr als im Judentum die Bestattung der Eltern ein wichtiges Gebot ist (Tob 6,15). Auch in der griechisch-römischen Welt galt es als pietätlos und schändlich, Verstorbene nicht zu begraben. Vor diesem Hintergrund klingt die Antwort Jesu schockierend. Um sie angemessen zu verstehen, müssen wir mit einbeziehen, dass derjenige, der sein Anliegen vor Jesus bringt, schon ein Schüler Jesu ist, denn er redet Jesus mit *Herr* an, wie es auch die anderen Schüler Jesu tun.

Natürlich leugnet Jesus keinesfalls das Gebot der Elternliebe und hebt auch nicht das Gebot der Bestattung auf. Seine deutliche Antwort stellt vielmehr jegliches Handeln unter die Perspektive der Nachfolge: die Nachfolge Jesu bezieht sich auf alle Bereiche des Lebens, den Tod eingeschlossen. Deshalb darf keine Situation einem Schüler Jesu als Vorwand dienen, die Nachfolge auszusetzen. Jesus sagt also nicht: bestatte deinen Vater nicht, denn er soll ja *von den Toten* beerdigt werden. Es würde der Intention des Matthäus widersprechen, wenn davon ausgegangen wird, dass all diejenigen, die nicht zu Jesu Nachfolgern gehören, „geistig tot" sind und deshalb diese anderen den Vater des Schülers beerdigen mögen. Denn weder die Menschenmengen noch Jesu Opponenten oder die Heiden können nach der Darstellung des Matthäus als „geistig tot" bezeichnet werden.

Jesus stellt in seiner Antwort an den Schüler den Imperativ *folge mir* voran; in Bezug auf die Bestattung meint das dann: folge mir, wenn du deinen Vater bestattest; bestatte ihn so, dass die Beerdigung ein Zeugnis deines lebendigen Glaubens wird, dass das Reich Gottes schon begonnen hat. Von der Ostererfahrung her bedeutet eine solche Bestattung: nicht beim Grab und dem Ritus der Beerdigung stehen zu bleiben und in lähmender Trauer zu versinken, sondern aus der Hoffnung auf Auferstehung zu leben. Diese Hoffnung der Gläubigen soll sich auch in der Art und Weise der Bestattung zeigen. Jesus sagt dem Schüler: die Toten werden bei deinem verstorbenen Vater bleiben – du weißt, dass der Tod nicht das Ende ist, also folge mir!

Eine ähnliche neue Verhältnisbestimmung durch die Nachfolge hat Matthäus bei den Zebedäussöhnen angedeutet (4,22), die ihren Vater verlassen. Familienbindungen sollen die Nachfolge nicht behindern; Matthäus betont deshalb: wer Jesus nachfolgt, hat einen neuen Vater (10,35-37; 19,29; 23,9), seinen Heilswillen sollen wir erfüllen. Als Familie des himmlischen Vaters sollen die Schüler auch in ihrem Alltag, in ihren familiären Verhältnissen leben. Wer Jesu Lehre annimmt und ihm nachfolgt, soll das in jedem Moment seines Lebens tun: weder Familienbindungen noch Tod dispensieren von der Nachfolge Jesu, die sich in jedem Schritt im Alltagshandeln zeigen soll.

Pragmatische Knotenpunkte des Textes

Wir haben diese beiden kleinen Szenen „Verbindungsstück" genannt, weil sie die erste Einheit (8,1-17) wie eine Brücke mit der zweiten (8,23-9,8) verbinden: sie führen die Leser von dem bisherigen Bild Jesu als Heiler zu einem viel tieferen Verständnis seiner Identität. Die Leser werden mit der Frage konfrontiert, wer dieser mächtig-ohnmächtige Menschensohn ist, der von seinen Schülern entschiedene Nachfolge in jeder Alltagssituation ohne Ausnahme fordert. Der Weg und das Schicksal des Menschensohnes ist hart und unbequem – und dennoch verlangt er eine konsequente Nachfolge. Jesus nachfolgen kann man nicht nur manchmal, nur sonntags oder nur, wenn gerade keine anderen entscheidenden Ereignisse anstehen. Jesu Nachfolge fordert den Einsatz des ganzen Lebens – aber nur, damit wir das wahre Leben haben, das dem Heilsplan Gottes entspricht!

Der Herr, der rettet: 8,23-27

> ²³ Und als er in das Boot stieg, folgten ihm die Schüler.
> - - - - -
> ²⁴ Und – siehe! – ein starkes Beben entstand im Meer,
>   so dass das Boot von den Wellen bedeckt wurde.
> Er aber schlief.
> - - - - -
> ²⁵ Und – zu ihm kommend –
> weckten sie ihn,
> sagend: Herr, rette! Wir werden vernichtet!
> - - - - -
> ²⁶ Und er sagt ihnen: Was seid ihr ängstlich, ihr Kleingläubigen?
> - - - - -
> Dann – aufstehend – fuhr er die Winde und das Meer an,
> und es entstand eine große Ruhe.
> - - - - -

Jesu Handeln

> ²⁷ Die Menschen aber staunten,
> sagend: Was (für ein Mensch) ist er,
> dass sogar die Winde und das Meer ihm gehorchen?

Die Gewebestruktur des Textes

Nach dem ersten Teil, in dem Matthäus anhand von drei Heilungserzählungen Jesus als machtvollen Heiler darstellte, leitete er zum zweiten Teil über, in dem er die Identität Jesu noch genauer beschreibt. Matthäus erzählt in diesem mittleren Teil von drei Wundern, die jeweils einen anderen Aspekt der Identität Jesu herausstellen. Das erste Wunder beschreibt die Rettung aus den Naturgewalten.

Die Erzählung ist chiastisch konstruiert: Einleitung (8,23), A – Beschreibung der Gefahr (8,24), B – Hilferuf (8,25), B' – Reaktion auf den Hilferuf (8,26a), A' – Überwindung der Gefahr (8,26b), Schluss (8,27). Die kommunikative Absicht des Matthäus wird im Vergleich mit der Parallelerzählung bei Markus (Mk 4,35-41) deutlich, denn Markus folgt einer anderen Ordnung: erst beschreibt er die Überwindung der Gefahr und anschließend tadelt Jesus die Schüler. Bei Matthäus hingegen tadelt Jesus zuerst die Schüler, bevor er die Gefahr beseitigt; mit dieser Umstellung wird der Autor etwas beabsichtigen. Schließlich verwundert der Schlussvers: woher kommen plötzlich die Menschen, wenn zuvor nur Jesus und die Schüler im Boot waren?

Das semantische Geflecht des Textes

8,23: Matthäus lenkt den Blick wieder auf Jesus, der das handelnde Subjekt dieses Satzes ist. Der Hinweis, dass die Schüler ihm nachfolgen, hält das Thema der Nachfolge aus dem vorigen Abschnitt präsent. Das Boot in Seenot ist zwar an sich keine Metapher für die Kirche, sondern eher für das bedrohte menschliche Leben (Sir 33,2), doch einige Merkmale dieser Erzählung weisen darauf hin, dass es hier auch um die Gemeinde geht, wie z.B. das Thema der Nachfolge und der Hilferuf der Schüler *Herr, rette!* (auch in 14,30), der an einen liturgischen Ruf anklingt.

8,24: Während Markus und Lukas von einem Seesturm erzählen, nennt Matthäus ein Erdbeben als Ursache der Wellen, die das Boot bedrohen. Das Erdbeben ist sowohl ein Zeichen der Theophanie (1 Kön 19,11-12), als auch ein apokalyptisches Symbol (Apk 6,12). Noch an drei anderen Stellen kommt bei Matthäus das Erdbeben vor (24,7; 27,54; 28,2) und deutet die Krise der Gemeinde der Gläubigen in der eschatologischen Zeit an. Wer dem Messias Jesus folgt, ist existentiellen Stürmen ausgesetzt; die Krise gehört zum aktiven Glaubensleben dazu.

8,25: Der Schrei der Schüler nach Rettung – *Herr, rette!* – ähnelt einem liturgischen Ruf, umso mehr als Matthäus ausdrücklich erwähnt, dass die Schüler in ihrer bedrohten Situation zu Jesus kommen. Das Fehlen des Personalpronomens (nicht so in 14,30) überrascht. Dadurch wird jedoch dieser

Ruf von der in der Erzählung beschriebenen Situation entkoppelt, so dass er zu einem universalen Ruf nach Rettung wird. Die Gemeinde der Gläubigen kann sich jederzeit in der Stunde der Prüfung, Krise oder Bedrohung an Jesus als ihren Retter wenden. Dennoch sollte sie sich aber bewusst sein, dass Jesus immer bei ihnen ist, so dass sie keine Angst zu haben brauchen.

8,26a: Indem Matthäus die Ordnung der Erzählung ändert, dadurch dass er den Tadel Jesu vor die Beseitigung der Gefahr stellt, rückt er den Verweis auf den nötigen Glauben an eine zentrale Stelle. Auch der Zeitenwechsel zum Präsens signalisiert sowohl die Bedeutung des Glaubens als auch die bleibende Gültigkeit dieser Aussage. Die Schüler erscheinen als *Kleingläubige*. Auch dieses Motiv kommt noch öfter vor (6,30; 8,26; 14,31; 16,8; 17,20). Hier bezeichnet es die Zweifel der Schüler, die meinen in Gefahr zu sein, obwohl Jesus doch bei ihnen ist. Matthäus suggeriert, dass die Schüler den Schlaf Jesu mit seiner Abwesenheit verwechseln.

8,26b: Erst nach dem tadelnden Wort an die Schüler führt Jesus das Wunder aus. Anders als Markus, der Jesus dem Meer wie einem Dämonen gebieten lässt, hat Matthäus kein Interesse an solch einer christologischen Darstellung. Er betont analog zu Ps 107,29-30, dass Gott selbst durch Jesus wirkt. Das Erste Testament stellt häufig Gott als denjenigen dar, der das Chaos besänftigt und das tosende Meer bezähmt (Ps 74,12-15; 89,10). Matthäus zeigt Jesus hier nicht als Exorzisten, sondern als Herrn der Elemente, als den *Kyrios* (Herrn), in dem das Handeln Gottes gegenwärtig ist und dem die Menschen ganz und gar vertrauen können.

8,27: Die Menschen fragen sich staunend, was für ein Mensch dieser Jesus sein mag, dass ihm die Naturgewalten gehorchen. Die Schüler Jesu sind also nicht mit diesen Menschen gemeint, denn sie wissen trotz ihres Kleinglaubens, dass Jesus der Herr ist und dass er sie retten kann. Staunen und sich fragen sind aber noch nicht Glaube. *Die Menschen* haben mit ihrer Frage eine pragmatische Funktion: sie bieten den Lesern eine Identifikationsrolle an, so dass sie sich nicht mit einer oberflächlichen Antwort über Jesus zufrieden geben, sondern mit diesen Menschen nach der wahren Identität Jesu fragen können.

Pragmatische Knotenpunkte des Textes

Ähnliche Wundererzählungen sind in der antiken Literatur verbreitet: von den Zeussöhnen Castor und Pollux, von Asclepios und Serapis und im Testament des Naftali finden sich parallele Rettungserzählungen. Doch trotz der formalen Ähnlichkeit gleicht die unsere Erzählung eher denen des Ersten Testaments, wo Gott als der Bezwinger der Naturkräfte dargestellt wird. Allerdings steht bei Matthäus nicht die Wundertat des beruhigten Seesturms im Vordergrund, sondern – wie die Worte *Erdbeben*, *Kleingläubige* und die Umstellung der Ermahnung vor das Wunder zeigen – die Gegenwart des Auferstandenen bei den Gläubigen: obwohl Jesus *schläft*, ist er bei den Schülern und sie dürfen vertrauen, dass ihnen nichts geschieht.

Jesu Handeln

Wir dürfen nicht vergessen, dass diese Erscheinungs-Erzählung in einer Zeit geschrieben wurde, als die messianische Hoffnung der Nachfolger Jesu bedroht war. Die Gemeinde des Matthäus lebte in der Krise der nachösterlichen Zeit und drohte ihren Glauben an die Gegenwart des Auferstandenen zu verlieren. Matthäus möchte das Vertrauen in die Gegenwart des *Kyrios (Herrn)* inmitten der Krise und Desillusion stärken.

Die Gegenwart des *Kyrios* ist ein zentrales Element der matthäischen Theologie: das Evangelium beginnt mit der Prophezeiung des *Gott-unter-uns* (1,23) und endet mit dem Versprechen des Auferstandenen: *Ich-bin-bei-euch alle Tage, bis ans Ende des Aions* (28,20). Matthäus will hier also weder die Macht Jesu über die Naturgewalten darstellen, noch die Rettung aus Gefahren hervorheben, sondern in erster Linie die Gegenwart Jesu im Leben der Gemeinde bezeugen. Auch in den Krisen, die die Nachfolge mit sich bringt, verlässt Jesus seine Gläubigen gewiss nicht – darauf dürfen wir vertrauen.

Der Sohn Gottes, der befreit: 8,28-9,1a

Einleitung
²⁸ Und als er ans gegenüberliegende Ufer gekommen war – ins Land der Gadarener –,
begegneten ihm zwei Besessene, die aus den Gräbern kamen;
so gefährlich (waren sie), dass niemand vermochte, auf jenem Weg vorbeizugehen.

Jesus und die Besessenen
²⁹ Und – siehe! – sie schrieen,
   sagend: Was haben wir mit dir zu tun, Sohn Gottes?
                        Bist du vor der Zeit hierher gekommen, um uns zu quälen?
³⁰ Entfernt von ihnen weidete eine Herde vieler Schweine.
³¹ Da baten ihn die Dämonen,
   sagend: Wenn du uns austreibst, schick uns in die Schweineherde!
³² Und er sagte zu ihnen: Geht (weg)!
Diese aber fuhren in die Schweine.
Und – siehe! – die ganze Herde raste den Abhang hinunter ins Meer,
und sie kamen in den Fluten um.

Die Reaktion der Leute aus der Stadt
³³ Die sie hüteten, flohen,
und – in die Stadt kommend – meldeten sie alles, auch das von den Besessenen.
³⁴ Und – siehe! – die ganze Stadt kam heraus, um Jesus zu begegnen,
und – ihn sehend – baten sie ihn, sich von ihrem Gebiet zu entfernen.
⁹,¹ᵃUnd eingestiegen in ein Boot, fuhr er hinüber ans andere Ufer.

Die Gewebestruktur des Textes

Unser Text enthält eine Exorzismuserzählung, gerahmt von der Ankunft Jesu in der Region der Gadarener und der Rückkehr in seine Heimat. In einem synoptischen Vergleich fällt auf, dass gegenüber dem Text von Markus der Text des Matthäus wesentlich kürzer ist. Matthäus prägt die Erzählung seiner Absicht entsprechend, wenn er äußerst knapp vom Exorzismus berichtet und nur die nötigsten Informationen gibt. Die Erzählung besteht aus der Einleitung, die über das Zusammentreffen von Jesus und den Besessenen informiert (8,28), aus dem Hauptteil, der die dramatische Begegnung zwischen Jesus und den Besessenen erzählt (8,29-32), und dem Schlussteil, der die Auswirkungen des Ereignisses festhält (8,33-9,1a).

Auffällig ist, dass während der gesamten Erzählung die Schüler, die Jesus im Boot begleitet hatten (8,23), plötzlich verschwunden sind. Die Handlung spielt sich nur zwischen den Besessenen und Jesus ab: Jesus kommt allein (8,28) und geht allein (9,1a). Matthäus konzentriert damit sein Erzählinteresse auf Jesus und die dämonischen Kräfte. Entsprechend berichtet er auch sofort von der Begegnung mit den Besessenen, die keineswegs zufällig scheint. Dadurch vermittelt Matthäus den Eindruck, dass Jesus in das heidnische Gebiet gekommen ist, um die dämonischen Mächte zu besiegen.

Die Begegnung mit den Besessenen entwickelt sich in drei Schritten und auch die Dämonenaustreibung zieht eine dreifache Wirkung nach sich; damit steht der Austreibungsbefehl Jesu (8,32a) im Zentrum. Im ersten Schritt lenkt das *und siehe!* die Aufmerksamkeit der Leser auf die Bitte der Besessenen (8,29). Gleich anschließend wird der Blick der Leser scheinbar zusammenhanglos auf die weidenden Schweine (8,30) gerichtet, doch damit kann zum dritten Schritt, der Folgebitte der Besessenen übergeleitet werden (8,31). Ein kurzer Befehl Jesu gebietet das Ausfahren der Dämonen (8,32a). Die dreifache Wirkung seines Befehls zeigt sich im plötzlichen dramatischen Tod der Dämonen (8,32b), in der Flucht der Hirten, die alles in der Stadt berichten (8,33) und schließlich im Hinauskommen der Stadtbewohner, um Jesus zu begegnen (8,34).

Das semantische Geflecht des Textes

8,28 Einleitung
Die Ortsangabe *das Land der Gadarener* näher zu lokalisieren, stößt auf einige Schwierigkeiten: Gerasa, das neben anderen Textzeugen auch Markus in diesem Zusammenhang erwähnt, liegt mehr als 50 km entfernt vom See Genezareth in Jordanien; es scheidet hier aus. Gadara gehört zur Dekapolis und liegt etwa 10 km entfernt südöstlich vom See Genezareth. Als Ortsangabe im Sinne von *im Gebiet von Gadara* verstanden, genügte dem Erzähler wahrscheinlich die nächste größere Stadt. Matthäus spielt jedenfalls auf heidnisches Territorium an, denn eine Schweineherde lässt sich kaum in Israel vorstellen, da das Schwein im Judentum als unreines Tier gilt. Es ist das erste und einzige Mal, dass sich Jesus im Matthäusevangelium außerhalb der Grenzen Israels aufhält. Indem Matthäus Jesus sofort nach dem Exorzismus zurückkehren lässt, unterstreicht er, dass Jesus in erster Linie der Messias für Israel ist (so auch in 1,21; 10,5), doch zugleich verdeutlicht er mit dieser Erzählung, dass Jesu Sendung nicht exklusiv Israel, sondern auch den Heiden gilt (ebenso in 8,5-13 und 15,21-28).

Jesu Handeln

Bei Matthäus handelt es sich um zwei Besessene (nicht nur um einen, wie in Mk und Lk). Ebensolche Verdoppelungen finden sich bei den Blinden (9,27; 20,30); möglicherweise möchte der Autor mit dem doppelten Zeugnis das Ereignis bestätigen – aber nicht jedes Mal erzählt er von zwei Personen, die von Jesus geheilt werden. Wichtiger ist hier, dass Matthäus eine detaillierte Beschreibung der Besessenen vermeidet. Umso bedeutsamer erscheint daher die Tatsache, dass niemand vermochte, den gefährlichen Besessenen entgegen zu treten, Jesus aber mit ihnen zusammentrifft und sie von ihren Dämonen befreit. Das, was den Bewohnern in jenem heidnischen Land nicht gelingt, vermag Jesus: die Dämonen zu vernichten.

8,29-32 Jesus und die Besessenen
In dieser dramatischen Begegnung liegt das Gewicht auf dem einzigen Wort Jesu – *geht!* –, das Matthäus noch durch die ausführliche Bitte der Dämonen kontrastiert, in die Schweineherde geschickt zu werden. Zusätzlich betont anschließend die dreifach erzielte Wirkung die Macht des Wortes Jesu. Dem machtvollen und wirksamen Wort Jesu stellt der Autor die Ohnmacht der bedrohenden Dämonen gegenüber: ein Wort Jesu genügt, denn es zeigt seine Wirkung sofort, sogar auf dreifache Weise. Entsprechend vermeidet es Matthäus, einen Dialog zwischen Jesus und den Dämonen zu entwickeln (wie bei Markus und Lukas) oder auch nur eine Zustimmung Jesu zur Bitte der Dämonen zu erwähnen. Jesus befiehlt – und die Dämonen gehorchen; das Ergebnis ist die Vernichtung der dämonischen Welt. In dieser Linie müssen auch die Formulierungen *entfernt* (8,30) und *vor der Zeit* (8,29) verstanden werden: sie verdeutlichen die machtvolle Wirksamkeit des Sohnes Gottes, der schon hier, bei den Heiden und schon jetzt, vor der Auferstehung die Macht des Bösen vernichtet. Später wird Jesus seine Anhänger aussenden, dasselbe zu tun.

8,33-9,1a Die Reaktion der Leute aus der Stadt
Die Auswirkungen des Wortes Jesu zeigen sich auf drei Ebenen: die Schweine finden im Meer den Tod, die Schweinehirten fliehen, um das Geschehen in der Stadt zu erzählen und die Bewohner der ganzen Stadt kommen heraus, um Jesus zu begegnen und um ihn zu bitten, ihr Gebiet zu verlassen. Bemerkenswert ist, dass sich Matthäus im Gegensatz zu Markus und Lukas nicht weiter für die Geheilten interessiert, geschweige denn, dass sie zu Verkündern werden (so aber in Lk 8,39). Matthäus hat ein anderes Interesse, das er durch die Flucht der Hirten und die Bitte der Stadtbewohner verdeutlicht: in einem heidnischen Land, das von Dämonen und dunklen Mächten beherrscht ist, wird Jesu übernatürliche Kraft wahrgenommen, die bei den Einheimischen Schrecken bewirkt, aber auch Ehrfurcht und Respekt fordert. Hier lässt sich die pragmatische Absicht der Erzählung finden.

Mt 9,1b-8

Pragmatische Knotenpunkte des Textes

In dieser Erzählung fällt auf, dass die Schüler Jesu nicht auftreten. Jesus befindet sich allein in einem heidnischen Land, das einen personalen Gott nicht kennt, sondern nur Dämonen und dunkle Kräfte, die die Menschen beherrschen. Matthäus beleuchtet wiederum die Identität Jesu, dieses Mal nicht als *Kyrios* (Herrn), der die Schüler aus der Gefahr rettet, sondern als *Sohn Gottes*, in dem sich das Furchteinflößende und Faszinierende des Heiligen zeigt. Mit absoluter Überlegenheit bricht das Göttliche in die menschliche Welt ein, wirkt Wunder, aber bewirkt auch Schrecken, weckt die Sehnsucht der Annäherung und möchte zugleich Distanz bewahren. Die Bewohner von Gadara zeigen eine solche Reaktion: sie kommen hinaus, um Jesus zu begegnen – bitten ihn dann aber, ihr Gebiet zu verlassen. Im Gegensatz zu den Bewohnern Gadaras wissen die Leser des Evangeliums, dass Jesus nicht nur ein mit übermenschlichen Kräften begabter Mensch ist, sondern der Messias, der Sohn Gottes. Als Messias und Sohn Gottes befreit Jesus die Menschen von den Dämonen und finsteren Mächten, die sich ihrer bemächtigen. Es gibt keinen Menschen und auch kein Gebiet, wo Jesu Befreiung nicht wirksam sein könnte.

Der Menschensohn, der Vollmacht hat, Sünden zu vergeben: 9,1b-8

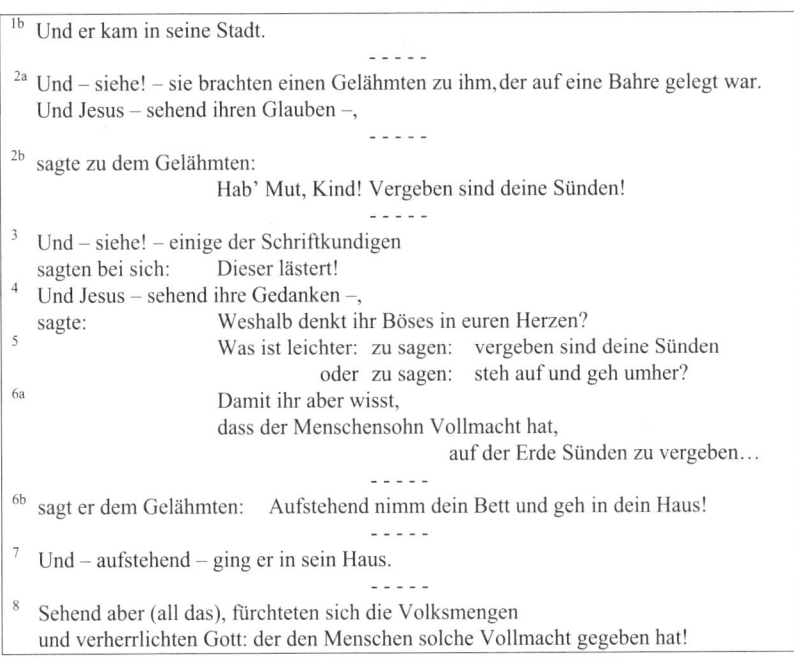

Jesu Handeln

Die Gewebestruktur des Textes

Nach der Rückkehr Jesu von der Begegnung mit zwei Besessenen im heidnischen Land schließt Matthäus eine neue Heilungserzählung an, die nicht nur (wie zuvor) die heilende Kraft Jesu zeigt, sondern vor allem seine Vollmacht Sünden zu vergeben in den Mittelpunkt stellt. Die Erzählung ist konzentrisch aufgebaut: nach einer kurzen Einleitung (9,1b) wird der Gelähmte vorgestellt (A: 9,2a) und auch zum Schluss wird der Gelähmte noch einmal in den Blick genommen (A': 9,7). Es folgt das Wort Jesu an den Gelähmten, mit dem er ihm die Vergebung seiner Sünden zusagt (B: 9,2b); wenig später wendet sich Jesus wieder an ihn mit dem Befehl, aufzustehen und nach Hause zu gehen (B': 9,6b). Im Mittelpunkt (C – C': 9,3-6) der Erzählung finden wir dieselben Worte Jesu (9,5), dieses Mal aber verbunden mit der Aussage über die Vollmacht des Menschensohnes, auf Erden Sünden zu vergeben (9,6a). Der Schluss hält die Reaktion der versammelten Menschenmenge fest (9,8).

Sehen wir uns die wichtigsten kommunikativen Aspekte der Erzählung genauer an: Im ersten Teil (A – A') erscheint der Gelähmte zuerst völlig ohnmächtig (9,2), denn er liegt auf einer Tragbahre und wird von anderen getragen. Nach der Begegnung mit Jesus (9,7) ist die Veränderung offensichtlich, denn nun handelt er selbständig: er steht auf und geht. Die Worte Jesu an den Gelähmten (B – B') enthalten ein weiteres wichtiges Signal: die Zusage der Sündenvergebung erfolgt in diesem Moment unerwartet, denn passender wäre ein machtvolles Wort, das die Heilung bewirkt. Die Leser erkennen in der Zusage der Sündenvergebung das zentrale Ereignis, das sie nicht übergehen können. Das zweite Wort Jesu an den Gelähmten ist ein Befehl, der aus zwei Imperativen besteht (*nimm* und *geh*), die die erfolgte Heilung schon voraussetzen. Der zentrale Teil (C – C') greift die Worte Jesu an den Gelähmten noch einmal in einer Frage an die Schriftkundigen auf (9,5), ohne allerdings weder eine Antwort zu erwarten noch abzuwarten. Überraschenderweise hört die Kommunikation plötzlich mit einem unvollendeten Satz auf (9,6a) – auch diese ungewöhnliche Endung enthält ein kommunikatives Signal an die Leser. Zum Schluss fällt in der Reaktion der Menschenmenge die Bemerkung auf, dass die *Vollmacht* offensichtlich nicht nur allein Jesus gegeben ist, sondern *den Menschen*.

Das semantische Geflecht des Textes

9,1b: Der Ortswechsel signalisiert eine neue Erzählung. Die Handlung findet in Kapharnaum statt, das Matthäus als Stadt Jesu identifiziert (4,13).

9,2a: Das Aufmerksamkeitssignal *und siehe!*, das die neue Erzählung einleitet, lenkt das das Interesse der Leser auf das nun folgende Ereignis. Der Gelähmte wird – im Gegensatz zu den ausführlichen Beschreibungen der anderen beiden Synoptiker – nur kurz vorgestellt, denn Matthäus kommt es nur auf die Ohnmacht und Handlungsunfähigkeit des Gelähmten an, die er durch das Passiv (*gelegt war*) ausdrückt.

9,2b: Jesus bemerkt den Glauben der Träger des Gelähmten und spricht aufgrund dessen dem Gelähmten die Vergebung seiner Sünden zu. Diese Verbindung von Glauben und Sündenvergebung ist ein bedeutendes Signal für die Leser. Jesu Worte an den Gelähmten klingen allerdings ungewöhnlich, weil sie sich nicht auf die Krankheit des Gelähmten beziehen. In der Antike wurde jedoch stets ein Zusammenhang zwischen der zerstörerischen Wirkung einer Krankheit und Sünde gesehen. Die Leser erkennen schon hier, dass der Kernpunkt der Erzählung nicht die Heilung des Gelähmten, sondern die Vergebung der Sünden ist.

Auch die Sündenvergebung drückt Matthäus im Passiv aus, wodurch er auf Gott als Urheber der Handlung verweist (Passivum Divinum). Jesus beansprucht also gerade nicht die göttliche Fähigkeit für sich, Sünden vergeben zu können. Deshalb können die Schriftkundigen ihm auch nur Gotteslästerung vorwerfen und nicht die Anmaßung göttlicher Fähigkeiten. Im Judentum besitzt allein Gott die Eigenschaft, Sünden vergeben zu können, die er weder mit dem Messias, noch mit dem Menschensohn teilt (vgl. Ex 34,6-7; Jes 43,25; 44,22). Die Worte Jesu bestätigen daher noch einmal die Kraft Gottes, die in ihm wirkt: einem Menschen, der erwartet, physisch wiederhergestellt zu werden, spricht Jesus die Wiederherstellung seiner Beziehung zu Gott zu!

9,3-6a: Diese vier Verse bilden das Zentrum der Erzählung: sie bestehen aus dem Selbstgespräch der Schriftkundigen und der Antwort Jesu, die die Kernaussage der Perikope enthält. Die Schriftkundigen können Jesus nur indirekte Gotteslästerung vorwerfen – er gebraucht nicht einmal den heiligen Namen Gottes –, weil er Gott in eine Angelegenheit hineinzieht, ohne ihrer Meinung nach dafür einen Anlass zu haben. Jesu Antwort als Gegenfrage gilt in der Erzählung zwar den Schriftkundigen, auf der kommunikativen Ebene aber auch den Lesern: sicherlich ist es einfacher, einem Gelähmten zu sagen *deine Sünden sind dir vergeben*, als *steh auf und geh!* Schließlich ist auf empirischer Ebene nicht von jedem nachprüfbar, ob wirklich die Sünden vergeben sind, aber dass ein Gelähmter aufsteht und umhergeht, kann von jedem festgestellt werden. Die Leser erkennen also, dass die Zusage der Sündenvergebung *leicht* ist.

Jesus wartet von den Schriftkundigen keine Antwort ab, sondern geht gleich über zur Handlung. Der unvollendete Satz lässt die Leser im Ungewissen und in der Erwartung der noch ausstehenden Erfüllung. Diese Erfüllung ereignet sich gleich anschließend, jedoch wieder unerwartet, weil Jesus seine Vollmacht zur Sündenvergebung durch die Heilung des Gelähmten zeigt. Die Bezeichnung *Menschensohn* ist hier nur ein Synonym für den *Menschen*: so ergibt sich eine eindeutige Beziehung zum Schluss (9,8), denn in der apokalyptischen Tradition (Dan 7) hat der Menschensohn gerade nicht die Vollmacht, Sünden zu vergeben. Gott zeigt also in diesem Menschen Jesus seine Vollmacht der Sündenvergebung und das Zeichen dieser Vollmacht ist die Heilung des Gelähmten.

9,6b: Jesus wendet sich noch einmal an den Gelähmten mit einem Doppelbefehl. Die Schriftkundigen und die Leser erkennen: wenn es ihm ge-

Jesu Handeln

lingt, das Schwierigere zu sagen bzw. zu tun, besteht kein Zweifel, dass ihm auch das Leichtere, die Sündenvergebung, gelingt. Die Leser verstehen, dass nicht die Wunderheilung im Vordergrund steht, denn sie ist ja nur ein Zeichen für die geschehene Sündenvergebung. Entsprechend fehlt auch ein Heilungswort Jesu; der Doppelbefehl setzt die geschehene Heilung ja schon voraus. Im Mittelpunkt steht also die *Vollmacht des Menschensohnes*, die Sündenvergebung zuzusprechen. Das unterstreicht auch noch einmal der Schlussvers, in dem die Menschen Gott loben für solch eine Vollmacht.

9,7: Der Gelähmte folgt den Worten Jesu, steht auf und geht in sein Haus, womit Matthäus die Heilung feststellt und damit zugleich die Vollmacht Jesu, die Sündenvergebung zuzusprechen, bestätigt. Bemerkenswert ist der Kontrast zur einleitenden Beschreibung des Gelähmten, denn der Geheilte handelt nun selbständig.

9,8: Der Chorschluss der Volksscharen steht im Gegensatz zur Skepsis der Schriftkundigen: sie erkennen im Geschehen Gottes Wirken und loben Gott. Überraschend ist, dass jetzt nicht mehr von der Vollmacht des Menschensohnes, sondern von *den Menschen* die Rede ist, denen die Vollmacht gegeben ist, die Sünden zu vergeben. Die Leser erkennen hier ein wichtiges pragmatisches Signal des Textes.

Pragmatische Knotenpunkte des Textes

Unser Text handelt von der Vollmacht der Sündenvergebung, die dem Menschensohn (9,6b) bzw. generell den Menschen (9,8) zugesprochen wird. Die Vollmacht, die allein Gott zustand, ist damit auch den Menschen gegeben. Im Kontext des Ersten Testaments, das immer wieder von der Vergebung als Akt der Barmherzigkeit Gottes erzählt (Num 14,19; Neh 9,17; Ps 86,5; Mi 7,18) sowie des Auftrags, vollkommen wie unser himmlischer Vater zu sein (5,48) und der Vaterunser-Bitte (6,12) verstehen die Leser, dass es sich nicht nur um eine Vollmacht handelt, sondern in erster Linie um eine Pflicht!

Die Frage Jesu, was leichter sei (9,5), verdeutlicht den Lesern aber auch, dass ihre Pflicht der Sündenvergebung leicht ist: sie kann und soll einfach immer praktiziert werden. Im Kapitel 18 führt Matthäus diese Vollmacht und Pflicht zur ständigen Vergebung der Sünden noch näher aus. Die matthäische Gemeinde übernimmt für sich die Praxis Jesu, im Blick auf das messianische Reich Gottes die Vergebung der Sünden zuzusprechen und entsprechend die barmherzige Vergebung auch zu leben.

Hinter der Vollmacht und Pflicht der Sündenvergebung steht letztlich die Frage nach Gott selbst: Was für ein Gott zeigt sich in den Handlungen Jesu – in der Praxis der Gemeinde – im Alltag der Gläubigen? Diese Frage wird uns auch im folgenden zweiten Verbindungsstück begleiten.

Mt 9,9-17

Zweites Verbindungsstück: 9,9-17

Vorspiel
⁹ Und Jesus – weitergehend von dort –,
sah einen Mann – sitzend an der Zollstelle, Matthäus genannt –,
und er sagt ihm: Folge mir nach!
Und – aufstehend – folgte er ihm nach.

Erster Disput
¹⁰ Und es geschah, als er im Haus zu Tisch lag,
und – siehe! – viele Zöllner und Sünder kamen
und lagen zu Tisch mit Jesus und mit seinen Schülern.
¹¹ Und die Pharisäer – das sehend –,
sagten zu seinen Schülern:
          Weshalb isst euer Lehrer mit den Zöllnern und Sündern?
¹² Er aber – es hörend –,
sagte: Nicht die Gesunden brauchen den Arzt,
          – sondern die, denen es schlecht geht.
¹³   Geht also, um zu lernen, was es heißt:
          Barmherzigkeit will ich – und nicht Opfer! (Hos 6,6)
          Denn ich bin nicht gekommen, Gerechte zu rufen,
          – sondern Sünder.

Zweiter Disput
¹⁴ Dann kommen zu ihm die Schüler des Johannes,
sagend: Weshalb fasten wir und die Pharisäer oft,
               deine Schüler aber fasten nicht?
¹⁵ Und Jesus sagte ihnen: Können etwa die Hochzeitsgäste trauern,
               während der Bräutigam bei ihnen ist?
          Es werden aber Tage kommen,
            wenn der Bräutigam von ihnen weggenommen wurde,
               dann werden sie fasten.
¹⁶ Keiner setzt ein Stück   neuen Stoff   auf ein altes Gewand,
     denn: der neue Flicken reißt ab und der Riss wird noch größer.
¹⁷ Und man füllt auch nicht jungen Wein   in alte Schläuche;
     wenn aber doch: die Schläuche zerreißen und der Wein fließt aus
                                             und die Schläuche
                                                     werden zerstört.
   Sondern man schüttet   jungen Wein   in neue Schläuche,
                                             und beide bleiben erhalten.

Die Gewebestruktur des Textes

Dieses zweite Verbindungsstück besteht eigentlich aus drei kleineren Episoden: die Berufung des Zöllners Matthäus (9,9) bildet gleichsam ein „Vorspiel" zu dem sich anschließenden Gespräch mit den Pharisäern (9,10-13); daran schließt sich noch ein Dialog mit den Schülern des Johannes an (9,14-17). Das Vorspiel ist mit dem ersten Disput über das Stichwort *Zöllner* eng verbunden. Beide Dispute sind jeweils parallel aufgebaut: auf eine kritische

Jesu Handeln

Frage folgt eine Antwort Jesu, die jeweils durch mehrfache Beispiele ausführlich erläutert wird.

Die Berufungserzählung ist sehr stilisiert und entspricht demselben Ablauf der Berufungserzählungen (4,18-22): *gehend – sah – sagt ihm – aufstehend – folgt ihm*. Jesus ist die Hauptperson; der Angesprochene reagiert prompt, wie schon zuvor die vier Brüder. Die nächste Episode, die den ersten Disput enthält, findet an einem anderen Ort statt: auf die einführende Beschreibung des Mahls Jesu mit Zöllnern und Sündern (9,10) folgt die Frage der Pharisäer (9,11) und schließlich die Antwort Jesu (9,12-13), die aus drei Teilen besteht: einem Sprichwort (9,12), einem Zitat aus Hosea (9,13a) und einer mit *denn* eingeleiteten Schlussfolgerung (9,13b). Die letzte Episode berichtet von einem Gespräch mit den Schülern des Johannes, das ganz ähnlich aufgebaut ist: auf ihre kritische Frage (9,14) folgt die Antwort Jesu, die aus einer direkten Begründung durch ein Bild (9,15) und einer indirekten Begründung mit zwei Beispielen (9,16-17) besteht. Die Gegenüberstellung von *neu – alt* und die Worte *Bräutigam* und *Hochzeit* thematisieren nicht nur das Fasten als Antwort auf die Ausgangsfrage, sondern sie spielen ebenso auf die neue, eschatologische Zeit an.

Das semantische Geflecht des Textes

9,9 Vorspiel

Dass die Berufung des Matthäus demselben Schema wie die Berufung der Fischerbrüder (4,18-22) folgt, zeigt, dass es dem Autor nicht um einen historischen Bericht geht, sondern dass er das traditionelle Material seinen Lesern anpasst: die Leser zu allen Zeiten hören dieses *folge mir!*. Das Präsens in der Aufforderung Jesu betont die bleibende Aktualität seines Rufes. Der einzige auffällige Unterschied ist, dass hier nicht ein Fischer, sondern ein Zöllner, der im Dienst der Besatzungsmacht steht, zur Nachfolge gerufen wird. Die Zöllner werden noch an anderen Stellen des Evangeliums genannt, jedes Mal im Zusammenhang mit Sündern, Dirnen oder Heiden, was ihre Geringschätzung bei der Bevölkerung unterstreicht.

Dem ersten Evangelium ist es jedoch wichtig festzuhalten, dass unter den Zwölf sich auch ein Zöllner befand (10,3). Das könnte darauf hindeuten, dass in der Gemeinde des Matthäus der Apostel Matthäus als Zugehöriger zu den Zöllnern eine nicht unbedeutende Rolle spielte. Die Tatsache, dass Jesus einen Zöllner unter seinen Schülern hatte, ist immerhin provokant, denn die Zöllner galten gerade den Pharisäern als unverbesserliche Sünder. Was für die Frommen ein Skandal bedeutete, war aber für die matthäische Gemeinde ein Zeichen der messianischen Zeit.

9,10-13 Erster Disput

Gleich anschließend wird dieser Skandal für die Pharisäer noch einmal ausführlicher beschrieben: Jesus hält Mahl mit den verachteten Menschen, mit vielen Zöllnern und Sündern. Schon zuvor (8,10-12) hat Jesus vom eschatologischen Mahl gesprochen, an dem die Fernstehenden teilnehmen werden.

Jesu Zuwendung zu den Sündern ist eine unbestreitbare Tatsache, die die synoptische Tradition unterstützt; seine Gegner nannten Jesus deshalb den *Freund der Zöllner und Sünder* (Mt 11,19 // Lk 7,34) – dieser prekäre Ruf Jesu kann also nicht nachträgliche Gemeindebildung sein. Mit Sündern sind all jene Personen gemeint, die auf irgendeine Weise gegen die Tora handeln oder leben: das können „berufsmäßige" Sünder sein, die einen „unreinen" Beruf ausüben, wie z.b. die Zöllner, Geldverleiher, Prostituierte, Gerber, etc. Es können aber auch generell alle Menschen gemeint sein, die gesündigt haben und als solche von der Gemeinschaft erkannt werden, z.b. Lügner, Betrüger, Diebe und all jene, die anderen auf irgendeine Weise Unrecht zugefügt haben.

Die Pharisäer fragen die Schüler Jesu nach dem Motiv, weshalb ihr Meister mit solchen Menschen Gemeinschaft pflegt, die doch offensichtlich gegen die Tora handeln. Auf pragmatischer Ebene ist es bedeutend, dass nicht die Schüler antworten, sondern Jesus selbst, denn damit wird die Gemeindepraxis auf das Verhalten Jesu zurückgeführt. Die dreiteilige Antwort Jesu mit dem Sprichwort, dem Zitat und der Begründung legt das Gewicht der Aussage auf das Zentrum, also auf das Hosea-Zitat, das durch die rabbinische Formel für halachische Lehre einleitet wird: „Geht (hinaus) und seht / lernt (vom Leben)" (P. Avot 2,9).

Das Hosea-Zitat hat für Matthäus eine besondere Bedeutung, denn er zitiert es sogar zweimal (auch in 12,7), während es die anderen neutestamentlichen Autoren und auch die christlichen Schriftsteller der ersten beiden Jahrhunderte nicht erwähnen. Hosea klagt eine oberflächliche und scheinheilige Frömmigkeit an, die die wesentliche Beziehung des Bundes zwischen Gott und den Menschen übersieht: Gott will Gerechtigkeit und Barmherzigkeit – und die Menschen bringen Opfer dar! Indem Matthäus das Hosea-Zitat hier einfügt, bezieht er die geforderte Barmherzigkeit durch die Formulierung *ich bin (nicht) gekommen* (ἦλθον) auf die Sendung Jesu: Jesus lebt die Barmherzigkeit Gottes in seiner Beziehung zu den Menschen, besonders zu den Zöllnern und Sündern. Auch das ist ein Zeichen der eschatologischen Heilszeit. Die Gläubigen verstehen dieses Hosea-Zitat auch im Zusammenhang mit der Toraauslegung Jesu, die größere Gerechtigkeit (5,20) zu erfüllen. Opfer und Kult werden nicht abgeschafft, aber sie allein genügen nicht. Es geht auch nicht um Ausweitungen oder Verschärfungen der Vorschriften, sondern um ihren eigentlichen Sinn: die Beziehung zu Gott seinem universalen Heilswillen gemäß zu leben.

9,14-17 Zweiter Disput
Durch die Zeitangabe (*dann*) und den Personenwechsel (die Schüler des Johannes) markiert Matthäus einen neuen Abschnitt. Er ist mit dem vorigen über die anwesenden bzw. genannten Pharisäer verbunden und ebenso strukturiert. Jetzt wenden sich die Schüler des Täufers allerdings direkt an Jesus und befragen ihn zur Fastenpraxis. Fasten wurde als Sühne für begangene Sünden verstanden, deshalb war es zugleich auch ein Ausdruck von Trauer. Kollektives Fasten fand als Reaktion auf erlebte Schicksalsschläge

statt; es wurde mit der Bitte um Vergebung verbunden und vom Wunsch nach Wiederherstellung des Wohlergehens begleitet.

Die Antwort Jesu (9,15) in Form einer Gegenfrage verschiebt das Problem auf eine andere Ebene: vor dem Horizont der mit Jesus angebrochenen Zeit steht jetzt Jesus selbst einschließlich seines „skandalösen" Verhaltens im Mittelpunkt, denn zuvor wurde Jesus als Freund der Zöllner und Sünder kritisiert; später wird dem noch der Vorwurf, ein Fresser und Säufer zu sein, hinzugefügt (11,19). Das eigentliche Problem ist also Jesu Identität, auf die Jesus mit dem Bild der Hochzeitsfeier antwortet.

Im Ersten Testament wird die glückliche Liebe zwischen Braut und Bräutigam zur Metapher der geglückten Beziehung zwischen Gott und seinem Volk. Die Propheten beschreiben daher die messianische Heilszeit mit dem Bild der Hochzeit: Jerusalem ist die Braut, Gott der Bräutigam (Jes 62,4-5; 61,10; Jer 2,32). Auch im Neuen Testament dient die Liebe zwischen den Menschen als Modell für die gelungene Beziehung zu Gott (1 Joh 4,8-12.16; Apk 21,2-17); es verwundert also nicht, wenn die eschatologische Zeit mit der Metapher der Hochzeit beschrieben wird. Allerdings findet sich nirgendwo im Ersten Testament der Hinweis, dass der Messias der Bräutigam ist: der Bräutigam ist stets Gott, die Braut ist Israel oder Jerusalem. Wenn in jüdischen Texten der Messias in diesem Bild eine Rolle spielt, dann als „Trauzeuge", der die Braut (Israel) zum Bräutigam (Gott) geleitet.

Kann Matthäus als Jude dieses gebräuchliche Bild so verändern, dass nun der Messias der Bräutigam ist? Immerhin gebraucht Matthäus das Bild des Bräutigams noch einmal im Gleichnis von den Hochzeitsgästen (22,1-14) und im Gleichnis von den zehn Jungfrauen (25,1-15). Ist Jesus selbst der Bräutigam, der zuerst inmitten seiner Schüler (die Hochzeitsgäste) feiert – und dann weggenommen wird? Wäre dann diese Zeit der Abwesenheit des Bräutigams und des Fastens die Zeitspanne zwischen der Auferstehung und der Wiederkunft des Messias? Allerdings spricht Matthäus vom Bräutigam (wie auch vom Menschensohn) nur in der dritten Person, nirgendwo identifiziert er Jesus direkt mit ihm. Zudem ist vom Bräutigam stets nur in Gleichnissen die Rede; dabei muss beachtet werden, dass die Sprache der Gleichnisse metaphorisch ist. Hier symbolisieren der *Bräutigam* und die Hochzeitsfeier die „Neuheit" der messianischen Zeit. Das verdeutlicht auch der unmittelbare Kontext vom *neuen Stoff* und *jungen Wein*. Es geht also nicht um den Versuch, den Bräutigam Gott durch Jesus zu ersetzen.

Schließlich mutet es seltsam an, dass ausgerechnet Matthäus, der den *Gott-mit-uns* (2,23; 28,20) betont, plötzlich davon spricht, dass der Bräutigam *weggenommen* wird. Möglicherweise spiegelt sich hier eine Bearbeitung der Metapher wider, mit dem Ziel, das Fasten der Christusgläubigen nach dem Tod Jesu zu rechtfertigen. Stets ist zu bedenken, dass das Matthäusevangelium in einer Umbruch- und Entwicklungszeit verfasst und bearbeitet wurde, in der eher theologische Elemente eine stärker christologische Akzentuierung bekamen. Auch die anschließenden Beispiele zeigen eine solche „anpassende Bearbeitung".

Die beiden Weisheitssprüche (9,16-17) spielen auf Jesus als „den Neuen" an. Ihm gegenüber scheint „das Alte" unangemessen. Jesus antwortet den Johannesschülern mit zwei Beispielen aus der alltäglichen Lebenserfahrung, um die schwierige Koexistenz von Altem und Neuem zu verdeutlichen. Das Neue meint nicht etwas qualitativ Neues, sondern eher eine Auffrischung und Erneuerung. Wichtig ist dabei, dass Matthäus das Alte keinesfalls auflösen möchte, sondern ausdrücklich betont, dass beides erhalten bleibt (9,17b). Es geht hier also nicht um eine Gegenüberstellung von „altem Gesetz" und „neuem christlichen Leben", denn Jesus ist nicht gekommen, um die Tora aufzulösen, sondern um sie zu erfüllen (5,17). Jesus zeigt die messianische Erfüllung der Tora und damit für die Christusgläubigen das authentische Ziel, das dem Heilswillen Gottes entspricht. Wieder einmal betont Matthäus, dass zwischen den alten Traditionen und der messianischen Erneuerung keine Inkompatibilität besteht.

Pragmatische Knotenpunkte des Textes

Mit Sicherheit ist unser Text nach 70 geschrieben worden, als wegen der Zerstörung des Tempels die Opfer unmöglich wurden. Im Judentum galten in der Zeit ohne Tempel die Werke der Barmherzigkeit als Gott wohlgefälliges Opfer. Hos 6,6 ist deshalb ein zentraler Text für die religiöse Neuordnung des pharisäischen Judentums. Matthäus weitet die von Gott geforderte und bevorzugte Barmherzigkeit besonders auf die Menschen aus, die sie nötig haben: auf die Zöllner und Sünder, auf die Verachteten und Ausgegrenzten. Die messianische Erneuerung beginnt für Matthäus gerade nicht bei den „Reinen" (was z.B. Qumran vertrat), sondern bei den Ausgegrenzten. Das betont Matthäus auch noch an anderen Stellen des Evangeliums, wie z.B. im Gleichnis vom Hochzeitsmahl (22,3.10), zu dem diejenigen eingeladen werden, die von den anderen verachtet werden. Die rabbinische Formel „geht und lernt" hat deshalb hier auch eine polemische Konnotation, als würde Jesus sagen: wisst ihr nicht, dass Gott Barmherzigkeit ist und Barmherzigkeit will?

Ein weiterer bedeutender pragmatischer Anknüpfungspunkt für die Leser ist das Hosea-Zitat im expliziten Kontext einer Berufungserzählung. Die Berufung des Zöllners Matthäus zusammen mit dem Hinweis auf die versammelten Zöllner und Sünder gibt der Gemeinschaft um Jesus damals und heute ein wegweisendes Signal. In diesen Rahmen gehört auch das Gleichnis vom Unkraut unter dem Weizen, das auf solche Gemeindemitglieder zielt, die sich auf die Macht Gottes berufen, um „das Böse" aus der Welt zu schaffen (13,28-30), die andere richten, ohne sich selbst kritisch in den Blick zu nehmen (7,1-5) und *die Mücke aussieben, aber das Kamel verschlingen* (23,24). Das Hosea-Zitat im Zusammenhang der Berufungserzählung ermahnt die Schüler Jesu, an die gütige Weisheit Gottes zu glauben und deshalb besonders das barmherzige Verhalten Jesu gegenüber den Ausgegrenzten nachzuahmen.

Jesu Handeln

Die beiden Sprüche über das Neue und das Alte thematisieren wahrscheinlich einen Konfliktpunkt der matthäischen Gemeinde mit ihrer Umgebung. In der Zeit der Neuordnung des Judentums nach der Zerstörung des Tempels wollte auch Matthäus nicht, dass „das Alte" verloren geht. Die einzige Weise, in seiner gegenwärtigen Zeit ohne Tempel in einem besetzten Land zu leben, fand er darin, der Lehre Jesu zu folgen. Das, was anderen ein Skandal schien, war für ihn die Möglichkeit, das Alte mit dem Neuen zu verbinden und eben dadurch zu bewahren. Damit bietet Matthäus seinen Lesern auch ein Unterscheidungsprinzip an: das Alte ist nicht einfach wegzuwerfen, aber wer an Jesus glaubt, ist auch nicht nur Konservator des Vergangenen. Das Alte darf nicht zur Gewohnheit werden, sondern muss in den aktuellen Situationen und Herausforderungen neu bedacht, übernommen oder erneuert werden. Die jeweiligen Erneuerungen des Bundes Gottes mit Israel haben ihren Ort eben deshalb vor allem in den Krisensituationen der Geschichte Israels.

Der Glaube, der den Tod überwindet: 9,18-26

Die Bitte des Vorstehers
18 Als er dies zu ihnen sagte,
 – siehe! – ein Vorsteher   – kommend –   fiel nieder vor ihm,
 sagend: Meine Tochter ist eben gestorben,
 aber – kommend – leg ihr die Hand auf,
 und sie wird leben!
19 Und – aufstehend – folgte ihm Jesus und seine Schüler.

Die blutflüssige Frau
20 Und – siehe! – eine Frau   – an Blutfluss leidend seit zwölf Jahren,
    herankommend von hinten –,
     berührte die Quaste seines Gewandes.
21 Denn sie sagte sich: Wenn ich nur sein Gewand berühre,   werde ich gerettet werden.
22 Jesus aber – sich umwendend und sie sehend –,
 sagte: Hab Mut, Tochter! Dein Glaube   hat dich gerettet.
Und seit jener Stunde   war die Frau gerettet.

Jesus erweckt die Tochter des Vorstehers
23 Und Jesus   – kommend in das Haus des Vorstehers,
    und sehend die Flötenspieler und die Menge lärmend –,
24 sagte: Geht weg!
    Denn das Mädchen starb nicht, sondern schläft.
Und sie lachten ihn aus.
25 Als aber die Menge hinausgedrängt war,
 – hineinkommend – griff er ihre Hand,
 und das Mädchen stand auf.
26 Und die Kunde hiervon verbreitete sich in jenem ganzen Land.

Mt 9,18-26

Die Gewebestruktur des Textes

Mit diesen beiden Wundererzählungen leitet Matthäus den letzten Abschnitt ein, in dem er nach den Heilungen und der Identität des Messias nun den Glauben an den Messias thematisiert. Der dritte Abschnitt enthält zwei Besonderheiten: auffällig ist das Element der Verdoppelung, denn Matthäus erzählt hier von zwei Frauen, anschließend von zwei Blinden (9,27-31) und zum Schluss von der Heilung einer doppelten Krankheit (Besessenheit und Stummheit, 9,32-34). Die zweite Besonderheit ist die Wiederaufnahme von charakteristischen Begriffen der gesamten Einheit (8,2-9,34): es geht um die Identität Jesu, um die Nachfolge, die Rettung – stets im Zusammenhang mit dem Glauben. Die Leser finden hier Antworten auf die Frage, die sie bisher begleitet hat: was für ein Messias ist Jesus? Allerdings endet dieser Abschnitt nach so vielen Wundern und Zeichen Jesu mit dem Unglauben der Pharisäer (9,34): die Leser müssen ihre eigene Entscheidung treffen.

Unser Text besteht aus zwei Wunderheilungen, die zu drei Szenen kombiniert sind und jeweils mit dem Herankommen einer Person beginnen: nach einer kurzen Einleitung (9,18a) lesen wir vom Kommen des Vorstehers (9,18b-19), dann vom Herankommen der blutflüssigen Frau (9,20-22), und schließlich vom Hineinkommen Jesu in das Haus des Vorstehers (9,23-26); eine zusammenfassende Bemerkung beendet die Erzählung.

Mit dem Aufmerksamkeitssignal *und siehe!* weist Matthäus auf die Ankunft des Vorstehers hin. Während diese Persönlichkeit bei Markus und Lukas ausführlicher als der Synagogenvorsteher Jairus beschrieben ist, vermeidet Matthäus hier wieder alle historisch-personalisierenden Merkmale, um seinen Lesern die Identifikation zu erleichtern. Anders als Markus und Lukas, bei denen die Tochter stirbt, während Jesus auf dem Weg zum Haus des Jairus ist, erzählt Matthäus, dass das Mädchen bereits tot ist: dadurch verkürzt er nicht nur die Erzählung, sondern hebt auch den besonderen Glauben des Vaters hervor, der Jesus zutraut, Tote zu erwecken. Mit einem weiteren Aufmerksamkeitssignal leitet Matthäus zum unerwarteten Herankommen der blutflüssigen Frau über. Auch hier berichtet Matthäus keine weiteren charakteristischen Besonderheiten, wie z.B. ihre bisherigen vergeblichen Bemühungen, geheilt zu werden. Die Szene konzentriert sich vielmehr auf das dreimalige *retten* (9,21-22). In der Szene von der Auferweckung des Mädchens richtet sich der Fokus des Erzählers auf Jesus, auf das Mädchen und auf den Spott der versammelten Menschen; weder die zuvor erwähnten Schüler noch der Vater des Kindes scheinen gegenwärtig zu sein. Doch die Leser werden sich wieder an den Vater und an seine Bitte erinnern, wenn Jesus die Hand des Mädchens fasst.

Das semantische Geflecht des Textes

9,18-19 Die Bitte des Vorstehers
Matthäus beschreibt die Haltung des Vorstehers als Niederfallen vor Jesus. Dieses Verb bezeichnet sowohl die Anbetung Gottes als auch die Ehrerbie-

Jesu Handeln

tung einem mächtigen Menschen gegenüber. Matthäus gebraucht es, um damit auf Jesus als den Messias hinzuweisen. Hier unterstreicht das Niederfallen die Bitte des Vorstehers, mit der er seinen vertrauensvollen Glauben in die heilende Kraft Jesu ausdrückt (8,3.15), die sogar die Macht hat, den Tod zu überwinden. Bis jetzt hatte Jesus zwar Kranke geheilt, aber dass er auch Macht über den Tod haben sollte, war für die Leser bisher nicht abzusehen. Für den Vorsteher besteht jedoch kein Zweifel: sein Niederfallen und seine Bitte verdeutlichen, dass er in Jesus die göttliche Kraft wirken sieht.

9,20-22 Die blutflüssige Frau
Die blutflüssige Frau leidet schon seit zwölf Jahren an ihrer Krankheit. Nicht nur, dass ihr Leiden ihr jahrelang Mühsal bereitet hat, es hat sie auch von der Teilnahme an Festen im Tempel und am Kult ausgeschlossen (Lev 15,19.25). Ihr Vorhaben, wenigstens Jesu Gewand zu berühren, um zu genesen, spiegelt hier mit dem Stichwort der Berührung zwar auch einen magischen Volksglauben wider, zeigt aber in erster Linie das große Vertrauen und den Glauben der Frau in Jesus. Das verdeutlicht Matthäus durch die Präzisierung, dass die Frau die Quaste des Gewandes Jesu berühren möchte: die Schaufäden am Gewand symbolisieren die 613 Gebote und eben dort sieht die Frau die wirksame Kraft Jesu und ihre Hoffnung konzentriert. Der vertrauensvolle Glaube der Frau lässt sie angesichts ihrer hoffnungslosen Situation dennoch hoffen. Jesus reagiert auf die Berührung, indem er der Frau die Heilung bestätigt: ihr *Glaube* hat sie *gerettet*!

9,23-26 Jesus erweckt die Tochter des Vorstehers
Als Jesus zum Haus des Vorstehers kommt, deuten die Flötenspieler und die lärmenden Menschen auf die Traueratmosphäre hin. Die Auferweckung findet im Haus und unter Ausschluss der Menschen – im Geheimen – statt: nur Jesus und das Mädchen bleiben zurück. Matthäus gibt der Erzählung dadurch einen gewissen mysteriösen Charakter. In derselben Linie ist Jesu Behauptung, das Mädchen sei nicht tot, sondern schlafe nur, zu deuten. Angesichts aller äußeren Hinweise (Flötenspieler, lärmende Menschen) auf einen realen Tod mutet diese Behauptung seltsam an und ist gerade deshalb der Hinweis auf die andere Wirklichkeit des Glaubens. Von der Auferstehung Jesu her gelesen, die den Tod überwunden hat, wird die Glaubenswirklichkeit sichtbar: das Mädchen ist nicht tot!

Gegen die Ungläubigkeit der spottenden Menschen erweckt Jesus das Mädchen zum Leben. Das Verb, das die Reaktion des Mädchens beschreibt, kann als *aufstehen* oder *auferweckt werden* gelesen werden. Entsprechend können die Leser dieses Ereignis im Licht der Auferstehung Jesu als eine Auferstehungserzählung verstehen. Der Glaube, den der Vater zu Beginn in seiner Bitte an Jesus gezeigt hat – *leg ihr die Hand auf und sie wird leben!* – ermöglicht neues Leben. Das selbständige Sich-Verbreiten der Nachricht (9,26) gibt zu verstehen, dass Jesus nichts damit zu tun hat. Für Matthäus beweisen die Wunder Jesu nicht seine Messianität, deshalb bemüht er sich darum, sie nicht zu sehr zu betonen.

Mt 9,27-31

Pragmatische Knotenpunkte des Textes

Unser Text hebt einen besonders wichtigen Aspekt des Wunderverständnisses bei Matthäus hervor: das Wunder ist kein Zeichen, das den Glauben bewirken will, sondern vielmehr ein Paradigma, das die Wirksamkeit des Glaubens zeigt (vgl. 21,21-22). Nicht das Wunder hat den Glauben hervorgebracht, sondern der Glaube das Wunder. Die anonyme Frau ist ein bewundernswertes Beispiel und ein Vorbild für die Leser für das, was der Glaube bewirken kann. Diese Kraft und Wirksamkeit des Glaubens stellt Matthäus hier seinen Lesern eindrücklich vor.

Auferweckungserzählungen finden sich sowohl in der biblischen (der Sohn der Witwe von Sarepta; das Kind der Schunamitin; Tabitha) als auch in der außerbiblischen Literatur (Philostrat Vita Apol. IV,45). Im Gegensatz zu diesen Erzählungen streicht Matthäus aus seinem Text alles, was das Wunder überbetonen könnte. Im Kontext des Evangeliums wird seine Auferstehungserzählung deshalb auch als Vorausdeutung auf die befreiende Kraft der Auferstehung Jesu verstanden. Jesus stellt der Realität des Todes den Gott des Lebens gegenüber. Im Judentum wird die messianische Zeit nicht nur mit dem Ende der Krankheiten, sondern auch mit dem Ende des Todes verbunden (Jes 25,8). Matthäus zeigt somit eindeutig, dass mit Jesus die messianische Zeit angebrochen ist.

Der Glaube, der die Augen öffnet: 9,27-31

> [27] Und als Jesus von dort weiterging,
> folgten ihm zwei Blinde nach – schreiend –
> und sagend: Erbarme dich unser, Sohn Davids!
> - - - - -
> [28] Als er aber ins Haus kam,
> kamen die Blinden zu ihm,
> und Jesus sagt ihnen: Glaubt ihr, dass ich das zu tun die Macht-Kraft habe?
> Sie sagen ihm: Ja, Herr.
> [29] Da berührte er ihre Augen,
> sagend: Gemäß eures Glaubens geschehe euch.
> [30a] Und ihre Augen wurden geöffnet,
> - - - - -
> [30b] und Jesus ermahnte sie,
> sagend: Seht zu, keiner soll es erfahren!
> [31] Die aber – herauskommend –,
> erzählten von ihm herum in jenem ganzen Land.

Die Gewebestruktur des Textes

Der Text entwickelt sich in drei Schritten und lässt sich wie folgt gliedern: einleitend werden die beiden Blinden vorgestellt, die Jesus nachfolgen und ihn mit ihrem Schreien um Hilfe bitten (9,27). Die folgende Szene spielt *im Haus* und besteht aus einer Frage Jesu, der Antwort der Blinden, einer Ges-

Jesu Handeln

te und einem Wort Jesu sowie der Feststellung der Heilung (9,28-30a). Auffallend ist hier der explizit betonte *Glaube* in der Frage und der Reaktion Jesu sowie in der Antwort der Blinden. Zum Schluss folgt eine Ermahnung Jesu, die von den Blinden nicht befolgt wird, denn sie erzählen überall von Jesus (9,30b-31). Zwei Elemente wirken in dieser kurzen Erzählung überflüssig: die Frage Jesu an die Blinden (9,28), die doch schon zuvor durch ihren Schrei ihrem Glauben Ausdruck verliehen haben, und der Schweigebefehl (9,30b), der Matthäus sonst nicht wichtig ist und dem die Blinden auch nicht gehorchen. Die scheinbar überflüssigen Elemente können den Lesern als Anknüpfungspunkte für ihre Aktualisierung dienen.

Das semantische Geflecht des Textes

9,27: Blindenheilungen finden sich in allen Evangelien. Dass Matthäus jeweils von zwei Blinden erzählt (auch in einer fast identischen Fassung in 20,29-34), könnte seinen Grund in der geforderten doppelten Bezeugung haben (Dtn 17,6; 19,15), oder einfach nur ein Verstärkungsmotiv sein. Blindheit war in der Antike aus hygienischen und mangelnden medizinischen Gründen stärker verbreitet als heute. Im Ersten Testament waren Blinde vom Priesterdienst ausgeschlossen (Lev 21,18) und durften auch nicht den Tempel betreten (2 Sam 5,8).

Matthäus beschreibt die Aktion der Blinden als *nachfolgen* und charakterisiert sie damit als Anhänger Jesu. Entsprechend erkennen die beiden Blinden in Jesus den Inhaber göttlicher Autorität, der die Macht hat, zu heilen und zu befreien. Deshalb wenden sie sich mit dem gebräuchlichsten messianischen Titel an Jesus: *Sohn Davids*. Abgesehen vom Titel des Evangeliums ist dies die erste Stelle, wo Jesus der *Sohn Davids* genannt wird. Dieser messianische Titel für Jesus findet sich noch öfter, vor allem im Kapitel 21, als Jesus nach Jerusalem kommt; zweifellos handelt es sich um ein wichtiges Thema im Evangelium. Im Ersten Testament bezieht sich *Sohn Davids* auf den Nachkommen Davids, dem Gott verspricht, dass sein Geschlecht und sein Königtum auf ewig bestehen bleiben (2 Sam 7,16). Auch in den Psalmen Salomos, einer jüdischen Schrift des ersten vorchristlichen Jahrhunderts, wird die messianische Zeit mit Begriffen und Kategorien der Herrschaft und siegreichen Macht beschrieben. Der *Sohn Davids* ist der Gesalbte Gottes, beglaubigt durch die Macht und Gerechtigkeit Gottes.

Die Blinden bitten Jesus um Erbarmen. Ihre Bitte, die wie ein liturgischer Ruf klingt, zeigt, dass sie verstanden haben, dass der Auftrag Jesu in der Verwirklichung eben dieser Barmherzigkeit besteht (9,13). Der Imperativ *erbarme dich unser!* hat eine doppelte Funktion: indem er die absolute Bedürftigkeit der beiden Blinden ausdrückt, drängt er Jesus dazu, seine Barmherzigkeit zu zeigen. Aufgrund ihrer bisherigen Kenntnisse wissen die Leser, dass und wie Jesus reagieren wird – aber anders als erwartet, reagiert Jesus noch nicht sofort. Es scheint sogar so, als hätte Jesus die Blinden nicht wahrgenommen oder würde sie ignorieren, weil er in ein Haus geht.

9,28-30a: Die Handlung wechselt vom öffentlichen Ort, an dem alle den Schrei der Blinden haben hören können zum abgeschiedenen Hausinneren. Die Blinden folgen Jesus auch weiterhin: im Haus kommen sie zu ihm. Bisher haben die Blinden ihren Glauben schon im Nachfolgen, durch ihr Rufen und durch ihr Kommen zu Jesus sehr deutlich zum Ausdruck gebracht. Wenn Matthäus Jesus hier noch einmal nach ihrem Glauben fragen lässt, obwohl das für die Entwicklung der Erzählung nicht nötig wäre, liegt hier ein Signal für die Leser. Ein näherer Blick auf die Frageformulierung zeigt, dass nicht der Glaube der Blinden in Frage gestellt wird, sondern dass es um die die Macht-Kraft Jesu und damit um die Identität Jesu geht: *glaubt ihr, dass ich das zu tun die Macht-Kraft habe?* Bisher verdeutlichte das Passivum Divinum bei den erfolgten Heilungen, dass Gott der Wirkende ist (z.B. 8,3.13; 9,22). Hat Jesus dieselbe Macht-Kraft? Wie würden die Leser antworten? Die Antwort der Blinden ist ein Modell-Bekenntnis mit Vorbildcharakter für die Leser, denn sie bringt die Identität Jesu zum Ausdruck.

Jesu Reaktion betont die Kraft des Glaubens und erklärt damit unmissverständlich, dass nicht das Wunder den Glauben bewirkt, sondern der Glaube das Wunder. Das Passiv in der Antwort Jesu und ebenso in der Feststellung der Heilung verweist wieder auf Gott als Wirkenden: Matthäus verdeutlicht damit, dass Jesus nicht in Konkurrenz zu Gott steht, sondern in seinem Sinne wirkt. Jesu Macht-Kraft, die die Blinden bekennen, ist von Gott – nicht von dämonischen Mächten.

9,30b-31: Das Schweigegebot im Markusevangelium verbietet die Identität Jesu schon vor seinem Tod zu enthüllen, da sie erst am Kreuz offenbar wird. Hier hat dieser Befehl aber eine andere Funktion, denn Matthäus will gerade nicht die Identität Jesu verbergen: Jesus ist nicht deshalb der Messias, weil er Wunder wirkt oder siegreich und mächtig ist, sondern weil er barmherzig und demütig ist (vgl. 11,29; 12,18-21) und weil er an der Macht-Kraft Gottes Teil hat. Als Nachfolgende und Bekennende erzählen die Geheilten deshalb auch *von ihm* – von Jesus (nicht vom Wunder) – und verbreiten damit im Sinne des Matthäus Jesu wahre Identität.

Pragmatische Knotenpunkte des Textes

Im Ersten Testament ist Blindheit häufig eine Metapher für die Verschlossenheit Gott und seinem Heilswillen gegenüber. Die Propheten haben die Menschen deshalb oft wegen ihrer Blindheit getadelt (Jes 43,8; Jer 5,21; Ez 12,2). Auch Matthäus erwähnt die Blindheit der führenden Leute des Volkes (15,14; 23,16-26). Hier erzählt der Evangelist die Heilung von zwei Blinden, die aufgrund ihres Glaubens Jesus als den Sohn Davids – als den davidischen Messias (1,1) – erkennen und bekennen. Die Leser verstehen, dass es eine Blindheit gibt, die sich heilen lässt – und eine Blindheit, die sich verschließt, die wahre Identität Jesu zu erkennen (12,22-24). Auch die Leser müssen sich der Frage stellen, wer Jesus für sie ist. Welche Konsequenzen hat dann ihre Antwort für ihre Beziehung zu Jesus und zu Gott – und für ihr Glaubensleben?

Jesu Handeln

Glaube und Unglaube: 9,32-34

> ³² Während sie weggingen,
> – siehe! – sie brachten ihm einen taubstummen, besessenen Menschen.
> ³³ᵃ Und als der Dämon ausgetrieben war,
> redete der Taubstumme.
> - - - - -
> ³³ᵇ Und es staunten die Volksscharen,
> sagend: Noch nie erschien so etwas in Israel!
> ³⁴ Die Pharisäer aber sagten (immer wieder):
> Mit dem Anführer der Dämonen treibt er die Dämonen aus.

Die Gewebestruktur des Textes

Die Erzählung ist einfach aufgebaut: zuerst wird der besessene Taubstumme vorgestellt und knapp von seiner Genesung berichtet (9,32-33a), dann wird die Reaktion der Menge der der Pharisäer gegenübergestellt (9,33b-34).

Das semantische Geflecht des Textes

9,32-33a: Mit dem Signal *siehe!* lenkt Matthäus die Aufmerksamkeit der Leser auf den Kranken, der mit einer dreifachen Qual geschlagen ist, weil er taubstumm und von einem Dämon besessen ist. Matthäus berichtet weder eine Bitte derjenigen, die den Kranken zu Jesus bringen, noch ein Heilungswort oder eine Geste Jesu, sondern stellt nur äußerst knapp die Genesung fest. Das Gewicht der Erzählung liegt daher ganz auf den völlig verschiedenen Reaktionen der Menschenmenge und der Pharisäer.

9,33b-34: Die Volksscharen staunen über die geschehene Heilung – und die Pharisäer versteifen sich in ihrer ablehnende Haltung. Das Staunen der Menschen zeigt sich im Ausruf, dass so etwas in Israel noch nicht geschehen sei. Zwar ist Staunen noch kein Glaube (vgl. 8,27; 27,14), wohl aber eine Voraussetzung dafür. Die Pharisäer hingegen beschuldigen Jesus, im Bund mit dem höchsten Dämonen zu stehen (auch in 12,22-24) und unterstellen ihm, nur durch die Macht des Bösen so wirken zu können. Damit leugnen sie die messianische Kraft seines Wirkens, die zuvor die Blinden glaubend bekannten. Indem Matthäus die Einheit mit einer schweren Anklage abschließt, signalisiert er den Lesern: wer diese Position der Pharisäer teilt, leugnet die bisherige Erfüllung der messianischen Verheißung.

Pragmatische Knotenpunkte des Textes

Für den Propheten Jesaja ist die messianische Zeit auch dadurch gekennzeichnet, dass die Blinden sehen, die Tauben hören, die Stummen reden und die Lahmen wieder gehen werden (Jes 35,5-6). Die Leser finden sich vor die Alternative gestellt, entweder dem Weg zu folgen, der in Jesus das Wirken Gottes sieht – oder den Weg der hier beschriebenen Pharisäer zu wählen, der Jesus ablehnt, weil er mit einer widergöttlichen Macht wirke.

b. 9,35-11,1: Jesus überträgt seinen Auftrag seinen Schülern – die Aussendungsrede

Die zweite große Rede Jesu – die Aussendungsrede – ist theologisch ebenso bedeutend wie die Bergpredigt, denn sie thematisiert mit der Nachfolge die Weiterführung des Auftrags des Messias.

Folgende Beobachtungen können einer ersten Gliederung des Textes dienen: der gesamte Teil ist durch zwei Summarien gerahmt (9,35 und 11,1), die die Aktivität Jesu beschreiben. Dabei verbindet das Summarium in 9,35 den ersten Erzählbogen von Jesu Auftrag zu lehren und zu heilen (4,17-9,34) mit dem hier beginnenden zweiten (9,36-11,1). Das abschließende Summarium in 11,1 greift die zentralen Worte *lehren* und *verkünden* in den *Städten* aus 9,35 noch einmal auf, so dass der Rahmen um die Aussendungsrede geschlossen wird. Das erste Summarium in 9,35 bildet mit den anschließenden Versen (9,36-10,5a) die narrative Einleitung zur zweiten langen Rede, die in 10,5b einsetzt.

Auch die Aussendungsrede (10,5b-42) lässt sich in verschiedene Abschnitte unterteilen: drei thematische Sequenzen werden durch eine vorgestellte Einleitung (9,35-10,5a) und eine abschließende Zusammenfassung (11,1) gerahmt. Die erste Sequenz (10,5b-15) listet die verschiedenen Aufgaben der Ausgesandten auf. Die zweite Sequenz (10,16-33) handelt dann von der Aussendung und Auslieferung der Gesandten und besteht ihrerseits wiederum aus drei Teilen: sie wird in 10,16 durch *siehe, ich sende euch* feierlich eingeleitet und mit einer ermahnenden Erklärung in 10,32-33 abgeschlossen. Die dadurch gerahmten drei Teile handeln von der Auslieferung durch die Menschen (10,17-23) sowie vom Verhältnis des Lehrers zu seinen Schülern (10,24-25) und schließen mit der Zusicherung der Gegenwart Gottes ab (10,26-31). Die dritte und letzte Sequenz (10,34-42) thematisiert einige weitere Voraussetzungen der Aussendung. Diese Gliederung entspricht dem kompositorischen Dreierschema der Bergpredigt.

Narrative Einleitung	9,35-10,5a	
DIE AUFGABEN DER GESANDTEN	10,5b-15	
AUSSENDUNG UND AUSLIEFERUNG	10,16-33	
	Einleitung	10,16
	Auslieferung durch die Menschen	10,17-23
	Verhältnis von Lehrer und Schülern	10,24-25
	Die bleibende Gegenwart Gottes	10,26-31
	Abschluss	10,32-33
VORAUSSETZUNGEN DER AUSSENDUNG	10,34-42	
Narrativer Schluss	11,1	

Die Aussendungsrede

Narrative Einleitung: 9,35-10,5a

> Jesu Wirken
> ³⁵ Und Jesus durchzog alle Städte und Dörfer,
>   lehrend   in ihren Synagogen,
>   und verkündend das Evangelium vom Königreich
>   und heilend   jede Krankheit und jede Schwäche.
>
> Jesu Mitleid mit den Volksmengen
> ³⁶ Sehend aber die Volksmengen,
>   hatte er Mitleid mit ihnen,
>   denn sie waren erschöpft und verzweifelt:
>   *wie Schafe, die keinen Hirten haben. (Num 27,17; 2 Chr 18,16)*
> ³⁷ Da sagt er seinen Schülern:
>   Die Ernte   – viel!
>   Aber die Arbeiter – wenige!
> ³⁸ Bittet also den Herrn der Ernte,
>   dass er Arbeiter in seine Ernte aussende.
>
> Aussendung der Zwölf
> ¹⁰,¹Und – herbeirufend seine zwölf Schüler –,
>   gab er ihnen Vollmacht,   unreine Geister hinauszuwerfen,
>   und jede Krankheit und jede Schwäche zu heilen.
> ² Die Namen der zwölf Apostel sind diese:
>   als erster Simon, der Petrus genannte, und Andreas, sein Bruder,
>   und Jakobus, der Sohn des Zebedäus, und Johannes, sein Bruder,
> ³   Philippus und Bartholomäus,
>   Thomas und Matthäus, der Zöllner,
>   Jakobus, der Sohn des Alphäus und Thaddäus,
> ⁴   Simon, der Kanaanäer, und Judas Iskariot, der ihn dann Ausliefernde.
> ⁵ᵃ Diese zwölf sandte Jesus aus
> – gebietend ihnen – sagend:

Die Gewebestruktur des Textes

Die narrative Einleitung besteht aus drei kleineren Einheiten, die sich durch einen deutlichen Wechsel im Wortgebrauch unterscheiden. Alle drei Einheiten haben dasselbe Subjekt, nämlich Jesus, der alle Handlungen bestimmt. Im ersten Teil (9,35) bildet das Verb mit drei erläuternden Partizipien ein Summarium des Handelns Jesu. Die zweite Einheit (9,36-38) enthält zwei weitere bedeutende Handlungen Jesu, die seine Wahrnehmung der notwendigen Aussendung zur Hilfe für die erschöpften Menschen beschreiben. Die dritte Einheit (10,1-5a) rückt die Zwölf und die Bevollmächtigung durch Jesus für ihre Aussendung in den Mittelpunkt. Diese detailliert erzählten Aktionen Jesu signalisieren, dass ein wichtiges Thema angesprochen wird.

Mt 9,35-10,5a

Das semantische Geflecht des Textes

9,35 Jesu Wirken

Dieser Vers wiederholt fast wörtlich das Summarium von 4,23; nur drei kleinere Varianten fallen auf: Jesus wird als handelndes Subjekt ausdrücklich genannt, die Ortsangabe *in ganz Galiläa* wird durch *alle Städte und Dörfer* ersetzt, und die Spezifikation, dass Jesus *im Volk* alle Krankheiten und Schwächen heilte, wird ausgelassen. Matthäus verdeutlicht mit diesen Veränderungen sein Interesse, Jesus in diesem Abschnitt als einzigen Protagonisten besonders herauszustellen. Die Nennung der *Städte und Dörfer* und die Auslassung des *Volkes* sind wahrscheinlich eher dadurch motiviert, das Fundament für die anstehende Aussendung der Schüler in die Städte und Dörfer zu bereiten.

Die Leser, die ja das Summarium schon kennen, haben allerdings nach der Bergpredigt und dem Handeln Jesu in den Kapiteln 8-9 eine andere Vorstellung von seiner Aktivität, denn sie wissen um seine Autorität, mit der er Tora und Propheten auslegt und sie kennen seine barmherzige Kraft, die heilt und das Leben schenkt. Die Schüler haben Jesu Worte gehört und seine messianischen Taten miterlebt. Jetzt ist für ihn der Augenblick gekommen, seine messianische Aktivität zu teilen und weiterzugeben. Jesus wird dabei zum Vorbild des Wirkens seiner Schüler.

9,36-38 Jesu Mitleid mit den Volksmengen

Zwei Logien Jesu schließen sich an. Das erste verdeutlicht das Mitleid Jesu mit den Menschen, die Matthäus beschreibt als *Herde ohne Hirten* (9,36). Das zweite besteht in der Aufforderung zum Gebet, dass Gott es nicht an Arbeitern mangeln lassen möge (9,37-38).

Die Formulierung *Mitleid haben* nennt den Beweggrund für die Aussendung der Schüler. Dieser Ausdruck bezeichnet nicht einfach nur ein Gefühl, sondern zielt auf den messianischen Charakter (so auch in 9,36; 14,14; - 15,32; 18,27; 20,34). Die Kombination von *Gnade / Güte / Liebe / Huld und Barmherzigkeit / Erbarmen* kommt in den Psalmen und den prophetischen Schriften häufig vor (z.B. Jes 63,7; Jer 16,5; Hos 2,21; Ps 25,6; 40,12; 51,3); auch Mt 9,9-13 greift die Eigenschaft der göttlichen Barmherzigkeit auf. Matthäus stellt Jesus hier (9,36) als den eschatologischen Gesandten vor, in dem die Barmherzigkeit Gottes anwesend ist. Für den Evangelisten konkretisiert sich diese Barmherzigkeit im Aussenden der Arbeiter, die die reife Ernte einsammeln sollen (9,37-38).

Die erschöpfte, entmutigte Menschenmenge erregt das messianische Mitleid Jesu. Matthäus nennt noch öfter das Bild vom Hirten und seiner Herde (25,32; 26,31); hier verursacht jedoch die Abwesenheit des Hirten die Entmutigung und Erschöpfung der Herde. Auch im Ersten Testament wird das Bild vom Hirten und seiner Herde häufig gebraucht; eine Anspielung könnte z.B. auf Num 27,17 bestehen, wo Mose Gott um einen Anführer für sein Volk (als seinen Nachfolger) bittet, damit die Gemeinde nicht wie eine Herde ohne Hirten werde. Die immer wiederkehrende Metapher von der hirtenlosen

Die Aussendungsrede

Herde beschreibt die Zerstreuung und die Niedergeschlagenheit des sich selbst überlassenen Volkes Israel, dem die religiöse Führung fehlt (vgl. z.B. 1 Kön 22,17; Sach 10,2; Ez 34,5-6). Aus dieser Situation entsteht die Sehnsucht, Erwartung und Hoffnung auf den eschatologischen Hirten, der sich um Israel sorgt und kümmert (vgl. Ez 34,13-16.22-27; Jer 23,4; Mich 5,3): Gott wird sein verstreutes Volk erneut sammeln!

Matthäus deutete schon am Beginn des Evangeliums Jesus als den eschatologischen Hirten an (2,6); jetzt stellt er Jesus als Hirten vor, der sich der führungslosen verstreuten Herde annimmt. Die alttestamentlichen Prophezeiungen finden in Jesus ihre Erfüllung: seine Barmherzigkeit beendet die Zeit des Verlassenseins und lässt die messianische Heilszeit anbrechen. Die Verkündigung des Evangeliums und die Übergabe derselben Vollmacht an die ausgesandten Schüler sind Zeichen des barmherzigen Wohlwollens Gottes: Gott wirkt durch seinen eschatologischen Hirten (Ez 34,23-24).

An das Logion von der verlassenen Herde schließt Matthäus das Wort über die Ernte und die nötigen Arbeiter an. Beide Aussprüche sind durch das Motiv der Sammlung verbunden. Die Aufforderung, Gott um Arbeiter zu bitten, betont, dass die Schüler nicht selbst eingreifen sollen, sondern vielmehr Gott um Eingreifen bitten sollen. So wie sie nicht aus eigenem Entschluss Schüler geworden sind, (4,18-22; 9,9), so steht es ihnen auch nicht zu, selbst zu gehen oder andere zu schicken. Gott ist und bleibt das handelnde Subjekt. Die Aussendung steht unter seiner Herrschaft.

Das Bild vom *Herrn der Ernte* bezeichnet im prophetischen und apokalyptischen Vokabular das Endgericht; die Arbeiter sind die Engel (13,30.37.39). Doch geht es hier nicht ausschließlich um eschatologisches Vokabular, denn der Begriff *Arbeiter* bezieht sich eher auf die gegenwärtige Zeit und den Aspekt der Arbeit, weniger auf das Endgericht. Für Jesus beginnt mit seiner Gegenwart die Erntezeit, denn *jetzt* sollen die Arbeiter ausgesandt werden und *jetzt* sendet Jesus seine Schüler. In der späteren Interpretation der Gemeinde wechselt dann die Perspektive: die Ernte wird zu einem Bild für das Ende der Zeiten; die Arbeiter sind die Engel.

Zwei Elemente werden in diesem Bild deutlich: 1) die Ernte ist schon reif und die Zeit des Eschaton hat schon bereits hier begonnen. Sowohl Jesus als auch seine Schüler verkünden: *das Himmelreich ist angebrochen* (4,17; 10,7). 2) Diese dringende Situation motiviert sowohl das Gebet, dass Gott es nicht an Arbeitern für den Dienst der Verkündigung fehlen lassen möge, als auch die Aussendung der Zwölf als Mitarbeiter (10,1-5a).

Die Bilder von den *Schafen ohne Hirten* und der *reifen Ernte* verorten die Mitarbeit der zwölf Schüler unter eschatologischer Perspektive. Die ausgesandten zwölf Schüler spiegeln die Intention Jesu wider, in der messianischen Endzeit die verstreuten Stämme Israels zu sammeln (10,5b-6). Auch die Propheten kündeten das anbrechende Heil mit dem Kommen Gottes (Jes 24,23; 52,7) und der Wiederherstellung des Volkes Israels an (Mich 4,7; Ez 20,34). Jesus übernimmt diesen prophetischen Auftrag und führt ihn symbolisch in der Aussendung der Zwölf aus. Weil die Arbeit der Schüler mit dem Auftrag Jesu verbunden ist, stehen auch sie unter diesem eschatologischen Auftrag.

10,1-5a Die Aussendung der Zwölf
Die Aussendung der Zwölf ist die Antwort auf den Bedarf an Arbeitern, die mit Jesus kooperieren. Bei Matthäus steht allerdings nicht die Sendung im Vordergrund, denn er lenkt die Aufmerksamkeit der Leser in erster Linie auf die übergebene *Vollmacht*. Nur an dieser Stelle ist Jesus das Subjekt, das diese Macht zuspricht; sonst ist Jesus selbst der Empfänger der Vollmacht, die er von Gott erhält. Die *Vollmacht* wird näher beschrieben als Macht, unreine Geister auszutreiben und alle Krankheiten und Leiden zu heilen. Damit gleicht Matthäus die Schüler dem Vorbild ihres Lehrers an, denn Jesus verfügt über dieselbe Vollmacht (8,16; 9,35). Die Schüler Jesu sind also nicht nur seine Boten, sondern Mitarbeiter, die sein Werk weiterführen. Deshalb gehören die Verkündigung und das Wirken der Schüler (10,7-8) ebenfalls zu den Werken des Messias (11,2.5).

Das erste und einzige Mal im Evangelium lesen wir in 10,2 von den *zwölf Aposteln*. Matthäus spricht sonst entweder nur von *den zwölf Schülern* oder *den Zwölf*. Durch die übertragene Vollmacht und die anschließende Aussendung werden die Zwölf zu *den Aposteln*. Das Wort ἀπόστολος bezeichnet den Boten, der den Aussendenden bei den Adressaten verkörpert. Die Apostel sind deshalb im Wortsinn *Bevollmächtigte* Jesu: als seine Gesandten haben sie seinen Auftrag zu erfüllen. Jesus, der seinen Auftrag vom Vater bekommen hat (10,40), gibt ihn weiter an die Zwölf (10,5a). Die Verkündigung des Reiches (10,7), die zu erfüllenden Werke (10,8) und dasselbe Schicksal (10,16-23) stellen die Gesandten und Jesus in denselben eschatologischen Sendungsauftrag vom Vater (10,40).

Pragmatische Knotenpunkte des Textes

Auf der Basis des Handelns Jesu (9,35-10,5a) erklären sich dann die anschließenden ausführlichen Instruktionen (10,5b-42). Weshalb hat aber Matthäus gerade an dieser Stelle die Namen der zwölf Apostel eingefügt? Im Blick auf den Gesamtaufbau des Evangeliums und besonders auf die letzten Worte Jesu (28,16-20) wird deutlich, dass der Evangelist hier das Handeln des irdischen Jesus reflektiert, Israel zu sammeln um es zu Gott zurück zu führen (1,21). In der Beauftragung der Mitarbeiter und in ihrer Aussendung sehen die Leser die eschatologische Hoffnung der Sammlung der zwölf Stämme Israels realisiert (Ez 37). Die Aussendung der Apostel ist in diesem Sinne ein „prophetisches Zeichen", in dem die Leser den messianischen Willen erkennen können, das wiederhergestellte Zwölf-Stämme-Volk unter die Herrschaft Gottes zurück zu führen (10,5b-6).

Im Licht der letzten Episode des Evangeliums (28,16-20), wenn aus *den Zwölf* dann *die Elf* geworden sind, entwickelt und erweitert sich die pragmatische Funktion der Aussendungsrede Jesu, denn auch in 28,16-20 finden wir einen Sendungsauftrag. Am Schluss des Evangeliums sind die Adressaten aber nun nicht mehr ausschließlich die Mitglieder des Volkes Israel, sondern alle Nationen, Israel eingeschlossen. Auch diese Aussendung steht in Kontinuität zum Wirken Jesu und dem vorigen Wirken der Apostel. Der Sendungsauftrag des Auferstandenen bleibt jedoch derselbe, denn der Auferstandene ist kein anderer als Jesus. Matthäus verdeutlicht damit, dass die Sendung der Gemeinde im Wirken Jesu wurzelt. Die Zwölf, die den irdischen Jesus begleiteten und vom Auferstandenen gesandt werden, sind die Garanten der Kontinuität der Botschaft und des Wirkens Jesu. Unter diesen Voraussetzungen müssen die folgenden Instruktionen verstanden werden.

Die Aufgaben der Gesandten: 10,5b-15

5b		Geht nicht	auf dem Weg zu den Heiden
	und	geht nicht	in eine Stadt der Samariter!
6		Geht	aber vielmehr zu den verlorenen Schafen des Hauses Israel!

- - - - -

7 gehend aber   verkündet,   sagend: Das Königtum der Himmel ist nahe!
8a   heilt Kranke,
               erweckt Tote,
               macht Aussätzige rein,
               treibt Dämonen aus!

- - - - -

8b Umsonst habt ihr empfangen,
       umsonst gebt!
9   Besorgt euch nicht Gold, Silber oder Kupfer(münzen)
                                          für euren Gürtel,
10   auch nicht eine Vorratstasche, auch nicht zwei Gewänder,
         auch nicht Sandalen,   auch nicht einen Stock,
       denn der Arbeiter hat ein Recht auf seinen Unterhalt.

- - - - -

11 In welche Stadt oder in welches Dorf auch immer ihr hineinkommt,
       erkundigt euch,   wer dort würdig ist,
   und bleibt dort,   bis ihr den Ort verlasst.
12 Hineingehend   in das Haus,
       grüßt,
13 und wenn das Haus   würdig ist,   komme euer Frieden auf es,
       wenn es aber nicht würdig ist, kehre euer Friede zu euch zurück.
14 Und wer auch immer   euch nicht aufnimmt
   und   nicht auf eure Worte hört,
   hinausgehend   aus jenem Haus oder jener Stadt,
       schüttelt den Staub von euren Füßen.
15 Amen, ich sage euch:
       am Tag des Gerichts
       wird es dem Land Sodom und Gomorra erträglicher ergehen als jener Stadt.

Mt 10,5b-15

Die Gewebestruktur des Textes

Mit 10,5b beginnen die Anweisungen Jesu. Dieser erste Teil der Rede (außer 10,5b-6) findet sich ebenso in den parallelen Aussendungsreden bei den anderen Synoptikern (Mk 6,8-11; Lk 9,2-5; 10,3-12). Die Anweisungen sind durch zahlreiche, knappe Imperative bestimmt (*geht nicht, geht, verkündet, heilt, erweckt ... schüttelt*). Sie beziehen sich zuerst auf den Arbeitsbereich (10,5b-6) und auf das Programm (10,7-8a), bevor sie die Ausrüstung thematisieren (10,8b-10) und enden mit genaueren Verhaltensanweisungen (10,11-14), die mit einer prophetischen Sentenz (10,15) abgeschlossen werden.

Die Anweisungen zum Arbeitsfeld beginnen mit zwei rigorosen, negativen Formulierungen, die das Gehen zu den Heiden und den Samaritern untersagen. Umso deutlicher wirkt dann der positive Imperativ, sich Israel zuzuwenden. Das Programm wird ebenfalls mit insgesamt fünf Imperativen beschrieben, die sich auf die Verkündigung (Worte) und die Taten (Werke) beziehen. Eine generelle Feststellung leitet dann die Anweisungen zur Ausrüstung ein und erwartet von den Ausgesandten ein entsprechendes Verhalten, absolut nichts mit sich zu nehmen. Die Instruktionen zum Verhalten sind noch einmal nach *hineinkommen* und *herausgehen* geordnet. Durch *amen, ich sage euch* besonders hervorgehoben schließen diese Anweisungen mit einem prophetischen Ausspruch.

Das semantische Geflecht des Textes

10,5b-6: Die einleitenden Worte sind mit einer bemerkenswerten Eindrücklichkeit formuliert. Um den Inhalt besser zu verstehen, ist ein Vergleich mit 15,24 hilfreich:

10,5b-6	15,24
Geht nicht auf dem Weg zu den Heiden und geht nicht in eine Stadt der Samariter!	Nicht bin ich geschickt
Geht aber vielmehr	außer
zu den verlorenen Schafen	zu den verlorenen Schafen
des Hauses Israel!	des Hauses Israel!

15,24 bezieht sich auf die Aktivität Jesu, 10,5b-6 hingegen auf die Schüler. In beiden Fällen handelt es sich um eine Einschränkung, doch das ausschließende *außer / mit Ausnahme* ist restriktiver als das verstärkende *aber vielmehr*. In 10,5b-6 geht es jedoch nicht um eine Abschwächung, sondern (wie auch in 10,28) um eine Präzisierung der Gegensätzlichkeiten. Dabei soll jedoch nicht ein Vorrang der Juden (im Sinne von *zuerst den Juden, dann den Heiden* wie in Röm 1,16) ausgedrückt werden, denn es gibt kein Ungleichgewicht zwischen Juden, Heiden und Samaritern. Die Aussendung der Schüler bzw. ihr Auftrag (10,5b-6) ist vielmehr dem Auftrag Jesu angeglichen (15,24).

Die Aussendungsrede

Den Gesandten wird untersagt, auf einem Weg zu den Heiden zu gehen und in eine Stadt der Samariter zu gehen. Der Begriff *Völker / Nationen / Heiden* (ἔθνος) taucht bei Matthäus mit einer besonderen theologischen Bedeutung auf: in diesem Abschnitt werden die Heidenvölker zusammen mit den Samaritern genannt und zugleich den Israeliten gegenüber gestellt. Hier spiegelt sich die schon im Ersten Testament kennzeichnende Unterscheidung von *'am* (Volk Israel) und *gojim* (alle anderen Völker) wider, auf die der Evangelist auch in 6,32; 10,18; 20,19 anspielt. Matthäus akzentuiert durch diese Gegenüberstellung, dass *jetzt* Israel die Heilsbotschaft verkündet wird: die Aussendung der Schüler sowie der Auftrag Jesu gelten dem Volk Israel. Jesus ist der Messias, *der mein Volk Israel weiden wird* (2,6). Die Sendung zu Israel schließt natürlich nicht aus, dass auch den Heiden diese Heilsbotschaft gilt.

Anders als Markus und Lukas verbindet Matthäus ausdrücklich die Aussendung der Zwölf mit dem Haus Israel. Die Bezeichnung *Haus Israel* bezieht sich nicht nur auf die Nordstämme, sondern meint als „pars pro toto" das gesamte auserwählte Volk. Ebenso gilt die von den Propheten dem Haus Israel angekündigte Sammlung der Versprengten und die Wiederherstellung selbstverständlich dem gesamten Volk Gottes (Jes 11,12; Jer 31,31; 33,14.17; Ez 34,30; u.ö.).

Die Metapher der *verlorenen Schafe* greift auf 9,36 zurück und spielt auf die Beschreibung des Volkes Gottes durch die Propheten an (z.B. Jer 50,6; Jes 11,12): Gott möchte das verstreute Volk wieder sammeln und dem von schlechten Hirten zugrunde gerichteten Volk gute Hirten senden, die es verantwortungsvoll weiden. Matthäus spricht hier nicht nur eine versteckte Kritik an den führenden Männern Israels aus, sondern kündet anknüpfend an die prophetische Hoffnung die messianische Heilszeit an. Gott wird in seinem eschatologischen Reich sein Volk sammeln – nicht nur die Sünder (9,9-13) – sondern ganz Israel!

10,7-8a: Matthäus stellt nun das Programm der Aussendung vor: der Verkündigung kommt dabei die Priorität zu, die Werke begleiten sie und lassen das heilsgeschichtliche Wirken Gottes sichtbar werden. Auch Johannes der Täufer und Jesus haben zuvor schon das nahe gekommene Himmelsreich verkündet (3,2; 4,17.23; 9,35). Die Werke, mit denen die Schüler beauftragt werden, entsprechen den machtvollen Taten, die Jesus vollbringt (Kapitel 8-9). Somit zeigt sich im Wirken der Schüler die ihnen durch Jesus übertragene Vollmacht (10,1). Matthäus gleicht die Aussendung der Schüler dem Auftrag Jesu an: ihr Handeln setzt das Wirken Jesu fort.

Für unseren Text könnte Jes 52,7 einen geeigneten Hintergrund darstellen, denn auch dort wird die Herrschaft Gottes als rettendes Heil angekündigt, das den Frieden bringt. Ebenso schenkt die Botschaft, die Schüler verkünden sollen, denen, die sie aufnehmen, den *Frieden* (10,13). Die Bedeutsamkeit der Werke erklärt sich auf der Folie der messianischen Texte von Jes 26,19; 29,18; 35,5-6; 61,1, die Matthäus in 11,5-6 neu zusammenstellt. Die Werke des Messias schließen dabei die Werke der Schüler mit ein. Die enge Verbindung von Verkündigung und Werken verdeutlicht, dass sich das eschatologische Reich Gottes im Hier und Jetzt der Menschen verwirklicht. Dabei erhellen sich Verkündigung und Werke gegenseitig: die Verkündigung gibt den Werken einen tieferen Sinn und die Werke verweisen auf die Verwirklichung des Verkündigten. Der Dienst am Himmelreich ist immer zugleich auch Dienst am Menschen.

10,8b-10: Die Bestimmungen zur Ausrüstung der Boten finden sich in allen Aussendungsreden, bei Matthäus sind sie jedoch durch eine einleitende Erklärung (10,8b) und eine Begründung am Schluss (10,10b) gerahmt. Die Einleitung verdeutlicht, dass die verkündete Botschaft Geschenk ist und deshalb ebenso weitergeschenkt werden soll. Die Gesandten haben dieses Geschenk schon erhalten und sollen es nun weitergeben. Die Großzügigkeit dieses Geschenks begründet daher auch die radikale Ablehnung jeglicher Ausrüstung und Bezahlung. Die Verkündigung des Himmelreichs ist weder käuflich noch verkäuflich, denn die Gesandten sind Boten einer Wirklichkeit, die auch ihnen nicht gehört, sondern geschenkt wird. Der Verzicht auf jegliche Mittel, die in irgendeiner Weise der Absicherung dienen – Geld, Tasche, Kleidung, Stock zur Verteidigung – verweist auf das grundsätzliche Vertrauen zu Gott, der es am Nötigsten nicht fehlen lässt (6,25-34). Die folgenden Verse unterstreichen, dass für Unterkunft und Nahrung der Boten des Himmelreiches immer gesorgt sein wird (10,11-15).

10,11-15: Die Direktiven sind klar aufgebaut: auf das Thema der Aufnahme in einer Stadt bzw. in einem Dorf (10,11) folgt die Aufnahme in ein Haus (10,12-13), anschließend wird die Reaktion im Falle der abgelehnten Aufnahme angesprochen (10,14); ein Urteilsspruch schließt diese Anweisungen ab (10,15).

Der Hinweis, nach einem Würdigen zu suchen, meint nicht exklusiv eine moralisch oder religiös integre Person, sondern bezieht sich wie auch in 10,37-42 auf die Fähigkeit, die Botschaft vom Himmelreich bzw. in anderen Menschen Jesus selbst aufzunehmen. Die Boten des Himmelreiches sollen die Bewohner des Hauses grüßen. Der Kontext (10,13) verdeutlicht, dass das Grüßen den Friedenswunsch beinhaltet. Das hebräische Wort *schalom* meint nicht allein Frieden, sondern umfassendes Wohlergehen (Segen, Gesundheit, Glück,…) und schließt die eschatologische Heilsdimension mit ein. Dieser umfassende Friede verweist auf die messianische Heilszeit (Jes 9,1-6; 11,6-9; 52,7; Mi 5,1-4). Doch dieser Friede meint nicht das harmonisierende „Mäntelchen, das das Unrecht zudeckt", sondern ist stets mit kritischem Urteil verbunden (10,34) und schließt aus prophetischer Perspektive auch das Gericht mit ein (Jes 9,1-6.7-20; 11,6-9.10-16; Mi 5,1-4.5-14). Das Bleiben des Friedens ist entsprechend von der Würdigkeit derjenigen abhängig, die den / die Gesandten aufnehmen (10,13).

Die letzte Anweisung bezieht sich auf den Fall der Nicht-Aufnahme: die Gesandten sollen sich den Staub von den Füßen schütteln und können sich sicher sein, dass diejenigen, die die Aufnahme verweigerten, dafür zur Rechenschaft gezogen werden. Da die Aufnahme der Boten sowohl die Aufnahme der Botschaft vom Himmelreich und die Aufnahme Jesu selbst meint, bedeutet die Nicht-Aufnahme die Ablehnung Jesu und des Himmelreiches. Das Hören bzw. Nicht-Hören *eurer Worte* steht in engem Zusammenhang mit dem Hören der Worte Jesu am Ende der Bergpredigt (7,24.26): auch auf diese Weise betont Matthäus die Kontinuität des Auftrags von Jesus und seinen Gesandten.

Im Falle des Nicht-Aufnehmens und Nicht-Hörens sollen die Gesandten eine symbolische Handlung ausführen: *den Staub von den Füßen schütteln.* Diese Geste verdeutlicht den radikalen Abbruch von Beziehungen und jeglicher Art von Gemeinschaft (so auch in Apg 13,51). Wer sich der Botschaft verweigert, hat seine Entscheidung selbst zu verantworten, wie auch das anschließende harte Gerichtswort unterstreicht. So wie die Botschaft vom Himmelreich eine eschatologische Komponente enthält, zieht ebenso die Ablehnung dieser Botschaft definitive Konsequenzen nach sich (10,15).

Matthäus verwendet das Gerichtswort über Sodom und Gomorra zwei weitere Male in seinem Evangelium (11,22.24), dazu außerdem noch ein ähnliches Gerichtswort, das darauf hinweist, dass für *unnütze Worte* beim Endgericht Rechenschaft gefordert werden wird (12,36). Diese Gerichtsworte stellen den ungastlichen, verstockten heidnischen Städten – die deshalb dem Gericht unterstehen –, Städte Israels gegenüber: irgendwelchen anderen Städten wird es beim Endgericht nicht so schlimm ergehen wie den Städten Israels, die sich der Botschaft vom Himmelreich gegenüber verschlossen haben. Die in unserem Text namentlich nicht genannte ungastliche Stadt (10,15) wird somit zum Prototyp aller Städte, Ortschaften und Häuser, die die Gesandten, die Botschaft vom Himmelreich und damit Jesus selbst ablehnen. Das scharfe Gerichtswort an dieser Stelle hebt noch einmal den autoritativen und eschatologischen Charakter der Botschaft hervor.

Pragmatische Knotenpunkte des Textes

Die matthäische Gemeinde wird evangelisierende Missionare gekannt haben, wie dieser Text zeigt (vgl. außerdem 23,34 und 28,16-20). Ihre Aufgaben waren von ihrer Berufung und Begabung abhängig. Die Berufung, Jesus Christus auf ähnliche Weise zu verkünden, wie es Paulus tat, deutet den Lebensstil der Verkünder an. Auch Flavius Josephus, der die Gewohnheiten der Essener beschreibt, berichtet, dass sie außer einer Waffe, um sich gegen Räuber zu verteidigen, absolut nichts mit sich führten. Sie hätten ebenso weder Kleider noch Schuhe gewechselt, bevor sie nicht ganz und gar verbraucht waren. In den Orten, die sie besuchten, wurden sie von Mitgliedern ihrer Sekte beherbergt. Die hellenistischen Wanderprediger besaßen einen Stock, einen Mantel und eine Tasche. Sie ernährten sich von Brot, Feigen und Wasser, um ihre Autarkie gegenüber der damaligen verbreiteten „Konsumgesellschaft" zu demonstrieren.

Auch der Dienst der christusgläubigen Wandermissionare ist durch die radikale Ablehnung jeglicher Güter gekennzeichnet. Ihre Ausrüstung bestand aus einem Stock, dem Gewand, einem Paar Sandalen und einer Tasche; schon ein zweites Gewand wurde als Luxus verstanden. Deshalb überrascht es hier, dass Matthäus dennoch den Stock verbietet, der in der Regel als Verteidigungswaffe diente. Unterschieden sich die christusgläubigen Wandermissionare äußerlich kaum von den anderen umherziehenden Predigern ihrer Zeit, war doch ihre Motivation grundsätzlich anders. Die Anweisungen, die Matthäus hier gibt, wollen weder einen asketischen Lebensstil noch eine anti-konforme Haltung propagieren. Seine Anweisungen haben auch nichts mit dem philosophisch-christlichen Zynismus jener Zeit und der Folgezeit gemeinsam (Seneca, Brief an Lucilius), von dem Julian Apostata und Augustinus berichten. Bei Matthäus wird die Absage an den Besitz durch die Zugehörigkeit zu Jesus getragen (4,18-22), denn jegliches Gut wird in den Dienst der Verkündigung gestellt.

Matthäus verbindet Botschaft und Ausstattung: die Ausrüstung des Gesandten dient dazu, sein Programm zu verdeutlichen: die Hingabe und das gänzliche Sich-Verlassen auf den Vater. Den Gesandten wird dennoch nicht untersagt, sich gastfreundlich aufnehmen zu lassen. Der allgemeine Hinweis, dass der Arbeiter seinen Lohn wert ist (10,10b), zeigt, dass der Reichtum der Gesandten die empfangene Gastfreundschaft ist.

Matthäus setzt einen starken Akzent auf den Dienst der Gesandten. In Verbindung mit der Ablehnung der Propheten (7,22) wird deutlich, dass die Boten nicht aus eigenem Antrieb wirken, sondern im Auftrag Gottes bzw. Jesu handeln: ihre Identität und ihr Wirken sind dem Vorbild Jesu nachgebildet. „Für die anderen da sein in und durch die eschatologische Verkündigung des Himmelreiches" ist das Ziel des Auftrags, der den Gesandten anvertraut wird. Ihre Botschaft und ihre Lebensweise stellen jeden, der ihnen begegnet, vor eine definitive und existenzielle Entscheidung. Das abschließende Mahnwort (10,15) hält deshalb die eschatologischen Konsequenzen dieser Entscheidung präsent.

Aussendung und Auslieferung: 10,16-33

Einleitung
[16] Siehe, ich sende euch wie Schafe inmitten von Wölfen;
werdet also verständig wie die Schlangen und unverdorben wie die Tauben.

Von der Auslieferung
[17] Nehmt euch aber in Acht vor den Menschen,
denn sie werden euch an Gerichte übergeben
und in ihren Synagogen werden sie euch geißeln,
[18] und vor Statthalter und Könige werdet ihr geführt werden,
um meinetwillen, ihnen zum Zeugnis und den Völkern.
[19] Wenn sie aber euch übergeben [an die Gerichte]
sorgt euch nicht, wie oder was ihr reden sollt,
denn euch wird gegeben werden in jener Stunde, was ihr reden sollt:
[20] denn nicht ihr seid die Redenden,
sondern der Geist eures Vaters ist der Redende in euch.
[21] Der Bruder wird den Bruder in den Tod übergeben und der Vater das Kind,
und die Kinder werden sich gegen die Eltern erheben und sie werden sie töten;

Die Aussendungsrede

²² und ihr werdet von allen Gehasste sein wegen meines Namens,
  wer aber bis zum Ende durchhält, der wird gerettet werden.
²³ Wenn sie aber euch verfolgen in dieser Stadt,
  flieht in eine andere;
    denn amen, ich sage euch:
      ihr werdet mit den Städten Israels nicht zum Ende kommen,
      bis der Menschensohn kommt.

Das Verhältnis von Lehrer und Schülern
²⁴ Ein Schüler ist   nicht über dem Lehrer
   und ein Sklave   nicht über seinem Herrn.
²⁵ Es genügt dem Schüler,   dass er wie sein Lehrer wird
   und   der Sklave   wie sein Herr.
   Wenn sie den Hausherren
   Beelzebul riefen,   um wie viel mehr seine Hausgenossen.

Die bleibende Gegenwart Gottes
²⁶ Fürchtet sie also nicht,
     denn nichts ist   verhüllt, das nicht offenbar werden wird,
     oder   verborgen, das nicht erkannt werden wird.
²⁷   Was ich euch in der Finsternis sage, sprecht im Licht
     und was ihr ins Ohr gesagt hört,   verkündet von den Dächern!
²⁸ Und fürchtet euch nicht
     vor denen, die den Leib töten, die Seele   aber nicht töten können,
   fürchtet vielmehr
     den, der Seele und Leib in der Gehenna   vernichten kann.
²⁹   Werden nicht zwei Spatzen für ein paar Cents verkauft?
     Und doch wird kein einziger von ihnen zur Erde fallen ohne euren Vater.
³⁰   Aber von euch sind (sogar) alle Haare eures Kopfes gezählt.
³¹ Fürchtet euch also nicht,
   ihr seid mehr wert als viele Spatzen!

Schluss
³²   Wer nun sich   vor den Menschen   zu mir   bekennen wird,
   zu dem werde auch ich mich vor meinem himmlischen Vater bekennen
³³   Wer aber mich   vor den Menschen   verleugnet,
   den werde auch ich   vor meinem himmlischen Vater   verleugnen.

Die Gewebestruktur des Textes

Der Abschnitt 10,16-33 umfasst den komplexen, literarisch und theologisch sehr differenzierten Hauptteil der Rede. Das einleitende Logion in 10,16 gibt den Interpretationsrahmen vor und das Schlusswort (10,32-33) fasst die zentralen Aussagen noch einmal auf den Punkt bringend zusammen. In diesem Rahmen entfalten sich drei Sequenzen: die erste handelt von der Auslieferung durch andere Menschen (10,17-23), die zweite thematisiert unter diesen Vorzeichen das Verhältnis zwischen Schüler und Lehrer (10,24-25) und die dritte spricht dreimal vom nötigen Vertrauen (*fürchtet euch nicht*) in schwierigen Situationen (10,26-31).

Die erste Sequenz ist nach einer generellen Ermahnung (10,17a) durch einen Parallelismus strukturiert (10,17b-18.21-22), der die Art und Weise der Auslieferung näher beschreibt. Jeweils im Anschluss daran finden sich Erklärungen für die Auslieferung und konkrete Handlungsanweisungen für ein Verhalten angesichts einer solchen Situation (10,19-20.23).

Die zweite Sequenz bildet das Zentrum dieser Einheit. Sie ist ebenfalls durch einen auffälligen Parallelismus (*Lehrer – Schüler*, *Sklave – Herr*, je zwei Mal in 10,24-25) gekennzeichnet. Der Schlussteil mit Beelzebul, dem Hausherren und den Hausgenossen (10,25b) scheint vom Vokabular nicht zu dieser Sequenz zu passen, doch auf der inhaltlichen Ebene wird nicht nur wie beim Verhältnis von *Schüler – Lehrer* und *Sklave – Herr* die starke Zusammengehörigkeit betont, sondern noch einmal das Thema der Ablehnung vergegenwärtigt.

Auch die dritte Sequenz ist klar strukturiert: sie besteht aus drei Ermahnungen, sich nicht zu fürchten (10,26a.28a.31a), die durch drei anschließende Begründungen erläutert werden. Das Schlusswort (10,32-33) bekommt durch den antithetischen Parallelismus eine deutliche Konnotation von Entschiedenheit und Endgültigkeit: dem Verhalten der Schüler entspricht die ähnliche Reaktion des Meisters Jesus.

Das semantische Geflecht des Textes

10,16 Einleitung
Die hier beginnende neue Einheit greift wieder das Verb *senden* auf. Nun ist aber nicht mehr wie zuvor die Aussendung unter dem Aspekt des zu erfüllenden Auftrags das Thema, sondern jetzt spricht Matthäus die Repressalien an, denen sich die Gesandten aufgrund ihres Sendungsauftrags ausgeliefert sehen. Die Formulierung *siehe, ich sende* (auch in 23,34) entspricht dem feierlichen orakelhaften Stil im Ersten Testament, der entweder bedrohliche (Jer 16,16; Hab 1,6) oder hoffnungsvolle (Jes 28,16; Mal 3,1) Ereignisse einleitet. Matthäus fügt betont das *ich* ein: *siehe, ich sende euch*, womit er die Person Jesu als Sendenden herausstellt und zugleich dessen Autorität unterstreicht. Der formelhafte Anklang an die Aufträge der Propheten legitimiert die Sendung der Schüler. Die Gesandten als Boten Jesu Christi sind zwar einerseits auf Gedeih und Verderb den Menschen ausgeliefert, andererseits aber – wie die Propheten – mit einem besonderen Dienst beauftragt: ihr Auftrag und ihr Schicksal binden sie an den Sendenden (10,24-25).

Der Vergleich *wie Schafe inmitten von Wölfen* illustriert anschaulich die Gefahr, in die die Gesandten geschickt werden; er verweist zugleich aber auch auf die Gewissheit des göttlichen Schutzes. Dieses Bild bezeichnete im Spätjudentum mit den Schafen das Volk Israel und mit den Wölfen die Heidenvölker. Matthäus beschreibt aber hier die Identität der Gesandten im Vergleich zu ihren Gegnern. Der zweite Teil des Verses enthält ebenfalls in Bildsprache die aus dem ersten Vergleich folgenden Instruktionen für das Verhalten der Gesandten in ihrer Unterdrückungssituation. In der Antike wurde der Schlange die Fähigkeit des Voraussehens zugeschrieben; von der

Die Aussendungsrede

Taube meinte man, dass sie keine Galle (keinen Hass und Zorn) besäße, also eine völlig friedfertige Natur besitze. Die Gesandten sollen also inmitten der Wölfe aufmerksam und vorsichtig, aber auch völlig sanftmütig und friedfertig sein. Auf dieser vorsichtigen und ruhigen Haltung bauen die dann folgenden Anweisungen auf.

10,17-23 Von der Auslieferung
Dieser Abschnitt steht in enger literarischer Beziehung zur apokalyptischen Rede Jesu in Mk 13,9-13 (ähnlich auch in Mt 24,9-14). Hier ist dieser Teil jedoch aus seinem Kontext herausgelöst und in die Aussendungsrede eingefügt. Dadurch interpretiert Matthäus das Leiden der Gesandten in Bezug auf ihren Sendungsauftrag: die Auslieferung ist ein entscheidendes Merkmal, das die eschatologische Gemeinde der Endzeit in ihrem verkündenden Wirken bestimmt.

Die erste, generelle Ermahnung, sich vor den Menschen in Acht zu nehmen, wird durch die darauf folgenden Ausführungen erläutert und führt schließlich auf das Schlusswort in 10,32-33 hin, Jesus vor den Menschen zu bekennen bzw. verleugnen. Mit *den Menschen* könnten im direkten Kontext von *ihren Synagogen* und *Synedrien* (Gerichte, Hoher Rat) Menschen aus der direkten jüdischen Umwelt gemeint sein, doch der Verweis auf *Statthalter und Könige* zusammen mit *ihnen zum Zeugnis und den Völkern* erweitert eindeutig den gemeinten Horizont.

Auf die allgemeine Ermahnung folgen drei Beschreibungen des Auslieferns mit den darauf geforderten Reaktionen. Der Begriff *ausliefern / übergeben* erhält von der Passionserzählung und den Leidensankündigungen her (17,22; 20,18-19; 26,20-25) eine starke theologische Bedeutung. Matthäus suggeriert durch den Zusammenhang von Aussendung und Auslieferung eine enge Schicksalsgemeinschaft zwischen Jesus und seinen Schülern: die Auslieferung wird zum entscheidenden und unterscheidenden Kriterium des verkündigenden Gesandten.

Wenn die Gesandten vor Statthalter und Könige geführt werden, soll das *ihnen und den Völkern zum Zeugnis* dienen: das Zeugnis der Boten Jesu bekommt universalen Charakter. Nicht nur die Worte der Verteidigung der christusgläubigen Gesandten, sondern auch ihre Zugehörigkeit zu Jesus, dessen Boten sie sind, soll Juden und Nichtjuden zum Zeugnis dienen. Mit ihrem Bekenntnis legen die Gesandten deshalb nicht nur Zeugnis ab, sondern bestimmen zugleich auch ihr eigenes Urteil (10,32-33). Das universale Zeugnis der Gesandten steht nicht im Widerspruch zur Verkündigung in Israel (10,6), denn Matthäus lenkt noch an anderen Stellen des Evangeliums die Perspektive auf die Verkündigung vor den Völkern (4,15; 12,18; 28,19): das Heil gilt von Anfang an allen Menschen, auch wenn die Aussendung der Boten in Israel beginnt.

Nach der Möglichkeit der Auslieferung spricht Matthäus den Fall der Verteidigung an (10,19). Die Gesandten sollen sich nicht um ihre Verteidigung sorgen, denn Gott selbst wird in Aktion treten, wie es das Passivum Divinum an dieser Stelle verdeutlicht. Die Hoffnung auf den Beistand des

Heiligen Geistes ist in der Vaterschaft Gottes begründet, der für seine Kinder sorgt (6,8.9.32) und ohne dessen Willen nichts geschieht (10,29). Die Gesandten können deshalb gerade auch in schwierigen Situationen auf Gott vertrauen. Die Vorstellung, dass Gott durch seine Propheten zu den Menschen redet, ist im Ersten Testament begründet. So wird z.B. der Prophet Ezechiel beauftragt, Gottes Worte den Menschen zu sagen, ob sie nun hören oder nicht (Ez 2,7). Die Propheten sprechen im Namen dessen, der sie sendet. Matthäus greift diese Vorstellung auf, variiert sie aber: es sind nicht die Gesandten, die reden (10,20a), sondern *Gottes Geist* selbst spricht in bzw. aus ihnen (10,20b). Die Gesandten sind das „Sprachrohr" des Geistes Gottes. Die Worte der Boten sind deshalb authentisches Zeugnis.

In den nächsten Versen beschreibt Matthäus eine gesteigerte Situation der Ablehnung: die Gesandten werden nicht nur von den Landsleuten und den Heiden ausgeliefert, sondern sogar von den Mitgliedern der eigenen Familie (10,21), so dass sie letztlich von *allen gehasst* sein werden (10,22). Möglicherweise aktualisiert und verschärft Matthäus hier Mi 7,6 für die Situation der Gesandten, denn jetzt geht es nicht mehr um Verhöre oder Geißelstrafe, sondern um die Auslieferung in den Tod (10,21).

Auslöser und Grund dieses Hasses ist Jesus selbst, sein Name (10,18a.22a) bzw. das Bekenntnis der Gesandten zu ihm (10,32-33). Wiederum schließt Matthäus an die Erfahrung von Ablehnung und Hass ein Trostwort an: *wer bis zum Ende durchhält, wird gerettet werden* (10,22b). Das Durchhalten steht nicht im Widerspruch zum anschließenden Rat, bei Verfolgung in eine andere Stadt zu fliehen (10,23a), denn gerade die Anweisung zur Flucht erklärt doch unmissverständlich, dass nicht das Martyrium gesucht werden soll! Das Durchhalten bezieht sich hier also (wie auch schon in Mi 7,7) auf das Bewahren und Durchtragen der Hoffnung auf Gott, der retten wird (Passivum Divinum).

Matthäus verbindet die Fluchtanweisung mit einem Amen-Spruch, der das Kommen des Menschensohnes ansagt (10,23). Jetzt geht es auch nicht mehr um Auslieferung, sondern schärfer um Verfolgung (wie schon in 5,10-12.44; auch in 23,43). Dieser Zusammenhang verdeutlicht, dass nicht nur die hier Gesandten, sondern allgemein die Schüler Jesu verfolgt werden. Wichtig ist jedoch, dass den Verfolgten die Rettung und das Kommen des Menschensohnes zugesagt wird. Der Kontext verdeutlicht, dass das Kommen des Menschensohnes noch erwartet wird, bevor die fliehenden Gesandten alle Städte Israels erreicht haben werden. Dabei lässt der Text zwei Interpretationsmöglichkeiten offen: die Gesandten werden entweder auf ihrer Flucht oder während ihrer Verkündigung nicht durch alle Städte gekommen sein, weil zuvor der Menschensohn kommt. Auch dieser Vers verdeutlicht, dass im Dienste der Verkündigung eher die Flucht geboten ist, als das Martyrium zu suchen, da bis zum Kommen des Menschensohnes nur noch wenig Zeit bleibt.

Für das Kommen des Menschensohnes wird (wie auch in der ähnlichen Formulierung in 16,28) kein konkreter Zeitpunkt genannt, doch der Kontext deutet das nahe, fast unmittelbare Bevorstehen an. Am Schluss des Evangeliums zeigt jedoch das Versprechen des Auferstandenen *ich bin bei euch bis ans Ende der Welt* (28,20), dass es nicht um die zukünftige Erwartung des Menschensohnes geht, sondern um die Dimension seiner aktuellen Gegenwart. Auch in diesem Text ist das Kommen des Menschensohnes nicht zeitlich sondern von seiner eschatologischen Perspektive her zu verstehen: die Verfolgung ist demnach nur begrenzt, sie soll deshalb die Gesandten weder erschrecken noch lähmen, denn mit dem Menschensohn ist ihnen die Rettung gewiss.

10,24-25 Das Verhältnis von Lehrer und Schülern

Mit dem nächsten Spruch beschreibt Jesus die Beziehung zu seinen Schülern als Verhältnis von *Lehrer – Schüler* bzw. *Sklave – Herr*. Indem Matthäus diese beiden Verse ins Zentrum des Abschnitts über die Auslieferung stellt, lässt er sie zum Interpretationsschlüssel werden: eine enge Schicksalsgemeinschaft wie die zwischen Hausherr und Hausbewohnern bindet Jesus und seine Schüler aneinander. Dabei enthalten alle drei Beispiele den deutlichen Aspekt der Verantwortung des Hausherrn, Lehrers und Herrn für die ihm Anvertrauten (Hausbewohner, Schüler, Sklaven). Die Beziehung zwischen Jesus und seinen Schülern geht also über ein „Mitgegangen – mitgefangen" hinaus und ist wesentlich tiefer und persönlicher zu sehen. Diese Basis der Verantwortung, Fürsorge und des Vertrauens begründet und vertieft das *fürchtet euch nicht!*, das Jesus jetzt seinen Schülern zuspricht.

10,26-31 Die bleibende Gegenwart Gottes

Drei Aufforderungen mit anschließenden Begründungen ermutigen die Schüler, sich nicht zu fürchten. Die Formel *fürchtet euch nicht* taucht im Ersten Testament häufig auf, besonders in Dtn, Jes und Jer; meistens ist es Gott selbst, der mit diesen Worten in besonders schweren Situationen tröstet, ermutigt und Sicherheit garantiert. In dieser Weise bestätigt die erste Begründung im theologischen Passiv (10,26), dass keinerlei Anfechtung die Verkündigung behindern kann, denn Gott selbst ist ihr Garant. Das bedeutet jedoch nicht, dass die Schüler von ihrem Auftrag entbunden sind oder sich nicht mehr ganz und gar einzusetzen brauchen: ihr Verkündigungsauftrag, mit dem Jesus sie beauftragt hat, bleibt bestehen (10,27). Die Leser erinnern sich auch an die Metapher von der Leuchte (5,14-16), die allen Menschen leuchten soll: ebenso sollen die Verkündigung und die Taten der Gesandten auf Gott hinweisen (5,16).

Der zweite Appell fokussiert jetzt nicht mehr die Botschaft, sondern die Boten und ermutigt sie, keine Furcht vor denen zu haben, die den Leib töten können, sondern einzig denjenigen zu fürchten, der absolute Macht über Leib und Seele – also über den ganzen Menschen – auch über den Tod hinaus hat: nämlich allein Gott (so auch Weish 16,13). Weder dem Tod noch dem Märtyrertod soll daher übermäßige Bedeutung zugemessen werden, erst recht soll er keine Angst machen, denn für die Christusgläubigen ist er ja nicht das definitive Ende. Im Vertrauen auf das Endgericht können die Gesandten furchtlos Jesus als den Messias bekennen.

Die letzte Aufforderung, sich nicht zu fürchten, wird durch die vorigen Bilder mitbestimmt. Die Leser erinnern sich auch an das Bild von den Vögeln des Himmels (6,26), die sich ebenfalls um nichts zu sorgen brauchen, weil Gott sich um sie kümmert. Die Schüler Jesu sollen also nicht in falschen oder übertriebenen Sorgen aufgehen, sondern können vielmehr darauf vertrauen, dass Gott erst recht auch für sie sorgt: nicht nur, weil sie viel mehr Wert sind als viele Spatzen (6,26; 10,31), sondern weil er ihr Vater ist (10,29), der ihr Leben und ihren Tod – bis hin zu solch unwichtigen Dingen wie jedes einzelne Haar auf dem Kopf (10,30) – in der Hand hält.

10,32-33 Schluss
Diese beiden Verse bilden den Abschluss des Hauptteils der Aussendungsrede. Sie bringen das Bekennen zu Jesus bzw. das Verleugnen der Zugehörigkeit zu ihm vor den Menschen, die die Gesandten ausliefern und verfolgen, zusammenfassend auf den Punkt. Der Kontext von unschuldigem Leiden, Auslieferung, Verfolgung, Tod und Gehenna verdeutlicht, dass für Matthäus das Bekennen einen definitiven Charakter hat: *bekennen* (ὁμολογέω) und *bezeugen* (μαρτυρέω) liegen auf derselben Bedeutungslinie, denn beide erwarten, dass die Schüler die Verantwortung und die Konsequenzen für ihr Zeugnis tragen.

Das Verleugnen bringt in ähnlicher Weise für die Schüler endgültig entscheidende Folgen mit sich, denn es meint den Abbruch jeglicher persönlicher Beziehung (besonders eindrucksvoll bei der Verleugnung Petri in 26,34-35.69-75). Dem Bekenntnis (bzw. der Verleugnung) vor den Menschen – Matthäus denkt hier an ein öffentliches Bekenntnis, z.B. vor einem Gericht – entspricht das Bekenntnis (bzw. die Verleugnung) Jesu im Endgericht, vor Gott. Die Entscheidung im Endgericht ist jedoch irreversibel und deshalb wesentlich bedeutungsvoller als Verurteilungen von menschlichen Gerichten. Wenn das die Schüler bei ihrer Verkündigung und ihrem Zeugnisgeben stets vor Augen haben, dann brauchen sie auch die menschlichen Gerichte nicht zu fürchten. Die Überzeugung, dass das einzig Entscheidende das Urteil Jesu im Endgericht ist, befreit die Schüler von jeglicher Angst sowohl vor den Menschen als auch vor dem (unschuldigen) Leiden und dem (gewaltsamen) Tod.

Pragmatische Knotenpunkte des Textes

Vor dem Hintergrund dieser ernsten und für die Existenz bedrohlichen Thematiken erhebt sich die Frage nach der Verfolgungssituation in der matthäischen Gemeinde. Die Erwähnung von *Synagogen* und die *Geißelung* könnten auf jüdischen Hintergrund verweisen, doch Matthäus kennt ja auch sowohl die Auslieferung an heidnische Statthalter und Könige als auch die Auslieferung von Familienangehörigen. Eine Antwort muss zwei Aspekte bedenken: den historischen Zusammenhang und die bibeltheologische Bedeutung des Begriffs *Verfolgung*.

Die Aussendungsrede

Die jüdischen Gemeinden innerhalb Israels waren keinesfalls homogen, sondern äußerst vielfältig: neben den Anhängern verschiedener, teils auch konträrer rabbinischer Lehrmeinungen gab es unterschiedlich politisch ausgerichtete Gruppen und Mitglieder, dazu Juden aus der Diaspora, Proselyten und Gottesfürchtige... Innerhalb dieser Vielfalt haben auch die christusgläubigen Juden ihren Platz: in der Synagoge, als eine andere Lehrmeinung oder Ausrichtung neben vielen anderen. Erst die Zerstörung des Jerusalemer Tempels (70 n. Chr.) brachte durch den Wegfall der damit zusammenhängenden Ordnung und Strukturen für die jüdischen Gemeinden eine Identitätskrise mit sich, aufgrund derer sich die Gemeinden neu definieren mussten. In diesem Rahmen war auch der Anlass für die christusgläubigen Juden gegeben, ihre Identität zu bestimmen. Die Abgrenzung, die schließlich zur Trennung von Juden und Christen führte, ist 1) als langsamer Prozess zu verstehen, der 2) wesentlich später als bisher angenommen zu verorten ist, denn wahrscheinlich gab erst die Tempelzerstörung dazu den Anlass – und muss 3) als regional unterschiedliche, durch den kulturellen Kontext bedingte Entwicklung verstanden werden.

Da die Christusgläubigen in Israel – und somit auch die matthäische Gemeinde – Teil der jüdischen Gemeinde war, kann es sich also nicht um eine *Verfolgung* vonseiten der Juden handeln. Konflikte wie Verhöre und Geißelung verweisen eindeutig auf innersynagogale Disziplinarmaßnahmen, etwa für Gesetzesübertretung oder Unruhestiftung; als solche hat sie z.B. Paulus verhängt und selbst empfangen (Apg 22,19; 2 Kor 11,24). Auch das verdeutlicht, dass die Christusgläubigen als Mitglieder der jüdischen Gemeinden gesehen wurden, sowohl von den Juden, als auch von ihrem Selbstverständnis her.

Die Verhöre vor Statthaltern und Königen bzw. vor Heiden allgemein deuten ebenso wenig eine *Verfolgung* an. Im Römischen Reich gab es immer mal wieder lokal begrenzte Restriktionsmaßnahmen gegen Juden, von denen dann die Christusgläubigen mit betroffen waren, da ja Außenstehende in diesen Glaubensangelegenheiten nicht differenzieren konnten. Die systematischen Christenverfolgungen, die auf die Vernichtung der Kirche, ihrer Institution, Organisation und ihrer Repräsentanten zielten, begannen erst 249 unter Decius und 257 unter Valerian. In der Regierungszeit des Diokletian gab es dann (303) die letzten Christenverfolgungen. Durch die Entscheidungen der Kaiser Galerius (311) und Konstantin (313) wurde das Christentum legitime Staatsreligion und die Verfolgungen hörten auf. Daraus ergibt sich, dass der Begriff *Verfolgung* als „rechtlich begründete Zwangsmaßnahmen aufgrund der Initiative römischer Behörden gegen Christen als Christen" nicht angemessen die Erfahrungen von Christusgläubigen in den Jahren vor und nach 70 beschreiben kann!

Darüber hinaus ist zu beachten, dass der Begriff *Verfolgung* eine starke theologische Bedeutung hat, denn er dient schon im Ersten Testament als Kriterium der Zugehörigkeit zu Gott: das Volk Israel, die Frommen und erst recht die Propheten wurden verfolgt (und gegeißelt!). Der Widerstand, der den verfolgten Gläubigen entgegen schlug, ist gerade deshalb Ausweis ihres

Sendungsauftrags von Gott. Letztlich gilt die Verfolgung der Gerechten also Gott selbst, wodurch die verfolgten Gläubigen zu Zeugen für Gott werden, wie es die Figur des Gottesknechts (Jes) und die des leidenden Gerechten (in den Ps) eindrucksvoll zeigen. Von Gott aus ist die *Verfolgung* jedoch in den Heilsplan eingeschlossen, d.h. sie wird die Verwirklichung des göttlichen Plans weder aufhalten noch verhindern können. Der Begriff *Verfolgung* hat daher auch eine eschatologische Dimension, denn er verweist auf die schon geschehene und sich noch verwirklichende Heilsgeschichte Gottes. Das ist ein weiterer wichtiger Grund dafür, dass die Gläubigen wirklich nichts zu fürchten brauchen.

Voraussetzungen der Aussendung: 10,34-42

³⁴ Meint nicht, dass ich kam, um Frieden auf die Erde zu werfen.
Nicht bin ich gekommen um Frieden zu werfen, sondern ein Schwert.
³⁵ Denn ich bin gekommen zu entzweien:
 einen Menschen gegen seinen Vater und
 eine Tochter gegen ihre Mutter und
 eine Schwiegertochter gegen ihre Schwiegermutter (Mi 7,6).
³⁶ Und *die Feinde des Menschen*
 werden seine (eigenen) Hausgenossen sein. (Mi 7,6)
- - - - -
³⁷ Wer Vater oder Mutter mehr liebt als mich, ist meiner nicht wert, und
wer Sohn oder Tochter mehr liebt als mich, ist meiner nicht wert, und
³⁸ wer nicht sein Kreuz auf sich nimmt und mir nachfolgt, ist meiner nicht wert.
³⁹ Wer sein Leben findet, wird es verlieren, und
wer sein Leben verliert um meinetwillen, wird es finden.
- - - - -
⁴⁰ Wer euch aufnimmt, nimmt mich auf, und
wer mich aufnimmt, nimmt den auf, der mich gesandt hat.
⁴¹ Wer einen Propheten aufnimmt
 auf den Namen eines Propheten hin,
 wird den Lohn eines Propheten erhalten, und
wer einen Gerechten aufnimmt
 auf den Namen eines Gerechten hin,
 wird den Lohn eines Gerechten erhalten, und
⁴² wer immer einem dieser Kleinen zu trinken gibt
 (auch nur) einen Becher kalten Wassers
 auf den Namen eines Schülers hin,
Amen, ich sage euch: er wird seinen Lohn nicht verlieren!

Die Gewebestruktur des Textes

In diesem dritten und letzten Teil der Rede stellt Jesus seinen Gesandten die Voraussetzungen für die Aussendung vor, die mit denen der Nachfolge völlig identisch sind. Auf diese Weise verbindet Matthäus Ruf und Sendung: wer gerufen ist, ist auch gesandt.

Die Aussendungsrede

Die erste Einheit (10,34-36) kreist um das Thema des Gekommen-Seins Jesu: auf eine programmatische Erklärung folgt eine Spezifikation mit weiteren Erläuterungen. Es geht hier um die Sendung Jesu und um das, was sie bewirkt. Die folgenden Verse (10,37-39) thematisieren die Voraussetzungen für diejenigen, die die Sendung Jesu akzeptieren und sie fortsetzen. Auch diese Verse sind regelmäßig aufgebaut, denn der zweite Teil des Satzes ist jeweils *ist meiner nicht würdig*. Die Leser verstehen, dass es um eine grundsätzliche Entscheidung geht; dadurch wird das Anfangsthema des *Schwerts*, das Jesus bringt, fortgeführt. Die letzten drei Verse (10,40-42) bilden den Abschluss des dritten Teils und zugleich der gesamten Rede. Matthäus verbindet hier den Sendenden, die Gesandten und Gott zu einer Wirk-Gemeinschaft und zeigt die positiven Auswirkungen auf diejenigen, die die Gesandten aufnehmen.

Das semantische Geflecht des Textes

10,34-36: Jetzt spricht Jesus das Ziel und die Auswirkungen seiner eigenen Sendung an. Die Formulierung erinnert an 5,17, wo Jesus ebenfalls klarstellte, dass er nicht gekommen sei, um Tora und Propheten aufzuheben, sondern um sie zu erfüllen. In beiden Sätzen wird zuerst eine falsche Interpretation des Auftrags Jesu beschrieben, die dann korrigiert wird. Jesus kommt nicht um den Frieden, sondern um das *Schwert* zu bringen. Nach der Seligpreisung der Friedensstifter (5,9) und nach dem Auftrag der Gesandten, den Frieden zu wünschen (10,13), überrascht nun diese offensichtlich konträre Aussage.

In der prophetischen Literatur steht das Bild vom *Schwert* aber auch für Gottes Gerechtigkeit, Gericht und Entscheidung. Das Zitat des Michabuches spricht für eine Deutung in diesem prophetischen Kontext. Micha beschreibt die gesellschaftliche Korruption und erwartet in 7,7 voll Vertrauen das Eingreifen Gottes. Der Einbruch der eschatologischen Endzeit und der Tag des Kommens des Messias sind im jüdischen Glauben besonders im Rahmen der Apokalyptik auch mit Gewalt gegen die Feinde, mit Zerstörung und Auflösung von sozialen Strukturen verbunden (so auch in Apk 6,4.8). Die Ankunft des Messias und die Beziehung zu ihm stellt alle anderen Beziehungen in Frage: das Kommen des Messias hat eine so gewaltige Sprengkraft, dass sie sogar familiäre Bande auflöst und sie als neue Gemeinschaft mit dem Messias als *Hausherren* ordnet (10,25).

10,37-39: Der Auftrag Jesu betrifft in sehr ernster Weise alle, die ihm nachfolgen und die seinen Auftrag fortsetzen. Jesus fordert von denen, die mit ihm diesen Auftrag erfüllen, eine sehr enge, persönliche Liebesbeziehung, die über die normale, natürliche Liebesbeziehung zwischen Eltern und Kindern hinausgehen soll. Es ist weder eine „fürsorgende", noch eine „nur empfangende" oder „abhängige" Liebesbeziehung gemeint (wie sie zwischen Eltern und Kindern bestehen kann), sondern eine innige Beziehung von tiefer Qualität zwischen Gleichen, etwa wie zwischen (Ehe-)Partnern oder Freunden.

An diese Liebesforderung schließt Matthäus eine Forderung zur Nachfolge an, die einschließt, das Kreuz auf sich zu nehmen. Dass dieses Logion insgesamt fünf Mal in den synoptischen Evangelien erwähnt wird (außerdem noch in Mt 16,24; Lk 9,23; 14,27; Mk 8,34), zeigt seine Bedeutung für das Verständnis der Nachfolge. Das griechische σταυρός (*Kreuz*) wurde mit dem (Buchstaben-)Zeichen *tau* in Verbindung gebracht, das eine Kreuzform hat und schon bei Ez 9,4-6 die Zugehörigkeit zu Gott symbolisiert. Vor diesem Hintergrund meint *das Kreuz auf sich zu nehmen*, sich entschieden durch die Nachfolge zur Zugehörigkeit zu Jesus bekennen, auch wenn das Nachteile bis hin zum Tod beinhalten kann (10,17-22) und sogar familiäre Beziehungen relativiert. Das dreimalige anschließende *ist meiner nicht würdig* schließt all jene von der Zugehörigkeit zu Jesus aus, die nicht zu dieser konsequenten Nachfolge bereit sind.

Der Vers 10,39 fasst die Konsequenz des „Schwertwortes" noch einmal zusammen. Die Alternative, das *Leben zu gewinnen* oder *zu verlieren*, betont sehr scharf die geforderte definitive existenzielle Entscheidung, die mit Blick auf die eschatologische Perspektive getroffen werden soll. Die antithetische Gegenüberstellung lässt jedoch nur eine vernünftige Entscheidung zu, nämlich die, das eigene Leben um Jesu willen zu verlieren, um es letztlich zu gewinnen.

10,40-42: Die lange Rede, die zum größten Teil von der Ablehnung der Gesandten handelte, schließt jetzt positiv mit der Aufnahme der Gesandten und dem damit verbundenen Lohn ab. Im Hintergrund steht die Vorstellung, dass der Gesandte wie der Sendende selbst ist (10,40), wobei es sich aber hier um eine besondere Beziehung handelt, da Gott der eigentlich Sendende ist. Die Sendung Jesu ist die des Gesandten Gottes (10,40d) und die Gesandten Jesu setzen sein Werk als von ihm bevollmächtigte Boten fort (10,16a.40abc). Deshalb bedeutet die Aufnahme der Boten nicht nur gewährte Gastfreundschaft, sondern ist vielmehr das untrügliche Zeichen dafür, Jesus und seine Botschaft, ja letztlich sogar Gott selbst und das Himmelreich aufzunehmen!

Der folgende Vers (10,41) nennt mit den *Propheten* und *Gerechten* zwei konkrete Beispiele von Personen(gruppen), die gesandt sind und aufgenommen werden sollen. Dass die Gruppe der *Kleinen* (10,42) ebenfalls zu den Gesandten gehört, auch wenn jetzt nicht von Aufnahme sondern von einer einfachen Dienstleistung die Rede ist, zeigt dieselbe Verheißung von Lohn wie schon bei den vorigen Beispielen. Mit den *Gerechten* sind (wie auch in 13,17 und 23,29) die großen Vorfahren gemeint, die sich durch ihr vorbildliches Glaubensleben und ihr Vertrauen in Gott auszeichneten. So werden z.B. Noah (Gen 6,9; 7,1) als gerecht bezeichnet, weiterhin Abraham (Gen 15,6), Ijob (Ijob 1,1) und der Gottesknecht (Jes 42,1-7; 53,11; u.ö.)

Matthäus betont besonders die prophetische Rolle der Schüler: schon die Propheten wurden ebenso verfolgt wie die Schüler (so auch in 5,12). Allerdings meint Matthäus damit nicht, dass alle Schüler Jesu Propheten seien. Er bezieht sich hier nur auf verschiedene Aufgaben und Dienste, denn er kennt außerdem noch Weise und Schriftkundige (23,34). Die *Gerechten*, die

Die Aussendungsrede

gleich anschließend genannt werden, sind entsprechend des für Matthäus zentralen Begriffs der *Gerechtigkeit* zu verstehen: es sind Menschen, die in diesem Sinne die Gerechtigkeit Gottes wirken.

Auch die *Kleinen* werden bei Matthäus noch öfter genannt (18,6.10.14); es sind die, die an Jesus glauben, deren Glaube aber von Zweifel bedroht ist (18,6-10). Auch sie sind Jesu Gesandte: sie kommen in Jesu Namen und mit seiner Autorität. Selbst eine kleine, unbedeutende Geste der Gastfreundschaft ihnen gegenüber – und damit das Zeichen ihrer Aufnahme – wird belohnt werden. Der Lohn für die Aufnahme wird näher beschrieben als *Lohn eines Propheten, Lohn eines Gerechten* und *seinen Lohn*. Der Lohn und auch das Amen-Wort am Ende verweisen auf den eschatologischen Kontext: die Aufnahme der Gesandten – und damit die Aufnahme des Himmelreiches – bestimmt das eschatologische Schicksal des Aufnehmenden!

Pragmatische Knotenpunkte des Textes

Die im letzten Teil der Aussendungsrede beschriebene Situation wird wahrscheinlich die Situation der ersten christusgläubigen Gemeinden (innerhalb des Judentums) widerspiegeln: die Spaltung zwischen Eltern und Kindern, Schwiegermüttern und Schwiegertöchtern wird zur Tagesordnung gehört haben und die Hoffnung auf die baldige Wiederkunft des Messias wird die Ordnung des menschlichen Zusammenlebens erschüttert haben. Wie kann es sein, dass der Messias als *Friedensfürst* (Jes 9,5) nicht nur die menschlichen Beziehungen auflöst, sondern das gesamte Leben seiner Anhänger gefährdet? Matthäus lässt Jesus auf die Antwort des Propheten Micha zurückgreifen: das muss so geschehen, weil mit Jesus die vom Ersten Testament vorhergesehene Zeit anbricht. Jesus hat zuerst sein Kreuz auf sich genommen und hat sein Leben verloren; deshalb gleicht die Existenz der Schüler und Gesandten diesem Schicksal Jesu. Aber gerade diese untrennbare Verbindung zwischen Jesus und den Gesandten begründet letztlich die eschatologische Verheißung, die all jene erfahren, die die Boten und die Botschaft als Überbringer des Himmelreiches aufnehmen.

Narrativer Schluss: 11,1

> [11,1] Und es geschah, als Jesus zum Ende kam,
> seinen zwölf Schülern Anweisungen zu geben,
> ging er fort von dort,
> um zu lehren und zu verkünden in ihren Städten.

Matthäus beendet mit derselben stereotypen Formulierung die Rede Jesu, mit der er auch schon die Bergpredigt abgeschlossen hatte (7,28). Nur hier taucht der Ausdruck *Anweisungen* auf, der unterstreicht, dass es sich nicht um eine didaktische Lehrrede, sondern um eine Rede mit imperativem Anspruch handelt. Die Tätigkeit Jesu beschreibt Matthäus dieses Mal anders als in 9,35 nur mit *lehren* und *verkünden*, das *Heilen* fehlt. Wichtig ist in diesem Zusammenhang, dass auch diese imperative Rede Jesu als Evangeliumsverkündigung verstanden wird. Anders als z.b. Lukas erzählt Matthäus an dieser Stelle nicht von der Ausführung des Auftrags durch die Gesandten, sondern leitet zu einem neuen Thema über: er wird die Ereignisse des Wirkens Jesu inmitten des Volkes Israel weitererzählen (11,2-28,20). Erst nachdem Jesu Wirken erfüllt ist, führen die Schüler Jesu eigenverantwortlich ihren Sendungsauftrag weiter, der ihnen dann ausdrücklich noch einmal vom Auferstandenen aufgetragen wird (28,16-20).

B. „Bist du der, der kommen soll?"
– Mt 11,2-16,20

Innerhalb des zweiten großen Teils des Evangeliums (4,17-16,20) beschrieb der erste Abschnitt (4,17-11,1) die Werke des Messias, seinen Auftrag zu lehren und die Übertragung dieses Auftrags an seine Schüler. Der zweite Abschnitt (11,2-16,20) thematisiert nun aufgrund dieser Werke die Frage nach Jesu Messianität: *Bist du der Kommende – oder sollen wir einen anderen erwarten?* (11,3). Bestätigen Jesu Werke ihn als Messias? Was für ein Messias ist Jesus? Die Fragen nach der Identität Jesu leiten die Leser auch durch diese Kapitel. Dieser Abschnitt besteht wieder aus zwei Erzählbögen:
a. 11,2-13,58: Das Fragen nach der Messianität Jesu
b. 14,1-16,20: Ablehnung und Anerkennung der Messianität Jesu.

Beide Erzählbögen beginnen mit der Person Johannes des Täufers und sind dadurch miteinander verbunden. Den ersten Erzählbogen leitet die Frage des Täufers ein, ob Jesus wirklich der erwartete Messias ist (11,3). Andere Fragen, Positionen und Stellungnahmen zur Messianität Jesu schließen sich an, z.b. die Frage der Schriftkundigen und Pharisäer (12,10.38), die Jesus auf die Probe stellen wollen und ein Zeichen von ihm verlangen sowie die unsichere aber hoffnungsvolle Frage der Menschenmenge (12,23). Zugleich lesen wir von völlig unterschiedlichen Reaktionen auf Jesu Handeln und Lehren: einerseits kommen die Menschen in Scharen, um Jesus zu hören und zu sehen (13,2), andererseits zweifeln die Pharisäer an Jesus und beschließen seinen Tod (12,14.24). Jesus muss seine Werke – sein Handeln und seine Lehre – vor diesen Anfragen rechtfertigen.

In diesem ersten Erzählbogen fallen zwei Textpassagen auf, die Matthäus hier eingefügt hat: die Offenbarung des Vaters an die Kleinen (11,25-30) und das sehr lange Zitat vom Gottesknecht (12,15-21). Damit gibt der Autor seinen Lesern zwei entscheidende Hinweise für das Verstehen dieses Abschnitts vor, denn der Vater mit seiner Offenbarung an die Kleinen und die Schrift bestätigen das Wirken Jesu.

Jesus bezieht in sein Wirken seine Schüler immer stärker mit ein (13,36.51), so dass sie in eine enge Gemeinschaft mit ihrem Lehrer eingebunden werden (12,49-50). Schließlich sind es Jesu Schüler, die seine Lehre verstanden haben (13,51) – im Gegensatz zu den anderen, die nicht glauben (13,58). Die letzte skeptische Haltung der Menschen in Jesu Heimatstadt (13,54-58), die nach dem Woher der Wunderkraft Jesu fragen, verweist die Leser wieder zurück auf die Werke des Messias (11,2).

Der zweite Erzählbogen (14,1-16,20) greift die Linie des ersten wieder auf. Er beginnt ebenfalls mit der Figur des Täufers (14,1-12), konzentriert sich aber dann direkt auf das Thema der Identität Jesu und in dieser Hinsicht auch auf die unterschiedlichen Stellungnahmen von den Schülern und *den Menschen* (16,13). Entsprechend spannt sich dieser Erzählbogen von der Position des Herodes einerseits, der Jesus mit dem von den Toten auferstandenen Täufer identifiziert (14,1-2) und der Position Petri andererseits, der Jesus als den Messias, den Sohn des lebendigen Gottes bekennt (16,16). Dazwischen findet sich eine Reihe von unterschiedlichen, teilweise sich auch kontrastierend gegenüberstehenden Stellungnahmen zur Identität Jesu, sei es aus der Perspektive der Schüler (14,33; 15,16), der Menge (15,31) oder der Pharisäer (15,2; 16,1). Die Leser sind damit ebenfalls zur Stellungnahme aufgefordert: bestätigen Jesu Werke ihn als Messias? Was für ein Messias ist Jesus?

a. 11,2-13,58: Das Fragen nach der Messianität Jesu

Die Werke des Messias und Johannes der Täufer: 11,2-19

Die Frage nach der Identität Jesu
2 Johannes aber – hörend im Gefängnis die Werke des Messias,
         schickend durch seine Schüler –,
3 sprach zu ihm: Bist du der Kommende?
         Oder sollen wir einen anderen erwarten?
4 Und – antwortend –
sprach Jesus zu ihnen:
         Hingehend meldet Johannes, was ihr hört und seht:
5   *Blinde sehen wieder*   und   *(Jes 42,18; 61,1; 35,5)*
         Lahme gehen umher   und   *(Jes 35,6)*
         Aussätzige werden rein   und
         Taube hören   und   *(Jes 29,18; 42,18)*
         Tote werden erweckt   und   *(Jes 26,19)*
         Armen wird (ein Evangelium) verkündet. (Jes 61,1)
6   Und selig ist, wer an mir nicht Anstoß nimmt.

Die Identität Johannes des Täufers
7 Während diese aber gingen,
begann Jesus zu den Volksmengen über Johannes zu reden:
         Was kamt ihr hinaus,   um in der Öde zu sehen?
             Ein Rohr,   im Wind geschüttelt?

Mt 11,2-19

8	Doch, was kamt ihr hinaus,	um zu sehen?
	Einen Menschen,	in weiche Gewänder gekleidet?
	Siehe:	die das Weiche Tragenden sind in den Häusern der Könige.
9	Doch was kamt ihr hinaus,	um zu sehen?
		Einen Propheten?
	Ja, ich sage euch:	und mehr als einen Propheten!
10		Dieser hier ist es, über den geschrieben ist:

Siehe, ich schicke meinen Boten vor deinem *Angesicht her,*
der herrichten wird deinen *Weg vor dir. (Ex 23,20; Mal 3,1)*

11 Amen, ich sage euch: Nicht ist erweckt worden unter den von Frauen Geborenen
              ein Größerer   als Johannes der Täufer,
              der Kleinere   aber im Königtum der Himmel
                                                          ist größer als er.
12 Von den Tagen aber des Johannes des Täufers bis jetzt,
              drängt (sich) das Königtum der Himmel mit Gewalt [ans Licht]
              und Gewalttätige reißen es an sich.
13 Denn alle Propheten und das Gesetz   bis zu Johannes prophezeiten,
14 und wenn ihr es annehmen wollt: er ist Elija, der Kommen-Sollende.
15 Wer Ohren hat, soll hören!

Johannes der Täufer und der Menschensohn
16 Mit wem aber werde ich diese Generation vergleichen?
              Gleich ist sie Kindern, die – sitzend auf den Märkten –,
17   zurufend den anderen sagen: Auf der Flöte spielten wir euch,
                                                          und nicht tanztet ihr,
              Klagelieder sangen wir,
                                                          und nicht trauertet ihr.
18 Denn es kam Johannes   – weder essend noch trinkend –
              und sie sagen: einen Dämon hat er!
19 Es kam der Sohn des Menschen – essend und trinkend –
              und sie sagen: Siehe: ein Mensch, ein Fresser und Weinsäufer!
                               Von Zöllnern ein Freund und von Sündern!
              Und gerecht gesprochen wurde die Weisheit von ihren Werken.

Die Gewebestruktur des Textes

Dieser Abschnitt ist als Triptychon konstruiert: jeweils 11,2-6; 11,7-15 und 11,16-19 formen eine kleine Einheit, die die Figur des Täufers als Grundmotiv enthält. Gerahmt wird dieser Abschnitt durch die *Werke des Messias*, die sowohl in 11,2 als auch in 11,19 genannt werden und dadurch eine Inklusion bilden.

Die erste Einheit (11,2-6) wird durch die Frage des Täufers eröffnet, ob Jesus *der Kommende* sei, d.h. also der auch von Johannes versprochene und erwartete Messias (3,11). Jesu Antwort richtet den Blickwinkel primär auf das, was gegenwärtig (Präsens!) zu hören und zu sehen ist (11,4), was er anschließend mit einer Mischung aus Jesaja-Zitaten näher beschreibt. Mit einer Seligpreisung (11,6) schließt Jesus seine Antwort ab.

In der zweiten Einheit (11,7-15) spricht Jesus vor der versammelten Menschenmenge über Johannes den Täufer. Mit drei rhetorischen Fragen führt er die Hörer dazu, zu erkennen, wer der Täufer ist: *mehr als ein Pro-*

Das Fragen nach der Messianität Jesu

phet (11,7-9). Mit einem Schriftzitat beschreibt er die herausragende Bedeutung Johannes des Täufers (11,10) und fügt eingeleitet mit *ich sage euch* ein großes Lob über ihn an (11,11-14), das in der Zielaussage gipfelt, dass Johannes der *Elija* ist, der *(Wieder)kommen-Sollende* (11,14). Die Leser müssen sich hier fragen: wenn Johannes *Elija* ist – wer ist dann Jesus? Eine Schlussmahnung, das Gehörte zu verstehen, beendet diese Einheit (11,15).

Die letzte Einheit (11,16-19) stellt das unterschiedliche Verhalten des Täufers und des Menschensohnes einander gegenüber. Trotzdem werden sowohl Johannes als auch Jesus von *dieser Generation* (11,16) abgelehnt, doch ihr Wirken rechtfertigt sie (11,19).

Das semantische Geflecht des Textes

11,2-6 Die Frage nach der Identität Jesu

Mit dem Hinweis auf den Arrest des Täufers greift der Erzähler auf 4,12 zurück, denn seitdem hat er nichts mehr von Johannes berichtet. Wenn er nun die *Werke des Messias* erwähnt, stellt er damit den Lesern die implizite Frage: bezeugen die Werke Jesu wirklich seine Messianität? Die einleitende Frage Johannes des Täufers beinhaltet eine gewisse Skepsis. Das verdeutlichen sowohl die Frage als Frage als auch die mitgegebene Alternative *oder sollen wir einen anderen erwarten?*, die ja beide so gestellt und formuliert immerhin eine negative Antwort von Seiten Jesu für möglich halten.

Der Täufer hatte am Jordan einen anderen Messias angekündigt und erwartet (3,11-12), deshalb ist vor diesem Hintergrund seine Nachfrage verständlich. Der von ihm erwartete Messias ist *ein Stärkerer* (3,11), der die messianische Zeit mit der Trennung von Spreu und Getreide beginnt (3,12). Jesu Handeln und Lehren hat ihn bisher als einen Anderen gezeigt, gar nicht entsprechend der Erwartung des Täufers, denn Jesus wendet sich Zöllnern und Sündern zu (9,10-11) und verkündet Gott als den, der Barmherzigkeit statt Opfer will (9,13) und der die Sonne scheinen lässt über Gute und Böse (5,45). Jetzt zielt Jesu Antwort darauf, das sinnlich Erkennbare – was zu hören und zu sehen ist – wahrzunehmen (11,4) und auf der Folie der prophetischen Schriften zu deuten (11,5). Auffällig ist hier das vorangestellte *Hören*: Matthäus signalisiert damit, dass man nicht Augenzeuge der Taten Jesu gewesen sein muss, um zu verstehen, wer er ist.

Insofern das, *was zu hören und zu sehen ist*, mit der Ankündigung des Propheten Jesaja übereinstimmt, bestätigen diese Schriftzitate das Wirken Jesu. Die Fragesteller können sich selbst die Frage beantworten aufgrund dessen, was sie wahrnehmen und was in der Schrift steht: Jesus hatte zwei Blinde (9,27-30), einen Taubstummen (9,32-33) und einige Gelähmte (4,24; 8,6-13; 9,2-7) geheilt, einen Aussätzigen rein gemacht (8,2-3), die Tochter des Synagogenvorstehers auferweckt (9,18-25), das Evangelium besonders den Armen verkündet (5,3-12) – und sein Wirken dauert noch an (15,30-31)! Die Fragenden müssen folglich erkennen, dass das Wirken Jesu im Einklang mit der Schrift steht und es deshalb Jesus tatsächlich als den gekommenen Messias ausweist.

Die abschließende allgemein formulierte Seligpreisung (11,6) thematisiert das *Anstoß-Nehmen*, das Jesus schon im Sinn von *Anlass zum Skandal geben* in der Bergpredigt erwähnte (5,9-30), dann inhaltlich und in Bezug auf seine Schüler in der Aussendungsrede ansprach (10,17.21-23) und noch in der Endzeitrede (24,10) aufgreifen wird. Das *Anstoß-Nehmen* an Jesus selbst zeigt sich jedoch schon bald hierauf in Jesu Heimatstadt, wo ihn alle Bewohner ablehnen (13,57). Auch die Pharisäer nehmen Anstoß an seiner Lehre (15,12). In der Passionserzählung kündigt Jesus schließlich seinen Schülern an, dass auch sie an ihm Anstoß nehmen werden (26,31). Die Seligpreisung ermutigt gerade deshalb dazu – nicht nur die damaligen Hörer und Leser, sondern auch uns heute – sich nicht verwirren zu lassen, wenn die eigenen Messiaserwartungen und Messiasvorstellungen nicht auf den ersten Blick mit dem, was Jesus verwirklicht, kompatibel zu sein scheinen. Auch uns gilt die hinter der Seligpreisung stehende Aufforderung, nicht an Jesus Anstoß zu nehmen. Jesu Taten und Worte werden nicht durch unsere Erwartungen verifiziert, sondern durch die Schrift!

11,7-15 Die Identität Johannes des Täufers

Nachdem die Boten von Johannes gegangen sind, wendet sich Jesus an die versammelte Volksmenge. Matthäus klärt weder, woher noch weshalb die Menschen gekommen sind; das unvermittelte Auftauchen der Menge signalisiert, dass die folgenden Worte Jesu an alle gerichtet sind – auch an uns heute. Durch die Frage Johannes des Täufers nach der Identität Jesu (11,2-6) wurde deutlich, dass Jesus der erwartete Messias ist – aber in welcher Relation zu ihm ist der Täufer zu sehen? Indem Jesus die Menschen über die Person und Funktion des Täufers belehrt, sagt er deshalb zugleich auch etwas über sich selbst aus.

Einleitend fragt Jesus die Menge dreimal nach ihrer eigenen Erwartung bezüglich Johannes des Täufers: *was kamt ihr hinaus, um zu sehen?* (11,7b.8a.9a), um sich dadurch der herausragenden Bedeutung der Person des Täufers anzunähern. Natürlich haben die Menschen, als sie in die Wüste gingen, erwartet, etwas Besonderes zu sehen – eben nicht nur *ein Schilfrohr im Wind* (11,7c). Sicherlich laufen die Menschen auch zusammen, um z.B. ein Mitglied der königlichen Familie (oder wir heute: einen Star) zu sehen, aber dazu geht man nicht in die Wüste. Das Besondere, das die Menschen beim Täufer erwarteten, ist also nicht äußerlicher Art wie *weiche Kleider* (11,8bc). Indem die Menschen mit ihrer Erwartung zu Johannes hinausgegangen sind, etwas Besonderes zu sehen, etwas das das Alltägliche und sogar das im normalen Leben Unübliche, Äußerliche übersteigt, schreiben sie Johannes eine für sie selbst gewichtige Bedeutung zu. Jesus bestätigt die Meinung der Menschen über den Täufer, die in ihm einen Propheten sahen (11,9b) und fügt – eingeleitet mit dem affirmativen *ich sage euch* – sofort an, dass Johannes noch *mehr als ein Prophet* ist (11,9c).

Jesus beschreibt nun das Besondere an der Person des Täufers. Zuerst hebt er mit einem Mischzitat (11,10) eindeutig hervor, dass sich in Johannes die Schrift erfüllt, drückt aber zugleich auch aus, dass Johannes nicht der

Das Fragen nach der Messianität Jesu

Messias ist, sondern dessen *Bote* und *Wegbereiter*. Da die Leser in Jesu Antwort auf die Frage des Johannes Jesus selbst als den Messias erkannt haben, bestätigt das Zitat hier sowohl Johannes als Wegbereiter, als auch Jesus als den, dem er den Weg bereitete: als den erwarteten Messias.

Mit einem Amen-Wort stellt Jesus Johannes als den Größten dar, der je *erweckt wurde* (11,11a): das Passivum Divinum weist auf Gott als Wirkenden hin, gemeint ist die Berufung durch Gott, das Himmelreich anzukündigen und dem Messias den Weg zu bereiten. Damit wird auch klar, weshalb trotz dieser überragenden Größe des Täufers selbst der *Kleinste im Himmelreich* größer ist als er (11,11b): der *Kleinste* wird nämlich schon in bzw. für das Himmelreich berufen, das Johannes ankündigte (3,2), aber selbst nur indirekt erlebte, denn er war im Gefängnis und musste sich durch seine Boten vergewissern (11,2-3). Die Menschen, die in der Zeit nach Johannes leben – einschließlich bis zu uns heute – sollen sich deshalb zu Großem berufen sehen: zum Leben im und Mitwirken am Himmelreich!

Das Wort vom Himmelreich, das *von den Tagen des Täufers bis jetzt* gewaltig anbricht (11,12), drückt zweierlei aus: zum einen ist das Himmelreich als sich entwickelnder Prozess zu verstehen, der schon in den Tagen des Täufers bestand und *bis jetzt* andauert; zum anderen ist diese Zeit (Präsens!) durch Gewaltanwendung gegen das Himmelreich geprägt. Jesus unterstreicht damit noch einmal, dass Johannes der Täufer Teil an der Zeit des Himmelreiches hat, denn mit ihm beginnt die Zeit der Erfüllung, aber sie ist noch nicht ganz erfüllt, weil der *Stärkere* nach ihm kommt (3,11): die volle Erfüllung wird das Kommen des Menschensohnes in seiner Macht (16,28) sein. Das *bis jetzt* deutet deshalb keine Zäsur an, auch keine „dritte Zeit", die nach dem Ersten Testament oder der Zeit Jesu einsetzen würde. Das *bis jetzt* ist auf die Gegenwart bezogen, es schließt die Zeit des Matthäus und die Verkündigung der Schüler (28,18-20) mit ein.

Diese Zeit des Anbruchs ist aber auch durch Gewalt gegen das Himmelreich gekennzeichnet: der Kontext – *Gewalttätige, an sich reißen / sich bemächtigen* – verdeutlicht die negative und feindliche Konnotation dieser Gewalt. Matthäus meint also: seit dem Beginn der Verkündigung (von den Tagen Johannes des Täufers an) bis jetzt, zur Gegenwart der anfanghaften Verwirklichung durch Jesus, bricht das Himmelreich gewaltig und mit Kraft ans Licht (*Blinde sehen wieder, Lahme gehen umher...*, 11,5). Aber das Himmelreich ist immer auch von Gewalttätigen bedroht, die es an sich reißen und sein Anbrechen verhindern wollen, indem sie sich ihm entgegenstellen oder ihr eigenes „Reich" bzw. ihre Vorstellungen davon als „Himmelreich" anderen aufzwingen. Johannes der Täufer erfährt diese Gewalt im Gefängnis am eigenen Leib, Jesus wird diese Gewalt zu spüren bekommen und auch die Schüler Jesu sind davor nicht gefeit (10,17-39). Diese Gewalt gegen die Boten Gottes ist aber auch ein Kennzeichen der eschatologischen Zeit, die ihrerseits die Verwirklichung der Gottesherrschaft bekundet und damit natürlich wiederum Johannes und Jesus in ihrem Einsatz für das Himmelreich bestätigt: Johannes als Wegbereiter und Jesus als Messias.

Nach Mal 3,23 und Sir 48,9-10 wird das Wiederkommen des in den Himmel entrückten Propheten Elija vor dem Anbruch des *Tages des Herrn* erwartet: Elija ist der Wegbereiter Gottes. Wenn Matthäus hier Johannes den Täufer mit Elijas identifiziert, setzt er den Anbruch des Tages des Herrn mit dem Anbruch des Himmelreiches parallel. Jesu Verweis auf die Schriften bestätigt die besondere Funktion Johannes des Täufers.

Die ungewöhnliche Reihung (*Propheten und Tora* statt *Tora und Propheten*) legt das Gewicht auf die Ankündigung der Propheten: alle(!) Propheten und die Tora haben auf Johannes hingewiesen (11,13), deshalb kann er als der wiederkommende Elija verstanden werden (11,14), der den Beginn der Endzeit einläutet. Indem Jesus sagt, dass Johannes Elija ist, dass also die Endzeit begonnen hat, gibt er zu verstehen, wer er ist: der in der Endzeit erwartete Messias. Mit einem ausdrücklichen Hinweis, diese Botschaft nicht nur oberflächlich aufzunehmen, sondern deutend zu verstehen – *wer Ohren hat, soll hören!* –, schließt Jesus diesen Teil seiner Rede ab (11,15).

11,16-19 Johannes der Täufer und der Menschensohn

Der letzte Teil des Triptychons stellt ebenfalls die Bedeutung von Johannes und Jesus einander gegenüber und gibt damit eine indirekte Antwort auf die Frage nach Jesu Identität. Die Formulierung *diese Generation* in der einleitenden Frage Jesu bezieht sich nicht auf konkrete Personen, sondern meint allgemein die gegenwärtigen Menschen, die zu Jesus und Johannes Stellung nehmen müssen; damit sind auch die aktuellen Leser eingeschlossen. Das anschließende Gleichnis von den enttäuschten Spielkameraden zielt auf die Verweigerung der Menschen, die „nicht mitspielen wollen", also weder die Botschaft von Johannes, noch die von Jesus annehmen. Der Asket Johannes hat zur Umkehr gemahnt (3,4.7-12), doch die Leute lehnten ihn ab, indem sie behaupteten, er sei von einem Dämon besessen (11,18); Jesus hingegen hat mit den Verachteten und Marginalisierten Mahl gehalten und wird nun gerade deswegen von den Leuten abgelehnt (11,19ab). Die Menschen ergreifen also jede mögliche Ausrede, gerade nicht die Botschaft vom Himmelreich anzunehmen und entsprechend zu leben. Damit richtet sich diese generelle Rede von den Menschen, die Johannes und Jesus ablehnen (11,18-19), nicht nur an bestimmte Gruppen oder Zeitgenossen, sondern gilt allen – die heutigen Leser eingeschlossen –, die sich der Botschaft vom Himmelreich verweigern, zugleich als Appell und als Einladung.

Obwohl Johannes und Jesus abgelehnt wurden, wird ihr Wirken durch ihre Werke gerechtfertigt, denn trotz der Ablehnung haben sich viele Menschen von Johannes taufen lassen (3,5-7.13) und die Werke Jesu – sein Wirken und seine Verkündigung (4,17-11,1) –, die viele Menschen gesehen und gehört haben (11,4-5), weisen ihn als Messias aus (11,2.19 bilden eine Inklusion). Die *Weisheit*, die durch ihre Werke gerechtfertigt wird, kann als Personifizierung der Eigenschaft Gottes verstanden werden: Gott wirkt durch seine Weisheit in der Welt und in der Geschichte der Menschen (vgl. Sir 24,1-22). Matthäus greift diesen Gedanken in 11,25-30 noch einmal auf.

Das Fragen nach der Messianität Jesu

Pragmatische Knotenpunkte des Textes

Die Leser werden mit *wenn ihr es annehmen wollt* (11,14a) und *wer Ohren hat, soll hören!* (11,15) direkt angesprochen. Diese beiden Appelle stehen in direktem Zusammenhang mit der Identität Johannes des Täufers: *er ist Elija, der Kommen-Sollende* (11,14b). Entsprechend werden sich die Leser fragen: wenn Johannes der wiedergekommene Elija ist – wer ist dann Jesus? Dieser Abschnitt könnte deshalb dazu dienen, die Bedeutung und das Verhältnis von Johannes dem Täufer und Jesus im göttlichen Heilsplan zu beschreiben. Denkbar ist auch, dass im Hintergrund die Frage nach der Orientierung von zwei Gruppen steht: die Schüler des Täufers (vgl. 9,14-17) einerseits und die Schüler Jesu andererseits. Flavius Josephus beschreibt eine starke, andauernde Täuferbewegung (Ant. 18,116-119), so dass sich möglicherweise die Gemeinde des Matthäus mit dieser Täuferbewegung auseinandersetzen musste. Doch der Text zielt nicht nur auf Apologie.

Die Leser werden wiederholt mit dem Thema der Ablehnung Jesu konfrontiert, zugleich aber eingeladen, diese manchmal sehr heftige Ablehnung als Teil der Sendung Jesu zu verstehen. Der Autor verdeutlicht mit der kontrastreichen Gegenüberstellung von Johannes und Jesus, dass es nicht ein anderer Lebensstil ist, der die Zurückweisung provoziert, denn beide werden von den Menschen abgelehnt. Die Leser können verstehen, dass die Ablehnung von Johannes und Jesus in ihrer Zugehörigkeit zum Plan Gottes begründet ist. Ein ähnliches Schicksal der Ablehnung und Verfolgung hatte Jesus bereits seinen Schülern angekündigt, als er sie in seinen Dienst einbezog und aussandte (10,14-23). Der Autor verdeutlicht damit, dass die Erfahrungen von Ablehnung und Gewalt gerade nicht dem Heilsplan Gottes widersprechen: Gottes Heilsbotschaft zu leben und zu verkünden und deshalb Gewalt zu erleiden, war schon immer das Schicksal der Propheten!

Die Ablehnung der galiläischen Städte: 11,20-24

²⁰ Da begann er die Städte zu schelten, in denen seine meisten Krafttaten geschahen, weil sie nicht umkehrten:
²¹   Wehe dir, Chorazin!   Wehe dir, Betsaida!
  Denn wenn in   Tyros und Sidon
    die Krafttaten geschehen wären, die bei euch geschahen,
      wären sie längst in Sack und Asche umgekehrt!
²² Jedoch sage ich euch: Tyros und Sidon
  wird es erträglicher ergehen am Tag des Gerichts als euch.
²³   Und du, Kapharnaum,   wirst du etwa   zum Himmel erhoben werden?
          Bis in   den Hades wirst du hinabsteigen!
  Denn wenn in   Sodom
    die Krafttaten geschehen wären, die bei dir geschahen,
      wäre es bis zum Heute stehen geblieben!
²⁴ Jedoch sage ich euch: dem Land Sodom
  wird es erträglicher ergehen am Tag des Gerichts als dir.

Mt 11,20-24

Die Gewebestruktur des Textes

Auf die Nachfrage Johannes des Täufers nach der Identität Jesu (11,2-19) folgt nun angeschlossen mit *da / dann* die offensichtliche Ablehnung Jesu und seines Umkehrrufes durch die Städte Galiläas, in denen er hauptsächlich wirkte (11,20-24). Dieses Crescendo vom Zweifel an Jesus steigert sich von der bloßen Ablehnung zum Unglauben und führt schließlich zum Mord an ihm. Jesu Wehe-Worte sind hier klar strukturiert: auf die warnende Anrede der Stadt folgt mit *denn* die Begründung für die Drohung und schließlich mit *jedoch sage ich euch* eine Anspielung auf das bevorstehende Urteil im Endgericht. Diese prägnante Struktur unterstreicht die Ernsthaftigkeit der Worte Jesu. Den Lesern ist jedoch aufgrund der Anspielungen klar, dass es sich hier nicht um eine endgültige Verurteilung der Städte durch Jesus handelt, sondern vielmehr um einen dringenden Aufruf zur Umkehr.

Das semantische Geflecht des Textes

11,20-24: Wehe-Worte sind generell in den biblischen Kontext eingebunden; sie finden sich im Ersten Testament vor allem bei den Propheten (Jes, Ez, Am, Hab), neutestamentlich neben Lk auch in der Apk. Das *Wehe* ist weniger ein Fluch, sondern vielmehr Ausdruck von Unglück, Bedauern und Klage, es meint gleichsam „die Hände über dem Kopf zusammenschlagen". Wird das *Wehe* in diesem Sinne als Erschrecken über eine bevorstehende Katastrophe verstanden, hat es in Verbindung mit der direkten Anrede (*wehe dir, ...!*) die Funktion, Erschrecken bei den Adressaten und den übrigen Hörern hervorzurufen. Mit dem Entsetzen über das Bevorstehende sind von der Intention des Sprechers her die Mahnung zur Bekehrung und vor allem die Hoffnung auf Umkehr des Adressaten verbunden. So lange das Unglück noch nicht eingetreten ist, lässt sich ja noch etwas ändern: das *Wehe* signalisiert damit den letzten Moment, das bevorstehende Schicksal positiv zu beeinflussen. Es ist ein klarer Handlungsaufruf, jetzt sofort umzukehren.

Die *Städte*, die am Beginn dieses Abschnitts (11,20) erwähnt werden, bleiben unbestimmt. Die Leser erinnern sich an die Summarien, die Jesu heilendes und verkündendes Wirken generell in den Dörfern und Städten beschrieben (4,23; 9,35; 11,1). Die *Krafttaten* Jesu bezeichnen daher die *Werke des Messias* (11,2.19). Das Stichwort der *Umkehr* erinnert an das erste Auftreten Jesu (4,17), wo er das Kommen des Himmelreiches ebenfalls mit dem Ruf zur Umkehr verbunden hatte. Die Leser verstehen, dass die *Krafttaten* Jesu bzw. die *Werke des Messias* das Ziel haben, die Menschen zur Umkehr zu Gott zu bewegen.

Das Thema der Umkehr ist mit dem Thema des Endgerichts, dem *Tag des Gerichts* verknüpft. Die Leser erinnern sich auch an die Aussendungsrede Jesu, in der er schon einmal einer Stadt ein schlimmeres *Gericht* als das von Sodom und Gomorra ankündigte (10,15). Dieser Abschnitt nimmt das Gerichtsthema wieder auf (11,22.24). Auffallend ist, dass hier gleich

187

Das Fragen nach der Messianität Jesu

zweimal das *Gericht* angesprochen wird; in den Kapiteln 10-12 wird insgesamt sechsmal das Gericht genannt: 10,15; 11,22.24; 12,36.41.42. Zwar wissen die Leser schon von 9,3 her, dass Jesus in Konflikt mit einigen Schriftkundigen geriet, die ihm Gotteslästerung vorwarfen, aber in den vorigen Kapiteln von Jesu Worten und seinem Wirken (5-7; 8-9) spielte das Gerichtsthema keine Rolle. Jetzt allerdings taucht der Begriff *Gericht* mit zunehmender Häufigkeit auf, denn die Städte und die Menschen haben nicht angemessen auf die Werke des Messias (11,2.19) reagiert. Nach dem großen Erfolg Jesu vor den Menschenmengen (Kapitel 5-9) lernen die Leser nun Jesus als den abgewiesenen Messias kennen und erfahren systematisch immer mehr von der Ablehnung des Messias. Diesen Perspektivenwechsel müssen die Leser nachvollziehen können und genau darauf antwortet der folgende Abschnitt mit dem Gebet Jesu.

Pragmatische Knotenpunkte des Textes

Die warnenden, mahnenden Wehe-Rufe an die Städte spiegeln möglicherweise die Umwelt der matthäischen Gemeinde wider, die in ihrem Umkreis Unverständnis und Ablehnung erfährt. Doch diese Ermahnungen gelten nicht nur den anderen Städten, sondern auch den Lesern selbst. Matthäus benutzt mit den Wehe-Rufen Schemata der klassischen Prophetie: die Leser sollen die Werke des Messias erkennen und umkehren, d.h. sie sollen Jesus als Messias in seinem Lehren und Handeln erkennen und sie sollen ihr Verhalten so ändern, dass es dem Willen Gottes entspricht. Dass dieser Anspruch nicht etwa zu hoch ist, zeigt das anschließende Gebet Jesu, das explizit die Offenbarung an die Kleinen herausstellt.

Die Offenbarung an die Kleinen: 11,25-30

```
25  In jener Zeit – antwortend –
    sprach Jesus:  Ich preise dich, Vater, Herr des Himmels und der Erde,
                weil Du   dieses    verbargst        vor Weisen und Verständigen
                          und    es offenbartest    den (unmündigen) Kleinen.
26         Ja, Vater,  weil es so Gefallen fand vor dir.
27         Alles wurde mir übergeben von meinem Vater,
                  und  keiner    erkennt den Sohn      außer der Vater,
                  auch den Vater erkennt keiner        außer der Sohn
           und wem immer der Sohn   es offenbaren will.
                                   - - - - -
28         Kommt zu mir,  alle Mühenden  und  Belasteten!
                  Und  ich werde euch   ausruhen lassen.
29         Nehmt mein Joch auf euch und
           lernt von mir, weil  sanft ich bin  und  demütig von Herzen,
                  und  ihr werdet finden   Ruhe für eure Seelen. (Jer 6,16)
30         denn mein Joch  ist angenehm   und  meine Last ist leicht.
```

Mt 11,25-30

Die Gewebestruktur des Textes

Auf die Zurückweisung, die Jesus durch die Städte in seinem Heimatgebiet erfährt, reagiert er mit einem bekennenden Gebet, in dem er Gott besonders für die Offenbarung an die Kleinen dankt und alle Bedrückten einlädt, ihm zu folgen (11,25-30). Das Gebet besteht aus zwei Strophen (11,25-27.28-30). Die erste Strophe thematisiert die Offenbarung und ist durch die Stichworte *verbergen – offenbaren, offenbaren – erkennen, Vater – Sohn* strukturiert. Im ersten Teil der ersten Strophe rahmt das Wort *Vater* die den *Weisen verborgene* aber den *Kleinen offenbarte* Erkenntnis. Im zweiten Teil der ersten Strophe rahmen die Worte *Vater – Sohn* die gegenseitige *Erkenntnis*.

Die zweite Strophe ist konzentrisch aufgebaut: im Zentrum steht eine einzigartige Selbstaussage Jesu *ich bin sanft und demütig von Herzen*, die durch die Beschreibung seines *Jochs* und dem Versprechen der *geschenkten Ruhe* umklammert ist. Damit erklären sich seine Selbstaussage und sein Joch gegenseitig, denn ein sanfter und von Herzen demütiger Mensch kann nur ebenso auch mit anderen umgehen: Jesu Demut und Sanftmütigkeit zeigen sich darin, dass er anderen Ruhe schenkt und dass sein Joch gerade keine Last ist. Mit dieser Selbstaussage Jesu gibt Matthäus seinen Lesern einen weiteren entscheidenden Hinweis, Jesu Messianität zu verstehen.

Das semantische Geflecht des Textes

11,25-27: Mit der erhaben formulierten Einleitung (11,25) beginnt ein neuer Abschnitt: Jesus wendet sich zuerst mit einem feierlichen Lob an seinen Vater (11,25-27) und danach in eher familiärem Ton an alle belasteten Menschen (11,28-30). Er spricht Gott als seinen Vater direkt an und preist ihn, weil er *dies* (11,25c) den Weisen und Verständigen verborgen, den unmündigen Kleinen aber offenbart habe: der Vater zeigt sich also als aktiv Handelnder, dessen Wirken speziell auf die unmündigen Kleinen hin ausgerichtet ist. Diese Vorstellung findet sich ähnlich auch in der hebräischen Version des Buches Jesus Sirach: *denn groß ist die Barmherzigkeit Gottes: den Sanftmütigen offenbart er seine Geheimnisse* (Sir 3,20).

Dass Gott den Kleinen und gerade nicht den Verständigen und Weisen seine Offenbarung zuteil werden lässt, zeigt nicht nur sein Wohlwollen und seine Zuneigung den unmündigen Kleinen gegenüber, sondern drückt im *Gefallen* noch stärker Gottes Willen und Gutheißen aus (11,26): die Offenbarung gilt ausdrücklich den Kleinen. Im Anschluss daran wird das Thema der Offenbarungserkenntnis genauer entfaltet. Damit wird deutlich, dass *dies* (11,25c) und *alles* (11,27a) sich auf das bezieht, was Jesus von Gott übergeben worden ist: die Erkenntnis Gottes als Vater und seine Beziehung zum Sohn – was natürlich die Erkenntnis des Sohnes einschließt. Weil Jesus diese Erkenntnis von *seinem Vater* erhalten hat, ist er als Sohn aufgrund seiner besonderen Beziehung zum Vater der authentische Offenbarer des Vaters.

Das Fragen nach der Messianität Jesu

Die Kleinen und all jene, die in Jesus den Offenbarer Gottes sehen, erkennen in Jesu Wirken – in seiner Lehre und seinen Werken – das Himmelreich und Jesus als den Messias und Sohn Gottes: und somit erkennen sie Gott als Vater. Dass diese Erkenntnis gerade den Kleinen gilt, zeigt Matthäus später noch einmal mit einer Begebenheit im Tempel: es sind Kinder, die Jesus als Messias erkennen und ihm zurufen: *hosanna dem Sohn Davids* (21,15). Auf die Kritik der Hohenpriester und Schriftkundigen antwortet Jesus dann mit einem Zitat aus Ps 8,3, das ebenfalls die besondere Beziehung zwischen Gott und den Kleinen hervorhebt: *aus dem Mund von Unmündigen und Säuglingen bereitetest du (= Gott) dir Lob* (21,16). Auch dass Gott selbst die Erkenntnis des Sohnes als Messias offenbart, hält Matthäus in Jesu Antwort auf das Messiasbekenntnis Petri fest: *...nicht Fleisch und Blut offenbarten dir das, sondern mein Vater im Himmel* (16,17).

Mit den *Weisen und Verständigen* sind diejenigen gemeint, die sich durch eine besonders profunde Kenntnis der Schriften und Beobachtung der Weisungen Gottes auszeichnen, in erster Linie also Schriftkundige und Gesetzeslehrer, aber sicherlich auch einige Pharisäer. Diejenigen, die diese Kenntnisse nicht hatten und die Weisungen Gottes nicht oder (berufsbedingt wie z.B. Gerber, Metzger, Zöllner, Geldwechsler, Hirten,...) nicht völlig einhalten konnten, wurden oftmals von den Intelligenten und Gebildeten verachtet, weil ja jeder Israelit auf die Gebote verpflichtet war und ein Frommer deshalb selbstverständlich alle Weisungen Gottes kennen und befolgen sollte. Der Begriff der *Unmündigen / Kleinen* bezeichnet kleine, unschuldige, schwache, schutzlose Kinder; in einem weiteren Sinne bezieht er sich jedoch auch auf die einfachen, bescheidenen, frommen Gläubigen.

Dass gerade diesen *Kleinen* die Offenbarung Gottes gilt, ist im biblischen Umfeld eine auffallende Besonderheit. Die Apokalyptiker meinten, die verborgenen Geheimnisse der Zukunft würden nur von Propheten einigen wenigen Weisen offenbart; die Essener glaubten, dass die Offenbarung Gottes nur den Mitgliedern ihrer Gemeinschaft gelte, und für viele Rabbinen war die Offenbarung mit dem Studium der Tora verbunden und deshalb auch nicht allen zugänglich. Doch gerade die weisheitlichen Schriften (z.B. Sir 3,18-20; 51,23-27; Spr 9,4-5; Weish 9,4-5) und die Psalmen (z.B. Ps 19,8; 119,130; 116,6) setzten einen deutlich anderen Akzent: hier sind es die Frommen, Einfachen und Demütigen – die *'anāwīm* – die die Offenbarung empfangen.

Bei Matthäus war diese Gruppe der *'anāwīm* schon in den Seligpreisungen (5,3-12) präsent; später definiert Jesus gegenüber den Johannesschülern seinen Auftrag, zu den Armen, Kranken und Marginalisierten gesandt zu sein (11,2-9). Auch der Kontext unseres Kapitels zeigt, dass gerade die Ausgestoßenen und Verachteten an Jesus glauben: der Aussätzige (8,1-4), der Zenturio (8,5-13), der Gelähmte (9,1-8), die Zöllner und Sünder (9,9-13), die blutflüssige Frau (9,20-22) und die beiden Blinden (10,40-42). Matthäus hebt hier deutlich hervor, dass die *Kleinen* nicht nur die *Hilfsbedürftigen* oder *Hilfeempfänger* sind – diejenigen, die von Gott behütet und von Jesus geheilt werden –, sondern dass gerade *sie* es sind, denen die *Offenbarung* Gottes gilt!

11,28-30: In der nächsten Sequenz wechselt die Perspektive, denn jetzt ist nicht mehr Gott, sondern Jesus der Handelnde und die Adressaten sind diejenigen, die unter Mühen und Belastungen leiden. Jesus offenbart sich hier selbst als *sanft und demütig* und fordert die Angesprochenen (mit den Imperativen *kommt*, *nehmt* und *lernt*) zu einer bestimmten Haltung der Nachfolge auf, die durch zwei Verben im Futur gleichsam zur Verheißung wird: *ich werde euch ausruhen lassen* und *ihr werdet Ruhe für eure Seelen finden*. Die Motivation für diese Haltung ist sowohl in der Nachahmung Jesu begründet, denn er selbst ist sanft und von Herzen demütig, als auch in der zu übernehmenden Haltung selbst, die keine drückende Belastung ist, sondern *geeignet* und *leicht zu tragen*.

Leser mit jüdischem Hintergrund werden hier an die Tora denken, die gerade nicht als Einschränkung oder belastendes Joch verstanden wird, denn es bereitet keine Mühe, sie zu erfüllen: *dieses Gebot, auf das ich dich heute verpflichte, geht nicht über deine Kraft und ist nicht fern von dir. (...) Nein, das Wort ist ganz nah bei dir, es ist in deinem Mund und in deinem Herzen, du kannst es halten* (Dtn 30,11.14).

Schon in Mt 9,36 bemerkte Jesus die Niedergedrücktheit der Menschen und sandte ihnen deshalb seine Schüler; jetzt ist er es selbst, der den geplagten Menschen *Ruhe* verspricht. Das Thema der versprochenen Ruhe ist in der Tora mit der Verheißung des Gelobten Landes (Ex 33,14; Dtn 3,20; 12,9; 25,19) verknüpft; bei den Propheten weist die Ruhe auf das erwartete (eschatologische) Heil (Jes 14,3; 32,15-18) hin. Im Kontext des hier zitierten Jeremia-Textes steht die versprochene Ruhe in Verbindung mit dem Hören und Befolgen der Weisungen Gottes und dem Tun des Guten (Jer 6,19).

Mit ganz ähnlichen Formulierungen wie unser Text ermuntert Sir 51,23-27 dazu, das Joch des Lernens auf sich zu nehmen, um Weisheit und Ruhe zu erlangen. Jesu Einladung ist dagegen an ihn selbst gebunden: er fordert dazu auf, *mein Joch* (11,29.30) und *meine Last* (11,30) auf sich zu nehmen und *von mir* (11,29) Sanftmut und Demut des Herzens *zu lernen*, denn *ich werde euch ausruhen lassen* (11,28b). Das Lernen von Jesus und sein angenehmes Joch meinen nun aber nicht, dass seine Tora-Interpretation weniger anspruchsvoll wäre, denn Jesus kommt, um die Tora zu erfüllen und fordert dazu auf, vollkommen wie Gott selbst zu sein (5,17.48).

Das *Lernen*, das *angenehme Joch* und die *leichte Last* beziehen sich vielmehr auf Jesus selbst und auf seine Haltung: sanftmütig und demütig von Herzen zu sein, ist nicht etwa eine Last, sondern angenehm und leicht. Die gegenteilige Haltung – hochmütig, eingebildet und kämpferisch zu sein – ist anstrengend und produziert Stress, weil man immer bemüht sein muss, seine „hohe Position" auch zu halten; ständig ist man in Angst, sie zu verlieren oder zu versagen. Die Sanftmut und Demut Jesu zeigen sich in der Erfüllung des Willens des Vaters: Jesus lebt und lehrt die Gerechtigkeit und Barmherzigkeit, die Gottes Willen entspricht (6,10.33; 7,21; 9,11-13; 9,13 und 12,7 zitieren Hos 6,6), er vergibt, anstatt zu verurteilen (12,7; 18,13-14), hat Mitleid (9,36; 14,14; 15,32; 20,34) und unterstellt sich ganz dem Willen seines Vaters (6,10; 26,39.42).

Das Fragen nach der Messianität Jesu

Pragmatische Knotenpunkte des Textes

Dieses besondere Gebet Jesu verdeutlicht, dass die Offenbarung Gottes besonders den Kleinen, den demütigen Gläubigen gilt. Als Leidende haben sie durch Jesus die befreiende Botschaft vom Himmelreich „am eigenen Leib" erlebt. Jesu Lehre auf dem Berg machte zudem unmissverständlich deutlich, dass Gott immer zu Gunsten der Kleinen, Benachteiligten, Ausgegrenzten und Schwachen optiert und dass er auch zu den Sündern barmherzig ist, um ihnen die Möglichkeit der Umkehr offen zu halten. Die Kleinen haben damit schon die Barmherzigkeit Gottes erfahren und verstanden, die Jesus verkündet und gelebt hat. Jetzt sind die Leser aufgefordert, die Werke des Messias zu deuten, zu verstehen und entsprechend zu handeln.

Eine entscheidende Hilfe, die Werke Jesu und Jesus als Messias zu verstehen, bietet die Selbstcharakteristik Jesu: *ich bin sanft und demütig von Herzen*. Als Sohn offenbart er in seiner Lehre und in seinem Handeln ganz den barmherzigen Vater, der zu allen Menschen – Gerechten und Sündern – gütig ist, weil er die Sünder nicht verurteilt, sondern sich ihnen zuwendet, damit sie umkehren können (5,45; 9,13; 12,7). Jesus fordert dazu auf, eben diese Haltung der Sanftmut und Demut *von ihm zu lernen*, d.h. die Leser sollen sich diese Haltung aneignen und darin genauso werden wie Jesus.

Sanft, demütig und barmherzig zu sein, scheint unserer heutigen Gesellschaft, in der nur der Starke etwas gilt, erfolgreich und mächtig ist, völlig zu widersprechen. Gottes Maßstab ist jedoch ein anderer als der unserer Gesellschaft. Deshalb spricht Jesus besonders die Menschen an, die viel Mühe und Last mit dem alltäglichen Leben haben. Sie sind es, die zuerst verstehen sollen und können, dass Gott andere Maßstäbe setzt. Matthäus beschreibt den Maßstab des geforderten Handelns der Sanftmut und Demut, die Jesus selbst vorbildlich lebte, mit dem scheinbar paradoxen Bild vom *angenehmen Joch* und der *leichten Last*. Mit diesem Bild nimmt der Evangelist den Lesern die Skepsis vor noch mehr Belastung durch unverständliche oder schwierige Torainterpretation. Jesu Auslegung (5,3-7,27) hat verdeutlicht, dass Gottes Tora Weisung zum gelungenen Leben ist. Entsprechend charakterisieren seine Anweisungen – nicht zürnen, verzeihen, Forderungen im Übermaß erfüllen, nicht durch Widerstand Fronten verhärten, nicht verurteilen, Feinde lieben, etc. – die Haltung der Sanftmut, Demut und Barmherzigkeit.

Mit der Aufforderung *kommt alle zu mir...* ruft Jesus die Menschen einladend zu sich und in seine Nachfolge. Die verheißene *Ruhe* lädt die Leser zusätzlich motivierend ein, dem Vorbild Jesu zu folgen. Jesus verspricht, die Mühenden und Belasteten *ausruhen* zu lassen und ihnen *Ruhe für ihre Seele* zu verschaffen. Diese Ruhe meint nicht etwa nur eine kurze Ruhepause, sondern umfassende, andauernde Seelenruhe im Sinne von geduldiger und unbekümmerter Gelassenheit. Auch damit verspricht Jesus etwas, das in unserer Leistungsgesellschaft keinen Platz hat. Die Leser müssen sich fragen, ob sie an diesen sanften, demütigen Messias glauben möchten und ob sie bereit sind, selbst eine solche Haltung anzunehmen, um ihm nachzufolgen.

Mt 12,1-21

Jesu Interpretation des Sabbats und der Sinn seiner Werke: 12,1-21

Sabbat und Barmherzigkeit
¹ In jener Zeit ging Jesus an den Sabbaten durch die Saaten;
seine Schüler aber hungerten
und sie begannen, Ähren zu rupfen und zu essen.
² Die Pharisäer aber – es sehend –, sprachen zu ihm:
    Siehe! – Deine Schüler tun, was nicht erlaubt ist am Sabbat zu tun!
³ Er aber sprach zu ihnen:
    Habt ihr nicht gelesen, was David tat, als er hungerte – und die mit ihm?
⁴   Wie er in das Haus Gottes hineinging und sie die geweihten Brote aßen,
        was ihm nicht erlaubt war zu essen – auch nicht denen mit ihm –,
        sondern nur allein den Priestern?
⁵ Oder habt ihr nicht in der Tora gelesen,
    dass an den Sabbaten die Priester im Heiligtum
    den Sabbat entweihen
    und (dennoch) schuldlos sind?
⁶ Ich sage euch aber: Größeres als das Heiligtum ist hier!
⁷ Wenn ihr erkannt hättet, was es heißt:
    Erbarmen will ich und nicht ein Opfer (Hos 6,6),
    hättet ihr nicht die Schuldlosen verurteilt.
⁸   Denn: Herr des Sabbats ist der Menschensohn.

Es ist erlaubt, am Sabbat Gutes zu tun
⁹ Und – fortgehend von dort –, kam er in ihre Synagoge.
¹⁰ Und – siehe! – ein Mensch: habend eine vertrocknete Hand.
Und sie befragten ihn   – sagend –   ob es erlaubt ist, an den Sabbaten zu heilen?
    – damit sie ihn anklagten.
¹¹ Der aber sprach zu ihnen:
    Wer von euch wird ein Mensch sein, der,
    habend ein einziges Schaf,
        und wenn dieses an Sabbaten hineinfällt in eine Grube,
    es nicht ergreifen und aufrichten wird?
¹² Um wie viel mehr nun unterscheidet sich ein Mensch von einem Schaf!
    Deshalb: ist es erlaubt,   an den Sabbaten Gutes zu tun!
¹³ Da sagt er dem Menschen:
    Strecke deine Hand aus!
Und er streckte sie aus und sie wurde wiederhergestellt: gesund wie die andere!
¹⁴ Hinausgehend aber fassten die Pharisäer einen Beschluss gegen ihn,
    – auf dass sie ihn aus dem Weg schaffen.
¹⁵ᵃ Jesus aber – es erkennend – ging weg von dort.

Jesus als barmherziger Knecht Gottes
¹⁵ᵇ Und es folgten ihm viele (Volksmengen) nach
und er heilte sie alle,
¹⁶ und er befahl ihnen, dass sie ihn nicht bekannt machten,
¹⁷ damit erfüllt würde das Gesagte durch Jesaja, den Propheten, den sagenden:
¹⁸   *Siehe! – Mein Knecht,   den ich erwählte,*
        mein Geliebter,   an dem meine Seele Gefallen fand;
    ich werde meinen Geist auf ihn legen,
        und   er wird   den Völkern das Recht verkünden.

193

Das Fragen nach der Messianität Jesu

19		*Er wird nicht*	*streiten*
	und	*er wird nicht*	*schreien,*
	und man	*wird nicht*	*auf den Straßen seine Stimme hören.*
20	*Ein angebrochenes Rohr*	*wird er nicht*	*zerbrechen,*
	und einen glimmenden Docht	*wird er nicht*	*auslöschen,*
			bis er das Recht zum Sieg *geführt hat.*
21		*Und auf seinen Namen werden Völker hoffen.*	*(Jes 42,1-4)*

Die Gewebestruktur des Textes

Der Auftrag Jesu ruft bei den Pharisäern kritische Fragen und skeptische Reaktionen hervor: sie kritisieren das Verhalten der Schüler Jesu am Sabbat (12,2), beschließen, Jesus zu vernichten (12,14), halten ihn für einen Besessenen (12,24) und verlangen ein Zeichen von ihm (12,38). Das Kapitel lässt sich in drei Teile gliedern, die die Reaktionen der Pharisäer Jesus gegenüber betreffen (12,1-21; 12,22-37; 12,38-45); ein abschließender vierter Teil (12,46-50) spitzt die Problematik der Einstellung und Haltung gegenüber Jesus auf eine nötige Stellungnahme hin zu.

Dieser erste Teil (12,1-21) enthält zwei Konfliktsituationen mit den Pharisäern, die den Sabbat betreffen (12,1-8.9-15a) und schließt mit einem bedeutenden Kommentar zum Wirken Jesu, das durch ein langes Schrifterfüllungszitat mit dem universalen Heilshandeln Gottes an allen Völkern (!) in Verbindung gebracht wird (12,15b-21). Die beiden ersten Einheiten sind über das Stichwort *am Sabbat erlaubt* miteinander verbunden (12,2.4.10.12), das damit die Thematik vorgibt. In der ersten Episode (12,1-8) wird die zentrale Aussage durch das betonte *ich sage euch aber* eingeleitet (12,6-8). Das Schriftzitat (Hos 6,6) begründet, dass die Verpflichtung zur Barmherzigkeit, in der sich ja die Gottes- und Nächstenliebe zeigt, größer ist als das Gebot, am Sabbat nicht zu arbeiten. Die zweite Einheit (12,9-15a) bringt ein weiteres Beispiel zum Sabbatgebot. Jesu Argumentation greift die Begründung der ersten Episode auf; durch den Schluss vom Geringeren aufs Größere (12,12a) führt er sie positiv generalisierend weiter aus: *es ist erlaubt, an den Sabbaten Gutes zu tun* (12,12b). Eine negative Reaktion der Pharisäer, die beschließen, Jesus aus dem Weg zu schaffen, beendet die zweite Einheit. Mit dem anschließenden Kommentar zu den Werken Jesu (12,15b-21) und dem sehr langen Erfüllungszitat aus Jesaja rechtfertigt Matthäus Jesu Handeln – sowohl generell, als auch hier speziell auf den Sabbat bezogen – als schriftgemäß.

Das semantische Geflecht des Textes

12,1-8 Sabbat und Barmherzigkeit
Der Sabbat gilt als Zeichen der Erwählung und des Bundes zwischen Gott und Israel (Ex 31,16f; Dtn 5,6-15; Ez 20,12.20). Als gebotener Feier- und Ruhetag enthält er einen theologischen und einen sozialen Aspekt: er will nicht nur an Gottes Schöpfung erinnern und auf die endzeitliche Vollendung verweisen, sondern verwirklicht konkret im gemeinsamen Feiern den paradie-

sischen endzeitlichen Zustand durch den Schutz vor Ausbeutung und der damit verbundenen Wertschätzung von Menschen und Tieren.

Zum ersten Mal erwähnt Matthäus den Sabbat und die damit zusammenhängende Problematik, was an diesem Tag zu tun erlaubt bzw. verboten sei; danach wird dieses Thema – anders als bei den anderen Evangelisten – nicht wieder angesprochen. Im Hintergrund steht die Frage nach der Bedeutung des Sabbats für die Christusgläubigen der matthäischen Gemeinde. Dass allein die Gruppe der Pharisäer hier den Gegenpart zu Jesus bildet, könnte auf eine aktuelle Situation der matthäischen Gemeinde verweisen, die nach der Zerstörung des Tempels ebenso wie die anderen Juden gefragt war, ihre Identität ohne das Kultzentrum neu zu definieren. Die Bedeutung der Einhaltung des Sabbats für die Gemeinde zeigt sich auch darin, dass ein gemeinsamer Feiertag die Gruppenidentität entscheidend mitbestimmt und stärkt. Für die Christusgläubigen wurde der „Tag nach dem Sabbat", der „erste Tag der Woche" als Tag der Auferstehung Jesu zum Identität stiftenden Feiertag. Da sich die matthäische Gemeinde aber noch innerhalb des Judentums befindet, steht für sie die grundsätzliche Einhaltung des Sabbats gar nicht in Frage; hier wird vielmehr diskutiert, um eine allgemeingültige Richtschnur für die Geltung des Sabbatgebots zu finden.

Auf die Anklage der Pharisäer, seine Schüler würden etwas am Sabbat Unerlaubtes tun, antwortet Jesus mit zwei Beispielsfällen aus der Schrift (12,3.5). Sein erstes Beispiel geht auf die Erlaubtheit ein und weist auf David hin, der ebenfalls etwas Unerlaubtes (ob am Sabbat oder nicht, spielt hier keine Rolle, nur das Unerlaubte ist hervorgehoben) getan hat. Das Vergehen eines anderen legitimiert aber nicht das eigene Vergehen, deshalb ist ein weiteres Beispiel nötig, das zudem den Fall präzisiert: die Tora selbst hält fest, dass die Priester, die am Sabbat den Tempeldienst ausführen, zwar den Sabbat entweihen, aber schuldlos sind (Lev 24,8; Num 28,9-10).

Die Leser können folgern, dass es Handlungen gibt, die am Sabbat ausgeführt werden dürfen, weil sie den Sabbat nicht entweihen. Was das für Handlungen sind, erklärt Jesus generalisierend mit dem Schriftzitat aus Hosea 6,6: was Gott wünscht und allen anderen Opfern vorzieht, ist das gelebte Erbarmen. Handlungen, die aus Barmherzigkeit und Güte geschehen, entweihen den Sabbat nicht. Weil sie *Größeres* als Tempeldienst und Opfer sind, können diejenigen, die am Sabbat Barmherzigkeit üben, also nicht schuldig werden.

Angesichts des im Jahre 70 zerstörten Tempels und der damit verbundenen Unmöglichkeit der Tempelopfer eröffnet diese Deutung für die Leser eine neue, zukunftsträchtige Perspektive, die, wie das Prophetenwort belegt, ebenso am Willen Gottes orientiert ist: gelebtes Erbarmen ist sogar *Größeres* als Tempeldienst und Opfer. Damit propagiert Jesus jedoch keinesfalls eine Aufweichung des Sabbatgebots, denn während der Tempeldienst nur den Priestern vorbehalten war, ist das Üben von Barmherzigkeit grundsätzlich allen Menschen möglich. Barmherzigkeit als „größerer Gottes-Dienst" wird damit zur Aufgabe für alle Menschen.

Das Schlusswort Jesu *Herr des Sabbats ist der Menschensohn* lässt sich daher sowohl generell auf alle Menschen als auch nur auf Jesus beziehen.

Das Fragen nach der Messianität Jesu

Wird mit dem *Menschensohn* Jesus gemeint, zielt Matthäus damit auf Jesu Torainterpretation, denn weil Jesus die Weisungen Gottes stets im Sinne der von Gott gewünschten gelebten Barmherzigkeit auslegt, zeigt ihn das als wahren Herrn des Sabbats. Insofern der Begriff *Sohn des Menschen* aber auch allgemein die Menschen bezeichnet, sind sie als „Herren" beauftragt, den Sabbat zu realisieren. Der Sabbat wird damit an ihr Handeln gebunden, wodurch wieder das nötige Praktizieren von Barmherzigkeit unterstrichen wird. Das entschiedene barmherzige Handeln der Menschen ist wahrer Gottesdienst und stellt deshalb auch den ersehnten paradiesischen Zustand der Heilszeit anfangshaft schon jetzt her. Damit ist der Sabbat in die Hände der Menschen gelegt: wer sich nach diesem Heilszustand sehnt, wird selbstverständlich durch gelebte Barmherzigkeit daran mitwirken.

12,9-15a Es ist erlaubt, am Sabbat Gutes zu tun
Diese zweite Einheit greift die Diskussion der am Sabbat erlaubten Handlungen auf: die Erzählung einer Wunderheilung bildet den Rahmen für das oft wiederholte Thema des Heilens bzw. Tun des Guten. Zugleich wird die Sabbatproblematik noch weiter präzisiert, denn dieses Mal fragen die Pharisäer Jesus, ob das Heilen – das entweder als ärztliche Arbeit oder gemäß Jesu voriger Auslegung (12,7) als barmherzige Tat interpretiert werden könnte – am Sabbat erlaubt sei. Jesus antwortet zuerst mit einem Beispiel, das in diesem Zusammenhang das Heilen als notwendige Hilfeleistung versteht: selbstverständlich ist im Notfall Hilfe geboten und bricht nicht das Sabbatgebot. Damit liegt Jesu Interpretation auf der Linie der Pharisäer, die ebenso der Ansicht waren, dass Notsituationen das Sabbatgebot aufheben (12,11; mYoma 8,6). Der eigentliche Fragepunkt der Pharisäer zielt aber nicht auf die gebotene Hilfeleistung im Notfall, sondern auf Hilfe, wenn keine Notsituation besteht, so wie hier im Fall des Mannes mit der vertrockneten Hand.

Die Leser verstehen, dass wiederum nicht das Sabbatgebot an sich in Frage gestellt wird, sondern dass es um die konkrete Auslegung und Anwendung des Gebots geht. Während die Pharisäer eine spezialisierende Richtlinie suchen, die unterscheiden lässt zwischen notwendiger und nicht-notwendiger Hilfe, gibt Jesus mit dem Schluss vom Geringeren aufs Größere eine weiterführende, generalisierende Antwort: grundsätzlich *ist es an den Sabbaten erlaubt, Gutes zu tun*. Hier fällt der scheinbare „Sprung" von *heilen* in der Frage der Pharisäer (12,10) zu *Gutes tun* in der Antwort Jesu (12,12) auf. Die Erklärung dafür liegt in der Argumentation *um wie viel mehr*: wenn schon einem Schaf in einer Notsituation Hilfe geleistet wird, muss natürlich auch einem Menschen in Not geholfen werden; doch dann wäre der Mensch „genauso wie" das Schaf, nicht „mehr". Da nun ein Mensch *mehr* ist als ein Schaf, muss dem Menschen folglich nicht nur geholfen werden, sondern es muss ihm auch „noch mehr" – nämlich *Gutes* – getan werden!

In dieser Episode verschärft sich der Eindruck, dass zwischen Jesus mit seinen Anhängern und den Pharisäern eine spannungsvolle Differenz besteht: aus der anfänglichen Kritik der Pharisäer, die die Schüler beim Ähren-Abreißen und Essen beobachten (12,2), wird nach Matthäus nun eine Frage, die das Ziel hat, Jesus anzuklagen (12,10c). Auf Jesu Antwort reagieren die Pharisäer, indem sie weggehen und beratschlagen, wie sie Jesus unschädlich machen können (12,14). Hier jedoch eine Distanz oder gar einen schon bestehenden Bruch zwischen Pharisäern und Christusgläubigen zu vermuten, würde weder der matthäischen Gemeinde noch dem Autor gerecht werden, denn Matthäus und seine Gemeinde befinden sich noch innerhalb des vielfältigen Judentums. Auch die Bezeichnung *ihre Synagoge* deutet keine Trennung an, denn das Possessivpronomen *ihre* vor Synagoge steht bei Mt immer, insofern es sich um eine bestimmte Synagoge handelt (vgl. 4,23; 9,35; 10,17 // 23,34; 13,54) und bezeichnet deshalb „die Synagoge dieser Gruppe". Dass es sich nicht um einen Bruch, sondern eher um eine spannungsvolle Einheit handelt, wird auch darin deutlich, dass Jesus die Pharisäer nicht meidet, sondern in *ihre* Synagoge geht: er sucht den Kontakt zu denen, die nicht immer seiner Meinung sind und stellt sich ihren Anfragen.

Auffällig ist die Entscheidung der Pharisäer, Jesus aus dem Weg schaffen zu wollen (12,14), denn weder in der Passionsgeschichte noch bei der Kreuzigung werden die Pharisäer erwähnt, sie tauchen erst nach dem Tod Jesu wieder auf (27,62). Ihr Beschluss gegen Jesus ist von ihrer Position der gebotenen Heiligung des Sabbats her zu verstehen: nach Num 15,30-36 soll, wer den Sabbat vorsätzlich missachtet, getötet werden. Da sich die Pharisäer der Interpretation Jesu – *es ist erlaubt, an den Sabbaten Gutes zu tun* – nicht anschließen, ist ihr Beschluss gegen Jesus von ihrer Perspektive her also konsequent. Somit steht die Auslegung Jesu zur Diskussion: ist seine Interpretation des Sabbatgebots schriftgemäß? Der nächste Abschnitt gibt darauf die Antwort.

12,15b-21 Jesus als barmherziger Knecht Gottes

Der Beschluss der Pharisäer führt dazu, dass Jesus den Ort verlässt. Die Leser verstehen, dass es sich dabei nicht um einen Rückzug handelt, sondern dass Jesus so eine Verschärfung des Konflikts vermeidet, ohne jedoch seine Praxis zu ändern, denn es folgen ihm *viele* nach, die er ebenfalls heilt (12,15c). Diese Information gibt den Lesern in diesem Kontext den Hinweis, dass Jesu Interpretation zum Sabbatgebot sogar von diesen *vielen* akzeptiert wird, da sie sich von ihm am Sabbat heilen lassen. Dass Jesus diesen Menschen befiehlt, ihn nicht bekannt zu machen (12,16), ist angesichts des bedrohlichen Beschlusses der Pharisäer nur verständlich. Matthäus verbindet die Schweige-Ermahnung Jesu mit einem Schrift-Erfüllungszitat, das ebenfalls auf das Wirken Jesu verweist, der mit seinem Handeln gerade nicht die Bekanntheit in der Öffentlichkeit oder die laute Auseinandersetzung sucht (12,19), sondern sich als barmherziger und demütiger Messias zeigt, der die Weisungen der Tora erfüllt (vgl. 8,4; 9,30; 11,28-30).

12,18-21: Das Schrift-Erfüllungszitat, das Matthäus hier einfügt, ist das längste Zitat im Evangelium; ihm kommt deshalb eine gewichtige Bedeutung zu. Bemerkenswert ist, dass Gott selbst spricht: auf die Beschreibung der Auswahl seines geliebten *Knechts* (12,18) folgt die Charakterisierung des Handelns seines Knechts (12,19-20), der zur Hoffnung für die Völker wird (12,18.21), weil er ihnen Gottes Recht und Gerechtigkeit bringt. Das griechische κρίσις übersetzt hier das hebräische *mischpāt* und meint das Recht im Sinne von (Wieder-)Herstellung umfassender Gerechtigkeit und Barmherzigkeit. Vor dem Horizont dieses Schriftzitats hat jeder Mensch das Recht auf die Erfahrung von Barmherzigkeit (12,7) und des Guten (12,12) – und ebenso die Pflicht, anderen Barmherzigkeit und Gutes zu tun. Auf diese barmherzige Gerechtigkeit hoffen auch die Völker, denen explizit die Teilhabe am Heilsplan Gottes zugesagt wird (vgl. 28,19-20).

Dieses bedeutende Zitat spiegelt die matthäische Vorstellung der Identität Jesu und seines Auftrags wider. Matthäus zitiert den Jesajatext nach der LXX, die den *Knecht* (*'ebed*) Gottes mit dem Wort παῖς bezeichnet, das ebenso *Sohn* oder *Kind* meinen kann. Diese Übersetzung entspricht stärker der eigentlichen hebräischen Bedeutung, die vorrangig die Zugehörigkeit und weniger die Ergebenheit zum Ausdruck bringt. *Sohn* oder *Kind Gottes* bezeichnen einen Menschen, der von Gott mit einem besonderen Auftrag zu seinem Volk gesandt ist. In diesem Sinne werden auch Propheten, Patriarchen, Mose, David, Ijob, fromme Menschen und auch ganz Israel als *'ebed* (Knecht, Sohn, Kind) bezeichnet (zB. Jer 7,25; Am 3,7; Ex 14,31; Ps 34,23; 105,25; Jes 41,8-9). In besonderer Weise ist der *Gottesknecht* in Deutero-Jesaja schon von Mutterleib an von Gott erwählt (Jes 49,1.5) und hat Gottes Geist erhalten (Jes 42,1). In derselben Linie liegt bei Matthäus die nähere Beschreibung der Erwählung Jesu *als mein Geliebter, an dem meine Seele Gefallen fand* (12,18b). Die Leser erinnern sich auch an die Erzählung von der Taufe Jesu, wo die Himmelsstimme mit ähnlichen Worten die Erwählung Jesu ausdrückte (3,17). Matthäus sieht entsprechend in Jesus den *sanften und demütigen* (11,29) Knecht und Sohn Gottes: er ist derjenige, der auf das Wort Gottes vertraut und Gottes Weisungen folgt.

Für Matthäus ist damit Jesu Interpretation des Sabbatgebots – *es ist erlaubt, an den Sabbaten Gutes zu tun* – schriftgemäß und dem Willen Gottes entsprechend, denn das Tun von Barmherzigkeit und Gutem (12,7.12) verwirklicht das Recht (*mischpāt*) Gottes, durch das die Gerechtigkeit wiederhergestellt wird und jeder in vollem Umfang das erhält, was ihm zusteht. Jesus und die Schrift bestätigen sich gegenseitig: Jesus erfüllt durch sein Handeln und seine Torainterpretation die Schrift – und die Schrift bestätigt ihn in seinem Handeln und seiner Lehre als wahren Gottesknecht und Gottessohn. Matthäus sieht damit das Jesajazitat in Jesus erfüllt.

Pragmatische Knotenpunkte des Textes

Mit der schriftgemäßen Lösung der Sabbatfrage und dem bedeutenden Schrift-Erfüllungszitat gibt Matthäus seinen Lesern einen weiteren entscheidenden Hinweis zur Identität Jesu. Jesus ist der Sohn, der die Offenbarung vom Vater bekommen hat (11,26-27), er ist sanft und demütig (11,29) und er ist der Knecht, der Gottes Recht und Gerechtigkeit verwirklicht und auch zu den Heiden bringt (12,18-21). Jesu Handeln und seine Torainterpretation – mögen sie auch auf Ablehnung oder Unverständnis stoßen – sind jedoch durch die Schrift bestätigt. Damit werden Jesu sanftes, demütiges Handeln und seine Schriftinterpretation wegweisend für alle, die ihm nachfolgen.

Der matthäische Jesus schlägt einen signifikanten Perspektivenwechsel vor: statt bei jeder einzelnen Handlung über deren Erlaubtheit entscheiden zu müssen, gilt generell und vereinfachend, dass Barmherzigkeit und Gutes zu tun ausdrücklich erlaubt ist. Jesu Interpretation konkretisiert damit seine Deutung, dass Gott Barmherzigkeit statt Opfer will (12,7). Seine Auslegung kann aber nicht mehr nur als Erklärung oder Begründung für ein erlaubtes Handeln am Sabbat dienen, denn wenn Gott wirklich *Barmherzigkeit will*, enthält sie gleichzeitig einen deutlichen Appell, der der *überfließenden Gerechtigkeit* (5,20) entspricht: einem Menschen in Not „darf" nicht nur Gutes getan werden, sondern ihm „muss" Gutes getan werden, weil nämlich genau das dem Willen Gottes – nicht nur für die Heiligung des Sabbats, sondern generell – entspricht. Wenn der Sabbat auf diese Weise geheiligt wird und wenn Gottes Willen so gefolgt wird, dass den Menschen (in Not) Gutes getan wird, verweist solches Handeln auf das endzeitlich erwartete Heil, indem es schon etwas davon verwirklicht.

Die Deutung der Werke Jesu: 12,22-37

Vorspiel
22 Da wurde zu ihm ein Besessener – blind und stumm – hingebracht
und er heilte ihn,
so dass der Stumme   redete und sah.
23 Und alle Volksmengen gerieten außer sich und sagten:
Ist dieser etwa der Sohn Davids?
24 Die Pharisäer aber – es hörend – sprachen:
Dieser treibt die Dämonen mit Beelzebul aus,
mit dem Herrscher der Dämonen!

Rede Jesu über die Deutung seiner Werke
25 Kennend aber ihre Gedanken, sprach er zu ihnen:
Jedes Königtum   – in sich geteilt   – wird verwüstet,
und jede Stadt oder (jedes) Haus   – in sich geteilt   – wird nicht bestehen.
26 Und wenn der Satan den Satan austreibt, wurde er in sich geteilt;
wie also wird sein Königtum bestehen?
27 Und wenn ich   mit Beelzebul   die Dämonen austreibe
– eure Söhne   mit wem   treiben sie (sie) aus?
Deswegen werden sie Richter sein über euch.
28 Wenn ich aber   mit dem Geist Gottes   die Dämonen austreibe,
kam also zu euch das Königtum Gottes!
- - - - -
29 A   Oder wie kann einer   hineingehen in das Haus des Starken
und seine Gefäße rauben,
wenn er nicht zuerst den Starken band?   Und dann wird er sein Haus ausrauben.
30   Der nicht mit mir ist   ist gegen mich,
und der nicht mit mir sammelt, zerstreut.

Das Fragen nach der Messianität Jesu

³¹ B Deshalb sage ich euch:
　　　　Jede Sünde und Lästerung wird den Menschen erlassen werden,
　　　aber　　　die Lästerung des Geistes　　　wird nicht erlassen werden.
³² C Und: wer aber immer spricht ein Wort wider den Sohn des Menschen
　　　　　　　　　　　　　　　　　　　　erlassen werden wird ihm;
　　　　　wer aber　　　spricht　　　wider den Heiligen Geist,
　　　　　　　　　　　　　　　　　　nicht erlassen werden wird ihm,
　　　　　　　　　　　　　　　　　　weder in diesem Aion,
　　　　　　　　　　　　　　　　　　noch im zukünftigen.
³³ D　　Entweder: haltet den Baum für gut　– und seine Frucht für gut,
　　　　oder:　　　haltet den Baum für faul　– und seine Frucht für faul;
　　　　Denn:　　aus der Frucht wird der Baum erkannt.
³⁴ A Natternbrut! Wie könnt ihr Gutes reden,　die ihr böse seid?
　　　　Denn:　aus dem Überfluss des Herzens redet der Mund.
³⁵　　　Der gute Mensch　holt aus dem guten Schatz(behälter)　Gutes heraus,
　　　und　der böse Mensch　holt aus dem bösen Schatz(behälter)　Böses heraus.
³⁶ B Ich sage euch aber:
　　　　Jedes unnütze Wort, welches reden werden die Menschen,
　　　　ablegen werden sie über es Rechenschaft am Tag des Gerichts.
³⁷ C Denn:　aus deinen Worten wirst du　gerecht gesprochen werden
　　　und　aus deinen Worten wirst du　verurteilt werden.

Die Gewebestruktur des Textes

Diese Erzählung besteht aus zwei Teilen, von denen der erste – die Heilung des Blinden und Stummen (12,22-24) – gleichsam als Aufhänger für den zweiten Teil dient: die Rede Jesu über die Deutung seiner Werke (12,25-37). Jesu lange Antwort lässt sich wiederum in zwei Abschnitte gliedern: zuerst rechtfertigt er sein Handeln dadurch, dass es das schon angebrochene Reich Gottes als gegenwärtig zeigt (12,25-28); im zweiten Redeteil rechtfertigt er sein Handeln (und seine Lehre) mit den daraus resultierenden guten Wirkungen (12,29-37).

Der zweite Antwortteil ist klar strukturiert: auf eine grundsätzliche Frage (A) folgt ein ermahnendes *ich sage euch*-Wort (B), dann schließt sich ein genereller Urteilsspruch (C) an. Durch diese Struktur wird der zentrale Teil (D) gerahmt, der inhaltlich einen Bezug zum ersten Teil der Rede Jesu herstellt und zugleich zusammenfassend Jesu Handeln begründet. Thematisch geht es um Jesu Wirken und die Entscheidung für oder gegen ihn: entweder steht er im Bund mit dem Teufel oder aber nicht – und dann zeigt sein Handeln schon den Anbruch des Reiches Gottes! Letztlich sind es Jesu *Früchte*, seine Heilstaten, die erkennen lassen, in wessen Dienst er steht.

Das semantische Geflecht des Textes

12,22-24 Vorspiel
Die Leser finden hier eine Verdoppelung vor, denn in 9,32-34 hatte Jesus schon einmal einen besessenen Stummen von seinem Dämon befreit. Diese Verdoppelungen (wie z.B. auch die Heilung der zwei Blinden in 9,27-31

und 20,29-31) steigern nicht nur die Vollmacht des Heilenden, sondern zeigen auch sein großes Erbarmen. Die Frage der Volksscharen *ist dieser etwa der Sohn Davids?* und das abwertende Urteil der Pharisäer *dieser treibt die Dämonen mit Beelzebul aus!* fokussieren die eigentliche Fragestellung: es geht hier nicht um die Heilung, sondern um die Messianität Jesu und um die Deutung seiner Werke. Die Menschenmenge schließt von der wunderbaren Dämonenaustreibung auf Jesus als Messias. Eine solche Schlussfolgerung (die Wundertaten „beweisen" Jesus als Messias) ist jedoch problematisch, denn sie passt auf jeden beliebigen Wunderheiler oder kann sogar für die gegenteilige Position als Vorwurf gegen Jesus benutzt werden, wie das Urteil der Pharisäer zeigt.

Für Matthäus wird der Messias nicht allein durch seine Wundertätigkeit definiert, denn er beschreibt Jesu Identität viel umfassender: die vorigen Erzählungen zeigten ihn als sanften und demütigen Sohn und Knecht Gottes. Damit verdeutlicht er, dass nicht allein durch Jesu Wunderwirken erfasst werden kann, dass und was für ein Messias er ist. Umgekehrt lassen aber Jesu Taten – seine Heilungen, Dämonenaustreibungen und Wunder – sehen, in wessen Geist er wirkt, denn sein Erbarmen und seine Barmherzigkeit zeigen, dass er das Reich Gottes verwirklicht. Das erklärt Jesus in seiner folgenden Rede.

12,25-37 Jesu Rede über die Deutung seiner Werke

12,25-28: Jesus weist zuerst den Vorwurf der Pharisäer mit einem Argument auf Erfahrungsbasis zurück: ein geteiltes Reich – sei es im kleinen Kreis der Familie oder auf der Ebene der Politik – kann nicht bestehen. Dasselbe würde auch mit der Herrschaft des Satans geschehen, wenn seine Anhänger sich gegen ihn auflehnten. Diese Überlegung voraussetzend und daran anschließend widerlegt Jesus mit einem logischen Argument den Vorwurf der Pharisäer. Wenn er die Dämonen mit dem Teufel austreiben würde, *ihre Söhne*, d.h. die anderen jüdischen Exorzisten jedoch nicht, dann wäre das Reich des Satans geteilt und könnte keinen Bestand haben. Wenn also die jüdischen Exorzisten mit dem Geist Gottes wirken, gilt das logischerweise ebenso für Jesus. Entsprechend müssen Jesu Gesprächspartner erkennen, dass mit Jesu Wirken dann doch schon das Reich Gottes begonnen hat. Insofern sie sich aber dieser Erkenntnis verschließen, werden *ihre Söhne ihre Richter sein*, weil die Pharisäer ja grundsätzlich am Wirken des Geistes Gottes gezweifelt haben, mit dem doch auch *ihre Söhne* wirken.

Den Lesern wird deutlich, dass es neben Jesus auch andere gab, die mit Gottes Geist wirkten, heilten und Dämonen austrieben: nicht nur die Schüler Jesu (7,22; 10,8; 17,19), sondern auch andere jüdische Exorzisten (die Apg erzählt z.B. vom Magier Simon, in dessen Wirken die Menschen ebenfalls die Kraft Gottes erkennen: Apg 8,9-13). Wenn all diese Menschen mit dem Geist Gottes wirken, ist das ein klares Signal, dass das Reich Gottes schon angebrochen ist! Dass es zwischen denen, die mit Gottes Geist wirken, keine Hierarchie oder sonstige Wertung gibt, hebt Jesu zusammenfassende Aussage im nächsten Rede-Abschnitt hervor: *der nicht mit mir ist, ist gegen mich...* (12,30). Es gibt nur diese beiden Wirk-Richtungen: entweder mit Gottes Geist

– oder gegen ihn. Die Leser erkennen, dass im Zusammenwirken mit dem Geist Gottes das Reich Gottes bereits begonnen hat: wer mit Gottes Geist wirkt – seien es die Schüler Jesu, die anderen jüdischen Exorzisten oder Jesus selbst – trägt schon zur Verwirklichung des Reiches Gottes bei.

12,29-37: Noch einmal greift Jesus seine Argumentationslinie auf: wenn ein Starker nur durch einen Stärkeren besiegt werden kann, demonstrieren doch seine (Jesu) eigenen, mit Gottes Geist gewirkten, erfolgreichen Exorzismen seine Macht und Stärke gegenüber den Dämonen und dem Teufel. Daraus ergibt sich die klare Alternative, entweder auf der Seite des Geistes Gottes und Jesu zu stehen – oder auf der Seite der Dämonen zu sein. Wer also nicht mit Jesus gegen die Macht des Bösen kämpft, ist gegen ihn, d.h. steht auf der Seite des Bösen. Mit dem generellen *der / wer* (12,30) sind alle Menschen, einschließlich wir heutigen Leser, angesprochen. Im Kampf gegen die Macht des Bösen können wir nicht neutral bleiben, sondern sollen uns für Jesus und den Geist Gottes entscheiden; selbst „nichts tun" oder „abwarten" wäre schon eine Entscheidung gegen Jesus. Aus dieser Situation wird auch verständlich, dass jedes Reden gegen den Geist eine schwere Sünde ist (12,31b), weil es sich für die Seite des Bösen ausspricht.

Für uns heute als Christen mit trinitarischem Gottesverständnis ist es schwer zu verstehen, weshalb das Reden gegen den Menschensohn (Jesus) vergeben wird, das Reden gegen den Geist aber nicht (12,31-32). Wir müssen dabei jedoch bedenken, dass Matthäus und seine Gemeinde noch innerhalb des Judentums stehen und sicherlich nicht unser trinitarisches Gottesverständnis hatten. Für Matthäus ist Jesus der Messias-Menschensohn. Wer aber gegen den Geist Gottes und damit gegen Gott selbst redet, d.h. wer also den Heilsplan Gottes leugnet, den er durch seinen Geist verwirklicht, verschließt sich damit selbst dieses Heilsangebot. Für einen solchen Menschen, der das Heil ablehnt, weil er es nicht will, wird es kein Heil geben. Das sagt aber natürlich nichts über Gottes mögliche Entscheidung aus, diesem Menschen ein weiters Mal das Heil anzubieten. Dass die Möglichkeit zur Umkehr immer offen bleibt, drückt ja unmissverständlich die erste Feststellung aus, dass die Rede gegen den Menschensohn vergeben wird (12,31a). Auf diese Weise ist hier den Pharisäern und allen, die an Jesus zweifelten oder zweifeln, die Einladung zur Umkehr angeboten.

Für Christusgläubigen sind mit der Aussage von der Vergebung der Rede gegen den Menschensohn zwei weitere Imperative verbunden. Zum einen dürfen sie weder die Pharisäer noch „die" Juden noch andere Zweifler an Jesus verurteilen, da ihnen ja ihre Rede gegen den Menschensohn vergeben wird und ihnen die Möglichkeit der Umkehr immer offen steht. Zum anderen steckt dahinter der Auftrag, den Zweiflern Jesus als Messias-Menschensohn verständlicher nahe zu bringen.

Der Spruch vom Baum und seinen Früchten (12,33) greift noch einmal auf den Vorwurf zurück, Jesus würde mit Beelzebul die Dämonen austreiben. Viele antike „Wundertäter" oder „Zauberer" führten ihre Fähigkeiten vor, um sich selbst darzustellen, um die Menschen zu beeindrucken oder um Geld zu gewinnen, doch Jesus handelt mit ganz anderer Motivation. Die Leser sollen

Jesu Beweggründe erkennen, denn allein das Wunderwirken sagt nichts über den Wundertäter aus. Wenn von der Qualität der *Früchte*, also von Jesu Werken und ihren Resultaten auf den *Baum* und seine Qualität geschlossen werden kann, müsste für die Zweifler doch jetzt deutlich werden, dass Jesus mit seinem guten, barmherzigen Wirken im Dienst des barmherzigen Gottes steht.

Die nachfolgenden Verse (12,34-37) präzisieren diesen Gedanken noch einmal: so wie die Früchte die Qualität des Baumes zeigen, so verraten die Worte die Qualität des menschlichen Herzens. Gutes reden nur diejenigen, die auch wirklich gut sind, alle anderen werden durch ihre üble Rede entlarvt, die auf sie selbst zurückweist. Denn das, was (und wie) jemand sagt, sagt immer auch etwas über den Sprechenden selbst aus. Der Wechsel zur Anrede mit *du* (12,37) spricht die Leser auch heute direkt an: mit deiner Rede rechtfertigst du dich – oder sprichst dir selbst das Urteil.

Pragmatische Knotenpunkte des Textes

Diese Episode spiegelt wahrscheinlich das Problem der matthäischen Gemeinde und vieler Christusgläubigen der Anfangszeit wider: es gab in der Antike viele „Wundertäter" – was ist das Besondere an Jesu Wirken? Wie lässt sich erkennen, ob der Wundertäter nur Blendwerk betreibt oder wirklich mit dem Geist Gottes wirkt? Das Bild von der Qualität der Früchte, die auf die Qualität des Baumes schließen lässt, bietet den antiken Lesern ein klares Unterscheidungskriterium an, wie sie die zahlreichen „Wunder" und „Wundertäter" beurteilen können. Uns heutigen Lesern kann dieses Kriterium helfen, den Blick zu schärfen für die eigentliche Motivation, die hinter manchen scheinbar „guten" Taten oder Organisationen steckt. Zudem müssen wir uns auch selbst kritisch fragen, aus welchen Beweggründen wir uns für etwas einsetzen oder weshalb wir etwas nicht tun, obwohl die „Früchte" doch „gut" sind.

Für uns Leser heute hält die Darstellung dieser Geschichte noch eine weitere Herausforderung bereit: Matthäus, seine Gemeinde und die Christusgläubigen waren überzeugt, dass Gottes Geist selbstverständlich nicht nur in Jesus und seinen Nachfolgern, sondern auch in und durch andere Menschen wirkt, wie z.B. durch andere jüdische Exorzisten oder auch durch Menschen, die nicht direkt zu den Schülern Jesu gehörten (vgl. Lk 9,49-50). Dass Gottes Geist auf sehr vielfältige Weise wirkt – auch auf andere Weisen als die, die wir bereits kennen oder erwarten –, kann uns die Augen öffnen für die Barrieren, die wir zwischen uns und anderen Glaubens- und Religionsgemeinschaften errichtet haben.

Mit dieser Episode wird schließlich auch deutlich, dass allein Wunder und Zeichen Jesus nicht als Messias ausweisen können und auch nichts über seine Messianität aussagen können. Die folgende Erzählung unterstreicht deshalb noch einmal deutlich Jesu Ablehnung der Wunderzeichen als Beweis seiner Messianität.

Das Fragen nach der Messianität Jesu

Ablehnung eines Zeichens: 12,38-45

> ³⁸ Da antworteten ihm einige der Schriftkundigen und Pharisäer,
> sagend: Lehrer, wir wollen von dir ein Zeichen sehen.
> ³⁹ Der aber – antwortend – sprach zu ihnen:
> Ein böses und ehebrecherisch Geschlecht verlangt ein Zeichen,
> aber ein Zeichen wird ihm nicht gegeben werden,
> wenn nicht das Zeichen des Jona, des Propheten.
> ⁴⁰ Denn wie *Jonas war*
> *im Bauch des Seeungetüms* *drei Tage und drei Nächte (Jona 2,1)*,
> so wird sein der Sohn des Menschen
> im Herzen der Erde drei Tage und drei Nächte.
>
> - - - - -
>
> ⁴¹ Die ninevitischen Männer werden aufstehen im Gericht mit diesem Geschlecht
> und sie werden es verurteilen,
> weil sie umkehrten zur Verkündigung des Jonas,
> – und siehe! – mehr als Jonas ist hier!
> ⁴² Die Königin vom Südreich wird aufstehen im Gericht mit diesem Geschlecht
> und sie wird es verurteilen,
> weil sie von den Enden der Erde kam,
> um die Weisheit Salomos zu hören,
> – und siehe! – mehr als Salomo ist hier!
>
> - - - - -
>
> ⁴³ Wann aber der unreine Geist herauskommt von dem Menschen,
> geht er durch wasserlose Gegenden hindurch,
> suchend einen Ruheplatz
> und nicht findet er.
> ⁴⁴ Da sagt er: In mein Haus werde ich zurückkehren
> von wo ich heraus kam
> und kommend, findet er es leer stehend, gefegt und geschmückt.
> ⁴⁵ Da geht er und mit sich nimmt er sieben andere Geister – böser als er selbst –
> und hineinkommend wohnen sie dort;
> und es wird das Letzte jenes Menschen schlimmer als das Erste.
> Genauso wird es sein auch mit diesem bösen Geschlecht.

Die Gewebestruktur des Textes

Diese Erzählung knüpft an die vorige mit *da antworteten ihm einige der Schriftkundigen und Pharisäer* an. Die begonnene Problematik über die Deutung der Werke des Messias wird hier also fortgesetzt. Dennoch bilden diese Verse eine eigene Einheit, die durch die Formulierung *dieses böse Geschlecht* (12,39.45) gerahmt ist. Die Erzählung lässt sich in drei Teile gliedern: in 12,38-40 lesen wir die höfliche Bitte der Pharisäer und Schriftkundigen um ein Zeichen, die die zuvor begonnene Thematik präsent hält. Jesus antwortet kurz und ablehnend auf diese Bitte mit dem Verweis auf das Zeichen des Jona. Damit hätte das Thema abgeschlossen sein können, doch Jesus fügt ein doppeltes Drohwort (12,41-42) an, das noch einmal den Bezug zum Propheten Jona und seinem Umkehrruf herstellt. Ein mahnendes Sprichwort (12,43-45), das die vorige Diskussion über die Austreibung böser Geister (12,22-37) aufgreift, bildet den Schluss.

Mt 12,38-45

Das semantische Geflecht des Textes

12,38-40: Die Pharisäer (und Schriftkundigen), die zuvor Jesus unterstellten, Dämonen mit Beelzebul auszutreiben (12,24), wollen nun ein Zeichen von ihm sehen. Diese Bitte setzt voraus, dass sie nicht mehr an ihrer vorigen negativen Meinung über ihn festhalten, dass sie also überzeugt sind, dass Jesus genauso wie auch die anderen jüdischen Exorzisten mit Gottes Geist wirkt. Ihre veränderte Einstellung zeigt sich auch darin, dass sie Jesus nun respektvoll mit *Lehrer* anreden (anstatt wie zuvor abwertend in der dritten Person von ihm zu reden), denn damit drücken sie aus, dass sie ihn und seine vorigen Erklärungen zum Wirken des Geistes (12,25-37) akzeptieren.

Wenn sie nun noch ein Zeichen von Jesus (wörtlich: *von dir*) sehen wollen, obwohl sie doch schon die Dämonenaustreibung und Heilung des Blinden und Stummen erlebt haben, deutet das darauf hin, dass sie in ihrer Einstellung noch unsicher sind und dieses Zeichen als „Beweis" wünschen. So wie alle Wunder und Zeichen mehrdeutig sind, erwarten sie von Jesus nun den eindeutigen Beweis: er soll ihnen die Deutung seiner Werke als „gute Früchte" mit einem weiteren Zeichen belegen. Er soll demonstrieren, dass er Gutes durch den Geist Gottes bewirkt und dass das Reich Gottes schon begonnen hat.

Gutes zu tun ist allerdings immer an eine Situation gebunden; es lässt sich weder auf Befehl tun, noch ohne ein Gegenüber, dem Gutes getan wird oder ohne einen Bezug, um dessentwillen Gutes getan wird. Jedes Handeln ohne diesen direkten Bezug lässt sich deshalb nicht ausschließlich als „gut" bestimmen, auch eine negative Deutung bleibt möglich. Jesus hätte also ohne konkreten Bezug bzw. ohne entsprechende Situation dieses geforderte Zeichen gar nicht mit eindeutigem Ergebnis tun können. Später verwickeln die Pharisäer Jesus in eine ähnliche komplizierte Diskussion, wenn sie ihn fragen, ob es erlaubt sei, dem Kaiser Steuern zu zahlen (22,15-22). Jede schlichte Antwort, sei es mit „ja" oder „nein", hätte sich als falsch erwiesen. So wie in der Erzählung mit der Steuer findet Jesus auch hier eine Lösung, die aber anders ist als das, was seine Gesprächspartner erwartet haben.

In seiner Antwort klagt Jesus generell *ein böses und ehebrecherisches Geschlecht* an, das ein Zeichen verlangt. Mit dieser allgemeinen Anrede sind hier nicht ausschließlich nur seine Gesprächspartner gemeint, sondern alle mit eingeschlossen, die sich eine eindeutige Demonstration der Wirkmacht Jesu wünschen. Eine so gewünschte Eindeutigkeit kann es im Glauben jedoch nicht geben, denn zum lebendigen Glauben gehören auch Zweifel (als Herausforderung), die überwunden werden müssen, damit der Glaube wächst. Jesus lehnt deshalb das gewünschte Beweis-Zeichen ab und verweist stattdessen auf ein anderes Zeichen, auf *das Zeichen des Jona*. Dass dieses Zeichen *gegeben wird*, deutet mit dem Passiv auf Gott als Handelnden hin. Die Parallelisierung zwischen Jona und Jesus, dem Messias-Menschensohn ist hier eindeutig, so dass die gläubigen Leser erkennen, dass sich die Macht Gottes auch im Tod zeigt und sogar darüber hinaus wirkt. Sie verstehen, dass das definitive Beweis-Zeichen für Jesus seine Auferweckung durch Gott ist. Für die anderen, die noch an Jesus zweifeln, hält *das Zeichen des Jona* ganz klar die mögliche Umkehr und die bleibende Barmherzigkeit Gottes fest.

12,41-42: Der Verweis auf das Endgericht ist eine Mahnung an die noch an Jesus zweifelnden jüdischen Zeitgenossen des Matthäus und seiner Gemeinde. Im Endgericht wird sich entscheiden, wer den Umkehrruf Jesu und seine weise Lehre gehört und befolgt hat. Das Volk von Ninive und die Königin von Saba dienen nicht nur als Zeugen, sondern vor allem als motivierende Identifikationsfiguren. Wenn sogar die Heiden wie das Volk von Ninive erkennen können, wie der Wille Gottes zu befolgen ist und wenn sie wie die Königin von Saba von weither kommen, um die weise Lehre zu hören, sollte das ebenso auch den noch zweifelnden jüdischen Zeitgenossen möglich sein, die den Willen Gottes und seine Weisheit ja schon lange kennen. Insofern *hier* in Jesu Werken und in seiner Lehre *mehr als Jona* und *mehr als Salomo* ist, sollte es ihnen sogar leichter fallen, auf Jesu Umkehrruf und auf seine Lehre zu hören. Wenn das Volk von Ninive und die Königin von Saba die bleibenden Zweifler *verurteilen* werden, so ist das in erster Linie als dringende und ernste Mahnung zur Umkehr gemeint. Den gläubigen Lesern können die Beispiele der Menschen von Ninive und der Königin von Saba als Maßstab für ihre eigene Aktivität im Glauben dienen.

12,43-45: Das Bild vom unreinen, rastlos umherziehenden Geist knüpft wieder an die Diskussion über die Dämonenaustreibung im vorigen Abschnitt an, hält aber im Schlusssatz gleichzeitig den Bezug zu *diesem bösen Geschlecht* aufrecht. Matthäus verbindet hier mit dem *genauso* die Dämonenaustreibung mit der Bitte um ein untrügliches Beweis-Zeichen: so wie selbst auch ein durch den Geist Gottes ausgetriebener Dämon wieder zurückkehren kann und die Situation des eigentlich Geheilten um vielfaches verschlimmert, *genauso* wird es auch diesem Geschlecht gehen, das ein Zeichen als Beweis der guten und geistgewirkten Werke Jesu fordert. Obwohl der Dämon durch den Geist Gottes ausgetrieben wurde und damit das Reich Gottes schon angebrochen ist, sind die bösen Mächte noch nicht endgültig besiegt, sie gefährden die Menschen immer noch. Die Bitte um ein Beweis-Zeichen ist wie ein ausgetriebener Dämon, der mit sieben anderen Dämonen zurückkehrt und den Menschen umso schlimmer quält, denn jedes Zeichen kann auch gegenteilig gedeutet werden, den „definitiven Beweis" gibt es im Glauben gerade nicht. Der Bitte um ein Zeichen werden also weitere Bitten um „Beweise" folgen, die letztlich doch nur den Zweifel nähren, anstatt den Glauben zu stärken. Die Leser verstehen, dass Jesus auch aus diesem Grund ablehnt, ein Beweis-Zeichen seines Wirkens zu geben.

Pragmatische Knotenpunkte des Textes

Im Hintergrund werden wiederum die Situation der matthäischen Gemeinde und die Anfragen ihrer Umwelt stehen: wenn mit Jesus das Reich Gottes doch schon angebrochen ist, warum gibt es dann immer noch so viele Besessene, Kranke, Leidende,…? Wie hat Jesus denn bewiesen, dass er wirklich der Messias ist? Zum Ende des Abschnitts über die Frage nach der Messianität

Jesu (11,3) verdeutlicht Matthäus seinen Lesern, dass es keinen eindeutigen Beweis geben kann. Glaubens-Entscheidungen können mir nicht durch „Beweise" abgenommen werden. Die Leser brauchen also weder nach „Zeichen" zu suchen, noch können sie anderen beweisen, dass Jesus der Messias ist.

Was für ein Messias Jesus ist, lässt sich jedoch deutlich an seinem barmherzigen Wirken und an seiner Lehre sehen. Seine guten Werke und seine weise Lehre zeigen deshalb auch, *dass* er mit dem Geist Gottes wirkt und dass damit das Reich Gottes schon angebrochen ist. Die Gläubigen verstehen *das Zeichen des Jona* als Jesu Auferweckung und damit als seine Bestätigung durch Gott. Alle anderen, die noch zweifeln, mögen Jesu Wirken als Indiz nehmen, das alles Wichtige über ihn aussagt und sich wie die Menschen von Ninive von der Botschaft des Jona und die Königin von Saba von der Weisheit Salomos von Jesu Werken und seiner Lehre ansprechen lassen und entsprechend handeln. Davon handelt der nun folgende Abschnitt.

Die „Familie" Jesu: 12,46-50

⁴⁶ Noch während er zu den Volksmengen redet,
– siehe! – die Mutter und seine Brüder standen draußen
– suchend mit ihm zu reden.
⁴⁷ Es sprach aber einer zu ihm:
Siehe: deine Mutter und deine Brüder, draußen stehen sie,
– suchend mit dir zu reden.

- - - - -

⁴⁸ Der aber – antwortend –
sprach zu dem mit ihm Redenden:
Wer ist meine Mutter und welche sind meine Brüder?
⁴⁹ Und – ausstreckend seine Hand über seine Schüler –
sprach er: Siehe: meine Mutter und meine Brüder!
⁵⁰ Denn: wer immer tut den Willen meines Vaters in den Himmeln,
er ist mein Bruder und (meine) Schwester und Mutter.

Die Gewebestruktur des Textes

Jesus hatte in der Diskussion mit den Pharisäern (12,25-30) schon darauf hingewiesen, dass es nur zwei alternative Positionen gibt: *der nicht mit mir ist, ist gegen mich...* (12,30). Entweder entscheiden sich die Menschen dazu, wie Jesus mit und durch Gottes Geist das Reich Gottes zu verwirklichen – oder sie entscheiden sich gegen ihn, also für die Macht des Bösen. In der matthäischen Gemeinde aber auch bei uns Gläubigen heute stellt sich dann die Frage, wer nun eigentlich dazu gehört und wer nicht.

Die leidvolle Geschichte des Verhältnisses von Christen und Juden aber auch von Christen und anderen Religionen hat gezeigt, dass diese Zugehörigkeit oft exklusiv verstanden wurde. In der Abwertung des Judentums, anderer Religionen oder Glaubensansichten spielte auch unser Abschnitt als Bestimmung der „wahren" Familie Jesu eine nicht unwesentliche Rolle. Eine solche ausschließende Interpretation gibt unser Text allerdings nicht her – im Gegenteil!

Der kleine Abschnitt ist klar gegliedert. Die Eingangssituation wird verdoppelt dargestellt (12,46-47): Jesu *Mutter und seine Brüder* möchten mit ihm sprechen. Jesu Reaktion (12,48-50) besteht aus einer Gegenfrage und einer Geste mit erklärender Antwort. Auffällig ist, dass in jedem Vers die *Mutter und Brüder* genannt werden; das zeigt den Lesern das Thema dieser Erzählung an, deutet aber auch schon durch die fehlende Ersetzung von Synonymen oder Personalpronomen an, dass *Mutter und Brüder* nicht immer im selben (wörtlichen) Sinn zu verstehen sind.

Das semantische Geflecht des Textes

12,46-47: Die Verdoppelung der Situationsbeschreibung hat hier die Funktion, die Aufmerksamkeit der Leser verstärkt auf die beschriebene Konstellation zu lenken; auffällig ist das doppelte *draußen*. Dadurch hier schon einen Riss – sei es familiärer Art oder gar zwischen Christen und Juden – zu sehen, überinterpretiert diese Beschreibung, denn die Angehörigen Jesu suchen ihn ja auf, weil sie mit ihm reden möchten, d.h. weil sie den Kontakt zu Jesus und den Dialog mit ihm suchen.

Die beschriebene Situation ist schwer zu lokalisieren: einerseits spricht Jesus zu den *Volksmengen*, was andeutet, dass sehr viele Menschen um ihn versammelt sind, andererseits stehen seine Verwandten *draußen*, was bedeuten könnte, dass Jesus in einem Haus lehrt. Man könnte sich Jesus im Freien, umgeben von vielen Menschen und seine Angehörigen am Rand dieser Menschengruppe vorstellen oder sich Jesus in einem von Häusern gebildeten „Innenhof" denken, in dem sich viele Menschen versammeln können. Der reale Ort ist jedoch für den Verlauf der Erzählung unbedeutend, wichtig sind allein die Erwähnung der *Volksmenge* und die Angabe *draußen*, die festhalten, dass Jesus zu sehr vielen Menschen spricht und dass seine Mutter und seine Brüder versuchen, von *draußen* kommend *mit ihm zu reden*. Das ebenfalls doppelte *siehe!* lenkt den Blick der Leser auf *die Mutter und die Brüder* Jesu.

12,48-50: Jesus greift zuerst mit einer Gegenfrage auf die zweifach beschriebene Situation zurück. Die Leser verstehen nach der vorigen deutlichen Betonung der *Mutter und Brüder*, dass die Frage Jesu nicht im Sinne von leiblicher Verwandtschaft gemeint sein kann. Die Geste Jesu und seine anschließende Antwort bestätigen die übertragene Bedeutung. Wenn Jesus seine Hand über seine *Schüler* ausstreckt und sie als seine *Mutter und Brüder* bezeichnet, so ist damit gerade nicht gemeint, dass Jesus nur exklusiv seine Schüler, die anwesende Volksmenge aber nicht als *Mutter und Brüder* anerkennt. Genau das verdeutlicht auch der Schlusssatz, der generalisierend mit *wer immer* jeden Menschen in den Blick nimmt. Die Bezeichnung *Schüler* bezieht sich hier nicht nur auf die Nachfolger Jesu, sondern schließt die gesamte Menschenmenge mit ein, die sich wie Schüler um ihren Lehrer um Jesus versammelt, um ihn zu hören. Entsprechend weitet Jesu Schlusswort die Bezeichnung *Bruder und Schwester und Mutter* auf *alle* aus, die den *Willen Gottes tun*.

Zur „Familie" Jesu gehört man demnach allein dadurch, dass man den Willen Gottes erfüllt. Den Willen Gottes zu tun, ist hier eindeutig mit *wer immer* allen Menschen ohne Einschränkung möglich. Schon in 7,21b war das Erfüllen des Willens Gottes das einzige Kriterium, um in das Himmelreich zu kommen. Auch wenn das Erfüllen des Willens Gottes allen Menschen möglich ist, sind diesem Tun doch Grenzen gesetzt: weder durch „Lippenbekenntnisse" (7,21a) noch durch erstaunliche Wundertaten (7,22) lassen sich das Himmelreich und die Zugehörigkeit zu Jesus „erwerben". Das besagt aber nun auch, dass nicht willkürlich jedes beliebige Handeln als „den Willen Gottes tun" deklariert werden kann. In der Geschichte bis zur Gegenwart sind oft genug mörderische, ausbeuterische, unterdrückerische Interessen als „Wille Gottes" verschleiert und legitimiert worden. Entscheidend ist aber allein, ob das, was jemand sagt und tut, dem barmherzigen Willen Gottes entspricht, denn an der Frucht wird der Baum erkannt (7,20; 12,33) und die eigenen Worte sprechen einem das Urteil (12,35-37).

Pragmatische Knotenpunkte des Textes

Unser Text ist nicht bloß eine Definition der „Familie" Jesu, sondern ruft in erster Linie dazu auf, durch das Erfüllen des Willens Gottes Mitglied dieser „Familie", also Bruder und Schwester Jesu zu werden. Da grundsätzlich jeder Mensch den Willen Gottes tun kann, haben wir weder das Recht, jemandem die Zugehörigkeit zur „Familie" Jesu abzusprechen, noch dürfen wir jemandem unterstellen, den Willen Gottes nicht zu tun. Gott allein wird entscheiden, wer seinen Willen erfüllt hat. Matthäus nennt einige der Kriterien für ein Handeln gemäß dem barmherzigen Willen Gottes in der Erzählung vom Menschensohn als Richter (25,31-46).

Dass jeder Mensch den Willen Gottes erfüllen kann, besagt aber nun nicht kritiklose Toleranz jeglichen Handelns, das sich als „den Willen Gottes tun" ausgibt. Für uns können die „Früchte" der Taten von anderen und ihre Worte Hinweise sein, ob sie wirklich den barmherzigen Willen Gottes erfüllen. Jedes Handeln und Reden, das meint, den Willen Gottes zu tun, muss sich auch den kritischen Blick der Schwestern und Brüder gefallen lassen. Bei unserem „kritischen Blick" müssen wir aber auch damit rechnen, dass Gottes Geist in anderen Menschen auf andere Weise wirkt als wir es kennen und erwarten. Die „Familie" Jesu ist keine Exklusivgesellschaft, wir dürfen deshalb keinen Menschen ausschließen, der dazugehören möchte; wir haben aber auch die Pflicht, auffällige Brüder und Schwestern zu ermahnen; wie das genau aussehen kann, beschreibt Matthäus in Kapitel 18.

Mt 13,1-53: Die Gleichnisrede

Das Kapitel 13 enthält die dritte große Rede Jesu nach der Bergpredigt und der Aussendungsrede. Die Rede ist innerhalb der unterschiedlichen Reaktionen auf die Botschaft Jesu verortet und thematisiert genau diese möglichen

Die Gleichnisrede

Reaktionen in Form von Gleichnissen. Die Stellungnahmen zur Botschaft entsprechen den Reaktionen auf den Boten: das Schicksal des Boten ist das seiner Botschaft. Matthäus stellt in sieben Gleichnissen die Möglichkeiten der zukünftigen Entwicklung des Evangeliums vom Königtum Gottes dar. Für die Leser spiegeln sich deshalb in dieser Rede ihre Fragen und Sorgen zum Sinn und zur Zukunft dessen, was sie glauben und verkündigen. Der Aufbau der Gleichnisrede entspricht dem Reden-Schema des Matthäus:

Narrative Einleitung	13,1-3a	
VOM GLEICHNIS ZUM GEHEIMNIS	13,3b-23	
	Das Gleichnis vom Sämann	13,3b-9
	„Zu ihnen in Gleichnissen zu euch von den Geheimnissen des Himmelreiches"	13,10-17
	Erklärung für die Schüler	13,18-23
DIE GEHEIMNISSE DES HIMMELREICHES	13,24-43	
	Drei Gleichnisse vom Himmelreich	13,24-33
	„Öffnen werde ich in Gleichnissen meinen Mund"	13,34-35
	Erklärung für die Schüler	13,36-43
DAS VERSTÄNDNIS DER GEHEIMNISSE	13,44-52	
	Drei Gleichnisse vom Himmelreich	13,44-50
	„Habt ihr das alles verstanden?"	13,51
	Schlussfolgerungen für die Schüler	13,52
Narrativer Schluss	13,53	

Diese Rede besteht aus drei großen Teilen (13,3b-23.24-43.44-52). Auffallend ist, dass immer wieder kleine narrative Bemerkungen in den Redefluss eingeschaltet sind, die dem Fokuswechsel dienen, so dass abwechselnd die Schüler oder die Volksmenge in den Blickpunkt rücken.

Der erste Teil (13,3b-23) wechselt vom Gleichnis des Sämanns, das der Volksmenge erzählt wird (13,3b-9), zur Erklärung des Gleichnisses für die Schüler (13,18-23). Dazwischen steht die mit einem Schriftzitat belegte Begründung (13,10-17), weshalb Jesus für die Menschenmenge die Sprache der Gleichnisse wählt, den Schülern aber die Geheimnisse des Himmelreiches direkt offenbart: *euch ist es gegeben, die Geheimnisse des Königtums der Himmel zu erkennen – ihnen aber ist es nicht gegeben* (13,11).

Der zweite Teil (13,24-43) beginnt mit drei Gleichnissen (13,24-33), die jeweils in ihrer Einleitung als Gleichnisse vom Himmelreich spezifiziert werden. Den Abschluss des zweiten Teils bildet wiederum die Erklärung für die Schüler (13,36-43). Im Mittelteil dieses Abschnitts begründet ein Schriftzitat, weshalb Jesus zu der Volksmenge in Gleichnissen spricht.

Der dritte Teil (13,44-52) beginnt wiederum mit drei Gleichnissen über das Himmelreich (13,44-50), die auch ausdrücklich als solche gekennzeichnet sind. Danach wendet sich Jesus mit einer abschließenden Verständnisfrage an

Mt 13,1-3a.3b-23

seine Schüler (13,51), die diese ihm bejahen. Eine letzte zusammenfassende Erklärung Jesu (13,52) schließt die Rede ab, indem sie den Schülern und den Lesern eine Perspektive eröffnet, wie sie nun mit der Lehre über das Himmelreich umgehen sollen.

Vom Gleichnis zum Geheimnis: 13,1-3a.3b-23

Narrative Einleitung
¹ An jenem Tag, als Jesus aus dem Haus herausgekommen war, saß er am Meer
² Und bei ihm kamen viele Menschenmengen zusammen,
   so dass er – in ein Boot eingestiegen – sich setzte
   und die ganze Volksmenge stand am Strand.
³ᵃ Und er redete zu ihnen vieles in Gleichnissen, sagend:

Das Gleichnis vom Sämann
³ᵇ – siehe! – der Säende ging hinaus, um zu säen.
⁴   Und bei seinem Säen
       die einen (Samen) fielen   entlang des Weges
           und – kommend –   die Vögel   fraßen sie auf.
⁵   andere aber fielen   auf das Felsige,   wo sie nicht viel Erde hatten
           und sogleich   gingen sie auf
                                    wegen des Nicht-Tiefe-Habens an Erde;
⁶   als aber die Sonne aufging,   wurden sie verbrannt
           und   wegen des Nicht-Wurzel-Habens
                                    vertrockneten sie.
⁷   Andere aber fielen   unter die Dornen
           und   aufstiegen die Dornen   und sie erstickten sie.
⁸   Andere aber fielen   auf die gute Erde   und gaben Frucht:
                                    das eine hundert,
                                    das andere sechzig,
                                    das andere dreißig.
⁹   – Der Ohren Habende soll hören! –

Der Sinn der Gleichnisrede
¹⁰ Und – hinzukommend – sprachen die Schüler zu ihm:
       Weshalb redest du in Gleichnissen zu ihnen?
¹¹ Der aber – antwortend – sprach zu ihnen:
       Euch ist es gegeben,
           die Geheimnisse des Königtums der Himmel zu erkennen,
       ihnen aber ist es nicht gegeben.
¹²   Denn: wer hat   – gegeben werden wird ihm
                   und überreich wird er gemacht werden
       wer aber nicht hat – auch was er hat, wird weggenommen werden von ihm.
¹³   Deshalb rede ich in Gleichnissen zu ihnen,
       weil als Sehende   sie nicht sehen
       und   als Hörende   sie nicht hören und nicht verstehen.
¹⁴ Und erfüllen wird sich an ihnen die Prophetie des Jesaja, die sagende:
       Mit dem Gehör   *werdet ihr hören*   *und nicht sollt ihr verstehen*
       Und sehend   *werdet ihr sehen*   *und nicht sollt ihr schauen.*

Die Gleichnisrede

15   *Denn verstockt ist das Herz dieses Volkes*
  und mit den Ohren schwer hörten sie
  und ihre Augen   verschlossen sie,
  damit sie nicht schauen mit den Augen
  und   mit den Ohren hören
  und   mit dem Herz   verstehen
  und   umkehren
  und ich   sie heilen werde.
                  (Jes 6,9-10 LXX)

16 Eure Augen aber sind selig, weil sie sehen
  und eure Ohren,   weil sie hören.
17 Amen, denn ich sage euch:
    Viele Propheten und Gerechte begehrten
       zu schauen, was ihr seht, und nicht schauten sie,
    und   zu hören,   was ihr hört, und nicht hörten sie.

Erklärung des Gleichnisses für die Schüler
18 Ihr nun: hört das Gleichnis des Säenden!
19 Jedes Mal, wenn einer das Wort des Königtums hört und nicht versteht,
   kommt der Böse und raubt das Gesäte in seinem Herzen;
  dieser ist der entlang des Weges Gesäte.
20 Der aber auf das Felsige Gesäte,
   dieser ist der das Wort   Hörende und sofort mit Freude
                          Aufnehmende,
21 nicht aber hat er eine Wurzel in sich,
   sondern auf den Augenblick ist er (hin ausgerichtet);
   wenn aber Bedrängnis oder Verfolgung wegen des Wortes entsteht,
   nimmt er sofort Anstoß.
22 Der aber in die Dornen Gesäte
   dieser ist der das Wort   Hörende,
   aber die Sorge des Aions und der Trug des Reichtums erstickt das Wort
                       und es wird fruchtlos.
23 Der aber auf die gute Erde Gesäte
   dieser ist der das Wort   Hörende und Verstehende,
   der dann Frucht bringt
   und der eine trägt hundert, der andere sechzig, der andere dreißig.

Die Gewebestruktur des Textes

Die einleitende Situationsbeschreibung gibt den Rahmen für die anschließende Rede an (13,1-3a): Jesus lehrt die Volksmengen in Gleichnissen. Der anschließende erste Teil der Rede lässt sich in drei Abschnitte unterteilen. Der erste Abschnitt beginnt mit dem Gleichnis vom Sämann (13,3b-9), das nach der kurzen Tätigkeitsbeschreibung des Säenden zuerst dreimal von seinem Misserfolg berichtet, bevor es dann seinen Erfolg erzählt. Das Gleichnis endet mit einem Appell an die Hörenden.

 Es schließt sich im zweiten Abschnitt eine Erklärung Jesu an die Schüler an, die den Sinn der Rede in Gleichnissen für die Menschenmenge erläutert (13,10-17). Jesus wendet sich mit der direkten Anrede *euch* an die Schüler (13,11), denen es *gegeben* ist, *die Geheimnisse des Himmelreiches zu er-*

kennen, während es der Volksmenge nicht gegeben ist. Dass diese Erkenntnis der Volksmenge verborgen bleibt, wird durch ein langes Schriftzitat begründet. Zum Schluss wendet sich Jesus wieder mit *euch* an die Schüler, um mit einer Seligpreisung ihr Sehen und Hören auszuzeichnen.

Der dritte Abschnitt enthält die Erklärung des Gleichnisses für die Schüler (13,18-23) und deutet das vierfache Säen des Sämannes auf das Hören und Verstehen des Evangeliums vom Königtum Gottes.

Das semantische Geflecht des Textes

13,1-3a Narrative Einleitung
Die Zeitangabe *an jenem Tag* (13,1) ist sehr offen, so dass die Leser ebenfalls die anschließende Rede für sich aktualisieren können. Jesus *sitzt* wie ein Lehrer am Meer bzw. im Boot, während die Volksmenge vor ihm am Strand *steht* und ihm zuhört (13,2). Das *Reden in Gleichnissen* erweckt in den Lesern eine besondere Aufmerksamkeit für das Folgende, weil sie wissen, dass die Gleichnisse sie in eine fiktive Welt führen, um sie anschließend – durch diese fiktive Welt verändert – wieder zurück zu entlassen in ihre reale Welt. Von den Lesern wird erwartet, in der fiktiven Welt Entscheidungen zu treffen; so sind sie gut vorbereitet, die anschließenden Gleichnisse hören und die erwarteten Entscheidungen zu fällen.

13,3b-9 Das Gleichnis vom Sämann
In der anschließenden Deutung des Gleichnisses (13,18-23) wird der Akzent stärker auf die ausgesäte Saat und die gebrachte Frucht gelegt, hier im Gleichnis ist jedoch der Sämann mit seiner Aktion des Säens stark betont (13,3b-4a). Die Leser können beim Sämann auch an Jesus denken: an die von ihm in seiner Lehre und Verkündigung gesäte Botschaft vom Reich Gottes, die er außerdem durch sein dieser Botschaft entsprechendes Handeln unterstreicht (11,2-5). Das Schicksal seiner ausgesäten Botschaft illustrieren nun die folgenden Verse (13,4b-8), die vom Saatgut handeln, das auf unterschiedliche Böden fällt. Dadurch lenken diese Verse die Aufmerksamkeit der Hörer und Leser auf vier verschiedene Situationen, in denen die Botschaft Jesu gehört werden kann.

Durch die Beschreibung der Bodenbeschaffenheit und dem davon abhängigen Aufgehen der Saat wird deutlich, dass das gesäte Wort sehr oft (zu 75%) auf viele Schwierigkeiten trifft und scheitert. Doch umso überraschender ist dann der enorme Ertrag der Saat, die auf guten Boden gefallen ist: *hundert-, sechzig-* und *dreißigfach* (13,8). Im Unterschied zum Markusevangelium fällt hier bei Matthäus die Anti-Klimax auf (von Hundert abfallend zu Dreißig): während Markus das ständige Wachstum hervorhebt (Mk 4,8), akzentuiert Matthäus nach den Misserfolgen den unerwarteten großen Ertrag. So betont Matthäus, dass auch der Misserfolg zur verkündeten Botschaft dazugehört, dass aber trotz vieler Fehlschläge die Botschaft keinesfalls total gescheitert ist.

Die Schlussermahnung *der Ohren habende soll hören* (13,9) deutet allerdings nicht auf eine verschlüsselte, verborgene Botschaft hin. Es ist vielmehr

Die Gleichnisrede

eine Aufforderung, die Wirklichkeit der Verkündigung und der Werke Jesu realistisch wahrzunehmen: mit ihren Misserfolgen, aber auch mit ihren unerwarteten Erfolgen – und selbst entsprechend zu handeln.

13,10-17 Der Sinn der Gleichnisrede
Die verborgenen Geheimnisse Gottes und damit auch die Offenbarung des Reiches Gottes zeigen sich in Form von Gleichnissen (13,34-35). Die *Geheimnisse des Himmelreiches* (13,11) sind die Zeichen, die Jesus in seinen Werken wirkt, weil durch sie das Wirken und der Wille Gottes offenbar werden. Diese Zeichen erkennen und verstehen die Schüler als das Geschehen des Willens Gottes. Solch ein umfassendes Erkennen und Begreifen ist den Menschenmengen (noch) nicht möglich, deshalb redet Jesus in Gleichnissen zu ihnen, um es auch ihnen verständlich zu machen.

Das Reden in Gleichnissen ist eine gute Möglichkeit, das Unsagbare auszudrücken. Das Gleichnis verhüllt die Wirklichkeit, um sie besser verständlich und erkennbar werden zu lassen: die Hörer und Leser müssen selbst die „Hülle" entfernen, das Geheimnis „ent-hüllen", um herauszufinden, was sich darunter verbirgt. Die Gleichnissprache ist also gerade nicht kryptisch, sondern „offen-sichtlich". Sie bleibt allerdings eine verschleierte Sprache, wenn die Hörer und Leser nicht zur „Ent-hüllung" bereit sind, wenn sie nicht das Geheimnis „ent-decken" wollen, weil sie desinteressiert sind und weder sehen noch hören wollen. Deshalb werden auch diejenigen, die nicht sehen und hören wollen, nicht verstehen; die Gleichnisse bleiben eine Hülle, die die Geheimnisse des Himmelreiches verbirgt (13,11.13).

Ob die Gleichnisse etwas offenbaren oder verbergen, liegt also an den Hörern und Lesern selbst: es kommt allein darauf an, wie sie mit dem Gleichnis umgehen. Schließlich haben die Gleichnisse Konsequenzen, denn das zuerst verhüllte aber dann erkannte Geheimnis fordert zu einem bestimmten Handeln auf. Von einem vollständigen Verstehen der Gleichnisse kann also erst dann die Rede sein, wenn das Gleichnis zu einem erneuerten Handeln führt.

Das lange Jesajazitat, das Matthäus hier anführt (13,14-15), erfüllt sich gerade in dem Umgang mit den Gleichnissen und mit den daraus folgenden konsequenten Handlungen. Wer nur oberflächlich hinhört und hinsieht, versteht nicht, weil er ein verhärtetes Herz hat, das die göttliche Wirklichkeit nicht anerkennen will, so dass er sich deshalb auch nicht bekehrt. Wer das Gleichnis nicht selbst „ent-hüllt", ist an seiner Wahrheit und an den daraus folgenden Handlungen nicht interessiert; sein verhärtetes Herz verhindert darum ein echtes Hören, Sehen und Verstehen. Das Nicht-Verstehen der Menschen, die keine Schüler Jesu sind, drückt ihre Haltung Jesus gegenüber aus. Doch das Jesajazitat hält ausdrücklich am Ende fest, dass *sie mit den Ohren hören und mit dem Herzen verstehen und umkehren und ich sie heilen werde* (13,15), so dass Gott allen Menschen die Möglichkeit geben wird, zu verstehen und entsprechend zu handeln.

Dass die Schüler Jesu hingegen jetzt schon die Geheimnisse des Himmelreiches erkennen und verstehen (13,11), ist ihnen von Gott gegeben, das drückt das Passivum Divinum aus. Insofern wird den Schülern *überreich ge-*

geben, d.h. sie verstehen die Gleichnisse und das Wirken Jesu, sie wissen folglich auch, wie sie entsprechend handeln müssen und können deshalb schon jetzt die beglückende Gegenwart des Reiches Gottes erfahren und genießen (13,12a).

Den Menschen, die sich jedoch aus Desinteresse verschließen und nicht an einem dem Reich Gottes gemäßen Handeln interessiert sind, wird diese beglückende Erfahrung der Gegenwart des Reiches Gottes durch ihr Nicht-Verstehen wieder *genommen* (13,12b). Dabei sind im Grunde diese Menschen selbst die Ursache dafür, dass sie diesen Verlust erleiden. Die Erfahrung der Gegenwart des Reiches Gottes, das ja schon angebrochen ist, haben diese Menschen bereits. Aber durch ihr absichtliches, desinteressiertes Nicht-Verstehen und durch ihre Verweigerung eines entsprechenden Handelns wird ihnen das Beglückende dieser Erfahrung wieder genommen. Letztlich wiederholt sich hier die Ermahnung zu hören (13,9) und sich diese Erfahrung der Gegenwart des Reiches Gottes nicht nehmen zu lassen.

Die Seligpreisung der Schüler, die *sehen und hören* (13,16-17) bringt damit zum Ausdruck, dass das Reich Gottes schon gegenwärtig erfahrbar ist. Weil die Schüler sehen, hören, verstehen und entsprechen handeln, können sie die Erfüllung der Verheißung Gottes bewusst erleben, deshalb sind sie wahrhaft selig zu nennen. Die Voraussetzung für diese Erfahrung ist der Glaube, dass sich im Wirken Jesu diese Erfüllung der Verheißung Gottes ereignet. Daher markiert der Glaube den Unterschied zwischen denen die sehen und hören und denen, die sich verweigern, nicht sehen und nicht hören wollen. Die Seligpreisung der Schüler ist aber auch wieder ein Appell an die Leser, wie die Schüler zu glauben, zu sehen, hören, verstehen und aus diesem Glauben zu handeln, um dieselbe glückliche Erfahrung der Erfüllung der Verheißung Gottes zu erleben.

13,18-23 Erklärung des Gleichnisses für die Schüler

Die Erklärung des Gleichnisses vom Sämann und der Saat interpretiert die unterschiedlichen Gegebenheiten des Bodens auf allegorischer Weise. Dass die Botschaft keine Frucht bringt, hängt weder vom Sämann, noch vom Saatgut ab, sondern liegt allein am Boden, auf den der Samen fällt. Das Schicksal des Samens ist damit von der moralischen Disposition dessen abhängig, der die Botschaft aufnimmt. Die Art und Weise wie dieser Boden und die näheren Umstände des Wachsens beschrieben sind, ermöglicht den Lesern, sich in diesen unterschiedlichen Haltungen wieder zu erkennen.

Matthäus kennzeichnet die Dimension dieser Botschaft als Gleichnis vom Himmelreich (13,19): die Voraussetzung für die fruchtbringende Aufnahme der Botschaft ist die Bereitschaft, diese Botschaft anzunehmen einschließlich all ihrer Konsequenzen für das eigene Leben und Handeln. Das *Wort* ist das von Jesus verkündete Evangelium des Himmelreiches. Die Ablehnung oder Annahme dieses Wortes hängen davon ab, ob der Mensch hört, versteht und handelt oder ob er sich dieser Botschaft verschließt.

Die Gleichnisrede

Pragmatische Knotenpunkte des Textes

Die fundamentalen Aspekte der Aufnahme und der Ablehnung der Botschaft Jesu haben das frühe Christentum stark geprägt. Unter den Juden haben viele die Botschaft des Propheten aus Nazareth aufgenommen, aber es gab auch viele, die sie ablehnten. Diese negative Erfahrung der Ablehnung von etwas, was man selbst für beglückend und befreiend hält, hat den Christusgläubigen schwer zu schaffen gemacht. Für diejenigen, die wie Matthäus und seine Gemeinde noch in Gemeinschaft mit den Juden lebten, die aber Jesus als Messias ablehnten, war diese Situation noch quälender. Sie mussten mit dieser Ablehnung Jesu durch ihre Glaubensbrüder fertig werden, obwohl und weil sie mit ihren die gleichen Fundamente der Heiligen Schrift, der Tradition, des Glaubenslebens und der endzeitlichen Hoffnung teilten. So erklärt sich der scharfe Ton, den Matthäus manchmal gegenüber denen anschlägt, die angeblich nicht hören wollen.

Doch dieses Gleichnis will nicht nur für die Nicht-Hörenden erzählt werden, sondern gilt genauso den Schülern Jesu. Die ausdeutende Erklärung nennt mit Unbeständigkeit, Zweifel, falschen Illusionen, Selbsttäuschungen, dem Vertrauen auf den eigenen Reichtum,… auch die Schwächen, die die Schüler Jesu damals und uns heute kennzeichnen. Das Gleichnis provoziert damit vor allem diejenigen, die das Wort Jesu hören: sie sind aufgefordert, zu verstehen und in ihrer je eigenen Situation entsprechend zu handeln. Sind wir dazu heute bereit?

Die Geheimnisse des Himmelreiches: 13,24-43

Drei Gleichnisse vom Königtum der Himmel

24 Ein anderes Gleichnis legte er ihnen vor, sagend:
    Verglichen wurde das Königtum der Himmel einem Menschen,
        säend   guten Samen auf seinem Acker.
25 Beim Schlafen der Menschen aber
    kam sein Feind
    und   er säte darauf Unkraut inmitten des Weizens
    und er ging weg.
26 Als aber der Halm keimte und Frucht trug, da erschien auch das Unkraut.
27 Hinzukommend aber sprachen die Sklaven des Hausherrn zu ihm:
    Herr, sätest du nicht guten Samen auf deinem Acker?
    Woher also hat er Unkraut?
28 Der aber sagte ihnen: Ein feindlicher Mensch tat dies.
Die Sklaven aber sagten ihm:
    Willst du nun, dass – weggehend – wir es sammeln?
29 Der aber sagt: Nein! Damit ihr nicht – sammelnd das Unkraut –
        entwurzelt zugleich mit ihm den Weizen;
30 Lasst beide miteinander wachsen bis zu Ernte;
Und zur Zeit der Ernte werde ich den Erntearbeitern sagen:
    Sammelt zuerst das Unkraut und bindet es zu Bündeln, um es zu verbrennen;
        den Weizen aber sammelt in meine Scheune.

^{31} Ein anderes Gleichnis legte er ihnen vor, sagend:
　　Gleich ist das Königtum der Himmel　　einem Senfkorn,
　　　　das　　– nehmend ein Mensch –　säte auf seinem Acker;
^{32}
　　　　das　　zwar　　　kleiner ist　　als alle Samen,
　　　　wann es aber wuchs,　größer ist　als die Gartengewächse,
　　　　und　　es wird ein Baum,
　　so dass　kommen *die Vögel des Himmels*
　　　　und　　*nisten　in seinen Zweigen. (Ps 104,12$_{LXX}$)*
　　　　　　　　　- - - - -
^{33} Ein anderes Gleichnis redete er zu ihnen:
　　Gleich ist das Königtum der Himmel　　einem Sauerteig,
　　　　den　　– nehmend eine Frau –　hinein verbarg in drei Saton Mehl,
　　bis dass　es ganz durchsäuert wurde.

„Öffnen werde ich in Gleichnissen meinen Mund"
^{34} Dieses alles redete Jesus in Gleichnissen zu den Volksmengen
und ohne Gleichnisse redete er nichts zu ihnen,
^{35} auf dass erfüllt würde das Gesagte durch den Propheten, den sagenden:
　　Öffnen　　werde ich in Gleichnissen meinen Mund,
　　aussprechen　werde ich Verborgenes seit Grundlegung (der Welt). (Ps 78,2)

Erklärung des Gleichnisses für die Schüler
^{36} Dann – verlassend die Volksmengen – kam er ins Haus.
　　Und es kamen zu ihm seine Schüler, sagend:
　　　　　　Erkläre uns das Gleichnis vom Unkraut des Ackers.
^{37} Der – antwortend – sprach:
　　　　Der Säende den guten Samen　　ist der Sohn des Menschen,
^{38}
　　　　der Acker aber　　　　　　　　ist die Welt;
　　　　der gute Same aber, diese　　　sind die Kinder des Königtums;
　　　　das Unkraut aber　　　　　　　sind die Kinder des Bösen,
^{39}
　　　　der Feind aber, der es Säende,　ist der Teufel;
　　　　die Ernte aber　　　　　　　　ist die Vollendung des Aions,
　　　　die Erntearbeiter aber　　　　　sind die Engel.
^{40} Wie nun das Unkraut gesammelt und verbrannt wird –
^{41} so wird es ein bei der Vollendung des Aions:
　　Schicken wird der Sohn des Menschen seine Engel,
　　und sie werden sammeln aus seinem Königtum
　　　　– alle Ärgernisse und die Tuenden das Ungesetzliche –
^{42} und *sie werden wie werfen in den Feuerofen (Dan 3,6)*
　　　　– dort wird sein das Weinen und das Klappern der Zähne.
^{43} Dann werden die Gerechten aufleuchten wie die Sonne im Königtum ihres Vaters.
– Der Ohren Habende soll hören! –

Die Gewebestruktur des Textes

Dieser zweite Teil der Gleichnisrede besteht aus drei Einheiten. Die erste Einheit (13,24-33) enthält drei Gleichnisse, die schon durch ihre Einleitung als *Gleichnisse vom Himmelreich* gekennzeichnet sind. Das erste Gleichnis (13,24-30) ist das längste und besteht aus zwei Szenen: die erste (13,24-26) beschreibt die Aussaat und das gemeinsame Wachsen von guter Saat und Un-

Die Gleichnisrede

kraut; die zweite Szene (13,27-30) gibt den Dialog zwischen dem Herrn und seinen Knechten bezüglich des Unkrauts wieder und führt zu einem überraschenden Abschluss (13,30). Das zweite Gleichnis (13,31-32) ist im Vergleich zum ersten wesentlich kürzer und schlichter, denn es stellt nur die winzige Größe des Senfkornsamens (13,31) dem enormen Wachstum der Pflanze gegenüber (13,32). Das dritte Gleichnis (13,33) besteht nur aus einem Satz; es ist hinsichtlich des Wachstums thematisch mit dem zweiten verbunden, denn es bezieht sich auf die Wirkkraft des Sauerteigs.

Die zweite Einheit dieses mittleren Teils der Gleichnisrede (13,34-35) ist als Zwischenschritt konzipiert und thematisiert noch einmal das Reden in Gleichnissen, das mit einem Schriftzitat begründet wird.

Die dritte Einheit (13,36-43) enthält aufgrund der Aufforderung der Schüler (13,36) die Erklärung des Gleichnisses vom Unkraut unter der guten Saat. Dabei deutet Jesus zuerst die handelnden Personen und die Umstände (13,37-39) und geht dann auf die bevorstehenden Ereignisse ein, auf die dieses Gleichnis aufmerksam machen möchte (13,40-43).

Das semantische Geflecht des Textes

13,24-33 Drei Gleichnisse vom Königtum der Himmel
13,24-30: Das Gleichnis vom Unkraut unter dem Weizen ist matthäisches Sondergut. Der erste Teil des Gleichnisses (13,24-26) erzählt von der Aussaat des Weizens (13,24); *beim Schlafen* sät dann der *Feind inmitten* des Weizens Unkraut (13,25). Das Unkraut, von dem hier die Rede ist – der Taumel-Lolch – sieht ähnlich aus wie der Weizen, ist jedoch auch wegen seiner schmaleren Blätter und der mehrfachen kleinen Ähren von ihm zu unterscheiden (13,26). Weil der Taumel-Lolch häufig von einem giftigen Pilz (ähnlich dem Mutterkornpilz) befallen war, wurde die ganze Pflanze giftig. So befallener Taumel-Lolch verunreinigte das Mehl und führte zu Vergiftungserscheinungen.

Das Bild vom Taumel-Lolch eignet sich daher sehr gut, um die perfide Botschaft und das üble Handeln des Feindes zu illustrieren: auf den ersten Blick gleichen seine Botschaft und sein Handeln dem Himmelreich, nur bei genauerem Hinsehen lässt sie sich davon unterscheiden; die Botschaft und das Handeln des Feindes hat zudem schädliche Wirkungen für den Menschen.

Der *Herr*, der den Samen aussät, kann wieder wie im ersten Gleichnis mit dem Menschensohn identifiziert werden. Er scheint seinen Feind – den Satan – gut zu kennen, denn er weiß um sein Handeln (13,28), lässt ihn aber gewähren. Die Ähnlichkeit der Botschaft vom Himmelreich und der verführerischen Botschaft des Satans zeigte sich schon bei den Versuchungen Jesu in der Wüste: der Satan hatte dort sogar mit der Heiligen Schrift argumentiert, um Jesus von seinem Vertrauen auf Gott abzubringen (4,1-11). Ebenso kann auch das Handeln Jesu missverstanden werden, denn der Vorwurf der Pharisäer, Jesus treibe mit Beelzebul die Dämonen aus (12,24), weist auf die Ähnlichkeit des Handelns hin. Nur ein genauerer Blick vermag hier zu erkennen, ob der Satan oder Gott am Wirken ist (12,25-28).

Die Geduld des Herrn, der seinen Feind gewähren lässt, erinnert die Leser an die Sanftmut Jesu (11,29; 12,17-21), die Gottes Barmherzigkeit widerspiegelt, der seine Sonne über Gute und Böse aufgehen lässt und es über Gerechte und Ungerechte regnen lässt, weil er hofft, dass sich die Bösen und Ungerechten doch noch bekehren (5,45). Aufgrund der barmherzigen Geduld des Herrn akzentuiert der Dialog zwischen dem Herrn und seinen Knechten das gemeinsame Wachsen von Unkraut und guter Saat bis zur Ernte (13,29-30), obwohl das eigentlich unnötig wäre.

Das Präsens *er sagt aber* (13,29) betont die bleibende Gültigkeit dieser Worte auch für die Gegenwart der Leser. Auch in ihrer Zeit finden sie wachsende Saat des Bösen. Das soll sie aber nicht beunruhigen, denn sie wissen nun, dass der Menschensohn das Handeln seines Feindes bereits kannte. Auch wenn die Leser vor dem gesäten Übel keine Angst zu haben brauchen, sollen sie deswegen nun nicht müßig auf die Endzeit warten, denn von ihnen wird erwartet, dass sie als gute Samen gute Früchte bringen. Das Gericht wird jedoch erst am Ende der Zeit sein; bis dahin ist Zeit, den guten Samen wachsen und Frucht bringen zu lassen.

13,31-32: Das Gleichnis vom Senfkorn spielt mit dem gravierenden Unterschied zwischen dem unbedeutenden Anfang des Samenkorns, *das kleiner ist als alle Samen* und seinem außerordentlichen Ziel, denn als ausgewachsene Pflanze ist sie *größer als alle Gartengewächse*, so groß wie ein *Baum* (13,32). Das Gleichnis betont durch diesen Unterschied die enorme Wirkkraft, die sich im Prozess des Wachsens entwickelt. Das Reich Gottes enthält eine gewaltige Wirkpotenzialität, die sich sowohl im quantitativen und qualitativen Sinn wachsend entfaltet. Hierin zeigt sich die Wirkmacht Gottes, der sein Himmelreich ebenso wachsen lässt wie ein kleines Samenkorn, das zu einem Baum wird, in dem die Vögel nisten.

13,33: Das dritte Gleichnis betont das verborgene Wirken des Sauerteigs in der Masse des Mehls. Wieder liegt der Akzent auf der Wirkpotenzialität, die etwas Kleines wie der *Sauerteig* in einer *riesigen Menge Mehl* entfalten kann. Dieses Wirken wird zudem näher beschrieben als verborgene Kraft der Verwandlung: das Reich Gottes hat dieselbe enorme Wirkkraft, die Welt und die Menschen zu verändern, auch wenn es nicht immer offensichtlich ist.

Wie auch das Wachsen eines Samenkorns Zeit braucht, so dauert es lange Zeit, bis eine sehr große Menge Mehl von einem kleinen Sauerteig durchsäuert wird. Wie schon im ersten Gleichnis ist der Zeitaspekt auch in den beiden anderen Gleichnissen wichtig. Statt Ungeduld zu zeigen oder angesichts des ausbleibenden sichtbaren Erfolges zu verzweifeln, können die Leser auf die Wirkkraft Gottes vertrauen. Die Wirkkraft Gottes und die Eigendynamik des Himmelreiches entlasten die Leser von ihrem falschen Anspruch, alles allein bewirken zu müssen.

13,34-35 „Öffnen werde ich in Gleichnissen meinen Mund"
Die erste Hälfte der Gleichnisrede, die sich hauptsächlich an die Menschenmenge richtete (13,34), schließt mit einer Bemerkung, die mit dem Reden in Gleichnissen an die Einleitung (13,1-3a) anknüpft. Es handelt sich hier

Die Gleichnisrede

gleichsam um einen Scharniervers, der den Teil der Rede, der sich in erster Linie an die Menschenmenge richtet, mit dem Teil, der sich an die Schüler wendet, verbindet, obwohl natürlich auch die Schüler die Gleichnisse gehört haben, die Jesus zur Menschenmenge sprach.

Matthäus betont mit dem Zitat von Psalm 78,2 noch einmal ausdrücklich die Bedeutung des Sprechens in Gleichnissen (vgl. 13,10-17). Das Reden in Gleichnissen erfüllt den Willen Gottes, weil es ermöglicht, die Geheimnisse des Himmelreiches zu offenbaren und zu verkünden. Die Geheimnisse des Himmelreiches sind *seit Grundlegung der Welt verborgen* (13,35), das Himmelreich hat also schon seit langer Zeit angefangen, sich langsam zu entfalten. Mit seiner Gleichnisrede fordert Jesus seine Schüler und die Menschenmenge auf, dieses Wachsen des Himmelreiches zu erkennen und entsprechend zu handeln. Damit liegt jetzt die Verantwortung, zu hören, zu sehen, zu verstehen und zu handeln, allein bei den Hörern und Lesern der Gleichnisse.

13,36-43 Erklärung des Gleichnisses für die Schüler
Die Erklärung des Gleichnisses vom Unkraut unter dem Weizen sowie die folgenden Gleichnisse richten sich ausschließlich an die Schüler (13,36), die bis zum Ende der Rede die einzigen Gesprächspartner Jesu bleiben (13,51-52). Die Erklärung des Gleichnisses greift wieder die allegorische Deutung auf (13,37-39). Mit der stets gleichen Formel *der...ist...* veranschaulicht Jesus, welche Figur im Gleichnis wem in der Wirklichkeit entspricht. Auch wenn das Gleichnis dadurch zu einer Allegorie wird, bleibt seine Botschaft doch erhalten. Der Kontext vom Fruchtbringen (13,23) und der Schlussappell (13,43) verdeutlichen, dass Matthäus hier nicht an eine Vorherbestimmung der Menschen gedacht hat, sondern dass jeder selbst für sein Hören und Handeln verantwortlich ist.

Mit *wie nun...so wird es sein* (13,40) wird die allegorische Deutung fortgesetzt. Die Aussaat zielte ja eigentlich auf die Ernte der Früchte, daher geht es nun um die *Ernte*, die mit der *Vollendung des Aions* gleichgesetzt wird. Die Ernte beginnt mit dem Auftrag des Menschensohnes, der seinen Engeln befiehlt, die Kinder des Bösen zu sammeln und sie dadurch von den Kindern des Königtums zu trennen. In diesem Schlussteil des Gleichnisses geht es um das Endgericht, zu dem der Menschensohn mit seinen Engeln kommen wird (25,31). Mittels apokalyptischer Sprache betont Matthäus die Strafe für die Bösen und den Sieg der Gerechten.

Wichtig ist hierbei, dass das Böse mit dem *Tun des Ungesetzlichen*, also mit einem der Tora widersprechenden Handeln identifiziert wird (7,21.23). Damit ist eindeutig klar, dass die Kinder des Bösen weder pauschal „die Juden", noch speziell „die Pharisäer" sein können, denn diese bemühen sich ja um ein Leben und Handeln nach der Tora. Das geforderte Handeln ist das Tun des Willens Gottes, das Erfüllen der Tora mit überfließender Gerechtigkeit (5,20), kurz: die Liebe zu Gott und zum Nächsten. Der Schlussappell *der Ohren habende soll hören* (13,43) fordert die Leser dazu auf, entsprechend dieser Worte zu handeln.

Mt 13,44-53

Pragmatische Knotenpunkte des Textes

Die Folge der drei Gleichnisse mit der Erklärung des Gleichnisses vom Unkraut unter der guten Saat enthält eine deutliche Ermahnung an die Gemeinde des Matthäus und auch für die Leser heute. Das Reich Gottes ist schon angebrochen und beginnt bereits im Verborgenen seine Kraft zu entfalten. Die gläubigen Leser, die sich sicherlich selbst mit der guten Saat und den *Kindern des Königtums* identifizieren (13,38), erleben zugleich, dass auch Unkraut unter ihnen in der Gemeinde und in der Welt wächst. Doch nicht sie sind es, die hier über andere urteilen und richten dürfen (7,1), sondern das Gericht obliegt allein dem Menschensohn am Ende der Zeit (25,31-46).

Angesichts des Endgerichts geht es Matthäus hier nicht um den Umgang mit den anderen, sondern er akzentuiert allein die Aufgabe, die die Kinder des Königtums jetzt haben: den Willen Gottes im Tun der Gerechtigkeit zu erfüllen – denn das ist das Himmelreich. Die Leser können dadurch mit jedem einzelnen Tun, das dem Willen Gottes entspricht, dazu beitragen, dass das Himmelreich ein kleines Stück weiter wächst, so wie das Mehl sich vom Sauerteig durchsäuern lässt.

Das Verständnis der Geheimnisse: 13,44-53

Drei Gleichnisse vom Königtum der Himmel

⁴⁴ Gleich ist das Königtum der Himmel einem Schatz:
   verborgen im Acker,
den – nachdem er ihn gefunden hatte – ein Mensch verbarg,
und in seiner Freude geht er fort
und er verkauft alles – wie viel er hat –
und er kauft jenen Acker.
- - - - -
⁴⁵ Wieder gleich ist das Königtum der Himmel einem Menschen,
   einem Kaufmann:
   suchend schöne Perlen;
⁴⁶ – nachdem er aber eine wertvolle Perle gefunden hatte,
hat er weggehend
   alles verkauft – wie viel er hatte –
und er kaufte sie.
- - - - -
⁴⁷ Wieder gleich ist das Königtum der Himmel einem Schleppnetz,
   geworfen ins Meer
   und aus jeder Art (Fische) sammelnd;
⁴⁸ das – als es gefüllt war – zogen sie hinauf auf den Strand
und – sich setzend – sammelten sie die Guten   in Gefäße,
                                    die Faulen aber warfen sie hinaus.
⁴⁹ So wird es sein bei der Vollendung des Aions:
   hinausgehen werden die Engel,
   und sie werden aussondern die Bösen aus der Mitte der Gerechten,
⁵⁰ und *sie werden sie werfen in den Feuerofen (Dan 3,6)*
   – dort wird sein das Weinen und das Klappern der Zähne.

Die Gleichnisrede

„Habt ihr das alles verstanden?"
51 Habt ihr das alles verstanden?
   Sie antworteten: Ja.

Schlusserklärung für die Schüler
52 Der aber sprach zu ihnen:
   Deshalb ist jeder Schriftkundige
      – zum Schüler des Königtums der Himmel geworden –
   gleich   einem Menschen, einem Hausherrn,
         welcher herausholt aus seinem Schatz(behälter): Neues und Altes.

Narrativer Schluss
53 Und es geschah, als Jesus diese Gleichnisse beendete, brach er auf von dort.

Die Gewebestruktur des Textes

Auch der dritte Teil der Gleichnisrede lässt sich in drei Einheiten unterteilen. Die erste Einheit (13,44-50) ist wieder aus drei Gleichnissen vom Himmelreich zusammengesetzt. Das erste Gleichnis (13,44) akzentuiert das Kaufen und Verkaufen, um etwas zu erlangen, was für den Käufer ein Gewinn ist. In ähnlicher Weise betont auch das zweite Gleichnis (13,45-46) den Einsatz des Käufers, um dieses Mal etwas zu bekommen, das für ihn sehr wertvoll ist. Das dritte Gleichnis (13,47-50) ist matthäisches Sondergut, das ebenfalls auf den Unterschied zwischen Wertvollem und Schlechtem eingeht. Dieses Gleichnis ist das längste von den dreien: die ersten Verse (13,47-48) erzählen das Beispiel, die letzten Verse (13,49-50) enthalten die Erklärung.

Die zweite Einheit (13,51) ist trotz ihrer Knappheit bedeutend, da sie die gesamte Rede zusammenfassend thematisiert. Sie besteht sehr knapp nur aus einer Frage Jesu und der bestätigenden Antwort der Schüler.

Die dritte Einheit (13,52) ist mit der vorherigen über die Begründung *deswegen* verbunden, allerdings wirkt diese Begründung nicht logisch und etwas gekünstelt. Sie dient dazu, die Gleichnisrede abzuschließen, indem den Lesern noch einmal zusammenfassend ihr Auftrag vor Augen gestellt wird, der in den vorigen sieben Gleichnissen angesprochen wurde. Ein kurzer Hinweis auf den Abschluss der Gleichnisse (13,53) beendet diese Rede.

Das semantische Geflecht des Textes

13,44-50 Drei Gleichnisse vom Königtum der Himmel
13,44: Das Gleichnis vom *verborgenen Schatz im Acker* verdeutlicht nicht nur das anzustrebende Handeln, sondern erklärt auch den Grund dafür. Der Akzent des Gleichnisses liegt auf der Aktion des Menschen, der zufällig einen Schatz findet und nun alles daransetzt, um diesen Schatz zu bekommen. Dabei setzt das Gleichnis unausgesprochen logischerweise voraus, dass der Mann mit dem Kauf des Ackers kein Verlustgeschäft macht, sondern vielmehr einen Gewinn erzielt. Nur so ist es verständlich, weshalb ihm sein ge-

samter Besitz nicht mehr wichtig sein kann: der gefundene Schatz führt nicht zu einem Nachteil, sondern entschädigt jeglichen eventuellen Verlust.

Der Mann will unbedingt diesen Schatz haben, auch wenn er dazu all seinen Besitz verkaufen muss, weil der Schatz für ihn einen Gewinn bedeutet. Matthäus greift dieses Thema später noch einmal auf, wenn er von dem reichen Mann erzählt, den Jesus auffordert, all seinen Besitz zu verkaufen und das Geld den Armen zu geben, um einen Schatz im Himmel zu erhalten (19,21). Den Schülern, die alles um Jesu willen verlassen haben, sagt Jesus hundertfachen Ersatz und das ewige Leben zu (19,27.29).

Doch um tatsächlich alles einzusetzen, was man besitzt, muss einem klar sein, dass man trotz des scheinbaren „Verlusts" einen Gewinn erzielt. Dem Mann, der den Schatz findet, wird sein gesamter Besitz unbedeutend angesichts des unglaublichen Gewinns, den er durch den Schatz erhält. Ebenso ist das Reich Gottes für die Menschen, die es entdeckt haben, ein unglaublicher Schatz, ein so großer Gewinn, der sie für alle möglichen „Verluste" entschädigt, die sie eingesetzt haben, um diesen Schatz zu bekommen. Das Gleichnis appelliert an die Leser, deshalb ruhig einen großen Einsatz für das Reich Gottes zu wagen: sie können dabei nur gewinnen.

13,45-46: Das Gleichnis von der *kostbaren Perle* greift das Thema des Einsatzes für das Reich Gottes wieder auf. Dieses Mal findet der Kaufmann allerdings nicht zufällig die wertvolle Perle, sondern hat schon lange danach gesucht (13,45). Das Reich Gottes wird hier als etwas beschrieben, nach dem der Mensch immer auf der Suche war, was er sich ersehnt und erträumt hat. Seine Hoffnungen erfüllen sich, als der Kaufmann die Perle entdeckt, so dass es verständlich ist, dass er alles, was er hat, deshalb verkauft, um seinen sehnlichsten Wunsch zu erfüllen (13,46). Nicht explizit erwähnt, aber wiederum logischerweise vorausgesetzt ist hier, dass der Kaufmann mit seiner Perle sehr glücklich ist, denn nur so ist verständlich, dass er deshalb alles andere verkaufte. Jetzt kommt es nicht auf den Gewinn durch die Perle an, der den Verlust des Kaufpreises ausgleichen könnte, sondern auf die Erfüllung des Ersehnten. Das Reich Gottes ist für die Menschen, die sich danach gesehnt haben, eine so beglückende, totale Erfüllung ihres Wunsches, dass sie deshalb auf alles andere verzichten können. Dieses Gleichnis ermutigt die Leser, den Einsatz für das Reich Gottes zu wagen, weil es für sie eine beglückende Erfahrung bedeutet: die Erfüllung ihrer Sehnsüchte.

Beide Gleichnisse ermutigen die Leser zu einem vollen Einsatz für das Reich Gottes. Indem sie den Gewinn und das Glück betonen, unterstreichen sie, dass dieser Einsatz keine Nachteile für sie bedeuten wird. Anders als die apokalyptischen Drohungen motivieren diese Gleichnisse durch das Hervorheben des Positiven. Deshalb können sie gerade für die Leser heute ein Ansporn zu entsprechendem Handeln sein.

13,47-50: Das Gleichnis vom *Fischernetz* knüpft in gewisser Weise an das Gleichnis vom Unkraut unter dem Weizen an, weil sich auch im Fischernetz genießbare und ungenießbare Fische zusammen befinden, die erst wenn das Netz voll ist, wie bei der Ernte das Unkraut im Weizen, aussortiert werden (13,47-48). Auch die Erläuterung des Gleichnisses ähnelt der Erklärung des

Die Gleichnisrede

Gleichnisses vom Unkraut und der guten Saat (13,42-43), allerdings ist der Menschensohn hier ausgelassen und auch die positive Erwähnung der Gerechten fehlt. Zwar ist das Nebeneinander von Guten und Bösen wie beim Weizenfeld thematisiert, doch das Element der Aufforderung zur Geduld bis zum Endgericht ist nicht genannt. Somit liegt der Akzent in diesem Gleichnis allein auf dem Endgericht und auf der Bestrafung der Bösen. Die indirekte Mahnung zum guten, gerechten Handeln ist angesichts dieser Drohung umso eindringlicher. Im Zusammenhang mit den Gleichnissen vom Schatz und von der Perle, die positiv den Gewinn und das Glück im Einsatz für das Reich Gottes hervorhoben, unterstreicht das Gleichnis vom Fischernetz den drohenden Verlust bei fehlendem Einsatz.

13,51 „Habt ihr das alles verstanden?"

Die Frage Jesu schließt mit dem betonten *alles verstanden* die Gleichnisse ab. Die Schüler sollten nicht nur etwas oder einiges, sondern *alles* richtig *verstehen*, damit sie entsprechend handeln können. Das, was sie verstehen sollen, sind *die Geheimnisse des Himmelreiches* (13,11), die Jesus ihnen durch die Gleichnisse und deren Erklärungen enthüllt. Das *Verstehen* meint daher nicht ein intellektuelles Erkennen, sondern die Fähigkeit der Unterscheidung und Orientierung hinsichtlich des geforderten Verhaltens im angebrochenen Reich Gottes. Die Art dieses Verstehens illustriert auch der folgende Vers im Beispiel vom Schriftkundigen (13,52). Da die Schüler mit *ja* antworten, also alles verstanden haben, kann Jesus seine Rede nun beenden.

13,52 Schlusserklärung für die Schüler

Das Bild vom *Schriftkundigen*, der *zum Schüler des Himmelreiches geworden* ist, stellt den Lesern das Modell eines jüdischen Schriftkundigen vor Augen, der sich zur Nachfolge Jesu entschlossen hat (vgl. 23,34). Im Griechischen klingen der Name des *Matthäus* und das Verb *Schüler werden* sehr ähnlich, so dass sich möglicherweise Matthäus selbst hier sieht. Der *schriftkundige Schüler* des Messias repräsentiert hier aber jeden Schüler Jesu, der wie ein weiser Hausherr aus dem Schatz der Heiligen Schriften alte und neue Belehrungen herausholen soll. Zur Zeit des Matthäus gab es weder ein „Altes" noch ein „Neues" Testament, denn der Kanon der Heiligen Schriften wurde sowohl von den Juden als auch von den Christen erst später festgelegt. Mit dem *Alten* und dem *Neuen* kann also nicht das „Alte" oder „Neue" Testament gemeint sein, denn es gab allein die Tora, die von Jesus und anderen Schriftkundigen interpretiert wurde.

Da es in der Gleichnisrede um die *Geheimnisse des Himmelreiches* ging, die *von Grundlegung der Welt an* (13,35) verborgen sind, können sie als der im Schatz(kasten) der Heiligen Schriften verborgene Schatz verstanden werden. Aus diesem Schatz holen nun die Schriftkundigen und die schriftkundigen Schüler Jesu *Altes*, schon Bekanntes und durch ihre eigene Deutung neu Interpretiertes, *Neues* hervor. Dasselbe tun auch die Leser heute mit den Heiligen Schriften, indem sie sie in ihrer eigenen, aktuellen Situation lesen und für ihre Gegenwart verstehen und aktualisieren. Dabei wird immer *Altes* und

Neues gemeinsam herausgeholt, denn nur so wird die Tradition der Glaubenszeugnisse bewahrt.

13,53 Narrativer Schluss
Mit knappen Worten gibt Matthäus den Abschluss der Gleichnisrede an. Der Ortswechsel Jesu markiert zudem die Überleitung zu etwas Neuem.

Pragmatische Knotenpunkte des Textes

Zu Beginn der Gleichnisrede erklärte Jesus seinen Schülern den fundamentalen Unterschied zwischen denen, die sich den Geheimnissen des Himmelreiches öffnen und denen, die sich ihnen verschließen und erläuterte ihnen die Notwendigkeit des Redens in Gleichnissen (13,1-23). Für die Hörenden heißt das, dass sie die Gleichnisse als Handlungsmodelle und Appelle zu entsprechendem Handeln verstehen sollen. Der zweite Teil der Gleichnisrede (13,24-43) erschloss den Schülern die Geheimnisse des Himmelreiches. Die letzten Gleichnisse und Erklärungen richteten sich dann ausschließlich an die Schüler Jesu (13,36). Es ging in ihnen um die geforderte und angemessene Haltung gegenüber dem bereits angebrochenen Reich Gottes. Jesus fordert seine Schüler auf, für das Reich Gottes und für das Verständnis der Geheimnisse des Himmelreiches wirklich alles einzusetzen. Wenn *das Königtum Gottes und seine Gerechtigkeit* das Erste sein soll, was die Schüler suchen (6,33), dann lohnt es sich, sich für diesen *verborgenen Schatz* (13,44) und diese *wertvolle Perle* (13,45-46) ganz und gar mit allem einzusetzen. Die Schüler, die *alles verstanden* haben, repräsentieren für die Leser das Ideal und nachzuahmende Vorbild des weisen, scharfsinnigen, weit blickenden schriftkundigen Schülers des Himmelreiches.

Jesus wird in seiner Heimat abgelehnt: 13,54-58

⁵⁴ Und – kommend in seine Vaterstadt – lehrte er sie in ihrer Synagoge,
- - - - -
so dass sie außer sich gerieten und sagten:
    Woher sind diesem diese Weisheit und die Krafttaten?
⁵⁵   Ist nicht dieser des Zimmermanns Sohn?
    Wird nicht seine Mutter genannt Maria?
    – und seine Brüder Jakobus und Joseph und Simon und Judas?
⁵⁶   Und sind seine Schwestern nicht alle bei uns?
    Woher also ist diesem dieses alles?
⁵⁷ Und sie nahmen Anstoß an ihm.
- - - - -
Jesus aber sprach zu ihnen: Nicht ist ein Prophet ungeehrt,
                              außer in seiner Vaterstadt und in seinem Haus.
⁵⁸ Und nicht tat er dort viele Krafttaten wegen ihres Unglaubens.

Das Fragen nach der Messianität Jesu

Die Gewebestruktur des Textes

Zum Verstehen der Schüler (13,51) bildet das Nicht-Verstehen und die Ablehnung Jesu in seiner Heimatstadt Nazareth einen scharfen Kontrast. Diese kleine Texteinheit ist klar aufgebaut: auf eine knappe Einleitung, die den Ortswechsel Jesu nach Nazareth angibt (13,54a), folgt im Mittelteil die Reaktion der Menschen in der Synagoge von Nazareth (13,54b-57a). Sie stellen viele rhetorische Fragen, von denen die erste (13,54c) und die fünfte (13,56b) durch die Einleitung mit *woher* auf den Ursprung der Weisheit und Werke Jesu zielen. Während die Menschen zuerst noch *außer sich* sind (13,54b), nehmen sie anschließend *Anstoß* an Jesus (13,57a). Jesu Gegenposition beendet diese Erzählung (13,57b-58).

Das semantische Geflecht des Textes

13,54a: Es ist das erste Mal, dass Matthäus erzählt, dass sich Jesus nach Nazareth begibt und es ist das letzte Mal, dass er in einer Synagoge öffentlich auftritt. In dieser Episode ist Jesus allein, die ihn begleitenden Schüler werden nicht erwähnt, wohl um den Aspekt der Ablehnung stärker zu betonen.

13,54b-57a: Die Synagogenbesucher in Nazareth artikulieren ihre Skepsis Jesus gegenüber mit fünf rhetorischen Fragen, die als solche die Antworten bereits als bekannt voraussetzen. Das *Woher* der ersten und fünften Frage drückt nicht nur das Unwissen, sondern auch den Unglauben der Menschen aus. Indem die Leute aus Nazareth auf die ihnen bereits bekannte Herkunft Jesu verweisen und seine Familie zu kennen glauben (vgl. im Gegensatz dazu 12,56-50), fragen sie nicht wirklich nach der Identität Jesu, wer er sei (vgl. dazu 11,3). Das scheinbar Offensichtliche und Begreifbare hat hier das Übergewicht und erlaubt keine anderen Fragen. Jesu *Weisheit* und seine *Krafttaten* würden einen guten Grund zum Nachfragen geben, doch das geschieht nicht.

13,57b-58: Das Verhalten der Leute aus Nazareth gegenüber Jesus ist in ihrem *Unglauben* (13,58) begründet. Der Unglaube kann zwar Jesu Wirken nicht verhindern, aber doch einschränken, so dass Jesus dort *nicht viele Krafttaten* wirken konnte. Jesu Reaktion klagt mit dem *in seiner Vaterstadt ungeehrten Propheten* (13,57b) die Menschen aus Nazareth an, einer Diskussion bewusst auszuweichen, weil sie davon ausgehen, für all ihre Fragen bereits die Antwort zu kennen. Diese Haltung der Menschen aus Nazareth steht in krassem Kontrast zu den ständig fragenden Schülern, die alles verstehen wollen – und tatsächlich dann auch verstehen.

Pragmatische Knotenpunkte des Textes

Matthäus betont durch die Gegenüberstellung der verstehenden Schüler (13,51) und den ungläubigen Menschen aus Nazareth (13,58) den scharfen Kontrast zwischen den unterschiedlichen Meinungen und Einstellungen zu Jesus und seinen Werken. Am Ende des großen Abschnitts über das Fragen nach der Messianität Jesu (11,2-13,58) steht der Begriff *Unglaube*; dieses

Wort taucht nur an dieser Stelle im Matthäusevangelium auf. Doch die Identität Jesu und seine Messianität werden weiter diskutiert, angezweifelt und angenommen. Die Frage, die am Anfang stand: *bist du der Kommende oder sollen wir einen anderen erwarten?* (11,3) hat noch keine klare Antwort gefunden. Die Leser sind damit aufgefordert, weiter zu suchen und zu fragen, um selbst eine eindeutige Antwort geben zu können.

b. 14,1-16,20: Ablehnung und Anerkennung der Messianität Jesu

Die Enthauptung Johannes des Täufers: 14,1-12

Das Bekenntnis des Herodes
1 In jener Zeit hörte Herodes, der Tetrarch, das Gerücht über Jesus
2 und er sprach zu seinen Knechten: Dieser ist Johannes der Täufer;
        er wurde von den Toten erweckt
        und deswegen wirken die Kräfte in ihm.

Der Tod Johannes des Täufers
3 Denn Herodes – ergreifend den Johannes –
    hatte ihn gebunden und im Gefängnis verwahrt
        wegen Herodias, der Frau des Philippos, seines Bruders.
4 Denn es sagte ihm Johannes: Nicht ist es dir erlaubt, sie zu haben.
5 Und obwohl er ihn töten wollte,
    fürchtete er die Volksmenge, weil sie ihn für einen Propheten hielten.
    - - - - -
6 Als aber das Geburtsfest des Herodes war,
    tanzte die Tochter der Herodias in der Mitte,
        und sie gefiel dem Herodes,
7   weshalb er mit einem Eid zusicherte, ihr zu geben, was immer sie erbitte.
8 Die aber – vorgeschoben von ihrer Mutter:
    Gib mir – sagt sie – hier auf einem Teller
        den Kopf des Johannes des Täufers!
9 Und der König – betrübt wegen der Eide und der mit zu Tisch Liegenden – befahl,
    dass er gegeben werde,
10   und – hinschickend – ließ er den Johannes im Gefängnis enthaupten.
11 Und gebracht wurde sein Kopf auf einem Teller
und gegeben wurde er dem Mädchen
und es brachte ihn seiner Mutter.
    - - - - -
12 Und – hinkommend seine Schüler – trugen sie die Leiche weg,
und sie begruben sie,
und – kommend – meldeten sie es Jesus.

Ablehnung und Anerkennung der Messianität Jesu

Die Gewebestruktur des Textes

Nach den unterschiedlichen und durchaus auch kontroversen Reaktionen auf den Messias und seine Werke (11,2-13,58) präsentiert Matthäus in diesem folgenden Erzählbogen eine weitere Serie von Reaktionen (14,1-16,20). Diese zweite Folge von Auseinandersetzungen mit der Identität des Messias beginnt wie zuvor mit einer Verbindung zu Johannes dem Täufer (11,2-19). Dieses Mal ist es jedoch Herodes, der im Blick auf Johannes eine falsche Meinung über Jesus verbreitet (14,2). Dieser zweite Erzählbogen schließt mit dem Bekenntnis des Petrus: *du bist der Messias, der Sohn des lebendigen Gottes* (16,16). Zwischen diesen beiden Extremen finden sich unterschiedliche Antworten auf die Identität des Messias, so z.B. von den Schülern (14,33), der Menschenmenge (15,31) und den Pharisäern (15,2; 16,1), die sowohl die Annahme als auch die Ablehnung Jesu als Messias widerspiegeln.

Unser Text, der den Auftakt gibt und die Frage nach der Messianität Jesu wiederum stellt, besteht aus zwei Teilen: der erste (14,1-2) enthält eine Äußerung des Tetrarchen Herodes über die Identität Jesu, der zweite (14,3-12) erzählt rückblickend, weshalb Herodes zu dieser Meinung über Jesus kommen konnte. Auslöser ist dafür die Ermordung Johannes des Täufers, die Matthäus mit einer kurzen Vorgeschichte (14,3-5), dem Ereignis der Enthauptung des Täufers (14,6-11) und einer kurzen Schlussbemerkung (14,12) darstellt.

Das semantische Geflecht des Textes

14,1-2 Das Bekenntnis des Herodes
Die neue Erzähleinheit beginnt mit einem Missverständnis des Herodes über die Identität Jesu, der seiner Meinung nach der *von den Toten erweckte Johannes der Täufer* sei (14,2). Herodes wurde nach dem Tod Herodes des Großen Tetrarch (Herrscher über ein Viertel des Gebiets) über Galiläa und Peräa. Der Herrscher ist offensichtlich beeindruckt von den Machttaten Jesu, doch er erklärt sie durch die *Kräfte* Johannes des Täufers, die nun in Jesus wirken würden.

Dass Herodes davon ausgeht, dass Jesus der *von den Toten erweckte* Täufer sei, deutet die im Judentum nicht ungewöhnliche Vorstellung der Auferweckung an. Wie verbreitet diese Ansicht war, zeigt Matthäus an einer anderen Stelle, wenn Jesus die Schüler befragt, für wen ihn die Leute halten und sie ihm antworten: *für Johannes den Täufer, Elija, Jeremia oder einen anderen der Propheten* (16,14). Insofern Herodes mit der Auferweckung Johannes des Täufers rechnet, qualifiziert er ihn dadurch als Gerechten, den Gott durch die Auferweckung bestätigt. Er gibt damit letztlich dem Handeln und der Kritik des Johannes Recht. Dasselbe gilt dann auch für die Auferweckung Jesu, die sich schon hier zusammen mit seinem gewaltsamen Ende ankündigt, denn Matthäus stellt das Schicksal des Täufers und Jesu parallel dar (3,2; 4,17; 11,7-14; 17,10-13).

14,3-12 Der Tod Johannes des Täufers
Der Tod Johannes des Täufers begründet die Meinung des Herodes über ihn. Auch wenn die Umstände hier eher in Form einer Legende erzählt werden, hat die Furcht des Herodes vor dem Täufer wohl einen wahren Kern, denn auch Flavius Josephus berichtet davon (Ant 18,5.2).

14,3-5: Matthäus stellt den Tod des Täufers als typisches Prophetenschicksal dar: die Propheten waren oft beim Volk beliebt, wurden aber wegen ihrer schonungslosen Kritik von den Mächtigen abgelehnt und verfolgt, ihnen wurde nach dem Leben getrachtet und oft erlitten sie das Martyrium. Der gewaltsame Tod der Propheten war zur Zeit Jesu ein verbreiteter theologischer Topos (Theologumenon). Die Parallele zum Leben, Leiden und Sterben Jesu ist offensichtlich, denn auch das Schicksal Jesu wurde in diesen Kategorien gedeutet.

14,6-11: Die unwahrscheinlichen Details dieser Schilderung entsprechen dem typischen Stil der Märtyrerakten. Matthäus stellt mit dieser ausgeschmückten Darstellung Johannes den Täufer als verfolgten Propheten dar, der das Opfer der Intrigen der Mächtigen ist. Interessant ist die Rolle des Volkes, das auf der Seite des Täufers und auch auf der Seite Jesu steht (14,5; 21,26): es sind nur wenige Mächtige, die die Kritik der Propheten nicht ertragen können; die Mehrheit des Volkes steht jedoch hinter seinen Propheten.

14,12: Zum Schluss stellt Matthäus die Beziehung zu Jesus her. Dass die Schüler des Johannes Jesus davon berichten, geschieht nicht nur, um ihm dieses Ereignis mitzuteilen, sondern auch, um den Lesern zu anzudeuten, dass Jesus ein ähnliches Schicksal erleiden wird (27,57-61).

Pragmatische Knotenpunkte des Textes

Die Leser wissen, dass seit dem Beginn des Evangeliums Johannes der Täufer und Jesus parallel dargestellt werden (3,1-4,16): beide erfüllen die Gerechtigkeit Gottes, beide kündigen das kommende Himmelreich an, beide kämpfen gegen feindliche Mächte; auch wenn Jesus der Stärkere (3,11) ist, dem Johannes den Weg bereitet, ist ihr Schicksal eng verbunden. Der Tod des Täufers spielt auf den Tod Jesu an. Obwohl Matthäus an anderen Stellen des Evangeliums auch die Differenz zwischen Johannes und Jesus andeutet (9,14-15; 11,2-6), zeichnet er beide nach dem Modell des Gerechten. Für die Leser verkörpern sie in ihrem Handeln und ihrem Einsatz das typische Schicksal dessen, der der sich in den Dienst der Gerechtigkeit Gottes stellt. Damit erfahren die Leser ein weiteres wichtiges Element, das die Identität Jesu beschreibt und seine Messianität kennzeichnet.

Ablehnung und Anerkennung der Messianität Jesu

Brotvermehrung für mehr als fünftausend Menschen: 14,13-21

Situationsbeschreibung
¹³ Aber – es hörend – entwich Jesus von dort in einem Boot
                              an einen einsamen Ort – für sich;
  und – es hörend – folgten ihm die Volksmengen zu Fuß von den Städten.
¹⁴ Und – herauskommend – sah er eine große Volksmenge
  und er wurde ergriffen über sie
  und er heilte ihre Kranken.

Das Speisungswunder
¹⁵ Als es aber Abend geworden war, kamen zu ihm die Schüler,
  sagend: Einsam ist der Ort und
          die Stunde ist schon fortgeschritten;
          Entlasse die Volksmengen,
          damit – weggehend in die Dörfer – sie sich Speisen kaufen.
¹⁶ (Jesus) aber sprach zu ihnen:
          Sie haben nicht nötig, wegzugehen:
          gebt ihr ihnen zu essen!
¹⁷ Die aber sagen ihm: Nicht(s) haben wir hier – außer fünf Brote und zwei Fische.
¹⁸ Der aber sprach: Bringt sie mir hierher!
          - - - - -
¹⁹ Und – befehlend, dass die Volksmengen sich hinlegten auf das Gras –
      – nehmend die fünf Brote und die zwei Fische –
      – aufschauend zum Himmel –
    segnete er, und
      – brechend –
  gab er den Schülern die Brote,
        die Schüler aber den Volksmengen.
          - - - - -
²⁰ Und es aßen alle
  und alle wurden gesättigt,
  und sie trugen das Übriggebliebene der Stücke weg: zwölf volle Körbe.
²¹ Die Essenden aber waren etwa fünftausend Männer – ohne Frauen und Kinder (gezählt).

Die Gewebestruktur des Textes

Diese Erzählung bildet die Gegenposition zur Ablehnung Jesu in seiner Heimatstadt und zur Ablehnung der kritischen Propheten durch die Mächtigen. Die Volksmengen folgen Jesus trotz des weiten Weges und Jesus wendet sich ihnen zu, indem er sie heilt und speist. Der Text besteht aus zwei Teilen, von denen der erste (14,13-14) die Situation beschreibt und der zweite (14,15-21) die wunderbare Speisung von mehr als fünftausend Menschen erzählt. Der zweite Teil beginnt mit dem vorbereitenden Dialog zwischen den Schülern und Jesus (14,15-18), der zum Höhepunkt der Segnung und Verteilung der Brote und Fische führt (14,19). An dieser Stelle fallen die Verben *segnete* und *gab* (14,19) auf, die im Rahmen der biblischen Erzählungen entscheidende Bedeutung haben. Eine zusammenfassende Bemerkung über den erzielten Erfolg schließt die Erzählung ab (14,20-21).

Mt 14,13-21

Das semantische Geflecht des Textes

14,13-14 Situationsbeschreibung
Die Erzählung beginnt damit, dass sich Jesus aufgrund der Nachricht von der Ermordung des Täufers an einen einsamen Ort zurückzieht, obwohl diese Erzählung im Rückblick geschildert wurde, also nicht die logische Voraussetzung für Jesu Handeln sein kann. Matthäus kommt es hier vielmehr darauf an, den *einsamen Ort* zu betonen (14,13), der die Leser zusammen mit dem Motiv des Brotes und der wunderbare Speisung vieler Menschen an die Exodusereignisse erinnert.

Jesu Ergriffenheit über die Menschenmengen, die er dann heilt, will nicht nur das Mitleid zum Ausdruck bringen, sondern an das messianische Handeln Jesu erinnern (4,23-24; 8,16-17; 9,35-36). Das Mitleid und die Heilungen deuten die Gegenwart Gottes inmitten seines Volkes an wie in den Zeiten des Exodus: Gott hat sein Volk in den schweren Krisenzeiten immer begleitet! Ebenso weisen nun das Mitleid Jesu, die Heilungen und das Brot auf den Anbruch der messianischen Zeit hin, die in den Werken des Messias bereits sichtbar ist.

14,15-21 Das Speisungswunder
14,15-18: Bemerkenswert ist hier die Rolle der Schüler, die eher unbewusst das Handeln Jesu voranbringen, indem sie ihn auf die Notsituation für die Menschenmenge hinweisen (14,15). Der nun einsetzende Dialog zwischen Jesus und seinen Schülern zögert das eigentliche Handeln, das die Notsituation beendet, hinaus. Für die Leser hat deshalb der unerwartete Befehl Jesu *gebt ihr ihnen zu essen!* (14,16) die Funktion, ihre Aufmerksamkeit für das folgende Geschehen zu wecken. Dass die Schüler den Befehl nicht ausführen können, weil sie nur *fünf Brote und zwei Fische* haben (14,17), zeigt ihre Hilflosigkeit sowie ihre Armut und steigert die Spannung. Später (16,8) erinnert Jesus seine Schüler an diese Situation und kritisiert ihren *Kleinglauben*, denn sie sehen nur das unmittelbar Bevorstehende und die materiellen Möglichkeiten, ohne überhaupt an Gott oder Jesus zu denken.

14,19: Das hier beschriebene Ereignis lässt die Leser an die wunderbare Speisung durch den Propheten Elischa denken, der seinem Knecht aufträgt, hundert Menschen mit zwanzig Broten und etwas Getreide zu sättigen; *sie aßen und ließen noch übrig nach dem Wort des Herrn* (2 Kön 4,42-44). Auch der Prophet Elija vollbrachte ein ähnliches Wunder, indem er dafür sorgte, dass der Ölkrug und der Mehltopf einer Witwe nicht leer wurden (1 Kön 17,11-16). Oberflächlich betrachtet könnte es sich bei unserem Ereignis um eine ähnliche Prophetengeschichte handeln, die nach dem Vorbild der Erzählungen von Elija und Elischa konstruiert ist.

Ein näherer Blick zeigt, dass in unseren Text noch andere Elemente eingeflossen sind, die an Gottes Fürsorge für sein Volk anknüpfen und das Ereignis als eschatologisches Festmahl kennzeichnen, so dass sie auf die eschatologische Endzeit hinweisen. Gott ernährte das Volk Israel in der Wüste mit Manna und Wachteln (Ex 16,6-20; Num 11,4-35), David speiste das ganze Volk

(2 Sam 6,19) und auch Psalm 23,1-3 preist die umfassende Fürsorge Gottes, so dass dem, der auf Gott vertraut, nichts fehlen wird. Jesaja beschreibt die eschatologische Endzeit als Festmahl der Völkergemeinschaft (Jes 25,6) und Ezechiel kündigt Gottes Heilshandeln an, der wie ein Hirte seine Schafe auf gute Weide führt und sie ausruhen lässt (Ez 34,14-15). Die eschatologische Endzeit als mit Jesus angebrochene messianische Heilszeit wird in ähnlicher Weise durch die enorme Fülle und die zufriedene Sattheit der teilnehmenden Menschen beschrieben.

Das *Segnen* und *Geben* der Speisen sind die typischen Gesten, die bei der Beraka, dem Segen über die Speisen und den Wein am Sabbat und an Pessach gesprochen und ausgeführt werden. Der Segen preist Gott, den *Herrn der Welt, der das Brot wachsen lässt aus der Erde*. Die Aufgabe der Schüler, die durch ihre Beobachtung (14,15) das Handeln eingeleitet haben, sich dann aber nicht mehr zu helfen wussten, besteht darin, das Brot zu verteilen.

14,20-21: Der Schluss bestätigt das Geschehen, indem er darauf hinweist, dass *alle* durch das Wirken Gottes *gesättigt wurden* (Passivum Divinum) und dazu die große Anzahl der Teilnehmer angibt, die noch erhöht wird, weil Frauen und Kinder nicht mitgezählt wurden. Gott hat in überreichem Maß gegeben, so dass noch sehr viel übrig bleibt. Die zwölf Körbe weisen als Symbolzahl auf die Ganzheit hin; sie kann als Anspielung auf die endzeitliche Vollendung und auch auf die zwölf Stämme Israels gedeutet werden.

Pragmatische Knotenpunkte des Textes

Die gesamte Erzählung weist einen starken Symbolcharakter auf; dazu gehören: der einsame Ort, das Schema des Prophetenzyklus von Elija und Elischa, die Anspielungen auf viele andere Schriftstellen, die Gesten des Segnens und Austeilens, die Zahl der zwölf übrig gebliebenen Körbe, etc. Dieses erzählte Ereignis muss nicht historisch verstanden werden, denn durch seinen hohen Symbolgehalt weist es auf eine andere Wirklichkeit hin, die wir in unserer rationalistischen Welt eher verdrängen als bewusst wahrnehmen.

Matthäus zeigt hier Jesus als denjenigen, der sich von der Mühe der Menschen und ihrem Leiden bewegen lässt, so dass er die sich Mühenden und Belasteten stärkt und ihnen Ruhe verschafft (11,28), indem er sie an seinen Tisch einlädt. Natürlich lässt sich bei dieser Erzählung von der Ostererfahrung her auch an das letzte Abendmahl denken, bei dem Jesus ebenfalls Brot und Wein segnete und an die Schüler gab (26,26-28). Doch diese Anspielung ist nicht die einzige und sollte die anderen Aspekte der Deutung nicht verstellen.

Die Schüler hingegen haben weder die Möglichkeit noch die Mittel, um so vielen Menschen zu helfen, doch indem sie das von Jesus Gesegnete an die Menschen weitergeben, werden auch sie zu Mitarbeitern des Himmelreiches. Die Volksmenge ist Jesus den weiten Weg gefolgt; nun erfährt sie am eigenen Leib nicht nur Heilung, sondern auch umfassende Sättigung, Gemeinschaft und Ruhe. Ihre Erfahrung verdeutlicht den Anbruch der messianischen Heilszeit. Die Leser erkennen in Jesus, der so viele Menschen zu solch einer beglückenden Erfahrung führt, einen weiteren wichtigen Aspekt seiner Messianität.

Mt 14,22-36

Die Erscheinung Jesu auf dem Wasser: 14,22-36

Die Schüler und Jesu Gang auf dem Wasser

²² Und sogleich drängte er die Schüler, ins Boot einzusteigen
und ihm zum gegenüberliegenden Ufer vorauszufahren,
während er die Volksmengen entlassen wollte.
²³ Und – entlassend die Volksmengen –
stieg er auf den Berg hinauf – für sich – um zu beten.
Als es aber Abend geworden war, war er allein dort.
²⁴ Das Boot aber war schon viele Stadien vom Land entfernt
– bedrängt von den Wellen – denn es war Gegenwind.
²⁵ Während der vierten Nachtwache aber kam er zu ihnen
– gehend über dem Meer.
²⁶ Die Schüler aber – sehend ihn auf dem Meer gehend – wurden verwirrt,
sagend: Ein Gespenst ist es!
Und vor Furcht schrieen sie.
²⁷ Sofort aber redete (Jesus) zu ihnen, sagend: Habt Mut!
                                                  Ich bin es.
                                                  Fürchtet euch nicht!

Jesus rettet Petrus

²⁸ Antwortend aber ihm, sprach Petrus:
                                 Herr, wenn du es bist,
                                 befiehl mir, zu dir zu kommen – auf den Wassern!
²⁹ Der aber sprach: Komm!
Und   – hinabsteigend vom Boot –
   ging Petrus auf den Wassern und
   kam zu Jesus.
³⁰   – Sehend aber den (starken) Wind –
   fürchtete er sich und
          – beginnend zu sinken –
   schrie er,
          – sagend –:   Herr, rette mich!
³¹ Sogleich aber – ausstreckend die Hand –
   ergriff ihn Jesus und
   sagt ihm: Kleingläubiger!
                                  Warum zweifeltest du?

Jesus rettet die Schüler und die Kranken

³² Und als sie hinaufstiegen ins Boot, ließ der Wind nach.
³³ Die aber im Boot fielen nieder vor ihm, sagend:
                                  Wahrhaft: Gottes Sohn bist du!
- - - - -
³⁴ Und – hinüberfahrend – kamen sie auf das Land, nach Gennesaret.
³⁵ Und – erkennend ihn – schickten die Männer jenes Ortes in jene ganze Umgegend,
und sie brachten ihm alle hin, denen es schlecht ging,
³⁶ und sie baten ihn, dass sie nur die Quaste seines Gewandes berührten;
und welche immer berührten
wurden gerettet.

Ablehnung und Anerkennung der Messianität Jesu

Die Gewebestruktur des Textes

Diese Erzählung besteht aus drei Teilen. Der erste Teil (14,22-27) stellt mit *und sogleich* die Verbindung zur vorherigen Erzählung von der Speisung der Fünftausend her, an die sich der Kampf der Schüler mit Wind und Wellen und Jesu Gang auf dem Wasser anschließt. Der zweite Teil (14,28-31) erzählt vom Gang Petri über das Wasser sowie seiner Rettung durch Jesus und stellt damit Petrus und Jesus einander gegenüber. Der dritte Teil (14,32-36) hält zusammenfassend die Rettung aller Schüler fest (14,32-33). Ein Summarium, das Jesu Wirkkraft herausstellt, schließt die Erzählung ab (14,34-36).

Das semantische Geflecht des Textes

14,22-27 Die Schüler und Jesu Gang auf dem Wasser

Der Grund, weshalb Jesus die Schüler drängt, ins Boot zu steigen und ans andere Ufer des Sees zu fahren (14,22), ist nicht angegeben. Der Erzähler schafft so einen gewissen Abstand zur Brotvermehrung und dem nächsten Ereignis, das einen anderen Aspekt der Identität Jesu betonen will. Auch der Kontrast zwischen der Menschenmenge einerseits und der Einsamkeit andererseits markiert eine deutliche Trennung zwischen beiden erzählten Begebenheiten. Jesus zieht sich in die Einsamkeit zurück, um zu beten. Das ist abgesehen von Jesu Gebet in Getsemani das einzige Mal im Matthäusevangelium, dass Jesus allein im Gebet dargestellt wird; Lukas berichtet hingegen viel häufiger davon, dass sich Jesus zum Beten zurückzieht.

Das Thema des Seesturms wird hier mit Jesu Gang auf dem Wasser verbunden. Ähnliche Motive finden sich im Ersten Testament, so beispielsweise das aufgewühlte, gefährliche Wasser, das bezwungen wird (Ex 14-15; Jos 3-4, Ps 107,23-32; Jes 17,12-14) oder Gott, der über das Wasser geht (Ijob 9,8; 38,16; Jes 43,16; Ps 77,17-22). Während es sich dort in Bezug auf Gott um Erfahrungen einer Theophanie handelt, beschreibt unsere Erzählung die Erfahrung einer Christophanie im Licht der Ostererfahrung.

Die Worte Jesu *fürchtet euch nicht!* (14,27) sind dieselben wie bei der Verklärung Jesu (17,7) und den Erscheinungen des Auferweckten (28,5.10). Die Selbstvorstellung Jesu mit *ich bin es* (14,27) findet sich im Matthäusevangelium nur an dieser Stelle. Sie spielt auf die Offenbarung Gottes an (Ex 3,14), spielt aber auch mit der Bedeutung des Namens Jesu als Emmanuel *mit uns ist Gott* (1,23) und weist im Kontext der Ostererfahrung auf das Versprechen Jesu hin *ich bin bei euch alle Tage bis zur Vollendung des Aions* (28,20). Die Leser erkennen in dieser vielschichtigen Parallelität, dass diese Erzählung einen weiteren wichtigen Aspekt der Identität Jesu verdeutlichen möchte: Jesus rettet (1,21). Die gesamte Perikope handelt von der Rettung durch Jesus, denn er rettet nicht nur Petrus, sondern auch die Schüler im Boot und schließlich alle kranken Menschen, die zu ihm kommen. Jesus zeigt sich hier als Retter von Einzelnen, von den Schülern, die eng mit ihm verbunden sind, aber auch von allen Menschen, die sich von ihm retten lassen.

14,28-31 Jesus rettet Petrus

Diese Episode gehört zusammen mit zwei anderen Erzählungen, in denen Petrus die Hauptfigur spielt (16,17-19; 17,24-27), zum matthäischen Sondergut. Diese „Petruserzählungen" verdeutlichen das Interesse des Evangelisten am Apostel. Doch Matthäus ist weit entfernt davon, Petrus zu idealisieren, was besonders diese Episode gut zeigt. Der engagierte Einsatz Petri steht in starkem Kontrast zu seiner Selbstüberschätzung und seinem Zweifel, wie es auch die Erzählung von seiner Verleugnung Jesu in der Passionsgeschichte anschaulich darstellt (26,33-35.69-75). Damit ist Petrus ein realistisches Bild der Schüler und generell der Gläubigen, die zwar einerseits sehr auf Jesus hoffen und vertrauen, dann aber doch wieder von Ängsten und Zweifeln geplagt werden. Der Kleinglaube, ihr mangelndes Vertrauen in Jesus, zeichnet die Schüler sogar noch bei der Begegnung mit dem Auferstandenen aus (28,17). Matthäus verdeutlicht aber dadurch, dass er gerade Petrus als Repräsentant der Schüler mit seinen Schwächen und Zweifeln darstellt, dass sich Glaubenszweifel auf dem Glaubensweg nicht immer vermeiden lassen.

Natürlich bleibt das anzustrebende Ziel ein Glaube, der nicht zweifelt, so fragt Jesus auch *warum zweifeltest du?* (14,31) und signalisiert Petrus damit, dass er eigentlich keinen Grund zum Zweifeln hatte, weil er ja sein Vertrauen schon gezeigt hat, indem er sich auf den Weg zu Jesus machte. Jesu Frage beinhaltet auch einen Zuspruch in dem Sinne, dass Petrus gar nicht hätte zweifeln müssen, da doch Jesus bei ihm und ihm nahe war. Jesus ist derjenige, der seine Hand helfend hinstreckt (14,31) und sich als Retter zeigt. Auch hier findet sich eine Anspielung auf das Bild der Hand Gottes, die ebenfalls Rettung und Erlösung bringt (Ps 144,7; Jes 50,2). Die Gläubigen können angesichts der Zusage Jesu *ich bin bei euch* (28,20) darauf vertrauen, dass sie nicht alleine sind, dass Jesus ihnen immer nahe ist.

14,32-33.34-36 Jesus rettet die Schüler und die Kranken

14,32-33: Matthäus beendet diese Erzählung mit einem Ausblick auf die Rettung aller Schüler durch das Nachlassen des Windes (14,32). Die Schüler reagieren auf das Erlebnis mit einem Bekenntnis: sie *fallen nieder* vor Jesus und bekennen ihn als *Gottes Sohn* (14,33). Petrus wird dieses Bekenntnis später noch einmal wiederholen (16,16). Auch die Frauen reagieren mit Niederfallen, als sie den auferweckten Jesus erkennen (28,9), ebenso dann die Schüler bei der Begegnung mit dem Auferstandenen in Galiläa (28,17). Die Leser erfahren durch dieses Bekenntnis aller Schüler, dass Jesus wahrhaft Gottes Sohn und der Retter ist.

14,34-36: Der kleine Anhang wirkt wie ein Choralschluss: nachdem Petrus und die anderen Schüler die Rettung erfahren haben, sind es nun die vielen Kranken, die ebenfalls gerettet werden. Als das Boot am anderen Ufer angelegt hat (14,34), bringen die Menschen viele Kranke zu Jesus und bitten, dass diese nur die Quasten seines Gewandes berühren dürfen (14,35-36). Diese Reaktion der Menschen zeigt ihr starkes Vertrauen in Jesus: ihnen genügt das Berühren der Quasten seines Mantels, denn wie die blutflüssige Frau drücken sie damit ihren Glauben aus (9,20-22). Somit steht ihr Handeln in starkem

Ablehnung und Anerkennung der Messianität Jesu

Kontrast zum Zweifel des Petrus und zur Ablehnung Jesu durch die Menschen in Nazareth. Der Schlusssatz lenkt die Wirkung der geschehenen Heilungen mit dem Passivum Divinum wieder eindeutig auf Gott als den eigentlich Handelnden: es ist nicht eine magische Wirkung, die vom Gewand Jesu ausgeht, sondern *Gott* schenkt Heilung und Rettung.

Pragmatische Knotenpunkte des Textes

Der Gang Jesu auf dem Wasser ist keine Machtdemonstration. Die Leser sollen diese Erzählung vor dem biblischen Hintergrund als Heilshandeln verstehen. Jesus rettet nicht sich selbst, als die Menschen ihn dazu auffordern (27,40), aber er rettet die Kranken und den um Rettung schreienden Schüler. Der Schrei Petri *Herr, rette mich!* (14,30) und der Schüler, die *Herr, rette!* rufen, als das Boot von den Wellen bedroht ist (8,25), drückt die Angst und Hilflosigkeit des Menschen aus, der sich selbst nicht mehr zu helfen weiß. Es ist kein liturgischer Ruf. In beiden Fällen bezeichnet Jesus diesen Schrei als *Kleinglauben* (8,26; 14,31), weil er den Zweifel der Menschen an der Gegenwart des Kyrios ausdrückt. Das Ideal ist also nicht der um Hilfe schreiende Schüler, sondern vielmehr der Gläubige, der auf die rettende Gegenwart Gottes und Jesu vertraut, der auch im Moment des Zweifelns da ist und sagt: *ich bin es, fürchte dich nicht!*

Die Kontroverse über „rein" und „unrein": 15,1-20

Die Weisung Gottes und die Tradition der Älteren
1 Da kommen zu Jesus von Jerusalem Pharisäer und Schriftkundige, sagend:
2 Weshalb übertreten deine Schüler die Überlieferung der Älteren?
Denn sie waschen nicht ihre Hände, wenn sie Brot essen.
- - - - -
3 Der aber – antwortend – sprach zu ihnen:
Weshalb übertretet auch ihr das Gebot Gottes wegen eurer Überlieferung?
4 Denn Gott sprach: *Ehre den Vater und die Mutter (Ex 20,12; Dtn 5,16)*
und: *Der Beschimpfende Vater oder Mutter soll mit Tod*
enden. (Ex 21,16)
5 Ihr aber sagt: wer immer spricht zum Vater oder zur Mutter:
„Weihegabe sei,
was immer du von mir Nutzen hättest",
6 wird er nicht so nicht (auch) seinen Vater ehren?
Und ihr entmachtet das Wort Gottes wegen eurer Überlieferung.
- - - - -
7 Heuchler!
recht prophezeite über euch Jesaja, sagend:
8 *Dieses Volk ehrt mich mit den Lippen,*
aber ihr Herz hält sich weit fern von mir;
9 *aber vergeblich verehren sie mich,*
als Lehren lehrend Gebote von Menschen. (Jes 29,13 LXX)

Mt 15,1-20

Was den Menschen „unrein" macht
¹⁰ Und – herbeirufend die Volksmenge – sprach er zu ihnen:
    Hört und versteht!
¹¹ Nicht das   in den Mund Hineingehende   macht den Menschen unrein,
   sondern das aus dem Mund Herauskommende, das macht den Menschen unrein.
               - - - - -
¹² Da – hinzukommend die Schüler – sagen sie ihm:
    Weißt du, dass die Pharisäer – hörend das Wort – Anstoß nahmen?
¹³ Der aber – antwortend – sprach:
    Jede Pflanze, die nicht mein himmlischer Vater pflanzte, wird entwurzelt werden.
¹⁴ Lasst sie! Als Blinde sind sie Führer (von Blinden):
    wenn aber ein Blinder einen Blinden führt,
    werden beide in eine Grube fallen.
               - - - - -
¹⁵ Antwortend aber sprach Petrus zu ihm: Deute uns dieses Gleichnis!
¹⁶ Der aber sprach: Seid auch ihr noch (immer) Unverständige?
¹⁷   Begreift ihr nicht,
    dass alles in den Mund Hineingehende in den Magen gelangt und
    in den Abort ausgeschieden wird?
¹⁸   Das aus dem Mund Herausgehende aber
        kommt aus dem Herzen heraus
        und jenes macht den Menschen unrein.
¹⁹   Denn aus dem Herzen kommen die bösen Gedanken,
        Morde, Ehebrüche, Unzüchtiges,
        Diebstähle, Falschzeugnisse, Lästerungen.
²⁰   Dieses ist das Unreinmachende den Menschen.
   Das Essen aber mit ungewaschenen Händen macht den Menschen nicht unrein.

Die Gewebestruktur des Textes

Die Diskussion zwischen den Pharisäern und Jesus lässt sich in zwei Abschnitte unterteilen (15,1-9.10-20), da zwei unterschiedliche Themen angesprochen werden. Die Einheit der Perikope wird durch das wiederholte *Essen mit ungewaschenen Händen* (15,2.20) hergestellt. Der erste Abschnitt (15,1-9) thematisiert das Übertreten der Überlieferung der Älteren, weil das Händewaschen vor dem Essen nicht beachtet wird. Die Diskussion entwickelt sich zwischen den Pharisäern und Schriftkundigen auf der einen und Jesus mit seinen Schülern auf der anderen Seite. Jesu Antwort auf die Anklage besteht seinerseits aus dem viel stärkeren Vorwurf, dass die Pharisäer und Schriftkundigen sogar wegen der Überlieferung der Älteren die Weisungen Gottes übertreten würden (15,3-6). Auf ihren Vorwurf antwortet Jesus erst später. Bestärkend fügt er noch ein Schriftzitat an, das seine Ansicht unterstützt (15,7-9).

Der zweite Abschnitt (15,10-20) bezieht nun auch die Volksmenge mit ein, die Jesus jetzt zusammenruft (15,10) und vor denen er antwortet (15,11). Das folgende Gespräch entwickelt sich zwischen Jesus und seinen Schülern, denn diese referieren ihm die ablehnende Position der Pharisäer (15,12), die nun nicht mehr in Erscheinung treten. Die Frage des Petrus (15,15) führt zu einer Vertiefung und Erklärung der Ansicht Jesu, die in der präzisen, definitiven Antwort auf den Vorwurf der Pharisäer und Schriftkundigen mündet (15,20).

Ablehnung und Anerkennung der Messianität Jesu

Das semantische Geflecht des Textes

15,1-9 Die Weisung Gottes und die Tradition der Älteren
15,1-2: Der fehlende Artikel verdeutlicht, dass einige (nicht etwa alle) Pharisäer und Schriftkundigen sogar von Jerusalem bis nach Gennesaret kommen (15,1), wo Jesus sich aufhält (14,34), um mit ihm zu diskutieren. Ihr Vorwurf, der von der *Überlieferung der Älteren* ausgeht, richtet sich an Jesus, obwohl er seine Schüler betrifft (15,2). Matthäus stellt Jesus immer als treu zur Weisung Gottes dar, deshalb trifft ihn der Vorwurf nicht. Als Lehrer ist Jesus allerdings auch für seine Schüler verantwortlich, daher fällt ihr Verhalten auf ihn zurück. Das Händewaschen vor dem Essen ist kein ausdrückliches Gebot der Tora, sondern hat sich aus Erklärungen und Überlieferungen entwickelt, es ist eine Tradition oder ein religiös begründeter Brauch. Die Pharisäer schätzten und ehrten auch diese Traditionen. Das begründet ihre Nachfrage, weshalb Jesu Schüler diese Tradition offensichtlich nicht beachten.

15,3-6: Jesus antwortet mit einer Gegenfrage, die ebenfalls einen Vorwurf enthält, der sogar noch schärfer ist, da er den Pharisäern und Schriftkundigen anlastet, die Weisung Gottes wegen der Überlieferung der Älteren zu übertreten. Matthäus braucht die Einzelheiten dieser Praxis und der Gebote nicht zu erklären, sondern kann sie für seine im Judentum verwurzelte Gemeinde voraussetzen. Die Pharisäer und Schriftkundigen vertreten hier die Korban-Praxis: das ist die Möglichkeit, Güter Gott zu weihen bzw. dem Tempel zu stiften. Diese Güter waren dann dem profanen Gebrauch entzogen. Im Sinne eines Gelübdes konnte man auch sich selbst und anderen den Genuss von bestimmten Speisen untersagen.

Vorausgesetzt ist weiterhin diese Praxis als ehrenvolle Handlung, als Verdienst. Vielleicht könnte man heute dieses Handeln mit der bei uns recht gebräuchlichen Praxis vergleichen, bei Feiern selbst auf Geschenke zu verzichten und stattdessen um eine Spende für ein Projekt zu bitten. Obwohl man selbst nichts erhält, empfindet man dennoch die Spende als Geschenk. In ähnlicher Weise werden dann auch mittelbar die Eltern durch eine Spende an Gott geehrt.

Sinnvoll lässt sich diese Praxis denken, wenn Eltern und Kinder etwas im Überfluss haben, bzw. die Eltern nicht auf die Unterstützung der Kinder angewiesen sind, so dass die Kinder auch im Namen ihrer Eltern etwas spenden können. Wenn diese an sich ehrenvolle Handlung aber ausgenutzt wird, um den Eltern etwas vorzuenthalten, was sie benötigen, widerspricht sie der Weisung Gottes, Vater und Mutter zu ehren. Jesu Kritik zielt also hier auf einen Schwachpunkt der Bräuche, ohne jedoch zu unterstellen, dass die Pharisäer oder Schriftkundigen wirklich so handeln oder lehren würden. Dieser Konfliktfall wird auch unter den Rabbinen diskutiert, wobei sie überlegen, wann ein Gelübde nicht (mehr) bindend ist: sie entscheiden, dass ein Gelübde nicht gültig ist, wenn es dem Gebot, Vater und Mutter zu ehren, widerspricht (Ned 9,1). Die Ansicht, die Matthäus den Pharisäern und Schriftkundigen zuschreibt, entspricht also gerade nicht der verbreiteten Mehrheit der Lehre der Rabbinen.

15,7-9: Mit einem Schriftzitat unterstreicht Jesus seine Ansicht und die, die auch von den Rabbinen in diesem Konfliktfall gelehrt wird: die Weisungen Gottes stehen über den Geboten und Gelübden der Menschen. Gott soll mit dem Herzen verehrt werden, nämlich im Befolgen seiner Weisungen und nicht mit den Lippen.

15,10-20 Was den Menschen „unrein" macht

15,10-11: Jesus antwortet nicht direkt den Pharisäern und Schriftkundigen, sondern den Menschen, die er zusammenruft und durch den klaren Imperativ *hört und versteht!* (15,10) auf seine Lehre aufmerksam macht. Jesu Lehrwort *nicht das in den Mund Hineingehende, sondern das aus dem Mund Herauskommende macht den Menschen unrein* (15,11) wird hier noch nicht, sondern erst am Schluss erklärt.

15,12-14: Dieses Lehrwort Jesu wird von den Pharisäern als anstößig empfunden, wobei Matthäus offen lässt, was der Grund ihres Anstoßes ist. Dass hier im Anstoßnehmen auch ein Missverständnis vorliegen kann, deutet Matthäus mit der Antwort Jesu an, der seinen Schülern zu verstehen gibt, dass eine Lehre, die nicht dem Willen Gottes entspricht, wie Unkraut *entwurzelt* werden wird (15,13). Die Leser können hier eine Anspielung an das Gleichnis vom Unkraut unter dem Weizen sehen (13,29): die falsche Lehre des Satans und folglich falsches Handeln werden auch dort am Ende der Zeit vernichtet.

Heutige Leser müssen sich hüten, hier eine Identifikation hineinzulesen (die Pharisäer wären das Unkraut), die Matthäus durch die generelle und unpersönliche Formulierung *jede Pflanze, die...* ausdrücklich vermeiden will. Das Gleichnis vom Unkraut unter dem Weizen bezieht sich auf diejenigen, die *die Ungesetzlichkeit tun* (13,41) und das sind logischerweise nicht die Pharisäer. Auf Jesu Lehre selbst bezogen bedeutet dann das Wort von der entwurzelten Pflanze, dass sich am Ende zeigen wird, ob er die Weisungen Gottes gelehrt hat oder nicht. Deshalb ermahnt er die Schüler mit *lasst sie!* (15,14) zur Geduld, denn was unter welchen Bedingungen „rein" und „unrein" ist, wird sehr lange bei Juden und Christen (vgl. Apg 15,1-31) diskutiert.

15,15-20: Auf die Bitte des Petrus hin erklärt Jesus sein Lehrwort. Der Begriff *Gleichnis* knüpft an die Gleichnisrede an und erinnert die Leser daran, dass die Schüler eigentlich verstehen sollten (13,11), was sie aber immer noch nicht können (13,36; 15,15). Das, was aus dem Herzen herauskommt, kann den Menschen verunreinigen, weil in der Antike das Herz als das Zentrum des Wollens und Denkens gilt. Das Herz ist damit auch der Ursprung von Reinheit und Unreinheit (5,8), denn es kann auch zu bösen Gedanken und Handlungen verleiten. Jesu Schlusssatz (15,20) betrifft eindeutig nicht die Reinheitsvorschriften der Tora und auch nicht die Speisegebote, denn die standen weder für Jesus noch für Matthäus zur Diskussion; als Weisungen der Tora wurden sie gehalten. Deshalb bezieht sich Jesus hier (anders als in Markus 7,19) ausschließlich auf die zu seiner Zeit immer noch diskutierte Überlieferung der Älteren von der Praxis des Händewaschens vor dem Essen.

Ablehnung und Anerkennung der Messianität Jesu

Pragmatische Knotenpunkte des Textes

Matthäus geht es hier nicht um die Diskussion der Weisungen der Tora bezüglich der Reinheits- oder Speisevorschriften, sondern um die Überlieferung, um Traditionen und Bräuche. Hier können die Leser mit ihren eigenen Erfahrungen anknüpfen: manche dieser Traditionen sind den Menschen vielleicht als Ausdruck ihrer Frömmigkeit wichtig geworden und mache haben sich auch für den Alltag als sehr hilfreich und nützlich erwiesen. Wenn jedoch Traditionen nur noch Lippenbekenntnisse und hohle Formen geworden sind, so dass das Herz nicht mehr dabei ist, sind sie für Gott vergeblich, denn Gott möchte mit dem Herzen verehrt werden, nicht mit den Lippen.

Die Bitte einer heidnischen Frau: 15,21-28

Die Frau und Jesus
²¹ Und – herauskommend von dort –
    entwich Jesus in die Landesteile von Tyros und Sidon.
²² Und – siehe! – eine Frau, eine Kanaanäerin – herauskommend von jenen Gebieten –
    schrie, sagend: Erbarme dich meiner, Herr, Sohn Davids!
        Meine Tochter ist böse besessen.
²³ᵃ Der aber antwortete ihr nicht ein Wort.

Die Schüler und Jesus
²³ᵇ Und – hinzukommend – baten seine Schüler ihn, sagend:
    Entlass sie, denn sie schreit hinter uns her.
²⁴ Der aber – antwortend – sprach: Nicht wurde ich geschickt!
    – außer zu den verlorenen Schafen des Hauses Israel.

Die Frau und Jesus
²⁵ Die aber – kommend – fiel nieder vor ihm, sagend:
    Herr, hilf mir!
²⁶ Der aber – antwortend – sprach: Nicht ist es recht, das Brot der Kinder zu nehmen
    und es den Hündchen hinzuwerfen.
²⁷ Die aber sprach: Ja, Herr;
    denn auch die Hündchen essen von den Bröckchen,
    die vom Tisch ihrer Herren fallen.
²⁸ Da – antwortend – sprach Jesus zu ihr:
    O Frau, dein Glaube ist groß!
    Es soll dir geschehen, wie du willst.
Und von jener Stunde an wurde ihre Tochter geheilt.

Die Gewebestruktur des Textes

Diese Erzählung besteht hauptsächlich aus Dialogen, die sich zwischen der heidnischen Frau und Jesus, den Schülern und Jesus und wieder der Frau und Jesus entwickeln. Dabei ist Jesus sehr passiv, er ergreift niemals die Initiative, sondern reagiert nur. Der erste Dialog zwischen der Frau und Jesus (15,21-23a) lenkt nach einer kurzen Ortsbeschreibung (15,21) mit *und siehe!* die

Aufmerksamkeit auf die heidnische Frau, die Jesus um Hilfe bittet (15,22), der aber mit einem Kommunikationsabbruch reagiert (15,23a). Der zweite Dialog (15,23b-24) beginnt aufgrund der Initiative der Schüler, die Jesus wegen der Frau bitten; der Kontext und die Reaktion Jesu verdeutlichen, dass sie Jesus für die Frau bitten. Doch Jesus reagiert mit einem Argument bezüglich seines Sendungsauftrags wieder abweisend. Der dritte Dialog (15,25-28) wird durch die nicht nachlassende Initiative der Frau angestoßen und entwickelt sich zu einem argumentativen Schlagabtausch zwischen der Frau und Jesus, wobei die Frau am Ende erreicht, um was sie gebeten hat.

Das semantische Geflecht des Textes

15,21-23a Die Frau und Jesus
Der Ortswechsel Jesu verortet diese Erzählung im Grenzgebiet zwischen Galiläa und den Stadtgebieten von Tyros und Sidon (15,21). Von dort kommt eine Frau zu Jesus, die als *Kananäerin*, also als Heidin beschrieben ist. Die Leser werden an den heidnischen Zenturio denken, der Jesus um die Heilung seines Jungen gebeten hat (8,5-13). In dieser Erzählung ist die Frau die eigentliche Protagonistin, denn die Männer reagieren nur auf ihr Handeln. Sie erkennt in Jesus den *Sohn Davids* und den *Herrn* (κύριος). Ihr Ruf *erbarme dich meiner!* hat liturgischen Anklang und drückt ihr Glaubensbekenntnis aus, dass dieser Sohn Davids der Messias ist, der ihr und ihrer Tochter helfen kann (15,22). Das hoffen auch die Blinden, die Jesus genauso anrufen (9,27; 20,30-31) und der Vater, der Jesus für seinen epileptischen Jungen bittet (17,15).

Die Reaktion Jesu, der *ihr aber nicht ein Wort antwortet* (15,23a) ist ein klarer Kommunikationsabbruch. Als so drastischer Abbruch jeglicher Kommunikation verdeutlicht er, dass die Frau nicht einmal der ablehnenden Antwort wert zu sein scheint. Eine solche Reaktion Jesu kommt überraschend und unerwartet, denn die Leser sind von ihm gewohnt, dass er die Bitten der Menschen erfüllt. Doch ein gewisses Zögern in der Erfüllung konnten die Leser schon bei den Bitten des Zenturios (8,7) und der beiden Blinden feststellen (9,27-28). Umso schärfer wirkt dann in dieser Erzählung die mehrfache Zurückweisung und Ablehnung Jesu. Die Leser werden an dieser Stelle entweder für die Frau oder für Jesus Partei ergreifen.

15,23b-24 Die Schüler und Jesus
Die Schüler wenden sich nun an Jesus und bitten in Bezug auf die Frau *entlass sie* mit der Begründung *denn sie schreit hinter uns her* (15,23b). Diese Bitte und auch die Begründung klingen zweideutig, denn sie können entweder ausdrücken, dass die Schüler sich durch die Frau und ihr Schreien belästigt fühlen oder aber, dass sie Mitleid mit der Frau haben und um schnelle Hilfe bitten, damit sie nicht noch länger um Hilfe schreien muss. Die Reaktion Jesu verdeutlicht dann, dass er die Bitte der Schüler als Bitte um Hilfe verstanden hat, denn er lehnt diese Hilfe mit der Begründung ab, *nur zu den verlorenen Schafen des Hauses Israel geschickt worden* zu sein (15,24). Genügt dieser Grund, um die erbetene Hilfe zu verweigern?

Ablehnung und Anerkennung der Messianität Jesu

Die Leser wissen um die Aussendung der Schüler, die ebenfalls ausdrücklich nicht den Heiden und Samaritern, sondern ausschließlich den verlorenen Schafen des Hauses Israels galt (10,5b-6). Sie wissen aber auch, dass Jesus dem heidnischen Zenturio geholfen hat (8,5-13) und dass nach Ostern die Schüler *zu allen Völkern* (28,19-20) gesandt werden. Hinter der Diskussion mit der heidnischen Frau steht die Frage der matthäischen Gemeinde, ob Jesu Sendung exklusiv Israel galt oder ob sie universal ist und die Heiden einschließt. Von Ostern her ist sie eindeutig als universale Sendung zu verstehen, gleichzeitig hält Matthäus hier aber durch *nicht wurde ich geschickt – außer...* an der exklusiven Sendung zu Israel fest. Diese brüske, pointierte Antwort Jesu dient dazu, die Leser in die Diskussion zu verwickeln: auch wir als „Christusgläubige aus den Heiden" müssen uns mit dieser Meinung Jesu auseinandersetzen. Gibt es einen Ausweg aus diesem Widerspruch, ohne (wie in der Auslegungsgeschichte oft geschehen) in antijüdische Polemik zu verfallen, die ganz gewiss nicht der Absicht des Matthäus entsprach?

15,25-28 Die Frau und Jesus

Die Frau ergreift nun die Initiative, fällt vor Jesus nieder und wiederholt ihre Bitte (15,25). Mit dem Niederfallen bringt sie ihre Verehrung für Jesus und ihre Glaubenshoffnung zum Ausdruck. Ihre kurze Bitte *Herr, hilf mir!* lenkt den Blick allein auf die Frau als Bittende; das Problem ihrer Tochter wird darin impliziert sein und wird auch ihr eigenes sein. Jesus antwortet wiederum mit einer klaren Ablehnung, die zudem noch eine Beleidigung enthält (15,26): er identifiziert die heidnische Frau mit *Hunden*, die *Kinder* sind die Kinder Israels. Nach dieser Auffassung Jesu hätten die Kinder Israels einen Nachteil dadurch, wenn Jesus der heidnischen Frau helfen würde, weil er ihnen *ihr Brot wegnehmen* würde. Die Leser werden sich an den Spruch erinnern, das Heilige nicht den Hunden zu geben und die Perlen nicht vor die Säue zu werfen (7,6). Was im Bild stimmig sein mag, lässt sich aber nicht auf das Helfen, das Tun des Guten und schon gar nicht auf den Heilsplan Gottes übertragen, weil dadurch niemandem ein Nachteil entsteht. Gutes wird nicht weniger dadurch, dass man es auch anderen tut!

Die Frau stimmt Jesus deshalb mit *ja, Herr* zu (15,27), weil das *Wegnehmen* des Brotes ein Unrecht wäre. Allerdings geht es gar nicht darum, den Kindern etwas *wegzunehmen*. Das entlarvt die Frau in ihrer anschließenden Argumentation. Die Kinder behalten ihr Brot, aber dennoch *werden die Hunde satt*, weil sie das bekommen, was vom Tisch fällt, was von den Kindern übrig gelassen wird. Der Zielpunkt aus der Perspektive der Frau ist die *Sättigung* der Hunde, nicht das Wegnehmen des Brotes. Damit identifiziert sich die Frau mit den Hunden, nimmt diese Beleidigung hin (5,39), appelliert aber gleichzeitig an Jesus, ihr als „Hund" von den Brotresten zu geben, die ihr zustehen.

Mit ihrer Haltung bringt sie zum Ausdruck, dass das Heil Gottes nicht begrenzt oder nur in einer bestimmten Menge zu erhalten ist, denn Gott geizt nicht mit seinem Heil, sondern schenkt es im Überfluss (7,7-11; 6,28-33). Letztlich würde Jesus sich selbst, seiner Lehre und seinem Auftrag widersprechen, wenn er der Frau nicht helfen würde. Das ist das eigentliche Argument dafür, dass die Sendung Jesu nicht exklusiv, sondern nur universal verstanden werden kann. Jesus erkennt den großen Glauben der Frau (15,28) und sagt ihr die Erfüllung ihrer Bitte zu, die dann, wie das Passiv (Passivum Divinum) verdeutlicht, Gott schenkt.

Pragmatische Knotenpunkte des Textes

Diese Erzählung ist keine Wundergeschichte, denn das Wunder dient nur als Aufhänger der Diskussion über die Sendung Jesu: ist sie exklusiv oder universal zu verstehen? Matthäus verdeutlicht mit dieser Erzählung, dass und wie sehr Jesus seine Sendung zu Israel ernst genommen hat. Indem er aber der Frau die Heilung ihrer Tochter zuspricht, zeigt sein Handeln, dass er entsprechend der prophetischen Ansicht den universalen Heilswillen Gottes erfüllt. Die Leser mit jüdischem und heidnischem Hintergrund werden durch gute Argumente gelenkt, so dass sie beide Positionen nachvollziehen können.

Die Leser, die eine exklusive Sendung Jesu vertreten, kommen daher zu der Ansicht: das Heil Gottes ist unbegrenzt und wird im Überfluss geschenkt; sie selbst haben keinen Nachteil dadurch, dass auch andere von diesem Heil profitieren. Letztlich haben sie sogar eine gewisse Verantwortung den „Heiden" gegenüber, ihnen diesen Überfluss des Heils Gottes deutlich zu machen, indem sie auch für deren Sättigung sorgen. Der Prophet Jesaja nennt diesen Auftrag *das Licht für die Heiden zu sein*. So sagt Jesaja: *und er (Gott) sagte: Es ist zu wenig, dass du mein Knecht bist, nur um die Stämme Jakobs wieder aufzurichten und die Verschonten Israels heimzuführen. Ich mache dich zum Licht für die Völker; damit mein Heil bis an das Ende der Erde reicht* (Jes 49,6), außerdem: *ich, der Herr, habe dich in Gerechtigkeit gerufen, ich fasse dich an der Hand. Ich habe dich geschaffen und dazu bestimmt, der Bund für mein Volk und das Licht für die Völker zu sein* (Jes 42,6).

Die Leser, die eine universale Sendung Jesu vertreten, finden sich in ihrer Glaubenshoffnung bestätigt: das Heil Gottes gilt allen Menschen, allen Völkern. Allerdings müssen sie dabei den Vorrang der Sendung Jesu zu Israel erkennen und ihre Zuordnung zu Israel akzeptieren: ohne Israel gibt es kein Heil! Sie haben daher als „Heiden" den Auftrag, von Israel zu lernen.

Die beharrliche Aktion der Frau, die sich nicht entmutigen lässt und trotz Abweisungen und Beleidigung an ihrer Glaubenshoffnung festhält, veranschaulicht ihren großen Glauben. Ihr Glaube ist ein Glaube, der „trotzdem" glaubt. In ihrer Haltung können sich die Leser wieder finden, die aus eigener Erfahrung nicht erhörte Bitten kennen.

Ablehnung und Anerkennung der Messianität Jesu

Heilungen und Brotvermehrung für mehr als viertausend Menschen: 15,29-39

Situationsbeschreibung
[29] Und – fortgehend von dort – kam Jesus entlang am Meer der Galiläa,
und – hinaufsteigend auf den Berg – setzte er sich dort.
[30] Und es kamen zu ihm viele Volksmengen
– habend bei sich Lahme, Blinde, Krüppel, (Taub-)Stumme und viele andere –
und sie legten sie hin zu seinen Füßen
und er heilte sie.
[31] Daher staunte die Volksmenge,
– sehend (Taub-)Stumme redend,
Krüppel gesund und Lahme umhergehend und Blinde sehend –
und sie verherrlichten den Gott Israels.

Das zweite Speisungswunder
[32] Jesus aber – herbeirufend seine Schüler – sprach:
Ergriffen werde ich über die Volksmenge,
weil sie schon drei Tage bei mir bleiben
und nichts haben, was sie essen könnten;
und ich will sie nicht hungrig entlassen,
damit sie nicht auf dem Weg zusammenbrechen.
[33] Und es sagten ihm die Schüler: Woher kämen uns in der Öde so viele Brote,
um eine so große Volksmenge zu sättigen?
[34] Und es sagt ihnen Jesus: Wie viele Brote habt ihr?
Die aber sprachen: Sieben – und wenige Fischchen.
- - - - -
[35] Und – gebietend der Volksmenge, sich auf die Erde niederzulassen –
[36] nahm er die sieben Brote und die Fische,
und – dankend – brach er sie
und er gab sie den Schülern,
die Schüler aber den Volksmengen.
- - - - -
[37] Und sie aßen alle
und wurden gesättigt.
Und das von den Stücken Übriggebliebene trugen sie weg – sieben große Körbe voll!
[38] Die Essenden aber waren viertausend Männer – ohne Frauen und Kinder (gezählt).
[39] Und – entlassend die Volksmengen – stieg er ins Boot ein,
und er kam in die Gebiete von Magadan.

Die Gewebestruktur des Textes

Die Erzählung von der zweiten Brotvermehrung (vgl. 14,13-21) besteht aus zwei Teilen: eine Situationsbeschreibung im Stil eines Summariums bildet die Einleitung (15,29-31), auf die dann die Erzählung des Ereignisses folgt (15,32-39). Wie bei der Speisung der mehr als fünftausend Menschen eröffnet ein Dialog zwischen Jesus und den Schülen die Handlung (15,32-34). Nach dem Gebet über die Brote und Fische lässt er sie über die Schüler an die Menschen austeilen (15,35-36). Der Schluss hält den Erfolg fest und leitet mit dem Ortswechsel Jesu zu einer neuen Begebenheit über (15,37-39).

Mt 15,29-39

Das semantische Geflecht des Textes

15,29-31 Situationsbeschreibung
Diese ausführliche Situationsbeschreibung knüpft den Motiven des *Berges*, dass *Jesus sich setzte* und den *Menschenmengen, die zu ihm kommen* an die Einleitung zur Bergpredigt an. Die Ortsangabe verweist auf das Gebiet in Galiläa (15,29), so dass die Reaktion der Menschen, die angesichts der umfassenden Heilungen durch Jesus ausdrücklich den *Gott Israels* verherrlichen (15,31), die Aufmerksamkeit der Leser erwecken kann. Die Menschen sehen, das Jesus die Kranken heilt, aber sie erkennen in ihm das Wirken Gottes, denn sie verherrlichen Gott – nicht Jesus.

Die zweite Besonderheit ist die Bezeichnung Gottes als den *Gott Israels*: deutet Matthäus hier im Kontext der vorherigen Begegnung mit der heidnischen Frau und der Heilung deren Tochter ein heidnisches Publikum an? Heilt Jesus jetzt auch in umfassendem Maß die Heiden, so dass sie ebenfalls erkennen können, was Jesus den Schülern des Johannes sagen ließ: *Blinde sehen, Lahme gehen, ...* (11,5)? Die Bezeichnung *Gott Israels* ist gleichsam der Name Gottes, der in den Heiligen Schriften verbreitet ist (Gen 33,20; Ex 5,1; Ps 41,14; 72,18; Jer 7,3; u.ö.), es ist aber das einzige Mal im Matthäusevangelium, dass die Volkmengen Gott mit diesem Namen preisen, so dass hier eine besondere Akzentuierung durch den Evangelisten zu vermuten ist.

15,32-39 Das zweite Speisungswunder
Die Parallele zur ersten Brotvermehrung ist offensichtlich, auch wenn hier einige Details variieren: dieses Mal ist es *Jesus*, der die Situation der Menschen wahrnimmt (15,32), worauf die Schüler (trotz ihrer Erfahrung des vorherigen Speisewunders) mit der Gegenfrage antworten, *woher* denn soviel Brote kommen können (15,33). Die Leser sind gefordert, eine entsprechende Antwort zu geben. Weiterhin handelt es sich um *sieben Brote und wenige Fischchen* statt um *fünf Brote und zwei Fische*, es werden mehr als 4000 Menschen gesättigt, weil wieder die Frauen und Kinder nicht gezählt wurden und es bleiben *sieben große Körbe* voller Brotreste übrig. Sehr auffällig ist darüber hinaus das Verb *dankend* (εὐχαριστέω). Matthäus gestaltet diese Parallele also bewusst. Auch Stellung dieser Perikope direkt nach der Erzählung von der heidnischen Frau ist bedeutend: die Frau hatte Jesus überzeugt, dass auch die Heiden als „Hunde" von den übrig gebliebenen *Brotbröckchen, die vom Tisch der Kinder fallen, satt werden* (15,26-27).

Pragmatische Knotenpunkte des Textes

Die matthäische Vorliebe für Verdoppelungen hat sich bereits bei anderen Gelegenheiten gezeigt, so etwa in den Summarien (4,23 // 9,35) oder den Blindenheilungen (9,27-31 // 20,29-34). Diese Verdoppelungen haben jeweils eine besondere Funktion in ihrem Kontext, was auch hier gilt. Die Heilungen, die in Verbindung mit dem Sendungsauftrag Jesu (11,3-5) stehen und die Brotvermehrung in einem Gebiet nahe bei den heidnischen Städten bzw.

Ablehnung und Anerkennung der Messianität Jesu

im *Galiläa der Heiden* (4,15-16) bestätigen zusammen mit dem Lobpreis des *Gottes Israels* einerseits die Sendung Jesu zu Israel, andererseits sind sie aber auch eine Anspielung auf die Teilhabe der Heiden am Heil Gottes. Das wird im Blick auf das Bild von den Hunden, die sich von den Brotresten der Kinder *sättigen* (15,26-27) deutlich, denn dieses Bild wird mit dieser Erzählung der zweiten Brotvermehrung auf die Realität übertragen. Israel wird *gesättigt* und lässt sogar viel übrig. Ihm wird nichts weggenommen, es hat keinen Verlust dadurch, dass auch die Heiden am Heil Gottes partizipieren, denn Gott gibt stets überreichlich. Die Formulierung im Passiv *alle wurden satt* weist auf Gott als Geber, der gerade nicht nur ein Mal, sondern zum wiederholten Mal so viel gibt, dass mehr als genug übrig bleibt, von dem sich auch noch andere *sättigen* könnten, so dass wirklich alle gesättigt werden.

Ablehnung eines Zeichens und Ermahnung an die Schüler: 16,1-12

Das Zeichen des Jona
1 Und – hinzukommend – die Pharisäer und Sadduzäer,
  – ihn versuchend – verlangten sie von ihm,
        ihnen ein Zeichen aus dem Himmel zu zeigen.
2 Der aber – antwortend – sprach zu ihnen:
  [Wenn es Abend wird, sagt ihr: Heiteres Wetter kommt,
                                 denn es rötet sich der Himmel;
3 und in der Frühe: Heute kommt Sturm,
                                 denn es rötet sich der sich trübende Himmel.
  Das Angesicht des Himmels wisst ihr zwar zu beurteilen,
  die Zeichen der Zeiten aber könnt ihr nicht (deuten)?]
4   Ein böses und ehebrecherisches Geschlecht verlangt ein Zeichen,
          aber ein Zeichen wird ihm nicht gegeben werden,
            wenn nicht das Zeichen des Jonas.
  Und – zurücklassend sie – ging er weg.

Der Sauerteig der Pharisäer und Sadduzäer
5 Und als die Schüler zum gegenüberliegenden Ufer kamen,
  vergaßen sie, Brote mitzunehmen.
6 Jesus aber sprach zu ihnen:
    – Seht zu! –
    – und nehmt euch in Acht vor dem Sauerteig der Pharisäer und Sadduzäer!
7 Die aber überlegten bei sich, sagend:
        Brote nahmen wir nicht mit…
8 Es erkennend aber, sprach Jesus:
        Was überlegt ihr bei euch – Kleingläubige! – dass ihr keine Brote habt?
9   Begreift ihr noch nicht?
        Und erinnert ihr euch nicht an die fünf Brote der Fünftausend?
        Und: wie viele Körbe ihr aufhobt?
10   Und nicht an die sieben Brote der Viertausend?
        Und: wie viele Körbe ihr aufhobt?
11   Wieso begreift ihr nicht, dass ich nicht über Brote zu euch sprach?
        Nehmt euch aber in Acht vor dem Sauerteig der Pharisäer und Sadduzäer!

Mt 16,1-12

¹² Da verstanden sie, dass er nicht davon sprach,
sich vor dem Sauerteig der Brote in Acht zu nehmen,
sondern vor der Lehre der Pharisäer und Sadduzäer.

Die Gewebestruktur des Textes

Dieser Text besteht aus zwei Teilen: der erste (16,1-4) erzählt von den Pharisäern und Sadduzäern, die Jesus um ein Zeichen bitten, was Jesus aber mit dem Hinweis auf das Zeichen des Jona ablehnt. Die Verse 2b-3, die von der Zeichendeutung handeln, fehlen bei wichtigen Textzeugen. Der zweite Teil (16,5-12) enthält eine Mahnung an die Schüler, die an die vorigen Ereignisse der Brotvermehrung erinnert, aber eigentlich vor der Lehre der Pharisäer und Schriftkundigen warnt.

Das semantische Geflecht des Textes

16,1-4 Das Zeichen des Jona
Matthäus greift auch hier eine schon so ähnlich erzählte Begebenheit wieder auf (12,38-39); dort waren es Pharisäer und Schriftkundige, jetzt sind es Pharisäer und Sadduzäer, die Jesus *versuchen*, indem sie ein *Zeichen vom Himmel* von ihm sehen wollen (16,1). Auch wenn nicht eindeutig klar ist, was dieses Zeichen vom Himmel sein sollte, verdeutlicht doch die Parallelstelle, dass es sich um einen Beweis der Identität Jesu handeln wird. Jesus soll *vom Himmel* – also von Gott – ein Zeichen bringen, das ihn legitimiert.

Jesu Antwort (16,2b-3) problematisiert die Deutung der Zeichen: in Bezug auf das Wetter wissen die Fragenden die Zeichen des Himmels zu deuten, doch im Blick auf die Zeichen der Zeit sind sie skeptisch. Da Zeichen mehrdeutig sind und deshalb durchaus missverstanden werden können, kann es das definitive Zeichen nicht geben. Abgesehen davon sind Zeichen nicht geeignet, Glauben zu bewirken. Die Gläubigen hingegen wissen, die Zeichen der Zeit, ihrer Gegenwart zu deuten: dass *Blinde sehen, Lahme gehen...*, *viele Menschen gesättigt werden und übrig lassen,...* verweist auf die Messianität Jesu.

Die Deutung der Zeit-Zeichen wird für die Christusgläubigen wichtig, die auf das Wiederkommen Jesu warten (24,3); Jesus lehrt sie in der Endzeit-Rede, diese Zeichen zu deuten und sich entsprechend zu verhalten (24,4-25,46). Dann wird auch *das Zeichen des Menschensohnes am Himmel erscheinen* (24,30), das das Endgericht als direkt bevorstehend ankündigt. Auch ein solches Zeichen kann Jesus jetzt natürlich noch nicht geben, denn um ihn und seine Messianität vollständig zu verstehen, ist auch seine Erfahrung des Leidens, sein Tod und seine Auferweckung wichtig. Daher verweist Jesus auf das *Zeichen des Jona* (16,4), das diesem Geschlecht gegeben werden wird; das Passiv verweist auf Gott als den, der dieses Zeichen in der Auferweckung Jesu geben wird.

Ablehnung und Anerkennung der Messianität Jesu

16,5-12 Der Sauerteig der Pharisäer und Sadduzäer
Mit dem Blick auf die Schüler wechselt die Szene zu einem anderen Schwerpunkt (16,5), doch im Hintergrund bleibt die Frage nach der Sicherheit des Glaubens bestehen. Die Schüler verstehen das Wort Jesu vom *Sauerteig der Pharisäer und Sadduzäer* nicht (16,6-7), weil sie sich Sorgen machen, nicht genügend Brot zu haben. Ihre Sorge direkt nach der Erfahrung der zweiten Brotvermehrung zeigt ihren Kleinglauben (16,8-11a): sie haben immer noch nicht begriffen, dass sie sich keine Sorgen machen müssen, weil Gott für sie sorgt (6,8.25-34). Deshalb werden sie keinen Mangel haben, denn als *unser Vater weiß er, was wir brauchen, noch bevor wir ihn bitten* (6,8).

Diese Sorge der Schüler trotz ihrer zahlreichen Erfahrungen, dass Gott für sie sorgt, ist wie das Fordern eines Zeichens als Beweis, um zu glauben. Die Schüler unterscheiden sich hier in ihrer Haltung der Sorge nicht von den Pharisäern und Sadduzäern, deshalb warnt Jesus sie vor dem *Sauerteig der Pharisäer und Sadduzäer* (16,11b). Das Bild vom Sauerteig erinnert an das Gleichnis von der kleinen Menge Sauerteig, die sehr viel Mehl durchsäuern kann (13,33). Die Haltung der Pharisäer und Sadduzäer, die sie gerade eben demonstriert haben, ist aber nun wie ein Sauerteig, vor dem sich die Schüler hüten sollen: ihre Zeichenforderung wirkt schon bei den Schülern so sehr nach, dass sie vergessen, welche Erfahrungen sie gerade zuvor erlebt haben.

Wie ein Sauerteig kann die Skepsis von anderen auch bei einem selbst Zweifel bewirken. Jesu Warnung ist auf genau diesen Kontext bezogen und darf nicht als grundsätzliche Warnung missverstanden werden, denn Matthäus respektiert die Lehre der Pharisäer durchaus, deshalb rät Jesus seinen Schülern zu tun, was sie lehren (23,3). Der Sauerteig der Pharisäer und Sadduzäer, vor dem sich die Schüler Jesu hüten sollen, ist die Forderung nach Zeichen und das Zweifeln an der Messianität Jesu.

Pragmatische Knotenpunkte des Textes

Dass Matthäus zum zweiten Mal von einer Zeichenforderung der Pharisäer (in unterschiedlicher Begleitung) spricht, spiegelt die Situation der matthäischen Gemeinde, die immer wieder den Anfragen und der Skepsis der anderen jüdischen Mitglieder ihrer Gemeinde und ihres Umfeldes ausgesetzt war. Für die Gemeinde des Matthäus und generell für die ersten Christusgläubigen bedeutete der Zweifel an Jesus eine Bedrohung ihres eigenen Glaubens. Matthäus rät seinen Gläubigen, alles nur mit Vorsicht zu genießen, was mit dieser Skepsis durchsäuert ist.

Auch innerhalb der matthäischen Gemeinde und für die Gläubigen allgemein – auch heute – besteht die Gefahr, dass sie etwas für die Lehre Jesu ausgeben oder halten, was aber nicht Lehre Jesu ist: *nicht jeder, der zu mir sagt Herr, Herr wird hineingehen in das Himmelreich, sondern nur der, der den Willen meines Vaters tut* ...(7,21-23).

Mt 16,13-20

Das Bekenntnis des Petrus und die Antwort Jesu: 16,13-20

Das Bekenntnis des Petrus
¹³ Jesus – kommend aber in die Landesteile von Cäsarea Philippi –
fragte seine Schüler, sagend: Wer – sagen die Menschen – dass der Menschensohn sei?
¹⁴ Die aber sprachen: Die einen: Johannes der Täufer,
                                andere aber: Elija,
                                andere aber: Jeremia – oder einer der Propheten.
¹⁵ Er sagt ihnen: Ihr aber: wer – sagt ihr   – dass ich sei?
¹⁶ Antwortend aber sprach Simon Petrus: Du bist der Messias –
                                          der Sohn des lebendigen Gottes.

Die dreifache Antwort Jesu an Petrus
¹⁷ Antwortend aber sprach Jesus zu ihm:
                     Selig bist du, Simon, Bar Jona,
                              weil nicht Fleisch und Blut dir offenbarten,
                              sondern mein Vater in den Himmeln.
                              - - - - -
¹⁸   Und ich sage dir:
                     Du bist Petrus –
                     und auf diesem Felsen werde ich meine Kirche bauen
                     und die Tore des Hades werden sie nicht überwinden.
                              - - - - -
¹⁹   Ich werde dir die Schlüssel des Königtums der Himmel geben,
                     und was immer du   auf der Erde   bindest
                         – wird   in den Himmeln   gebunden sein,
                     und was immer du   auf der Erde   löst
                         – wird   in den Himmeln   gelöst sein.
                              - - - - -
²⁰ Dann trug er den Schülern auf, dass sie keinem sagten: Er ist der Messias!

Die Gewebestruktur des Textes

Diese Erzählung enthält den Höhepunkt des zweiten Teils des Matthäusevangeliums: das Bekenntnis des Petrus (16,16). Besonders die Antwort Jesu (16,17-19) wird viel diskutiert, denn für die katholischen Christen handelt es sich um die Begründung des Papsttums aus der Heiligen Schrift, während die evangelischen und orthodoxen Christen diese Stelle anders interpretieren.

Der Text lässt sich in zwei Teile gliedern, von denen der erste (16,13-16) aus Fragen Jesu und Antworten der Schüler bzw. Petri besteht. Der zweite Teil (16,17-20) enthält die dreifache, gut gegliederte Antwort Jesu an Petrus und schließt mit einer Anweisung an alle Schüler (16,20).

Das semantische Geflecht des Textes

16,13-16 Das Bekenntnis des Petrus
Der Ortswechsel deutet eine neue Szene und ein neues Thema an: Jesus fragt die Schüler, was die Menschen über den Menschensohn denken (16,13). Seine Schüler antworten ihm mit einer Zusammenfassung der verschiedenen Er-

wartungsvorstellungen zu jener Zeit, wobei die erwähnten Personen für eine dieser Vorstellungen stehen: Johannes ist dann der Vorläufer des Messias (3,11), Elija wird zuerst kommen, bevor der Messias kommt (17,10), etc. Jesus richtet dieselbe Frage auch an seine Schüler (16,15) und die direkte Anrede *ihr aber: wer sagt ihr, dass ich sei?* lässt auch die aktuellen Leser angesprochen sein.

Petrus erkennt in Jesus den *Messias* und ergänzt spezifizierend: *der Sohn des lebendigen Gottes* (16,16). Diese Ergänzung findet sich nur bei Matthäus, so dass es sich um die Eintragung eines nachösterlichen Bekenntnisses handeln könnte. Spricht Petrus hier aber für alle Schüler oder nur für sich allein? Petrus formuliert das Bekenntnis, das zuvor schon die Schüler ausgesprochen hatten, nachdem Jesus auf dem See zu ihnen gekommen ist und sie gerettet hat: *wahrhaft: Gottes Sohn bist du!* (14,33). Die Antwort Jesu richtet sich allerdings nur an Petrus allein. Petrus erscheint somit einerseits als typischer Schüler, andererseits aber auch als Einzelperson.

16,17-20 Die dreifache Antwort Jesu an Petrus

Die Antwort Jesu ist matthäisches Sondergut. In drei kleinen Strophen, die je aus drei Sätzen bestehen, wendet sich Jesus an Petrus.

16,17: Die Seligpreisung lässt Petrus als Adressat einer besonderen Offenbarung Gottes erscheinen. Besonders ist diese Seligpreisung, weil sie einer Einzelperson gilt, während sonst immer Gruppen selig gepriesen werden (5,3-12; 11,6; 13,16). Fleisch und Blut bezeichnen den Menschen in seiner natürlichen Schwachheit (Sir 14,18; Gal 1,16). Die wahre Würde des Messias erkannt zu haben, ist ein Geschenk Gottes. Doch obwohl Petrus hier eine Offenbarung Gottes empfangen hat, hat er selbst noch nicht ganz verstanden, was das Messias-Sein für Jesus bedeutet, denn sofort in der anschließenden Erzählung tadelt ihn Jesus, *nicht das zu wollen, was Gott will, sondern was die Menschen wollen* (16,22-23). Petrus bleibt ein Kleingläubiger (14,31), der auch verleugnen wird, Jesus gekannt zu haben (26,69-75).

16,18: In diesem Vers finden sich drei wichtige Aussagen Jesu: das, was Jesus bauen wird, ist *meine Kirche*; diese Kirche Jesu ist *auf diesem Felsen* gegründet und sie ist durch den Hades *nicht zu überwinden*. Der Begriff ἐκκλησία (ekklesia) bedeutet im Griechischen *Versammlung* und bezeichnet die Volksversammlung. Die griechische Bibel übersetzt das hebräische *qāhāl*, das die Kultversammlung Israels zum Lob und Dienst Gottes bezeichnet (vgl. Apg 7,38) mit ἐκκλησία, daher kann hier auch mit *Gemeinde* übersetzt werden. Die Gemeinde oder Kirche Jesu entsteht nicht „neben" oder „gegen", sondern in Israel.

Matthäus sah seine Gemeinde als die endzeitlich formierte Gemeinde Jesu, die aus den Gläubigen Israels und aller Völker (28,18-20) besteht. Diese Gemeinde stellt sich Matthäus bildhaft als Gebäude Gottes vor (vgl. 1 Kor 3,9; Eph 2,19-22), in dem Gott zusammen mit den Menschen wohnt – ähnlich wie der Tempel in Jerusalem. Diese Vorstellung ist deshalb in der Zeit nach der Zerstörung des Tempels den Christgläubigen sehr wichtig geworden: in der

Mt 16,13-20

Gemeinde Jesu fanden sie diese Gemeinschaft Gottes, die für sie bisher der Tempel ausdrückte.

Das Wortspiel mit dem Namen *Petrus* und *dem Felsen, auf den Jesus seine Gemeinde bauen wird*, lässt sich unterschiedlich deuten. Das Bekenntnis des Petrus – *du bist der Messias, der Sohn des lebendigen Gottes* – kann als der Fels verstanden werden, auf dem Jesus seine Kirche baut. In dieser Weise haben z.b. die Kirchenväter Origenes und Tertullian diese Stelle interpretiert. Eine andere Interpretation vertritt z.B. Augustinus, der nach 1 Kor 10,4 in Christus selbst den Fels und das Fundament der Kirche sieht. Allerdings passt seine Deutung nicht zu unserer Stelle, denn Matthäus sieht Jesus nicht als den Fels, sondern vielmehr als den Bauherren. Eine dritte Möglichkeit geht auf Papst Leo den Großen zurück, der in Petrus selbst das Fundament des Baus sieht. Die Formulierung von 16,18 erlaubt jedenfalls keine Entscheidung nur zugunsten des Glaubens oder nur zur Person Petri. Der Glaube existiert nicht ohne die Person, die glaubt und Petrus ist nur in Bezug auf sein Glaubensbekenntnis zu Jesus, dem Messias der Fels: der Glaube Petri stabilisiert das Gebäude der Gläubigen.

Die *Unbesiegbarkeit durch den Hades* deutet die eschatologische Dimension der Gemeinde Jesu an. Jesus verspricht ihr eine immerwährende Dauer, die auch durch den Tod nicht eingeschränkt wird. Ähnlich spricht auch Jesaja von einer beständigen Gründung Gottes für die Glaubenden (Jes 28,16-18). Hier geht es nicht um die Nachfolge des Petrus, sondern um die Stabilität und die Beständigkeit des Baus der Kirche Jesu, die die Zeiten überdauern wird.

16,19: Petrus erscheint als bevollmächtigter Verwalter, aber zu dieser Stelle gibt es eine Parallele in 18,18, die dasselbe für alle Schüler Jesu sagt. Das *Binden* und *Lösen* bezieht sich in der rabbinischen Auslegung von Jes 22,22 darauf, etwas im juristischen Sinne für erlaubt oder verboten zu erklären. Im Kontext von 18,18 geht es dabei um die Verantwortung für die Gemeindemitglieder: darauf zu achten, *dass keiner der Kleinen verloren geht* (18,14), auch nicht ein hartnäckiger Sünder (18,15-17).

16,20: Der Auftrag, keinem zu sagen, dass *Jesus der Messias ist*, hat wie die Schweigebefehle in 9,30 und 12,16 seinen Grund darin, dass Jesus als Messias noch nicht umfassend erkannt werden kann, weil zu seiner Messianität auch sein unschuldiges Leiden, Sterben und seine Auferweckung gehören. Erst dann kann Jesus als Messias verstanden und verkündet werden.

Pragmatische Knotenpunkte des Textes

In der Erzählung vom Bekenntnis des Petrus kondensieren sich die zentralen Elemente der Messianität Jesu, die Matthäus bisher in seinem Evangelium entwickelt hat, doch andere entscheidende Elemente der Identität des Messias fehlen noch. Mit seinem Bekenntnis manifestiert Petrus, dass Jesu Werke, seine Lehre und sein Handeln wahrhaft die Werke des Messias sind. Die Leser sind ebenfalls angesprochen, auf die Frage Jesu *für wen haltet ihr mich?* ihr Bekenntnis zu formulieren.

Die Antwort Jesu in Bezug auf die zukünftige Gemeinde, ihre Stabilität und Unbesiegbarkeit im Kampf mit den bösen Mächten bleibt jedoch noch vage. Für die Leser besteht jedoch kein Zweifel, dass sich in dieser Zusage Jesus selbst verpflichtet. Die Zukunft der Kirche liegt nicht in den Händen der kleingläubigen Schüler.

Dritter Teil

Mt 16,21-28,20: Jesus – Messias und Menschensohn in seinem Reich

Mit dem zeitlichen Hinweis *von da an* (ἀπὸ τότε) beginnt die letzte Phase des Wirkens Jesu. Matthäus leitet den dritten und letzten Teil seines Evangeliums mit einer Leidensankündigung Jesu ein, die gleichzeitig die Thematik dieses gesamten Abschnitts angibt. Zuvor haben schon Jesu Worte und Werke seine Messianität erkennbar gezeigt. Jetzt müssen sich die Leser mit dem Leiden und Kreuzestod Jesu auseinandersetzen: bedeuten sie sein Scheitern als Messias? Für Matthäus bewährt sich jedoch erst in der durchlittenen Krise von Leiden und Tod die Messianität Jesu, die dann durch seine Auferweckung durch Gott bestätigt wird.

Auch der letzte Teil besteht wieder aus zwei Sektionen, von denen die erste Jesu Wirken auf dem Weg nach und in Jerusalem beschreibt und die zweite seine Passion und Auferweckung erzählt:
    A. 16,21-25,46 Der Messias-Menschensohn auf dem Weg in sein
                       Reich
    B. 26,1-28,20 Leiden, Tod und Auferweckung:
                       Die Inthronisation des Messias-Menschensohn

A. Der Messias-Menschensohn auf dem Weg in sein Reich – Mt 16,21-25,46

Auch diese Sektion besteht aus zwei Erzählbögen, die Jesu Wirken vor seiner Passion näher untergliedert:
    a. 16,21-20,34 Jesu Weg nach Jerusalem
    b. 21,1-25,46 Jesu Aktivität in Jerusalem.

Inhaltlich weisen im ersten Abschnitt schon die drei Leidensankündigungen (16,21; 17,22-23; 20,17-19) auf die Passion, aber auch auf seine Auferweckung voraus. Die jeweils darauf folgenden Reaktionen der Schüler Jesu verdeutlichen ihr mangelhaftes Verstehen von Leiden, Tod und Auferweckung. Deshalb steht mit diesen Ankündigungen stets eine konkretisierende Lehre Jesu über die Nachfolge in Verbindung. Die Leser finden hier das klare Signal, nicht zu zweifeln und sich in ihrer Nachfolge durch das bevorstehende Leiden Jesu nicht abschrecken zu lassen. Matthäus verdeutlicht, dass der Tod Jesu immer im Zusammenhang mit seiner Auferweckung gesehen werden soll: der Tod ist nicht das Ende, er führt zur Auferweckung!

Im zweiten Abschnitt setzt Jesus seine Lehre und sein heilendes Wirken in Jerusalem und dort besonders im Tempel fort. Dabei spitzen sich die

Jesu Weg nach Jerusalem

Auseinandersetzungen zwischen ihm und seinen Opponenten dramatisch weiter zu. Durch Gleichnisse und mit Hinweisen auf das Endgericht sowie das Kommen des Menschensohnes deutet Jesus seine Identität als Messias-Menschensohn und sein Schicksal an. Auch die Leser sollen sich mit dem Blick auf das Endgericht entscheiden, wer Jesus für sie ist.

a. 16,21-20,34: Jesu Weg nach Jerusalem

Die erste Ankündigung von Leiden, Tod und Auferweckung, Reaktion des Petrus und Anweisungen zur Nachfolge: 16,21-28

Erste Ankündigung von Leiden, Tod und Auferweckung
21 Von da an begann Jesus seinen Schüler zu zeigen,
    dass er nach Jerusalem hinaufgehen muss
    und   vieles erleiden   von den Ältesten und Hochpriestern
                                                             und Schriftkundigen
    und   getötet werden
    und am dritten Tag   erweckt werden.

Reaktion des Petrus
22 Und – ihn bei Seite nehmend – begann Petrus ihn anzufahren, sagend:
    Gott sei dir gnädig, Herr!
    Dies soll dir nicht geschehen!
23 Der aber – sich umwendend – sprach zu Petrus:
    Geh – hinter mich – Satan!
    Ein Skandal bist du mir,
    weil du nicht das von Gott sinnst, sondern das der Menschen.

Anweisungen zur Nachfolge
24 Da sprach Jesus zu seinen Schülern:
    Wenn einer hinter mir herkommen will,
        soll er sich selbst verleugnen
        und sein Kreuz tragen
        und mir folgen.
25   Denn   wer immer   sein Leben retten will   – verlieren wird er es!
        Wer aber immer   sein Leben wegen mir verliert – finden wird er es!
26   Denn   was nützt es einem Menschen,
        wenn er die ganze Welt gewinnt – an seinem Leben aber Schaden nimmt?
    Oder was wird ein Mensch (als Gegenwert) für sein Leben geben?
27   Denn   der Menschensohn wird in der Herrlichkeit seines Vaters
        mit seinen Engeln kommen,
    und dann *wird er vergelten jedem nach seinem Tun.*
            (Ps 62,13; Spr 24,12; Sir 35,22 LXX)
28   Amen, ich sage euch:
        Es sind einige der hier Stehenden, die nicht den Tod kosten werden,
        bis sie den Menschensohn kommend in seinem Königtum sehen!

Mt 16,21-28

Die Gewebestruktur des Textes

Diese Einheit verknüpft die erste Leidensankündigung (16,21) und die darauf folgende Reaktion des Petrus (16,22-23) mit den Anweisungen zur Nachfolge (16,24-28). Besonders auffallend ist das zweimalige *hinter mich / mir* (ὀπίσω μου) in 16,23.24, das sowohl den sich dem Plan Gottes widersetzenden Petrus als auch die Schüler sehr deutlich zur Nachfolge aufruft. Mit der dreigliedrigen Aufforderung zur Nachfolge (*sich selbst verleugnen, sein Kreuz tragen, Jesus folgen*) sind drei Begründungen mit *denn* verbunden (16,25.26.27), die das wahre Leben thematisieren. Das abschließende Amen-Wort (16,28) fasst diese drei Begründungen mit dem Hinweis auf die schon begonnene eschatologische Wirklichkeit des Reiches Gottes zusammen.

Das semantische Geflecht des Textes

16,21 Erste Ankündigung von Leiden, Tod und Auferweckung
Das von *da an* markiert nicht nur den Neubeginn eines Zeitabschnitts, sondern beinhaltet zugleich auch Dauer und Wiederholung: noch weitere zwei Mal (17,22-23; 20,17-19) kündigt Jesus sein Leiden, seinen Tod und seine Auferweckung an, bevor er nach Jerusalem kommt. Dass Jesus seinen Schülern sein bevorstehendes Schicksal *zeigt* (16,21), statt sie nur darüber zu belehren, weist die Leser darauf hin, nicht nur in Jesu Lehre, sondern besonders auch in seinem Handeln seine Zustimmung zu seinem Weg und seine Übereinstimmung mit dem Willen Gottes zu erkennen (vgl. 16,23c). Jesus geht nämlich direkt nach Jerusalem, obwohl er weiß, was ihn dort erwartet; damit drückt er ganz klar seine Bereitschaft aus, den Plan Gottes zu erfüllen.

Das kompromisslose *muss* erinnert die Leser an den Heilsplan Gottes, der sich von Anfang an durch den Messias Jesus schriftgemäß erfüllt, wie es schon die zahlreichen Schrift-Erfüllungszitate im ersten Teil des Evangeliums belegten (vgl. 26,54). Dass es sich trotz Leiden und Tod um einen Heilsplan handelt, wird durch den Hinweis auf die Auferweckung verdeutlicht, den Petrus wohl zu übersehen scheint. Matthäus deutet schon hier seinen Lesern an, dass Gott Leiden und Tod in seinen Heilsplan einschließt. Auch wenn der Kreuzestod Jesu den Anschein seines Scheiterns vermittelt, sollen die Leser in anderen Dimensionen denken: Leiden und Tod bedeuten kein Hindernis für Gottes Heilsplan!

16,22-23 Reaktion des Petrus
Die Reaktion des Petrus *Gott sei dir gnädig*, und sein Wunsch, *dies soll dir nicht geschehen*, drücken sicherlich nicht nur seine Zuneigung zu Jesus aus, sondern formulieren auch das Fragen und Zweifeln der Leser mit: wie kann Gott das Leiden und den Tod zulassen? Petrus geht nicht auf die Ankündigung der Auferweckung ein, die ja Leiden und Tod in einem anderen Licht sehen lässt, sondern er nimmt nur das bevorstehende Leid und den angekündigten Tod Jesu wahr.

Kurz zuvor hatte er Jesus als *Messias* und *Sohn des lebendigen Gottes* (16,16) bekannt. Jetzt wirkt sein Ausruf so, als würde Leiden und Tod nicht zu diesem Messias passen. Sicher haben viele Leser (damals und heute) Schwierigkeiten mit der Vorstellung eines leidenden Messias. Der Gedanke des leidenden Messias ist jedoch nicht völlig ungewöhnlich, denn schon in 8,17 spielte Matthäus auf den leidenden Gottesknecht (Jes 53,1-12) an. Jetzt verdeutlicht er mit Jesu heftiger Reaktion, dass Gottes Heilsplan anders ist, als es Menschen manchmal erwarten und wünschen. Gott klammert Leiden und Tod weder aus, noch ignoriert er sie, denn: trotz Leid und Tod gibt es Auferstehung!

Jesus *zeigt* seinen Schülern mit dieser Antwort auch, dass er bereit ist, den Willen Gottes zu erfüllen (16,21). Petrus, den er zuvor als *Fels* glückselig gepriesen hat (16,17-18), bezeichnet er nun als *Skandal*, als *Stolperstein*, weil er sich seiner Erfüllung des Willens Gottes in den Weg stellt. Jesus weist Petrus mit dem *hinter mich* nicht etwa weg von sich, sondern zurück in seine Nachfolge. Dasselbe Wort gebrauchte er schon bei der Berufung der Schüler (4,19) und verwendet es auch im folgenden Abschnitt über die Nachfolge (16,24). Petrus und die noch zweifelnden Leser werden aufgefordert, den Plan Gottes auch trotz Leid und Tod zu erkennen. Jesus, der Petrus mit seinem deutlichen Ruf *hinter mich* in die Nachfolge zurück ruft, signalisiert den Lesern, dass Glaubenszweifel zum nicht immer einfachen Glaubensweg dazugehören (vgl. 14,29-31), doch sollen sie nicht dazu führen, die Nachfolge aufzugeben. Was Nachfolge Jesu konkret bedeutet, entfaltet der nächste Abschnitt.

16,24-28 Anweisungen zur Nachfolge

Jesus wendet sich mit dem offenen und generellen *wenn einer* an alle Schüler, die Leser mit eingeschlossen. Nachfolge Jesu bedeutet *ihm nach gehen*, gleichsam „in seine Fußstapfen treten", d.h. *sich selbst verleugnen*, wie Jesus *sein Kreuz auf sich zu nehmen* und *ihm zu folgen*. Selbstverleugnung meint im Kontext mit dem Einwand Petri, die eigenen, menschlich-kurzsichtigen Ziele und Erwartungen hinter den Willen Gottes zurückzustellen. Die Leser erinnern sich auch an 10,38-39, wo es ebenfalls um die Nachfolge mit dem eigenen Kreuz und um das wahre Leben ging. Jeder hat in seiner eigenen Lebenssituation sein Kreuz zu tragen – und jeder ist ausdrücklich mit seinem Kreuz zur Nachfolge aufgerufen. Auch hier finden die Leser das starke Signal, dass Leid und Kreuz in den Heilsplan Gottes integriert sind. Als Appell hören sie außerdem mit, dass Leiden kein Hinderungsgrund ist, den Willen Gottes nicht zu tun. In 10,37 radikalisierte Jesus den Ruf zur Nachfolge mit der geforderten Liebe zu ihm, die größer sein müsse als zu den eigenen Eltern oder Kindern. Nachfolgen fordert den Einsatz des ganzen Lebens; man kann nicht „ein bisschen" oder „ein Stück weit" Jesus nachfolgen, sondern nur ganz – oder gar nicht. Nachfolge ist eine Lebensentscheidung, die aber nicht etwa den „Verlust" des Lebens bedeutet, sondern das wahre Leben zu *finden*.

Was das wahre Leben ist, wissen die Leser schon von der Bergpredigt her (6,19-34, besonders 6,33): ein Leben im Vertrauen auf Gott, das sich um Gottes Reich und Gottes Gerechtigkeit bemüht. Die Formulierungen *das Leben um meinetwillen verlieren* und *was wird ein Mensch (als Gegenwert) für sein Leben geben*, spielen in diesem Kontext auch auf Jesu Kreuzestod an (vgl. 20,28). Die Leser verstehen, dass sie ihr Leben nur dann *retten* und *finden*, wenn sie wie Jesus den Willen Gottes *tun* (vgl. 7,21-23). Dass es hier um konkretes Handeln und nicht bloß um „Lippenbekenntnisse" geht, unterstreicht das Schriftzitat (16,27), nach dem jedem *nach seinem Tun* vergolten werden wird. Das Amen-Wort, das vom Kommen des Menschensohnes in seinem Königtum spricht (16,28), will weniger einen genauen Zeitpunkt festsetzen, als vielmehr generell den Anbruch der eschatologischen Zeit ausdrücken und die Leser an das schon gegenwärtige Reich Gottes erinnern (vgl. 12,28).

Pragmatische Knotenpunkte des Textes

Die Leidensankündigung Jesu verbunden mit seinem Ruf zur Nachfolge stellt die Leser vor die entscheidende Frage, ob sie diesem Messias nachfolgen wollen, der Leid und Tod auf sich nimmt. Die Nachfolge fordert den Einsatz des ganzen Menschen – mit seinem eigenen „Kreuz". Wo ist ein Mensch in unserer Gesellschaft heute mit seinen Problemen, Schwächen und Leiden gewollt? Matthäus erinnert seine Leser und uns heute eindringlich daran, dass die Nachfolgegemeinschaft Jesu nicht aus Helden, sondern aus Menschen „mit Kreuzen" besteht (vgl. 11,28). Der Ruf zur Nachfolge ist letztlich der Ruf zum wahren, glücklichen Leben (vgl. 11,29-30), das Gottes Willen und Gerechtigkeit im eigenen Handeln umsetzt. Das schon gegenwärtige Reich Gottes ermuntert die Leser zu so einem entsprechenden Handeln.

Die Verklärung Jesu und das Wiederkommen Elijas: 17,1-13

Das Ereignis der dreifachen himmlischen Erscheinungen
1 Und nach sechs Tagen
   nimmt Jesus den Petrus und Jakobus und Johannes – dessen Bruder – mit sich
   und bringt sie auf einen hohen Berg – allein für sich.
   - - - - -
2 Und er wurde umgestaltet vor ihnen
   und es leuchtete sein Gesicht wie die Sonne,
   seine Gewänder aber wurden weiß wie das Licht.
3 Und – siehe! – es erschien ihnen Mose und Elija – sich unterredend mit ihm.
4 Antwortend aber sprach Petrus zu Jesus:
              Herr, recht ist es, dass wir hier sind;
              wenn du willst, werde ich hier drei Zelte machen:
                     dir eines und Moses eines und Elija eines.
5 Während er noch redet – siehe! – eine lichte Wolke überschattete sie,
   und – siehe! – eine Stimme aus der Wolke, sagend:
              Dieser ist mein geliebter Sohn,
              an dem ich Gefallen fand.
              Hört ihn!
   - - - - -

Jesu Weg nach Jerusalem

⁶ Und – es hörend – fielen die Schüler auf ihr Gesicht
und fürchteten sich sehr.
⁷ Und Jesus kam hinzu
und – sie berührend – sprach er: Steht auf
und fürchtet euch nicht!
⁸ Erhebend aber ihre Augen, sahen sie keinen – außer ihn: Jesus allein.
- - - - -
⁹ Und während sie herabstiegen vom Berg,
gebot ihnen Jesus, sagend: Sprecht zu keinem von der Vision,
bis dass der Menschensohn aus Toten erweckt ist.

Das Wiederkommen Elijas
¹⁰ Und es befragten ihn die Schüler, sagend:
Was nun sagen die Schriftkundigen
Elija muss zuerst kommen? (Mal 3,23-24)
¹¹ Der aber – antwortend – sprach: *Elija kommt zwar
und wird* alles *wiederherstellen*; (Sir 48,10)
¹² ich sage euch aber: Elija kam schon,
aber   sie erkannten ihn nicht,
sondern   sie taten an ihm,   was sie wollten;
so wird auch der Menschensohn   von ihnen leiden.
¹³ Da verstanden die Schüler, dass er über Johannes den Täufer zu ihnen sprach.

Die Gewebestruktur des Textes

Die Erzählung besteht aus zwei Abschnitten (17,1-9.10-13), die über die Nennung des Propheten Elijas und die Erwähnung des Leidens Jesu eng miteinander verknüpft sind. Der erste Abschnitt (17,1-9) erzählt nach der einleitenden Situationsbeschreibung (17,1) eine intensive dreifache Vision und Audition der Schüler, die die Verklärung Jesu, die Erscheinung von Mose und Elija und das Kommen der Wolke mit der (Himmels-)Stimme wahrnehmen (17,2-5). Ihre Reaktion mit Niederfallen und Furcht (17,6-8) weist auf das Erlebte als Gottesbegegnung hin. Das Ereignis schließt mit dem Verlassen des Ortes und der Anordnung Jesu, das Geschehene nicht vor seiner Auferweckung weiter zu erzählen (17,9).

Durch das zweimalige Nennen des *Berges* und das Herauf- bzw. Herabsteigen wird diese kleine Einheit gerahmt (17,1.9). Das dreimalige nachdrückliche *siehe!* lenkt die Aufmerksamkeit der Leser auf das, was die Schüler außer der Umgestaltung Jesu noch wahrnehmen: die Erscheinung von Mose und Elija und die Wolke mit der Himmelsstimme. Damit weist Matthäus seine Leser darauf hin, dass es hier nicht nur um die „Verklärung" Jesu geht, sondern um eine sehr komplexe dreifache Vision mit Audition.

Der zweite Abschnitt (17,10-13) enthält ein Gespräch zwischen Jesus und seinen Schülern über das Wiederkommen des Propheten Elija. Nach Jesu Deutung ist Elija schon gekommen, so dass die Schüler den wiedergekommenen Elija in Johannes dem Täufer sehen (17,13); die Leser müssen dann entsprechend folgern, wer der leidende Menschensohn ist (17,12d).

Mt 17,1-13

Die Zeitangabe *nach sechs Tagen* am Anfang der Erzählung (17,1), sowie die Erwähnung des Menschensohnes, seines Leidens und seiner Auferweckung (17,9.12) stellt für die Leser einen direkten Bezug zur vorherigen Perikope her, nämlich zur ersten Leidensankündigung Jesu und zu seinem wiederholten Ruf zur Nachfolge (16,21-28). Der unmittelbare Kontext dieser Erzählung ist das Wort Jesu, das das Kommen des Menschensohnes in Herrlichkeit ankündigt und in Beziehung setzt mit dem Königtum des Menschensohnes, das einige der Anwesenden noch vor ihrem Tod *sehen* werden (16,27-28). Jetzt greift Matthäus das Thema von Leiden, Tod und Auferweckung wieder auf (17,9.12); die Umgestaltung zeigt Jesus nun sichtbar in himmlischer Gestalt und die Stimme aus der Wolke bestätigt Jesu Lehre (17,2.5). Die Leser können also folgern, dass mit Jesus als Messias-Menschensohn das Reich Gottes begonnen hat und dass selbst Leid und Tod des Messias dieses Reich Gottes nicht aufhalten können.

Matthäus vervollständigt immer mehr sein Bild von Jesus als dem Messias-Menschensohn: der leidende, sterbende und auferweckte Menschensohn ist wirklich Gottes Sohn (17,5.9.12), der auch in seiner „dialogischen" Beziehung zu Mose und Elija gesehen werden muss (17,3). Sind die Leser bereit, diesem Messias-Menschensohn nachzufolgen?

Das semantische Geflecht des Textes

17,1-9: Das Ereignis der dreifachen himmlischen Erscheinungen
17,1: Die Zeitangabe *nach sechs Tagen* dient möglicherweise mit anderen Bildern dieser Erzählung (*hoher Berg, Wolke, leuchten, Gesicht*) dazu, die Leser an die Gotteserscheinungen auf dem Berg Sinai in Ex 24,15-18 und 34,2-8.28-35 zu erinnern. Dass Jesus nur drei seiner Schüler auswählt und mitnimmt, deutet ein besonderes Ereignis an. Bei Matthäus werden diese drei Schüler zusammen nur an dieser Stelle und später noch einmal kurz vor der Gefangennahme Jesu im Garten Getsemani (26,37) genannt. Sie haben hier die Funktion von Zeugen, die zwar noch nicht sofort, wohl aber nach der Auferweckung Jesu von ihrem Erlebnis erzählen sollen.

17,2-5: Diese Verse erzählen sehr detailliert die vielschichtige Vision und Audition, so wie die drei Schüler sie wahrnehmen, denn Jesus wird *vor ihnen* verwandelt (17,2a). Die wohl völlige und ganzkörperliche Umgestaltung Jesu stellt Matthäus im Passiv dar, womit er sie auf göttliches Wirken zurückführt. Auch die Veränderung des Gesichts Jesu beschreibt er sehr genau, so dass die Leser im *Leuchten seines Gesichts* (17,2b) eine Parallele zu Mose sehen können, dessen Gesicht ebenfalls leuchtete, nachdem er auf dem Berg Sinai Gott begegnet war und mit ihm gesprochen hatte (Ex 34,29). Jesu Gewänder, die *weiß wie das Licht* (17,2c) wurden, weisen die Leser ebenfalls auf eine andere, himmlische Wirklichkeit hin.

Mit dem Aufmerksamkeitssignal *siehe!* leitet Matthäus zu einem weiteren Teil der Vision ein (17,3): Mose und Elija erscheinen und reden mit Jesus. Das griechische Wort συλλαλέω meint *miteinander reden* und bezeichnet das gemeinsame, gleichrangige Gespräch zwischen den Beteiligten. Die

Erscheinung von Mose und Elija ist etwas Ungewöhnliches in der biblischen Tradition, denn sonst erscheint nur Gott (dem Abraham, Isaak, Jakob, Mose, Aaron, Nadab, Abihu und den 70 Edlen Israels), die Herrlichkeit des Herrn (dem Volk Israel) oder ein Engel des Herrn (dem Mose, Gideon, der Frau des Manoach und dem Tobit). Nach rabbinischer Tradition wurde Mose in den Himmel entrückt (BB 17a Bar) und Elija wurde nach biblischer Überlieferung von einem himmlischen Wagen in den Himmel aufgenommen (2 Kön 2,1.11), deshalb können sie auch wieder auf der Erde erscheinen. Dass allerdings Mose und Elija zusammen genannt werden, kommt in der älteren jüdischen Literatur so sonst nicht vor. Zwar wird mit dem Erscheinen Elijas gerechnet (vgl. Mt 11,14; 17,10) und jüdische Legenden erzählen häufig von Elija, der auch in anderer Gestalt erschienen sei, um die Menschen zur Einsicht zu bringen, doch eine Tradition von Erscheinungen Moses gibt es nicht.

Viele Exegeten deuten die Erscheinung von Mose und Elija allegorisch bzw. symbolisch: Mose stehe für die Tora, Elija für die Propheten. Allerdings gilt im Judentum Mose als der Prophet schlechthin, in seiner Gestalt können sich sowohl Tora als auch Propheten verbinden – wozu erscheint dann noch Elija? Mose, Elija und Jesus verbindet die Gottesbegegnung auf dem Berg (Ex 24; 34; 1 Kön 19,8-18) und ihr Einsatz für Gottes Weisungen (Ex 34,9; 1 Kön 19,10). Mose und Elija waren zur Zeit Jesu bekannte und beliebte Propheten; indem Jesus ihnen an die Seite gestellt wird, erhält er eine ähnlich populäre Bedeutung wie sie. Schließlich gelten Mose und Elija als Vorläufer des Messias: *einen Propheten wie mich wird dir der Herr, dein Gott, aus deinen Brüdern in deiner Mitte erstehen lassen, auf ihn sollt ihr hören* (Dtn 18,13) und: *bevor aber der Tag des Herrn kommt (...) da sende ich zu euch den Propheten Elija* (Mal 3,23). Wenn das Kommen des Täufers auf Elija hin interpretiert wird (Mt 11,14; 17,10), dann sollen die Leser Jesus als *den Propheten wie Mose*, bzw. als Messias erkennen.

Unerwartet mischt sich Petrus mit seinem Vorschlag, *drei Zelte zu machen* (17,4), ins Gespräch ein. Im Gegensatz zu den anderen beiden Synoptikern, die diese Reaktion Petri wohl nicht mehr verstanden haben und deshalb entschuldigend erklären (Mk 9,6; Lk 9,33), scheinen diese Worte für Matthäus doch einen Sinn zu haben. Im Ersten Testament ist das Offenbarungs-*Zelt* der Ort, wo Gott mit Mose redet und sich Israel offenbart. Dieses *Zelt* ist der Wohnort Gottes mitten unter den Israeliten, in ihrer Mitte (Ex 29,42-45; Lev 1,1; Num 7,89). Die Wortkombination *Zelt, Wolke*(nsäule), *reden, verneigend anbeten* findet sich auch in Ex 33,9-11, wo Gott ebenfalls mit Mose im Offenbarungszelt redet. Vor diesem Deutungshorizont, den Matthäus und seine Gemeinde gut kannte, schlägt dann Petrus vor, einen „Treffpunkt" zu bauen, um ständig mit Mose, Elija und Jesus reden zu können. Das von Petrus gewünschte Reden der Schüler mit Mose, Elija und Jesus muss deshalb analog zum Reden des Mose mit Gott verstanden werden: als Gespräch über die Weisungen Gottes und als *miteinander Auge in Auge reden, wie Menschen miteinander reden* (Ex 33,11a).

Diese doch eigentlich verständliche und gute Idee des Petrus beinhaltet aber auch einige Risiken: werden die drei Zelte nicht Mose, Elija und Jesus Gott gleich setzen und diese drei dann ebenfalls wie Gott verehren? Mose, Elija und Jesus sollen – auch nicht stellvertretend! – für Gott inmitten des Volkes wohnen, sondern Gott selbst will bei den Menschen wohnen, wie es Ex 29,45-46 festhält und wie es auch die Offenbarung erhofft: *siehe, das Zelt Gottes bei den Menschen, und er wird zelten bei ihnen, und sie werden seine Völker sein, und Gott selbst wird bei ihnen sein als ihr Gott* (Apk 21,3). Außerdem diente das Zeltheiligtum Gottes – gerade anstatt eines Hauses! – dazu, Gott *inmitten* seines Volkes *wohnend* und mit ihm umherziehend zu zeigen und nicht dazu, ihm einen Ort der Verehrung zu schaffen. Ein Offenbarungszelt oder ein Verehrungsort stehen weder Mose, noch Elija oder Jesus zu: Jesus lebt zur erzählten Zeit der Verklärung noch; der Auferstandene ist dann wie Mose und Elija in der lebendigen Erinnerung im Volk gegenwärtig. Weitere *Zelte* bergen die Gefahr des Polytheismus, der bloßen Verehrung oder des alleinigen Redens anstatt des Tuns des Willens Gottes in sich.

Während Petrus noch redet (17,5) erscheint eine Wolke. Das Kommen der Wolke und die Stimme aus der Wolke wirken dadurch wie eine unterbrechende, korrigierende Reaktion Gottes auf den Vorschlag Petri: nicht Zelte bauen, sondern auf Jesus hören! Nicht nur anbeten oder darüber reden, sondern auf Jesus hören, d.h. den Willen Gottes tun (7,21; 12,50)! Dass hören und tun zusammengehören, galt schon immer vom Wort Gottes (Ex 15,26; 19,5; Dtn 13,5.19; 26,17; 27,10). Mit dem geforderten Hören und Tun des Willens Gottes wird zugleich auch deutlich, dass ein Verehrungsort oder Treffpunktzelt nicht zwingend notwendig ist. Vor dem Horizont des zerstörten Tempels und der damit verbundenen Identitätskrise des Judentums zur Zeit der Abfassung des Evangeliums war diese Position sinnvoll. Die ersten Christusgläubigen bauen tatsächlich auch keine Verehrungsorte; sie versammeln sich in den Häusern der Gläubigen.

Die Stimme aus der Wolke bezeichnet Jesus als *mein geliebter Sohn*. Die Leser erinnern sich an die Erzählung von der Taufe Jesu, wo die Himmelsstimme dieselben Worte sprach (3,17); neu ist jetzt der angehängte Imperativ, auf Jesus zu *hören*. Da Jesus vor seiner Taufe noch nicht gelehrt hat, war die Bestätigung seiner Lehre an jener Stelle nicht möglich und musste später nachgetragen werden. Die Stimme aus der Wolke begründet damit die Autorität der Lehre Jesu, die, wie die Erscheinung zeigt, im Dialog mit Mose und Elija verstanden werden muss. Das Erscheinen von Mose und Elija (17,3) hat somit die Funktion, die Lehre Jesu zu gewichten und einzuordnen. Dass es hier also keinesfalls allein um die Autorität der Lehre Jesu oder gar um ein Hervorheben oder Abgrenzen Jesu gegen Mose und Elija geht, verdeutlicht das gleichrangige Gespräch zwischen den drei Beteiligten. Auch Jesus ist damit von Gott bestätigt – ebenso wie Mose (z.B. Ex 4,1-17.30-31; 14,30-31) und Elija (1 Kön 18,36-39).

17,6-8: Die Stimme aus der Wolke galt den Schülern, die Leser natürlich eingeschlossen. Nach dem Kommen der Stimme ist die komplexe Erscheinung beendet: die Schüler sehen umher und sehen außer Jesus keinen mehr (17,8). Auf die Stimme aus der Wolke reagieren die Schüler mit *großer Furcht* und indem sie *auf ihr Gesicht fallen / sich verneigen* (17,7). Ihre Reaktion zeigt das erwartete Verhalten bei einer Gottesbegegnung bzw. einer himmlischen Erscheinung (vgl. Ex 33,10; Num 22,31; Ri 12,20). Für die Leser wird damit deutlich, dass die Schüler die Umgestaltung Jesu sowie Mose und Elija gesehen und Gottes Stimme aus der Wolke gehört haben. Dies ist (mit Mk 9,2-13; Lk 9,28-36) die einzige Stelle im NT, die eine so „nahe" Gotteserfahrung beschreibt. Bei der Taufe sieht nur Jesus den Geist Gottes auf sich herabkommen; die Himmelsstimme dort gilt nur bei Matthäus allen Menschen, doch wird keine Reaktion von den Anwesenden erzählt (3,16-17). Mit dieser Erzählung deutet der Evangelist jetzt seinen Lesern an, dass Gotteserfahrung keine exklusive Erfahrung von wenigen Auserwählten ist und dass nicht nur Propheten Gottes Wort hören, sondern dass es – wie hier den Schülern – allen Menschen möglich ist.

17,9: Matthäus schließt das Erlebnis auf dem Berg, das er nun als *Vision* bezeichnet, mit einem begrenzten Schweigegebot Jesu *bis dass der Menschensohn aus Toten erweckt ist* ab. Damit schreibt er seinen Lesern für die beschriebenen vielschichtigen Erfahrungen der Umwandlung Jesu, der Erscheinung von Mose und Elija sowie der Wolke mit der Stimme ausdrücklich eine nachösterliche Deutung vor. Die Leser werden durch das *aus Toten erweckt* noch einmal an die erste Leidensankündigung Jesu erinnert (16,21). Matthäus verdeutlicht ihnen damit, dass Leiden und Tod zu diesem Messias-Menschensohn dazugehören, doch dass der Tod keinesfalls das Ende bedeutet.

Die Kenner des Matthäusevangeliums werden hier Verknüpfungen zur Erscheinung des Auferstandenen am Ende des Buches finden (28,18-20): dort erscheint Jesus auf dem *Berg* seinen Schülern, die vor ihm *niederfallen*; er sagt ihnen, dass ihm *alle Vollmacht im Himmel und auf Erden gegeben wurde* und beauftragt sie, alle Menschen zu *lehren, zu bewahren was er ihnen geboten* habe. Den Lesern sind außerdem noch Jesu Worte in Verbindung mit seiner ersten Leidensankündigung präsent: dass *der Menschensohn in der Herrlichkeit seines Vaters mit seinen Engeln kommen* wird und dass einige der Anwesenden den Tod nicht kosten werden, *bis sie den Menschensohn kommend in seinem Königtum sehen* (16,27-28). Da sich diese Ankündigung Jesu schon in der Vision der Schüler bewahrheitet hat, müssen die Leser entsprechend folgen, dass Jesus dieser Menschensohn ist und dass auch sein Reich schon begonnen hat.

17,10-13 Das Wiederkommen Elijas

Ebenfalls noch beim Abstieg vom Berg (weil sie erst in 17,14.16 mit den anderen Schülern und der Menschenmenge zusammentreffen) befragen die Schüler Jesus nach dem eschatologischen Kommen des Elijas nach Mal 3,23-24 und Sir 48,10. Nach dieser Vorstellung würde vor dem Tag des Herrn, vor dem Jüngsten Tag Elija kommen, um *das Herz der Väter den Kindern zuzuwenden* und um *die Stämme Jakobs wieder aufzurichten*. Mit

Elijas Wiederkommen würde dann die eschatologische Zeit anbrechen. Die Leser können hinter dieser Frage einen möglichen verborgenen Einwand sehen, mit dem sich die matthäische Gemeinde auseinandersetzen musste: Jesus kann nicht der Messias-Menschensohn sein und das Reich Gottes kann noch nicht begonnen haben, weil ja Elija noch nicht wiedergekommen sei und noch nicht alles wiederhergestellt habe.

Zuerst bestätigt Jesus grundsätzlich die Auffassung vom Kommen Elijas (17,11), begegnet aber dann dem versteckten Einwand mit dem Hinweis, dass Elija schon gekommen sei, aber nicht erkannt wurde (17,12). Diejenigen, die den wiedergekommenen Elija nicht erkannt hatten und deshalb an ihm getan hatten, was sie wollten, sind vom Kontext her die Schriftkundigen. Dass auch der Menschensohn durch sie leiden wird (17,12d), hatte Jesus schon in seiner ersten Leidensankündigung erwähnt (16,21c). Mit dem Hinweis, dass die Schüler verstanden, dass Jesus über Johannes den Täufer als gekommener Elija sprach (17,13 auch schon 11,7-15), impliziert Matthäus für seine Leser die Aussage, dass dann folglich Jesus doch der Messias-Menschensohn ist, mit dem das Reich Gottes schon begonnen hat.

Pragmatische Knotenpunkte des Textes

Mit der komplexen Visions- und Auditionserfahrung der Schüler leitet Matthäus seine Leser dazu an, ihr Verständnis von Jesus als dem leidenden und verherrlichten Messias-Menschensohn zu vervollständigen. Die Leidensankündigung und die Hinweise auf das Leiden und Sterben des Menschensohnes (17,9.12) gehören ebenso dazu wie die Auferweckung und die himmlische Wirklichkeit, die sich in der Vision in der äußerlichen Umgestaltung Jesu reflektiert.

Durch das Gespräch mit Mose und Elija stellt Matthäus Jesus an die Seite der beiden Gottesmänner: mit Mose verbinden ihn die Weisungen Gottes und sein Einsatz für das Tun des Willens Gottes, mit Elija verbindet ihn sein Wirken (es finden sich zahlreiche Parallelen in den Erzählungen von Elija (und Elischa) und Jesus: z.B. 1 Kön 17,1-19,21; 21,1-29; 2 Kön 1,1-2,25; 4,1-8,15). Besonders uns christliche Leser heute weist dieses hierarchiefreie Gespräch zwischen Mose, Elija und Jesus auf die Verortung Jesu in der Tradition des Judentums hin: nur in einem solchen Dialog kann Jesus wirklich angemessen verstanden werden.

Die Stimme aus der Wolke bestätigt Jesus nicht nur als Gottes Sohn (3,17; 16,16), sondern autorisiert auch ausdrücklich seine Lehre und damit natürlich auch sein Wirken, das seine Lehre konkretisiert. Der Appell *hört ihn* gilt ebenso den Lesern. Sie sollen Jesu Lehre in dem Bewusstsein befolgen, dass Gott diesem Jesus, seinen Worten und Werken ganz und gar zustimmt und mit ihm übereinstimmt, was der Zusatz *an dem ich Gefallen fand* deutlich unterstreicht. Das ist dann für die Leser und uns heute eine besondere Herausforderung, weil wir einige Weisungen Jesu lieber für idealistisch oder unerfüllbar halten (z.B. 5,20.48; 6,33), als sie tatsächlich ernst zu nehmen.

Jesu Weg nach Jerusalem

Gott bestätigt Jesus als seinen Sohn zu Beginn seines Wirkens in der Taufe, während seines Lehrens und Wirkens durch die hier erzählte Vision und nach seinem Leiden und Tod durch seine Auferweckung. Das gesamte Leben und Wirken Jesu – einschließlich seines Leidens und Todes – findet von Anfang bis Ende die Zustimmung Gottes. Für die Leser ist hier der Impuls enthalten, ihr Messiasbild entsprechend zu korrigieren; diese völlige Zustimmung Gottes zu Jesus kann ihnen hilfreich sein, ihre bestehenden Zweifel zu überwinden.

Die komplexe Vision erzählt die vielfältige Gotteserfahrung der Schüler: sie „sehen" die Umgestaltung Jesu, die Erscheinung von Mose und Elija und sie „hören" die Stimme aus der Wolke. Die Schüler sind ganz normale Menschen, die hier Gott auf verschiedene Weise erfahren. Gotteserfahrung lässt sich nicht festlegen: sie ist vielschichtig und individuell, manchmal auch erschreckend und nicht immer leicht anderen mitzuteilen, doch sie ist immer so, dass die Menschen sie verstehen können. Vielleicht können wir allein dadurch, dass wir mit Gott in unserem Alltag rechnen – auch damit, Gott auf „andere" Weisen zu begegnen – häufiger die beglückende Erfahrung einer Gottesbegegnung erleben.

Heilung eines epileptischen Jungen – die Kraft des Glaubens: 17,14-20

Die Heilung
[14] Und als sie zur Volksmenge kamen,
    kam zu ihm ein Mensch – auf die Knie fallend vor ihm –
[15] und sagend: Herr, erbarme dich meines Sohnes,
        denn er ist mondsüchtig
        und es geht ihm schlecht,
            denn oft fällt er ins Feuer und oft ins Wasser.
[16]   Und ich brachte ihn deinen Schülern,
    aber sie vermochten nicht ihn zu heilen.
[17] Antwortend aber sprach Jesus: O ungläubiges und verkehrtes Geschlecht!
    Wie lange werde ich mit euch sein?
    Wie lange werde ich euch ertragen?
    Bringt ihn mir hierher!
[18] Und Jesus fuhr ihn an
und der Dämon kam aus ihm heraus
und geheilt wurde der Knabe von jener Stunde an.

Die Schülerbelehrung
[19] Da – kommend die Schüler zu Jesus – für sich,
    sprachen sie: Weshalb vermochten wir nicht ihn auszutreiben?
[20] Der aber sagt ihnen: Wegen eures Kleinglaubens!
    Amen, denn ich sage euch:
        Wenn ihr einen Glauben habt (so groß) wie ein Senfkorn,
        werdet ihr diesem Berg sagen: Geh fort von hier nach dort!
        – und er wird fortgehen!
        Und nichts wird euch unmöglich sein!

Mt 17,14-20

Die Gewebestruktur des Textes

Die Erzählung entfaltet sich in zwei Teilen: an die Heilung des mondsüchtigen Jungen (17,14-18) schließt sich ein Gespräch zwischen den Schülern und Jesus an (17,19-20). Beide Teile sind über die Worte *zu Jesus / ihm kommen* (17,14.19), *vermögen* (17,16.19) – *unmöglich sein* (17,20) und das Thema des Glaubens verbunden, das sich in der Wortfamilie von *ungläubig* (17,17), *Kleinglaube* (17,20a) und *Glauben* (17,20b) zeigt.

Auf der narrativen Ebene fällt eine doppelte Verzögerung auf, bevor nach der Bitte um Hilfe endlich die Heilung geschieht: zuerst erzählt der Vater von der Komplikation, dass die Schüler Jesu nicht in der Lage waren, seinem Kind zu helfen (17,16), dann reagiert Jesus mit einem langen Scheltwort (17,17), bevor er schließlich den Dämon austreibt. Für die Leser dienen beide Verzögerungen mit den Stichworten *nicht vermögen* und *ungläubig* als Hinweis, dass der Schwerpunkt der Erzählung gerade nicht auf der Heilung liegt, sondern auf der Kraft des *Glaubens*, die das anschließende Gespräch zwischen Jesus und seinen Schülern ausführlich mit einem Bildwort und einem Beispiel thematisiert.

Das semantische Geflecht des Textes

17,14-18 Die Heilung
Eine kurze Überleitung, die an die vorherige Erzählung auf dem Berg anknüpft, stellt die Anwesenden und die nächste Situation vor (17,14). Ein Vater bittet Jesus für sein krankes Kind um Hilfe. Die Einleitung seiner Bitte mit *Herr, erbarme dich* hat liturgischen Klang (17,15a) und ist auch aus den Psalmen bekannt (z.B. Ps 6,3; 9,14; 40,5.11; 85,3). Im Anschluss daran wird die Krankheit mit Beispielen sehr ausführlich beschrieben, so dass die Lebensgefahr, die von dieser Krankheit ausgeht, deutlich wird. Der Vater hatte sich mit seinem Anliegen an Jesu Schüler gewandt. Auf der narrativen Ebene können die Leser schlussfolgern: weil Jesus nicht erreichbar war, denn er befand sich mit drei seiner Schüler auf dem Berg (17,1-13). Die Leser erinnern sich, dass Jesus seine Schüler mit der Vollmacht ausgesandt hatte, Kranke und Leidende zu heilen, Dämonen auszutreiben, Tote aufzuwecken und Aussätzige rein zu machen (10,1.8). Doch hier vermochten es seine Schüler nicht, dem Kind zu helfen (17,16).

Jesus reagiert anders als erwartet, nämlich nicht mit der Heilung, sondern mit einem Scheltwort (17,17). Es ist nicht eindeutig, wem diese Vorwürfe Jesu gelten; die generelle und gänzlich offene Formulierung lässt daher alle Anwesenden einschließlich der Leser angesprochen sein. Andere Heilungen, die im Zusammenhang mit dem Glauben erzählt werden, stellen entweder den Glauben der bittenden Personen (wie des heidnischen Hauptmannes oder der heidnischen Frau: 8,10.13; 15,28), ihre Eigeninitiative (wie die der blutflüssigen Frau: 9,22) oder den Glauben der helfenden Personen (die Träger des Gelähmten: 9,2) als vorbildlich dar. In unserer Erzählung lassen jedoch alle Beteiligten einen solchen Glauben vermissen. Dass der Vorwurf des Unglaubens

Jesu Weg nach Jerusalem

entsprechend alle Gläubigen trifft, wird im anschließenden Gespräch mit den Schülern besonders deutlich (17,20).

Die erste Klage Jesu *wie lange werde ich mit euch sein?* spielt auf die Bedeutung des Namens Jesu-Emmanuel *Gott-mit-uns* (1,23) an; die Kenner des Evangeliums hören hier aber auch die Zusage des Auferstandenen *ich bin mit euch alle Tage bis zur Vollendung der Welt* (28,20) mit. Jesus droht hier also nicht an, sich zu entziehen, denn er sagt ja seine Gegenwart zu. Vielmehr zielt die Frage *wie lange* in ihrer erwarteten Antwort auf „nicht mehr lange" oder „nur noch kurze Zeit" (vgl. z.B. Ps 12,2; 80,5; 93,3; Jes 6,11; Jer 12,4). Sie ist damit ein weiterer Hinweis auf das bevorstehende Leiden und den Tod Jesu: Jesus wird nicht mehr lange da sein. Im Kontext der anschließenden Schülerbelehrung (17,19-20) enthält diese Frage für die Anwesenden und die Leser zugleich die Aufforderung, endlich den eigenen Glauben zu entwickeln und wirken zu lassen, statt alles immer nur von Jesus zu erwarten.

In dieselbe Richtung führt auch die zweite klagende Frage Jesu *wie lange werde ich euch ertragen?* Auch hier müssen die Leser ein „nicht mehr lange" als erwartete Antwort mithören. Demnach wirft Jesus den Anwesenden und damit auch den Lesern vor, wegen ihres mangelnden Glaubens für ihn unerträglich zu sein. Hinter diesem Vorwurf steckt wiederum der Appell, endlich zu glauben bzw. den winzig kleinen Glauben, den Kleinglauben, wenigstens auf Senfkorngröße wachsen zu lassen (17,20).

Die Heilung des Kindes (17,18) wird als Dämonenaustreibung beschrieben und mit wenigen Worten festgestellt. Das Passiv deutet auf Gott als Handelnden hin (Passivum Divinum). Dass Matthäus eine Reaktion der anwesenden Menschenmenge auslässt, weist die Leser ebenfalls darauf hin, nicht hier in der Heilungserzählung, sondern im anschließenden Gespräch zwischen Jesus und seinen Schülern die Hauptaussage des Textes zu finden.

17,19-20 Die Schülerbelehrung

Die Schüler fragen bei Jesus nach, weshalb ihr Bemühen, den Dämon auszutreiben, erfolglos war. Jesus sieht die Ursache ihres Unvermögens in ihrem geringen Glauben. Generell verhindert der Unglaube das Wirken von Zeichen (13,58). Schon vorher sind die Schüler an ihrem *Kleinglauben* gescheitert (8,26; 14,31). Andere Menschen hingegen werden gerade wegen ihres Glaubens ausdrücklich gelobt (8,10.13; 9,2.22; 15,28). Bei all diesen Erzählungen wird offensichtlich, welche Wirkkraft der Glaube entfalten kann: es ist der Glaube der bittenden Personen, der das Erbetene bewirkt, nicht etwa ein Machtwort Jesu.

Das Bild vom Senfkorn wirkt durch seine starke Übertreibung. Wenn ein Glaube, so winzig wie ein Senfkorn schon „Berge versetzen" kann, dann ist der Glaube der erfolglosen Schüler Jesu nicht einmal so groß, also verschwindend gering. Jesus hat seinen Tadel des Unglaubens und seine Klagen zu Recht ausgesprochen (17,17): es sind deutliche Appelle, den Glauben dringend wachsen und wirken zu lassen.

Der Vergleich mit dem Senfkorn erinnert zudem an das Gleichnis vom Himmelreich (13,31-32): auch wenn der Glaube noch so klein ist, enthält er doch eine gewaltige Wirkkraft. Die beiden Zusagen, „Berge versetzen zu können" und dass *euch nichts unmöglich sein wird*, deuten diese enorme Wirkmacht des Glaubens an. Sie sind aber gleichzeitig auch ein doppelter Appell, den Glauben nicht nur wachsen zu lassen, sondern ihn vor allem zu praktizieren und einzusetzen. Gerade die Zusicherung, *nichts wird euch unmöglich sein*, verdeutlicht, dass der Glaube dynamisch ist, praktiziert werden will und deshalb auf Einsatz und Handeln zielt: Glauben „hat" man nicht, Glauben „lebt" man.

Pragmatische Knotenpunkte des Textes

Die Leser können sich sehr leicht mit dem bittenden Vater oder den gescheiterten Schülern identifizieren. Sie kennen vielleicht aus ihrer eigenen Erfahrung, dass sie für jemanden (im Gottesdienst) bitten, dass Jesus unerreichbar scheint, dass sie mit ihren Fähigkeiten und ihrem Glauben am Ende zu sein scheinen, dass ihr Glaube nicht trägt und nicht hilft.

Jesu Scheltwort vom Unglauben und Kleinglauben, aber auch seine Zusage vom „Berge versetzenden" Glauben, dem nichts unmöglich sein wird, gelten ebenso den Lesern. Sie sind angesprochen, ihren Glauben kritisch in den Blick zu nehmen. Allerdings ist schon eine moderne, rational-skeptische Einstellung im Sinne von „man kann gar keine Berge versetzen" kontraproduktiv, denn sie widerspricht dem grundsätzlichen *nichts wird euch unmöglich sein*. Der senfkorngroße Glaube beginnt damit, alles für möglich zu halten – und entsprechend zu leben und zu handeln. Dass uns hier oft unser rationales Verständnis mit den Grenzen des Möglichen oder Vernünftigen blockiert, ist noch Zeichen unseres Kleinglaubens. Wenn wir aber den Glauben ähnlich wie die Liebe begreifen, kann uns deutlich werden, dass auch der Glaube genauso wie die Liebe ungeahnte Kräfte entwickeln lässt und scheinbar Unmögliches möglich machen kann.

Die zweite Ankündigung von Leiden, Tod und Auferweckung, und die Reaktion der Schüler: 17,22-23

> 22 Als sie aber in Galiläa zusammengekommen waren,
>   sprach Jesus zu ihnen: Der Menschensohn ist im Begriff,
>   in die Hände von Menschen übergeben zu werden,
> 23   und sie werden ihn töten
>   und am dritten Tag wird er erweckt werden.
>   Und sie wurden äußerst traurig.

Die Gewebestruktur des Textes

Die zweite Ankündigung von Jesu bevorstehendem Tod und seiner Auferweckung ist im Vergleich zur ersten (16,21-23) kürzer und gestraffter; das gleiche gilt für die Reaktion der Schüler. Die Ortsangabe *Jerusalem* ist ausgelas-

Jesu Weg nach Jerusalem

sen, statt der genauen Bezeichnung der Gegner steht hier nur allgemein *in die Hände von Menschen übergeben* und es fehlt die Ankündigung des Leidens. Das kompromisslose *muss* ist durch *im Begriff übergeben zu werden* ersetzt, das ebenfalls den Plan Gottes durchblicken lässt, allerdings stärker das jetzt schon kurz bevorstehende Eintreten akzentuiert. Die knapp beschriebene Reaktion der Schüler, die *äußerst traurig werden*, steht der ausführlichen Protestreaktion Petri auf die erste Ankündigung von Leiden, Tod und Auferweckung gegenüber.

Das semantische Geflecht des Textes

17,22-23: Matthäus verortet diese zweite Ankündigung von Tod und Auferweckung Jesu in Galiläa. Die Leser, die sich von 16,21 her erinnern, dass sich Jesu Weg in Jerusalem vollenden wird, verstehen diese Ortsangabe als Hinweis, dass sein Schicksal noch nicht begonnen hat, wohl aber nahe bevorsteht, wie es die Formulierung *in Begriff sein* verdeutlicht. Indem Matthäus die Ankündigung des Leidens auslässt, stehen Tod und Auferweckung kontrastierender gegenüber; die ebenso erwartete Auferweckung kann eigentlich nicht mehr „überhört" werden.

Doch die Schüler reagieren mit sehr großer Traurigkeit. Ihre Haltung deutet ihre Zuneigung zu Jesus an und dass sie mit seinem bevorstehenden Schicksal nicht einverstanden sind; da sie aber weder protestieren, noch nachfragen, scheinen sie es hinzunehmen und sich damit abzufinden.

Pragmatische Knotenpunkte des Textes

Die Leser des Matthäusevangeliums sind Gläubige, die bereits um die Auferweckung Jesu wissen; vielleicht haben sie dennoch Schwierigkeiten, Jesu Passion und Tod zu begreifen. Matthäus stellt ihnen mit dieser zweiten Ansage von Tod und Auferweckung eine neue Akzentuierung vor: wenn die Leser in dieser Ankündigung das Gewicht stärker auf die Auferweckung legen, können sie den Weg Jesu von seiner Auferweckung her verstehen und als Heilsweg erkennen. Entsprechend erscheint ihnen die übergroße Traurigkeit der Schüler dann als zu „kurzsichtig" und grundlos. Matthäus bietet seinen Lesern hier eine andere Perspektive an: nicht das Leid und den Tod fixieren, sondern den gesamten göttlichen Heilsplan im Blick behalten, der sogar den Tod überwinden kann.

Das Zahlen der (Tempel-)Steuer: 17,24-27

[24] Als sie aber nach Kapharnaum kamen,		
kamen die die Doppeldrachmen Einnehmenden zu Petrus		
und sprachen:	Euer Lehrer – zahlt er nicht die Doppeldrachme?	
[25a] Er sagt:	Ja.	

Mt 17,24-27

²⁵ᵇ Und – kommend ins Haus – kam ihm Jesus zuvor,
sagend: Was meinst du, Simon:
die Könige der Erde – von wem nehmen sie Zoll oder Steuer?
Von ihren Kindern – oder von den Fremden?
²⁶ Als er aber sprach: Von den Fremden,
sagte ihm Jesus: Also sind die Kinder frei.
²⁷ Damit wir aber ihnen nicht Skandal bereiten:
– gehend ans Meer – wirf eine Angel aus
und nimm den ersten heraufsteigenden Fisch und
– öffnend sein Maul – wirst du einen Stater finden,
– jenen nehmend – gib ihn ihnen: für mich und für dich.

Die Gewebestruktur des Textes

Diese kleine Erzählung findet sich nur bei Matthäus. Sie ist durch den Ortswechsel und das Auftreten neuer Personen deutlich vom Kontext abgegrenzt und in sich ebenfalls durch den Ortswechsel (17,25b) gegliedert. Die einleitende Situationsbeschreibung enthält zugleich die Frage, die das Thema vorgibt (17,24-25a). Diese Frage wird anschließend in einem Gespräch zwischen Jesus und Petrus (17,25b-27) näher erläutert und begründet. Dabei spielt Jesus auf das Motiv vom wunderbar-hilfreichen Fischfang (Fisch mit Perle, Ring oder Münze im Maul oder Magen) an, das von der antiken bis hin zur modernen Literatur weit verbreitet ist.

Das semantische Geflecht des Textes

17,24-25a: Matthäus beginnt diese Erzählung relativ offen, indem er die Steuereinnehmer nicht näher bestimmt: die Doppeldrachme (entspricht im Wert etwa zwei Tageslöhnen eines Arbeiters) bzw. ein halber Schekel wurde zur Zeit des Tempels von allen männlichen Juden ab dem 20. Lebensjahr jährlich zum Erhalt des Tempels und für die täglichen Opfer gezahlt (vgl. Ex 30,11-16; 2 Chron 24,9; Neh 10,33-34). Mit dieser Abgabe drückten die Juden auch der Diaspora ihre Zugehörigkeit aus, sie war demnach auch Zeichen ihrer Identität. Nach der Zerstörung des Tempels (70 n. Chr.) im jüdisch-römischen Krieg wandelte Kaiser Vespasian diese Tempelsteuer in den fiscus Iudaicus um, in eine Kopfsteuer für den Tempel des Jupiter Capitolinus in Rom. Die Pflichtzahlung der Doppeldrachme für einen fremden Götzenkult wurde von den Juden als besonders demütigend empfunden.

In der Erzählungseinleitung ist es also noch nicht offensichtlich, um welche Steuer es sich handelt: Jesus selbst hat zu seiner Zeit selbstverständlich die Doppeldrachme für den Tempel gezahlt – genau das sagt Petrus auch den Steuereinnehmern (17,25a). Es geht an dieser Stelle also nicht darum, dass Jesus eine „Freiheit von der Tempelsteuer" propagiert habe, vielmehr hält Matthäus mit dem *ja* des Petrus eindeutig fest, dass Jesus die Tempelsteuer zahlte.

Zur Zeit des Matthäus und seiner Gemeinde – nach der Zerstörung des Tempels – bezieht sich die geforderte Abgabe aber nun auf den fiscus Iudaicus. Dass die Juden diese beschämende Abgabe zahlen mussten, stand außer Frage. Auch die Christusgläubigen wurden meistens als „Juden" gesehen, selbst wenn sie vorher „Heiden" waren. Einerseits wurden sie damit toleriert, weil die jüdische Religion als einzige andere Religion im Imperium Romanum akzeptiert wurde, andererseits hatten sie genau wie die Juden oft mit Nachteilen zu rechnen. Natürlich war für die Christusgläubigen diese Abgabe für einen fremden Tempelkult genauso problematisch wie für die Juden.

Die Christusgläubigen der matthäischen Gemeinde waren überwiegend Juden und verstanden sich auch als zum Judentum gehörend, denn eine Trennung hatte noch nicht stattgefunden; sie mussten also den fiscus Iudaicus bezahlen. Dass der matthäische Jesus die „Freiheit von der Kopf-Steuer" proklamiert habe, wäre nicht nur nutzlos, weil Juden ohnehin zum Zahlen des fiscus Iudaicus verpflichtet waren, sondern wäre auch gefährlich, denn es hätte die matthäische Gemeinde vom schützenden Judentum isoliert. Die ungeliebte, demütigende Abgabe war also noch das geringere Übel sowohl für die Juden als auch für die Christusgläubigen zur Zeit des Matthäus. Wie sie aber mit dieser problematischen Steuer umgehen können, erläutert Matthäus im folgenden Gespräch zwischen Jesus und Petrus.

17,25b-27: Auffallend ist der Chiasmus *Kinder – Fremde – Fremde – Kinder* (17,25e-26), der durch seine Struktur die *Kinder* den *Fremden* kontrastierend gegenüberstellt. Das verbreitete Missverständnis, dass die Christusgläubigen weder Tempelsteuer noch Kopf-Steuer zahlen sollten, liegt darin begründet, dass die Gläubigen hier mit den *Kindern* identifiziert werden. Sicher sind die Gläubigen Kinder Gottes, doch in diesem Kontext geht es ganz eindeutig um die *Kinder der Könige der Erde* (17,25d) und nicht um die Kinder Gottes (die als solche auch immer mit dem kennzeichnenden Zusatz entweder als *Kinder Gottes* in 5,9 oder als *Kinder eures Vaters im Himmel* in 5,45 genannt werden).

Dass *die Kinder frei sind,* besagt in diesem Zusammenhang, dass die *Kinder der Könige der Erde* keine Steuer zahlen würden. Die Leser sollen verstehen, dass sich Gläubigen zur Zeit des Matthäus also gerade dadurch auszeichnen, dass sie die Kopf-Steuer zahlen, denn damit zeigen sie sich eindeutig als Nicht-Kinder der Könige der Erde, also als *Fremde*: indem sie die Steuer zahlen, drücken sie ihre Nicht-Zugehörigkeit und Fremdheit aus. So wird aus dem Zahlen der Kopf-Steuer ebenfalls ein Merkmal ihrer Identität. Die Gläubigen sind *Fremde*, Nicht-Kinder dieser Könige der Erde, denn sie sind Kinder Gottes! Auch in 25,34-46 identifiziert sich Jesus ausdrücklich mit den Fremden; das Fremdsein ist hier das Kriterium der Kinder Gottes in der Welt.

Der nächste Vers führt mit *damit* (17,27) die Begründung an: die Steuer soll gezahlt werden, *damit wir ihnen keinen Skandal bereiten.* Diese Antwort kann sich nicht auf die Tempelsteuer zur Zeit Jesu beziehen, denn damit würde sie der ersten Aussage des Textes widersprechen, da ja Jesus seine Tempelsteuer zahlt (17,24-25a); außerdem würde eine solche Haltung Jesus und seine Anhänger vom Tempel und damit aus dem Judentum herauslösen, was ganz und gar nicht im Interesse des Matthäus lag.

In derselben Weise würde eine Deutung, die davon ausgeht, dass wir als Kinder Gottes frei seien, d.h. nicht zu zahlen brauchen, aber freiwillig zahlen sollten, um einen Skandal zu vermeiden, letztlich wieder eine Trennung vom Tempel und vom Judentum propagieren. Selbst wenn man von einer bestehenden Trennung von Judentum und Christentum ausgeht, widerspricht sich eine solche Deutung selbst, denn wenn die Kinder Gottes frei sind, Steuern zu zahlen, brauchen sie nicht zu zahlen und erregen durch das Nicht-Zahlen weder bei Juden noch bei Römern Anstoß.

Die Motivation Jesu, *damit wir ihnen keinen Skandal bereiten*, muss also auf die Zeit des Matthäus bezogen werden: das Nicht-Zahlen der Kopf-Steuer würde zum Skandal führen, weil es als Auflehnung gegen die römische Besatzungsmacht verstanden werden würde. Auch wenn das Zahlen der Steuer Demütigung und finanzielle Einbuße bedeutet, trägt der matthäische Jesus seinen Lesern auf, keinen Skandal zu beschwören, sondern durch das bereitwillige Zahlen der Steuer mögliche weitere Repressalien zu verhindern und um des Friedens willen auch Nachteile in Kauf zu nehmen. Dass auch gerade das Zahlen der Kopf-Steuer als Identität stiftend für die Gläubigen interpretiert werden kann, hat schon das Beispiel von den Steuern zahlenden Fremden gezeigt: wer die Kopf-Steuer zahlt, zeigt damit, als Kind Gottes vor den Königen der Erde ein Fremder zu sein.

Der anschließende wunderbar-hilfreiche Fischfang (17,27) wird nur angekündigt und nicht noch in seiner Ausführung erzählt. Er dient zur Illustration, dass das Zahlen der Kopf-Steuer für die Gläubigen kein Problem sein wird. Ein *Stater* ist eine griechische Münze im Wert von zwei Doppeldrachmen, damit reichte das gefundene Geld für Petrus und Jesus. Noch einmal verdeutlicht Matthäus unmissverständlich, dass Jesus die Tempelsteuer bezahlt hat.

Pragmatische Knotenpunkte des Textes

Matthäus gibt mit dieser Episode seinen antiken Lesern klare Impulse, die Kopf-Steuer zu zahlen. Zugleich betont er, dass Jesus und seine Schüler selbstverständlich die Tempelsteuer gezahlt haben. Uns Christen heute betrifft diese Problematik nicht mehr, doch wir können in der Begründung *damit wir ihnen keinen Skandal bereiten* Impulse für unser Handeln in unserer Gegenwart finden. Matthäus fordert mit dem Rat, Skandal zu vermeiden ja nicht dazu auf, sich ergeben ins Unvermeidliche zu fügen. Um Unrecht nicht zu vertuschen, sollte es schon klar als solches benannt werden, doch das sollte dann möglichst auf eine Weise getan werden, die den Skandal vermeidet. Für uns heute könnte das bedeuten, nach alternativen Wegen zu suchen, Konflikte und Probleme zu lösen und auch die Möglichkeit mit einzubeziehen, um des Anderen willen oder um des Friedens willen auf etwas zu verzichten oder eigene Nachteile hinzunehmen.

Im Zusammenhang mit dem hilfreichen Fischfang können sich die Leser damals und heute daran erinnern, dass unser himmlischer Vater weiß, was wir brauchen, noch ehe wir ihn darum bitten (6,8) und dass es uns zuerst um das Reich Gottes und seine Gerechtigkeit gehen soll, uns aber auch alles andere

Die Gemeinderede

dann dazugegeben werden wird (6,32-33). Eine solche Einstellung kann helfen, missliebige Forderungen, Pflichten und Situationen nicht zu überbewerten, sondern aus der Perspektive der Kinder Gottes zu betrachten, die manchmal noch Fremde in dieser Welt sind.

Mt 18,1-19,2: Das Zusammenleben in der Gemeinde: die Gemeinderede

Dieses Kapitel umfasst die vierte lange Rede Jesu. Zuvor hat schon die Erzählung zur Steuerfrage (17,24-27) den gemeindlichen Hintergrund angezeigt; im selben Kontext ist nun auch die folgende Rede Jesu zu interpretieren, die speziell das Verhalten der Schüler zueinander thematisiert. Wie auch in den anderen Reden Jesu geht es darum, ein Verhalten einzuüben und eine Haltung zu übernehmen, die der Nachfolge Jesu entsprechen. Die vierte Rede betont nun ausdrücklich, dass die Nachfolge Jesu besonders im Umgang miteinander deutlich wird.

Die Art und Weise des Umgangs zeigt sich speziell in Krisensituationen, wenn das Leben in Gemeinschaft auf die Probe gestellt wird. Daher behandelt diese Rede den Umgang der Gemeinde mit den *Kleinen*, mit dem *sündigenden Bruder* und mit der *Vergebung*. Auch in dieser Rede wird wieder das Dreierschema deutlich, mit dem Matthäus die großen Reden Jesu gliedert. Zuerst geht es in eher allgemeiner Weise um die Gemeinde und ihren Umgang mit den *Kleinen* (18,1b-10). Der Hauptteil (18,12-20) behandelt dann ausführlicher mit einem Gleichnis und Beispielsfällen das konkrete Verhalten einem sündigenden Gemeindemitglied gegenüber. Der letzte Teil (18,21-35) thematisiert noch einmal anhand eines Gleichnisses die prinzipiell immer geforderte Vergebung. Die Rede lässt sich wie folgt gliedern:

Narrative Einleitung	18,1a	
DIE GEMEINDE UND DIE KLEINEN	18,1b-10	
DIE GEMEINDE UND DIE SÜNDE	18,12-20	
	Einleitung	18,12a
	Das verirrte Kleine	18,12b-14
	Der sündigende Bruder	18,15-17
	Die Eintracht	18,18-19
	Abschluss	18,20
DIE GEMEINDE UND DIE VERGEBUNG	18,21-35	
Narrativer Schluss	19,1-2	

Diese Lehre Jesu über den Umgang miteinander gilt natürlich nicht nur den fragenden Schülern, sondern besonders den Lesern. Sie sind gefordert, die Weisungen Jesu auf ihre aktuelle Situation zu übertragen.

Die Gemeinde und die „Kleinen": 18,1-10

> Narrative Einleitung
> ¹ᵃ In jener Stunde kamen die Schüler zu Jesus, sagend:
>
> Der Größte im Himmelreich
> ¹ᵇ   Wer also   ist der Größte   im   Königreich der Himmel?
> ² Und – herbeirufend ein Kind – stellte er es in ihre Mitte und sprach:
> ³   Amen, ich sage euch:
>   Wenn ihr euch nicht umwendet und werdet wie die Kinder,
>   kommt ihr nicht hinein   in das   Königreich der Himmel.
> ⁴   Wer also sich erniedrigen wird   wie dieses Kind,
>   dieser   ist der Größere   im   Königreich der Himmel.
>
> Die „Kleinen" und der Anlass zur Sünde
> ⁵   Und wer immer   aufnimmt ein solches Kind in meinem Namen,
>   mich nimmt er auf.
> ⁶   Wer aber immer   Möglichkeit zur Sünde gibt einem dieser Kleinen,
>   der Glaubenden an mich,
>   zukommt ihm,
>   dass umgehängt würde ein Eselsmühlstein um seinen Nacken
>   und er versenkt würde in der Tiefe des Meeres.
> ⁷   Wehe   der Welt wegen der Gelegenheiten zur Sünde;
>   sicher, notwendigerweise gibt es Möglichkeiten zur Sünde,
>   jedoch: wehe   dem Menschen, durch den der Anlass zur Sünde kommt.
> ⁸   Wenn aber deine Hand oder dein Fuß   dir Anlass zur Sünde ist,
>   schlag ihn ab und wirf ihn von dir!
>   Besser für dich ist es,   hineinzugehen in das Leben
>   als Krüppel oder Lahmer,
>   als zwei Hände oder zwei Füße habend
>   geworfen zu werden ins ewige Feuer.
> ⁹   Und wenn dein Auge   dir Anlass zur Sünde ist,
>   reiß es aus und wirf es von dir!
>   Besser für dich ist es,
>   als Einäugiger   ins Leben hineinzugehen,
>   als zwei Augen habend
>   geworfen zu werden in die Gehenna des Feuers.
>
> Schluss
> ¹⁰   Seht zu, dass ihr nicht eines dieser Kleinen verachtet;
>   denn ich sage euch: Ihre Engel in den Himmeln schauen unablässig
>   das Angesicht meines Vaters in den Himmeln.
> [11]

Die Gewebestruktur des Textes

Der erste Teil der Rede besteht aus der Einleitung in eine neue Situation (18,1a) und einer Schülerfrage (18,1b). Jesu zweiteilige Antwort geht zuerst direkt auf die Frage nach dem Größten im Himmelreich ein (18,2-4), schließt aber noch spezielle Ermahnungen, die die Sünde betreffen an (18,5-9); eine begründende Schlussfolgerung (18,10) beendet den ersten Redeteil.

Die Gemeinderede

Die Einleitung *in jener Stunde* hat eine doppelte Funktion: sie stellt die Verbindung zur vorigen Perikope her, die ebenso den *Anlass zur Sünde* erwähnt und verortet damit diese Rede ebenfalls im gemeindlichen Kontext. Außerdem fällt auf, dass mit dem Hinweis *in jener Stunde* keine historischen Ereignisse berichtet werden, für die ein bestimmter Zeitpunkt wichtig wäre, sondern eine Frage eingeleitet wird, die nicht unbedingt an diesen Kontext gebunden ist. Nicht der Zeitpunkt der Stunde ist wichtig, sondern das, was nun geschieht: die Antwort Jesu. Die zweite Funktion dieser Einleitung liegt also darin, eine neue, in gewisser Weise zeitunabhängige Situation herzustellen: die Schülerfrage und die Antwort Jesu sind *jetzt* und *immer wieder* für alle aktuell, die Jesus nachfolgen.

Der erste Antwortteil (18,2-4) besteht aus einer Geste und einer mit den Worten *amen, ich sage euch* eingeleiteten Erklärung, die damit die besondere Bedeutung des Gesagten hervorhebt. Die Wiederholungen von *Königreich der Himmel* und *Kind(er)* stellen auf der stilistischen Ebene die Einheit der Sequenz her. Der zweite Antwortteil (18,5-9) thematisiert das Problem der Sünde. Der Vers 18,5 knüpft mit dem Wort *Kind* an die erste Sequenz an und stellt zugleich über das Possessivpronomen *mich* die Verbindung zu den *Kleinen, der Glaubenden an mich* in 18,6 her. In 18,7 folgt ein doppelter Wehe-Ruf, dem zwei Verhaltensregeln (18,8-9) angeschlossen sind, die ähnlich schon zuvor (5,29-30) genannt wurden. Eine generelle Ermahnung (18,10) knüpft mit der Nennung der *Kleinen* an die vorigen Verse an und beendet diesen Redeteil mit einer ausführlichen Begründung.

Das semantische Geflecht des Textes

18,1a Narrative Einleitung
Einleitend wird die neue Situation beschrieben: Die Schüler nähern sich Jesus mit einer Frage. *Schüler* meint nicht nur die kleine Gruppe der Zwölf, sondern vielmehr alle Männer und Frauen, die Jesu Verkündigung vom Himmelreich gehört haben und ihm gefolgt sind.

18,1b-4 Der Größte im Himmelreich
Ihre Frage nach den ersten und höchsten Posten im Himmelreich ist nicht notwendig an einen bestimmten Kontext gebunden und erscheint dadurch überzeitlich oder zeitlos: sie passt zu jeder Zeit und an jeden Ort. Die Leser können mühelos diese Frage nach Größe und Macht auf ihre je aktuelle Situation übertragen. Weil diese Frage gerade nicht nur die historischen Schüler Jesu betrifft, wirkt die Antwort ebenso überzeitlich: sie wird dadurch zu einer unbegrenzt geltenden Weisung Jesu für die Gemeinschaft der ihm Nachfolgenden.

Die Antwort Jesu umfasst eine symbolische Geste – Jesus ruft ein Kind und stellt es in die Mitte – und zwei erklärende Logien, die durch die Bekräftigungsformel *amen, ich sage euch* verstärkt werden. Diese Erklärung Jesu besteht aus zwei Teilen: zuerst fordert er die Schüler zur Umkehr auf, um zu werden wie die Kinder, um überhaupt in das Himmelreich zu kommen; danach antwortet er direkt auf ihre Frage, indem er ihnen die demütige Haltung des Kindes als Ideal vorstellt.

In der griechischen und römischen Antike war das Kind-Sein allerdings kein Idealzustand. Kinder galten als unwissend und mussten unterwiesen werden, doch die Achtung vor den Kindern zählte zu den Tugenden der öffentlichen Moral. Im Judentum sind Kinder Zeichen des göttlichen Segens. Auch hier wird das Kind-Sein als zu überwindender Status durch Erziehung verstanden. Außerdem symbolisiert Kind-Sein Ohnmacht und Bedeutungslosigkeit, die in starkem Kontrast zur Hochmut stehen, die Gott missfällt (vgl. Ps 8). In der antiken christlichen Spiritualität war die Auffassung, dass Kinder noch keine Erfahrung mit dem Bösen gemacht haben, verbreitet; die Unschuld der Kinder hatte deshalb Vorbildcharakter.

Bei Matthäus wird durch die Antwort Jesu das *Kind* zum Ideal einer bestimmten Haltung vor Gott: zuerst betont er mit der Ermahnung zur Umkehr die nötige *Hinwendung zu Gott*; dann fordert er auf, wie die Kinder zu werden. Das Kind-Sein charakterisiert er im folgenden Satz durch ταπεινόω (*niedrig, elend, demütig, bescheiden, arm sein*). Die Parallelstelle in 11,29 (vgl. auch 23,12) verdeutlicht, dass ταπεινός weder Selbstverachtung, noch schüchternes Verstecken oder resignierende Unterwerfung meint, sondern vielmehr eine Haltung, die als *Sanftmut und Demütigkeit des Herzens* und als *Seelenruhe* beschrieben wird. Das Ideal des Kindes beschreibt also eine bestimmte Beziehung zu Gott, für die eine (spirituelle) Haltung kennzeichnend ist, die das Leben, Handeln und Gelingen im Vertrauen auf Gott begründet und Gott verdankt, statt sie in den eigenen Kräften zu sehen.

18,5-9 Die Kleinen und der Anlass zur Sünde
Dieser Abschnitt leitet einen Perspektivenwechsel ein und erweitert dadurch das Bedeutungsspektrum des Symbols vom *Kind*. Jetzt steht nicht mehr das Kind im Mittelpunkt, sondern der, der es *aufnimmt*. In den vorigen Versen war das Kind aufgrund seines Vertrauens sowie seines unsicheren und abhängigen Lebens das Symbol der rechten Haltung vor Gott; jetzt repräsentiert es aufgrund seiner Bedürftigkeit alle, die sich in Situationen von Not, Unsicherheit und Hilflosigkeit befinden. Dass mit der Notwendigkeit des Aufnehmens mehr als nur die nötige humanitäre Hilfe gefordert wird, ist in der Identität zwischen Kind und Jesus begründet. Auch in 25,31-46 besteht diese Identität zwischen Jesus und den Bedürftigen: ihnen zu dienen bedeutet Jesus dem Messias zu dienen.

Im gemeindlichen Kontext dieses Kapitels geht es vor allem um die Beziehung zwischen den Schülern untereinander und zu Jesus. Es handelt sich hier um eine Unterweisung an die Gemeinde, sich besonders der *Kleinen*, die an Jesus glauben, anzunehmen. Das griechische μικρός bedeutet *klein an Wuchs / Körpergröße, wenig von Bedeutung, niedrig, schwach*, es bezeichnet aber nicht das Kind. Eine ähnliche Stelle in 10,41-42, wo μικρός ebenfalls in Verbindung mit *aufnehmen* (δέχομαι) vorkommt, verdeutlicht, dass mit den *Kleinen* wenig anerkannte, verachtete Personen gemeint sind. Matthäus sagt nicht konkret, um wen oder um welche Gruppe es sich bei den

Die Gemeinderede

Kleinen handelt, dadurch bleibt das Schema der *Kleinen* für die Leser zu allen Zeiten offen und übertragbar auf unterschiedliche Personen, Gruppen und Situationen.

Jesus warnt eindringlich davor, einem dieser Kleinen, die an ihn glauben, *Möglichkeit zur Sünde* zu geben (18,6). Das griechische Wort σκανδαλίζω meint jemandem ein Hindernis in den Weg zu legen, um ihn absichtlich zu Fall zu bringen; es heißt im übertragenen Sinne *Möglichkeit, Gelegenheit* oder *Anlass zur Sünde geben.* Wer einen dieser *Kleinen* daran hindert, den Glauben zu bewahren und zu leben, wer sie in Gefahr bringt, gegen den Glauben zu handeln oder gar den Glauben zu verlieren, begeht so ein schweres Vergehen, dass er dafür ins Meer geworfen und ertränkt werden sollte. Das Gleichnis vom Unkraut unter dem Weizen (13,36-43) thematisierte die gleiche Problematik: der Anlass zur Sünde ist dort die *Ungesetzlichkeit*, die darin besteht, nicht den Willen Gottes zu tun und nicht die Dynamik der Liebe wirken zu lassen. Die Strafe dafür ist ähnlich drastisch.

Der anschließende Weheruf (18,7) betont deshalb eindrücklich warnend die persönliche Verantwortung eines jeden Gläubigen für die Kleinen und Schwachen im Glauben. Auch wenn es außerhalb der Gemeinde (in der Welt) immer wieder Anlässe und Gelegenheiten zur Sünde gibt, dürfen diese Situationen nicht auf das Gemeindeleben übertragen werden; sie können genauso wenig als Entschuldigung für ein Verhalten dienen, das andere in ihrem Glaubensleben gefährdet. Jeder ist für den Glauben der anderen mitverantwortlich.

Gerade weil man den Glauben nicht für sich allein lebt, sondern in Gemeinschaft, ist es ein schwerwiegendes Problem für die Gemeinde, jemandem Anlass zur Sünde zu geben. Darum muss jeder auch sein eigenes Glaubensleben ständig kritisch im Blick haben. Die direkte Anrede mit *dein / dich* lenkt die Aufmerksamkeit des Lesers nun auf sich selbst. Mit der Perspektive auf das Ziel des ewigen Lebens soll er sein Leben betrachten und nicht zögern, das, was an ihm selbst ihm zum Anlass zur Sünde wird, sofort zu vernichten, denn die Sünde gegen den Glauben verhindert den Zugang zum ewigen Leben.

Die drastischen Formulierungen vom Abschlagen der Hand oder des Fußes und vom Ausreißen des Auges wollen natürlich nicht zur Selbstverstümmelung aufrufen. Wie schon zuvor die Androhung, im Meer ertränkt zu werden, stellen solche scharfen Formulierungen die gravierende Größe der Sünde dar, die das Glaubensleben gefährdet. Eine Sünde, die den Glauben von anderen in Gefahr bringt, stiftet ja nicht einfach nur Verwirrung oder bringt Zweifel, sondern nimmt den Menschen ihre Glaubenshoffnung und ihr Vertrauen in Gott – und beraubt sie dadurch um das ewige Leben!

18,10 Schluss

Der erste Redeteil schließt mit der grundsätzlichen Ermahnung ab, die Kleinen nicht zu verachten. Matthäus präzisiert nicht den Grund dieser Verachtung, so dass den Lesern wieder vielfältige Aktualisierungsmöglichkeiten offen bleiben. Dem Imperativ, der die Verachtung der Kleinen verbietet, folgt eine Erklärung, die auf der Aufgabe der Schutzengel beruht: die Engel dieser Kleinen schauen unablässig das Angesicht Gottes. Matthäus stellt dadurch eine enge Beziehung zwischen Gott und den Kleinen her, die er außerdem durch eine himmlische Ordnung begründet: gerade die Kleinen sind Gott besonders nahe. Die andere Seite dieser Beziehung, dass ebenso Gott die Kleinen besonders wichtig sind, verdeutlicht dann das folgende Gleichnis vom verlorenen Schaf (18,12-14).

Pragmatische Knotenpunkte des Textes

Die Schüler Jesu bieten sich hier als Identifikationsfiguren für die Leser an; allerdings sind sie keine idealen Vorbilder, denn die Leser kennen noch vom vorigen Kapitel ihren kleinen Glauben (vgl. 17,20). Einerseits können sich die Leser mit den Schülern identifizieren, andererseits wird aber durch die Kritik an ihrem kleinen Glauben eine gewisse Distanz erzielt, wodurch den Lesern der Impuls gegeben wird, andere Handlungsmodelle zu entwickeln. Außer der Frage, die die Schüler Jesus stellen, handeln sie nicht. Dadurch wird das Gewicht der Erzählung auf die Antwort Jesu verschoben, die sich durch den gemeindlichen Kontext nicht nur an die Schüler damals, sondern auch an die gegenwärtigen Leser richtet. Während die Schüler auf der Erzählebene die Anweisungen Jesu zum Handeln brauchen, können die Leser aufgrund des zeitlichen Abstands und der Rollen-Distanz zu den Schülern versuchen, Jesu Forderungen konkret umzusetzen.

Mit dem *Kind* als Identifikationsrolle stellt Matthäus seinen Lesern neben dem *verständig wie die Schlangen und unverdorben wie die Tauben* (10,16) ein weiteres Modell einer spirituellen Haltung vor, die eine vertrauensvolle Beziehung zu Gott beschreibt und das Handeln aufgrund dieser Gottesbeziehung durch Sanftmut und Demütigkeit des Herzens geleitet sieht. Dieses Vertrauen in Gott beschreiben auch die Psalmen (Ps 62,2.6; 131,2); Sanftmut charakterisiert den eschatologischen Friedenskönig Israels in Sach 9,9 (in Mt 21,5 Jesus), und die beiden Adjektive *demütig* und *niedrig / bescheiden* kennzeichnen das eschatologische Israel, das seine Zuflucht bei Gott nimmt in Zef 3,12 (in Mt 11,29 auch Jesus).

Das Vertrauen in Gott bildet die Grundlage der Gottesbeziehung, die gerade deshalb zum engagierten Handeln ermutigt. Die Texte aus dem Ersten Testament verdeutlichen, dass mit dem Vertrauen keinesfalls ein passives „Gott wird's schon machen" gemeint ist. Der sanftmütige Friedenskönig (Sach 9,9-10) setzt sich aktiv für den Frieden ein und das eschatologische Israel (Zef 3,12-13) tut kein Unrecht mehr, sondern lebt die Wahrheit. Insofern diese Haltung nach Matthäus die Voraussetzung für das Kommen ins Himmelreich ist, stellt sie einen eindringlichen Impuls an die Leser dar, ihr Glaubensleben entsprechend auszurichten und zu gestalten.

Auffällig ist, dass die *Kleinen* nicht näher charakterisiert werden: es sind allgemein gering geschätzte, verachtete Menschen gemeint. Durch diese Generalisierung können die Leser nicht nur bestimmte Raster und Vorstellungen einer Situation, Gruppe oder Person übernehmen (und andere aus-

Die Gemeinderede

schließen), sondern sie müssen immer wieder aktualisieren, auf wen in ihrer Zeit und Situation die Beschreibung der *Kleinen* passt. Es kommt also auch hier darauf an, eine bestimmte Haltung *allen Kleinen* gegenüber einzuüben. Die Leser können ihre aktuelle Situation in den Blick nehmen und sich fragen: wer gehört in unserem Umfeld zu den *Kleinen*? Warum sind sie gefährdet? Wie sind sie zu den Kleinen geworden? Wie können wir uns ihrer annehmen? Was müssen wir an unserem Verhalten verändern und was können wir tun, um die Situation unserer Kleinen zu verbessern?

Ganz konkret fordert dieser Text die Leser auf, vor allem auch das eigene Verhalten kritisch zu betrachten: wo bringt mein Verhalten andere auf Abwege? Wie gefährde ich durch mein Verhalten das Glaubensleben anderer, z.B. ihr Vertrauen in Gott oder ihre Hoffnung, die ihr Handeln motiviert? Aber die Leser können sich auch selbst fragen: wo stehe ich mir selbst im Weg? Was muss ich tun, um die Hindernisse, die ich meinem Glaubensleben und meiner Gottesbeziehung bereitet habe, aus dem Weg zu räumen?

Die Gemeinde und die Sünde: 18,12-20

Das verirrte Kleine
12   Was meint ihr?
         Wenn es geschieht, dass einem Menschen hundert Schafe gehören,
            und es verirrt sich eines von ihnen,
            wird er nicht verlassen die neunundneunzig in den Bergen,
            und – gehend – sucht er das Verirrte?
13   Und: wenn es geschieht, dass er es findet,
   amen, ich sage euch: Er freut sich über es mehr als über die neunundneunzig,
            die sich nicht verirrten.
14   So ist es nicht der Wille von eurem Vater in den Himmeln,
            dass eines dieser Kleinen verloren gehe.

Der sündigende Bruder
15   Wenn aber gesündigt hat [gegen dich] dein Bruder,
            geh hin,   überführe ihn zwischen dir und ihm allein.
         Wenn er dich hört, gewannst du deinen Bruder;
16   wenn er aber nicht hört,
            nimm dir   noch einen oder zwei,
               damit auf *dem Mund von zwei Zeugen oder drei*
               bestehe jedes Wort; (Dtn 19,15)
17   wenn er aber sie überhört,
            sprich   zur Gemeinde;
         wenn er aber auch die Gemeinde überhört,
            sei er dir   wie der Heidnische und der Zöllner.

Die Eintracht
18   Amen, ich sage euch: Wie viel immer ihr bindet   auf der Erde
                     wird gebunden sein   im Himmel,
            und: wie viel immer ihr löst   auf der Erde,
                     wird gelöst sein   im Himmel.

> ¹⁹ Wieder [amen] sage ich euch:
>   Wenn zwei übereinstimmen von euch   auf der Erde in jeder Sache,
>   die immer sie erbitten,
>   geschehen wird es ihnen von meinem Vater in den Himmeln.
>
> Schluss
> ²⁰ Denn wo zwei oder drei versammelt sind auf meinen Namen hin,
> dort bin ich in ihrer Mitte.

Die Gewebestruktur des Textes

Nachdem der erste Teil der Rede schon davor warnte, einem anderen – besonders einem der *Kleinen* – Anlass zur Sünde zu geben, führt nun der Hauptteil dieses Thema weiter aus. Jetzt geht es speziell um den Umgang mit den *Brüdern*, also mit Gemeindemitgliedern, die gesündigt haben. Auch dieser Teil besteht aus drei Sequenzen (18,12-14.15-17.18-19) und schließt mit einer zusammenfassenden Erklärung ab (18,20).

Der Hauptteil beginnt mit einer an die Schüler gerichteten Frage (18,12a), an die sich jedoch gleich, ohne eine Antwort abzuwarten, ein Gleichnis anschließt (18,12b-14). Die Übertragung des Gleichnisses unterstreicht mit dem Amen-Wort (18,13b), dass kein Anlass besteht, einen „Verirrten" zu verachten, weil über ihn als „Wieder-Gefundenen" mehr Freude herrschen wird, als über alle anderen, die sich nicht verirrten. Die explizite Nennung der *Kleinen* (18,14) stellt eine Verbindung zum ersten Redeteil her: es ist nicht Gottes Wille, dass einer der Kleinen verloren geht!

Die zweite Sequenz (18,15-17) erläutert mit vier präzisen Handlungsanweisungen, wie mit einem *Bruder, der gesündigt hat,* umzugehen ist, um ihn *zu gewinnen,* das heißt: ihn in die Gemeinschaft zurückzuführen. Es geht hier also keinesfalls um den Ausschluss aus der Gemeinde! Auf der syntaktischen Ebene gliedert die Struktur, die auf der Gegenüberstellung von *wenn – wenn nicht* basiert, diese Sequenz und formt dadurch ihre Einheit. Die dritte Sequenz (18,18-19) wird durch das bekräftigende *amen ich sage euch* eingeleitet und mahnt zur Einigkeit in der Gemeinde. Auffällig ist der Wechsel von der direkten *Du*-Anrede zur generellen Anrede in der 2. Pers. Pl. (*euch, ihr*), mit dem die grundsätzliche Bedeutung des Gesagten hervorgehoben wird. Die Amen-Worte stellen darüber hinaus eine Verbindung zu den anderen mit *Amen* eingeleiteten Sequenzen des Kapitels her. Die abschließende Erklärung (18,20) knüpft mit der Nennung von *zwei oder drei* an die beiden vorigen Sequenzen an und sagt die Gemeinschaft mit Jesus definitiv für alle zu, die sich in seinem Namen versammeln.

Das semantische Geflecht des Textes

18,12-14 Das verirrte Kleine

Das Thema der gefährlichen Folgen der Sünde, die das Glaubensleben bedrohen, wird in diesen Versen weitergeführt und radikalisiert: Jesus hebt deutlich hervor, dass es nicht dem Willen Gottes entspricht, wenn eines der

Kleinen verloren geht, d.h. also mit Bezug auf den ersten Redeteil: dass eines der Kleinen durch das Verhalten anderer vom ewigen Leben ausgeschlossen wird. Den Kleinen darf also nicht nur kein Anlass zur Sünde gegeben werden (18,6), sie dürfen auch nicht verachtet werden (18,10) und dürfen nicht verloren gehen. Dass Gott besonders viel an den *Kleinen* liegt, zeigt das Gleichnis vom verlorenen und wieder gefundenen Schaf.

Matthäus betont in diesem Gleichnis nicht so sehr das Motiv *verloren – gefunden*, sondern setzt den Akzent vor allem auf das *Verirren* und *Suchen*. Im gemeindlichen Kontext dieses Kapitels geht es um ein Gemeindemitglied, das sich verirrt hat, weil es zur Sünde verführt wurde und das gesucht werden soll. Indem Matthäus ausdrücklich *eines dieser Kleinen* nennt, macht er deutlich, dass es sich um eine Gemeinschaft handelt, in der jeder seinen Platz hat – auch die Kleinen. Deshalb stellt Matthäus besonders die Sorge des Vaters für die Kleinen und seinen Willen in den Mittelpunkt, dass nicht eines der Kleinen verloren gehe. Die Kleinen sind Gott darum so wichtig, weil sie der Gefahr ausgesetzt sind, sich leichter zu verirren und endgültig verloren gehen könnten.

Der Schluss (18,14) stellt das Handeln Gottes als beispielhaftes Verhalten für die Gemeinde dar und enthält dadurch eine ermahnende Funktion. Die Gemeinde soll Gott nachahmen und sich ebenso sorgfältig um die Kleinen kümmern: sie muss dafür sorgen, dass sich die Kleinen gar nicht erst verirren können – und falls sie sich doch verirrt haben, sollen die Gemeindemitglieder die verirrten Kleinen suchen und zurückbringen!

18,15-17 Der sündige Bruder

Auffällig ist in diesen Versen der Wechsel zur *Du*-Anrede: die Leser fühlen sich direkt angesprochen. Matthäus stellt hier seinen Lesern und auch uns heute verschiedene Initiativen vor, die wir entwickeln sollen, um den sündigen *Bruder* zu *gewinnen* und ihn in die Gemeinschaft zurückzuführen. *Bruder* meint in diesem Zusammenhang allgemein ein Mitglied der Gemeinde, das natürlich auch eine *Schwester* sein kann. Zugleich drückt die Bezeichnung *Bruder* auch die persönliche Nähe und Mit-Verantwortung aus. Für den Fall, dass jemand – der uns wie ein Bruder oder eine Schwester nahe steht –, gesündigt hat, sollen wir nach einer bestimmten gestaffelten Reihenfolge reagieren. Das Sündigen *gegen dich* wird von vielen Exegeten wegen seiner spärlichen Bezeugung in den antiken Handschriften als späterer Einschub gedeutet; es kann aber auch durch den letzten Imperativ in 18,17b (*er sei dir...*) begründet sein.

Welcher Art die Sünde ist, spezifiziert Matthäus nicht, dadurch geht es allgemein um sündiges Handeln, das die Leser in ihrer jeweiligen Situation aktualisieren können. Das Wort *überführen* im Zusammenhang mit *gewinnen* verdeutlicht, dass es gerade nicht darum geht, den Sünder zu bestrafen, sondern ihn für die Gemeinschaft *zurück zu gewinnen* (18,15c). Bemerke ich also, dass jemand sündigt – oder sündigt er gegen mich –, dann soll ich diese Tat nicht sofort überbewerten und ihn deshalb vor der Gemeinde bloßstellen, sondern ich soll ihm vielmehr unter vier Augen erklären, dass sein Handeln nicht gut war (18,15b). Ziel dieser persönlichen Unterredung ist, dass der *Bruder hört* (18,15c).

Den Hintergrund dazu bietet Lev 19,17-18: *Du sollst in deinem Herzen keinen Hass gegen deinen Bruder tragen. Weise deinen Stammesgenossen zurecht, so wirst du seinetwegen keine Schuld auf dich laden. An den Kindern deines Volkes sollst du dich nicht rächen und ihnen nichts nachtragen. Du sollst deinen Nächsten lieben wie dich selbst. Ich bin der Herr.* Schon hier wird deutlich, dass ich dem Bruder seine Sünde gänzlich zu verzeihen habe: ich darf mich nicht rächen und es ihm auch nicht nachtragen. Vor allem soll ich ihn nicht in erster Linie wegen *seiner* Sünde zurechtweisen, sondern *um meinetwillen*, damit ich selbst nicht die Schuld auf mich lade, mich nicht um meinen Bruder gekümmert zu haben, für den ich mitverantwortlich bin, damit er keine Sünde begeht.

In diesem Kontext wird nun auch die gesamte soziale Dimension der Sünde deutlich: das Sündigen des Bruders – sei es gegen mich speziell oder allgemein – hat nicht nur allein in ihm selbst seine Ursache, sondern ist immer auch durch die Umstände, Situationen und letztlich sogar durch mein eigenes Verhalten mitbegründet. Dass ich in gewisser Weise mitschuldig an der Sünde meines *Bruders* bin, weil ich ihm durch mein Verhalten *Anlass* zur Sünde gegeben habe, verweist wieder zurück auf den ersten Teil der Rede, der ausdrücklich davor warnte, einem anderen Anstoß und Möglichkeit zur Sünde zu geben (18,6-9).

Der folgende Vers (18,16) behandelt nun den Fall, dass der *Bruder* im persönlichen Gespräch nicht zu überzeugen war, falsch gehandelt zu haben. Auch dann soll ich immer noch nicht die Tat „an die große Glocke hängen", sondern es noch einmal versuchen, indem ich mir einen oder zwei andere *Brüder* aus der Gemeinde mitnehme, um in einer kleinen Gruppe zusammen mit dem sündigen *Bruder* über sein Verhalten reden. Es ist ja auch möglich, dass ich mich geirrt habe und dass der *Bruder* im Recht war. Deshalb genügt nach Dtn 19,15 nämlich nicht das Zeugnis einer Person, sondern es sind zwei oder drei Zeugen gefordert, um einer Sache Rechtsgültigkeit zu verleihen. Wiederum wird deutlich, dass es zusammen mit den anderen Personen aus der Gemeinde darum geht, die Wahrheit zu finden und nicht darum, eine Schuld zu beweisen, denn wären sie „Zeugen" eines sündigen Verhaltens, hätten auch sie vorher schon die Pflicht gehabt, den *Bruder* unter vier Augen zurechtzuweisen. Ziel dieses Gesprächs ist wie schon zuvor, den *Bruder* für die Gemeinschaft zurück zu gewinnen.

Falls der *Bruder* die Worte dieser kleinen Gruppe *überhört* (18,17a), soll ich zur Gemeinde sprechen (18,17a). Matthäus gebraucht hier nicht die Negation von hören, sondern wählt ausdrücklich *überhören / missverstehen / nicht beachten* (παρακούω) wie in Mk 5,36, wo Jesus die Worte des Synagogenvorstehers überhört oder nicht beachtet. Die Gemeinde ist mit ἐκκλησία (ekklesia) bezeichnet, das hier die örtliche Versammlung der Gemeinschaft (Gemeindeversammlung) meint, nicht etwa die gesamte Kirche. Wenn also alle Bemühungen vorher nicht gefruchtet haben, ist jetzt die Zeit

Die Gemeinderede

gekommen, die Gemeinde zu informieren: *alle* sollen sich nun um den sündigen *Bruder* kümmern und versuchen, ihn zurück zu gewinnen.

Doch besteht auch hier die Möglichkeit, dass der *Bruder* die Worte der Gemeinde *überhört* (18,17b). In gewisser Weise ist dieses Schema der Handlungsanweisungen zugleich ein Zeugnis meiner Unfähigkeit, den sündigen Bruder zur Gemeinde zurückzubringen: einerseits habe ich wirklich alles getan, andererseits aber doch mit all meinem Bemühen keinen Erfolg gehabt. Obwohl der *Bruder* auch auf die Gemeinde nicht hört, findet sich kein Hinweis für die Gemeinde, den sündigen *Bruder* deshalb auszuschließen. Die Anweisung, die sich im Anschluss findet, richtet sich nämlich nicht an alle, sondern wieder an mich: *...sei er dir wie der Heidnische und der Zöllner*. Es geht immer noch um mein Verhalten dem sündigen *Bruder* gegenüber. Es ist weder gesagt, dass ich nun mein Möglichstes getan habe und beruhigt die Hände in den Schoß legen kann, noch dass ich den Umgang mit diesem *Bruder* meiden soll. Vielmehr findet sich eine neue, konkrete vierte Handlungsanweisung für mich, den *Bruder* nun wie einen Heiden oder Zöllner zu behandeln.

Wie mit diesen Personen umzugehen ist, hat das Beispiel Jesu deutlich gezeigt: der Zöllner Matthäus wird von Jesus in die Nachfolge berufen (9,9); Jesus und seine Schüler essen mit Zöllnern und Sündern (9,10); Jesus wird *Freund der Zöllner und Sünder* genannt (11,19); Zöllner und Dirnen gelangen eher in das Königreich Gottes als die Hohenpriester und Ältesten (21,31); Zöllner und Dirnen haben Johannes dem Täufer geglaubt (21,32). Die Gruppen der Zöllner und Heiden sind als diejenigen beschrieben, die nur diejenigen lieben, von denen sie geliebt werden (5,46), die nur ihre Brüder grüßen (5,47) und die beim Beten viele Worte machen, weil sie meinen, dann erhört zu werden (6,7). Das Verhalten der Zöllner und Heiden ist damit aber nicht als „falsch" beschrieben, sondern nur als *nichts Besonderes* (5,47) oder als etwas, das in der Unkenntnis Gottes begründet liegt, weil sie noch nicht wissen, dass Gott schon weiß, was wir brauchen, ehe wir ihn darum bitten (6,8).

Die Nachfolger Jesu sollen sich in ihrem Verhalten von den Zöllnern und Heiden unterscheiden: sie sollen ihre Feinde lieben und für ihre Verfolger beten (5,44) und sich bemühen, wie Gott *vollkommen* zu sein (5,48). Das *unvollkommene* Verhalten der Heiden und Zöllner darf gerade nicht als Vorbild dienen; die Nachfolger Jesu müssen sich bewusst anders verhalten. Wenn der sündige *Bruder* nun *für mich* wie ein Heide oder Zöllner sein soll, dann meint das: dieser *Bruder* hat noch nicht verstanden, worauf es beim christlichen Handeln ankommt; ich muss mich seiner besonders annehmen und ihm christliches Handeln und Leben vorleben.

Es geht stets darum, den *Bruder*, der gesündigt hat, für die Gemeinschaft *zurück zu gewinnen* (18,15c). Der Kontext vom Gleichnis vom verirrten Schaf (18,12-14) und die Frage Petri, wie oft dem *Bruder*, der gesündigt hat, vergeben werden soll (18,21-22) – nicht nur dreimal, wie diese Handlungsanweisungen vermuten lassen könnten, nicht nur siebenmal, wie Petrus meint, sondern: 490mal, kurz: immer wieder – verdeutlicht, dass der *Bruder* keinesfalls aufgegeben oder ausgeschlossen werden darf.

18,18-19 Die Eintracht

Das Amen-Wort wechselt von der Du-Anrede zur 2. Pers. Pl. und betont damit die generelle Bedeutung des nun Gesagten: es geht jetzt um die (Wieder-)Herstellung der Einigkeit und Eintracht in der Gemeinde. Auffällig ist, dass Jesus schon zuvor die selben Worte vom *binden* und *lösen* an Petrus gerichtet hat (16,19). Auf der sachlichen Ebene einer juristischen Terminologie beziehen sich *binden* und *lösen* auf das, was verboten oder erlaubt ist, bzw. was ratifiziert oder annulliert wird.

In unserem Kontext vom Umgang mit dem sündigenden *Bruder* ist die Entscheidung gemeint, ihm die Sünde zu vergeben oder nicht zu vergeben, d.h. ihn für die Gemeinschaft zurück zu gewinnen oder ihn für die Gemeinschaft zu verlieren. Die Gegenüberstellung von *Erde* und *Himmel* lenkt den Blick auf die „end-gültigen" Folgen für den *Bruder* und damit natürlich zugleich auf die Verantwortung der Gemeinschaft für ihn. Diese kontrastierende Gegenüberstellung hat die Funktion einer eindringlichen Ermahnung, im Umgang mit dem *Bruder*, der gesündigt hat, die Verantwortung für ihn wahrzunehmen und stets die Konsequenzen zu bedenken, die ein Nicht-Beachten, ein zu oberflächlicher Umgang oder auch ein Überbewerten der Sünde hätte.

Das wiederholte *wieder [amen], ich sage euch* (18,19) stellt eine Verbindung zum vorigen Amen-Wort her. Ebenso knüpfen die Worte *Erde* und *Himmel* sowie die Zahlenangaben *zwei* und *drei* an das gerade zuvor Gesagte an und führen es weiter. Das Verb *übereinstimmen / eines Sinnes sein* betont die besondere Wirkkraft des gemeinsamen Gebets. Dieses übereinstimmende Bitten muss darum auch im Kontext mit dem Bemühen um Rückgewinnung des sündigenden *Bruders* gesehen werden, d.h. die Handlungsanweisungen werden fortgeführt. Nach dem Dreischritt (18,15-17) und der Betonung der bleibenden Verantwortung für den *Bruder* (18,18) soll die Angelegenheit im übereinstimmenden, gemeinsamen Gebet auch vor Gott getragen werden (18,19).

Dass dabei nicht notwendig an eine strikte Reihenfolge – erst gestaffelte Ermahnung, dann Gebet – gedacht ist, zeigen der Hinweis auf die bleibende Verantwortung (18,18) und die Zusage, dass schon das Gebet von *zweien* Erhörung findet (18,19). Diese *zwei* können z.B. der sündigende *Bruder* und ich sein, oder auch ein Zeuge und ich. So wie die Verantwortung für den *Bruder* bestehen bleibt und nicht nach einer bestimmten Anzahl von Bemühungen abgegeben werden kann, so soll das Bemühen um seine Wiedergewinnung für die Gemeinschaft vom gemeinsamen Gebet begleitet sein. Die Zusage der Erhörung des Gebets ermutigt dazu, gemeinsam vor und mit Gott, der nicht will, dass eines der Kleinen verloren geht (18,14), eine Lösung zu finden.

Dadurch wird zum einen wiederholt deutlich, dass nicht wir Menschen über andere richten dürfen, weil es allein Gott ist, der einen Menschen beurteilt (7,1); zum anderen drückt sich hier auch die Hoffnung auf eine endgültige Lösung des Problems aus: Gott wird das übereinstimmende, gemeinsame Gebet erhören.

18,20 Schluss
Dieser abschließende Vers führt mit *denn* als Begründung die Gegenwart Jesu an. Das *ich bin in ihrer Mitte* erinnert an den Namen *Emmanuel* (*Gott ist mit uns*, 1,23) und wird am Ende des Evangeliums mit den Worten *ich bin bei euch* (28,20) nochmals zugesagt. Bei den Rabbinen wird seit dem 1. Jhd. v. Chr. die Gegenwart Gottes (= Schechina) ganz ähnlich beschrieben: nach mAv 3,2 ist immer dort, wo sich zwei mit der Tora beschäftigen, die Schechina *mitten unter ihnen*. Weiterhin sei stets, wenn die Israeliten geknechtet oder ins Exil geführt wurden, auch die Schechina geknechtet und ins Exil geführt worden (MekhY zu Ex 12,41). In bHag 14b zu Jes 7,14 wird schließlich analog zum *'immānū'ēl* (*Emmanuel*) von der *'immānū-schechina* (*mit uns ist die Schechina*) gesprochen.

Die Schechina ist demnach in ihrer Anwesenheit nicht nur statisch, punktuell, sondern dynamisch und dauerhaft zu denken. In unserem Text spricht Jesus seine Gegenwart oder Anwesenheit denen zu, die sich *in seinem Namen versammelt* haben, sei es auch nur eine ganz kleine Gruppe von *zwei oder drei* Personen. Das Versammeln *im Namen Jesu* ist gerade nicht nur auf das gemeinsame Gebet begrenzt, sondern meint generell das Zusammenkommen, um Jesu Willen, d.h. den Willen Gottes zu tun (7,21-23).

Pragmatische Knotenpunkte des Textes

Im zweiten Teil der Rede Jesu geht es konkret um ein sündigendes Gemeindemitglied. Der Begriff *Sünde* ist ganz allgemein gebraucht und ermöglicht den Lesern dadurch die Übertragung auf verschiedene, aktuelle Situationen. Jesu Rede betont, dass es darum geht, einem sündigenden Gemeindemitglied immer zu vergeben und sich darum zu bemühen, es für die Gemeinschaft zurück zu gewinnen. Dass diese ständige Vergebung gerade nicht als Aufforderung verstanden werden kann, wegzusehen oder alles „mit dem Mäntelchen der Liebe zuzudecken", verdeutlichen die verschiedenen Schritte, wie mit einem sündigenden Mitglied umzugehen ist. Hinsehen ist gefordert, außerdem ist sofortige Reaktion und Kritik am sündigen Verhalten unbedingt nötig, denn es ist der Wille Gottes, dass nicht eines von den Kleinen verloren gehe (18,14).

Die verschiedenen gestaffelten Handlungsanweisungen zeigen aber auch, dass eine Sünde nicht gleich überbewertet werden soll und erleichtern dadurch das Verzeihen. Doch der Sünder soll ja sein Verhalten ändern, deshalb muss durch Gespräche und im gemeinsamen Gebet versucht werden, ihn in die Gemeinschaft zu integrieren. Beides ist gefordert: der Einsatz der Gemeindemitglieder, die sich ständig um das sündigende Gemeindemitglied bemühen sollen und das gemeinsame Gebet zu Gott. Diese Verantwortung für ein anderes Gemeindemitglied kann nicht abgegeben werden, doch es ist allein Gott, der urteilt.

Die Leser können ihr Verhalten einem sündigenden Gemeindemitglied gegenüber in den Blick nehmen: wie gehen wir mit unserer Verantwortung ihm gegenüber um? Der Appell *dann sei er dir wie der Heide und der Zöllner* lädt ein, die Verfehlung des Einen im Zusammenhang mit dem Leben und Handeln der gesamten Gemeinschaft zu sehen: was an unserem Verhalten führt dazu, dass andere nicht mehr deutlich genug wahrnehmen, worauf es eigentlich bei der Nachfolge Jesu ankommt?

Ein weiterer Impuls steckt in der Zusage der Gegenwart Jesu, wo immer sich zwei oder drei in seinem Namen versammeln und ermutigt besonders auch kleine Gruppen, diese Gemeinschaft zu suchen und zu leben. Die Leser sind aufgefordert, die zahlreichen Möglichkeiten zu entdecken, die sich in ihrem Alltagsleben in ihrem Umfeld bieten, um im Tun des Willens Gottes die Gegenwart Jesu zu erfahren.

Das Versammeln im Namen Jesu ist offen formuliert: es lässt sich nicht nur auf die an Jesus Glaubenden (18,6) oder allein auf die Versammlung zum Gebet (18,19) eingrenzen, sondern meint generell das Zusammenkommen von Menschen in der Intention Jesu, d.h. um den Willen Gottes zu tun. Wenn das Ziel der Versammlungen das Tun des Willens Gottes ist, müssen weder die Verabsolutierung einseitiger Ziele noch eine sektiererische Gruppenbildung befürchtet werden, denn nicht die Versammlung bewirkt die Anwesenheit Jesu, sondern Jesus selbst lässt seine Gegenwart dort erfahrbar werden, wo der Wille Gottes gelebt wird.

Entsprechend kann aber auch die Erfahrung der Gegenwart Jesu einer kleinen Gruppe nicht abgesprochen werden, selbst wenn oder weil ihr Tun des Willens Gottes außerhalb der gängigen, gewöhnlichen Verhaltensweisen liegt. So wie es immer sowohl die Verantwortung der Gemeinschaft bleibt, möglichst zu verhindern, dass Mitglieder verloren gehen, als auch sich darum zu kümmern, dass sündigende (verirrte) Mitglieder zurück gewonnen werden, so sehr ist diese große Gemeinschaft auch aufgefordert, sich durch die Erfahrungen und Meinungen kleinerer Gruppen anfragen zu lassen und zu überlegen, ob nicht deren Position als Bereicherung für das gemeinsame Glaubensleben integriert werden kann.

Die Gemeinde und die Vergebung: 18,21-19,2

Die Frage des Petrus
21   Dann – hinkommend – sprach Petrus zu ihm:
                        Herr, wie viele Mal wird sündigen gegen mich mein Bruder
                        und ich werde ihm erlassen?
                        Bis sieben Mal?
22   Es sagt ihm Jesus: Nicht sage ich dir:
                        bis sieben Mal,   sondern: bis siebzig Mal sieben.

Die Gemeinderede

Das Gleichnis

23 Deswegen wurde das Königreich der Himmel verglichen
(mit) einem Menschen, einem König,
   der Abrechnung halten wollte mit seinen Sklaven.
- - - - -
24 Als er aber begann, sie abzuhalten,
wurde hingebracht zu ihm einer: ein Schuldner von 10 000 Talenten.
25 Da er aber nicht(s) hatte zurückzugeben,
befahl der Herr,
   dass er verkauft werde
   und die Frau und die Kinder und alles, wie viel er hat,
und dass zurückgegeben werde.
26 Fallend nun fiel der Sklave nieder vor ihm, sagend:
     Sei großmütig zu mir, und ich werde dir alles zurückgeben!
27 Ergriffen aber entließ der Herr jenes Sklaven ihn,
und die Schuld erließ er ihm.
- - - - -
28 Herauskommend aber fand jener Sklave einen Mitsklaven,
der ihm 100 Denare schuldete,
   und – ihn ergreifend – würgte er ihn, sagend:
     Gib zurück, wenn du etwas schuldest!
29 (Nieder)fallend nun bat sein Mitsklave ihn, sagend:
     Sei großmütig zu mir, und ich werde dir zurückgeben.
30 Der aber wollte nicht,
sondern – weggehend – warf er ihn ins Gefängnis,
   bis er das Geschuldete zurückgebe.
- - - - -
31 Sehend nun seine Mitsklaven das Geschehene, wurden sie sehr betrübt,
und – kommend – erklärten sie ihrem Herrn alles Geschehene.
32 Dann – ihn herbeirufend – sagt sein Herr ihm:
   Böser Sklave, all jene Schuld erließ ich dir, weil du mich batest;
33   musstest nicht auch du dich erbarmen deines Mitsklaven,
   wie auch ich mich deiner erbarmte?
34 Und erzürnt übergab ihn sein Herr den Folterern,
bis dass er alles Geschuldete zurückgebe.
- - - - -
35 So wird auch mein himmlischer Vater euch tun,
wenn ihr nicht erlasst, jeder seinem Bruder, von euren Herzen.

Narrativer Schluss

19,1 Und es geschah, als Jesus diese Worte beendet hatte,
brach er von der Galiläa auf
und er kam in die Gebiete der Judäa jenseits des Jordans.
2 Und es folgten ihm viele Volksmengen,
und er heilte sie dort.

Die Gewebestruktur des Textes

Der dritte Redeteil (18,21-35) handelt von der Vergebung. Er wird durch eine Frage von Petrus (18,21) eingeleitet, die Jesus zuerst knapp (18,22), anschließend aber mit einem langen Gleichnis (18,23-35) ausführlich beantwortet. Die Gleichniserzählung ist einleitend ausdrücklich als solche gekennzeichnet (18,23). Sie besteht aus drei Szenen (18,24-27; 28-30; 31-34) und wird mit einer schlussfolgernden Anwendung (18,35) abgeschlossen. Eine abschließende Bemerkung (19,1-2) markiert das Ende der vieren Rede Jesu und leitet zu neuen Ereignissen über.

Das semantische Geflecht des Textes

18,21-22 Die Frage des Petrus
Die Frage des Petrus führt die Thematik der Vergebung weiter. Offensichtlich scheinen die bisherigen Erklärungen Jesu, die verdeutlichten, dass dem sündigenden *Bruder* immer vergeben werden muss, zu unwahrscheinlich, zu problematisch und zu schwierig: Petrus fragt also nach einer Grenze der gegenseitigen Vergebung. Damals waren die Rabbinen der Meinung, dass die Vergebung dreimal gewährt werden müsse (Joma 86b). Petrus geht mit der Frage nach der siebenmaligen Vergebung noch weiter und signalisiert dadurch die Möglichkeit, Vergebung über die übliche Praxis hinaus zu gewähren – dennoch setzt er mit dem *sieben Mal* eine Grenze. Die Antwort Jesu (18,22) ist klar und eindeutig: sie negiert die Grenze, die Petrus setzte und bestätigt mit dem *siebzig Mal sieben* ausdrücklich die Pflicht zur grenzenlosen Vergebung. Im Unterschied zu Lukas (Lk 17,4) setzt Matthäus nicht einmal die Reue seitens des sündigenden Bruders voraus, sondern unterstreicht die Pflicht und die Schnelligkeit, Vergebung zu gewähren.

18,23-35 Das Gleichnis
Das anschließende Gleichnis mit seiner Aktualisierung (18,35) verdeutlicht noch einmal, weshalb grenzenlose Vergebung unbedingt gefordert ist. Ein Gleichnis entfaltet seine pragmatische Kraft, indem es die Leser durch Identifikationsangebote in die fiktive Welt des erzählten Geschehens hinein nimmt, sie aber nachher wieder in ihre reale Welt entlässt, mit dem Bewusstsein, dass sie das im Gleichnis Geschehene deuten sollen, so dass es sich auf ihre aktuelle Situation auswirkt und sie letztlich positiv verändert.

18,23.24-27: Zuerst werden einleitend die Situation (18,23) und die handelnden Personen (18,24) vorgestellt: der Schuldner befindet sich vor seinem König in einer ausweglosen Situation, weil er ihm eine unvorstellbar große Menge Geld schuldet. Identifikationsfiguren sind der Schuldner und der König. In der Regel steht in einem Gleichnis der König (oder Herr) für Gott, die Knechte oder Diener für die Menschen. Der Handlungsablauf ist klar beschrieben: der Schuldner sieht seine reale, ausweglose Situation, bittet um Großmütigkeit, um Geduld (Zahlungsaufschub) und verspricht die Begleichung der Schulden.

Der König, der zuerst auf Rückzahlung pochte und dafür auch die Familie des Schuldners opfern wollte, lässt sich in seinem Innersten bewegen und erlässt – das Verb *erlassen / vergeben* spielt sowohl auf die materielle Schuld als auch auf die Sünde an – dem Schuldner die enorme Summe. Dieser radikale Wandel im Verhalten des Königs erstaunt und verstärkt um-

Die Gemeinderede

so mehr den Beweggrund. Das Verb *ergriffen sein / Mitleid empfinden* (σπλαγχνίζομαι) ist ein zentrales Motiv bei Matthäus (9,36; 14,14; 15,32; 20,34). Der König lässt sich von der Leid-Situation des Anderen im Innersten bewegen und empfindet Mitleid; allein deshalb vergibt er ihm alles.

Als Beispiel für Modellhandlungen hätte das Gleichnis hier beendet sein können, doch eine weitere Szene schließt sich an.

18,28-30: Die Situation wiederholt sich; dadurch wird die Nachdrücklichkeit der Botschaft verstärkt, allein aus Mitleid *alles*, wie groß auch immer die Schuld sein mag, zu vergeben. Dieses Mal findet sich allerdings der frühere Schuldner in der Rolle des Gläubigers wieder: ein Mitknecht schuldet ihm eine vergleichsweise geringe Summe. Ähnlich rigoros wie der König reagiert nun auch der frühere Schuldner, und auch der Mitknecht bittet mit (fast) den gleichen Worten um Großmütigkeit und Aufschub.

Doch jetzt ändert sich die Handlung: der frühere Schuldner *will nicht* großmütig sein und Mitleid haben, denn er wendet sich ab, geht weg, lässt seinen Schuldner ins Gefängnis werfen und besteht auf Begleichung der Schulden (18,30). Sein Handeln erscheint in diesem Zusammenhang unmotiviert und umso hartherziger, denn da ihm zuvor schon seine riesige Schuld erlassen wurde, hat er jetzt gar keine Veranlassung, so dringend und unbarmherzig die Rückzahlung von einem anderen zu fordern.

18,31-34: Neue Personen treten auf und leiten die dritte Szene ein. Es sind die Mitsklaven, die alles gesehen haben, über das Geschehene traurig sind und davon ihrem Herrn berichten (18,31). Mit ihnen können sich die Leser identifizieren, die das Verhalten des früheren Schuldners angesichts der enormen Großzügigkeit seines Herrn ebenfalls unverständlich finden. Die Antwort und Reaktion des Königs wird nun mit Spannung erwartet. Sie enthält zugleich die Botschaft des Gleichnisses (18,32-33), die das Urteil nicht auf juristischer Ebene, sondern auf der Basis der immer geschuldeten Barmherzigkeit fällt: weil du selbst Erbarmen über alle Maßen erfahren hast, musst du auch anderen gegenüber barmherzig sein.

Wieder wird deutlich, dass für Matthäus die Barmherzigkeit ein entscheidendes Kennzeichen der Schülerschaft Jesu ist (vgl. z.B. 5,7; 9,13; 12,7; 23,23). Die Reaktion des Herrn (18,34), der jetzt seinen früheren Schuldner ebenso behandelt, wie dieser mit seinem Schuldner umging und nun doch das Geschuldete zurückverlangt (vgl. 18,30.34), scheint uns heute vielleicht widersprüchlich: wenn dem König die Barmherzigkeit so wichtig ist, hätte er dann nicht noch einmal barmherzig sein sollen? Die scharfe Reaktion des Königs hat hier aber die Funktion, die Bedeutung der geforderten Barmherzigkeit zu radikalisieren. Das wird durch folgende die Anwendung deutlich.

18,35: Zum Schluss überträgt und deutet Jesus das Gleichnis für seine Hörer; mit dem *euch* sind aber auch wir heutigen Leser angesprochen. In dem Gleichnis ist Gott der Herr (König), wir sind der Schuldner, dem Gott die unvorstellbar große Schuld erlassen hat. Jesus erinnert zuerst zur Abschreckung an die Strafe, die der unbarmherzige Schuldner erleiden muss. Darauf aufbauend wiederholt er dann die geforderte totale Vergebung dem sündigenden *Bruder* gegenüber. Die Leser können also folgern: weil Gott mir meine große Schuld erlassen hat, bin ich verpflichtet, meinem Bruder ebenfalls zu vergeben. Wer selbst schon einmal die beglückende Erfahrung einer vergebenen großen Schuld erlebt hat, fühlt sich dadurch so befreit, dass er aus dieser Erfahrung heraus auch anderen von ganzem Herzen verzeihen kann.

19,1-2 Narrativer Schluss
Wie schon bei den vorigen langen Reden Jesu (vgl. 7,28; 11,1; 13,53) findet sich auch hier eine formelhafte Wendung, die das Ende der Rede anzeigt. Mit dem anschließenden Ortswechsel nach *Judäa jenseits des Jordans* beginnt eine neue Etappe auf dem Weg Jesu nach Jerusalem. In 4,25 kamen Menschen aus diesem Gebiet zu Jesus, um ihm nachzufolgen, jetzt geht Jesus zu ihnen und wieder folgen die Menschen ihm nach. Jesus heilt sie (19,2), wie er auch zuvor die Menschen in Galiläa heilte (4,23) und ebenso alle, die aus Syrien zu ihm kamen (4,24). Die Leser bemerken eine doppelte Bewegung: von Norden und Süden kommen die Menschen, um Jesus nachzufolgen und um von ihm geheilt zu werden – und Jesus geht zu diesen Menschen und heilt sie. In diesem Kontext ist auch die Aussendung der Schüler zu sehen, die zuerst zum Haus Israel (10,1-15), dann in alle Welt (28,19) gesendet werden.

Pragmatische Knotenpunkte des Textes

Das kurze Gespräch mit Petrus und das anschließende Gleichnis heben eindeutig hervor, dass ständige Vergebung gefordert ist und dass ihr keinerlei Grenzen – etwa wegen einer besonders großen Sünde oder wegen der Häufigkeit der Sünde – gesetzt sind. Dass die grenzenlose Vergebung gerade nicht ein Freibrief für beliebiges Handeln ist, zeigt die Rolle der Mitsklaven, die das hartherzige Handeln des früheren Schuldners beobachten und ihrem Herrn melden. Die einmal erfahrene Vergebung einer noch so großen Schuld berechtigt gerade nicht dazu, von nun an mit der Vergebung für jegliches Tun zu rechnen, so dass das Handeln beliebig werden könnte. Aus dieser Perspektive wird auf der narrativen Ebene das strenge Verhalten des Königs verständlich: auch wenn er selbst jetzt nicht direkt vom Handeln seines früheren Schuldners betroffen war, ist seine Einmischung hier nötig, um zu verdeutlichen, dass die geschenkte Vergebung kein Freibrief ist, sondern das Handeln nur in eine Richtung zulässt: ebenso zu vergeben.

Die Leser können ihre eigene Vergebungsbereitschaft kritisch betrachten: was kann ich schnell und was nur schwer verzeihen? Woran liegt es, dass ich manchen Menschen etwas nicht verzeihen möchte oder glaube, es ihnen nicht verzeihen zu können? Für uns alle bleibt die doppelte Aufgabe, den sündigenden Bruder auf sein Fehlverhalten hinzuweisen, damit nicht noch mehr Leid geschieht – und trotzdem stets grenzenlose Vergebung zu üben.

Jesu Weg nach Jerusalem

Über Scheidung, Ehe, Ehebruch und Ehelosigkeit: 19,3-12

Fragen der Pharisäer – Antworten Jesu

³ Und es kamen zu ihm Pharisäer
   – versuchend ihn und sagend –: Ob es einem Menschen erlaubt ist,
                                        seine Frau aus jeglichem Grund zu entlassen?
⁴ Der aber – antwortend – sprach: Last ihr nicht, dass der Erschaffende von Anfang an
                                        sie *männlich und weiblich machte*? *(Gen 1,27; 5,2)*
⁵ Und er sprach: *Deswegen wird ein Mensch zurücklassen den Vater und die Mutter*
                           und er wird sich seiner Frau anschließen
                           und es werden die zwei zu einem Fleisch. (Gen 2,24 LXX)
⁶   Daher sind sie nicht mehr zwei – sondern ein Fleisch!
                           Was nun Gott zusammenfügte, soll ein Mensch nicht trennen.
                               - - - - -
⁷ Sie sagten ihm: Warum gebot Moses, einen Scheidebrief zu geben
                           und sie zu entlassen?
⁸ Er sagt ihnen: Moses erlaubte euch wegen eurer Hartherzigkeit,
                           eure Frauen zu entlassen;
                           von Anfang an aber ist es nicht so gewesen.
⁹   Ich sage euch aber: wer immer seine Frau entlässt – außer bei Unzucht –
                           und heiratet eine andere,
                           bricht die Ehe.
 	
Frage der Schüler – Antwort Jesu
¹⁰ Es sagten ihm seine Schüler: Wenn die Sache des Menschen mit der Frau so ist,
                                        ist es nicht angebracht zu heiraten.
¹¹ Der aber sprach zu ihnen: Nicht alle können dieses Wort akzeptieren,
                                      sondern (nur) die, denen es gegeben ist.
¹²   Denn es sind Eunuchen, die aus dem Mutterleib so geboren wurden,
          und es sind Eunuchen, die von den Menschen zu Eunuchen gemacht wurden,
          und es sind Eunuchen, die sich selbst zu Eunuchen machten
                                            wegen des Königtums der Himmel.
                                            Der (es) akzeptieren kann, soll (es) akzeptieren!

Die Gewebestruktur des Textes

Die hier beschriebene Situation sowie die folgenden Erzählungen sind aufgrund der Überleitung in 19,1-2 im Gebiet von Judäa, jenseits des Jordans zu lokalisieren: Jesus beginnt seinen Weg nach Jerusalem. Dabei setzt er seine bisherige Tätigkeit fort, er heilt (19,2) die Menschen, die ihm folgen und er lehrt sie, was diese und die folgenden Erzählungen berichten. Dabei kommt es wie bisher auch zu Konfrontationen mit seinen Opponenten.

Matthäus schildert ein klar strukturiertes Gespräch Jesu zuerst mit den Pharisäern (19,3-9) und anschließend mit seinen Schülern (19,10-12) über Scheidung, Ehe, Ehebruch und Ehelosigkeit. Auf die präzise Frage der Pharisäer oder der Schüler folgt dann jeweils die ausführlichere Antwort Jesu, so dass sich drei Redegänge ergeben. Zuerst fragen die Pharisäer generell nach der Scheidung und Jesu Antwort verweist sie deshalb allgemein auf die Grundbedeutung der Ehe (19,3.4-6). Anschließend gehen die Pharisäer auf das Thema der Scheidung noch einmal konkreter ein (19,7); Jesu Antwort besteht hier aus zwei Teilen: zuerst handelt es sich um Scheidung bei einer aufgrund von Herzenshärte gescheiterten Beziehung (19,8), dann spricht Jesus jedoch mit *ich sage euch* (19,9) den speziellen Fall der Scheidung mit dem Ziel der Heirat eines anderen Partners an. Danach wechseln die Gesprächspartner, denn nun leiten die Schüler zum Thema des Nicht-Heiratens über und Jesu Antwort beschreibt die drei Fälle von möglicher Ehelosigkeit (19,10.11-12).

Das semantische Geflecht des Textes

19,3-9 Fragen der Pharisäer – Antworten Jesu
19,3-6: Zur Zeit Jesu und des Matthäus existierten zwei sehr verschiedene Lehrmeinungen zum Thema Scheidung. Ausgangspunkt der Diskussion war, dass ein Mann, wenn ihm seine Frau nicht mehr gefällt, weil er etwas Anstößiges an ihr entdeckt hat, sich von ihr scheiden kann (Dtn 24,1). Wie war dieses „Anstößige" nun aber auszulegen? Bezog es sich auf unmoralisches Verhalten der Frau – oder genügte schon, dass sie ihrem Mann aus ästhetischen Gründen nicht mehr zusagte? Die Schule Rabbi Schammais interpretierte in diesem Fall sehr streng und lehnte Scheidung aus beliebigem Grund strikt ab, während die Schule Rabbi Hillels sehr viele Gründe für die Scheidung akzeptierte. Die Pharisäer fragen deshalb mit dem *jeglichen Grund* für die Entlassung aus der Ehe nach Jesu Auslegung in dieser Angelegenheit.

Indem Matthäus aber die Erzählung damit einleitet, dass sich die Pharisäer mit der Absicht an Jesus wenden, um ihn zu versuchen, gibt er seinen Lesern zu verstehen, dass ihre Frage mindestens ein Element enthält, das der Lehre Jesu zuwiderläuft. Die Leser werden sich in diesem Zusammenhang auch an die Bergpredigt erinnern, die ebenfalls schon einmal die Fälle von Scheidung und Ehebruch thematisierte (5,27-28.31-32). In der Bergpredigt hat Jesus die Scheidung abgelehnt, weil sie die Frau dem Ehebruch ausliefern würde.

Die versuchende Absicht der Pharisäer besteht jetzt sowohl in der wiederholten Frage, da Jesu Interpretation der Tora zu diesem Thema ja schon bekannt war, als auch im Zusatz *aus jeglichem Grund*, weil Jesus bereits deutlich erklärt hatte, dass nur im Fall von schon bestehendem Ehebruch die Scheidung die Frau nicht mehr zur Ehebrecherin machen könne (5,32). Indem die Pharisäer Jesus noch einmal nach seiner schon bekannten Interpretation fragen, stellen sie nicht nur seine Auslegung in Frage, sondern erwarten von ihm eine Revision seiner Position. Vor diesem Hintergrund können die Leser von einer ablehnenden Antwort Jesu ausgehen. Zugleich dürfen sie durch das wiederholte Aufgreifen dieses Themas Präzisierung und nähere Erklärungen der schon bekannten Interpretation Jesu erwarten.

Jesus antwortet mit einem Schriftzitat, das den Schöpfungswillen Gottes zum Ausdruck bringt, den die Pharisäer selbstverständlich kennen sollten: Gott hat den Menschen als Mann und Frau geschaffen, als aufeinander angewiesene Personen, die sich gegenseitig brauchen. Diese Beziehung zum Anderen ist so stark, dass der Mensch sogar den Schutz und die Sicherheit seiner eigenen Familie verlässt, um sich mit seinem Partner zu verbinden und gemeinsam mit ihm als „Ein-heit" zusammenzuleben. Die zusätzliche interpretierende Erklärung Jesu, dass beide nun *nicht mehr zwei*, sondern *ein Fleisch* seien, verdeutlicht nicht nur, dass Scheidung nach dem Willen des Schöpfers nicht sein soll, sondern gibt außerdem zu verstehen, dass eine Scheidung bei beiden Beteiligten Wunden hinterlässt. Auch die zusammenfassende Schlussfolgerung *was nun Gott zusammenfügte, soll ein Mensch nicht trennen*, sieht die Verbindung von Mann und Frau als ausdrücklich von Gott gewollt; sie enthält deshalb einen klaren Imperativ als Handlungsanweisung: von der Intention Gottes her sollte Scheidung eigentlich nicht sein.

19,7-9: Die Pharisäer weisen nun auf den Scheidebrief hin (Dtn 24,1), der Scheidung immerhin als Möglichkeit einbezieht und demnach der Interpretation Jesu, dass Scheidung nach dem Schöpfungswillen Gottes nicht sein solle, zu widersprechen scheint. Jesus bestätigt jedoch noch einmal seine Interpretation: Mose habe die Scheidung nur *wegen eurer Hartherzigkeit erlaubt*, d.h. die Scheidung ist also nur ein Zugeständnis und gerade kein Gebot. Als Zugeständnis auf Grund von *Hartherzigkeit* zeigt die Scheidung dann die Unfähigkeit des Paares, ihre Beziehung fortzusetzen. Es ist also durchaus möglich, dass eine Beziehung scheitert, dann ist wegen der Hartherzigkeit der Partner die Scheidung als Ausnahme erlaubt.

Scheidung in seinem solchen Fall ist aber ein schlechtes Zeugnis für beide Partner, denn sie bringt ihre Beziehungsunfähigkeit an Licht. Jesus verweist deshalb noch einmal begründend auf den eigentlichen Willen Gottes, dass es *von Anfang an nicht so* gewesen sei: nach der ursprünglichen Schöpfungsintention Gottes soll Scheidung nicht sein, weil die Menschen von Gott füreinander geschaffen und bestimmt sind. Grundsätzlich besteht für beide Partner der Auftrag, ihre Beziehung verantwortungsvoll und verständnisvoll als von Gott gewollte Einheit zu gestalten und auch Krisen gemeinsam durchzustehen. Die Scheidung soll deshalb nur als eine zugestandene Ausnahme verstanden werden und keinesfalls zur üblichen oder gar beliebig anwendbaren Regel werden.

Mit *ich sage euch aber* (19,9) leitet Jesus zu einem anderen Fall über. Jetzt geht es nicht mehr um zugestandene Trennung im Fall einer gescheiterten Beziehung aufgrund von Herzenshärte, sondern konkret um Scheidung mit dem Ziel, wieder zu heiraten (19,9). In diesem Zusammenhang sieht Jesus besonders die Scheidung aus beliebigem Grund, um wieder zu heiraten, als *Ehebruch* an, denn sie liefert die Frau der Willkür des Mannes aus, bzw. übertragen auf heute: sie liefert den einen Partner dem Belieben des anderen aus. Jesus entlarvt damit das leichtfertige Benutzen der Scheidungsurkunde als reines Eigeninteresse und bezeichnet es deshalb als Ehebruch (so auch in 5,31-32). In einem speziellen Fall kann jedoch nicht mehr von Ehebruch gesprochen werden, nämlich *außer bei Unzucht*. Die Leser erinnern sich an Jesu Weisungen in der Bergpredigt, wo er dieselbe Ausnahme angesprochen hatte (5,32): wenn die Frau – oder der Mann – schon Ehebruch begangen hat, dann kann die Scheidung in einem solchen Fall nicht mehr als Ehebruch bezeichnet werden, weil ja die Tatsache des Ehebruchs vorher schon bestand.

19,10-12 Frage der Schüler – Antwort Jesu
Die Schüler Jesu meinen nun aufgrund des vorigen Gesprächs mit den Pharisäern, dass eine solche Ehe-Beziehung, die auf Dauer angelegt ist und deshalb sehr viel Engagement, Geduld, Verständnis und Verantwortung von beiden Partnern fordert, (für einen Mann) eine zu große Verpflichtung sei, so dass ihnen die Alternative, gar nicht zu heiraten, deshalb nur folgerichtig erscheint. Jesus stimmt mit seiner Antwort seinen Schülern unter gewisser Rücksicht zu: es können *nicht alle dieses Wort* (das zuvor Gesagte, also Jesu Rede und das Schriftwort) *akzeptieren, sondern nur die, denen es gegeben ist* (19,11). Das Passiv weist auf Gott hin, der das Verständnis für dieses Wort gibt. Die es akzeptieren, sind diejenigen, die gemeinsam mit ihrem Partner eine gelungene, dauerhafte Ehe-Beziehung leben möchten und die auch bereit sind, sich zusammen den Krisen des Lebens zu stellen.

Natürlich gibt es auch Menschen, die sich (noch) nicht in der Lage fühlen, solch eine große Verantwortung mit so viel Einsatz dauerhaft auf sich zu nehmen. Jesus gibt hier zu verstehen, dass der Schöpfungswille Gottes für die Menschen kein Zwang ist: wer (noch) nicht akzeptieren kann, was die Ehe-Beziehung an Einsatz fordert, dem ist es noch nicht von Gott gegeben, d.h. er soll sich nicht zu einer Beziehung verpflichtet fühlen, die er oder sie noch nicht leben kann oder leben will.

Wir Leser heute müssen uns vergegenwärtigen, dass zur Zeit Jesu und des Matthäus die Ehe so sehr die normale Beziehung war, dass all jene, die nicht in einer Ehe lebten, hier als *Eunuchen* bezeichnet werden können, ohne dass damit eine Abwertung zum Ausdruck gebracht wird. Ehelos lebende Personen wie unsere „Singles" heute gab es damals kaum. Jesus benennt daher die wenigen Ausnahmefälle, in denen Menschen damals ehelos lebten bzw. ehelos leben mussten. Das sind zum einen Menschen, die *von Geburt an* nicht zu einer dauerhaften Ehe-Beziehung in der Lage wären; das muss sich nicht allein auf Zeugungsunfähigkeit beziehen, sondern kann auch andere sehr schwere körperliche oder geistige Behinderungen mit einschließen – auch heute leben diese Menschen sehr oft allein.

Außerdem sind es Menschen, die *von anderen Menschen* unfähig für eine Ehe gemacht wurden: abgesehen davon, dass Kastration eine schwere Strafe war, sind in der Antike mit Eunuchen in erster Linie Kastraten gemeint, die nicht nur als Haremswächter in Frage kamen, sondern auch – weil sie für die Herrscherfamilie im biologischen Sinn nicht gefährlich waren – hohe Ämter in Regierung und Militär bekleiden konnten und es darüber zu Ansehen brachten (vgl. Apg 8,27). In ihrem Fall führen sozusagen die gesellschaftlichen Strukturen und der Beruf dazu, dass eine Ehe nicht möglich ist – solche Fälle gibt es heute ebenso.

Schließlich sind es Menschen, die *sich selbst wegen des Himmelreiches* unfähig zu einer dauerhaften Ehe-Beziehung machen. Dabei muss man nicht notwendig an eine Selbst-Kastration denken, obwohl es im antiken Kybele-Kult, der von Kleinasien aus im römischen Reich verbreitet war, Eunuchenpriester gab und sich auch manche Anhänger dieses Kults entmannten. Die Leser können ebenfalls an Propheten wie z.b. Jeremia (Jer 16,1-2) und Johannes den Täufer denken, die unverheiratet waren. Der jüdische Geschichtsschreiber Flavius Josephus berichtet zudem von den Essenern, die in ihrer Gemeinschaft ehelos lebten, ähnlich wie die Therapeuten. Den antiken Lesern war also auch die freiwillige Ehelosigkeit von ihrem Umfeld her ein Begriff. Jesu Schlusswort *wer es akzeptieren kann, der akzeptiere es* (19,12), bedeutet im Zusammenhang mit der bisherigen Diskussion weder eine Empfehlung zur Ehelosigkeit, noch eine besondere, höhere Wertschätzung des ehelosen Lebens, denn das würde dem Schöpferwillen Gottes widersprechen. Dennoch gibt es Menschen, die aus unterschiedlichen Gründen nicht in einer Ehe-Beziehung leben können oder wollen: sie sind deshalb nicht zu verachten, sondern ihre besondere Lebenssituation sowie auch ihre freie Entscheidung sind als solche zu akzeptieren.

Pragmatische Knotenpunkte des Textes

Matthäus stellt die Ehe-Beziehung als dem Schöpferwillen Gottes entsprechend und für die Ehepartner als herausfordernde Aufgabe dar. Als Beziehung ist die Ehe mit der Hochzeit nicht schon „fertig", sondern sie beginnt erst, sie entwickelt sich im Laufe der Zeit, im Zusammenleben und im gemeinsamen Ertragen oder Bewältigen von Krisen. Wie auch bei einer Freundschaft braucht die Ehe als Beziehung ständige Pflege, sonst leidet sie oder geht ein. Von der Intention her soll die Ehe auf Dauer geschlossen sein und das ist auch das, was sich die Ehepartner eigentlich erhoffen. Krisen und Probleme, die es immer im Leben gibt, sollen daher nicht zuerst als Scheidungsgrund aufgefasst werden, sondern sollen gemeinsam zu bewältigen versucht werden. Die Beziehung ist immer Aufgabe von beiden Partnern. In der Bergpredigt hatte Jesus im Zusammenhang mit der überfließenden Gerechtigkeit und der Frage nach Ehebruch und Scheidung auf das mögliche Verzeihen hingewiesen (5,31-32); auch hier bleibt das Verzeihen als Option bestehen, besonders im Kontext von der Gemeinderede in Kapitel 18,15-35, die das Verzeihen ausdrücklich gebot.

Beziehungen können aber auch scheitern. Jesus warnt mit seinem Verweis auf den Schöpfungswillen Gottes davor, allzu leichtfertig und zu schnell von einer gescheiterten Beziehung auszugehen. Wenn es aber so sein sollte, dass sich die Herzen der Partner verhärtet haben, dann hat Mose die Scheidung gestattet, denn wenn eine Beziehung nicht mehr lebbar ist und auch nicht „wieder-belebt" werden kann, mag es für die Partner besser sein, sich zu trennen. Jesus lehnt aber ganz klar die Scheidung mit dem Ziel der Heirat strikt als Ehebruch ab, weil ja noch die Ehe-Beziehung besteht und durch das Auftauchen der dritten Person (die geheiratet werden soll)

„nur" in eine Krise gekommen ist. Der Fall, dass eine geschiedene Person nach einiger Zeit einen anderen Partner kennen lernt und beide heiraten möchten, ist mit diesem Beispiel ausdrücklich nicht angesprochen. Selbstverständlich war es in der griechisch-römischen Welt und auch im Judentum möglich, dass geschiedene Menschen wieder heirateten: genau dafür wurde die Scheidungsurkunde benötigt, nämlich um dem neuen Partner zu versichern, dass keine andere Ehe-Beziehung mehr besteht.

Die Ehelosigkeit ist vor dem Horizont des Schöpfungswillens Gottes keine wirkliche Alternative zur Ehe. Es gibt jedoch mehrere Gründe, weshalb Menschen damals und heute ehelos leben (müssen). Ihre Situation und / oder ihre Entscheidung sind zu respektieren, sie sollen deshalb nicht marginalisiert werden. Das gilt dann besonders übertragen auf unsere heutige Situation, denn unsere westliche Gesellschaft ist wesentlich stärker von „Singles", gescheiterten Beziehungen, Patchwork-Familien, Ehen ohne Trauschein und „Partnerschaften auf Zeit" von Menschen allen Alters geprägt, als von tatsächlich gelungenen Ehe-Beziehungen. Jesu Worte verdeutlichten, dass eine glückliche Ehe-Beziehung nicht leicht ist; umso mehr sind Paare zu schätzen, denen solch eine (krisenfeste) Beziehung gelingt! Alle Unverheirateten, Wieder-Verheirateten oder Zusammenlebenden können Jesu Worte natürlich ebenso auf den Wert und die Aufgabe für eine wirklich gute Freundschafts-Beziehung übertragen. Eine gelungene Beziehung ist etwas Kostbares, das beiden Partnern als „Lebensaufgabe" anvertraut ist und das weder leichtfertig aufs Spiel gesetzt werden, noch vorschnell aufgegeben werden sollte.

Die Kinder und das Himmelreich: 19,13-15

> [13] Da wurden zu ihm (kleine) Kinder hingebracht,
> damit er ihnen die Hände auflege
> und bete.
> Die Schüler aber fuhren sie an.
> [14] Jesus aber sprach: Lasst die Kinder,
> und hindert sie nicht, zu mir zu kommen!
> Denn solcher ist das Königreich der Himmel!
> [15] Und als er ihnen die Hände aufgelegt hatte,
> ging er von dort (weg).

Die Gewebestruktur des Textes

Diese kurze Episode ist durch das Auftreten anderer Personen (19,13) und den Ortswechsel (19,15) vom Kontext gut abgegrenzt, semantisch knüpft sie jedoch mit den Stichworten *Kinder* und *Königreich der Himmel* besonders an die Gemeinderede in Kapitel 18 an. Die Erzählung besteht aus einer einleitenden Situationsbeschreibung (19,13a-c), einer abwehrenden Reaktion der Schüler (19,13d) und einer doppelten und darum besonders nachdrücklichen Gegenreaktion Jesu in Wort und Tat (19,14-15).

Jesu Weg nach Jerusalem

Das semantische Geflecht des Textes

19,13-15: Im Kontext von der Gemeinderede in Kapitel 18 lernen die Leser in diesem Kapitel weitere Personen kennen, deren Zugehörigkeit zur Gemeinde in den Augen der „normalen Gemeindemitglieder" – wie hier die *kleinen Kinder* in den Augen der Schüler Jesu – fraglich war und die deshalb vielleicht nicht gleich akzeptiert wurden. Diese Menschen gehören zu den *Kleinen* der Gemeinde, um die es in 18,1-35 ganz allgemein ging: geschiedene oder ehelos lebende Personen (19,3-12), Kinder (19,13-15) und Reiche (19,16-30), denen aber ganz klar vom matthäischen Jesus das Himmelreich zugesagt wird (18,3.14).

In der antiken Gesellschaft wie auch noch heute werden Kinder nicht für voll genommen, ihre Meinung wird kaum beachtet und sie werden oft ausgenutzt. Gerade im Gegenzug dazu wollen die Eltern das Beste für ihre Kinder. Hier bringen sie ihre Kinder zu Jesus, damit er ihnen *die Hände auflege und bete*. Im Sinne eines Segensgestus verstanden, bitten die Eltern darum, dass Jesus ihren Kindern alles erdenklich Gute von Gott zuspreche.

Die Wortverbindung von jemandem die *Hände auflegen* und *beten* kommt aber auch im Zusammenhang mit Einsetzung oder Beauftragung für bestimmte Aufgaben vor (Apg 6,6; 13,3); außerdem wird durch das Auflegen der Hände der Geist übertragen (Apg 8,18-19; 9,17; 19,6; 1 Tim 4,14; 2 Tim 1,6). Insofern im Rahmen der Gemeinderede in Kapitel 18 auch diese Bedeutungen mitgedacht werden können, wäre es ebenso möglich, dass es darum geht, die Kinder als Gemeindemitglieder voll zu integrieren, indem ihnen sogar eine kleine Aufgabe zugewiesen wird. Dass solche Gedanken oft auf Unverständnis und Widerstand stoßen, macht die abwehrende Haltung der Schüler Jesu nur allzu deutlich. Die Leser werden sich jedoch auch an die Erzählungen von der Speisung der 5000 und 4000 Männer erinnern, bei denen Matthäus die Teilnahme der Frauen und die Kinder ausdrücklich nennt (14,21; 15,28). Auf die Gemeinde übertragen, verdeutlicht er damit, dass die Kinder und Frauen selbstverständlich mit dazugehören.

Unsere Erzählung hält explizit durch die doppelte Reaktion Jesu in seiner Rede und durch seine Handlung fest, dass gerade auch die Kinder zu Jesus und zum Himmelreich gehören: sie sollen also nicht gehindert werden, zu Jesus zu kommen. Matthäus unterstreicht mit dieser Episode, dass Jesus nicht nur für Weise und Gelehrte da ist, was die häufigen Gespräche mit Schriftkundigen und Pharisäern und auch die abwehrende Reaktion der Schüler ja vermuten lassen könnten, sondern ohne Unterschied für alle Menschen, sogar für kleine Kinder.

Pragmatische Knotenpunkte des Textes

Der Imperativ Jesu *lasst die Kinder, hindert sie nicht, zu mir zu kommen* zusammen mit der anschließenden Begründung *denn solcher ist das Königreich der Himmel*, die ebenfalls als Imperativ aufgefasst werden kann, gilt natürlich auch den Lesern heute. Sie können ihr aktuelles Gemeindeleben, aber auch ihre Gesellschaft in Bezug auf die *Kinder* in den Blick nehmen: wo haben Kinder Platz? Wie wird mit ihnen umgegangen? Welche Aufgaben werden Kindern zugestanden oder zugemutet? Übertragen auf die Personen, die zu den *Kleinen* gehören (18,1-14) und nach Jesu Willen einen festen Platz in der Gemeinde haben sollen, können sich die Leser fragen, wie in ihrer Gemeinde (und Gesellschaft) mit Menschen umgegangen wird, die von der „Norm" der anderen Mitglieder abweichen: mit Geschiedenen, Wiederverheirateten, Singles, mit unverheiratet Zusammenlebenden,...

Als Identifikationsrollen und Handlungsmodelle bieten sich die „Eltern", also die Personen an, die die Kinder zu Jesus bringen und ihn um Handauflegung und Gebet bitten; außerdem steht den Lesern die Rolle der Kinder offen, die sich zu Jesus hinbringen lassen. Schließlich gibt es auch noch die negative Rolle der Schüler, die sich den Eltern und Kindern – vielleicht auch in ihren Augen mit guter Absicht – in den Weg stellen, aber dadurch den Zugang zu Jesus verhindern. Auch Jesus, der die Kinder trotz Widerstand der Schüler zu sich ruft und der Bitte der Eltern nachkommt, indem er ihnen die Hände auflegt, ist eine Identifikationsrolle und bietet ein mögliches Handlungsmodell für die Leser heute.

Reichtum und Nachfolge: 19,16-30

Der junge Reiche

¹⁶ Und – siehe! – einer hinzukommend
sprach zu ihm: Lehrer, was Gutes soll ich tun,
damit ich ewiges Leben habe?
¹⁷ Der aber sprach zu ihm: Was fragst du mich über das Gute?
Einer ist der Gute!
Wenn du aber ins Leben hineingehen willst:
befolge die Gebote!
- - - - -
¹⁸ Er sagt ihm: Welche?
Jesus aber sprach: Das: *du sollst nicht morden,*
du sollst nicht ehebrechen,
du sollst nicht stehlen,
du sollst nicht falsch zeugen,
¹⁹ *ehre den Vater und die Mutter*
(Ex 20,12-16; Dtn 5,16-20)
und: *lieben sollst du*
deinen Nächsten wie dich selbst. (Lev 19,18)
^{20a} Es sagt ihm der junge Mann: Dieses alles hielt ich –
- - - - -
^{20b} wessen noch ermangele ich?
²¹ Es sagte ihm Jesus: Wenn du vollkommen sein willst:
geh!,
verkaufe deinen Besitz
und gib ihn den Armen!
Und du wirst einen Schatz in den Himmeln haben!
Und: auf, folge mir!

Jesu Weg nach Jerusalem

²² Hörend aber der junge Mann das Wort,
ging er betrübt weg,
denn er hatte viele Güter.

Jesu Lehre über den Reichtum
²³ Jesus aber sprach zu seinen Schülern:
    Amen, ich sage euch:
        Ein Reicher wird schwer   ins Königreich der Himmel hineingehen!
²⁴   Wieder sage ich euch aber:
        Müheloser ist es,
        dass ein Kamel durch das Loch einer Nadel hindurchgeht,
        als dass ein Reicher   hineingeht ins Königreich Gottes.
²⁵ Es hörend aber die Schüler,
gerieten sie sehr außer sich, sagend: Wer also kann gerettet werden?
²⁶ Sie anschauend aber, sprach Jesus: Bei Menschen   ist dies unmöglich,
                                                          bei Gott aber   ist alles möglich!

Das Versprechen Jesu an die ihm Folgenden
²⁷ Da – antwortend – sprach Petrus zu ihm:
        Siehe, wir verließen alles
        und folgten dir.
        Was also wird mit uns sein?
²⁸ Jesus aber sprach zu ihnen:
    Amen, ich sage euch: Ihr, die mir Folgenden
        – bei der Neuschöpfung,
        wenn der Menschensohn
        sich auf den Thron seiner Herrlichkeit setzt –
    werdet auch ihr auf zwölf Thronen sitzen,
    repräsentierend die zwölf Stämme Israels.
²⁹   Und: jeder, der   Häuser oder Brüder oder Schwestern
                oder Vater oder Mutter oder Kinder oder Äcker
        wegen meines Namens verließ:
            Hundertfaches wird er empfangen!
    Und: ewiges Leben wird er erben!
³⁰ Viele Erste aber werden Letzte sein – und Letzte Erste.

Die Gewebestruktur des Textes

Die Leser, die in den vorherigen Abschnitten schon erfahren haben, wer nach Kapitel 18 zu den *Kleinen* der Gemeinde gehört, sollen sich neben den ehelos Lebenden und den Kindern jetzt mit der dritten gering geschätzten Gruppe, nämlich mit den Reichen auseinandersetzen. Schließt Reichtum vom ewigen Leben, vom Himmelreich oder von der Nachfolge aus?
    Der Text besteht aus drei Teilen (19,16-22.23-26.27-30), die über die Themen und Wortfelder *ewiges Leben*, *Reichtum* und *Nachfolge* miteinander verbunden sind. Das Wiederholen der Formulierung von *den Ersten und Letzten* (19,30) in 20,16 signalisiert den Lesern, hier auch eine Verknüpfung zu dem Gleichnis von den Arbeitern im Weinberg und dem gütigen Weinbergbesitzer (20,1-16) zu erkennen.

Mt 19,16-30

Der erste Teil (19,16-22) ist durch die Fragen des jungen Mannes und die Antworten Jesu in drei Redegänge gegliedert: auf die knappe Einleitung folgt sofort die erste Frage, die zum Halten der *Gebote* überleitet (19,16-17). Im zweiten Redegang lässt der junge Mann durch seine Nachfrage Jesus präzisieren, welche *Gebote* zu halten nötig sind, um ins *ewige Leben* einzugehen und stellt abschließend fest, dass er diese *Gebote* alle gehalten habe (19,18-20a). Offensichtlich genügt dem jungen Mann das nicht, denn er fragt ein drittes Mal nach und Jesus erklärt ihm, was ihm zur *Vollkommenheit* und für den *Schatz im Himmel* noch fehlt (19,20b-21). Die Reaktion des jungen Mannes, der erst jetzt als Reicher, *viele Güter habend*, beschrieben wird, beendet diesen Abschnitt (19,22).

Der zweite Teil (19,23-26) greift die Stichworte *Reichtum* und *Königreich der Himmel* in einem kurzen Lehrgespräch zwischen Jesus und seinen Schülern auf. Auf die Aussage Jesu, dass Reiche nicht leicht ins Königreich der Himmel hineingehen (19,23-24), erschrecken die Schüler und fragen Jesus allgemein nach der Rettung der Menschen (19,25). Jesu Folgerung, dass bei Gott nichts unmöglich sei (19,26), beendet diesen Abschnitt.

Der dritte Teil (19,27-30) knüpft an die Themen der Nachfolge und des ewigen Lebens an: Petrus fragt nun nach dem Vorteil für alle, die Jesus nachfolgen (19,27) und Jesus antwortet mit einer doppelten Verheißung, die den Schülern (19,28) und generell den Nachfolgenden gilt (19,29-30).

Das semantische Geflecht des Textes

19,16-22 Der junge Reiche
19,16-17: Ein junger Mann fragt Jesus zielgerichtet, was er *Gutes* tun müsse, *um das ewige Leben zu erlangen*. Hinter dieser generellen Frage können die gläubigen Leser aller Zeiten auch ihre eigene Sehnsucht nach dem ewigen Leben erkennen. Jesu Antwort wehrt zuerst mit seiner Gegenfrage und knappen Antwort eine konkrete Aussage hinsichtlich des zu tuenden *Guten* ab. Es liegt am Guten selbst, dass es weder vorgeschrieben, noch qualitativ gemessen werden kann, auf welche Weise oder in welcher Menge *Gutes* getan werden soll: Gutes zu tun ist unbegrenzt und immer gefordert! Die Leser erkennen in Jesu Abwehr einer Antwort auch, dass gerade nicht eine bestimmte Anzahl von guten Taten das ewige Leben garantiert: man hat also nicht irgendwann einmal „genug Gutes" getan, sondern es ist unser bleibender Auftrag, Gutes zu tun.

Doch Jesus hat den Fragenden mit seinem Anliegen richtig verstanden – was muss ich *tun, um das ewige Leben zu erlangen* – und antwortet entsprechend mit dem Hinweis auf das *Befolgen der Gebote*. Indem Matthäus klar zwischen *Gutes tun* und dem *Halten der Gebote* trennt, signalisiert er den Lesern, dass beides gerade nicht identisch ist: Gutes zu tun ist über das Befolgen der Gebote hinaus gefordert; die Gebote sind ja als Weisungsschnur nur das Minimum dessen, was (nicht) getan werden soll. In diesem Zusammenhang erinnern sich die Leser wieder an die Bergpredigt, in der Jesus forderte, nicht nur nach dem hohen Maßstab der Pharisäer und Schriftkundigen die Tora zu erfüllen, sondern die *überfließende Gerechtigkeit* zu tun, um *in das Königreich der Himmel hineinzugehen* (5,20).

Höchst bemerkenswert ist, dass Jesus für das *Erlangen des ewigen Lebens* allein das *Befolgen der Gebote* nennt (19,17c). Natürlich bleibt die Forderung, Gutes zu tun bestehen, doch sind weder eine bestimmte Anzahl von guten Taten noch besondere Aktionen nötig, um das ewige Leben zu erlangen. Das ewige Leben steht demnach all denen offen, die die Gebote befolgen. Damit gibt Matthäus zu verstehen, dass selbstverständlich auch die so oft kritisierten Pharisäer und Schriftkundigen das ewige Leben erlangen. Da das *Befolgen der Gebote* allen Menschen – auch den Schwachen und Kranken im Rahmen ihrer Möglichkeiten – offen steht, können alle *das ewige Leben erlangen*.

19,18-20a: Der junge Mann fragt noch einmal nach, *welche Gebote* zu befolgen sind, um das ewige Leben zu erlangen. Hinter dieser Frage können die Leser sein starkes Interesse erkennen, wirklich das ewige Leben erlangen zu wollen, denn später fragt er noch einmal nach, ob ihm noch etwas fehle (19,20b). Jesus zählt in seiner Antwort einige Gebote aus dem Dekalog auf und ergänzt das generelle Gebot der Nächstenliebe. Auffälligerweise fehlen die drei ersten Gebote des Dekalogs, die sich auf Gott beziehen. In den hier genannten Geboten geht es nur um die Beziehung zu den Mitmenschen, die zuerst durch negative Gebote (was nicht zu tun ist) und anschließend mit positiven Geboten (Vater und Mutter ehren, Nächstenliebe) beschrieben wird. Offensichtlich ist nichts verlangt, was die Menschen überfordern könnte. Matthäus unterstreicht damit noch einmal, dass das ewige Leben durch das Befolgen der Gebote von allen zu erlangen ist.

Der junge Mann gibt an, diese Gebote alle befolgt zu haben. Folglich ist klar, dass er mit seiner Lebensführung die Bedingung für das ewige Leben erfüllt hat. Er kann sich also sicher sein, dass er das Richtige getan hat, um das ewige Leben zu erlangen.

Den aufmerksamen Lesern wird der Unterschied zwischen den hier genannten Forderungen einerseits und andererseits der geforderten *überfließenden Gerechtigkeit* (5,20) aus der Bergpredigt auffallen. Ein näherer Blick zeigt jedoch, dass es um zwei verschiedene Dinge geht: das *Halten der genannten Gebote* ist nötig, um *ewiges Leben zu erlangen* (19,17-19), das Tun der *überfließenden Gerechtigkeit* ist gefordert, um in *das Königreich der Himmel hineinzugehen* (5,20). Das *Königreich der Himmel* besteht nicht allein im *ewigen Leben*, sondern ist wesentlich mehr. Das wird im folgenden Gespräch zwischen dem jungen Mann und Jesus deutlich.

19,20b-21.22: Dem jungen Mann scheint das *ewige Leben* nicht zu genügen, deshalb fragt er nach, *was ihm noch fehle*. Ihm, der die Gebote alle befolgt hat, fehlt die *Vollkommenheit*. Den Lesern ist die Bergpredigt noch in Erinnerung, deren erster Teil über das Erfüllen der Tora mit der Aufforderung abschließt: *seid vollkommen, wie euer himmlischer Vater vollkommen ist* (5,47). Jesus bestätigt damit, dass der junge Mann schon alles getan hat, um das ewige Leben zu erlangen. Wenn er aber noch mehr tun möchte, soll er *vollkommen* werden. In dieser Einladung zur *Vollkommenheit* ist indirekt die mögliche Verwirklichung enthalten, d.h. es ist nicht nur Utopie oder ein anstrebenswertes Ideal, sondern es ist tatsächlich möglich, vollkommen zu werden.

Was der junge Mann tun sollte, um vollkommen zu sein, sagt ihm Jesus in zwei Schritten: er soll *seinen Besitz verkaufen* und *ihn den Armen geben* – entweder den Besitz oder den Erlös –, dann wird er einen *Schatz in den Himmeln* haben. Anschließend soll er *Jesus nachfolgen*. Den *Schatz im Himmel* können also auch die Menschen bekommen, die nicht Jesus nachfolgen. Zur *Vollkommenheit* gehört jedoch auch die *Nachfolge*. Jetzt wird auch der Unterschied zwischen dem *ewigen Leben* und dem *Königreich der Himmel* deutlich: das *Königreich der Himmel* ist mit der Verkündigung Jesu und mit seiner *Nachfolge* verbunden, denn ohne Jesus wird es kein Reich Gottes geben, obwohl es alle Menschen einbezieht und allen Menschen und Völkern offen steht.

Angesichts dieser Aufforderung wird der junge Mann traurig und geht weg, weil er sehr viel besaß. Die Leser verstehen durch die angehängte Information über das Vermögen des jungen Mannes, dass er nicht bereit ist, sich zugunsten der Armen von seinem Besitz zu trennen. Deshalb geht er weg, anstatt Jesus nachzufolgen. Auffallend ist, dass Jesus bisher nicht das Verkaufen des Besitzes gefordert hat und es im gesamten Evangelium auch von keinem verlangt. Später weist er sogar seine Schüler zurecht, die das Öl der Frau, die ihm die Füße salbt, teuer verkaufen möchten, um das Geld den Armen zu geben (26,9-11). Auch die Apostelgeschichte zeigt mit den Beispielen von Josef Barnabas und Hananias und Saphira (Apg 4,36-37; 5,1-11), dass nicht völlige Besitzlosigkeit gefordert ist, um Jesus nachzufolgen, dass aber das (entbehrliche) Vermögen genutzt werden kann, um die Gemeinde zu unterstützen.

In anderen Fällen im Evangelium, wo Jesus in seine Nachfolge ruft bzw. Menschen Jesus folgen wollen (4,19-20; 8,19-20.21-22; 9,9; 16,23), müssen diese Menschen ihre Gewohnheiten aufgeben oder auf etwas verzichten, was ihnen besonders lieb oder wichtig scheint. Die Forderung nach Besitzverzicht wie im Fall des jungen, reichen Mannes ist folglich weder eine generelle, noch eine verallgemeinerbare Forderung. Für andere Menschen in unterschiedlichen Situationen und Zeiten mag daher anderes für das Himmelreich und die Nachfolge Jesu gefordert sein.

19,23-26 Jesu Lehre über den Reichtum
Jesus reagiert auf das Weggehen des jungen, reichen Mannes mit einem Amen-Wort, das durch das vorangestellte *Amen* eine besondere Bedeutung erhält und die Aufmerksamkeit der Leser auf das nun Folgende lenkt. Die gleich anschließende verdoppelte Einleitung durch *wieder sage ich euch* und die inhaltliche Wiederholung unterstreicht die Bedeutung des Gesagten. Die Wiederholung von *Königreich der Himmel* und *Reich Gottes* weisen unmissverständlich darauf hin, dass es jetzt nicht mehr um das ewige Leben, sondern um das Reich Gottes geht.

Dass *ein Reicher schwer ins Königreich der Himmel hineingehen wird*, muss im Zusammenhang mit der Begegnung mit dem reichen, jungen Mann gesehen werden, der sich nicht entscheiden konnte, sich von seinem Besitz zu trennen und Jesus nachzufolgen. Die Formulierung *hineingehen* ist aktiv zu verstehen, so wie es die eben erzählte Begegnung veranschaulichte: ein Reicher entscheidet sich nur schwer, ins Königreich der Himmel hineinzugehen. Diese aktive Bedeutung unterstreicht das anschließende Beispiel vom Kamel und dem Nadelöhr: wer würde auf die Idee kommen, ein Kamel durch ein Nadelöhr zu zwängen oder welches Kamel würde schon durch ein Nadelöhr kriechen? Dieses völlig absurde Bild veranschaulicht, dass Reiche nur schwer – nicht: gar nicht! – auf die Idee kommen, ihren Reichtum in den Dienst des Reiches Gottes zu stellen.

Dass hier nicht gemeint ist, dass Reiche nicht in den Himmel kommen, verdeutlicht schon die Wiederholung von Reich Gottes; zumal hatte die vorige Erzählung klargestellt, dass der reiche, junge Mann das ewige Leben allein dadurch erhalten wird, weil er die Gebote befolgt. Dieses Wort Jesu kann eindeutig nicht mit passiver Bedeutung verstanden werden, etwa in dem Sinn, dass Reiche nicht ins Himmelreich hineingelassen werden, denn der Zutritt oder die Zugehörigkeit zum Reich Gottes liegt in der Entscheidung jedes Einzelnen. Genau das hat das Beispiel des jungen, reichen Mannes gezeigt, der sich noch nicht für die Nachfolge Jesu und das Reich Gottes entscheiden konnte. Das Beispiel des reichen Joseph von Arimathäa wird noch zeigen, dass sich natürlich auch Reiche für die Nachfolge Jesu entschieden haben (27,57-60). Jesus betont in seinem abschließenden Satz, dass *bei Gott alles möglich ist*: Gott wird also bestimmt keinem den Zutritt ins Reich Gottes verweigern.

Das Erschrecken der Schüler liegt darin begründet, dass sie das *Königreich der Himmel* bzw. das *Reich Gottes* mit *gerettet werden* identifizieren und gleichsetzen: wenn sich jemand nun nicht für das Reich Gottes entscheidet wie der reiche, junge Mann: wird er dann nicht gerettet? Weiter gedacht: sind alle die verloren, die sich nicht für das Reich Gottes entscheiden? Eine solche begrenzte und ausschließende Vorstellung widerspricht jedoch fundamental dem Reich Gottes! Jesus korrigiert die Auffassung seiner Schüler, indem er erklärt, dass solch kleinliches Denken der menschlichen Denkweise entspricht – *bei Gott aber alles möglich ist*. Das Gleichnis von den Arbeitern im Weinberg und dem gütigen Weinbergbesitzer (20,1-16) veranschaulicht die Güte Gottes, der keinen von seinem Reich ausschließt.

19,27-30 Das Versprechen Jesu an die ihm Folgenden

Vor dem Horizont dieses Gesprächs greift Petrus das Thema der *Nachfolge* noch einmal auf. Jesus hat zuvor betont, dass die Nachfolge nicht Bedingung für die Rettung ist, deshalb zielt die Frage Petri weniger auf einen „Lohn", als vielmehr auf den Sinn der Nachfolge. Dahinter steckt die Überlegung: wenn tatsächlich Menschen gerettet werden, weil *bei Gott alles möglich ist*, ohne dass sie Jesus nachgefolgt sind und ohne dass sie Nachteile für das Reich Gottes in Kauf genommen haben – wozu haben dann die Schüler so viel verlassen? Was hat es für einen Sinn, Nachteile für das Reich Gottes hinzunehmen, wenn man doch im wörtlichen Sinn: mit der Gnade Gottes rechnen kann?

Jesus verheißt zuerst den Zwölf, bei der *Neuschöpfung* – also nicht: schon jetzt, im Reich Gottes, sondern am Ende der Zeit, wenn der Menschensohn in seiner Herrlichkeit kommt – *auf Thronen zu sitzen und die Stämme Israels zu repräsentieren*. Matthäus drückt hier die Erwartung der Wiederherstellung der zwölf Stämme Israels am Ende der Zeit aus. Den Zwölf wird dabei eine gewisse Sonderrolle für Israel zugesprochen; das hier gebrauchte Partizip (κρίνοντες), das Dauer ausdrückt, kann in diesem Fall also nicht *richten* als einmaligen Vorgang meinen, zumal der Menschensohn der Richter am Ende der Zeit ist und seine Engel seine Gehilfen sind (vgl. 25,31-34; 13,41-42). Die Vorstellung, dass in der *Neuschöpfung*, also in der neuen Welt am Ende der Zeit, die Zwölf die zwölf Stämme Israels *repräsentieren*, findet sich ebenso in der Apokalypse: dort bilden die zwölf Stämme Israels als Tore zusammen mit den zwölf Aposteln als Grundsteine die Mauer um das neue Jerusalem, das die neue Welt darstellt (Apk 21,12.14).

Der zweite Teil der Verheißung gilt generell allen Menschen, die Jesus nachgefolgt sind und um seinetwillen Angehörige verlassen oder auf etwas verzichtet haben. Ihnen verspricht er, dass sie *Hundertfaches erhalten* und *das ewige Leben erben* werden. Die Verheißung des *Hundertfachen* drückt aus, dass diese Menschen durch ihre Nachfolge keinerlei Nachteil haben werden – im Gegenteil: Nachfolge wird sich für sie als „Gewinn" in jeglicher Hinsicht erweisen.

Der Hinweis auf das *ewige Leben* verdeutlicht den Lesern noch einmal, dass das Reich Gottes „mehr" ist als ewiges Leben: das ewige Leben ist durch das Befolgen der Gebote zu erhalten; das Reich Gottes in der Nachfolge Jesu fordert natürlich das Halten der Gebote und enthält deshalb auch das ewige Leben. Das ewige Leben beginnt erst nach dem Tod, das Reich Gottes hat aber schon mit Jesu Wirken begonnen und ist deshalb schon jetzt, vor dem Tod erfahrbar. Die Leser erkennen in diesen Worten Jesu eine klare Ermutigung, zur Nachfolge bereit zu sein und für das schon gegenwärtige Reich Gottes auch Nachteile zu akzeptieren.

Der Schlusssatz von den *Ersten, die Letzte sein werden* und den *Letzten, die Erste sein werden*, muss in Verbindung zum anschließenden Gleichnis von den Arbeitern im Weinberg und dem gütigen Weinbergbesitzer (20,1-16) gesehen werden. Für das Reich Gottes (nicht aber für den einzelnen gerufenen Menschen) ist es unerheblich, „wann" ein Mensch hineingegangen ist und „wie viel" er dafür eingesetzt oder verlassen hat. Die Leser hören deshalb auch hier den Appell mit, niemanden wegen seines scheinbar fehlenden oder geringen Einsatzes für das Reich Gottes zu verachten (18,10), denn Gottes Maßstab ist ganz anders als unsere menschliche Vorstellung: für Gott sind die Kleinen groß und die Großen klein (18,4; 5,19; 11,11).

Jesu Weg nach Jerusalem

Pragmatische Knotenpunkte des Textes

Matthäus thematisiert noch einmal die Nachfolge Jesu, dieses Mal aus der Perspektive derer, die ihm nachfolgen oder nachfolgen möchten. Das Beispiel des reichen, jungen Mannes zeigt mit seinem Nachfragen, dass es ihm mit dem ewigen Leben sehr ernst ist. Jesus ruft ihn ausdrücklich in die Nachfolge: die Leser erkennen hier das klare Signal, dass Reiche weder vom Reich Gottes, noch von der Nachfolge ausgeschlossen sind. Doch nach der Aufforderung zur Nachfolge liegt es bei jedem selbst, ob er Jesus folgt und in das Reich Gottes eintritt oder nicht. Der reiche, junge Mann ist noch nicht bereit, das, woran sein Herz hängt – in seinem Fall sein Besitz –, für das Reich Gottes und die Nachfolge Jesu zu verlassen. Die Leser sollen verstehen, dass Reichtum nicht ein Hindernis ist, das vom Reich Gottes ausschließt, sondern eher eine Barriere ist, die es zu überwinden gilt.

Jesus deutet den rechten Gebrauch des Reichtums an, indem er dem Reichen aufträgt, sein Vermögen den Armen zu geben. Damit wird der junge, reiche Mann zur möglichen Identifikationsfigur besonders für reiche Menschen: sie sollen sich nicht wie er abschrecken lassen und damit traurig werden, sondern ihren Ruf zur Nachfolge in die Tat umsetzen: letztlich droht ihnen ja gar kein Verlust, denn ihnen wird *hundertfacher* Gewinn und das *ewige Leben* zugesagt. Für alle anderen Leser ist dieses Beispiel des jungen, reichen Mannes ein Appell, die Reichen, die sich mit der Entscheidung zur Nachfolge und für das Reich Gottes schwer tun, nicht zu verachten, denn auch die Reichen sind ausdrücklich zur Nachfolge gerufen!

Das andere Identifikationsmodell sind die Schüler Jesu, die nicht reich waren; für sie gab es diese Herausforderung, der sich der reiche, junge Mann stellen musste, gar nicht. Doch von den Schülern Jesu wurde anderes gefordert, das sicher für sie nicht leichter ist: sie mussten für die Nachfolge ihren Beruf, ihre Angehörigen, ihre soziale Sicherheit oder ihre bisherigen Ansichten (8,19-22) verlassen. Die Leser können erkennen, dass der Ruf zur Nachfolge individuell verschieden ist und von jedem etwas anderes verlangt. Dass der Schritt in die Nachfolge und ins Reich Gottes nicht immer leicht ist, weil er etwas Liebgewonnenes oder scheinbar Lebenswichtiges aus der Perspektive des Reiches Gottes in Frage stellen kann, zeigt das Beispiel des reichen, jungen Mannes.

Trotz des nicht einfachen Schritts zur Nachfolge lädt der matthäische Jesus durch seine Verheißungen die Leser ausdrücklich zur Nachfolge und ins Reich Gottes ein. Auch wenn die Nachfolge zuerst mit Verzicht oder mit Nachteilen verbunden ist, so können die Nachfolgenden doch sicher sein, dass „es sich lohnt": sie werden *hundertfach*, also über alle Maßen „entschädigt" werden und werden das *ewige Leben erben*. Eine solche Zusage nimmt den Lesern die Angst vor dem Schritt in die Nachfolge, zugleich ermutigt sie, sich für die Nachfolge zu entscheiden und ins Reich Gottes hineinzugehen. Das Reich Gottes hat ja schon begonnen und es ist ab dem Moment spürbar da, sobald es gelebt wird. All jene, die noch zögern oder meinen, sich erst später entscheiden zu wollen, müssen sich fragen, weshalb sie angesichts dieser Verheißung auf etwas Gutes verzichten möchten, das doch so nahe liegt.

Das Gleichnis von den Arbeitern im Weinberg: 20,1-16

¹ Denn gleich ist das Königreich der Himmel einem Menschen – einem Hausherrn –, welcher gleich in der Frühe herauskam, um Arbeiter für seinen Weinberg zu mieten.
² Übereinkommend aber mit den Arbeitern auf einen Denar den Tag, schickte er sie in seinen Weinberg.

- - - - -

³ Und – herauskommend um die dritte Stunde
– sah er andere untätig stehend auf dem Markt,
⁴ und zu jenen sprach er: Geht auch ihr fort in den Weinberg
und was immer gerecht ist, werde ich euch geben.
⁵ Die aber gingen hin.
Wieder – herauskommend um die sechste
und neunte Stunde – tat er ebenso.

- - - - -

⁶ Um die elfte aber – herauskommend – fand er andere stehend
und er sagt ihnen: Was habt ihr hier den ganzen Tag untätig gestanden?
⁷ Sie sagen ihm: Weil keiner uns mietete.
Er sagt ihnen: Geht auch ihr fort in den Weinberg!

- - - - -

⁸ Als es aber Abend geworden war, sagt der Herr des Weinbergs seinem Verwalter:
Ruf die Arbeiter
Und erstatte ihnen den Lohn,
beginnend bei den Letzten bis zu den Ersten!
⁹ Und – kommend die um die elfte Stunde – empfingen sie je einen Denar.
¹⁰ Und – kommend –
meinten die Ersten, dass sie mehr empfingen,
und es empfingen auch sie je einen Denar.
¹¹ – Empfangend aber – murrten sie gegen den Hausherrn,
¹² sagend: Diese Letzten arbeiteten eine einzige Stunde
und du machtest sie uns gleich,
die wir die Last des Tages und die Hitze ertrugen.
¹³ Der aber – antwortend – sprach zu einem jeden von ihnen:
Freund, ich tue dir nicht Unrecht;
kamst du nicht mit mir auf einen Denar überein?
¹⁴ Nimm das Deine – und geh!
Ich will aber diesen Letzten geben – wie auch dir.
¹⁵ Oder ist mir nicht erlaubt, an den Meinen zu tun, was ich will?
Oder ist dein Auge böse, weil ich gut bin?

- - - - -

¹⁶ So werden die Letzten Erste sein und die Ersten Letzte.

Die Gewebestruktur des Textes

Das Gleichnis beginnt mit einer einleitenden Situationsbeschreibung (20,1-2), gliedert sich anschließend in drei kleine Szenen (20,3-5.6-7.8-15) und schließt mit einer generalisierenden Erklärung ab (20,16), die den Schlusssatz aus der vorigen Lehre Jesu (19,30) in umgekehrter Folge aufgreift. Dieses Gleichnis ist daher im Kontext der Lehre Jesu über die Nachfolge zu sehen (19,16-30): es illustriert den Ruf zur Nachfolge und die Wirklichkeit im Reich Gottes (20,1). Eine Reaktion auf dieses Gleichnis wird nicht berichtet; es spricht für sich selbst und lässt ebenso die heutigen Leser angesprochen sein.

Das semantische Geflecht des Textes

20,1-2: Die Einleitung weist auf *das Königreich der Himmel* als Zielpunkt des Gleichnisses hin. Um das Reich Gottes zu beschreiben, geht Jesus von einer alltäglichen Situation aus, die nicht nur den Lesern damals gut bekannt war, sondern auch den heutigen Lesern geläufig sein dürfte, denn auch in unserer Gegenwart gibt es Lohn- bzw. Saisonarbeiter, die immer nur für kurze Zeit angeworben werden. Der Lohn von einem Denar für die Tagesarbeit entspricht dem damals üblichen Lohn eines Arbeiters und genügte für den Unterhalt einer Familie für einen Tag.

Erfahrene Bibel-Leser können den Weinberg als Israel oder die Welt deuten, den Weinbergbesitzer als Gott und seinen Verwalter als Jesus erkennen und in den angeworbenen Arbeitern sich selbst sehen.

20,3-5: Die erste Szene erzählt noch dreimal dieselbe Aktion des Weinbergbesitzers, der stets hinausgeht, um noch mehr Arbeiter für die Arbeit in seinem Weinberg anzustellen. Da es sich um ein Gleichnis und nicht eine Realitätsbeschreibug handelt, wissen die Leser, dass manche Elemente durchaus übertrieben dargestellt werden können. Die Wiederholung derselben Handlung deutet an, dass der Weinbergbesitzer „immer" hinausgeht, um Arbeiter anzuwerben und dass er „sehr viele Arbeiter" braucht. Über den vereinbarten Lohn erfahren wir nur so viel, dass er *gerecht* sein wird, d.h. die Arbeiter und auch die Leser können mit einem auf die Arbeitszeit anteilig umgerechneten (Tages-)Lohn rechnen.

20,6-7: Die zweite Szene wiederholt in ausführlicherer Version die erste Szene, allerdings mit einigen Übertreibungen, die die Leser deuten müssen. Dass ein Weinbergbesitzer buchstäblich in der letzten Stunde noch einmal Arbeiter anwirbt, ist nicht realistisch; das Gleichnis gibt aber hier überdeutlich zu verstehen, dass der Weinbergbesitzer „immer" – auch in der letzten Stunde, für den letzten Augenblick – noch Arbeiter braucht.

Auffällig ist das Gespräch mit den Arbeitern: eigentlich müsste doch der Weinbergbesitzer wissen, dass die Arbeiter dort immer noch stehen, gerade weil sie keiner angeworben hat. Durch seine überflüssige Frage wird die Aufmerksamkeit der Leser aber gezielt auf diese Arbeiter gelenkt: dass sie dort immer noch stehen, weil sie keiner wollte, zeichnet diese Arbeiter als schwache und anscheinend wenig geeignete Menschen aus, denn ein Arbeitgeber sucht sich natürlich immer zuerst die stärksten, fähigsten Arbeiter aus. Die Leser können also in diesen zuletzt angeworbenen Arbeitern die Schwachen und Verachteten – die *Kleinen* – erkennen. Auch sie werden angeworben und in den Weinberg geschickt. Über einen Lohn wird jetzt schon gar nicht mehr gesprochen, was den Lesern zu verstehen gibt, dass der Lohn kaum mehr als ein Almosen sein wird. In diesen letzten Arbeitern können die Menschen gesehen werden, die nichts zu erwarten haben.

20,8-15: Bei der Lohnauszahlung am Abend wird bei den letzten Arbeitern angefangen, damit erzähltechnisch die Ersten erleben können, dass alle – auch die, die zur dritten, sechsten und neunten Stunde begonnen haben – den gleichen Lohn erhalten. Ausdrücklich wird erzählt, dass die ersten Arbeiter sich deshalb der (falschen) Hoffnungen hingeben, dass sie mehr empfangen (20,10a). Da mit ihnen der normale Tageslohn von einem Denar abgesprochen war, begründet sich ihre Hoffnung mehr zu erhalten, allein im Vergleich bzw. im Verhältnis zu den anderen: als Erste haben sie „mehr" gearbeitet und „mehr" ertragen als die Letzten (20,12c). Die Ersten, die in ihren eigenen Augen ganz und gar nicht wie die Letzten sind, werfen eben dies dem Weinbergbesitzer vor: *du hast sie uns gleich gemacht* (20,12b). Durch die Gleichstellung fühlen sich die Ersten benachteiligt und abgewertet, obwohl sie dazu keinen Grund haben, da ja ihr Lohn nicht nur gerecht und angemessen, sondern auch so mit ihnen vereinbart war. Ihre Enttäuschung und ihr Vorwurf an den Weinbergbesitzer sind letztlich in ihrer eigenen Perspektive und in ihrem Maßstab begründet, der sie selbst in den Mittelpunkt stellt und zum Maß aller anderen macht. Den Lesern dient ihre Enttäuschung als Signal, diese Einstellung der ersten Arbeiter als untauglich zu erkennen und entsprechend das ungewöhnliche Handeln des Weinbergbesitzers zu schätzen.

Der Weinbergbesitzer spricht die ersten Arbeiter – jeden einzelnen – als *Freund* an und erklärt sein Handeln (20,13-14a). Damit ist klar, dass er keine böse Absicht hegte und weder willkürlich noch unüberlegt, sondern eindeutig gütig gehandelt hat (20,14b). Seine anschließenden Fragen (20,15) an die ersten Arbeiter zielen auf eine bestätigende Antwort: so sollen die Ersten und mit ihnen die Leser erkennen, dass ihr *böses Auge*, also ihre eigene (egozentrische) Perspektive, ihnen die Sicht auf die Güte des Weinbergbesitzers verstellt hat. Die direkte Anrede in der 2. Person spricht auch die Leser unmittelbar an, so dass sie ebenfalls Stellung beziehen müssen.

Der Ausdruck *die Meinen* (20,15a), der für die angeheuerten Arbeiter sehr ungewöhnlich ist, ruft die Leser in ihre Wirklichkeit des Reiches Gottes zurück: gerade diese Letzten, die schwachen und ungeeigneten Arbeiter, die *Kleinen*, bezeichnet Gott als *die Seinen*. Die Leser erinnern sich ebenfalls an die *Kleinen*, die Gott besonders nahe sind (18,10.14). Somit können sie verstehen, dass im Reich Gottes andere Maßstäbe gelten, die teilweise den gängigen menschlichen Vorstellungen widersprechen.

20,16: Genau das unterstreicht auch der Schlusssatz von den *Ersten* und *Letzten* (20,16): es geht nicht um einen einfachen Tausch in der Reihenfolge oder in der Rangordnung, sondern darum, dass vor Gottes Güte alle gleich sind. Im Kontext der vorigen Rede Jesu von der Nachfolge bedeutet das, dass es unerheblich ist, „wann" einer begonnen hat, für das Reich Gottes zu arbeiten, auch „wie lange" oder „unter welchen Bedingungen" er gearbeitet hat, spielt keine Rolle; wichtig ist allein, dass jeder die Arbeit tut, zu der er gerufen wurde. Jetzt wird auch deutlich, dass es keine „Rangordnung" mehr gibt und dass es unmöglich ist, jemanden zu verachten, denn jeder ist „Spezialist" in seinem Bereich.

Pragmatische Knotenpunkte des Textes

Das Gleichnis bietet den Lesern drei verschiedene Identifikationsrollen an: die ersten Arbeiter, die letzten Arbeiter (einschließlich der späteren Arbeiter) und den Weinbergbesitzer. Durch die Art, wie das Gleichnis erzählt ist, werden die Leser dazu gebracht, sich in den ersten Arbeitern wieder zu finden. Sobald diese „ersten Arbeiter" verstehen, dass ihre Vorstellungen und Wertmaßstäbe begrenzt und einseitig sind, weil sie nur ihnen selbst nützen, können sie ihre alte Sichtweise ablegen, um dann aus der Perspektive Gottes mit „guten Augen" den Einsatz der Kleinen, Schwachen und Verachteten für das Reich Gottes zu sehen und zu schätzen. Wenn die „ersten Arbeiter" einsehen, wie im Reich Gottes miteinander umgegangen wird, begreifen sie, dass auch sie zu einem solchen gütigen Handeln aufgerufen sind.

Die „letzten Arbeiter" verkörpern besonders die Menschen, die von anderen übersehen werden, die nicht geschätzt oder sogar verachtet werden, weil sie nicht so leistungsstark wie andere sind, weil sie schüchtern sind, schwach oder gebrechlich, weil sie nicht der allgemeinen „Norm" entsprechen, da sie geschieden sind, wieder verheiratet, ehelos oder in einer Partnerschaft unverheiratet zusammenleben, weil sie gesündigt haben oder sich etwas haben zu Schulden kommen lassen, weil sie arbeitslos oder krank sind…

Im Gleichnis warten diese „letzten Arbeiter" geduldig und hoffnungsvoll bis zur letzten Minute, dass sie noch jemand anwirbt: sie geben ihre Hoffnung nicht auf und manchmal wissen sie auch um ihre Fähigkeiten und Stärken, auch wenn sie in den Augen anderer nicht viel zählen. Von ihnen wird über den unerwarteten Lohn zwar keine Reaktion berichtet, doch können die Leser davon ausgehen, dass sie überrascht, glücklich und dankbar waren. Für die Leser, die sich in der Situation der Letzten wieder finden, enthält das Gleichnis deshalb eine Verheißung: die Wirklichkeit des Reiches Gottes ist ganz und gar nicht so, wie sie ihre Gegenwart erleben. Den Letzten gilt, dass sie im Reich Gottes genau so, wie sie sind, angenommen sind und gebraucht werden: mit ihrer Schwäche, mit ihren Fehlern, mit den dunklen Punkten in ihrem Leben… denn sie werden als individuelle Personen geschätzt. Im Reich Gottes zählen nicht mehr quantitative Leistung und qualitative Arbeit, sondern allein, dass jeder die Aufgabe erfüllt, zu der er gerufen ist.

Das eigentliche Vorbild im Gleichnis ist der Weinbergbesitzer. Auch wenn er Gott symbolisiert, sollen sich die Leser nicht scheuen, sich mit ihm zu identifizieren: zum einen gilt allen der Auftrag, *vollkommen wie unser himmlischer Vater zu sein* (5,48; 19,21), zum anderen gehört zur Rolle der „ersten Arbeiter", das gütige Handeln des Weinbergbesitzers nicht nur theoretisch anzuerkennen, sondern es gerade im eigenen Leben zu realisieren.

Mt 20,17-28

Der Weinbergbesitzer entlarvt mit seinem anderen, unerwarteten gütigen Handeln die gängigen menschlichen Vorstellungen als diskriminierend. Gleichzeitig zeigt er die einzige mögliche Alternative auf, die ihm die „ersten Arbeiter" in ihrem Unverständnis als *gleich machen* vorwerfen. Gleichheit meint aber nicht nur Gleichbehandlung oder Gleichberechtigung, sondern muss in Verbindung mit Gerechtigkeit gesehen werden. So wie hier bedeutet das dann: jedem das geben, was er braucht. Dabei geht nicht, wie die „ersten Arbeiter" vielleicht befürchten, die Individualität verloren, sondern wird im Gegenteil erst richtig geschätzt. Wenn die Leser das Prinzip der Güte des Reiches Gottes verstanden haben, sollen sie, wann immer es ihnen möglich ist, ebenso handeln: dann ist das Reich Gottes wirklich spürbar!

Die dritte Ankündigung von Leiden, Tod und Auferweckung, Reaktionen der Schüler und Belehrung Jesu: 20,17-28

Die dritte Ankündigung von Leiden, Tod und Auferweckung

17 Und – hinaufsteigend nach Jerusalem – nahm Jesus die zwölf Schüler mit – für sich – und auf dem Weg sprach er zu ihnen:
18   – Siehe! – wir steigen nach Jerusalem hinauf
   und der Menschensohn wird den Hohen Priestern und Schriftkundigen übergeben werden
   und sie werden ihn zum Tod verurteilen
19   und ihn den Heiden übergeben zum Verspotten und Geißeln und Kreuzigen
   und am dritten Tag wird er erweckt werden.

Reaktionen der Schüler und Jesu Lehre zur Nachfolge

20 Da kam zu ihm die Mutter der Söhne des Zebedäus mit ihren Söhnen
– niederfallend – und von ihm etwas erbittend.
21 Der aber sprach zu ihr: Was willst du?
Sie sagt ihm: Sprich, dass diese meine zwei Söhne sitzen
   – einer zu deiner Rechten und einer zu deiner Linken –
   in deinem Königreich.
22 Antwortend aber sprach Jesus:
   Ihr wisst nicht, was ihr erbittet.
   Könnt ihr den Kelch trinken, den ich trinken werde?
Sie sagen ihm: Wir können.
23 Er sagt ihnen: Zwar werdet ihr meinen Kelch trinken,
   aber das Sitzen zu meiner Rechten und zur Linken,
   das zu geben, ist nicht meine Sache,
   sondern (ist für die,) denen es von meinem Vater bereitet ist.
   - - - - -
24 Und – es hörend – wurden die Zehn unwillig über die zwei Brüder.
25 Jesus aber – sie herbeirufend – sprach:
   Ihr wisst, dass   die Führer der Völker sich ihrer bemächtigen
   und   die Großen sie vergewaltigen.
26 Nicht so soll es unter euch sein!
Sondern wer immer unter euch   groß werden will,   soll euer Diener sein,
27   und wer immer unter euch   Erster sein will,   soll euer Sklave sein;

Jesu Weg nach Jerusalem

28	So wie der Menschensohn nicht kam,	um bedient zu werden,
	sondern	um zu dienen
	und	sein Leben zu geben
		als Lösegeld für viele.

Die Gewebestruktur des Textes

Mit der Ortsangabe in 20,17 *hinaufsteigend nach Jerusalem* leitet Matthäus einen neuen Abschnitt ein, der mit einer Leidensankündigung beginnt und sich in drei Teile gliedern lässt. Die dritte Ankündigung von Leiden und Auferweckung (20,17-19) ist die ausführlichste. Wie schon bei den anderen Leidensankündigungen folgt wieder eine Reaktion der Schüler aufgrund ihres ungenügenden Verständnisses der Ankündigung Jesu (20,20-28). In diesem Fall erzählt Matthäus eine doppelte Reaktion, zuerst durch die Mutter der Zebedäussöhne zusammen mit ihren Söhnen Jakobus und Johannes (20,20-23), dann durch die anderen zehn Schüler (20,24-28). Mit beiden Reaktionen ist wieder eine nähere Erklärung Jesu zur Nachfolge verbunden.

Das semantische Geflecht des Textes

20,17-19 Die dritte Ankündigung von Leiden, Tod und Auferweckung
Jesus nähert sich mit seinen Schülern Jerusalem, wo sich sein Schicksal erfüllen wird, wie die Leser bereits aus der ersten Ankündigung von Leiden und Auferweckung (16,21) wissen. Bevor Jesus zum dritten Mal sein bevorstehendes Schicksal ankündigt, nimmt er seine zwölf Schüler *für sich* beiseite, wodurch Matthäus zu verstehen gibt, dass sich diese Ansage ganz besonders an die Schüler richtet. Dass sie weder allein sind, noch als einzige Jesus nach Jerusalem begleiten, verdeutlicht das Auftreten der Mutter der Zebedäussöhne im nächsten Abschnitt.
   Diese dritte Ankündigung von Leiden und Auferweckung ist als längste noch um einige Elemente ergänzt: jetzt kommen die *Heiden* als neue Mitbeteiligte ins Spiel und das Leiden Jesu wird präziser beschrieben als *verspotten*, *geißeln* und *kreuzigen* (20,19). Dadurch akzentuiert Matthäus stärker das bevorstehende Leiden, das mit dem zweimaligen Nennen von Jerusalem (20,17.18) zusätzlich in die Nähe gerückt wird. Umso auffallender ist es, dass seine Schüler gar nicht auf seine ausführliche Leidensankündigung eingehen, sondern gleich auf die Zeit nach seiner Auferweckung anspielen. Schon zuvor reagierten sie ähnlich auf das angesagte Leiden: Petrus hatte versucht, dem Leiden auszuweichen und die Auferweckung ignoriert (16,22); die Schüler wurden nach der zweiten Ankündigung äußerst betrübt und schienen das Leiden lethargisch hinzunehmen, ebenso ohne die Auferweckung zu beachten (17,23). Jetzt überspringen die Schüler das sehr detailliert angesagte Leiden und scheinen es damit nur als notwendigen Zwischenschritt zur Auferweckung zu sehen (20,21.24).
   Solche Reaktionen auf das Leiden mit Verdrängung, lähmender Trauer (Selbstmitleid) oder Akzeptanz als notweniges Übel bzw. als Bedingung für

etwas Anderes spiegeln allgemeine menschliche Umgangsmöglichkeiten mit Leid und Tod. In unseren Beispielen mit den Leidensankündigungen stehen hinter diesen Reaktionen der Schüler Erklärungsversuche der ersten Christusgläubigen, das Leiden und den Tod Jesu zu verstehen. Doch diese genannten Umgangsweisen unterschätzen oder überschätzen das Leiden und führen deshalb weder zu einer angemessenen Auseinandersetzung mit dem Leid, noch zu einer Erklärung des Leidens und Todes Jesu. Jesu anschließende Lehre über die Nachfolge hebt deshalb im Gegensatz zur Erwartung der Schüler das Leiden ausdrücklich hervor (*Kelch trinken* 20,22-23; *Leben hingeben* 20,28) und kündigt es sogar auch den Schülern an.

20,20-28 Reaktionen der Schüler und Jesu Lehre zur Nachfolge

20,20-23: Die Bitte der Mutter der Zebedäussöhne klammert das angekündigte Leiden und den Tod Jesu aus und knüpft gleich an die Verheißung der Auferweckung an; diese jenseitige Wirklichkeit wird im Zusammenhang dadurch deutlich, dass das S*itzen zur Rechen und zur Linken* von Gott bestimmt wird (20,23). Das Bild vom *Sitzen zur Rechten und zur Linken* Jesu könnte auch an das repräsentierende *Sitzen auf zwölf Thronen* (19,28) anknüpfen, das den zwölf Schülern von Jesus versprochen wird. Die Mutter bittet darum, dass ihre beiden Söhne im Königreich Jesu die Ehrenplätze bekommen. Ihr Wunsch drückt sicherlich eine tiefe Zuneigung sowohl zu Jesus als auch zu ihren Söhnen aus, zugleich macht er aber auch deutlich, dass sie das Prinzip der Güte des Reiches Gottes von den *Ersten* und *Letzten* (20,16) noch nicht verstanden hat. Dass es hier um *Jakobus* und *Johannes* geht, verwundert die Leser nicht sonderlich, da diese beiden Schüler schon bei der Erfahrung der Verklärung und Erscheinung auf dem Berg in einer ausgewählten Position dargestellt wurden (17,1); sie sind es auch, die später in Getsemani in nächster Nähe Jesu sein dürfen (26,37).

Jesu erste Antwort (20,22) ruft die beiden Schüler in die Wirklichkeit zurück: sie sollen das drohende Leiden nicht durch idealistische Träumereien vom zukünftigen Reich Gottes verdecken oder gar verdrängen. Mit dem Wort vom *Kelch trinken*, das den antiken Lesern aus ähnlichen biblischen Formulierungen (*Kelch des Heils* oder *Becher des Zorns*: Ps 16,5; 116,13; Jes 51,17.22; Jer 25,15-17; Ps 75,9) bekannt ist, weist Jesus auf sein bevorstehendes Schicksal von Leiden, Tod und Auferweckung hin. Seine Frage *könnt ihr den Kelch trinken, den ich trinken werde*, erinnert die Schüler deshalb an ihre Schicksalsgemeinschaft mit Jesus: auch sie sind aufgerufen, ihr Kreuz auf sich zu nehmen, wenn sie Jesus folgen wollen (10,38; 16,24). Als Frage formuliert, lässt Jesus den Schülern die Möglichkeit offen, abzulehnen. Nachfolge Jesu geschieht auch im Leid und trotz des Leidens – sind die Schüler dazu bereit?

Die positive Antwort der beiden Schüler ist daher eine Modellantwort für die Leser (20,22c): sie sind bereit, trotz Leid, Nachteilen und möglichem Tod Jesus nachzufolgen. Mit ihrer Antwort verdeutlichen sie jetzt, dass sie das Leiden als solches wahrnehmen und es weder kaschieren noch schönreden. Leid soll für sie kein Hindernis in ihrer Nachfolge sein.

Jesu zweite Antwort (20,23) soll die Leser vor der falschen Einstellung bewahren, Leid nur deshalb ertragen zu wollen, um im Leben nach dem Tod einen Ehrenplatz, einen „Vorteil" oder eine „Belohnung" zu bekommen. Eine solche Einstellung würde das Leid als gegeben hinnehmen, als Mittel zum Zweck tolerieren oder sogar als notwendig ansehen und damit letztlich das Leid sogar rechtfertigen. Leid soll aber nicht sein und ist keinesfalls von Gott gewollt, denn Gott ist der, der das Leid von Einzelnen und von seinem ganzen Volk sieht und es überwindet: (z.B. Gen 16,11; 29,32; Ex 3,7; 4,31; Ps 34,20; Jes 14,3; 30,26).

Indem Jesus darauf hinweist, dass nicht er, sondern Gott es ist, der die „Ehrenplätze" im Himmelreich vergibt, erinnert er zugleich wieder an das andere Maß Gottes: vor Gott sind die Letzten die Ersten und die Kleinen sind die Größten (18,4; 19,30; 20,16). Die Leser sollen sich diesen Maßstab Gottes verinnerlichen; zudem finden sie hier den verborgenen Appell, sich nicht wie die Zebedäussöhne groß zu machen und in den Vordergrund zu spielen. Welche Haltung diejenigen, die Jesus nachfolgen, annehmen sollen, erklärt Matthäus im nächsten Abschnitt.

20,24-28: Die anderen zehn Schüler reagieren unwillig, weil die Zebedäussöhne nach den Ehrenplätzen im Himmelreich streben und für sich etwas Besseres wünschen. Indem die Zehn das den beiden Brüdern übel nehmen, stellen sie sich selbst auch nicht besser dar, denn ihr Unwillen und ihr Neid zeigen, dass sie ebenfalls gerne diese Ehrenplätze einnehmen würden. Matthäus veranschaulicht mit diesem Streitfall, dass die Schüler Jesu immer noch nicht begriffen haben, wer im Reich Gottes der Größte ist (18,1-4). Jesu nun folgende Rede bezieht sich weniger auf die himmlische Wirklichkeit, sondern mit der direkten Anrede *ihr* und *euch* (20,25-27) in erster Linie auf die Situation in der Gemeinde.

In der Gemeinde bzw. *unter euch soll es gerade nicht so sein* wie in der alltäglichen Welt (20,26). Unter den Gläubigen untereinander soll ein anderer Umgang herrschen als der, mit dem die weltlichen Herrscher, Machthaber und Chefs ihre Untergebenen behandeln. Denn die *Großen* üben *Macht* und Gewalt den Kleinen gegenüber aus, sie *vergewaltigen* sie sogar, d.h. sie fügen ihnen absichtlich Unrecht zu, um ihre eigenen Interessen durchzusetzen und sie *lassen sich bedienen*. Die Gemeinde hingegen soll in ihrem ganz anderen Umgang untereinander zeigen, dass vor Gott die Kleinen die Größten und die Letzten die Ersten sind. Deshalb sollen die Mitglieder einander zu dienen, wie Diener und Sklaven es tun: das Dienen ist ihre Aufgabe, sie tun es als Selbstverständlichkeit, ohne auf ihr Ansehen oder damit verbundene Vorteile zu achten.

Für das gegenseitige Dienen können sich die Gläubigen den Menschensohn als Vorbild nehmen (20,28), der mit seinem Leben zeigte, dass eine solche dienende Haltung wirklich möglich ist. Der Menschensohn hat sogar sein Leben eingesetzt. Mit diesem Ausdruck wird die Freiwilligkeit Jesu deutlich, mit der er sein Leben für andere gelebt hat. Hinter dieser Freiwilligkeit können die Leser seine große Zuneigung zu den Menschen – ganz besonders zu den Kleinen und Letzten – erkennen.

Die Formulierung *das Leben als Lösegeld zu geben* ist allerdings widersprüchlich, denn im Ersten Testament kann ein Lösegeld gezahlt werden, um das Leben von Sklaven, Gefangenen oder schuldigen Menschen freizukaufen (Ex 21,29-30; Lev 25,47-49) und ein Lösegeld ist für das erstgeborene Kind und jedes erstgeborene Vieh zu zahlen (Ex 34,20; Num 18,15), doch das Leben selbst wird nirgends als Lösegeld gefordert. Eher denkbar ist dann eine Bedeutung im Sinne von *er hat sein Leben eingesetzt, um viele zu erlösen* oder *er hat sein Leben eingesetzt zur Erlösung von vielen*. Jesus hat vielen Kranken, Besessenen und Leidenden geholfen und hat sich auf diese Weise für die Kleinen eingesetzt. Die Leser können außerdem auch an das Schrift-Erfüllungszitat in 8,17 denken, das an den Gottesknecht in Jes 53,4 anknüpfend, Jesus wie diesen Gottesknecht darstellt, weil er sich mit seinem Leiden an die Seite der Leidenden stellt.

Pragmatische Knotenpunkte des Textes

Die Leser finden in diesem Abschnitt den Impuls, über Jesu Leben und Dienst eingehender nachzudenken und es in Bezug zu ihrer eigenen Nachfolge zu setzten. Dabei sollen sie das Leiden als etwas wahrnehmen, das nicht sein soll, das daher auch weder erklärt oder schöngeredet werden kann und das keinesfalls zu einer Leidensverherrlichung oder „Leidensmystik" führen darf. Leiden soll aufgehoben oder vermindert werden – und es darf die Nachfolge weder behindern noch verhindern. Dass auch Jesus gelitten hat, kann darum die Leser im eigenen Leid trösten und sie ermutigen, zu versuchen, das Leid zu überwinden.

Besonders hinsichtlich der Gemeindesituation finden die Leser klare Hinweise, wie sie handeln und leben sollen, um sich als würdige Nachfolger Jesu zu erweisen. Die Gemeinde als Nachfolgegemeinschaft soll sich deutlich von den Machtformen und Umgangsweisen in der alltäglichen Welt unterscheiden: die Gläubigen sollen einander dienen, nicht übereinander herrschen und Macht ausüben. Das *Dienen* ist bewusst nicht näher spezifiziert, denn dadurch sind die Leser zur Wachsamkeit und zur Spontaneität gerufen: für jeden Menschen und in jeder Situation offen und bereit zum kleineren oder größeren Dienst zu sein.

Die Heilung zweier Blinder bei Jericho: 20,29-34

²⁹ Und als sie herausgingen von Jericho,
   folgte ihm viel Volk.
   - - - - -
³⁰ Und – siehe! – zwei Blinde – sitzend am Weg, hörend, dass Jesus vorbeigeht –
   schrieen: Erbarme dich unser, (Herr), Sohn Davids!
   - - - - -
³¹ Die Volksmenge aber fuhr sie an, dass sie schwiegen;
   die aber schrieen mehr,
   sagend: Erbarme dich unser, Herr, Sohn Davids!

Jesu Weg nach Jerusalem

> -----
> ³² Und – stehen bleibend – rief Jesus sie
> und sprach: Was wollt ihr, soll ich euch tun?
> ³³ Sie sagen ihm: Herr, dass unsere Augen geöffnet werden mögen!
> -----
> ³⁴ Von Mitleid ergriffen aber berührte Jesus ihre Augen
> und sogleich sahen sie wieder
> und sie folgten ihm.

Die Gewebestruktur des Textes

Die Erzählung erinnert an die ähnliche Episode der Heilung zweier Blinder in 9,27-31, doch finden sich hier verschiedene neue Elemente, mit denen Matthäus andere Signale für die Leser setzt. Durch die unterschiedlichen Akzente zeigt Matthäus außerdem, dass jeder Fall individuell ist und auch so von Jesus gesehen wird.

Diese Erzählung lässt sich wie folgt untergliedern: auf die knappe Einleitung mit Ortsangabe (20,29) folgt die Situationsbeschreibung, die auch die handelnden Personen vorstellt (20,30). Eine Komplikation (20,31) verzögert den Erzählablauf, kann jedoch den anschließenden kurzen Dialog zwischen Jesus und den Blinden (20,32-33) nicht verhindern. Den Schluss bildet der Bericht über die Heilung mit der zusätzlichen Notiz der Nachfolge der Geheilten (20,34).

Das semantische Geflecht des Textes

20,29: Die Ortsangabe *Jericho* deutet den Lesern, die ja bereits wissen (20,17), dass sich Jesus auf dem Weg nach Jerusalem befindet, die größere Nähe zu Jerusalem an. Außer den Schülern, die in den vorherigen Belehrungen über die Nachfolge weitgehend allein mit Jesus dargestellt waren, gibt es noch eine große Menschenmenge, die Jesus ebenfalls nachfolgt. Die Leser sollen sich also Jesus von vielen Menschen begleitet vorstellen, wenn er nach Jerusalem kommt.

20,30: Das Aufmerksamkeitssignal *siehe* lenkt den Blick der Leser auf die beiden Blinden am Straßenrand. Ihr Hilfeschrei *erbarme dich unser* hat starken liturgischen Anklang, zumal die beiden Blinden mit dem *unser* ihre Gemeinschaft und Solidarität zum Ausdruck bringen: jeder bittet gleichzeitig auch für den anderen mit. Mit der Anrede Jesu als *Sohn Davids* fassen sie ihr Glaubensbekenntnis zusammen: sie erkennen in Jesus den verheißenen Messias, der die Macht hat, durch sein erbarmendes Handeln zu helfen und zu heilen. Zugleich drückt ihr Ruf aber auch ihre Hoffnung aus, dass der Sohn Davids diese beiden am Straßenrand Sitzenden wahrnimmt. Auf diese Weise ruft Matthäus seinen Lesern Jesu Lehre von den Kleinen, die an ihn glauben (18,6.10.14) und von den Letzten, die die Güte Gottes erfahren (20,15), in Erinnerung.

20,31: Die Menschenmenge, die die Leser mit denen identifizieren können, die Jesus von Jericho aus nachfolgten, versuchen, die beiden schreienden Blinden zum Schweigen zu bringen. Ein solches Handeln der Menschenmenge ist völlig unmotiviert, denn als Nachfolgende sollten diese Menschen immerhin um Jesu Auftrag wissen und sowohl seine Lehre als auch sein Handeln kennen. Somit zeigen sich diese Menschen, obwohl sie Jesus nachfolgen, eigentlich als „Blinde".

Die beiden Blinden lassen sich jedoch nicht einschüchtern und ihrer Hoffnung berauben, sondern *schreien* sogar noch *mehr* und wiederholen ihre Bitte um Erbarmen an Jesus. Dieses Mal sprechen sie ihn noch zusätzlich mit *Herr* an, womit sie ihren Glauben an Jesus als Messias unterstreichen. In ihrem unbeirrbaren, hoffnungsvollen Handeln trotz Widerstand sind diese beiden Blinden für die Leser positive Identifikationsfiguren mit einem Erfolg versprechenden Handlungsmodell.

20,32-33: Auf Jesu Frage, was er ihnen tun möge, antworten beide mit einer Formulierung im Passiv *dass unsere Augen geöffnet werden mögen*, die dadurch auf Gott als Bewirkenden des Erbetenen verweist. Damit drücken die Blinden zugleich ihren Glauben und ihre Hoffnung in Jesus und in sein Handeln aus. Jesus muss also nicht wie im anderen Fall der Heilung der beiden Blinden in 9,27-31 nach ihrem Glauben und nach ihrem Vertrauen in ihn fragen.

20,34: Der Glaube und das Vertrauen der Blinden bewegt Jesus im Innersten: er hat Mitleid mit den leidenden Menschen (wie schon in 9,36; 14,14; 15,32) und hilft ihnen. Die Leser finden hier das starke Signal, dass Leiden überwunden werden muss, wann immer es möglich ist: sie erinnern sich, dass Jesus niemals vertröstet oder zum geduldigen Ertragen mahnt, sondern vom Leiden tief bewegt ist und den Menschen hilft. Jesu Mitleid und sein barmherziges Handeln stehen hier in deutlichem Kontrast zu der Menschenmenge, die die Blinden zum Schweigen bringen wollte.

Jesus heilt die beiden Blinden durch Berührung; die erfolgte Heilung stellt Matthäus in diesem Fall nicht mit dem theologischen Passiv fest, das auf Gott verweist, weil die Formulierung der Bitte der Blinden schon auf Gott als Handelnden verwies. Auffallend anders ist hier der Hinweis, dass die Geheilten Jesus aus eigenem Entschluss nachfolgen. In den anderen Heilungserzählungen sind die Geheilten stets wieder weggegangen. Eine einzige Parallele könnte das Beispiel der Schwiegermutter des Petrus sein, die nach ihrer Genesung Jesus dauerhaft dient (8,15).

Seinen Lesern signalisiert Matthäus, dass jemand, der das mitleidige und barmherzige Handeln Jesu an sich selbst gespürt hat, darin ein starkes Motiv findet, ihm nachzufolgen. Über die Verbindung mit dem Wort *von Mitleid ergriffen* werden sich die Leser auch an das Gleichnis von den beiden Schuldnern erinnern, denen aus Mitleid und Erbarmen die Schuld erlassen werden soll (18,27.33). Die Barmherzigkeit Jesu gilt nicht nur Kranken und Leidenden, sondern auch all jenen, die sich etwas zu Schulden haben kommen lassen. Wem immer nun *die Augen geöffnet worden* sind und dadurch klar geworden ist, dass er die Barmherzigkeit Jesu oder Gottes schon erfahren hat, ist eingeladen, wie die geheilten Blinden Jesus nachzufolgen.

Jesu Weg nach Jerusalem

Pragmatische Knotenpunkte des Textes

Am Ende der Kapitel über den Weg Jesu nach Jerusalem hat diese Erzählung von der Heilung zweier Blinder die Funktion, auch den Lesern die Augen zu öffnen: sie sollen erkennen, wer dieser Jesus ist, der drei Mal sein bevorstehendes Leiden und seine Auferweckung ankündigend zur Nachfolge einlädt und der seine Schüler über die Stellung der Kleinen und Letzten vor Gott belehrt hat.

Dass die Situation der Kleinen und Letzten ein entsprechendes Handeln ihnen gegenüber in erster Linie innerhalb der Gemeinde der Gläubigen, aber auch außerhalb der Gemeinde fordert, zeigt unsere Erzählung von der Heilung der Blinden am Straßenrand von Jericho. Über die eigenen Probleme und Schwierigkeiten in der Gemeinde sollen die Gläubigen nicht die Realität der Kleinen und Letzten außerhalb der Gemeinde vergessen. Hier bietet Matthäus seinen Lesern mit der Rolle der ambivalent dargestellten Menschenmenge ein negatives Handlungsmodell an. Einerseits folgt die Menge Jesus nach, andererseits will sie die Blinden zum Schweigen bringen und sie damit abhalten, Kontakt zu Jesus zu bekommen. Über das unverständliche Handeln der Menschenmenge sollen die Leser erschüttert sein und keinesfalls denselben Fehler machen. Keiner hat das Recht, einen anderen zu hindern, zu Jesus zu kommen (18,6). Das gegenteilige Handeln wäre hier vorbildlich: sich der Blinden anzunehmen und sie zu Jesus zu bringen!

Jesus selbst nimmt die Blinden am Straßenrand trotz der ihn und sie umgebenden und trennenden Menschenmenge wahr. Er lässt sich vom Mitleid ergreifen und ist vom Leiden der Menschen betroffen. Durch seine Frage *was wollt ihr, soll ich euch tun* bietet er seine Hilfe an; er drängt sich nicht auf und „weiß" auch nicht schon im Voraus, was für die bittenden Blinden das Beste ist. Jesu Handeln ist den Lesern ebenfalls ein Vorbild, wie sie selbst mit Menschen, die Hilfe bedürfen, umgehen sollen.

Die beiden Blinden dienen den Lesern ebenfalls als Identifikationsfiguren mit positivem Handlungsmodell: sie lassen sich nicht ihrer Hoffnung berauben und lassen sich auch nicht von einer Mehrheit hindern, ihren Glauben und ihre Hoffnung auszudrücken. Trotz Widerstand und Entmutigungen bitten und schreien sie weiter um Hilfe. In ihrer Ausdauer und Unbeirrbarkeit sind sie für Hoffnungslose und Resignierende ein wichtiges Vorbild. Nachdem sich ihre Augen geöffnet haben, folgen sie Jesus nach. Es sind Menschen, die eine heilsame, „Augen öffnende" Erfahrung Jesu gemacht haben; ihre Erfahrung mit Jesus ruft sie deshalb in die Nachfolge.

Erzähltechnisch werden die Leser mit der Nachfolge der geheilten Blinden nun ebenfalls mit *geöffneten Augen* nach Jerusalem hinein geführt. Sind sie bereit, diesem Jesus zu folgen?

b. 21,1-25,46: Jesu Aktivität in Jerusalem

Jesu Einzug in Jerusalem: 21,1-11

Die Vorbereitung des Einzugs
1 Und als sie sich Jerusalem näherten und nach Betphage zum Ölberg kamen,
da schickte Jesus zwei Schüler,
2 ihnen sagend: Geht in das Dorf – euch gegenüber –
und sogleich werdet ihr eine Eselin angebunden finden
und ein Füllen bei ihr;
sie lösend, führt sie zu mir!
3 Und wenn einer zu euch etwas spricht,
werdet ihr sagen: Der Herr braucht sie.
Sofort aber wird er sie schicken.
4 Dies aber ist geschehen,
damit erfüllt wird das Gesagte durch den Propheten, den sagenden:
5 *Sprecht zur Tochter Sion: Siehe, dein König kommt zu dir!*
Sanftmütig und sitzend auf einer Eselin und einem Füllen,
dem Jungen eines Zugtiers. (Jes 62,11; Sach 9,9)

Der Einzug
6 Die Schüler aber – gehend und tuend, wie Jesus ihnen aufgetragen hatte –,
7 führten die Eselin und das Füllen (herbei)
und legten die Gewänder auf sie
und er setzte sich auf sie.
8 Die große Volksmasse aber breitete ihre Gewänder auf dem Weg aus,
andere aber schlugen Zweige von den Bäumen ab und breiteten sie auf dem Weg aus.
9 Die Volksmengen aber – die ihm vorausgehenden und die folgenden – schrieen,
sagend: *Hosanna dem Sohn Davids!*
Gesegnet der Kommende im Namen des Herrn!
Hosanna in den Höhen! (Ps 118,25f)

Jesu Ankunft in Jerusalem
10 Und als er nach Jerusalem hineinging,
wurde erschüttert die ganze Stadt,
sagend: Wer ist dieser?
11 Die Volksmengen aber sagten:
Dieser ist der Prophet Jesus, der aus Nazaret in Galiläa.

Die Gewebestruktur des Textes

Die Erzählung lässt sich durch die verschiedenen Ortsangaben *in der Nähe von Jerusalem / Betphage*, *auf dem Weg* und *nach Jerusalem hinein* in drei Szenen unterteilen. Die erste Szene in der Nähe von Jerusalem, bei Betphage, handelt von der Vorbereitung seines Einzugs in die Stadt (21,1-5). In der nächsten Szene wird Jesu Weg in die Stadt als feierlicher Einzug erzählt

Jesu Aktivität in Jerusalem

(21,6-9). Die letzte Szene berichtet von Jesu Ankunft in der Stadt und von der Reaktion der Menschen darauf (21,10-11).

Am Beginn dieses neuen großen Abschnitts – Jesu Aktivität in Jerusalem (21,1-25,46) – fallen besonders die beiden Schriftzitate am Ende der ersten und der zweiten Szene auf: sie stellen den Einzug Jesu in Jerusalem als schriftgemäß dar. Zugleich rufen sie den Lesern die häufigen Schrift-Erfüllungszitate am Anfang des Evangeliums ins Gedächtnis, so dass ihnen der Heilsplan Gottes wieder präsent ist.

Das semantische Geflecht des Textes

21,1-5 Die Vorbereitung des Einzugs
Jesus, seine Schüler, die beiden geheilten Blinden (20,34) und die sie begleitende Volksmenge (20,29) befinden sich nun in unmittelbarer Nähe Jerusalems. Die Leser verbinden mit dieser Stadt nun auch die dreimaligen Ankündigungen von Leiden, Tod und Auferweckung Jesu, so dass ihnen jetzt bewusst ist, dass sich das Schicksal Jesu bald erfüllt.

Für den Einzug in die Stadt ist ein Esel nötig, auf dem Jesus reiten kann. Erzähltechnisch können nicht einfach andere Menschen diesen Esel zu Jesus bringen, weil dann die Initiative von anderen ausgeht und missverstanden werden könnte. Jesus muss also den Esel selbst „finden" (so in Joh 12,14); das Auffinden des Esels gestalten die Synoptiker als Vorhersehen mit Erfüllung aus. Damit erwecken sie den Eindruck, dass Jesus ganz Herr des nun folgenden Geschehens ist. Das unterstreicht zusätzlich noch sein Hinweis auf die Möglichkeit, dass *einer zu euch etwas spricht* (21,3a), d.h. dass jemand nach dem Grund des Handelns der Schüler Jesu fragt; auch an diesen Fall denkt Jesus und rät den Schülern eine entsprechende Antwort.

Natürlich handelt es sich nicht um einen „Diebstahl", denn entweder kann *sofort wird er sie schicken* (21,3c) auf den Eigentümer der Esel bezogen werden und drückt dann dessen Einverständnis aus, oder es kann im Sinne von *sofort wird er sie zurückschicken* (so bei Mk 11,3) auf Jesus gedeutet werden. Jesus leiht sich die Esel also nur aus, er hat ja nicht vor, sie dauerhaft in seinen Besitz zu übernehmen.

Dass es sich um zwei Tiere, nämlich die Eselin und ihr Füllen handelt, hat Matthäus dem Sacharjazitat (Sach 9,9) entsprechend gestaltet, um so die Erfüllung der Schrift zu betonen. Mit dem Ziel der Schrifterfüllung als Hintergrund für diese Ausgestaltung ist auch die praktische Frage unbedeutend, wie jemand denn auf zwei Eseln reiten könne. Außerdem kann man einem Jungtier, das noch säugt, nicht die Mutter wegnehmen, das junge Tier wird also mitgeführt. Möglicherweise verstärkt das Bild von der Eselin mit ihrem Jungen noch die Sanftmütigkeit des Reiters, denn mit einem Muttertier zusammen mit seinem Jungen sind feindliche Handlungen von vornherein ausgeschlossen.

Das Schrift-Erfüllungszitat stellt Jesus als (erwarteten) *König* dar, der jedoch nicht den üblichen Beschreibungen eines Königs entspricht, sondern ein sanftmütiger Friedenskönig ist. Einerseits signalisiert Matthäus seinen Lesern damit, dass von diesem Jesus keine politische Gefahr ausgeht: er ist kein Gegenkönig, der dem römischen Kaiser oder seinem Statthalter die Macht streitig machen würde. Andererseits werfen Jesu Gegner ihm aber vor, dass er der *König der Juden / Israels* sein wolle (27,11.29.37.42). Den Lesern ist damit die Frage aufgegeben: wenn Jesus ein König ist – was für ein König ist er?

Matthäus hat das Schrift-Erfüllungszitat durch Auslassungen so umgestaltet, dass die Sanftmütigkeit des Königs betont wird. Die Leser werden dabei auch an die Selbstbeschreibung Jesu in 11,29 denken: *denn ich bin sanft und demütig von Herzen*. Vom Zitat aus Jes 62,11 ist nur der erste Teil *sprecht zur Tochter Sion* angegeben, wir können aber davon ausgehen, dass die bibelkundigen Leser des Matthäus durchaus auch allein mit diesem Zitatbeginn die restliche Textstelle erinnern: *siehe, dein Retter kommt! – mitbringend seinen Gewinn und seinen Erwerb hat er vor sich*. Dann würde Matthäus in Bezug auf die Jesus *vorausgehenden und folgenden* Menschenmengen (21,9) seinen Lesern einen weiteren Hinweis geben, wer Jesus ist. In den zitierten Schriftstellen ist allerdings Gott selbst der Friedenskönig und ebenso der Retter. Indem Matthäus diese Textstellen auf Jesus bezieht, können die Leser verstehen, dass Gott seinen Heilsplan durch Jesus erfüllt.

21,6-9 Der Einzug

Ganz kurz berichtet Matthäus von der Ausführung des Auftrags Jesu durch seine Schüler: es war demnach alles so, wie Jesus es vorhergesagt hatte. Wenn nun die Schüler ihre Kleider auf den Esel legen und die Volksmenge Kleider und Zweige auf dem Weg ausbreitet, soll das als Gestus der Huldigung gedeutet werden (vgl. 2 Kön 9,13). Die Schüler und die Volksmenge haben demnach das Reiten Jesu auf dem Esel als Zeichenhandlung verstanden und huldigen in ihm dem (Friedens-)*König* (und Retter).

Der Ruf der Menschenmenge ist ein Psalmzitat, das Matthäus durch die beiden Ergänzungen *dem Sohn Davids* und *in den Höhen* leicht verändert hat. Durch den Hosanna-Ruf wird der Segensruf gerahmt. *Hosanna* bedeutet eigentlich *hilf* oder *rette doch*, ist hier aber als Huldigungsruf gemeint. Der Titel *Sohn Davids* erinnert die Leser an den Beginn des Evangeliums (1,1) und an die Bekenntnisse der Menschen, die Jesus um Hilfe baten (9,27; 15,22; 20,30-31), aber auch an den erstaunten Ausruf der Volksmenge: *ist etwa dieser der Sohn Davids* (12,23). Jesus ist nicht nur von seiner Abstammung her Sohn Davids, ihm wird auch dieser messianische Titel mit den damit verbundenen Erwartungen zugesprochen. In den folgenden Abschnitten wird Matthäus dieses Thema wieder aufgreifen; die Leser sollen daher mit der Frage, ob und wie Jesus der *Sohn Davids* ist, auch die anschließenden Erzählungen lesen.

Die Ergänzung *in den Höhen* verweist auf Gott als Handelnden hinter all dem gegenwärtigen (und noch folgenden) Geschehen: so können die Leser erkennen, dass Gott hier seinen Heilsplan erfüllt. Dass Gott der eigentlich Handelnde ist, verdeutlicht auch der Segensruf: *gesegnet sei der Kommende im Namen des Herrn*. Jesus wird damit als der von Gott beauftragte oder gesandte Friedenskönig (und Retter) identifiziert, der nicht nur jetzt mit seinem Einzug in Jerusalem, sondern durch sein gesamtes bisheriges Wirken im Na-

Jesu Aktivität in Jerusalem

men Gottes handelte. Das Stichwort *der Kommende* lässt die Leser sowohl an die Ankündigung Johannes des Täufers denken: *der aber nach mir Kommende ist ein Stärkerer als ich…* (3,11), als auch an seine Frage: *bist du der Kommende oder sollen wir einen anderen erwarten* (11,3). Matthäus stellt die Leser somit an dieser Stelle vor die Frage, ob Jesus für sie wirklich der im Namen Gottes Kommende und Handelnde ist. Später greift er diesen Segensruf noch einmal in einer Ankündigung Jesu auf (23,39), so dass die Identität Jesu dann für die Leser noch eindeutiger wird.

21,10-11 Jesu Ankunft in Jerusalem

Als Jesus die Stadt betritt, wird sie *erschüttert*; diese Wortwahl ist mehrdeutig, denn sie lässt sich im Sinne eines Bebens der Erde verstehen (vgl. 27,51.54; 28,2) und wäre als Theophanie dann ein Zeichen für die Gegenwart Gottes. Erdbeben sind bei Matthäus Kennzeichen des Anbruchs der eschatologischen Zeit; mit Jesu Einzug in Jerusalem würde dann ein Signal für die Endzeit gesetzt werden, so wie es ebenso bei seinem Tod und seiner Auferweckung geschieht (27,51.54; 28,2). Die Erschütterung könne aber auch das Erschrecken der Bewohner Jerusalems ausdrücken (vgl. 2,3) und bezieht sich dann auf Jesus, so dass die Frage *wer ist dieser?* in den Mittelpunkt rückt. Seit dem Beginn des Evangeliums begleitet die Leser diese Frage nach der Identität Jesu (z.B. 2,2; 8,27; 11,3; 12,23) und sie werden von Matthäus mit verschiedenen Antwortmöglichkeiten konfrontiert (z.B. 3,17; 14,2; 17,5; 27,37).

Eine weitere Antwort auf diese Frage gibt jetzt die Volksmenge, die in Jesus den *Propheten aus Nazaret in Galiläa* sieht. Schon vorher hielt das Volk Jesus entweder für Johannes den Täufer, Elija, Jeremias oder sonst einen der Propheten (16,14) und auch anschließend sehen sie in Jesus einen Propheten (21,46). Die Leser sind damit vor die Frage gestellt: ist Jesus ein Prophet?

Pragmatische Knotenpunkte des Textes

Matthäus erzählt nicht einfach nur den Einzug Jesu in Jerusalem, sondern gibt zugleich den Lesern zahlreiche Hinweise, die ihnen helfen, die Identität Jesu zu begreifen. Die Frage der Stadt Jerusalem *wer ist dieser?* richtet sich deshalb auch an die Leser. Das Szenarium vom Einzug Jesu dient dem Evangelisten als Folie, um zu Beginn des Wirkens Jesu in Jerusalem seine wichtigsten Charakteristika noch einmal zusammenfassend herauszustellen: er ist Herr der Lage, denn er weiß im Voraus, was geschieht; mit seinem Handeln erfüllt er die Schrift; er ist der sanftmütige (Friedens-)*König* (und Retter); durch ihn erfüllt Gott seinen Heilsplan; Jesus ist der *Sohn Davids*; er ist *der Kommende im Namen des Herrn*, der die eschatologische Zeit einleitet und er ist ein *Prophet*. Genügen diese Merkmale, um die Identität Jesu zutreffend zu beschreiben? Für die Leser ist mit der Frage nach Jesu Identität auch die Frage der Nachfolge verbunden: sind sie bereit, diesem Jesus nachzufolgen?

Mt 21,12-17

Jesu Aktionen im Tempel: 21,12-17

¹² Und Jesus ging ins Heiligtum hinein
und er schickte alle im Heiligtum Verkaufenden und Kaufenden hinaus
und die Tische der Geldwechsler drehte er um und die Sitze der Taubenverkäufer,
¹³ und er sagt ihnen: Geschrieben ist:
   Mein Haus wird Haus des Gebets genannt werden! *(Jes 56,7)*
   Ihr aber macht es *zu einer Höhle von Räubern!* *(Jer 7,11)*
- - - - -
¹⁴ Und es kamen zu ihm Blinde und Lahme im Heiligtum
und er heilte sie.
- - - - -
¹⁵ Aber die Hohenpriester und die Schriftkundigen –
   sehend (all) das Staunenswerte, das er tat
   und die Kinder, die schreienden im Heiligtum und sagenden:
      Hosanna dem Sohn Davids! –
wurden unwillig
¹⁶ und sprachen zu ihm: Hörst du, was diese sagen?
Jesus aber sagt ihnen: Ja.
      Niemals last ihr:
      Aus dem Mund von Unmündigen und Säuglingen
      bereitest du dir Lob? *(Ps 8,3 LXX)*
- - - - -
¹⁷ Und – sie zurücklassend –
ging er hinaus aus der Stadt nach Bethanien
und übernachtete dort.

Die Gewebestruktur des Textes

Die Erzählung besteht aus drei Aktionen Jesu im Tempel, die durch eine knappe Einleitung (21,12a) und einen Schlussvers (21,17) gerahmt sind. Jede dieser drei Aktivitäten Jesu ist noch einmal besonders durch die Ortsangabe *im Heiligtum* gekennzeichnet. Seine erste Aktion (21,12b-13) zielt auf den Tempel als Haus des Gebets. In seiner zweiten Handlung (21,14) heilt Jesus im Tempel. Seine dritte Aktion (21,15-16) besteht darin, dass er das Rufen der Kinder gegenüber den Hohenpriestern und Schriftkundigen verteidigt.

Das semantische Geflecht des Textes

21,12a.12b-13: In Jerusalem angekommen (21,10), geht Jesus sofort in den Tempel (21,12a). Vom Johannesevangelium her (Joh 2,13-17) sind wir es gewohnt, uns hier eine gewaltvolle Szene vorzustellen, doch ein näherer Blick auf die Wortwahl zeigt, dass es Matthäus nicht auf eine Darstellung von Gewalt ankommt (noch weniger Lk in 19,45-46). Das Verb ἐκβάλλω kann sowohl *hinauswerfen* (z.B. die Dämonen) als auch *hinausschicken / hinausdrängen* (z.B. in 9,25 die Leute aus dem Haus des Synagogenvorstehers) bedeuten; man muss dabei weder an Kraftanstrengung noch an Gewaltanwendung denken, zumal Jesus auch die Dämonen allein durch sein Wort ausgetrieben hat.

Jesu Aktivität in Jerusalem

Das Verb καταστρέφω bedeutet eigentlich *das Untere nach oben drehen*. Jesus muss also auch nicht die Tische und Sitze unbedingt kraftvoll oder zerstörerisch umgestoßen haben, auch ein einfaches Umdrehen der Tische und Sitze ist denkbar, so dass der Nicht-Gebrauch der Verkaufsstände im Sinne von „geschlossen" signalisiert wird. Schließlich *sagt* Jesus, dass der Tempel zum Beten dient und keine Verkaufsstätte ist. Hätte Matthäus einen wütenden, zornigen oder gewalttätigen Jesus darstellen wollen, hätte er statt *sagt* Verben wie z.b. zurechtweisen oder anfahren (wie in 9,30; 12,16) verwenden können.

Matthäus lenkt mit seiner nüchternen Beschreibung der Aktion Jesu die Aufmerksamkeit der Leser stärker auf die Schriftzitate, mit denen Jesus im Rahmen der (prophetischen) Tempelkritik (z.B. Jer 6,19-20; 7,1-25; Am 5,21-25; Ps 51,17-21) ein Handeln anmahnt, das Gott gefällt. Jesus wendet sich also keinesfalls weder generell gegen den Tempel, noch gegen den Tempelkult, sondern er kritisiert eine einseitige Frömmigkeitspraxis, die Gefahr läuft, das Wesentliche, nämlich das Tun des Willens Gottes, aus dem Mittelpunkt zu verlieren. Die Leser werden sich in diesem Zusammenhang auch an das Zitat aus Hos 6,6: *Barmherzigkeit will ich – und nicht Opfer! Gotteserkenntnis und nicht Brandopfer!* erinnern, das Matthäus bereits zweimal (9,13; 12,7) zitierte. Schließlich müssen wir heutigen Leser uns vergegenwärtigen, dass zu der Zeit, als Matthäus schrieb, der Tempel bereits zerstört war: vor diesem historischen Hintergrund ging es Matthäus vielmehr darum, seiner Gemeinde eine Zukunftsperspektive für einen nun möglichen Gottesdienst zu zeigen. Diese neue Perspektive verdeutlicht er mit der nächsten Aktion Jesu.

21,14: Dieser Vers findet sich nur bei Matthäus; wir können daher davon ausgehen, dass der Autor mit diesem Einschub einen ganz besonderen Akzent setzt. Während Jesus die Händler und Käufer aus dem Tempel hinausschickt, kommen nun Kranke – *Blinde und Lahme* – zu ihm *ins Heiligtum hinein*. Die *Blinden und Lahmen* verkörpern die Wehrlosen, Hilflosen und Verachteten. Die Leser können bei der Nennung der *Blinden und Lahmen* generell an die *Kleinen* denken, die Gott besonders wichtig sind (18,1-14) und denen sich auch Jesus immer wieder zugewandt hatte. In der Antike wurden besonders Blindheit und Lahmheit als Strafe Gottes für Sünde aufgefasst; Jesu Beispiel vom Ausreißen des „bösen" Auges oder Abhacken des „bösen" Fußes sagt aber den *Blinden und Lahmen* ausdrücklich das Himmelreich zu (18,8-9).

Wenn Jesus jetzt auch im Tempel die *Blinden und Lahmen* heilt, knüpft Matthäus nicht nur an Jesu bisherige Praxis der Heilungen an (z.B. 4,23-24; 9,35; 11,5; 15,30-31), sondern setzt mit der Ortswahl *im Heiligtum* ein deutliches Signal: alle Kranken, Verachteten, Hilflosen und Kleinen gehören zur Gemeinde Gottes dazu! Indem sie von Jesus *geheilt* werden, erfahren sie Gottes universalen Heilswillen am eigenen Leib. Für die Gemeinde des Matthäus und für uns heute steckt hier ein wichtiger Impuls für den Umgang mit Kranken und Verachteten.

21,15-16: Mit den *schreienden Kindern im Heiligtum* betont Matthäus noch einmal, dass ausdrücklich alle Kleinen zur Gemeinde dazugehören. Die Leser werden sich an die Episode mit den Kindern erinnern (19,14), denen

Jesus ebenso das Himmelreich zusagt. Der Ruf der Kinder nimmt außerdem den *Hosanna*-Ruf von Jesu Einzug in Jerusalem wieder auf (21,9) und hält damit die Vorstellung des sanftmütigen Friedenskönigs präsent.

Die *Hohenpriester und Schriftkundigen*, die die Leser aufgrund der Leidensankündigungen mit den Gegnern Jesu assoziieren (16,21; 20,18), treffen hier das erste Mal mit Jesus zusammen. Sie nehmen die staunenswerten Taten Jesu – seine Heilungen der Blinden und Lahmen – wahr, werden aber über die schreienden Kinder unwillig. Indem Matthäus ihren Unwillen im *Hosanna*-Rufen der Kinder begründet sieht, stellt er diese Gruppe in Opposition nicht nur zu den Kindern, sondern auch zu all denen dar, die zuvor Jesus schon mit dem *Hosanna*-Ruf nach Jerusalem begleitet hatten. Die Schriftkundigen und Hohenpriester beziehen den *Hosanna*-Ruf allein auf Jesus, denn in ihrer Frage *hörst du, was diese sagen?* schwingt auch die Frage nach Legitimität mit: ist es recht, dass sie dich so nennen? Ist es angemessen, was sie dir zurufen?

Jesus rechtfertigt jedoch das Rufen der Kinder, indem er es nicht auf sich selbst bezieht, sondern als schriftgemäßes Gotteslob bezeichnet: Gott selbst bereitet sich das Lob aus dem Mund der Unmündigen und Säuglinge. Damit drückt Matthäus noch einmal den besonderen Stellenwert aus, den die Kleinen für Gott haben. Wenn die Kleinen hier Jesus als Sohn Davids preisen, haben sie ihn als den von Gott Beauftragten und Gesandten – als den Sohn Gottes – erkannt. Die Leser werden sich an den Lobpreis Jesu erinnern, der seinem Vater für die Offenbarung an die Kleinen dankte (11,25-30). Obwohl also der Ruf der Kinder Gott gilt, sagt er zugleich Wesentliches über Jesus und über Jesu Beziehung zu Gott aus – das sollen die Leser hier erkennen!

21,17: Zum Schluss verlässt Jesus den Tempel und die Stadt und übernachtet in Bethanien. Mit dieser Information setzt Matthäus einen Einschnitt zwischen dem ersten Tag Jesu in Jerusalem mit seinem feierlich-symbolischen Einzug und seinen dreifachen Aktionen im Tempel und dem nun folgenden Geschehen, das sich dramatisch weiter zuspitzt.

Pragmatische Knotenpunkte des Textes

Zum Beginn des Wirkens Jesu in Jerusalem, am ersten Tag Jesu in Jerusalem, stellt Matthäus seinen Lesern noch einmal das Wichtigste über Jesus zusammenfassend vor. Die Erzählung vom Einzug verdeutlichte generell, wer Jesus ist. Nun fokussiert seine dreifache Aktion im Tempel sein Wirken: sein Einsatz für den Tempel als *Haus des Gebets* erinnert die Leser an den Willen Gottes, der „überfließendes" Tun der Gerechtigkeit und des Guten erwartet (vgl. 5,20.48; 9,13; 12,7.12). Die Heilungen der *Blinden und Lahmen* zeigen, dass mit Jesu Wirken das Reich Gottes begonnen hat; das spüren in erster Linie die Kranken, Verachteten und Marginalisierten. Der *Lobruf der Kinder* knüpft an die besondere Stellung der Kleinen vor Gott an: im Himmelreich sind sie die Größten.

Dieses Szenario im Tempel lässt außerdem auch die eschatologische Gemeinde sichtbar werden, die das Leitbild für unsere gegenwärtigen Gemeinden ist. Diese eschatologische Gemeinde besteht aus denjenigen, die den Willen Gottes im Tun von Gerechtigkeit und des Guten erfüllen. In dieser Gemeinde wird keiner ausgegrenzt: besonders diejenigen, die in der Alltagswelt verachtet, übersehen oder an den Rand gedrängt werden, gehören hier dazu und auch die Kinder sind Teil dieser Gemeinde. Wenn diese *Kleinen*, die in der Alltagswelt viel zu leiden haben, anfangen, Gott zu lobpreisen, dann ist wirklich schon das Reich Gottes gegenwärtig.

Die Kraft des Gebets: 21,18-22

> 18 In der Frühe aber – hinaufgehend in die Stadt – hungerte ihn.
> 19 Und – sehend einen einzelnen Feigenbaum auf dem Weg – kam er zu ihm
> und fand nichts an ihm außer allein Blätter,
> und er sagt ihm: Niemals mehr soll aus dir eine Frucht werden – in Ewigkeit!
> Und   es   vertrocknete der Feigenbaum auf der Stelle.
> \- - - - -
> 20 Und – sehend es – staunten die Schüler,
> sagend: Wie vertrocknete der Feigenbaum auf der Stelle?
> 21 Antwortend aber sprach Jesus zu ihnen:
>   Amen, ich sage euch:
>   Wenn ihr Glauben habt und nicht zweifelt,
>   werdet ihr nicht allein das des Feigenbaumes tun,
>   sondern auch: wenn ihr zu diesem Berg sprecht:
>   Werde weggetragen und werde ins Meer geworfen!,
>   wird er es werden.
> 22   Und alles, was immer ihr im Gebet erbittet:
>   glaubend werdet ihr es empfangen.

Die Gewebestruktur des Textes

Diese kleine Erzählung ist durch die Einleitung *in der Frühe* (21,18) als neuer Tagesbeginn mit der vorherigen Erzählung verknüpft (21,12-17), die mit Jesu Ortswechsel nach Bethanien am Ende seines ersten Tages in Jerusalem abschloss. Unser Text lässt sich in zwei Teile gliedern: der erste (21,18-19) erzählt die Verfluchung des Feigenbaumes, der zweite (21,20-22) enthält ein Gespräch zwischen Jesus und den Schülern, das den verdorrten Feigenbaum zum Ausgangspunkt nimmt und mit einer Belehrung über die Wirkkraft Gebet endet.

Das semantische Geflecht des Textes

21,18-19: Die Erzählung von der Verfluchung des Feigenbaumes überrascht die Leser, die gerade zuvor den Einzug des sanftmütigen Jesus in Jerusalem und von seinen Heilungen im Tempel gelesen haben. In der Auslegungstradition wurde diese Geschichte daher hauptsächlich symbolisch als „Verfluchung" Israels gedeutet. Eine solche Interpretation widerspricht nicht nur dem Juden Matthäus und seiner Gemeindesituation innerhalb des Judentums, sondern auch der narrativen Entwicklung der Erzählung, die völlig unerwartet mit einer Belehrung über das Gebet endet; eine Deutung als „symbolische Verfluchung Israels" ist zudem aus heutiger theologischer Perspektive gänzlich unmöglich.

Jesus sucht vergeblich Früchte am Feigenbaum und als er keine findet, *sagt er dem Feigenbaum, er werde in Ewigkeit keine Frucht mehr bringen*. Der Hinweis, dass Jesus *hungerte*, ist hier notwendig, um überhaupt seine Motivation, nach Früchten zu suchen, verstehen zu können. Matthäus erzählt nun keine (erstaunte oder zornige) Reaktion Jesu. Allein aus dem Fluch lässt sich eine Enttäuschung Jesu vermuten, die nach der Parallelstelle Mk 11,13 sogar unbegründet ist, weil vor Pessach noch keine Feigen geerntet werden. Matthäus gibt seinen Lesern hier allerdings ein wichtiges Signal, denn sie finden sich vor die Frage gestellt: ist solch eine Reaktion überhaupt angemessen?

Da wir eher gewohnt sind, Jesus als gutes Vorbild zu sehen, fällt es uns schwer, Jesu Handeln als unangemessen zu bewerten, was dann zu erklärenden Rechtfertigungsversuchen führt. Wir werden jedoch sehen, dass das, was Matthäus hier vermitteln möchte, nur mit Jesus als Handelndem zu zeigen ist. Die Leser sollen also hier die Reaktion Jesu – das Verfluchen des Feigenbaumes – als völlig übertrieben und ungerechtfertigt erkennen. Jesus hätte ja auch Steine zu Brot (4,3) werden lassen können, dann wäre seinem Hunger abgeholfen worden; die Verfluchung des Feigenbaumes ist jedoch kontraproduktiv, denn sie nützt weder Jesus noch einem anderen. Weil das Verfluchen unsinnig ist, verstehen die Leser, dass der Schwerpunkt der Erzählung gerade nicht auf der Verfluchung liegt.

Auch das *sofortige Vertrocknen* des Feigenbaumes ist ein erzähltechnisch wichtiges Signal und nicht bloß eine Übertreibung des Fluchs, denn anders wäre die Auswirkung der Verfluchung gar nicht sofort für die Schüler sichtbar. Wenn der Feigenbaum erst zur Erntezeit keine Frucht tragen würde, wäre hier der Anknüpfungspunkt für die folgende Belehrung über die Wirksamkeit des Gebets nicht möglich. Der Auslöser und die Voraussetzung der anschließenden Belehrung ist also das sofortige Verdorren des Feigenbaums, so dass die Leser den Schwerpunkt dieser Erzählung in der folgenden Belehrung erkennen. Ebenso war auch die Erzählung von der misslungenen Dämonenaustreibung der Schüler der Anlass für die anschließende Belehrung über die Wirksamkeit des Gebets (17,14-20).

21,20-22: Die Frage der Schüler *wie (warum / wozu) vertrocknete der Feigenbaum auf der Stelle?* ist auch die Frage der Leser. Jesu Antwort geht auf diese Frage jedoch nicht ein, denn weder erklärt er das Wie, noch begründet er das Wozu. Matthäus gibt damit den Lesern noch einmal zu verstehen, dass nicht der Feigenbaum der Zielpunkt der Erzählung ist, sondern die folgende Belehrung Jesu über die Wirkkraft des Gebets.

Jesus sagt seinen Schülern zu, mit der Glaubenskraft und durch Gebet *nicht allein das des Feigenbaumes zu tun*, sondern auch *Berge ins Meer werfen* zu können. Mit diesen Handlungen soll sicherlich die Wirkkraft des glaubensvollen Gebets betont werden, wobei durch die Formulierung *nicht allein – sondern auch* das Werfen und Vernichten der Berge noch gewaltiger als das Verfluchen des Feigenbaumes erscheint. Die Zielaussage liegt also im Schluss-

Jesu Aktivität in Jerusalem

satz: *und alles, was ihr im Gebet erbittet: glaubend werdet ihr es empfangen* (21,22). Die aufmerksamen Leser erinnern sich, dass Jesus schon einmal gelehrt hat: *wenn ihr einen Glauben habt wie ein Senfkorn, werdet ihr diesem Berg sagen: geh fort von hier nach dort! – und fortgehen wird er; und nichts wird euch unmöglich sein* (17,20). Wenn Matthäus eine Erzählung in einer leichten Variation wiederholt (z.B. die Heilungen der beiden Blinden 9,27-31 und 20,30-34), dann verdoppelt er nicht einfach nur, sondern setzt einen anderen Akzent mit besonderer Bedeutung.

Während in der Parallel-Erzählung von der Wirksamkeit des Gebets (17,14-20) vom Kontext her etwas Gutes und entsprechend auch alles Gute erbeten werden kann, geht es hier um etwas Schlechtes, Zerstörerisches: um das Vertrocknen des Feigenbaumes und das Vernichten des Berges. Die Zielaussage des Textes liegt demnach darin, dass die starke Wirkkraft des Gebets auch Schlechtes bewirken kann. Das klingt in unseren Ohren ungewöhnlich, denn wer von den Gläubigen würde auf die Idee kommen, die Kraft des Gebets zu zerstörerischen Zwecken zu nutzen? Würde Gott überhaupt eine solche „schlechte" Bitte erfüllen?

Nun wird aber auch deutlich, weshalb Jesus der Handelnde sein musste, denn er will die Schüler etwas lehren. Hätte nun nicht Jesus, sondern einer der Schüler den Feigenbaum verflucht (wie ähnlich in Lk 9,52-55 Jakobus und Johannes damit drohen, auf die ungastlichen Samariter als Strafe Feuer vom Himmel fallen zu lassen), hätte Jesus ihn wegen seiner schlechten Absicht tadeln müssen. Allein die Wirksamkeit des Gebets hätte durchaus auch mit einem Schüler als Handelnden dargestellt werden können, deshalb können die Leser (noch einmal) erkennen, dass dies nicht das Ziel dieser Erzählung ist. Ebenso wenig will Matthäus seinen Lesern verdeutlichen, dass man nicht um etwas Schlechtes bittet – das sollten sie eigentlich schon wissen. Der Zielpunkt der Erzählung liegt vielmehr in der möglichen negativen Wirkung des Gebets: sie kann nicht nur Feigenbäume zum Verdorren bringen, sondern auch Berge vernichten. Doch wo kommt diese negative Wirkung her?

Die Wirkung des Gebets setzt nämlich nicht erst in dem Moment ein, wenn es erfüllt wird, sondern beginnt schon vorher: in dem Augenblick, wenn es überlegt und ausgesprochen wird. Genau das veranschaulicht die sofortige Verdorrung des Feigenbaumes allein auf ein (dahingesagtes) Wort Jesu hin. Matthäus betont damit, dass Worte eine zerstörerische Kraft entwickeln können, schon in dem Moment, wenn sie ausgesprochen werden. Diese zerstörerische Wirkung ist umso stärker, wenn Worte in einer Gemeinschaft oder sogar kollektiv von einer Gemeinschaft (als Gebet) formuliert werden. Alles Gesagte und besonders das Erbetene wirken nämlich auf den / die Sprecher wieder zurück, weil sich der Einzelne oder eine Gemeinschaft mit dem, was erbeten wird, identifiziert. Gerade diese Rückwirkung des Gebets kann negativ sein oder negative Nebenwirkungen entwickeln. Im Beispiel mit dem Feigenbaum hat Jesus sich selbst und anderen geschadet, weil weder er noch andere je wieder von diesem Baum essen können werden. Ein Beispiel aus unserer Zeit wäre die vorkonziliare Karfreitagsfürbitte der katholischen Kirche um die „Bekehrung der (ungläubigen / untreuen) Juden". Dahinter mag eine gut gemeinte Intention stehen – doch letztlich bewirkt ein so formuliertes Gebet bei den Betenden die Abwertung des jüdischen Glaubens und führt zu einer Verhärtung der Grenzen zwischen Juden und Christen. Ein scheinbar „gutes" Gebet kann also negative Rückwirkungen oder Nebenwirkungen haben.

Pragmatische Knotenpunkte des Textes

Mit dieser Erzählung deutet Matthäus seinen Lesern die weit reichende Wirkkraft des Gebets einschließlich ihrer möglichen negativen Konsequenzen an. Indirekt ermahnt er dazu, (grundsätzlich) auf die eigenen Worte zu achten und die Formulierungen der Gebete – gerade auch der gemeinsamen Gebete – kritisch in den Blick zu nehmen, um nicht unbeabsichtigt negative Rück- oder Nebenwirkungen zu erzielen. Die Leser können sich fragen: was möchte ich erbitten und warum bitte ich darum? Entspricht meine Intention dem Heilswillen Gottes? Die Wirkkraft des (gemeinsamen) Gebets können sich die Betenden natürlich auch für positive Rückwirkungen zu Nutzen machen: wie sollten wir unsere Gebete formulieren, dass sie unsere Anliegen auf eine Weise zum Ausdruck bringen, die diesen Anliegen und uns selbst nützt (und nicht kontraproduktiv ist)?

In Verbindung mit der Parallel-Erzählung (17,14-20) versichert Matthäus seine Leser noch einmal der starken Wirkkraft des Gebets: *alles, was ihr erbittet, werdet ihr empfangen* (21,22) und: *nichts wird euch unmöglich sein* (17,20). Voraussetzung dieses wirkkräftigen Gebets ist jeweils der Glaube. Die Leser wissen aber auch von der Bergpredigt her, dass *unser himmlischer Vater schon weiß, was wir brauchen, noch ehe wir ihn bitten* (6,8.32). Vor diesem Glaubenshintergrund sind wir eingeladen, zu beten und zu handeln. Ein solches Beten und Handeln im und aus dem Glauben heißt dann letztlich konsequent: *Vater, dein Wille geschehe* (6,10; 26,39.42).

Die Vollmachtsfrage: 21,23-27

23	Und als er ins Heiligtum kam,	
	kamen – während er lehrte – die Hohenpriester und die Ältesten des Volkes zu ihm,	
	sagend:	In welcher Vollmacht tust du dieses?
		Und wer gab dir diese Vollmacht?
24	Antwortend aber sprach Jesus zu ihnen:	
		Auch ich werde euch ein einziges Wort fragen:
		Wenn ihr mir das sagt,
		werde auch ich euch sagen, in welcher Vollmacht ich dieses tue:
		- - - - -
25		Die Taufe des Johannes: woher war sie?
		Vom Himmel oder von Menschen?
	Die aber überlegten bei sich,	
	sagend:	Wenn wir sprechen: Vom Himmel!
		– wird er uns sagen: Weshalb nun glaubtet ihr ihm nicht?

²⁶	Wenn wir aber sprechen: Von Menschen!
	– fürchten wir die Volksmenge,
	denn alle halten den Johannes für einen Propheten.
^{27a}	Und antwortend sprachen sie zu Jesus:
	Wir wissen es nicht.
	- - - - -
^{27b}	Es sagte ihnen auch er:
	Auch ich sage euch nicht, in welcher Vollmacht ich dieses tue.

Die Gewebestruktur des Textes

Am zweiten Tag seines Aufenthalts in Jerusalem geht Jesus wieder in den Tempel, dieses Mal, um zu lehren (21,23a). Die Lehre Jesu im Tempel erstreckt sich auch noch auf die nächsten Abschnitte, denn erst in 24,1 verlässt Jesus den Tempel wieder. Im Tempel kommen Vertreter der verschiedenen Richtungen des Judentums zu Jesus und stellen ihm Fragen. Jesu Antworten auch in Form von Gleichnissen präzisieren seine Position innerhalb des jüdischen Glaubens. In diesem Abschnitt eröffnen die Hohenpriester und Ältesten mit ihrer Frage nach Jesu Vollmacht die Diskussionen im Tempel. Diese einleitende Erzählung besteht formal aus einem Wechselgespräch zwischen den jüdischen Autoritäten und Jesus; inhaltlich rahmt die Frage nach Jesu Vollmacht (21,23-24.27b) ein Gespräch über die Taufe des Johannes (21,25-27a).

Das semantische Geflecht des Textes

21,23-24: Jesus lehrt nun auch wie andere Autoritäten im Tempel. Die Doppelfrage der Hohenpriester und Ältesten nach seiner Vollmacht ist auf der Informationsebene eine Frage nach der „Quelle" der Vollmacht Jesu. Mit ihrer Fragestellung und mit der sogar zweimal ausdrücklich genannten *Vollmacht* erkennen die jüdischen Autoritäten nicht nur, dass Jesus in Vollmacht lehrt und handelt, sondern sie erkennen seine *Vollmacht* auch an. Mit *in welcher Vollmacht tust du dieses* (Plural) fragen sie nicht nur nach seiner Lehre, sondern auch nach seinem Handeln; die Leser können hier speziell an Jesu dreifache Aktionen im Tempel denken, natürlich aber auch an sein gesamtes bisheriges Handeln. Ebenso wissen die Leser und auch die Volksmenge (seit 7,29; 9,6.8; 11,27), dass Jesus mit *Vollmacht* lehrt und handelt, so dass hier seine Vollmacht selbst also nicht in Frage gestellt wird. Die anschließende Gegenfrage Jesu (21,25a) verdeutlicht, dass es genauer um das „Woher" dieser Vollmacht Jesu geht. Damit geht es letztlich wieder um die Identität Jesu: *woher hat er dieses alles?* (13,54.56).

21,25-27a: Wenn die Hohenpriester und Ältesten sagen können, *woher die Taufe des Johannes war* – ob *vom Himmel,* d.h. von Gott *oder von den Menschen –,* haben sie auch verstanden, woher Jesus seine Vollmacht hat. Die Leser wissen seit dem Anfang des Evangeliums um die große Parallelität zwischen Jesus und Johannes, aber auch um den Unterschied zwischen beiden (3,1-15; 11,2-11.18-19). Das Besondere der Frage Jesu liegt darin, dass sie gar nicht falsch beantwortet werden kann. Das erkennen auch die jüdischen Autoritäten in ihren Überlegungen.

Wenn die Taufe des Johannes *vom Himmel*, also von Gott ist, hat auch Jesus seine Vollmacht von Gott. Der Vorwurf *weshalb nun glaubtet ihr ihm nicht?* (21,25b), würde ihnen dann ebenso in Bezug auf Jesus gelten. Die Alternative, dass die Taufe des Johannes *von den Menschen* ist, darf hier nicht als Widerspruch zu *vom Himmel* oder gar als „falsch" verstanden werden, denn *die Menschen halten Johannes für einen Propheten* (21,26), d.h. für jemanden, der im besonderen Auftrag Gottes handelt und Gottes Botschaft vermittelt. Wenn die Taufe des Johannes *von den Menschen* ist, verweist sie als prophetischer Auftrag oder als prophetisches Handeln ebenfalls wieder auf Gott als Ursprung und Auftraggeber. Dasselbe trifft wiederum für die Vollmacht Jesu zu, denn die Menschenmenge erkennt auch in Jesus einen Propheten (21,11): als Prophet handelt und lehrt Jesus im Auftrag Gottes. In jedem Fall ist sowohl die Taufe des Johannes als auch die Vollmacht Jesu *von Gott*.

Die Hohenpriester und Ältesten versuchen, sich mit ihrer Antwort *wir wissen es nicht* (21,27a) einer konkreten Stellungnahme zu entziehen, weil sie die Folgen fürchten. Sie möchten damit verhindern, dass sie der Vorwurf trifft, nicht Johannes bzw. Jesus geglaubt zu haben, obwohl sie von Gott beauftragt wurden; außerdem möchten die jüdischen Autoritäten nicht öffentlich ihren Unglauben demonstrieren, wenn sie im Gegensatz zur Volksmenge nicht erkennen können, dass Johannes und Jesus Propheten sind. Doch gerade ihre Antwort *wir wissen es nicht* offenbart jetzt ihren Unglauben: sie haben Johannes nicht geglaubt und ihn nicht als Propheten erkannt; sie nehmen zwar die Vollmacht Jesu wahr (21,23), aber sie akzeptieren seine Vollmacht nicht und erkennen ihn nicht an, nicht einmal als Propheten. Wer sich wider besseres Wissen weigert, Gottes Wirken in seinen Boten zu erkennen und zu bekennen, wird auch nicht nachvollziehen wollen, woher Jesus seine Vollmacht hat.

21,27b: Dass Jesus zum Schluss nicht sagt, *in welcher Vollmacht* er lehrt und handelt, verweist wieder zurück auf seine Gegenfrage, die die Parallele zur Taufe des Johannes herstellte (21,25a). Die Frage nach der Vollmacht Jesu ist ähnlich wie die Frage nach dem Woher der Taufe des Johannes zu beantworten. Somit hat Jesus in dieser Gegenüberstellung schon das „Woher" seiner Vollmacht erklärt, eine weitere Begründung ist überflüssig. Auch den Lesern ist diese Frage aufgegeben, sie sollen ebenfalls zur Identität Jesu Stellung beziehen.

Pragmatische Knotenpunkte des Textes

Die Leser müssen ebenfalls auf die Frage nach dem „Woher" der Vollmacht Jesu antworten. Entweder konnten sie es durch die bisherigen Erzählungen des Evangeliums erschließen oder finden nun hier eine Antwortmöglichkeit. Die Antwort nach dem Ursprung der Vollmacht Jesu verweist die Leser in jedem Fall auf den Heilsplan Gottes. Somit ist eine Antwort immer auch eine Stellungnahme, die zu entsprechendem Handeln verpflichtet. Das negative Beispiel der Hohenpriester und Ältesten, die gerade das konsequente Handeln umgehen wollen, lehrt die Leser, dass sie sich nicht der Stellungnahme entziehen können, ohne dabei gleichzeitig ihre Verweigerung zu offenbaren. Wer nicht anerkennen kann, dass Jesu Vollmacht direkt von Gott stammt und ihn damit als Messias und Gottes Sohn offenbart, kann ihn jedoch als Propheten akzeptieren, der im Dienst Gottes steht. Auf diese Weise wird Jesus von vielen jüdischen, muslimischen und auch von buddhistischen Gläubigen als Prophet geschätzt. Das Glaubenszeugnis dieser Menschen kann auch zweifelnden Christen heute helfen.

Das Gleichnis von den beiden Kindern: 21,28-32

28 Was aber meint ihr?
Ein Mensch hatte zwei Kinder.
Und – kommend zum ersten – sprach er:
Mein Kind, geh fort heute, arbeite im Weinberg!
29 Der aber – antwortend – sprach: Ich will nicht.
Zuletzt aber – Reue bekommend – ging er hin.
30 Kommend aber zu dem anderen, sprach er ebenso.
Der aber – antwortend – sprach: Ich will, Herr!
Aber er ging nicht hin.
- - - - -
31 Wer von den zweien tat den Willen des Vaters?
Sie sagen: Der erste.
Es sagt ihnen Jesus:
Amen, ich sage euch:
Die Zöllner und die Dirnen gehen euch voran ins Königreich Gottes!
32 Denn es kam Johannes zu euch auf dem Weg der Gerechtigkeit
und ihr glaubtet ihm nicht,
aber die Zöllner und die Dirnen glaubten ihm.
Ihr aber – es sehend –
bekamt auch nicht zuletzt Reue, ihm zu glauben.

Die Gewebestruktur des Textes

Dieses Gleichnis erzählt Jesus im Tempel. Zuvor waren die Hohenpriester und Ältesten zu ihm gekommen, um ihn nach seiner Vollmacht zu fragen (21,23-27). Die einleitende Frage (21,28a) wendet sich demnach in erster Linie an die Hohenpriester und Ältesten, doch dürfen wir uns auch die Schüler und andere Menschen aus der Volksmenge als Zuhörer vorstellen, denn in 21,45 werden auch Pharisäer als Zuhörer genannt. Schließlich spricht Matthäus mit diesem Gleichnis auch uns heutige Leser an.

Der Text besteht aus einer knappen Einleitung (21,28a), an die sich ein Gleichnis anschließt (21,28b-30). Eine kurze Ausdeutung des Gleichnisses und der Übertrag auf die damalige Gegenwart schließt die Erzählung ab (21,31-32).

Mt 21,28-32

Das semantische Geflecht des Textes

21,28-30: Das Gleichnis erzählt zweimal dieselbe Aktion eines Vaters mit seinen beiden Kindern: beide werden aufgefordert, in seinem Weinberg zu arbeiten. Während das erste Kind die Arbeit verweigert, später aber Reue empfindet und dann doch in den Weinberg geht, verspricht das zweite Kind sofort arbeiten zu gehen, geht aber nicht. Besondere Aufmerksamkeit verdienen die Anreden im Gleichnis. Der Vater spricht seine Kinder mit *mein Kind* an, womit eine zärtliche, liebevolle Beziehung ausgedrückt wird, die die Leser auf ihre Beziehung zu Gott, unserem himmlischen Vater beziehen können.

Das erste Kind antwortet auf die Aufforderung des Vaters direkt heraus und ohne Anrede des Vaters sofort ablehnend, so dass sein Unwille deutlich wird, den Auftrag des Vaters zu erfüllen. Die Antwort des zweiten Kindes drückt hingegen die Zustimmung des Kindes zum Auftrag des Vaters aus und ist zudem noch sehr höflich und respektvoll formuliert, denn es spricht den Vater mit *Herr* (κύριος) an. Diese Anrede können die Leser ebenfalls auf Gott übertragen, sie gilt aber auch besonders für Jesus, der im Evangelium von den an ihn glaubenden Menschen mit *Herr* angeredet wird. Die Leser erkennen, dass das zweite Kind das negative, abzulehnende Handlungsmodell repräsentiert. Die Anrede *Herr* und das Nicht-Tun des Auftrags des Vaters wird die Leser an 7,21 erinnern: *nicht jeder, der zu mir sagt Herr, Herr wird ins Himmelreich eingehen, sondern nur der Tuende den Willen meines Vaters in den Himmeln.*

21,31-32: Die Ausdeutung des Gleichnisses unterstreicht: es geht um das *Tun des Willens des Vaters* (21,31a); der Übertrag markiert dann die Voraussetzung für das Tun des Willens Gottes, nämlich *der Verkündigung des Johannes zu glauben* (21,32). Die Aktualisierung für die damals gegenwärtigen Hörer in Bezug auf *Johannes* den Täufer veranschaulicht eindeutig, dass es hier nicht etwa um das Problem Juden und Heiden geht, sondern um das innerjüdische Problem, auf Johannes und folglich auch auf Jesus, der mit derselben Vollmacht wirkt (21,23-27), nicht gehört zu haben. Die Leser wissen, dass Johannes den *nach ihm Kommenden* (3,11) verkündete und dass Johannes und Jesus Gottes *Gerechtigkeit* erfüllen (3,15). Nicht auf Johannes und auf Jesus zu hören, würde nach diesem Gleichnis bedeuten, auch den Willen Gottes nicht zu tun.

Matthäus zeigt als Ausweg die *Reue* auf, die mit derselben Wortwahl an das Gleichnis anknüpft: die Zuhörer erkennen, dass das erste Kind mit seiner Ablehnung kein ideales Vorbild ist, letztlich aber doch den *Willen des Vaters tut*, obwohl es zuerst nicht wollte. Gerade weil es *Reue* empfindet, erfüllt es schließlich doch den Willen des Vaters. Die Aktualisierung für die damaligen Hörer lässt mit dem ersten Kind die *Zöllner und Dirnen* gemeint sein, die natürlich durch ihr alltägliches Handeln gerade nicht den Willen Gottes tun, dann aber Johannes *geglaubt* haben und deshalb den anderen Zuhörern, besonders den Hohenpriestern und Ältesten *voran ins Königreich Gottes gehen*. Das *Vorangehen* der Zöllner und Dirnen geht selbstverständlich davon aus, dass die anderen Zuhörer folgen. Es ist daher ein starker Appell an die Zuhö-

Jesu Aktivität in Jerusalem

rer, den Weg ins Königreich Gottes einzuschlagen, indem sie der Verkündigung von Johannes und Jesus glauben und entsprechend handeln.

Die Hohenpriester und Ältesten und mit ihnen auch alle noch zögernden Leser sollen sich im zweiten Kind widerspiegeln: die vorige Erzählung von der Frage der Hohenpriester und Ältesten nach der Vollmacht Jesu (21,23-27) zeigte, dass sie durchaus Jesu Vollmacht und die des Täufers wahrnehmen, dass sie aber nicht bereit sind, weder zu Johannes noch zu Jesus Stellung zu beziehen. Ihre Antwort *wir wissen es nicht* (21,27) verdeutlichte dort, dass sie nicht bereit sind, der Vollmacht Jesu und des Täufers zu glauben und entsprechend zu handeln. Genau das kritisiert Jesus nun bei ihnen: *ihr glaubtet ihm nicht* (21,32).

Die Hohenpriester und die Ältesten sollen daher ihre bisherige Entscheidung der Ablehnung kritisch überdenken. Der Blick auf die Zöllner und Dirnen, die auch zuerst nicht den Willen Gottes taten, es dann aber *bereuten*, möchte den Zuhörern Mut machen, sich doch im letzten Moment noch anders zu entscheiden.

Matthäus signalisiert seinen Lesern mit dem Negativbeispiel vom zweiten Kind, dass *Reue* zu empfinden und sein Handeln auch im letzten Moment noch zu ändern besser ist, als den Willen Gottes gar nicht zu tun. Gerade das Beispiel der nicht perfekten Personen wie der Zöllner und Sünder spricht alle Leser an, sich an deren reumütigem Handeln zu orientieren. Der Schlusssatz an die Hohenpriester und Ältesten: *ihr aber – es sehend – bekamt auch nicht zuletzt Reue, ihm zu glauben*, ist daher kein Urteil, sondern vielmehr deutliche Kritik mit einem nachdrücklichen Appell zur Bekehrung: die Zöllner und Dirnen *gehen* (Präsens) bereits ins Königreich Gottes *voran* (21,31), umso dringender ist es, dass die anderen jetzt endlich Reue empfinden, Johannes und Jesus glauben und den anderen ins Königreich Gottes folgen.

Pragmatische Knotenpunkte des Textes

Die Ausdeutung des Gleichnisses verdeutlicht, dass es ein Reich Gottes-Gleichnis ist (21,31c). Die Leser wissen, dass mit Jesus das Reich Gottes schon begonnen hat; nun erfahren sie, dass sogar Zöllner und Dirnen bereits in das Reich Gottes hineingehen. Angesichts deren Vorangehens müssen sich die Leser fragen, ob sie selbst denn den Willen Gottes wirklich tun, oder ob es bei ihnen wie beim zweiten Kind nur bei einem devoten Lippenbekenntnis bleibt.

Wie der Wille Gottes zu erfüllen ist, hat Jesus in der Bergpredigt gelehrt (5,20.48). Die Leser brauchen nicht zu fürchten, dass diese Ansprüche für sie zu hoch sind, denn selbst Zöllner und Dirnen, die sich zuerst nicht für das Tun des Willens Gottes interessierten, haben ihn erfüllt. Selbst wenn die Leser sich bisher nur halbherzig bemühten, den Willen Gottes zu tun, ist es noch nicht zu spät, umzukehren. Sie sollen sich vom Handeln der Zöllner und Dirnen motivieren lassen und jetzt beginnen, den Willen Gottes zu erfüllen, um ebenfalls ins Reich Gottes hineinzugehen.

Das Gleichnis von den bösen Winzern: 21,33-46

Das Gleichnis
33   Ein anderes Gleichnis hört!
    Es war ein Mensch – ein Hausherr –,
      welcher einen Weinberg pflanzte
      und einen Zaun um ihn herum setzte,
      und ihm eine Kelter grub,
      und er baute einen Turm,
      und er vergab ihn an Winzer,
      und er verreiste.

- - - - -

34   Als aber die Zeit der Früchte nahe kam,
    schickte er seine Sklaven zu den Winzern, um seine Früchte zu nehmen.
35   Und die Winzer – nehmend seine Sklaven:
      den einen schunden sie,
      den anderen aber töteten sie,
      den anderen aber steinigten sie.

- - - - -

36   Wieder schickte er andere Sklaven – mehr als die ersten –
    und sie taten ihnen ebenso.

- - - - -

37   Zuletzt aber schickte er seinen Sohn zu ihnen,
    sagend: Scheuen werden sie sich vor meinem Sohn.
38   Die Winzer aber – sehend den Sohn –
    sprachen bei sich: Dieser ist der Erbe.
          Auf, töten wir ihn!
          Und behalten wir sein Erbe!
39   Und – nehmend ihn – warfen sie ihn hinaus: außerhalb des Weinbergs,
    und sie töteten ihn.

Schlussfolgerung und Konsequenz des Gleichnisses
40   Wenn nun der Herr des Weinbergs kommt:
    was wird er jenen Winzern tun?
41 Sie sagen ihm: Als Böse wird er sie übel zugrunde richten,
    und den Weinberg wird er an andere Winzer vergeben,
    die ihm die Früchte zu ihren Zeiten abgeben werden

- - - - -

42 Es sagt ihnen Jesus:
    Niemals last ihr in den Schriften:
      Der Stein, den die Bauenden verwarfen,
      dieser wurde zum Hauptstein;
      durch den Herrn wurde dieses
      und es ist staunenswert in unseren Augen – ? *(Ps 118,22f)*
43   Deswegen sage ich euch:
      Weggenommen werden wird von euch das Königreich Gottes
    und: gegeben werden wird es einem Volk, bringend seine Früchte.
[44   Und der Fallende auf diesen Stein – wird zerschellen;
    auf wen aber immer er fällt   – zermalmen wird er ihn.]

- - - - -

> ⁴⁵ Und – hörend die Hohenpriester und die Pharisäer seine Gleichnisse – erkannten sie, dass er über sie redet;
> ⁴⁶ und – suchend, ihn zu ergreifen – fürchteten sie die Volksmengen, da sie ihn für einen Propheten hielten.

Die Gewebestruktur des Textes

Jesus erzählt im Tempel ein weiteres Gleichnis (21,33a); neben den Hohenpriestern sind nun auch die Pharisäer als Zuhörer genannt (21,45); die Leser können aber davon ausgehen, dass auch die Ältesten (sofern sie nicht zu den Pharisäern gehörten), die Schüler und die Volksmenge (21,46) ebenfalls auch dieses Gleichnis hören.

Der Text beginnt mit einem Gleichnis (21,33-39), das nach der einleitenden Situationsbeschreibung (21,33b) die dreifache Handlung eines Weinbergbesitzers und die jeweilige Reaktion der Winzer erzählt (21,34-35.36.37-39). Auf das Gleichnis folgt die Ausdeutung, an der die Zuhörer mitwirken (21,40-41). Jesu Übertrag auf die aktuelle Situation (21,42-44) schließt das Gleichnis mit einem Schriftzitat und einer Lehre ab. Die Erzählung endet mit der festegestellten Konsequenz, dass die Hohenpriester und Pharisäer die Gleichnisse verstanden haben und nun Pläne gegen Jesus schmieden (21,45-46).

Das semantische Geflecht des Textes

21,33-39 Das Gleichnis
21,33: Die Einleitung des Gleichnisses erinnert mit der Beschreibung des Weinbergs an das Lied vom Weinberg bei Jesaja (Jes 5,1-7), der statt süßer Trauben nur saure Beeren bringt. Bemerkenswert ist sowohl bei Matthäus als auch bei Jesaja die aufmerksame Fürsorge, mit der der Weinbergbesitzer seinen Weinberg pflegt. Doch während bei Jesaja sich der Freund selbst um seinen Weinberg kümmert, gibt der Weinbergbesitzer im Gleichnis den Weinberg zur Pacht an *Winzer* und *verreist* sogar. Die Leser können schon hier durch diese veränderte Einleitung feststellen, dass Matthäus zwar das bekannte Motiv vom Weinberg, für den sein Eigentümer alles getan hat, aufnimmt, dann aber wichtige Änderungen vornimmt.

Während im Weinberglied bei Jesaja sich der Weinberg auf Israel bezieht (Jes 5,7), ist bei Jesus mit dem Weinberg das Reich Gottes gemeint (21,43). Bei Jesaja geht es in erster Linie um das Fruchtbringen, genauer um das Bringen von süßen Trauben, also von sehr guten Früchten, bei Matthäus spielt zwar auch das Fruchtbringen eine Rolle, der Akzent liegt jedoch auf dem üblen Umgang der Winzer mit den Sklaven und dem Sohn des Weinbergbesitzers. Diese andere Akzentuierung wird auch im Schicksal des Weinbergs bei Jesaja und im Schicksal der Winzer bei Matthäus deutlich: bei Jesaja nimmt der Weinbergbesitzer dem Weinberg seinen Schutz und seine Fürsorge, so dass der Weinberg verkommt; bei Matthäus hingegen sorgt sich der Weinbergbesitzer weiterhin um seinen Weinberg, denn er nimmt ihn den bösen Winzern weg, gibt ihn an andere Winzer und bestraft zudem die bösen Winzer für ihr schlechtes Handeln. Auch wenn es gewisse Parallelen aufgrund des gleichen Motivs und des Weinbergbesitzers als Handelnden gibt, müssen die Leser dieses Gleichnis als ein anderes Gleichnis neu verstehen.

21,34-35: Die beginnende Handlung im Gleichnis leitet Matthäus mit dem Hinweis ein, dass die Zeit der Früchte *nahe kam*; die aufmerksamen Leser werden hier schon eine Anspielung an das Reich Gottes entdecken, das in der Verkündigung des Johannes (3,2) und auch in der Verkündigung Jesu (4,17) mit demselben Wort angesagt wird: *nahe gekommen ist das Königreich der Himmel!* Der Weinbergbesitzer schickt nun seine Sklaven aus, um von den Winzern die Früchte des Weinbergs zu holen; natürlich nicht alle Früchte, sondern nur die Menge, die ihm als Pachtbetrag zusteht.

Auch hier bemerken die Leser die Akzentverschiebung, die schon mit dieser überleitenden Randbemerkung andeutet, dass es nicht vorrangig um die Früchte geht, sondern um das nun folgende Geschehen. Die Winzer misshandeln die Sklaven des Weinbergbesitzers in übelster Weise. In der dreifachen Beschreibung der Misshandlungen können die Leser eine Parallele zum Prophetenschicksal – so wird z.B. Jeremia misshandelt (Jer 20,2), Urija getötet (Jer 26,23), Sacharja gesteinigt (2 Chr 24,21) – und zum Schicksal des Gottesknechts (Jes 52,13-53,12) sehen.

21,36: Der Weinbergbesitzer reagiert weder mit Zorn noch mit Strafe, sondern schickt einfach nur eine weitere und größere Gruppe von Sklaven. Doch auch mit der nächsten Gruppe der Sklaven verfahren die Winzer ebenso brutal. Ein Motiv für dieses Handeln der Winzer wird nicht genannt, somit erscheint es grundlos, unverständlich und böse.

21,37-39: Der Weinbergbesitzer straft die Winzer immer noch nicht für ihr Handeln, sondern schickt nun seinen Sohn, in der Hoffnung, dass er respektiert wird und nicht ebenso behandelt wird wie die Sklaven. Wenn die Leser im *Sohn* des Weinbergbesitzers Jesus sehen, lässt sich auch das *zuletzt* erklären: nämlich nicht als „endgültig" oder „als letzten", was in der Auslegungsgeschichte dazu führte, dass dieses Gleichnis auf eine definitive Verwerfung Israels hin interpretiert wurde, sondern als „nun schließlich" oder als „zuletzt" in Bezug auf die Gegenwart der Zuhörer gesehen.

Die Winzer erkennen den *Sohn* als den *Erben* des Weinbergs, doch statt ihn zu respektieren, beschließen sie, ihn zu töten, denn sie wollen *sein Erbe behalten*. Damit ist auch die Motivation für das Handeln der Winzer klar: sie möchten nicht etwa nur die Pacht nicht zahlen oder nur dieses Mal die Ernte für sich behalten: sie wollen vielmehr das gesamte *Erbe*, d.h. den ganzen Weinberg für sich behalten und folglich dem Weinbergbesitzer keine Früchte mehr abgeben müssen (21,41c). Wenn der Weinberg das Reich Gottes ist (21,43), möchten die Winzer demnach das Reich Gottes für sich allein, nach ihren eigenen Vorstellungen und außerdem möchten sie das Reich Gottes ohne den Sohn Gottes und ohne Gott *Früchte* zu geben. In diesem Zusammenhang können gerade auch die Leser heute an 11,12 denken: *das Himmelreich wird vergewaltigt und die Gewalttätigen reißen das Himmelreich an sich.*

Weil das Reich Gottes erst begonnen hat und grundsätzlich „offen", also nicht „de-finiert" ist, ist es auch für Interpretationen offen; daher gibt es immer auch andere Vorstellungen was und wie dieses Reich Gottes sein könnte. Zur Zeit Jesu waren bekannte andere Modelle das der Zeloten und das der „kleinen Gemeinschaften" wie z.B. von Qumran oder von den Therapeuten: die Zeloten wollten die Herrschaft Gottes mit Gewalt durchsetzen, die Gemeinde von Qumran sah das Reich Gottes nur für Auserwählte vor. Solche anderen Modelle vom Reich Gottes, die gerade nicht „offen", sondern auf bestimmte Gruppen „begrenzt" sind, gibt es heute immer noch.

Die Winzer werfen den *Sohn* aus dem Weinberg hinaus und töten ihn. Für einen Moment haben sie tatsächlich ihr Ziel erreicht, denn sie haben den Sohn aus dem Weinberg beseitigt und sich den Weinberg angeeignet. Da aber der Weinberg das Reich Gottes symbolisiert, kann Jesus ja nicht aus dem Reich Gottes „hinausgeworfen" werden. Doch aus nachösterlicher Perspektive aus der Zeit des Matthäus ist ein solcher Übertrag gut möglich: Jesus wurde getötet und seinen Anhängern schien es für einige Tage so, als sei mit ihm auch das Reich Gottes „gestorben"; Jesu Gegner hingegen glaubten, mit seiner Hinrichtung eine ihnen falsch erscheinende Vorstellung vom Reich Gottes erfolgreich beseitigt zu haben, so dass nun nur noch ihre Vorstellung gelte. Auch die Gegner der Christusgläubigen gingen ja später davon aus, dass sie das Phänomen dadurch bekämpfen könnten, dass sie die Anhänger töteten. So mag auch die Erfahrung der ersten Christusgläubigen hier mit hineinspielen (10,17-28; 24,9), die sich ebenfalls als *Söhne* und *Töchter* Gottes und als *Erben* des Reiches Gottes sehen können (5,5; 19,29; 25,34).

21,40-46 Schlussfolgerung und Konsequenz des Gleichnisses

21,40-41: Jesus fragt die Zuhörer nach ihrer Vermutung, wie der *Herr des Weinbergs* nun mit den Winzern verfahren soll. Die Bezeichnung *Herr des Weinbergs* statt zuvor *ein Mensch, ein Hausherr* (21,33) deutet an, dass Gott gemeint ist. Die Antwort geben *sie* allgemein, also generell die Zuhörer, die noch nicht näher bestimmt sind. Die Unbestimmtheit der Antwortenden verdeutlicht, dass es hier gerade nicht darum geht, dass Matthäus die Hohenpriester und Pharisäer eine (unbewusste) „Selbstverurteilung" aussprechen lässt, denn dann hätte er sie als Sprecher benennen können. Die Hohenpriester und Pharisäer erkennen nämlich erst später – als Signal für die Leser –, dass auch sie mit den Gleichnissen gemeint sind (21,45). Eine (unbewusste) „Selbstverurteilung" kann schon deshalb nicht beabsichtigt sein, weil bei Matthäus die Pharisäer gar nicht am Tod Jesu beteiligt waren.

Die Zuhörer benennen die Winzer als *böse*, verlangen deren Bestrafung (*sie übel zugrunde richten*) und dass der Weinberg *anderen Winzern* zur Pacht gegeben werde, die *die Früchte zu ihren Zeiten abgeben werden*. Dieses Urteil entspricht normalem Menschenverstand, jeder Weinbergbesitzer würde ebenso handeln und jeder Zuhörer würde ebenso urteilen. Auffälligerweise wird in dieser Antwort das Töten der Sklaven und des Sohnes nicht weiter thematisiert. Die Winzer werden als böse erkannt und bestraft, wobei nicht klar ist, ob sie böse sind, weil sie die Sklaven misshandelt und den Sohn getötet haben oder weil sie die Früchte nicht abgeliefert haben – oder aus beiden Gründen. Dadurch, dass der Schwerpunkt der Antwort am Ende auf dem

Fruchtbringen liegt, dem üblichen Interesse eines Weinbergbesitzers, scheint die Misshandlung der Sklaven und vor allem die Ermordung des Sohnes zugunsten der rechtzeitigen Abgabe der Früchte in Kauf genommen zu werden. Kann das ein Vater zulassen? Diese Auffassung kann Matthäus durch das folgende Psalmzitat korrigieren.

21,42-44: Dass der Vater das Töten seines Sohnes nicht einfach nur hinnimmt, sollten die Zuhörer aus den Schriften wissen. Durch den Verweis auf den Psalm identifiziert Jesus die *Bauleute* mit den *bösen Winzern* und den *verworfenen Stein* mit dem hinausgeworfenen und getöteten *Sohn* des Weinbergbesitzers. Der *Herr* – gemeint ist Gott, so wie schon beim Herrn des Weinbergs – lässt den *verworfenen Stein* dann *vor aller Augen* zum *Hauptstein* werden, d.h. zum Schmuckstein oder zum tragenden Stein. Aus nachösterlicher Perspektive verstehen die Leser dies als Hinweis auf die Auferweckung und Erhöhung Jesu.

Mit dem betonten *deswegen sage ich euch* (21,43) spricht Jesus nun seine Zuhörer mit einer auf sie bezogenen ausdeutenden Erklärung an. Sehr bedeutsam ist die Formulierung als Futur im Passiv mit *weggenommen werden wird* und *gegeben werden wird*, die durch das Passiv auf Gott als Handelnden verweist und mit dem Futur eindeutig zukünftiges Handeln ausdrückt. Es geht also keinesfalls darum, dass Israel oder die jüdischen Autoritäten verworfen sind oder gar vom Reich Gottes ausgeschlossen werden, denn die Formulierung im Futur dient als deutliche Warnung. Den Aspekt der mahnenden Warnung unterstreicht auch die Drohung, das Reich Gottes werde *einem Volk* gegeben werden. Das griechische Wort ἔθνος meint im Gegensatz zu λαός, das das Volk Israel oder das eigene Volk bezeichnet, einfach ein anderes Volk, Fremde. Eine genaue Bezeichnung wird bewusst offen gelassen; mit *einem Volk* sind also weder die Heidenvölker (dann hätte der Plural stehen müssen), noch die Kirche oder die matthäische Gemeinde gemeint, sondern einfach nur andere Menschen.

An dieser unkonkreten Formulierung lässt sich wiederum die allgemeine Drohung erkennen, weil sie gerade noch kein konkretes Vorhaben ausdrückt. Das Volk, das dann das Reich Gottes bekommen soll, *bringt* bereits schon *seine Früchte* (Partizip Präsens), womit die Dringlichkeit unterstrichen und die Motivation erhöht wird, jetzt auf die Warnung zu hören. Es wird gleichsam der „letzte Augenblick" markiert, der den Zuhörern noch bleibt, ihr Handeln zu ändern und Früchte zu bringen. Dass eine Umkehr immer noch möglich ist, auch im letzten Moment, veranschaulichte schon das vorige Gleichnis von den beiden Kindern (21,28-32).

Der Charakter der nachdrücklichen Warnung wird schließlich auch in der Sachaussage vom Wegnehmen deutlich, denn ein Reich Gottes, das weggenommen wird, wäre ein Widerspruch in sich selbst. Hinter dieser Drohung steht als Voraussetzung für ihre warnende Wirkung die positive Tatsache, dass die Zuhörer – das Volk Israel, die jüdischen Autoritäten und die Schüler – das Reich Gottes schon jetzt besitzen! Das gilt auch für die Gemeinde des Matthäus und ebenso für uns heute. Das Reich Gottes ist ihnen und uns mit der Erwartung Gottes anvertraut, dass wir die fälligen Früchte bringen.

Jesu Aktivität in Jerusalem

Zum Schluss greift Jesus mit *dieser Stein* noch einmal das Bild vom *Hauptstein* auf (21,42.44), den er nun in seiner vollen Wirkmacht beschreibt, die die Leser mit der Vollmacht des Messias-Menschensohnes verbinden können (21,23-27; 28,18). Dieser Hauptstein – Jesus, der erhöhte Messias-Menschensohn – ist so mächtig, dass ihn nichts zerstören kann, weder durch ein darauf Fallen, noch dadurch, dass dieser Stein zu Fall gebracht wird. Wer an diesem Stein im wörtlichen Sinn „Anstoß" nimmt, ihn also eigentlich zerstören möchte, wird selbst zu Fall kommen, sich selbst schaden und zerstören. Wer diesen Hauptstein zu Fall bringen möchte, wird vom fallenden Stein zermalmt. Auch dieses Bild vom mächtigen Stein ist im Futur formuliert, es beschreibt also keine Tatsache, sondern eine Möglichkeit. An die Gegner Jesu gerichtet drückt dieses Bild eine eindringliche Warnung aus, während es Jesu Anhänger bestätigt und ermutigt, trotz des Todes Jesu an seine Vollmacht zu glauben und auf seine Wirkmacht zu vertrauen.

21,45-46: Jetzt erst fügt Matthäus die Information ein, dass die Hohenpriester und Pharisäer erkennen, dass auch sie mit den *Gleichnissen* – also auch mit den zuvor erzählten Gleichnissen – gemeint sind. Dieser Hinweis gilt natürlich den Lesern, damit sie die entsprechenden Beziehungen herstellen und nicht nur die jüdischen Autoritäten, sondern auch Jesus in diesen Gleichnisreden wieder erkennen: dann nämlich wird unser Text zu einer weiteren Ankündigung von Leiden, Tod und Auferweckung Jesu, jetzt sogar öffentlich, im Tempel.

Dass sich diese Gleichnisse nicht ausschließlich auf die Hohenpriester und Ältesten bzw. Pharisäer beziehen und deshalb auch nicht als Selbstverurteilung oder Verwerfung Israels (oder ihrer Repräsentanten) gedeutet werden können, liegt in ihrer Sache selbst begründet: Gleichnisse sind prinzipiell offen und können auf jede andere Situation übertragen werden. Die „bösen Winzer" sind keine chiffrierte Darstellung der jüdischen Autoritäten, denn diese Gleichnisse gelten genauso der Gemeinde des Matthäus und uns heute. Wenn sich die Hohenpriester und Pharisäer in den Gleichnissen Jesu wieder finden, haben sie sie verstanden; ihre negative Reaktion zeigt, dass sie sich wohl zu denen rechnen, die nicht genügend Früchte bringen.

Die Hohenpriester und Pharisäer versuchen, Jesus zu ergreifen, fürchten jedoch die Volksmengen. Matthäus deutet damit den sich langsam immer stärker zuspitzenden Konflikt zwischen Jesus und den jüdischen Autoritäten an. Von einer „Tötungsabsicht" analog zum Beschluss der „bösen Winzer" kann hier gar nicht die Rede sein, denn die Pharisäer waren am Tod Jesu nicht beteiligt. Der Wechsel von Ältesten (21,23) zu Pharisäern (21,45) ist von Matthäus also bewusst gewählt. Der Hinweis, dass die Volksmengen Jesus für einen Propheten halten, knüpft an die Erzählung vom Einzug in Jerusalem an (21,11) und ruft die Diskussion um die Vollmacht Jesu noch einmal in Erinnerung (21,23-27), so dass die Leser wieder vor der Aufgabe stehen, die komplexe Identität Jesu zu begreifen.

Mt 21,33-46

Pragmatische Knotenpunkte des Textes

Gleichnisse können immer wieder gelesen und aktualisiert werden, gerade weil sie keine Verschlüsselungen oder Allegorien sind, die eins-zu-eins eine bestimmte Realität widerspiegeln, sondern weil sie als generelle Handlungsmodelle Impulse für das Handeln der Hörer und Leser geben möchten. Die Leser können sich in allen erzählten Personen wieder finden.

Das Schicksal der Sklaven im Gleichnis beschreibt nicht nur das Geschick der Propheten, sondern allgemein das Geschick derer, die sich für Gottes Reich einsetzen. Die „bösen Winzer" sind also nicht nur die jüdischen Autoritäten zur Zeit Jesu, sondern auch heute diejenigen, die ihre eigene Vorstellung vom „Reich Gottes" auf Kosten anderer verwirklichen wollen. So wie der Sohn des Weinbergbesitzers an den „bösen Winzern" scheiterte, so mag es auch heute manchen Kindern Gottes gehen, die mit ihrem Engagement für das Reich Gottes auf existenzbedrohlichen Widerstand stoßen.

Das Gleichnis von den „bösen Winzern" erzählt vor allem von Gott und vom Reich Gottes (21,43): die Gläubigen dürfen darauf vertrauen, dass Gott sich um sein Reich kümmert. Das Reich Gottes wird trotz „Misswirtschaft", Misshandlungen der Boten Gottes und Töten seines Sohnes immer weiter bestehen – und es wird den Menschen gehören, die Gott ihre Früchte bringen. Das gilt in besonderer Weise sowohl als Ermutigung als auch als Warnung den Gläubigen und der gesamten Kirche.

Als momentane Besitzer des Reiches Gottes werden wir Gläubigen mit diesem Gleichnis und der anschließenden Lehre Jesu ermahnt, Gott die erwarteten Früchte zu bringen. Das Reich Gottes gehört uns nicht, es ist uns nur wie den Weinbergpächtern anvertraut. Der Hinweis auf das Wegnehmen des Reiches Gottes mahnt uns, das Fruchtbringen nicht wie die „bösen Winzer" zu vergessen. Natürlich wird Gott sein Reich niemandem wieder wegnehmen, dem er es einmal gegeben hat; Matthäus gebraucht diese Drohung als Warnung, damit wir verantwortungsbewusst mit dem uns anvertrauten Reich Gottes umgehen und vor allem Gottes Erwartungen erfüllen.

Doch die Warnung des anderen Volkes bleibt bestehen, denn sie dient dazu, im positiven Sinn „eifer-süchtig" zu machen, uns also zu größerem Eifer beim Fruchtbringen, d.h. beim Tun des Willens Gottes anzuspornen. Aus heutiger Perspektive können wir im „anderen Volk" gläubige Menschen anderer Religionen sehen – Juden, Muslime, Buddhisten –, die sich mit ihrem ganzen Leben einsetzen und sich bemühen, den Willen Gottes im Lebensalltag zu erfüllen. Wie stehen wir vor ihnen da?

Jesu Aktivität in Jerusalem

Das Gleichnis von den Hochzeitsgästen: 22,1-14

¹ Und – antwortend – sprach Jesus wieder in Gleichnissen zu ihnen, sagend:

Erster Teil des Gleichnisses: die Gerufenen
² Verglichen wurde das Königtum der Himmel einem Menschen – einem König –,
der eine Hochzeit für seinen Sohn machte.
³ Und er schickte seine Sklaven, um zu rufen die Gerufenen zur Hochzeit,
aber sie wollten nicht kommen.

- - - - -

⁴ Wieder schickte er andere Sklaven,
sagend: Sprecht zu den Gerufenen:
– Siehe! –: mein Mahl habe ich bereitet,
meine Ochsen und die Masttiere sind geschlachtet,
und alles ist bereit.
Auf, zur Hochzeit!
⁵ Die aber – sich (darum) nicht kümmernd – gingen weg,
der eine auf den eigenen Acker,
der andere zu seinem Geschäft;
⁶ die übrigen aber – ergreifend seine Sklaven – misshandelten und töteten sie.
⁷ Der König aber wurde zornig,
und – schickend seine Heere – vernichtete er jene Mörder
und ihre Stadt zündete er an.

- - - - -

⁸ Da sagt er seinen Sklaven: Die Hochzeit ist zwar bereitet,
die Gerufenen aber waren nicht würdig.
⁹ Geht nun an die Straßenübergänge
zu den Landstraßen,
und wie viele immer ihr findet: ruft zur Hochzeit!
¹⁰ Und – hinausgehend jene Sklaven auf die Wege –
sammelten sie alle, die sie fanden: Böse und Gute,
und der Hochzeitssaal wurde gefüllt von zu Tisch Liegenden.

Zweiter Teil des Gleichnisses: das Hochzeitsgewand
¹¹ – Hereinkommend aber der König, um die zu Tisch Liegenden zu sehen –,
sah er dort einen Menschen: nicht bekleidet mit einem Hochzeitsgewand.

- - - - -

¹² Und er sagt ihm: Freund – wie kamst du hier herein,
nicht habend ein Hochzeitsgewand?
Der aber wurde still.

- - - - -

¹³ Da sprach der König zu den Dienern:
– Bindend seine Füße und Hände – werft ihn hinaus:
in die Finsternis – draußen!
Dort wird sein das Weinen und Zähneklappern.

- - - - -

¹⁴ Denn viele sind Berufene – wenige aber Auserwählte.

Mt 22,1-14

Die Gewebestruktur des Textes

An die vorherigen zwei Gleichnisse, mit denen Jesus seine Zuhörer im Tempel belehrte, fügt er nun noch ein weiteres an. Dieses dritte Gleichnis besteht aus zwei Teilen, von denen der erste die Einladung zur Hochzeit des Sohnes des Königs erzählt (22,2-10) und der zweite dann im Festsaal beim Hochzeitsmahl spielt (22,11-13). Die Verbindung dieser beiden Teile wird über das Thema der Hochzeit und über den König als Gastgeber hergestellt. Es ist allerdings auch möglich, beide Teile getrennt, also als zwei Gleichnisse zu sehen, weil das Thema im zweiten Teil durch den Schwerpunkt *Hochzeitsgewand* leicht variiert wird und sich ein logischer Zusammenhang zum ersten Teil nur schwer herstellen lässt, denn wie kann von jemandem, der spontan zur Hochzeit eingeladen wird und der wohl zu den Armen gehört, verlangt werden, im Hochzeitsgewand zu erscheinen?

Der erste Teil (22,2-10) lässt sich durch die dreifache Einladung untergliedern: zuerst signalisiert die einleitende Beschreibung, dass es im Gleichnis um das Reich Gottes geht (22,2); die erste Einladung und die Reaktion der Geladenen wird nur knapp erzählt (22,3), die zweite hingegen mit wörtlicher Rede, der dreifachen Reaktion der Geladenen und der Folgereaktion des Königs sehr detailliert (22,4-7). Die dritte Einladung (22,8-10) wird ebenfalls ausführlicher berichtet, sie enthält jedoch auch den Schluss des ersten Teils (22,10c).

Der zweite Teil (22,11-13) erzählt nach der überleitenden Einleitung (22,11) einen Dialog zwischen dem König und dem Teilnehmer ohne Hochzeitsgewand (22,12) und endet mit der Reaktion des Königs (22,13).

Mit einer deutenden Zusammenfassung (22,14) schließt Jesus seine Rede ab. Denkbar wäre auch, dass der König aus dem Gleichnis diesen Schlusssatz spricht, doch da auch die anderen Gleichnisse im Tempel jeweils mit einer Ausdeutung Jesu abschließen, wird es sich hier eher um Jesu Rede handeln.

Das semantische Geflecht des Textes

22,1: Jesus setzt seine Lehre im Tempel mit einem weiteren Gleichnis fort. Die Leser können deshalb davon ausgehen, dass auch die Zuhörer im Tempel dieselben geblieben sind: die Hohenpriester, Ältesten, Pharisäer, Jesu Schüler und viel Volk.

22,2-10: Erster Teil des Gleichnisses: die Gerufenen
22,2-3: Die Einleitung des Gleichnisses kennzeichnet es deutlich als Himmelsreich-Gleichnis. Damit knüpft Matthäus an die vorherigen Gleichnisse an, die ebenfalls das Reich Gottes thematisierten, was allerdings erst in der Ausdeutung klar wurde (21,31c.43). Das Thema des Mahles könnte andeuten, dass es um die eschatologische Zeit geht (vgl. Jes 25,6), doch ist das endzeitliche Mahl in der jüdischen Tradition kein Hochzeitsmahl. Die Leser des Evangeliums können jedoch Jesus mit dem Bräutigam identifizieren und Jesu Schüler bzw. sich selbst als Hochzeitsgäste (9,15; 25,1-13). Damit wäre das gemeinsame Mahl nicht erst für die (zukünftige) Endzeit erwartet, sondern

Jesu Aktivität in Jerusalem

schon „jetzt" aktuell. Dem entspricht, dass die Feier bereitet ist und die Sklaven ausgeschickt werden, die Gäste zu holen.

Die Formulierung *zu rufen die Gerufenen* unterstreicht den bevorstehenden Beginn der Feier und weist gleichzeitig auf die Bedeutung der Geladenen für das Fest hin. In gewisser Hinsicht hängt die Feier von der Teilnahme der Gäste ab. Die Gerufenen sind also nicht nur die Zeitgenossen Jesu, denn da Gleichnisse prinzipiell „offen" und auf alle Zeiten und Situationen übertragbar sind, können die Gerufenen auch die Gläubigen zur Zeit des Matthäus und von heute sein: alle, die den Ruf hören.

Generell stärkt gemeinsames Essen und Feiern die Gemeinschaft. Das gemeinsame Festessen mit dem König, der hier für Gott steht, drückt enge Verbundenheit aus (so auch Ex 24,11). In der Einladung des Königs wird somit gleichzeitig seine Zuneigung zu den Gerufenen deutlich. Daher ist es nicht nur eine Unverschämtheit der Gäste, sondern auch eine starke Beleidigung des Gastgebers, wenn sie *nicht kommen wollen*. Das Nicht-Wollen der Geladenen ist im Imperfekt formuliert, das die Dauer betont; es ist also nicht ein spontanes Hindernis aufgetreten, das die Gäste am Kommen hindert, sondern das Imperfekt unterstreicht ihre Lustlosigkeit und ihr grundsätzliches Desinteresse am Fest, am König und an der Gemeinschaft mit ihm. Diese Gerufenen laden sich mit ihrem Nicht-Wollen letztlich selbst aus.

22,4-7: Der König lässt sich von der Ablehnung seiner Einladung nicht beirren, sondern schickt ein weiteres Mal seine Sklaven zu den Gästen. Die Leser werden sich an den Weinbergbesitzer erinnern, der ebenfalls mit seinen Winzern nachsichtig war und auch ein zweites Mal seine Sklaven nach den Früchten schickte. Die Sklaven des Königs sollen den Gästen das verlockende Festmahl beschreiben und damit gleichsam ihren Appetit wecken (22,4). Bibelkundige Leser erkennen hier das Motiv des Werbens Gottes um sein Volk wieder (z.B. Jes 46,3-13; Hos 2,16-25, Ps 81,9-17): wie ein Liebhaber wirbt Gott in der Geschichte mit Heilstaten um die Zuneigung des Volkes Israel und dafür, dass es seinen Weisungen folgt. Im Gleichnis verweist der Ruf *alles ist bereit. Auf, zur Hochzeit!* auf die je aktuelle Gegenwart; die Hörer und Leser sind gerufen, jetzt der Einladung Gottes zu folgen.

Doch die gerufenen Gäste ignorieren auch die wiederholte Einladung völlig. Dass sie sich *nicht darum kümmern*, zeigt ihr Desinteresse, da sie aber sogar ihre Arbeit auf dem *Acker* und im *Geschäft* dem besonderen und einmaligen Hochzeitsfest des Königssohnes vorziehen (22,5), veranschaulicht ihre Haltung, dass ihnen nicht nur das Fest, sondern auch der König und der Königssohn als Bräutigam gänzlich unbedeutend sind. Ihre Ablehnung steigert sich sogar noch dadurch, dass sie die Sklaven des Königs misshandeln und töten (22,6). Ein Grund für eine solche abweisende, feindliche Reaktion der Geladenen wird nicht angegeben, sie erscheint daher unmotiviert und böse, so wie schon im vorigen Gleichnis die Reaktion der Winzer. Auch der König kann nicht die Ursache für ihr Verhalten sein, denn er ist durch die wiederholte Einladung eindeutig positiv, gütig und nachsichtig gezeichnet.

Das grundlose üble Verhalten der mehrfach gerufenen Geladenen soll durch diese drastische Überzeichnung bei den Hörern und Lesern das Unverständnis für solch eine Haltung hervorrufen. Sie sollen nicht nur erkennen, dass es keinen Grund gibt, die Einladung des Königs auszuschlagen, sondern auch, dass die Ablehnung eine große Dummheit ist, denn wer zieht schon freiwillig die harte Arbeit einem vergnügten Feiern vor?

Der König wird zornig, wohl weniger wegen der zweifach ausgeschlagenen Einladung, als wegen des Mordes an seinen Sklaven, denn sein Zorn richtet sich ausschließlich gegen die *Mörder*. Er schickt sein Heer, *vernichtet die Mörder* und *zündet ihre Stadt* an (22,7). Da es sich um ein „offenes" Gleichnis handelt, das immer wieder aktualisiert werden kann, darf nicht – wie es teilweise noch bis heute in der Auslegung geschieht – in der *Zerstörung der Stadt* ausschließlich die Chiffre für die Zerstörung Jerusalems (im Jahre 70 n. Chr.) gesehen werden. Die Zerstörung der Stadt besagt daher auch keinesfalls die Verwerfung Israels oder „der Juden", denn erstens geht es nur um eine Stadt und nicht um ein Volk; zweitens werden nur die Mörder bestraft, die anderen desinteressierten Gäste nicht und drittens bleiben ja für die dritte Einladung noch Menschen aus dem Volk des Königs übrig, die dann der Einladung folgen werden.

Auf der Gleichnisebene handelt es sich also allein um die Bestrafung der Mörder, wie auch schon zuvor im Gleichnis von den „bösen Winzern" (21,41.43). Jetzt nach einer zeitlich-realistischen Ausführung zu fragen (wie lange braucht diese Strafexpedition?), würde das Gleichnis überstrapazieren. Das Gleichnis hält hier zweierlei fest: Gott ist immer noch barmherzig und nachsichtig, denn die Gäste, die auf das Feld oder ins Geschäft zur Arbeit gegangen sind, werden nicht bestraft; Mord hingegen widerspricht den Weisungen Gottes, deswegen ereilt die Mörder ihre Strafe.

22,8-10: Zum dritten Mal sendet der König seine Sklaven aus. Das Präsens signalisiert, dass diese dritte Einladung auch gegenwärtig noch stattfindet. Der König lässt sich weder durch die ablehnenden, noch durch die mörderischen Reaktionen der zuerst geladenen Gäste hindern: die Hochzeit ist bereitet und soll gefeiert werden, der König möchte seine Freude mit anderen teilen. Selbst der geschehene Mord kann nicht die bestehende Zuneigung des Königs zu seinem Volk aufheben. Damit ist nun auch eindeutig klar, dass Gottes Zuneigung zu seinem auserwählten Volk weiterhin besteht und trotz der Prophetenmorde und des Todes Jesu definitiv nicht geleugnet werden kann.

Der König schickt nun seine Sklaven *an die Straßenübergänge zu den Landstraßen* (22,9), d.h. außerhalb der Stadt, in die Gegenden der Dörfer, wo arme Menschen wohnen. Jetzt an andere Länder zu denken, würde zu weit führen, da ja den Sklaven nicht aufgetragen wird, an oder über die Landesgrenzen zu gehen. Vor der Stadt – das deutet *hinausgehen* in 22,10 an – und auf den *Wegen* sollen die Sklaven nun wen und *wie viele auch immer sie finden zu Hochzeit rufen*. Der Kreis der Geladenen öffnet sich nun von den vorher ausgewählten und besonders eingeladenen Gästen zu *wie viele auch immer*, also zu allen, die zum Festmahl kommen möchten. Die zuvor Eingeladenen haben sich nämlich als *nicht würdig* erwiesen, da sie die Einladung nicht zu schätzen wussten und wiederholt ablehnten.

Jesu Aktivität in Jerusalem

Die Sklaven *sammelten alle, die sie fanden*. Jetzt besteht keine einschränkende Auswahl mehr: *alle* sind willkommen, nicht einmal zwischen *Bösen und Guten* wird mehr getrennt (22,10b). Bei der Formulierung *auf die Wege hinausgehen* kann man zusammen mit dem Hinweis auf *Böse und Gute* an Obdachlose, Bettler und Kranke, aber auch an Wegelagerer und Räuber denken. Im Zusammenhang des Evangeliums legt sich nahe, besonders auch Zöllner (an der Stadtgrenze) und Prostituierte (auf Straßen und Wegen) mit einzubeziehen: die Menschen, die in den Augen der Anderen als Sünder galten. All diese von der Gesellschaft Ausgegrenzten werden jetzt zum Hochzeitsmahl eingeladen. Heutige Leser können in der fehlenden Trennung zwischen Bösen und Guten einen Hinweis sehen, dass angesichts mancher Lebensschicksale die Trennung zwischen gut und böse heute weder offensichtlich noch eindeutig ist.

Der Festsaal füllt sich jetzt mit Gästen, die zu Tisch liegen und feiern (22,10c). Jetzt anzunehmen, dass der Festsaal „voll" und daher „kein Platz" mehr wäre, entspricht nicht der Intention des Gleichnisses, denn eingeladen sind ja *wie viele auch immer*, d.h. es ist mit „unbegrenztem Platz" zu rechnen; das gilt natürlich umso mehr, da es sich eigentlich um das Reich Gottes handelt. Somit kommt der erste Teil des Gleichnisses mit dem Festmahl zu einem glücklichen Abschluss: der König kann nun sehr viele Gäste an seiner Freude teilhaben lassen. Möglicherweise wundern sich die Leser über die *Bösen*, die ebenfalls mit am Tisch sitzen; sie werden sich aber auch an die Bergpredigt erinnern, dass Gott *seine Sonne aufgehen lässt über Böse und Gute und es regnen lässt über Gerechte und Ungerechte* (5,45). Somit zeigt das Gleichnis noch einmal die Barmherzigkeit Gottes, die alle erfahren können, die seiner Einladung folgen.

22,11-14 Zweiter Teil des Gleichnisses: das Hochzeitsgewand

22,11: Der zweite Teil des Gleichnisses setzt die begonnene Erzählung nun im Festsaal fort. Der König kommt in den Festsaal, weniger um die Gäste nur anzusehen, als vielmehr um zu sehen, wer nun alles gekommen ist. Das griechische θεάομαι meint *eingehend, begreifend betrachten*, so dass man durchaus auch an persönliches Begrüßen und näheres Kennenlernen denken kann. Unter den Gästen entdeckt der König jemanden, der kein Hochzeitsgewand trägt. Diese Bemerkung irritiert die Leser, denn die Gäste sind von den *Straßenübergängen* und *Wegen* gekommen, so dass es durchaus möglich ist, dass sie wegen ihrer Armut oder wegen der spontanen Einladung gar kein Hochzeitsgewand anlegen konnten. Die Formulierung *nicht bekleidet mit einem Hochzeitsgewand* lässt vermuten, dass offensichtlich alle anderen Gäste ein solches Hochzeitsgewand tragen, sei es nun ein besonders festliches oder einfach nur ein sauberes Gewand. Dieser eine Mensch ohne Hochzeitsgewand ist demnach äußerlich nicht auf die Feier vorbereitet und nicht in Feststimmung.

22,12: Der König frag nun den Gast, wie er ohne Hochzeitsgewand hineinkam. Das Präsens in der Redeeinleitung betont die gegenwärtige Aktualität dieser Frage nicht nur für die Zuhörer in der Erzählung, sondern auch für die Gemeinde des Matthäus und uns Leser heute. Die liebenswürdige Anrede mit

Freund ist nicht etwa herablassend oder gar ironisch zu verstehen, denn genauso spricht auch der gütige Weinbergbesitzer im Gleichnis die Knechte an, die einen Tag lang für ihn gearbeitet haben (20,13) und Jesus wählt im Garten Gethsemani dieselbe Anrede für Judas (26,50). Der König ist dem Gast ohne Hochzeitsgewand grundsätzlich freundlich gesonnen, denn anderenfalls hätte er ihn auch gleich hinauswerfen lassen können, ohne nach dem Grund zu fragen, weshalb er kein Hochzeitsgewand trage. Demnach kann also nicht das fehlende Hochzeitsgewand die Ursache dafür sein, dass der Gast hinausgeworfen wird.

Der Gast ohne Hochzeitsgewand kann auch nicht als Personifizierung des Bösen gesehen werden, denn er wird weder als böse noch als Ungesetzliches tuend dargestellt wie die Übeltäter im Gleichnis vom Unkraut unter dem Weizen (13,41). Die einzige Parallele zu jenem Gleichnis besteht in der Wendung *das Weinen und Zähneklappern* (13,24-30.42; 22,13), die aber noch öfter im Evangelium vorkommt und hier nicht die Ursache für das Hinauswerfen des Gastes angibt. Hätte der König die *Bösen* nicht einladen wollen, hätte er seinen Sklaven einen entsprechenden Befehl gegeben oder die *Bösen* gar nicht erst in den Festsaal hineingelassen (auch das Unkraut wird zuvor getrennt gesammelt: 13,30). Die Sklaven hatten jedoch auf den Befehl des Königs hin unterschiedslos *wie viele immer sie fanden* zur Feier gerufen, unter denen auch *Böse* (Plural) *und Gute* waren. Es wird also auf die Güte des Königs bzw. Gottes angespielt, der seine Barmherzigkeit allen Menschen erweist.

Auf die Frage des Königs, wie er ohne Hochzeitsgewand hereinkommen konnte, wird der Gast still. Hätte er einen Grund – z. B. seine Armut oder wegen der kurzfristigen Einladung nicht genügend Vorbereitungszeit – hätte er ihn jetzt nennen können. Da der König freundlich nach dem Grund des fehlenden Hochzeitsgewandes fragt, ist auch anzunehmen, dass er jeden Grund verstanden und akzeptiert hätte. Das Schweigen des Gastes drückt demnach aus, dass er keinen Grund hat. Da er der einzige Gast ohne Hochzeitsgewand ist, sind offensichtlich alle anderen spontanen Gäste mit entsprechendem Gewand erschienen, was zu verstehen gibt, dass weder Zeitmangel oder Armut, noch andere Gründe ein Hindernis waren, so dass der Gast also tatsächlich keinen Grund hatte, ohne Hochzeitsgewand zu kommen.

Der Gast hätte sich demnach wie alle anderen spontanen Gäste auch auf die Hochzeit vorbereiten können, hat es aber nicht getan. Sein Erscheinen ohne angemessene Kleidung und vor allem sein fehlender Entschuldigungsgrund weisen auf sein Desinteresse an der Hochzeitsfeier hin: auf seine mangelnde Bereitschaft, immerhin das wenige ihm Mögliche für die Feier zu tun. Was könnte ein solcher Besucher auf einem Fest wollen, das ihn nicht interessiert, außer auf Kosten des Gastgebers gute Speisen zu genießen? Damit gleicht der Gast ohne Hochzeitsgewand den „bösen Winzern", die grundlos die Abgabe der Früchte verweigern und nur an ihren Vorteil denken, wenn sie sich den Weinberg aneignen wollen (21,34-39).

22,13: Als eine Erklärung für das fehlende Hochzeitsgewand ausbleibt und sich der Gast damit als egoistischer Schmarotzer offenbart, der gar kein Interesse an der Feier hat, lässt ihn der König hinauswerfen. Die Feier ist für diejenigen bestimmt, die ihre Bereitschaft, die Freude des Königs zu teilen, zum Ausdruck bringen. Wie schon im Gleichnis von den „bösen Winzern" der Weinberg einem *anderen Volk* gegeben wurde, *das seine Früchte bringt* (21,43), so gilt auch das Fest nur denjenigen, die wirklich mit dem König feiern möchten. Lag im Winzergleichnis der Akzent auf dem Fruchtbringen, also eher auf der Leistung, so genügt jetzt ein Hochzeitsgewand, das offensichtlich jedem möglich ist (wir könnten heute sagen: gute Laune, ein fröhliches Gesicht), ja es reicht sogar auch nur eine Erklärung, weshalb man kein Hochzeitsgewand anlegen konnte. Die Teilnahme am Fest steht also jedem offen und ist nicht an Leistung gebunden; die einzige Voraussetzung ist, dass man die Freude des Gastgebers teilen möchte. Man kann sich nur selbst ausschließen, wenn man gar nicht feiern möchte.

Das Hinauswerfen des Menschen ohne Hochzeitsgewand ist mit drastischen Worten beschrieben, so dass es wie eine (Höllen-)Strafe klingt. Auch wenn die mangelnde Übereinstimmung mit der Freude des Königs, die fehlende Bereitschaft zur Feier und der Egoismus des Schmarotzers Grund zum Ausschluss von der Feier sind, ist diese Behandlung stark übertrieben. Sie dient dazu, bei den Hörern und Lesern Erschrecken zu bewirken und ist ihnen deshalb eine Mahnung, ihre eigene Motivation zu überprüfen: weshalb möchte ich ins Reich Gottes hineingehen?

Für die anderen Gäste signalisiert das strenge Verhalten des Königs jedoch, dass er ihre aktive Teilnahme, die sie mit dem Hochzeitsgewand ausdrücken, zu schätzen weiß. Die Leser mögen sich auch an das Sprichwort aus der Bergpredigt erinnern: *gebt nicht das Heilige den Hunden und werft nicht eure Perlen vor die Schweine* (7,6), das einen verantwortungsbewussten Umgang mit dem Evangelium anmahnte. Das Reich Gottes wird nicht verschenkt oder „ausverkauft". Es steht allen Menschen offen, die bereit sind, das Anliegen Gottes für sein Reich zu teilen; wer das nicht möchte, muss *draußen* bleiben. Dass *draußen Finsternis*, *Weinen und Zähneklappern* herrscht, soll die Leser vielmehr aufrütteln, der Einladung ins Reich Gottes zu folgen.

22,14: Die Ausdeutung am Schluss spielt auch im Griechischen mit dem ähnlichen Klang von *Gerufenen* und *Berufenen* und lässt sich in mehrfacher Weise verstehen. Dass die *wenigen Auserwählten* die Teilnehmer am Hochzeitsmahl sind, trifft eigentlich nicht zu, da die spontanen Gäste ja gerade nicht auserwählt, sondern eher zufällig eingeladen wurden. Sollen sie aber als *Auserwählte* Teilnehmer gemeint sein, können sie hier noch einmal eine Bestätigung ihrer Entscheidung hören, der Einladung gefolgt zu sein. Dann haben *viele* als *Gerufene / Berufene* die Einladung Gottes für sein Reich gehört, haben sie aber abgelehnt und nur *wenige* – wie die Christusgläubigen – sind ihr gefolgt und gehören deshalb jetzt zu den *Auserwählten*.

Diese wenigen Auserwählten sollten sich aber über ihre Motivation, dem Ruf gefolgt und ins Reich Gottes hineingegangen zu sein, bewusst sein. Ihnen gilt dann das Beispiel vom Gast ohne Hochzeitsgewand: allein der Einladung gefolgt zu sein, ist noch keine Garantie für die Teilnahme am Fest.

Wenn die *wenigen Auserwählten* sich hingegen auf die Gäste beziehen, die zuerst ausgewählt und eingeladen wurden, die Einladung dann aber nicht annahmen, so ist hier ein Appell an die Menschen zu hören, die schon vom Reich Gottes gehört haben: die Zeitgenossen Jesu, die Gemeinde des Matthäus oder die Gläubigen heute. An sie richtet sich dann der dringende Appell, die Einladung ins Reich Gottes nicht auszuschlagen, zumal es noch *viele* andere *Berufene / Gerufene* gibt, die ihren Platz einnehmen werden, so wie es ähnlich auch im Gleichnis von den „bösen Winzern" ein anderes Volk gibt, das schon Früchte bringt und deshalb den Weinberg anvertraut bekommt.

Sind jetzt aber die *vielen Gerufenen / Berufenen* die Teilnehmer am Hochzeitsmahl, also alle Christusgläubigen, dann bleiben die *wenigen Auserwählten* diejenigen, die zuerst die Einladung erhalten haben, nämlich die Juden zur Zeit des Matthäus und heute. Obwohl sie dieser Einladung nicht gefolgt sind, bleiben sie das auserwählte Volk. Auch wenn sie nicht auf die Propheten hörten, sie sogar töteten und in der Geschichte den Zorn Gottes erleiden mussten, verlieren sie den Status des auserwählten Volkes Gottes nicht, denn Gott bleibt seiner Verheißung treu. Die Barmherzigkeit Gottes sieht auch noch weitere „Einladungen" für seine Auserwählten vor.

Pragmatische Knotenpunkte des Textes

Als Gleichnis darf diese Erzählung nicht allegorisiert und allein als Chiffre für die Zuhörer zur Zeit Jesu interpretiert werden, denn ein Gleichnis gilt zu allen Zeiten. Alle erzählten Personen im Gleichnis bieten den Leser Identifikationsfiguren und Handlungsmodelle.

In diesem Gleichnis von den Hochzeitsgästen können sich die Leser in den eingeladenen Gästen widerspiegeln, die der Einladung ins Reich Gottes nicht folgen, weil sie ihre persönlichen Interessen vorziehen. Auch die Sklaven des Königs, die sich wieder und wieder bemühen, die geladenen Gäste zum Kommen zu bitten, letztlich aber doch erfolglos sind, repräsentieren nicht nur die damaligen Propheten, sondern meinen generell all jene, die sich trotz negativer Erfahrungen für das Reich Gottes einsetzen. Die Leser können sich auch in den zu Tisch liegenden Gästen wieder finden und müssen sich dann fragen lassen, ob sie ein Hochzeitsgewand tragen oder warum sie es nicht angelegt haben.

Dieses Reich Gottes-Gleichnis hält ebenso wie die beiden vorigen Gleichnisse das bleibende Bestehen des Reiches Gottes fest: trotz Widerstand, Unwillen, Desinteresse und sogar Mord hält Gott sein Angebot weiterhin offen. Der Weinberg wird anderen Winzern gegeben und andere Gäste werden zum Feiern geladen: nichts kann das Reich Gottes aufhalten oder gar behindern, auch nicht der Tod Jesu. Die eigentlichen Verlierer sind allein die Menschen, die sich selbst verweigern. Gott schließt niemanden von seinem Reich und von seinem Heilsplan aus – man kann sich nur selbst ausschließen.

Jesu Aktivität in Jerusalem

Die Frage nach der Kaisersteuer: 22,15-22

¹⁵ Dann – weggehend – fassten die Pharisäer einen Beschluss,
um ihn in einem Wort zu fangen.
- - - - -
¹⁶ Und sie schickten ihm ihre Schüler mit den Herodianern,
    sagend: Lehrer, wir wissen, dass du wahrhaftig bist
                    und (dass du) den Weg Gottes in Wahrheit lehrst
                    und du dich um keinen kümmerst.
                    Denn du siehst nicht auf das Gesicht von Menschen.
¹⁷   Sprich also zu uns,
                    was du meinst:
                            Ist es erlaubt, dem Kaiser Steuer zu geben – oder nicht?
- - - - -
¹⁸ – Erkennend aber ihre Bosheit –,
    sprach Jesus: Was versucht ihr mich? – Heuchler!
- - - - -
¹⁹   Zeigt mir die Steuermünze!
    Die aber brachten ihm einen Denar hin.
²⁰ Und er sagt ihnen:
                Von wem ist dieses Bild und die Aufschrift?
^{21a} Sie sagen ihm: Vom Kaiser.
- - - - -
^{21b} Da sagt er ihnen: Gebt also   das des Kaisers   dem Kaiser
                          Und   das Gottes   Gott!
- - - - -
²² Und – es hörend – staunten sie,
und – lassend ihn – gingen sie weg.

Die Gewebestruktur des Textes

Nach den drei Gleichnissen vom Reich Gottes (21,28-32.33-46; 22,1-14), mit denen Jesus im Tempel die Hohenpriester, Ältesten, Pharisäer, seine Schüler und die Volksmenge lehrte, beginnen nun die Zuhörer, ihm verschiedene Probleme vorzulegen. Jesu Antwort präzisiert jeweils seine Position im Vergleich mit anderen Lehrmeinungen und Auffassungen. Für die Gemeinde des Matthäus und für seine Zeitgenossen war eine solche gegenüberstellende und teilweise kontrastreiche Positionierung hilfreich, um die Besonderheit Jesu gegenüber anderen Rabbinen herauszustellen. Was durch die Konfrontation mit den „Andersdenkenden" wie scharfe Grenzen aussieht, sind jedoch nur Nuancen der Auslegung, die im Judentum durchaus möglich sind, problemlos toleriert werden und nebeneinander bestehen können. Während für die Gemeinde des Matthäus eher eine „de-finierende" Positionsbestimmung wichtig gewesen sein mag, um ihre Identität gegenüber anderen ähnlichen Gruppen zu bestimmen, zeigen uns heute diese Diskussionen eher die Verwurzelung Jesu und der Gemeinde des Matthäus im Judentum jener Zeit.

    Die nun beginnenden Fragen sind Lehrgespräche; das zeigt die jeweilige Anrede Jesu als *Lehrer* (22,16.24.36). Damit gibt Matthäus seinen Lesern zu verstehen, dass auch die Opponenten Jesu Lehrautorität anerkennen, was nicht nur die entsprechende Anrede, sondern vor allem ihr Verhalten zeigt, da sie bei ihm Rat suchen. In unserem Text wird zudem ein Bezug zu Jesu Lehre hergestellt (22,16); es sind jetzt jedoch die *Schüler der Pharisäer*, die Jesus um seine Lehrmeinung fragen. Der Text lässt sich wie folgt gliedern: eine kurze Überleitung (22,15) führt in das neue Thema ein. Die Schüler der Pharisäer wenden sich nach einer lobenden Anrede mit ihrer Frage an Jesus (22,16-17). Jesu erste Reaktion besteht in einer entlarvenden Bemerkung (22,18), bevor er mit einer anschaulichen Demonstration und einer Gegenfrage (22,19-21a) zur Lehrantwort (22,21b) überleitet. Eine Schlussbemerkung, die ausführlich die Reaktion der Fragesteller beschreibt (22,22), beendet diese erste Frage-Einheit.

Das semantische Geflecht des Textes

22,15: Die Pharisäer fassen einen Beschluss gegen Jesus, jedoch nicht wie in 12,14, um ihn zu vernichten, sondern um ihn *in einem Wort zu fangen*: Jesus soll sich selbst widersprechen oder einer Antwort schuldig bleiben, so dass öffentlich deutlich wird, dass seine Lehre nicht haltbar ist. In 22,46 werden es jedoch die Fragesteller sein, die keine Antwort wissen und deshalb auch nicht mehr wagen, ihm weitere Fragen zu stellen.

22,16-17: Die Gruppe der Fragesteller, die als *Schüler der Pharisäer* und *Herodianer* bezeichnet werden, ist nicht leicht zu bestimmen: Pharisäer hatten keine Schüler, wohl aber Schriftkundige, die auch zu den Pharisäern gehören konnten; Herodianer werden Anhänger des Herodes und / oder seine Soldaten sein. Die Fragenden beginnen ihre Rede mit einer lobenden Einleitung (captatio benevolentiae), die dazu dient, den Angesprochenen dem Sprecher gegenüber gewogen zu stimmen. Sie schreiben Jesus Eigenschaften zu, die auch von Gott gelten: *wahrhaftig sein* (Weish 1,6; 15,1), die *Wahrheit* sprechen (Jes 45,19) und *nicht auf die Person sehen* im Sinne von unbestechlich sein (Dtn 10,17; PsSal 2,18). Diese Worte im Mund der Opponenten mögen vor der Folie ihrer negativen Absicht falsch klingen, doch wird sich gerade in Jesu Antwort(en) zeigen, dass es genau so ist, wie sie sagen: Jesus redet tatsächlich keinem nach dem Mund und sagt die Wahrheit, auch wenn sie unbequem ist.

Die gestellte Frage dreht sich um die Zahlung der Kopfsteuer an den Kaiser. Matthäus hatte die Steuerproblematik schon in 17,24-27 angesprochen und gelöst: die Gläubigen können Steuern zahlen, weil sie gerade damit zum Ausdruck bringen, dass sie *Fremde* und nicht Angehörige (*Kinder*) oder Anhänger des Kaiser sind. Steuerzahlung ist außerdem für die Gläubigen sinnvoll, um *keinen Anstoß* zu geben. Durch die Wiederaufnahme des Themas setzt der Evangelist nun einen anderen Akzent. Jetzt geht es darum, ob es von Gott *erlaubt ist*, dem Kaiser Steuern zu zahlen. Damit wird explizit nach dem Willen Gottes gefragt.

22,18: Jesus erkennt in der Fragestellung die dahinter stehende *Heuchelei* der Fragenden. Vor den Anhängern des Herodes könnte er sich unmöglich gegen die Steuer aussprechen, ohne als Feind des Kaisers und damit als Aufrührer dazustehen, während vor den Schülern der Pharisäer das Zahlen der

Steuer die akzeptierte Unterwerfung unter die römische Herrschaft ausdrücken würde, was aus theologischer Sicht ein Affront gegen Gott und Gottes Herrschaft wäre. Für welche Seite auch immer Jesus sich aussprechen würde, die andere Gruppe würde er sich mit guten Gründen zu Feinden machen; sie könnten ihm vorwerfen, mit seiner Antwort doch auf die Person zu sehen. Die Fragesteller wollen Jesus in eine Falle locken: darin zeigt sich ihre *Bosheit* und ihre *Heuchelei*. Doch die *Bosheit*, die Jesus erkennt und die *Versuchung*, die er ihnen vorwirft, bestehen noch in einem anderen Problem, denn *Versuchung* zielt darauf, etwas gegen Gottes Willen zu tun (oder zu sagen).

22,19-21a: Jesus lässt sich von den Fragenden eine Steuermünze zeigen. Der Denar jener Zeit zeigte das Bild des Kaisers Tiberius. Dass die Gefragten ihm einen Denar hinbringen oder zeigen, sagt nun nicht notwendigerweise, dass sie selbst diese Münze bei sich trugen oder benutzten und daher als bereitwillige Steuerzahler die Herrschaft des Kaisers anerkannten, denn vor dem Tempelbereich, wo es auch Geldwechsler gab, ließ sich eine solche Münze problemlos besorgen. Hier geht es nicht mehr um die grundsätzliche Frage des Steuerzahlens, denn Jesus hatte schon zuvor das Zahlen der Steuer für die Gläubigen als legitim dargestellt (17,24-27). Die jetzige Antwort Jesu verdeutlicht die eigentliche Problematik und erklärt damit auch die *Bosheit* und die *Versuchung* der Fragesteller.

22,21b: Den Hintergrund der Fragestellung verdeutlicht die einleitende Formulierung mit *ist es erlaubt* (22,17), die im Mund von Pharisäern gar nicht auf grundsätzliches Dürfen oder auf die Legitimität zielt, sondern vielmehr aus der Perspektive des Gläubigen, der vor Gott steht, fragt: *entspricht es oder widerspricht es dem Willen Gottes, dem Kaiser Steuern zu zahlen?* Dieselbe Bedeutung von *ist es erlaubt* im Sinne von *entspricht es oder widerspricht es dem Willen Gottes* findet sich auch bei der Diskussion, was am Sabbat zu tun *erlaubt*, also *dem Willen Gottes entsprechend* ist (12,2-12) und bei der Frage über die Entlassung der Frau aus der Ehe (19,3-9).

Es geht jetzt um das Tun des Willens Gottes in Bezug auf das Steuerzahlen. Hat also Jesus, als er das Steuerzahlen als legitim darstellte (17,24-27), dem Willen Gottes widersprochen? Muss er jetzt seine frühere Meinung revidieren, was seine Lehre als fehlerhaft kennzeichnen würde? Hier zeigen sich die *Bosheit* und die *Versuchung* der Fragesteller, die Jesus verleiten möchten, etwas zu sagen (oder gesagt zu haben), das dem Willen Gottes widerspricht.

Jesu Antwort geht nun genau auf die Frage ein, was *erlaubt ist*, was dem Willen Gottes entspricht: *dem Kaiser* soll *das des Kaisers* gegeben werden, also das, was ihm gehört und was man ihm eventuell schuldet. Was das ist, müssen die Leser in ihrer je eigenen Situation aktualisieren: in diesem Fall können das die Steuern sein, aber auch Anderes ist denkbar, wie z.B. Respekt oder Gehorsam. Dadurch, dass das *das des Kaisers* nicht genau definiert, sondern offen gelassen wird, ist das, was gegeben werden soll, jedem selbst ins persönliche Ermessen und in die eigene Verantwortung gelegt. Jeder muss sich fragen, ob das, was der Kaiser fordert, ihm auch tatsächlich zusteht und ob man nicht Gott mehr gehorchen muss als den Menschen (vgl. Apg 5,29).

Gleichzeitig – hier betont mit dem *und* (22,21c) – soll aber auch *Gott das Gottes* gegeben werden, das heißt das, was man Gott schuldet, was Gott gebührt und wozu Gottes Weisungen verpflichten. Damit wird klar zwischen *dem des Kaisers* und *dem Gottes* getrennt. Ich darf also nicht behaupten, weil ich schon Steuern gezahlt habe, brauche ich dem Bedürftigen kein Almosen mehr zu geben oder weil ich dem Kaiser gehorche, brauche ich Gott nicht mehr zu gehorchen. Die Leser müssen auch hier aus ihrer jeweiligen Situation aktualisieren, was *das Gottes* ist, wozu sie Gottes Wille und Weisungen generell und aktuell verpflichten. Dabei ist für die Gläubigen klar, dass das Tun des Willens Gottes den ganzen Menschen und sein ganzes Leben betrifft.

Somit kann es eigentlich gar keine Konflikte oder Entscheidungsprobleme zwischen *dem, was des Kaisers ist* und *dem, was Gottes ist* geben. Dem Kaiser das des Kaisers zu geben, nimmt Gott also nichts weg, sofern gleichzeitig Gott das gegeben wird, was er erwartet. Jesus fokussiert hier das dauerhafte Erfüllen des Willens Gottes im Gegensatz zu einzelnen Handlungen, die auch dem Willen Gottes entsprechen. Sicherlich kann man den Willen Gottes mit einmaligen einzelnen Handlungen erfüllen; aus dieser Perspektive betrachten die Fragesteller das Problem. Gewollt ist aber das Tun der *überfließenden Gerechtigkeit* (5,20), das gerade nicht mit einzelnen Taten abgegolten ist, sondern das „dauerhafte Mehr" sucht.

22,22: Die Reaktion der Fragesteller wird sehr ausführlich dargstellt: sie *hören, staunen, lassen Jesus* (in Ruhe) und *gehen weg*. In der Regel *staunen* nur die Schüler Jesu oder die Volksmenge; ihr Staunen zeigt, dass sie beeindruckt von Jesu Wirken und Lehren sind. Die Schüler der Pharisäer und die Herodianer wissen Jesus nichts zu entgegnen; da sie Jesus *lassen* und *weggehen*, deutet ihr Verhalten an, dass sie hier Jesu Lehre und Rat akzeptieren (müssen). Für die Leser unterstreicht ihr Staunen und Weggehen die Lehrautorität Jesu. Was Jesus den Fragestellern antwortete, gilt natürlich ebenso für die Leser damals und heute.

Pragmatische Knotenpunkte des Textes

Für den Großteil der damaligen Bevölkerung, die zur Nicht-Elite gehörte, stellte das Steuerzahlen eine dramatische Belastung dar. Vor diesem Hintergrund ergibt sich die Frage, ob durch das Zahlen der Steuer nicht letztlich doch dem Willen Gottes widersprochen wird. Diese Frage nach dem Willen Gottes könnte z.B. durch die Überlegung motiviert sein, dass mit dem Geld für die Kaisersteuer besser Bedürftigen geholfen und gleichzeitig das gute Werk des Almosengebens getan werden könnte. Jesu Antwort lenkt nun aber den Blick von der guten Einzeltat auf das generelle Tun des Willens Gottes als überfließende Gerechtigkeit. Für das Beispiel des Almosengebens statt Steuerzahlens würde das einen Perspektivenwechsel bedeuten: einmal ein Almosen zu geben, bleibt eine gute Tat, doch die Solidarität mit den Armen kann auf vielfache Weise gelebt werden und eigentlich sollte das Ziel sein, dass es gar keine Armen mehr gibt (Dtn 15,4).

Jesus lehrt tatsächlich ohne auf die Person zu sehen den Weg Gottes (22,16). Er antwortet auf das fragende *ist es erlaubt* nicht mit ja oder nein und auch nicht mit einer spezialisierenden Erlaubnis, sondern vielmehr mit einem generellen und weiterführenden Imperativ als Gebot: *gebt das des Kaisers dem Kaiser und das Gottes Gott!* Damit gibt er auch uns heutigen Lesern eine klare Richtschnur für unser Handeln vor. Die Herausforderung liegt für alle Gläubigen allerdings darin, dass das Gebot, *Gott zu geben, was Gottes ist*, gerade nicht einschränkend und spezialisierend, sondern umfassend zu verstehen ist. Was erwartet Gott von uns heute? Sind wir bereit, Gott wirklich alles zu geben, was Gottes ist?

Die Frage nach der Auferstehung: 22,23-33

Die Frage der Sadduzäer

23 An jenem Tag kamen Sadduzäer zu ihm hin,
– sagend, es gäbe keine Auferstehung –,
und sie befragten ihn,

- - - - -

24 sagend: Lehrer, Moses sprach:
Wenn einer stirbt – nicht habend Kinder –,
sein Bruder – als der Schwager – soll dessen Frau heiraten,
und seinem Bruder Nachkommenschaft aufstellen. (*Dtn 25,5; Gen 38,8*)

25 Es waren aber bei uns sieben Brüder;
und der erste – nachdem er geheiratet hatte – starb,
und – nicht habend Nachkommenschaft –
hinterließ er seine Frau seinem Bruder;

26 auch der zweite starb genauso und der dritte – bis zu den sieben.

27 Zuletzt aber von allen starb die Frau.

28 Bei der Auferstehung nun: wessen der sieben (Brüder) Frau wird sie sein?
Denn alle hatten sie.

Die Antwort Jesu

29 Antwortend aber sprach Jesus zu ihnen:
Ihr irrt:
– nicht kennend die Schriften und nicht (kennend) die Kraft Gottes –;

30 denn bei der Auferstehung:
weder heiraten sie, noch werden sie verheiratet,
sondern wie Engel im Himmel sind sie!

- - - - -

31 Über die Auferstehung der Toten aber,

32 last ihr nicht das euch Gesagte von Gott, dem sagenden:
Ich bin   der Gott Abrahams und
der Gott Isaaks und
der Gott Jakobs – ? (*Ex 3,6.15f*)
Er ist nicht der Gott Toter, sondern Lebender!

- - - - -

33 Und – es hörend – gerieten die Volksmengen außer sich über seine Lehre.

Mt 22,23-33

Die Gewebestruktur des Textes

Nachdem Jesus das Problem der Pharisäer und Herodianer gelöst hat (22,15-22), wird die Reihe der Lehrgespräche im Tempel mit einer anderen Gruppe der Opponenten Jesu fortgesetzt. Diese Gruppe wird erst einleitend vorgestellt (22,23), bevor sie dann ausführlich ihre Frage schildert, die auf der Auslegung der Schrift beruht (22,24-28). Jesu Antwort (22,29-32) argumentiert ebenfalls mit der Schrift und besteht aus zwei Teilen: zuerst geht er direkt auf die gestellte Frage ein, indem er beschreibt, was bei der Auferstehung anders ist (22,29-30), dann fügt er noch eine generelle Erklärung zu Auferstehung an (22,31-32). Die Reaktion der Volksmenge schließt diese Einheit ab (22,33).

Das semantische Geflecht des Textes

22,23-28 Die Frage der Sadduzäer

22,23: Die Einleitung benennt das Thema dieses Lehrgesprächs: es geht um die Auferstehung (22,23.28.30.31). Dass ausgerechnet die Sadduzäer, die sagen, *es gäbe keine Auferstehung*, Jesus zur Auferstehung befragen, klingt paradox, weist jedoch schon einleitend auf unterschiedliche Vorstellungen von Auferstehung hin, die dann in der Antwort Jesu deutlich werden.

22,24-28: Die Sadduzäer sprechen Jesus mit *Lehrer* an, womit sie grundsätzlich Jesu Lehrautorität akzeptieren. Matthäus sagt nichts von einer üblen Absicht ihrerseits, so dass sie ihnen hier auch nicht unterstellt werden darf. Die Frage der Sadduzäer ist im Gegensatz zu der lebens- und glaubenspraktisch orientierten Steuerfrage der Pharisäer und Herodianer eine speziell theologische Fachfrage. Indem sich die Sadduzäer mit dieser Fachfrage an Jesus wenden, drücken sie damit aus, dass sie von Jesus eine fachspezifische Antwort erwarten. Auch hier muss keine versteckte böse Absicht dahinter stehen, denn selbst wenn Jesus in diesem Fall die Antwort schuldig bleiben würde, würde das nur seine Kompetenz in Fachfragen schmälern, nicht aber seine generelle Lehrautorität in Frage stellen, die er ja gerade zuvor den Pharisäern und Herodianern gegenüber bewiesen hat. Dass Jesus jedoch auch hier eine sehr präzise Antwort gibt, stellt seine Vollmacht und umfassende Lehrautorität besonders heraus.

Die Sadduzäer gehen vom Gebot der Schwagerehe (Leviratsehe) aus (22,24), das im Schriftzitat anklingt und schließen ein Fallbeispiel an, das sie mit *bei uns* in der realen Welt verorten (22,25-27). Das Exempel mit *sieben Brüdern* wirkt übertrieben, doch selbst wenn es sich nur um zwei Brüder handelte, würde sich damit das Problem und die Frage nicht ändern. Die *sieben Brüder* sollen daher klarstellen, dass die Frau gar keinen anderen Mann hatte, also in keine andere Familie geheiratet hatte, was ja bei nur zwei Brüdern möglich wäre. Es handelt sich damit auch nicht nur um ein „Männerproblem", auch wenn es aus der Perspektive der Männer beschrieben ist, denn die Frage, wessen Frau sie bei der Auferstehung sein wird, stellt sich für die Frau eben-

Jesu Aktivität in Jerusalem

so: welcher von den sieben Brüdern wird ihr Mann sein (22,28)? Hätte die Frau hingegen einen anderen Mann aus einer anderen Familie geheiratet, würde das Problem damit dann weder für sie, noch für die sieben Brüder weiterhin bestehen, weil sie dann als Ehefrau des zuletzt geheirateten Mannes gelten würde.

22,29-32 Die Antwort Jesu

22,29-30: Jesu Antwort weist die von den Sadduzäern beschriebene Position als irrig zurück und wirft ihnen vor, weder die Schriften noch die Kraft Gottes zu kennen. In diesem ersten Teil seiner Antwort erklärt er, weshalb diese Auffassung fehlerhaft ist; im zweiten Teil fügt er ein Schriftzitat und die Begründung an. Die von den Sadduzäern beschriebene Vorstellung der Auferstehung ist inkorrekt, weil die Fragestellung *wessen Frau sie bei der Auferstehung sein wird* davon ausgeht, dass das Leben nach dem Tod einfach nur eine Fortsetzung des diesseitigen Lebens ist. Eine solche „irdische" Auffassung war in der Antike in den Religionen im Mittelmeerraum weit verbreitet, wie die Grabbeigaben zeigen; sie findet sich aber auch im Volksglauben im Mittelalter und sogar teilweise heute noch. Daneben gab es besonders im Bereich des Diasporajudentums und beeinflusst vom apokalyptischen Denken andere Vorstellungen, die dem glichen, was Jesus nun beschreibt (z.B. Dan 12,1-3; syrBar 51,10).

Jesus weist eine Ansicht der Auferstehung zurück, die ausschließlich in menschlichen Vorstellungen und irdischen Kategorien denkt. Das Leben nach dem Tod ist völlig anders und mit der irdischen Existenz nicht zu vergleichen. Nach der Auferstehung spielt das Heiraten, das im irdischen Leben für Mann und Frau existenznotwendig ist, gar keine Rolle mehr: die Auferstandenen sind *wie die Engel im Himmel.* Dieses Bild will nur auf die gänzlich andere himmlische Wirklichkeit verweisen, ohne konkrete Angaben zu machen, wie der Auferstehungsleib aussieht oder beschaffen ist. Die Leser wissen aber von 18,10 her, dass die *Engel im Himmel stets das Angesicht Gottes sehen*, so dass über diese Verbindung für die Auferstehungswirklichkeit eine sehr enge Gemeinschaft mit Gott ausgedrückt ist.

22,31-32: Im zweiten Schritt führt Jesus die Frage nach der Auferstehung auf Gott und ein Schriftzitat aus der Tora zurück. Da die Sadduzäer ausschließlich die Tora, nicht aber die anderen Heiligen Schriften akzeptierten, die die Auferstehung erwähnen, war eine Argumentation z.B. mit Jes 25,8; 26,19 oder Ps 16,10 nicht möglich. Jesus belegt die Auferstehung mit einem von Gott selbst gesprochenen Wort, mit dem er sich selbst vorstellt und seinen Namen nennt: *ich bin der Gott Abrahams und der Gott Isaaks und der Gott Jakobs* (Ex 3,6), *das ist mein Name für immer* (Ex 3,15). Als von Gott gesprochenes Wort und als Name Gottes kommt dieser Schriftstelle daher ganz besonderes Gewicht zu. In der zitierten Torastelle stellt Gott sich mit diesen Worten Mose vor. Indem er sagt *ich bin der Gott...* (Präsens; deutlicher im griechischen Text der Septuaginta als im hebräischen Text), drückt er aus, dass er, obwohl die Patriarchen längst gestorben sind, immer noch der Gott Abrahams, Isaaks und Jakobs *ist*, sonst hätte er gesagt: ich „war" schon der

Gott eurer Väter, ich „war" schon der Gott Abrahams... Da er immer noch der Gott Abrahams, Isaaks und Jakobs *ist*, sind die Patriarchen also vor Gott und für Gott „lebendig", woraus Jesus dann ableitet: *er ist nicht der Gott Toter, sondern Lebender.*

Zugleich wird mit diesem Namen Gottes, der *für immer* gilt, eine andere Zeitvorstellung deutlich, denn Gott ist nicht nur ein Gott der punktuellen Geschichte, sondern auch ein Gott der Zeiten, jedoch jenseits von menschlichen Zeitvorstellungen: *für immer*, ewig (z.B. Jes 40,28; Ps 48,15; 146,10; Sir 51,12). Als Ewiger ist er der Gott Abrahams, Isaaks und Jakobs *für immer*, also folglich auch unbegrenzt vom Tod – auch deshalb ist Gott *nicht der Gott Toter, sondern Lebender.*

22,33: Von den Sadduzäern speziell berichtet Matthäus keine Reaktion, außer dass sie zum Schweigen gebracht wurden (22,34), dafür geraten die Volksmassen auf diese Lehre Jesu hin *außer sich*. Das Imperfekt drückt die Dauer aus, womit Matthäus also nicht nur eine momentane Begeisterung, sondern vielmehr ihre dauerhafte Zustimmung und grundsätzliche Übereinstimmung mit der Lehre Jesu aussagt. Somit verdeutlicht er noch einmal die breit anerkannte Vollmacht und Lehrautorität Jesu.

Pragmatische Knotenpunkte des Textes

Jesu Auffassung von der Auferstehung ist weder neu noch einzigartig, denn in den Schriften der Propheten und der Weisheit, aber auch in den apokalyptischen Vorstellungen finden sich ähnliche Gedanken, sowohl von einer kollektiven Auferstehung am Ende der Zeit (z.B. Ez 37), als auch zur individuellen Auferstehung (z.B. Weish 5,15; 2 Makk 7,14). Wirklich besonders ist allerdings die Begründung der Auferstehung aus der Tora und noch dazu mit dem Namen Gottes: Gott selbst ist der Garant der Auferstehung.

Die Auslegungsgeschichte, die diesen Text nur als Provokation der Sadduzäer und damit als ein weiteres Streitgespräch verstand, hat das Besondere dieses Textes weitgehend übergangen: hier findet sich ein starkes Argument für die Auferstehung, das nicht auf der Auferstehung Jesu basiert, sondern die Auferstehung allein in Gott begründet. Damit bereichert Jesu Lehre von der Auferstehung (und nicht nur seine Auferstehung) unsere Vorstellungen vom Leben nach dem Tod, von der Auferstehung – und von Gott.

Die Frage nach dem wichtigsten Gebot: 22,34-40

Die Frage der Pharisäer
34 Die Pharisäer aber – hörend, dass er die Sadduzäer zum Schweigen brachte – versammelten sich (bei ihm),
35 und einer von ihnen – ein Gesetzeskundiger – befragte ihn,
– ihn versuchend –:
36 Lehrer, welches Gebot ist groß in der Tora?

Jesu Aktivität in Jerusalem

	Die Antwort Jesu
	³⁷ Der aber sagte ihm: *Du sollst den Herrn – deinen Gott – lieben:*
	mit deinem ganzen Herzen
	und mit deiner ganzen Seele
	und mit deiner ganzen Einsicht. (*Dtn 6,5; Jos 22,5 LXX*)
38	Das ist das große und erste Gebot.
39	Ein zweites aber ist ihm gleich:
	Du sollst deinen Nächsten lieben wie dich selbst. (*Lev 19,18.34*)
40	An diesen zwei Geboten hängt die ganze Tora und die Propheten.

Die Gewebestruktur des Textes

Die Lehrgespräche Jesu im Tempel setzen sich fort; nach den Sadduzäern kommen nun wieder die Pharisäer zu Jesus, um ihn durch einen Gesetzeskundigen über das größte Gebot zu befragen. Der Text ist einfach und klar aufgebaut: zuerst wird anknüpfend an das vorige Gespräch die nächste Situation einleitend vorgestellt (22,34-35), bevor dann die Frage genannt wird (22,36), auf die Jesus eine ausführliche, mit Schriftzitaten begründete Antwort gibt (22,37-40). Eine Reaktion der Fragesteller oder der Zuhörer fällt an dieser Stelle aus, denn sie wird in 22,46 nachgetragen, weil das Gespräch im nächsten Abschnitt noch weitergeführt wird.

Das semantische Geflecht des Textes

22,34-36 Die Frage der Pharisäer

Der einleitende Hinweis, *dass er die Sadduzäer zum Schweigen brachte*, verweist gleich zu Beginn noch einmal auf Jesu Lehrautorität. Wenn nun wieder die Pharisäer sich mit einer Frage an Jesus wenden, erkennen sie damit implizit seine Autorität an. Dass sie nun einen *Gesetzeskundigen*, d.h. jemanden der sich in der Tora gut auskennt, als „Spezialisten" schicken, misst sowohl von ihrer Seite als auch für die Leser der Antwort Jesu besonderes Gewicht zu. Hinter der Frage des Gesetzeskundigen steckt die Absicht, Jesus zu *versuchen*, d.h. ihn in einen Widerspruch zu verwickeln oder ihm sogar eine Aussage gegen Gott oder gegen die Tora zu entlocken. Für die Leser ist diese Versuchungsabsicht noch ein weiterer Hinweis auf die umfassende Vollmacht und Lehrautorität Jesu, denn je schwieriger und komplizierter die ihm gestellten Fragen sind, desto stärker wächst durch seine Antworten sein Ansehen. Damit ist letztlich das Ansinnen der Opponenten Jesu, ihm eine Falle zu stellen, zum Scheitern verurteilt.

Der Gesetzeslehrer fragt mit dem *großen Gebot in der Tora* gerade nicht nach einer Hierarchie der 248 Gebote und 365 Verbote der Tora, denn da alle Weisungen von Gott sind, sind natürlich auch alle zu erfüllen, es gibt daher gar keine „unwichtigen" Gebote. Auch das „kleinste" Gebot, das im Konfliktfall (z.B. Krankheit, Bedrohung des Lebens) durch ein „größeres" Gebot aufgehoben werden kann, gilt unter normalen Bedingungen genauso wie die anderen. Eine versucherische Absicht des Gesetzeslehrers könnte jetzt darin gesehen werden, Jesus doch auf eine „Hierarchie" oder auf ein „unwichtiges"

Gebot festlegen zu wollen. Doch Jesus hatte schon zu Beginn der Bergpredigt klargestellt: er ist *gekommen, um die Tora zu erfüllen ... und wer immer auflöst ein einziges dieser geringsten Gebote und so die Menschen lehrt, wird im Königreich der Himmel der Geringste gerufen werden; wer aber immer es tut und so lehrt, dieser wird im Königreich der Himmel groß gerufen werden* (5,17-19).

Die Frage des Gesetzeslehrers zielt also nicht auf „wichtige" und „unwichtige" Gebote, denn er fragt ja nach dem *großen Gebot*. Mit Blick auf die Antwort Jesu (22,38) ließe sich seine Frage eher so umschreiben: *welches ist das zentrale Gebot in der Tora, das Gebot, das unbedingt immer erfüllt werden muss?* Hinter dieser Frage würde dann das Bestreben stehen, alle Gebote gleichsam auf den Punkt zu bringen, um eine generelle Richtschnur zu haben, an der der Alltag und das Glaubensleben ausgerichtet werden kann. Eine solche Zusammenfassung ist besonders für die Menschen wichtig, die nicht die Gelegenheit haben, die Tora ausführlich zu studieren. Damit wird solch eine Zusammenfassung gleichzeitig auch für Heiden interessant, die dem Judentum offen gegenüberstehen.

So wird von Rabbi Schammai und von Rabbi Hillel, die beide etwa zur Zeit Jesu lebten, erzählt, dass ein Heide, der Proselyt werden wollte, sie bat, ihm die ganze Lehre des Judentums vorzutragen, solange er auf einem Bein stehe. Rabbi Schammai habe den Fragesteller weggejagt, Rabbi Hillel hingegen habe ihm geantwortet: „Was du nicht willst, das man dir tu, das füg auch keinem anderen zu; das ist die ganze Tora, alles andere ist Kommentar" (bSab 31a).

22,37-40 Die Antwort Jesu

Auch Jesus gelingt es, die Tora in wenigen Worten auf den Punkt zu bringen, allerdings geht er etwas weiter als Rabbi Hillel und nennt zwei gleich bedeutsame Gebote, die wir heute als Doppelgebot der Gottes- und Nächstenliebe zusammenfassen. Das Gebot, das Jesus zuerst nennt (22,37), ist der zweite Vers aus dem „Höre Israel (Schema' Jisrael)", der mit dem *Gott lieben* die umfassende Ausrichtung des gläubigen Menschen auf Gott hin beschreibt. *Gott lieben* meint also nicht einfach nur gehorsam Gottes Gebote halten, sondern zielt auf eine echte, lebendige Beziehung zu Gott.

Die Nennung von *Herz, Seele* und *Einsicht* (Kraft, Verstand) beschreibt die Grundvollzüge der menschlichen Existenz. Dabei bezieht sich Gott lieben *mit deinem ganzen Herzen* auf die gefühlsmäßige, zärtliche Ebene der Beziehung zu Gott; Gott lieben *mit deiner ganzen Seele* meint auf der mystischen Ebene die Einheit bzw. die Sehnsucht nach Einheit und die Übereinstimmung („Seelenverwandtschaft") mit Gott, und Gott lieben *mit deiner ganzen Einsicht* bezeichnet dann die verstandesmäßige Komponente der Gottesbeziehung. So wie in einer geglückten menschlichen Liebesbeziehung alle drei Ebenen gleichzeitig vorhanden sind, soll es auch in der Beziehung zu Gott sein, damit es eine geglückte, liebevolle Gottesbeziehung ist.

Ausgehend von solch einer geglückten Liebesbeziehung zu Gott ist es selbstverständlich, sich auch entsprechend zu anderen Menschen zu verhalten, zumal gerade die anderen Menschen auch und ebenso von Gott geliebt sind.

Dasselbe findet sich auch in der menschlichen Liebesbeziehung, wenn man versucht, die Freunde und / oder Verwandten des Geliebten zu schätzen und zu lieben, gerade weil sie vom Geliebten geliebt werden. Weil dieses Gebot wirklich umfassend die Liebe zu Gott und damit auch implizit die Liebe zum Nächsten und zu sich selbst beinhaltet, kann es als *das große und erste Gebot* bezeichnet werden (22,38).

Dennoch nennt Jesus im zweiten, aber genauso wichtigen Gebot noch einmal explizit *die Liebe zum Nächsten wie zu sich selbst* (22,39). Weil die Liebe zum Nächsten und zu sich selbst eigentlich schon im Gebot der Liebe zu Gott enthalten ist, sind beide Gebote so eng verbunden, dass sie sich nicht trennen lassen und damit letztlich gleich wichtig sind. Das zweite Gebot verdient jedoch, noch einmal gesondert genannt zu werden, um Missverständnisse auszuschließen und das erste Gebot zu präzisieren. Denn das erste Gebot der Liebe zu Gott enthält zwar auch die Liebe zum Nächsten und zu sich selbst, aber umgekehrt ist mit der Nächstenliebe nicht auch schon die Liebe zu Gott gegeben.

Die *Liebe zum Nächsten* bezieht sich nicht nur auf die Familienangehörigen oder das eigene Volk (Lev 19,18), sondern meint auch ausdrücklich die Fremden (Lev 19,34). Dass die Liebe zu den Angehörigen und zu den Fremden ganz und gar gleichwertig sein soll, unterstreicht der jeweils zweite Teil dieser Gebote (Lev 19,18.34), der für beide als Maßstab und Handlungsmodell die *Liebe zu sich selbst* angibt. Die Angehörigen und die Fremden sollen mir genauso wichtig und lieb sein, wie ich es mir selbst bin. Letztlich lässt sich das Verhalten zu den Nächsten (den Angehörigen und Fremden) in Verbindung mit der Liebe zu sich selbst sehr gut mit der Goldenen Regel zusammenfassen: *alles, was immer ihr wollt, das euch die Menschen tun, tut auch ihr ihnen* (7,12). Diese positive Formulierung (im Gegensatz zur negativen von Rabbi Hillel) betont den aktiven Handlungsaspekt stärker und lädt dazu ein, den ersten Schritt zu wagen: es liegt damit an mir selbst, an meinem Verhalten und in meiner Verantwortung, wie die Menschen zu mir sind.

Diese beiden Gebote bilden gleichsam das Fundament für Tora und Propheten (22,40), denn alle anderen Gebote können vom Gebot der Gottesliebe und der Liebe zum Nächsten wie zu sich selbst abgeleitet werden. Rückblickend lassen sich ausgehend von diesen beiden Geboten auch Jesu Auslegungen der Tora in der Bergpredigt (5,17; 7,12) und seine Berufung auf die Lehre der Propheten in anderen konkreten Fragen (z.B. auf Hos 6,6 in 9,13; 12,7) verständlich machen.

Pragmatische Knotenpunkte des Textes

Die Leser kennen nun mit dieser „Zusammenfassung der Tora" die beiden wichtigsten Gebote als Basis und als Maßstab für ein Leben nach den Weisungen Gottes. Dabei muss ihnen aber klar bleiben, dass es sich nur um ein „Minimum" handelt, das zwar als Richtschnur für das alltägliche Leben dienen kann, das aber weder die anderen Weisungen Gottes aufhebt, noch davon dispensiert, den Willen Gottes mit *überfließender Gerechtigkeit* (5,20) zu erfüllen.

Für heutige Leser enthalten alle „drei" Teile dieser beiden Gebote eine Herausforderung für ihr Glaubensleben. Das Gebot der *Liebe zu Gott* lädt dazu ein, eine tiefe, persönliche und emotionale Beziehung zu Gott zu entwickeln und zu pflegen, so wie man auch die Beziehungen zu besonders lieben Freunden pflegt und vertieft. Das *Gebot der Nächstenliebe* fordert dazu auf, die Nächsten nicht auszuwählen, sondern jeden Nächsten (Angehörige und Fremde) so zu behandeln, wie man selbst behandelt werden möchte. Der Zusatz *wie dich selbst* soll nicht nur als Maßstab für die Nächstenliebe heruntergespielt werden, sondern ist gerade auch heute als *Gebot der Selbstliebe* zu verstehen. Mit Selbstliebe ist nicht Egoismus oder Narzissmus gemeint, sondern vielmehr ein gesundes, liebevoll-kritisches Selbstwertgefühl, das mir nämlich erst ermöglicht, wirklich jeden Nächsten als mir gleichen zu sehen.

Die Frage nach dem Messias: 22,41-46

Dialog über den Messias
⁴¹ Als aber die Pharisäer zusammengekommen waren,
befragte sie Jesus,
⁴² sagend: Was denkt ihr über den Messias?
            Wessen Sohn ist er?

Sie sagen ihm: Des David.
            -----
⁴³ Er sagt ihnen: Wie nun nennt David ihn durch den Geist „Herr" – sagend –:
⁴⁴   *Es sprach der HERR zu meinem Herrn:*
            Sitze zu meiner Rechten,
            bis ich deine Feinde unter deine Füße hinlege – ? (*Ps 110,1*)
⁴⁵   Wenn also David ihn „Herr" nennt – wie ist er sein Sohn?
            -----
^{46a} Und keiner konnte ihm ein Wort antworten,

Schluss
^{46b} und von jenem Tag an wagte nicht mehr einer von ihnen, ihn zu befragen.

Die Gewebestruktur des Textes

Die Gespräche im Tempel werden fortgesetzt, doch jetzt ist es Jesus, der die Initiative ergreift, die Pharisäer in einen Dialog über den Messias verwickelt und sie mit seinen Fragen schließlich zum Schweigen bringt (21,41-46a). Der Text ist durch die Fragen Jesu in zwei Redegänge gegliedert (22,42 und 22,43-46a): nach der Einleitung, die die Beteiligten vorstellt (22,41) stellt Jesus seine Frage (22,42ab), auf die die Pharisäer knapp antworten (22,42c). Jesus schließt sofort eine weitere präzisierende Frage an, die er mit einem Schriftzitat belegt (22,43-45). Die Pharisäer können ihm darauf nichts ant-

Jesu Aktivität in Jerusalem

worten (22,46a). Die Erzählung schließt mit der Bemerkung der grundsätzlichen Beendigung der Lehrgespräche (22,46b).

Das semantische Geflecht des Textes

22,41-46a Dialog über den Messias
22,41-42: Die beteiligten Hauptpersonen – Jesus und die Pharisäer – sind dieselben geblieben, daher markiert die Einleitung ein neues Thema (22,41). Außerdem ist es nun Jesus, der die Pharisäer befragt. Ohne besondere Anrede wendet sich Jesus mit einer Doppelfrage an die Pharisäer (22,42). Dabei fungiert die erste Frage *was denkt ihr über den Messias?* als Angabe des Themas, daher antworten die Angesprochenen auch nicht darauf. Die zweite Frage benennt mit *wessen Sohn ist er?* den eigentlichen Fragepunkt, nämlich die Herkunft des Messias. Auf der Erzählebene bleibt diese Frage für die Pharisäer eine allgemeine Frage über den Messias; die Leser hingegen erkennen, dass es um Jesus selbst als Messias geht. Hier wird das erste Mal im Evangelium die Frage nach der Messianität Jesu direkt in einem öffentlichen Rahmen angesprochen. Die Leser verstehen, dass auch sie nach ihrer Antwort gefragt sind.

Die Pharisäer antworten gemäß der Schrift (z.B. 2 Sam 7,12; Jes 11,1.10; Jer 23,5-6), dass der Messias *des Davids* Sohn ist. Dem können die Leser zustimmen, denn sie wissen seit dem Beginn des Evangeliums um die Abstammung Jesu aus dem Stamm Davids (1,1.17). Außerdem werden sich die Leser erinnern, dass die Volksmassen beim Einzug Jesu in Jerusalem sowie die Kinder im Tempel ihn als *Sohn Davids* begrüßten (21,9.15) und dass die Menschen, die Jesus um Hilfe baten, ihn oft genauso angesprochen haben (9,27; 15,22; 20,30-31).

Die Leser wissen aber auch noch mehr, denn die Volksmassen halten Jesus für einen *Propheten* (16,14; 21,11.26.46) und Jesu Schüler sehen in ihm den *Sohn Gottes* (14,33; 16,16). Für die Leser stellt sich daher die Frage, ob Jesus als Messias, der „nur" der Sohn Davids ist, wirklich ausreichend zutreffend beschrieben ist.

22,43-46a: Genau an dieses Problem knüpft die nächste Frage Jesu an: *wie kann der Messias* allein *der Sohn Davids sein, wenn ihn David „Herr" nennt?* Um seine Frage zu präzisieren, führt der matthäische Jesus den Psalm 110,1 an. Dieses ist der im Neuen Testament am häufigsten zitierte Psalm (z.B. Apg 2,34; 1 Kor 15,25; Eph 1,20; Hebr 1,13), weil er für die ersten Christusgläubigen von fundamentaler Bedeutung war; wir sprechen auch heute noch einen Teil davon in unserem Credo. Jesu Frage zielt auf den Widerspruch, dass David als „Autor" des Psalms zu seinem Sohn doch nicht *„Herr"* sagen würde, weil er von Gott, dem Herrn als Herr zu Gottes Rechter gesetzt wurde. Gemäß dem Psalm, der von David *im Geist*, also durch göttliche Offenbarungserkenntnis (inspiriert) wahr gesprochen wurde, wäre dann der Messias sowohl *Davids Sohn* als auch sein *Herr*. Ist das ein Widerspruch?

Für die Gläubigen ist es kein Problem, in Jesus sowohl den Davidssohn als auch den Herrn zu sehen, denn sie wissen auch, dass die Schüler und die Menschen, die Jesus um Hilfe gebeten haben, ihn *Herr* nannten, gerade auch in Verbindung mit *Sohn Davids* (8,2.6.25; 14,30; 15,22; 20,30-31). Wenn König David den Messias *Herr* nennt, dann drückt er damit aus, dass der Messias noch über ihm steht, also wie Gott ist. Die Gläubigen sehen daher in der Anrede *Herr* durch König David den Hinweis darauf, dass der Messias der Sohn Gottes ist. Damit ist der Messias tatsächlich beides: Sohn Davids und Sohn Gottes, so wie es Matthäus gleich zu Beginn des Evangeliums in der Genealogie von Jesus aussagt (1,1-17).

Die Pharisäer können dieser Argumentation wohl nicht folgen, denn *keiner konnte ihm ein Wort antworten*. Das besagt nun keinesfalls ihren „bösen Willen", allerdings auch noch nicht ihre schweigende Zustimmung, sondern einfach nur, dass sie sich nicht erklären können, ob und wie der Messias sowohl *Sohn Davids* als auch *Herr* Davids sein kann. Die messianische Interpretation dieses Psalms reflektiert sicherlich eine der ältesten christologischen Überlegungen, die noch dazu im Ersten Testament verankert sind. Das Schweigen der Pharisäer deutet jedoch auch an, dass nicht alle Zeitgenossen des Matthäus von dieser Argumentation überzeugt waren. Somit war dieses Psalmzitat gleichzeitig dazu geeignet, die Glaubensüberzeugung der Christusgläubigen zu festigen und gegenüber den skeptischen Zeitgenossen von der Schrift her zu legitimieren.

22,46b Schluss

Mit der Schlussbemerkung, dass *von nun an nicht mehr einer wagt, Jesus zu befragen*, unterstreicht Matthäus Jesu (schweigend) akzeptierte Lehrautorität: Jesus weiß auf alle Fragen eine Antwort, während die anderen Gelehrten manchmal passen müssen oder nur unzureichend antworten können.

Auffällig ist, dass nach diesem Gespräch Jesus nicht wieder *Sohn Davids* genannt wird. Für Matthäus und seine Gemeinde ist die Frage nach dem Messias, der der *Sohn Davids* und der *Herr* Davids ist, nun gut begründet geklärt und muss daher nicht weiter diskutiert werden. Damit ist auch für die Leser klar, dass Jesus als Sohn Davids der Messias ist – und deshalb der Herr und Sohn Gottes. Sie wissen folglich auch, dass allein die Bezeichnung Sohn Davids für Jesus als Messias nicht völlig ausreichend ist, sondern ergänzt werden muss. Deshalb nannte Matthäus in seinem Evangelium von Anfang an mehrere Titel für Jesus.

Pragmatische Knotenpunkte des Textes

Die Leser finden sich hier vor die Problematik gestellt, Jesu Messianität zu erklären. Als Gläubige finden sie einen bedeutenden Hinweis in der Schrift im Psalm 110,1, der den Messias als *Sohn Davids* und als *Herr* und damit als Sohn Gottes beschreibt. Für den Dialog mit den Juden wäre mit diesem Psalm ein geeigneter Anknüpfungspunkt gegeben, weil die Schrift als gemeinsame Basis dient. Die Christusgläubigen müssen aber auch erkennen, dass manche Beschreibungen und Titel des Messias ergänzungsbedürftig sind: Jesu Messianität lässt sich gerade nicht in einem Wort fassen.

Jesu Aktivität in Jerusalem

Die Eingangsfrage *was denkt ihr über den Messias?* ist damit auch uns heute Lesern aufgegeben. Wie würden wir Jesus als den Messias beschreiben? Wie müssten wir von Jesus als Messias heute reden, dass auch Andersgläubige oder Nichtgläubige uns verstehen könnten?

Ermahnende Worte über die Pharisäer und Schriftkundigen: 23,1-12

Die Haltung der Schriftkundigen und Pharisäer			
1	Da redete Jesus zu den Volksmengen und zu seinen Schülern,		
2	sagend: Die Schriftkundigen und die Pharisäer setzten sich auf Moses Sitz.		
3	Alles nun, was immer sie zu euch	sprechen,	tut und bewahrt!
	Aber nach	ihren Werken	tut nicht!
	Denn sie	reden, aber sie	tun nicht.
4	Sie binden aber schwere [und unerträgliche] Lasten		
	und legen sie auf die Schultern der Menschen,		
	sie selbst aber mit ihrem Finger wollen sie nicht bewegen.		
5	Alle ihre Werke aber tun sie zum Gesehenwerden bei den Menschen,		
	denn breit machen sie ihre Gebetsriemen,		
	und groß machen sie die Quasten,		
6	sie lieben aber	das Erstlager bei den Mählern	
	und	die Erstsitze in den Synagogen	
7	und	die Begrüßungen bei den Märkten	
	und	gerufen zu werden „Rabbi!" von den Menschen.	
Ermahnungen an die Zuhörer			
8	Ihr aber sollt nicht	gerufen werden „Rabbi!";	
	denn einer ist euer Lehrer	– ihr alle aber seid Geschwister.	
9	Auch „Vater" sollt ihr nicht einen von euch auf der Erde rufen,		
	denn einer ist euer Vater	– der Himmlische!	
10	Auch sollt ihr nicht gerufen werden „Meister!",		
	denn einer ist euer Meister	– der Messias!	
	- - - - -		
11	Der Größere aber von euch soll euer Diener sein.		
12	Wer aber sich selbst erhöhen wird	– erniedrigt werden wird er!	
	Und wer sich selbst erniedrigen wird	– erhöht werden wird er!	

Die Gewebestruktur des Textes

Nachdem Jesus im Tempel seine Opponenten zum Schweigen gebracht hat, wendet er sich nun an die immer noch anwesende Volksmenge und an seine Schüler. Die Schriftkundigen und Pharisäer müssen allerdings weiterhin als gegenwärtig mitgedacht werden, denn sie werden im nächsten Abschnitt wieder angesprochen. Es handelt sich in diesem Kapitel 23 um eine von Matthäus zusammengestellte dreiteilige Rede, die dazu dient, innerhalb der jüdischen Gemeinde aus Christusgläubigen, jüdischen Schriftkundigen und Pharisäern die Position der Christusgläubigen zu bestimmen. Da diese Rede zur Identitätsbestimmung dient und auf Handlungsanweisungen hinausläuft, arbeitet sie mit kontrastierenden und überspitzten Beschreibungen und Formulierungen. Auch wenn sich die Situation für uns heute geändert hat, können wir aus dieser Rede dennoch wichtige Impulse für unser Handeln und Verhalten als Christen gewinnen.

Der erste Teil dieser Rede (23,1-12) stellt der Haltung der Pharisäer und Schriftkundigen die von Jesus geforderte Praxis der Christusgläubigen gegenüber. Der zweite Teil (23,13-36) enthält ermahnende Wehe-Worte über die Schriftkundigen und Pharisäer, die den Christusgläubigen als Negativ-Folie für das von ihnen geforderte Verhalten dienen sollen. Der dritte Teil (23,37-39) schließt die Rede mit einer warnenden Weissagung über Jerusalem ab.

Im einleitenden ersten Teil der Rede belehrt Jesus nun die Menschen und seine Schüler am negativ überzeichneten Beispiel „der" Schriftkundigen und Pharisäer, wie sie sich als seine Nachfolger verhalten sollen. Dieser Teil ist klar strukturiert: nach der Situationsbeschreibung (23,1) setzt Jesus mit einer Negativbeschreibung der Pharisäer und Schriftkundigen ein (23,2-7): sie besteht zuerst aus zwei generellen Imperativen (*tut und bewahrt – tut nicht*), denen dann drei ausführliche Erklärungen über das Verhalten der Schriftkundigen und Pharisäer folgen (*sie binden – alle ihre Werke tun sie – sie lieben*). Mit dem jeweils angeschlossenen *aber* dienen diese Erklärungen dazu, das *tut nicht* zu erläutern. Danach fügt Jesu drei ermahnende Handlungsanweisungen an seine Zuhörer an, die jeweils auch begründet werden (23,8-10). Eine generelle sprichwortartige Zusammenfassung (22,11-12) beendet den ersten Teil dieser Rede.

Das semantische Geflecht des Textes

23,1-7 Die Haltung der Schriftkundigen und Pharisäer
Jesu Rede ist vom narrativen Zusammenhang her noch im Tempel zu verorten (23,1). Die allgemeine Einleitung mit *da* deutet aber eine gewisse Unbestimmtheit und Überzeitlichkeit an. Auch die Menschenmenge und die Schüler als Zuhörer Jesu signalisieren, dass diese Rede über die Zeiten hinweg gelten möchte.

Zu Beginn seiner Rede stellt Jesus die Lehrautorität der Schriftkundigen und Pharisäer fest, die sich *auf Moses Sitz setzten* (23,2), d.h. die aufgrund ihrer Torakenntnis beanspruchen, Interpretationen und Weisungen gemäß der Tora zu geben. Ihre Kenntnis und Autorität stellt Jesus nicht in Frage, denn er gebietet seinen Zuhörern ausdrücklich, die Lehre und Weisungen der Schriftkundigen und Pharisäer zu *tun und zu bewahren* (23,3a). Da die Christusgläubigen des Matthäus eine Gruppe innerhalb der jüdischen Gemeinde bildeten, spiegelt dieser Imperativ ihre Situation wider: obwohl es Meinungsverschiedenheiten und unterschiedliche Interpretationen in der Gemeinde gab, war die Autorität der Pharisäer und Schriftkundigen allgemein akzeptiert und ihre Weisungen wurden geschätzt.

Die Haltung der Schriftkundigen und Pharisäer sieht Matthäus allerdings gerade nicht als nachahmenswert an. Er wirft ihnen vor, dass ihre Worte nicht ihrem Handeln entsprechen: *denn sie reden, aber sie tun nicht* (23,3c). Die

Jesu Aktivität in Jerusalem

Lehrautorität der Schriftkundigen und Pharisäer lässt Matthäus unangetastet, doch er warnt er recht deutlich davor, ihre Haltung für das eigene Handeln als Vorbild zu nehmen: *nach ihren Werken tut nicht!* (23,3b).

Matthäus nennt nun drei Gründe, weshalb die Schriftkundigen und Pharisäer in ihrem Handeln kein gutes Beispiel geben. Damit bringt er sie in eine Gegenposition zu Jesus, der die Menschen ausdrücklich aufforderte, von ihm zu lernen (11,29). Die *schweren (und unerträglichen) Lasten, die sie den Menschen auf die Schultern legen* (23,4), beziehen sich auf ihre Auslegungen der Weisungen der Tora, die für die Menschen belastend, also nur sehr schwer zu erfüllen seien. Umso stärker nehmen die Leser hier den Kontrast zu Jesu Interpretation wahr, der von sich sagte, dass *sein Joch erträglich und seine Last leicht* sei (11,30). Auch dass angeblich die Schriftkundigen und Pharisäer *keinen Finger rühren* (23,4), um den Menschen bei ihrer Last zu helfen, steht in starkem Gegensatz zu Jesus, der *die Schwachheit der Menschen nimmt und ihre Krankheiten trägt* (8,17) sowie die Menschen einlädt, ihm zu folgen, weil er ihnen *Ruhe verschaffen* möchte (11,28-29).

Indem Matthäus jetzt die Schriftkundigen und Pharisäer so negativ charakterisiert, bewirkt seine überzogene Darstellung einen indirekten, doch sehr deutlichen Appell an die Leser, dem Vorbild und den Weisungen Jesu zu folgen. Das ist nun kein Widerspruch zur vorherigen uneingeschränkten Anerkennung der Lehrautorität der Schriftkundigen und Pharisäer, denn der Kritikpunkt bezieht sich nur auf die Art und Weise ihrer Auslegung, die für die Menschen zu kompliziert und daher zu belastend ist.

Die Leser werden sich erinnern, dass die Schriftkundigen und Pharisäer im Evangelium stets versuchten, den Einzelfall zu klären (z.B. *ist es erlaubt, am Sabbat zu heilen?* 12,10; oder: *ist es erlaubt, dem Kaiser Steuern zu geben?* 22,17), während Jesu Auslegung darauf zielt, generelle Handlungsanweisungen zu geben (*es ist erlaubt, an den Sabbaten Gutes zu tun!* 12,12; und: *gebt das des Kaisers dem Kaiser und das Gottes Gott!* 22,21). Die Schriftkundigen und Pharisäer werden mit dieser Kritik nicht etwa aufgefordert, die Tora aufzuweichen, denn das würde der Intention Jesu widersprechen (5,17), sondern sie werden angemahnt, ihre Auslegungen und Anweisungen praxisorientierter und weniger kompliziert zu formulieren, denn grundsätzlich ist die Tora den Menschen ganz nahe und leicht zu erfüllen (Dtn 30,11-14).

Der zweite Vorwurf beklagt, dass die Werke der Schriftkundigen und Pharisäer nur darauf zielten, *um bei den Menschen gesehen zu werden* (23,5), also nicht um der Menschen willen oder um des Guten willen getan werden, sondern nur dem eigenen Image dienten. Dieser nach außen hin deutlich sichtbaren Frömmigkeit dienten daher auch die extra breiten Gebetsriemen (Tephillin) und die großen, auffälligen Quasten oder Schaufäden (Zizijot) an den Gewändern, die beide auf das Halten der Tora verweisen. Die Tephillin enthalten in kleinen Kästchen oder Kapseln die zentralen Bibeltexte (Dtn 6,4-9; 11,13-21; Ex 13,1-16), während die Zizijot am Gewand für die Weisungen der Tora stehen und an ihr Erfüllen erinnern sollen.

Die Leser erinnern sich bei dieser Kritik an die Bergpredigt, wo Jesus dazu aufforderte, gerade nicht in der Öffentlichkeit, sondern *im Verborgenen* die guten Werke des Almosen Gebens, Betens und Fastens zu tun (6,1-18). Weil Gott auch das Verborgene sieht und vergilt, kann dadurch der Anschein vermieden werden, dass man nur wegen des öffentlichen Ansehens so handele. Damit wiederholt Matthäus hier indirekt die Aufforderung, sich mit dem Tun der guten Werke der Frömmigkeit nicht in der Gesellschaft zu brüsten.

Die dritte Kritik (23,6) bezieht sich auf das öffentliche Ansehen, das die Schriftkundigen und Pharisäer sowohl wegen ihrer Kenntnis der Tora als auch wegen ihres frommen Lebens allgemein besaßen. Da es bei Gastmählern und in den Synagogen bestimmte Ehrenplätze gab, die natürlich jeweils den angesehenen Personen zugeteilt wurden, ist dieser Vorwurf unberechtigt, da den Pharisäern und Schriftkundigen diese Plätze ohnehin zustanden.

Die Anrede *Rabbi* bedeutet eigentlich *mein Gebieter*, wurde aber als ehrenvoller Titel für Gelehrte verwendet. Auch der Vorwurf, *von den Menschen „Rabbi!" gerufen zu werden* (23,7) ist also unbegründet, denn die Schriftkundigen und Pharisäer maßen sich diesen Titel ja nicht unrechtmäßig an, er stand ihnen ja aufgrund ihrer Bildung zu. Diese Kritik setzt also den bisherigen Vorwurf der nach außen hin gezeigten Frömmigkeit fort. Auffälligerweise wurde Jesus bisher nicht mit *Rabbi* angeredet, doch ein spezielles erklärendes oder begründendes Wort Jesu wie bei den vorherigen Kritikpunkten fehlt; es wird erst in der anschließenden Ermahnung an die Schüler deutlich.

23,8-12 Ermahnungen an die Zuhörer

23,8-10: Mit der direkten Anrede *ihr* wendet sich Jesus nun an seine Zuhörer und an die Leser heute. Drei Ermahnungen, wie sie sich nicht anreden lassen sollen, werden kurz begründet. Die jeweiligen Erklärungen enthalten (versteckte) Appelle für die Gemeinschaft der Christusgläubigen, die dadurch ihre Identität deutlicher bestimmen kann. In ihrer Gemeinschaft gibt es nur *einen Lehrer*, den Messias (23,10b), vor dem alle gemeinsam auch weiterhin Schüler sind und bleiben! *Ihr alle aber seid Geschwister* (23,8b) fordert die grundsätzliche hierarchiefreie Gleichheit und Akzeptanz aller Christusgläubigen; ihr Verhalten untereinander soll entsprechend eine geschwisterliche Haltung in Zuneigung und Fürsorge zeigen.

Der Hinweis auf den gemeinsamen *Vater im Himmel* (23,9b) erinnert die Zuhörer und Leser daran, ebenso vollkommen wie ihr himmlischer Vater zu sein (5,48) und den Willen ihres Vaters im Himmel zu erfüllen: in überfließender Gerechtigkeit (5,20) und mit Barmherzigkeit (9,13; 12,7). Der *einzige Meister*, d.h. das einzige Vorbild, das alle Christusgläubigen haben sollen, ist der *Messias* selbst, der von sich selbst sagt, dass er *sanftmütig und demütig von Herzen ist* (11,29; 12,18-21). Mit dem Messias als einzigem Vorbild wird wiederum klar, dass Matthäus die Schriftkundigen und Pharisäer in so übertriebener Weise als ungeeignete Vorbilder darstelle, um den Kontrast zu diesem sanftmütigen Messias mit seinem erträglichen Joch und seiner leichten Last zu verstärken: es soll den Zuhörern und den Lesern leicht fallen, Jesus als Vorbild zu folgen. Diese Intention des Matthäus wird in der Zusammenfassung noch einmal deutlich.

Jesu Aktivität in Jerusalem

23,11-12: Jesus erinnert noch einmal mit dem geforderten gegenseitigen *Dienen* an das kontrastierende Modell der Gemeinde der Christusgläubigen, die sich gerade nicht so verhalten sollen, wie die Mächtigen in der Welt, sondern einander dienen sollen (20,25-28). Auch in dieser Hinsicht ist der Messias das exemplarische Vorbild für alle an ihn Glaubenden, *denn er kam nicht, um bedient zu werden, sondern um zu dienen und sein Leben hinzugeben* (20,28).

Die zusätzliche Forderung, *sich selbst zu erniedrigen*, führt das Bild vom gegenseitigen Dienen fort, knüpft aber auch an die Gemeinderede an, dass nur derjenige, der sich *wie ein Kind erniedrigen kann, in das Himmelreich kommen wird* (18,4). Jesus selbst gibt wiederum mit seiner eigenen Haltung ein gutes Vorbild, denn er ist *sanftmütig und demütig (selbst erniedrigt) von Herzen* (11,29).

Pragmatische Knotenpunkte des Textes

Diese Worte Jesu, mit denen Matthäus das ideale Gemeindeleben beschreibt, sind heute immer noch aktuell. Das überzeichnete Negativ-Modell der Schriftkundigen und Pharisäer dient dazu, uns zu zeigen, wie wir uns nicht verhalten sollen: unsere Worte und Handlungen sollen einander entsprechen. Die Leser sind damit aufgefordert, ihr eigenes vorbildliches Handlungsmodell als positives Gegenmodell zu entwickeln, denn mit ihrer Haltung, mit ihren Worten und ihren Handlungen legen sie für ihren Glauben Zeugnis ab.

Natürlich gelten diese Vorwürfe, die Matthäus an die Pharisäer und Schriftkundigen richtet, ebenso den Gläubigen aus den eigenen Reihen. Auch in der Gemeinde des Matthäus gab es christusgläubige Schriftkundige und Pharisäer. Die Leser heute werden das kritisierte Verhalten ebenfalls aus eigener Erfahrung kennen. Die genannten Kritikpunkte dienen deshalb auch unseren heutigen Gemeinden, der gesamten Kirche und besonders auch den Lehrautoritäten als Korrektiv. Was können wir an unserem persönlichen und gemeinschaftlichen Verhalten verändern, um einem solchen geschwisterlichen Gemeindebild deutlicher zu entsprechen?

Wenn das Vorbild für unsere Haltung und unseren Umgang untereinander allein der *demütige und dienende Messias* Jesus ist, müssen wir unsere Ideale und Ziele kritisch überprüfen und an unserem Vorbild immer wieder neu ausrichten.

Wehe-Worte an die Schriftkundigen und Pharisäer: 23,13-36

13	Aber: Wehe euch, Schriftkundige und Pharisäer – Heuchler! –
	weil ihr das Königtum der Himmel vor den Menschen verschließt!
	Denn ihr geht nicht hinein,
[14]	und die, die hinein gehen, lasst ihr nicht hereinkommen!
	- - - - -

Mt 23,13-36

15 Wehe euch, Schriftkundige und Pharisäer – Heuchler! –
    weil ihr das Meer und das Trockene durchzieht,
        um einen einzigen zum Proselyten zu machen,
        und wenn er es geworden ist,
        macht ihr ihn zum Sohn der Gehenna – doppelt wie ihr!
- - - - -
16 Wehe euch, blinde Führer!, die ihr sagt:
    Wer aber immer schwört beim Tempel   – nichts ist es!
    Wer aber immer schwört beim Gold des Tempels   – ist verpflichtet!
17   Törichte und Blinde!   – Wer ist denn größer:
        das Gold   – oder der das Gold heiligende Tempel?
18 Und: Wer immer schwört beim Altar   – nichts ist es!
    Wer immer aber schwört bei der auf ihm liegenden Gabe – ist verpflichtet!
19   Blinde!   – Was ist denn größer:
        Die Gabe   – oder der Altar, der die Gabe heiligt?
20 Der Schwörende also   beim Altar,
        schwört bei ihm und bei all dem auf ihm;
21 und der Schwörende   beim Tempel,
        schwört bei ihm und bei dem ihn Bewohnenden,
22 und der Schwörende   beim Himmel,
        schwört beim Thron Gottes
        und bei dem Sitzenden auf ihm.
- - - - -
23 Wehe euch, Schriftkundige und Pharisäer – Heuchler! –
    weil ihr – die Minze und den Dill und den Kümmel – verzehntet,
    und die wichtigen Teile der Tora
    – die Gerechtigkeit und die Barmherzigkeit
        und die Treue – unterließet.
Dieses aber müsste man tun – und jenes nicht lassen!
24   Blinde Führer! – ihr seiht die Mücke aus,
        das Kamel aber verschlingt ihr!
- - - - -
25 Wehe euch, Schriftkundige und Pharisäer – Heuchler! –
    weil ihr das Äußere des Bechers und der Schüssel reinigt,
    aber innen sind sie voll von Raub und Unmäßigkeit!
26   Blinder Pharisäer!
Reinige zuerst das Innere des Bechers, damit auch sein Äußeres rein wird!
- - - - -
27 Wehe euch, Schriftkundige und Pharisäer – Heuchler! –
    weil ihr geweißten Grabmälern gleicht,
        die   außen zwar schön scheinen
        aber innen voll sind von Totengebein und jeder Unreinheit.
28   So auch ihr: außen zwar scheint ihr den Menschen gerecht,
        aber innen seid ihr voll von Heuchelei und Ungerechtigkeit.
- - - - -
29 Wehe euch, Schriftkundige und Pharisäer – Heuchler! –
    weil ihr die Grabmäler der Propheten baut
    und die Gräber der Gerechten schmückt,
30 und ihr sagt: Wenn wir gewesen wären in den Tagen unserer Väter,
        wären wir nicht ihre Teilhaber am Blut der Propheten gewesen.
31 Daher bezeugt ihr euch selbst,
    dass ihr Söhne derer seid, die die Propheten mordeten!

32	Und ihr macht das Maß eurer Väter voll!
33	Schlangen! Natternbrut!
	Wie flieht ihr vor dem Gericht der Gehenna?
34	Deswegen – siehe! –:
	ich schicke zu euch Propheten und Weise und Schriftkundige!
	Etliche von ihnen werdet ihr töten und kreuzigen
	und etliche von ihnen werdet ihr geißeln in euren Synagogen
	und werdet ihr verfolgen von Stadt zu Stadt;
35	auf dass über euch komme alles gerechte Blut – ausgegossen auf der Erde –
	vom Blut Abels, des Gerechten,
	bis zum Blut des Zacharias, des Sohnes des Barachias,
	den ihr zwischen Tempel und Altar ermordet habt.
36	Amen, ich sage euch: Dieses alles wird über dieses Geschlecht kommen!

Die Gewebestruktur des Textes

Dieser zweite Teil der dreiteiligen Rede, die den Christusgläubigen dazu dient, ihre Position gegenüber den Schriftkundigen und Pharisäern der gemeinsamen jüdischen Gemeinde zu bestimmen, spricht nun gerade diese Opponenten mit den Wehe-Rufen (23,13.15.16-22.23-24.25-26.27-28.29-36) direkt an. Der Text besteht aus sieben Wehe-Rufen, von denen sechs mit der immer gleichen Einleitung *wehe euch, Schriftkundige und Pharisäer – Heuchler!* beginnen, an die eine Begründung mit *weil* anschließt. Der dritte Wehe-Ruf (23,16) hingegen ist etwas anders strukturiert: er richtet sich allgemein an die *blinden Führer* und bezieht sich auf ihre Lehre.

Die Wehe-Rufe sind untereinander durch Wortwiederholungen wie z.B. *Blinde* (23,16.17.19.24.26), *Gehenna* (23,15.33), *außen – innen* (23,25-26.27-28) verbunden oder durch ähnliche Themen miteinander verknüpft (z.B. beziehen sich das vierte und fünfte Wehe auf die Weisungen der Tora). Der siebte Wehe-Ruf (23,29-36), der auf das Geschick der verfolgten Christusgläubigen anspielt (23,34), verdeutlicht den Lesern, dass Matthäus auch in diesem Redeteil die Situation seiner Gemeinde reflektiert. Mit dem letzten Wehe-Ruf ist zugleich eine Drohung verbunden (23,34-36), die auch die vorigen Vorwürfe mit einschließt und sich zusammen mit der anschließenden Weissagung über Jerusalem (23,37-39) auf die gesamte Rede bezieht.

Das semantische Geflecht des Textes

23,13: Der Ausruf *wehe!* bringt ein erschrockenes, trauriges Klagen über ein bestimmtes Verhalten zum Ausdruck, weil für den Sprecher schon die nahen Folgen offensichtlich sind. Ein solches *Wehe* findet sich daher in der Sprache der Propheten, die damit bei den Menschen ein Umdenken bewirken wollten (z.B. Jes 5,8-23; Am 5,7-27). Deshalb ist das *Wehe* meistens mit Hinweisen auf das rechte, angemessene Verhalten verbunden und stellt oft das drohende Schicksal vor Augen, falls nicht gehört und das Handeln nicht geändert wird. Bei den Wehe-Rufen in unserem Text findet sich immer nur die Klage über das falsche Verhalten, so dass die Leser selbst das geforderte Handeln erschließen müssen. Die prophetische Drohung steht zusammenfassend erst am Ende des Textes (23,34-36) und im Abschluss dieser Rede (23,37-39).

Mit *Heuchler* sind Menschen bzw. Verhaltensweisen gemeint, die etwas anderes sagen als sie tun: Reden und Wirken fällt also auseinander. Damit sind diese *Heuchler* genau das Gegenteil von dem, was im vorigen Abschnitt dieser Rede (23,2-12) von den Zuhörern verlangt wurde, denn ihr Handeln soll ihrem Reden entsprechen! Das Wehe in Verbindung mit der Anrede Heuchler weist deutlich darauf hin, dass ein anderes Verhalten nötig ist.

Matthäus wirft den Schriftkundigen und Pharisäern vor, das *Himmelreich zu verschließen, selbst nicht hineinzugehen* und auch die anderen Menschen daran *zu hindern, hineinzukommen.* Die Leser werden beim Stichwort *verschließen* an Petrus denken, der die Schlüssel zum Himmelreich (16,19) bekommen hat, verbunden mit der Anweisung, die nicht nur er, sondern alle Schüler Jesu erhalten haben, nämlich sehr achtsam mit dem umzugehen, was sie *binden* und *lösen* (16,19; 18,18). Im Kontext von Kapitel 18 lässt sich besonders an das geforderte ständige Vergeben denken. Die Leser verstehen also schon hier, dass diese warnenden Worte gerade nicht nur „den anderen" gelten, sondern ebenfalls an sie selbst gerichtet sind.

Der Vorwurf des ersten Wehe-Rufes ist so pauschal formuliert, dass sein eigentlicher Sinn und das geforderte Handeln erst in seiner Umkehrung deutlich werden: die christusgläubigen Schriftkundigen und Pharisäer, aber auch alle Gläubigen (18,18), sollen gerade dafür Sorge tragen, dass das Himmelreich allen Menschen offen steht! Matthäus zielt damit keinesfalls auf ein Aufweichen der Tora (vgl. 5,17), sondern auf ihre lebensnahe Umsetzung. Die Gläubigen sollen mit gutem Vorbild den anderen Menschen voran ins Himmelreich gehen und diejenigen, die hinein gehen wollen, dabei engagiert unterstützen. Dieses nötige Verhalten lassen offensichtlich einige von den Schriftkundigen und Pharisäern auch aus den eigenen Reihen der matthäischen Gemeinde vermissen, daher soll der Wehe-Ruf sie ermahnen, ihr Handeln zu ändern.

23,15: Der zweite Wehe-Ruf enthält den Vorwurf, sehr viel Aufwand zu treiben, um jemanden zum jüdischen Glauben zu bekehren, ihn also *zum Proselyten zu machen,* damit jedoch das Gegenteil zu bewirken. Da nur diejenigen Personen Juden sind, die von einer jüdischen Frau geboren wurden, besteht für Juden bis heute generell kaum Interesse an einer Missionierung, um Anhänger zu gewinnen. Wer am jüdischen Glauben interessiert war, konnte als Gottesfürchtiger an den Gottesdiensten teilnehmen und wer entschlossen war, auch die Weisungen der Tora zu erfüllen, konnte durch Beschneidung (und Tauchbad) Proselyt werden, d.h. wurde Mitglied des Gottesvolkes Israel.

Unter den Christusgläubigen hingen gab es Gläubige, die wie Paulus und seine Begleiter bewusst missionierten, um Anhänger zu gewinnen. Daher richtet sich auch dieser Vorwurf nicht eigentlich an die jüdischen Schriftkundigen und Pharisäer, sondern vielmehr an die eigenen Leute aus der matthäischen Gemeinde. Denn gerade für die Christusgläubigen, die Juden waren, galt es eher als selbstverständlich, dass die neuen Anhänger auch beschnitten werden sollten (Apg 15,1.5; 16,3; Gal 6,12).

Jesu Aktivität in Jerusalem

An die Schriftkundigen und Pharisäer aus den eigenen Reihen richtet sich auch der zweite Teil des Vorwurfs, den gewonnenen Proselyten *zum Sohn der Gehenna, doppelt so schlimm wie sie selbst* zu machen. Im Kontext des ersten Wehe-Rufes und des ersten Teils dieser Rede (23,2-12) bezieht sich der *Sohn der Gehenna* und das *doppelt so schlimm wie sie selbst* auf eine gelebte Haltung, die im Reden und Handeln auseinander fällt. Weil diese Haltung nur auf Äußerliches und öffentliches Ansehen angelegt ist und anderen Menschen den Zugang zum Himmelreich erschwert, statt ihnen voranzugehen, kann sie deshalb gerade nicht vorbildlich genannt werden. Den eigenen Schriftkundigen und Pharisäern wirft Matthäus hier vor, dass sie die neu gewonnenen Gläubigen gerade nicht im Sinne des von Jesus vorgelebten Beispiels des sanftmütigen, demütigen Dieners belehrt haben, sondern ihn zum kompletten Gegenteil erziehen. In der Umkehrung des Wehe-Rufes erkennen dann die Leser, welche Verantwortung ihnen aufgegeben ist, wenn sie Interessierten den eigenen Glauben nahe bringen möchten.

23,16-22: Das dritte Wehe fällt wegen der anderen Anrede mit *blinde Führer!* und wegen seiner Länge auf. Natürlich sind auch hier wieder die Pharisäer und Schriftkundigen sowohl der Juden, als auch der Christusgläubigen gemeint, da diese Anrede aber genereller ist, bezieht sie alle, die eine Vorbildfunktion haben, mit ein. Matthäus wirft ihnen eine unlogische Schwurpraxis vor, die letztlich nicht erkennt, dass Gott selbst hinter all dem steht, bei dem geschworen wird. Die damalige Schwurpraxis sah vor, dass ein Schwur und ein Gelübde dadurch bekräftigt wurden, dass bei etwas geschworen oder gelobt wurde. Um den Namen Gottes nicht zu missbrauchen, wurden als Bekräftigungsformel alle möglichen Umschreibungen verwendet, wie auch die Beispiele (*Opfer, Altar, Tempel*) in unserem Text zeigen.

Diese Umschreibungen schwören aber nicht nur bei dem, was ohnehin Gott gehört, sie meinen ja auch wieder Gott. Damit ist dem Missbrauch des Gottesnamens und dem falschen Schwören Tor und Tür geöffnet. Diesen Missbrauch wollte das Gebot, das nur beim Namen Gottes geschworen werden soll (Dtn 6,13; 10,20) verhindern, denn beim Namen Gottes darf nicht falsch geschworen werden (Lev 19,12). Deshalb verweist Jesus in der Bergpredigt darauf, dass alles, bei dem geschworen werden könnte, doch Gottes ist (5,34-36) und empfiehlt: *überhaupt nicht schwören* (5,33-37). Allein das Wort der Gläubigen soll verbindlich sein (5,37), d.h. ihre Worte sollen mit ihrem Handeln übereinstimmen.

Matthäus greift die Begründung aus 5,34-36 wieder auf, dass alles, bei dem geschworen wird, doch Gott gehört und damit letztlich jedes Schwören wieder bei Gott schwört (23,20-22). Dadurch erinnert er seine Leser an die Weisung Jesu, dass sie gar nicht schwören sollen. Vor diesem Hintergrund wird die eigentliche Bedeutung dieses Vorwurfs wieder in seiner Umkehrung klar: indem Matthäus sich generell an die *Führer* als an die Menschen mit Vorbildfunktion (das können auch Eltern oder große Geschwister sein) richtet, mahnt er authentisches Reden und Handeln an, das Schwören gar nicht mehr nötig hat. Wenn eine Atmosphäre des gegenseitigen Vertrauens herrscht, genügt tatsächlich das Wort jedes einzelnen. Aber alle sind dafür verantwortlich, dass ein solches grundsätzliches Vertrauen bestehen kann und bestehen bleibt.

23,23-24: Der vierte Wehe-Ruf kritisiert ein Verhalten, das die wichtigen Weisungen der Tora, nämlich *Gerechtigkeit, Barmherzigkeit* und *Treue* zugunsten unwichtiger Weisungen wie beispielsweise der des *Verzehntens* unterlässt (23,23), obwohl das Erfüllen der ganzen Tora gefordert ist (23,24). Matthäus wirft damit den jüdischen und christusgläubigen Schriftkundigen und Pharisäern vor, die Tora nach eigenem Belieben zu gewichten und deshalb nicht ganz zu erfüllen. Um Missverständnisse zu vermeiden, sagt Matthäus hier ganz klar, wie dieses Wehe zu verstehen ist: *dieses müsste man tun – und jenes nicht lassen!* (23,23c). Beides ist zu tun, denn Jesus *kam nicht, um Tora und Propheten aufzulösen, sondern um sie zu erfüllen* (5,17) und *bis Himmel und Erde vergehen, vergeht nicht ein einziges Jota oder ein einziges Häkchen von der Tora* (5,18).

Obwohl alle Gebote der Tora als Weisungen Gottes wichtig sind, gibt es doch wichtige, grundlegende Prinzipien. Die Leser erinnern sich an das Lehrgespräch mit dem Schriftkundigen, der Jesus nach dem wichtigsten Gebot fragte (22,34-40): von fundamentaler Bedeutung sind die *Liebe zu Gott* und die *Liebe zum Nächsten wie zu sich selbst*. Weil gerade durch das Leben und Praktizieren von *Gerechtigkeit, Barmherzigkeit* und *Treue* die Liebe zu Gott und zum Nächsten verwirklicht wird, kommt einem solchen Tun der Vorrang zu. Das Handeln der Gläubigen soll von diesen Prinzipien geleitet werden und sich davon nicht durch andere, kleinere Verpflichtungen ablenken lassen.

Die Schriftkundigen und Pharisäer sind bemüht, die ganze Tora zu erfüllen, wodurch sie sich als tief gläubige, fromme Menschen auszeichnen. Problematisch ist ihr doch gutes Handeln nur dann, wenn dadurch das Grundsätzliche – das Verwirklichen von Gerechtigkeit, Barmherzigkeit und Treue – aus dem Blick gerät. Das verdeutlicht das übertriebene Bild vom Aussieben der Mücke und dem Verschlucken des Kamels: das eigene Bemühen führt natürlich zum Erfolg, doch dabei wird Größeres und Wichtigeres übersehen. Damit ist auch deutlich, dass dieser Vorwurf nicht nur die jüdischen Schriftkundigen und Pharisäer trifft, sondern sich auch auf die Christusgläubigen und auf die Leser heute bezieht: jeder läuft Gefahr, sich im alltäglichen Leben in Details zu verlieren und sich zu verzetteln, anstatt das wirklich Nötige zu tun.

23,25-26: Das fünfte Wehe knüpft an die Beobachtung der Toraweisungen an. Ähnlich wie beim vierten Wehe wirft Matthäus auch jetzt wieder den Schriftkundigen und Pharisäern, die sich besonders um eine genaue Befolgung der Weisungen der Tora bemühten, eine unzureichende Erfüllung der Tora vor. Der vorige Wehe-Ruf kritisierte, dass die präzise Erfüllung der Weisungen das Wichtigste zu tun aus dem Blick geraten lässt. Der jetzige Vorwurf, zwar das Äußere, aber nicht das Innere der Gefäße zu reinigen, bezieht sich nun darauf, nur nach außen hin, für andere sichtbar die Weisungen zu erfüllen. Die moralische Komponente dieser Kritik, die sich ja auch auf das Innere der Person beziehen kann, entfaltet Matthäus dann ausführlicher im folgenden Wehe-Ruf. Hier geht es nicht um das Sein, sondern um das Tun: um das nur äußerliche Erfüllen der Toraweisungen, das für die Öffentlichkeit einen guten Eindruck hinterlässt, aber durch seine unvollständige Erfüllung nur der eigenen Bereicherung dient. Die Leser können sich an das schon einmal mit den Schriftkundigen und Pharisäern diskutierte Beispiel erinnern, dass von ihnen etwas zur Opfer- oder Weihegabe erklärt wird, das eigentlich zur Unterstützung der Eltern dienen sollte (15,5-6).

Es gibt viele Weisen, Gutes zu tun und natürlich kann das Gute auch einem selbst nützen, doch ein Handeln, dass nur scheinbar nach außen hin Gutes tut, um sich selbst zu bereichern, widerspricht eindeutig der Tora. Umso schlimmer ist es, wenn solch ein Handeln unter dem Deckmantel der Erfüllung der Tora geschieht. Auch dieser Vorwurf gilt nicht bloß den jüdischen Schriftkundigen und Pharisäern, die redlichen Leser wissen, dass auch alle Christusgläubigen mitgemeint sind, die z.B. die Nächstenliebe als Aushängeschild für ihre guten Werke in der Öffentlichkeit benutzen, um aber letztlich selbst daran zu verdienen.

Der Imperativ, *zuerst das Innere zu reinigen, damit auch das Äußere rein wird*, verdeutlicht den Lesern die Grundausrichtung der Handlungen gemäß der Tora: gut sind sie nicht an sich, sondern nur dann, wenn sie nicht egoistische Ziele verfolgen. Für alle Gläubigen gilt daher die hier implizierte Mahnung, die Weisungen Gottes nicht für eigene Interessen zu missbrauchen. Dass die Weisungen der Tora eigentlich auf das Innere des Menschen zielen und ihn heiligen wollen, damit er das Gute um des Guten willen tut, verdeutlicht der nächste Wehe-Ruf.

23,27-28: Der sechste Wehe-Ruf beklagt nun in Bezug auf die einzelne Person den Widerspruch zwischen Schein und Sein. Matthäus wirft den Schriftkundigen und Pharisäern vor, nach außen hin den Menschen gerecht zu erscheinen, es aber eigentlich nicht zu sein. Allein dass die Angesprochenen in der Öffentlichkeit gerecht erscheinen, zeigt ja, dass sie gemäß der Tora handeln und die geforderte Gerechtigkeit erfüllen. Matthäus kritisiert also etwas, das nach außen hin nicht sichtbar ist. Damit ist seine Kritik ungerecht; Matthäus wäre aber missverstanden, wenn es ihm nur auf üble Beschuldigungen ankäme, sein Vorwurf hat nämlich besonders für die Zuhörer und die Leser aus den eigenen Reihen einen Sinn, wodurch wiederum deutlich wird, dass sie und wir die eigentlichen Adressaten dieser Rede sind.

Der doppelte Wortgebrauch von *außen* und *innen* zuerst hinsichtlich der Gräber, dann durch die direkte Anrede *so auch ihr* übertragen auf die Zuhörer, hebt die moralische Diskrepanz zwischen äußerem Anschein und innerem Sein hervor. Im Kontext der vorigen Wehe-Klage wird deutlich, dass die Tora nicht nur auf äußerliches Handeln zielt, sondern gerade den ganzen Menschen heiligen will. Das Handeln und die dahinter stehende Absicht gehören untrennbar zusammen. Das einfache Tun von an sich möglicherweise gerechten Handlungen reicht also nicht aus, wenn die Motivation ungerecht ist.

Da nun aber keiner in einen anderen Menschen hineinsehen und dessen Motivation und Absicht überprüfen oder beurteilen kann, ist hier eine kritische Eigenwahrnehmung gefordert. Jeder, auch wir heute, müssen uns also nach unserer eigentlichen Motivation fragen, die unser Handeln und unser Bild in der Öffentlichkeit bestimmt. Der Vorwurf des Matthäus, *innen voll von Heuchelei und Ungerechtigkeit* zu sein, ist der Spiegel, vor dem sich jeder betrachten muss. Gefordert ist damit, Inneres und Äußeres nach dem Willen Gottes in der Tora in Einklang zu bringen: das ganze Denken, Wollen, Reden und Handeln soll allein von der Liebe zu Gott und zum Nächsten wie zu sich selbst bestimmt sein.

23,29-36: Das letzte Wehe wirft den Schriftkundigen und Pharisäern eben dieses Auseinanderfallen von Motivation, Reden und Handeln vor. Dass die Pharisäer und Schriftkundigen Grabmäler und Denkmäler für die Propheten und Gerechten errichten, ist an sich gutes Handeln. Sobald sie sich aber auf jene Zeit beziehen und dann von den *Tagen ihrer Väter* (23,30) sprechen, die die Propheten ermordeten, identifizieren sie sich indirekt durch diese Bezeichnung mit dem Handeln ihrer Väter und sagen damit von sich selbst, dass sie *Söhne der Prophetenmörder* sind (23,31).

Wenn sie hingegen einfach nur *von jenen Tagen* oder *jener Zeit* sprechen würden, könnten sie deutlicher ihre Distanz zu den Morden an den Propheten und ihren Väter, den Prophetenmördern ausdrücken. Da sie das aber nicht tun, werden sie durch ihr Reden entlarvt. Letztlich machen sie damit *das Maß ihrer Väter voll* (23,32): nicht nur, weil sie sich nur halbherzig vom mörderischen Tun ihrer Väter distanzieren, sondern auch, weil das Errichten und Schmücken der Gräber der Propheten nur wieder vordergründig eine gute Tat ist, denn wahrhaftige Distanzierung hätten sie dann erreicht, wenn sie auf die ermordeten Propheten gehört hätten, was ja ihre Väter nicht getan haben.

Um authentische Distanz zum Handeln ihrer Väter auszudrücken, hätten die Schriftkundigen und Pharisäer etwa sagen müssen: wenn wir damals gelebt hätten, wären wir nicht Teilhaber am Blut der Propheten gewesen, denn wir zeigen ja jetzt durch unser anderes Handeln, dass wir auf die Botschaft der Propheten hören.

Mit diesem Vorwurf verdeutlicht Matthäus, wie leicht und schnell sogar das Reden und auch das Handeln die eigentliche Motivation verrät. Auch das siebte Wehe gilt mit seinem implizierten Handlungsimpuls wieder allen Zuhörern, die Leser heute mit eingeschlossen, denn auch sie müssen sich fragen, ob und inwiefern sie auf die Botschaft der Propheten – gerade auch auf die Botschaft der Propheten des Ersten Testaments! – hören. Damit lässt sich das geforderte Handeln nach dem siebten Wehe-Ruf so bestimmen, dass nicht nur das Handeln, sondern sogar das Reden in den kleinsten Bemerkungen immer ganz und gar die eigentliche Motivation zum Ausdruck bringen soll.

Die folgende beleidigende Bezeichnung mit *Schlangen und Natternbrut* und die angeschlossene Frage, die an das bevorstehende Endgericht erinnert (23,33), greift Worte der Umkehrpredigt Johannes des Täufers (3,7) wieder auf. Matthäus will damit nicht das Gericht ansagen und keinesfalls verurteilen, sondern vielmehr die sofortige Umkehr bei den Zuhörern anmahnen. Das unterstreicht auch der Schlusssatz (23,36), der auf das Bevorstehende blickt, falls sich das Handeln der Zuhörer nicht ändert.

Mit der Ankündigung der Sendung von *Propheten, Weisen und Schriftkundigen* (23,34) reflektiert Matthäus seine Gegenwart: er sieht nun die Christusgläubigen in der Rolle der *Propheten, Weisen* und gerade auch der *Schrift-*

Jesu Aktivität in Jerusalem

kundigen, die jedoch von den eigenen Landsleuten abgelehnt werden. Die Juden zur Zeit des Matthäus unter der Besetzung von Rom konnten weder zur Strafe der Kreuzigung verurteilen, noch sie vollziehen, so dass hier nicht das Handeln der jüdischen Schriftkundigen und Pharisäer dargestellt wird, sondern vielmehr den Christusgläubigen ihr bevorstehendes Schicksal als Teilhabe am Schicksal Jesu vorgestellt wird. Den jüdischen Mitgliedern seiner Gemeinde sagt Matthäus mit diesen Worten die dringend notwendige Umkehr an, denn in den Mitgliedern der aus Juden und Christusgläubigen gemischten Gemeinde haben sie ja in den Christusgläubigen bereits die Propheten, Weisen und Schriftkundigen unter sich.

Das *über euch* oder über jemanden *Kommen des Blutes* der Gerechten (23,25 vgl. 27,25) bezeichnet keine Schuldzuschreibung an der Tötung der Gerechten und ist natürlich auch keine kollektive Verurteilung Israels. Die Bezeichnung *sein Blut komme über ihn* (2 Sam 1,16; 1 Kön 2,37; 2 Kön 2,32; Ez 33,4) bezeichnet jemanden als schuldig, der dann durch sein Blut sein begangenes Unrecht sühnt (Lev 20,9-16; Num 35,33). Ebenso diente das in der Sühnezeremonie vergossene Blut eines Tieres gerade zur Sühne, also der Ent-Schuldigung der Schuldigen. Auch das Martyrium von Gerechten dient als Sühne (2 Makk 7,37-38; Dan 3,38-40). Wenn also das Blut der oder des Gerechten über jemanden kommt, so wird derjenige damit als Sünder bezeichnet (oder bezeichnet sich selbst als Sünder), der es nötig hat, durch dieses Blut des Gerechten entsühnt zu werden und der dann durch dieses Blut auch entsühnt wird.

Die große Anzahl der Gerechten, deren Blut vergossen wurde von *Abel* bis *Zacharias*, also von Beginn der Zeit bis zur Gegenwart des Matthäus, verdeutlicht die Größe der Sünde der Angeredeten und will sie dadurch wieder zur Umkehr bewegen. Letztlich steht hinter dem *über euch komme alles gerechte Blut ausgegossen auf der Erde* der dringende Appell, sofort das Handeln zu ändern und auf die gesandten Propheten, Weisen und Schriftkundigen zu hören. Die Zuhörer konnten gleichsam als Handlungsimpuls hören: wollt ihr euer Handeln etwa so noch weiter führen, so dass noch mehr Sühneblut vergossen werden muss, das euch als noch größere Sünder darstellt?

Pragmatische Knotenpunkte des Textes

Diese scharfe Rede Jesu wird oft fälschlicherweise als Bestätigung eines schon bestehenden Bruchs zwischen Juden und Christen interpretiert. Die Situation der matthäischen Gemeinde sieht jedoch anders aus: Matthäus und seine Gemeinde sind noch im Judentum verankert. Die harte Sprache deutet also keinen Bruch an, sondern ist vielmehr der Ausdruck eines Streits zwischen „Brüdern" – der auch sehr heftig sein kann – über die Interpretation derselben Tora und des Willens Gottes.

Die Wehe-Rufe gelten sowohl den jüdischen Schriftkundigen und Pharisäern der Gemeinde des Matthäus, als auch den christusgläubigen Schriftkundigen und Pharisäern sowie allen Gläubigen, einschließlich uns heute. Damit haben die Wehe-Rufe eine mehrfache Funktion: den jüdischen

Schriftkundigen und Pharisäern dienen sie als Mahnung, denn indem sie ihr Verhalten kritisieren, verdeutlichen sie ihnen, was sie verändern müssten; den Christusgläubigen hingegen dienen sie als Warnung für eine Haltung, die sie vermeiden müssen bzw. sagen ihnen in umgekehrter, positiver Version, welche Haltung von ihnen eigentlich erwartet wird.

Da das Matthäusevangelium in erster Linie christusgläubige Leser (und weniger die jüdischen Schriftkundigen und Pharisäer) gelesen haben werden, haben diese Wehe-Rufe für die Christusgläubigen einen ganz besonderen Warncharakter. Sie stellen ihnen mit den als Heuchler angeredeten Schriftkundigen und Pharisäern ein Bild vor Augen, das nämlich durchaus ihr eigenes Verhalten spiegelt, wenn sie es nicht dringend ändern. Matthäus sagt ihnen gleichsam „durch die Blume": wenn ihr nicht so handelt, wie es die Umkehrungen der Wehe deutlich machen, seid ihr ja wie diese heuchelnden Schriftkundigen und Pharisäer!

Die Leser heute können ebenfalls durch dieses karikierte Beispiel der Schriftkundigen und Pharisäer erschließen, was eigentlich von ihnen für ein Handeln gefordert ist. Darüber hinaus entspricht es sicher der Intention Jesu und der des Matthäus, wenn gerade wir heute die Weisungen der Tora neu schätzen lernten.

Dabei kann die Perspektive Jesu hilfreich sein, die für eine bessere praktisch-lebbare Umsetzung der Weisungen Tora von generellen (statt von speziellen) Weisungen ausgeht. So gibt Jesus uns gleichsam als Richtschnur die wichtigsten Gebote der Liebe zu Gott, der Liebe zum Nächsten wie zu sich selbst, das Verwirklichen von Gerechtigkeit, Barmherzigkeit und Treue sowohl im Reden als auch im Handeln, sowie die Authentizität in allem Denken, Wollen, Reden und Handeln.

Weissagung über Jerusalem: 23,37-39

37	Jerusalem, Jerusalem!
	– die (Stadt, die) die Propheten tötet und die zu ihr Geschickten steinigt,
	wie oft wollte ich deine Kinder zusammenführen,
	so wie eine Vogelmutter ihre Jungen unter die Flügel zusammenführt
	– und ihr wolltet nicht!
	- - - - -
38	– Siehe! – euer Haus wird euch leer gelassen werden.
39	Denn ich sage euch: Von jetzt ab sollt ihr mich nicht sehen,
	bis ihr sagt:
	Gesegnet der Kommende im Namen des Herrn! (Ps 118,26)

Die Gewebestruktur des Textes

Die Weissagung über Jerusalem beendet Jesu Rede im Tempel, mit der Matthäus sich nicht nur an die jüdischen Schriftkundigen und Pharisäer wandte, sondern gerade auch die Christusgläubigen aus den eigenen Reihen ansprechen wollte. Dieses prophetische Schlusswort ist durch die Wiederholung der

Jesu Aktivität in Jerusalem

Worte *Propheten, töten* und *senden / Gesandte* mit dem letzten langen Wehe-Ruf verbunden. Es fasst aus der Perspektive Jesu seine Intention zusammen (23,37) und schließt mit einer Prophezeiung (23,38-39).

Das semantische Geflecht des Textes

23,37: Eine doppelte, eindringliche Anrede an ganz Jerusalem leitet den Abschluss der Rede Jesu ein. Mit dieser allgemeinen und doch so persönlichen Anrede wendet er sich nun an alle Zuhörer, an die gesamte Stadt Jerusalem und damit an alle Gläubigen. Das Bild, das Jesus von der Stadt Jerusalem durch die Merkmale einer *Stadt, die die Propheten tötet* und *die zu ihr Gesandten steinigt*, zeichnet, ist negativ. Die Leser können jedoch mit dieser Bezeichnung das Schicksal aller Propheten, das Jesu und auch das der abgelehnten Christusgläubigen verbinden. Aufgrund dieser Negativ-Folie wirkt die Absicht Jesu im gewollten mehrmaligen Versuch des *Zusammenführens deiner Kinder* besonders positiv. Seine Intention verdeutlicht er mit dem Bild der Vogelmutter, die ihre Jungen unter ihrem Flügel beschützt. Dieses zärtliche Bild drückt unmissverständlich seine liebevolle und fürsorgliche Absicht aus. Umso unverständlicher und trauriger wirkt dann die Ablehnung derer, die sich dem Wollen Jesu mit ihrem Nicht-Wollen entgegenstellen, die sich bewusst nicht sammeln lassen wollten.

23,38-39: Die Ankündigung des leeren Hauses kann sich auf den Tempel oder auf die ganze Stadt Jerusalem beziehen. Als Formulierung im Passiv weist sie auf Gott, der die Stadt (oder den Tempel) verlässt (wie z.B. in Jer 12,7), damit die Menschen ihr falsches Handeln erkennen und sich ihm wieder zuwenden. So ist auch hier der Hinweis auf die leere Stadt als Ermahnung zu verstehen, sich doch durch Jesus sammeln zu lassen. Jetzt ist es Jesus, der mit dem *von jetzt ab sollt ihr mich nicht sehen* seine bevorstehende Abwesenheit ausdrückt. Dass es sich auch hier weder um ein endgültiges Urteil noch gar um eine Verwerfung Israels handelt, macht der Schlusssatz eindeutig klar: Jesu Abwesenheit ist nur auf eine bestimmte Zeit begrenzt, denn er wird wieder anwesend sein, sobald die Menschen rufen: *gesegnet der Kommende im Namen des Herrn!* und ihn damit als Messias erkennen und bekennen.

Die Leser erinnern sich an diesen Psalm-Ruf, mit dem die Volksmengen Jesus bei seinem Einzug in Jerusalem begrüßt haben (21,9). Mit der wörtlichen Wiederholung dieses Rufes konstruiert Matthäus eine Inklusion, die den Lesern signalisiert, dass das öffentliche Auftreten Jesu im Tempel hier abgeschlossen ist; der folgende Vers erzählt entsprechend, dass Jesus den Tempel verlässt (24,1). Das gesamte Wirken Jesu in Jerusalem stand also im Zeichen des *Kommenden im Namen des Herrn*.

Pragmatische Knotenpunkte des Textes

Im Abschluss der Rede erkennen die Leser die drängende Ermahnung zur Umkehr mit der dahinter stehenden liebevollen Intention Jesu. Die Christusgläubigen wissen aber bereits, dass sie schon Jesu Gegenwart erfahren, indem sie ihn als *den Kommenden im Namen des Herrn* bekennen.

Diese Kapitel (21,1-23,39) dienen den Lesern als Zusammenfassung des Wirkens und Lehrens Jesu, das ihn in seiner ganzen Vollmacht als den *Kommenden im Namen des Herrn* ausweist. Auch wenn sein Handeln und seine Worte manchmal sehr deutlich und kritisch sind, sollen sie vor dem Hintergrund der zärtlichen Fürsorge gesehen werden, *so wie eine Vogelmutter ihre Jungen unter ihrem Flügel sammelt*: Jesus wollte wie die Propheten vor ihm die Menschen zur Umkehr bewegen und sie für und zu Gott zusammenführen. Die Leser müssen sich der Frage stellen, ob sie sich mit allen Konsequenzen für ihr Leben und Handeln wirklich *sammeln* lassen – oder ob sie wie die jüdischen und christusgläubigen Schriftkundigen und Pharisäer nur *heucheln*.

Mt 24,1-25,46: Die eschatologische Rede

Die letzte seiner fünf großen Reden hält Jesus vor seinen Schülern, aber sie gilt genauso allen Menschen aus allen Völkern (24,14; 25,32). In den vorigen Kapiteln zeigte sich Jesus als *der Kommende im Namen des Herrn* (21,9; 23,39). Dieses Kommen greift Jesus jetzt in seiner Rede wieder auf. Den Schülern und den Lesern ist dabei klar, dass es um Jesus selbst als den Messias-Menschensohn geht (24,3), der am Ende der Zeit kommen wird. Indem Jesus die näheren Umstände seines Kommens thematisiert, gibt er zugleich wichtige Hinweise für das entsprechende Verhalten angesichts der Vollendung der Welt. Diese Rede lässt sich wie folgt gliedern:

Narrative Einleitung	24,1-3	
ANZEICHEN DES KOMMENS	24,4-14	
DAS KOMMEN DES MENSCHENSOHNES	24,15-25,30	
	große Bedrängnis	24,15-28
	das Kommen des Menschensohnes	24,29-44
	drei Gleichnisse	24,45-25,30
DAS KOMMEN ZUM GERICHT	25,31-46	
Narrativer Schluss	26,1a	

Auch diese Rede ist nach dem Dreierschema gegliedert. Nach der narrativen Einleitung (24,1-3), die verdeutlicht, dass es um die zukünftige Zeit geht, beschreibt Jesus in einem ersten Teil gleichsam einleitend die Anzeichen und Vorzeichen des Kommens des Menschensohnes (24,4-14), die den Beginn der Vollendung markieren.

Der Hauptteil seiner Rede handelt dann sehr ausführlich vom Kommen des Menschensohnes (24,15-25,30): besondere Anzeichen der Bedrängnis (24,15-28) deuten das direkt bevorstehende Kommen an (24,29-44), das von den

Die eschatologische Rede

Menschen ein entsprechend wachsames Verhalten fordert, das Jesus anhand von drei Gleichnissen erläutert (24,45-25,30).

Die Rede schließt mit dem Ziel des Kommens des Menschensohnes, nämlich mit dem Endgericht über die Völker (25,31-46) ab. Der narrative Schluss (26,1a) ist hier nur aus formalen Gründen aufgeführt, um das Ende der Rede zu kennzeichnen. Anders als die Abschlüsse der vorigen vier langen Reden ist dieser Schluss wesentlich kürzer; es ist eine Übergangsformulierung, die gleich zur Passionserzählung weiterführt und deshalb dort einbezogen wird.

Narrative Einleitung: 24,1-3

> ¹ Und Jesus – herauskommend aus dem Heiligtum – ging weg,
> und seine Schüler kamen hinzu,
> um ihm die Bauten des Heiligtums zu zeigen.
> ² Der aber – antwortend – sprach zu ihnen:
> Seht ihr nicht dieses alles?
> Amen, ich sage euch:
> Hier wird nicht ein Stein auf dem anderen (Stein) gelassen werden,
> der nicht zerstört werden wird!
> - - - - -
> ³ Als er aber auf dem Ölberg saß,
> kamen die Schüler zu ihm – für sich –,
> sagend: Sprich zu uns:
> Wann wird das sein?
> Und was ist das Zeichen deiner Ankunft und der Vollendung des Aions?

Die Gewebestruktur des Textes

Zwei Ortsangaben markieren diesen Text und deuten seine Gliederung an: Jesus verlässt den Tempel und kündigt mit einem Amen-Wort dessen Zerstörung an (24,1-2). Auf dem Ölberg (24,3) stellen Jesu Schüler ihm zwei bedeutende Fragen, die er dann in der anschließenden eschatologischen Rede beantworten wird.

Das semantische Geflecht des Textes

24,1-2: Jesu Fortgehen aus dem Tempel, das mit *herauskommen* und *weggehen* ein definitives Verlassen beschreibt, signalisiert das Ende seines öffentlichen Auftretens. Jesu Weggehen aus dem Tempel und die von ihm angekündigte Zerstörung des Tempels ist hier keineswegs als ursächliche Verbindung zu verstehen, auch wenn es uns heutigen Lesern aus unserer zeitlichen Distanz oder aus „christologischen" Gründen fälschlicherweise so erscheinen mag. Für Matthäus liegen zwischen beiden Ereignissen mindestens 40 Jahre, folglich gibt es zwischen ihnen gar keinen Zusammenhang.

Matthäus blickt auf das Ereignis der Tempelzerstörung im Jahr 70 n. Chr. zurück und konstruiert mit diesem im Futur formulierten Amen-Wort Jesu eine Verbindung gerade nicht zur historischen, sondern vielmehr zur eschatologischen Zukunft. Entsprechend verstehen die Schüler diese Andeutung richtig und fragen daher mit *wann wird das sein? Und was ist das Zeichen deiner Ankunft und der Vollendung des Aions* (24,3) nicht nach dem Zeitpunkt der Tempelzerstörung, der ja Matthäus und seiner Gemeinde bekannt war, sondern nach der Vollendung der Zeit und dem Kommen Jesu. Auch Jesu Antwort berührt folglich mit keinem direkten Wort mehr die Tempelzerstörung, sondern dreht sich ausschließlich um die eschatologische Zeit.

24,3: Auf dem *Ölberg* sitzend, belehrt Jesus seine Schüler über die Endzeit. Die Leser erinnern sich, dass Jesus auch bei der Bergpredigt (5,1) auf einem Berg saß und die Schüler zu ihm kamen. Sie verstehen, dass Matthäus auf diese Weise wieder eine wichtige Rede mit genereller Bedeutung für alle Menschen einleitet.

Die Frage der Schüler: *was ist das Zeichen deiner Ankunft und der Vollendung des Aions?* sieht Jesu Kommen und die Vollendung der Zeit in enger Beziehung zueinander. Matthäus macht seinen Lesern damit einen neuen, weiteren Aspekt der Person und der Messianität Jesu deutlich: er ist nicht nur *der Kommende im Namen des Herrn* in dieser Zeit, sondern auch der, der im Namen des Herrn zur Vollendung der Zeit kommt.

Pragmatische Knotenpunkte des Textes

Die Frage nach der Vollendung der Welt und der Zeit, die die Schüler hier stellen, ist natürlich auch die Frage aller Leser. Auch aus diesem Grund geht Matthäus nicht mehr speziell auf den zerstörten Tempel ein, denn er will nicht nur für seine zeitgenössischen Leser eine Deutung ihrer Geschichtssituation geben, sondern will vielmehr generell eine Perspektive auf die eschatologische Zeit eröffnen. Daher geht es in der eschatologischen Rede um das Kommen des Menschensohnes, nicht um eine Erklärung der Zerstörung des Tempels. Es geht um Jesus als kommenden Messias-Menschensohn und als endzeitlichen Richter und um die daraus resultierenden Konsequenzen für das Handeln der Gläubigen. Die Leser werden einen weiteren, bisher nicht thematisierten Aspekt Jesu kennen lernen: die überzeitliche und endzeitliche Bedeutung des Messias Jesus.

Anzeichen des Kommens des Menschensohnes: 24,4-14

Der Anfang der Wehen
4   Und – antwortend – sprach Jesus zu ihnen:
        Seht zu: dass einer euch nicht irreführt!
5   Denn viele werden unter meinem Namen kommen,
        sagend: Ich bin der Messias!
            Und viele werden sie irreführen.
6   Ihr werdet aber von Kriegen und Gerüchten von Kriegen hören:
    Seht zu: erschreckt nicht!
        Denn es muss geschehen – doch ist es noch nicht das Ende.

Die eschatologische Rede

7		Denn Volk wird gegen Volk aufstehen und Königtum gegen Königtum und es werden Hungersnöte und Erdbeben an manchen Orten sein:
8		Alles dieses ist aber der Anfang der Wehen.
Das bevorstehende Ende		
9		Dann werden sie euch in Bedrängnis übergeben
		und sie werden euch töten,
		und ihr werdet von allen Völkern Gehasste sein
		– wegen meines Namens.
10		Und dann werden viele Anstoß nehmen
		und sie werden einander übergeben
		und sie werden einander hassen.
11		Und viele Lügenpropheten werden aufstehen
		und sie werden viele irreführen;
12		und weil die Ungerechtigkeit übervoll wird,
		wird die Liebe der Vielen abkühlen.
13		Wer aber bis zum Ende durchhält – dieser wird gerettet werden!
14		Und dieses Evangelium des Königtums
		wird auf dem ganzen Erdkreis verkündet werden:
		allen Völkern zum Zeugnis!
		Und dann wird das Ende kommen.

Die Gewebestruktur des Textes

Der erste Teil der eschatologischen Rede beschreibt in zwei Abschnitten die ersten Anzeichen, die auf das bevorstehende Kommen des Menschensohnes hinweisen: der erste Abschnitt (24,4-8) über den Anfang der Wehen stellt ausgehend von zwei Imperativen *seht zu: dass einer euch nicht irreführt!* (24,4b) und *seht zu: erschreckt nicht!* (24,6b) einige allgemeine Anzeichen der beginnenden Endzeit vor. Der zweite Abschnitt (24,9-14) thematisiert dann das bevorstehende Ende speziell für die Gläubigen: in drei Schritten werden Situationen (24,9a.10a.11a) mit ihren Folgen (24,9bc.10bc.11b-12) beschrieben, bevor mit dem indirekten generellen Imperativ *wer aber bis zum Ende durchhält – dieser wird gerettet werden!* (24,13) auf die mögliche Rettung für alle Völker verwiesen wird (24,14).

Das semantische Geflecht des Textes

24,4-8 Der Anfang der Wehen

Jesus beginnt seine Rede mit dem Imperativ *seht zu: dass euch einer nicht irreführt!*, der den grundlegenden Handlungsimpuls für den gesamten Abschnitts angibt. Das Auftreten von falschen Messiassen, die nicht wie Jesus im Namen des Herrn, sondern unter oder mit Jesu Namen auftreten (24,5), wird viele verwirren, daher sollen die Zuhörer diesen Messiassen mit der nötigen wachsamen Distanz begegnen. Matthäus reflektiert hier die Situation seiner Umwelt: es gibt also tatsächlich schon welche, die als falscher wiedergekommener Messias andere Gläubige in die Irre geleitet haben.

Auch der nächste Imperativ *seht zu: erschreckt nicht* vor den Kriegen (24,6ab), spiegelt die Situation seiner Zeit. Die Erklärung, dass *alles geschehen muss* (24,6c), verweist mit dem *muss* nicht auf Gottes Willen hinter den Katastrophen, sondern auf den sich trotzdem realisierenden Heilsplan. Auch wenn noch Schlimmeres geschieht (24,7), sollen die Leser diese Ereignisse nur als Vorzeichen, als den *Anfang der Wehen* deuten (24,8). Damit gibt Matthäus seinen Lesern hier das klare Signal, sich angesichts der geschehenden schrecklichen Ereignisse nicht verloren zu glauben. Auch die Vollendung der Zeit läuft nach Gottes Heilsplan ab.

24,9-14 Das bevorstehende Ende

Im zweiten Teil über das bevorstehende Ende lenkt Matthäus den Blick auf die Ereignisse der Endzeit, die die Gläubigen betreffen. Die Leser wissen bereits (seit 10,19-22) um das Schicksal, das ihnen möglicherweise als Christusgläubigen mit Bedrängnis, Tod und begegnendem Hass bevorsteht (24,9), das ihnen aber nun von allen Völkern widerfährt. Auch die zerbrechliche Einheit der Gemeinde (24,10) steht in der Endzeit auf dem Spiel (13,21): die Weisungen Jesu, keinem Anstoß zu geben (18,6-9) werden nicht mehr beachtet, so dass nun viele Anstoß nehmen und die Gemeinde zerbricht. Die Lügenpropheten (24,11) haben folglich mit ihrer Irreführung ein leichtes Spiel, so dass im krassen Gegensatz zur von Jesus verwirklichten Gerechtigkeit nun die Ungerechtigkeit überhand nimmt; die Gemeinde wird von innen her zerstört, weil *die Liebe der Vielen abkühlt* (24,12), d.h. weil es keine Liebe zu den Nächsten und auch keine Liebe zu Gott mehr gibt, die doch die Basis des Gemeindelebens ist.

Obwohl diese leidvollen Ereignisse geschehen, sind die Gläubigen ihnen aber nicht einfach nur ausgeliefert. Der erste Abschnitt der eschatologischen Rede endet mit einem positiven Ausblick für die Gläubigen: sie sollen trotz all dieser negativen Erfahrungen *bis zum Ende durchhalten, um gerettet zu werden* (24,13). Damit signalisiert Matthäus den Gläubigen ganz eindeutig, dass sie aus allen Widrigkeiten gerettet werden können, denn Gott verwirklicht seinen Heilsplan aller gegenteiligen Erfahrungen zum Trotz.

Zudem gibt Matthäus den Lesern einen klaren Handlungsimpuls, denn worin ihr Durchhalten besteht, können sie aus den Beschreibungen der negativen Ereignisse erschließen. Schließlich enthält diese Ankündigung auch einen starken Hoffnungsaspekt für die Menschen aller Völker, denn bevor das Ende kommt, *wird auf dem ganzen Erdkreis dieses Evangelium vom Königreich verkündet werden: allen Völkern zum Zeugnis* (24,14). Wenn allen Völkern dieses Evangelium verkündet wird, dann natürlich einschließlich der Hoffnungsperspektive, dass nach Gottes Heilsplan die Gläubigen, die bis zum Ende durchhalten, gerettet werden.

Pragmatische Knotenpunkte des Textes

Die Beschreibungen der Anzeichen für die beginnende Vollendung ist sehr offen und allgemein gehalten, so dass klar ist, dass sich Matthäus nicht auf

Die eschatologische Rede

eine bestimmte Zeit bezieht, sondern generell von der bevorstehenden und erwarteten Endzeit spricht. Daher ist diese eschatologische Rede von allen Lesern zu allen Zeiten aktualisierbar, denn die beschriebenen negativen Ereignisse kennen sie aus eigener Erfahrung. Die Leser erleben sich daher schon in der begonnenen Endzeit. Entsprechend sollen sie ihr Handeln auf die Endzeit abstimmen und sich angesichts der erlebten schrecklichen Ereignisse nicht entmutigen lassen. Den Irrlehren sollen sie nüchtern begegnen und vor allem sollen sie gegenüber ihrer eigenen Angst vor Leid und Not auf Distanz gehen, denn das Vertrauen auf Gottes Heilsplan, der die Gläubigen rettet, soll ihr Handeln bestimmen. Die Leser verstehen damit, dass das bevorstehende Ende nicht einfach die sinnlose Beendigung von allem Gewesenen ist, die ihnen Angst machen muss und die ihr Handeln lähmt, sondern dass im Gegenteil dieses eschatologische Ende die Voll-Endung meint: das von Sinn erfüllte zum guten Ende Bringen der gesamten Schöpfung Gottes.

Das Kommen des Menschensohnes 24,15-25,30

Nach der Beschreibung der ersten Anzeichen der beginnenden Endzeit (24,4-14) geht es nun um das Kommen des Menschensohnes (24,15-25,30). Dieser zentrale Abschnitt besteht aus drei Teilen: der erste handelt von der großen Bedrängnis unmittelbar vor dem Kommen des Menschensohnes (24,15-28). Der zweite Teil stellt dann das Kommen des Menschensohnes als kosmisches Ereignis dar (24,29-44) und der dritte Teil (24,45-25-30) erläutert anhand von drei Gleichnissen das Verhalten, das von den Menschen angesichts des bevorstehenden Kommens des Menschensohnes erwartet wird.

Große Bedrängnis: 24,15-28

Die große Bedrängnis
15 Wenn ihr nun den *Gräuel der Verwüstung* am heiligen Ort stehen seht
 (Dan 9,27; 11,31; 12,11)
 – den durch den Propheten Daniel angesprochenen –,
 – der Lesende soll begreifen! –
16 dann sollen die in der Judäa in die Berge fliehen,
17 der auf dem Dach soll nicht herabsteigen,
 um die Dinge aus seinem Haus wegzutragen,
18 und der auf dem Acker soll nicht zurückkehren,
 um sein Gewand (mit) wegzutragen.
19 Wehe aber den Schwangeren und den Stillenden in jenen Tagen!
20 Betet aber, damit eure Flucht nicht im Winter und nicht am Sabbat geschehe!
21 Denn dann wird eine große Bedrängnis sein,
 – wie es sie noch nie gab seit Beginn der Welt bis zum Jetzt
 und es auch nie mehr geben wird.
22 Und wenn jene Tage nicht verkürzt werden würden
 – würde niemand gerettet werden.
 Aber wegen der Auserwählten werden jene Tage verkürzt werden.

> Anweisungen für die Gläubigen
>
> 23 Dann, wenn einer zu euch spricht: Siehe! Hier ist der Messias! – oder: Hier! – Glaubt es nicht!
> 24 Denn es werden Lügen-Messiasse und Lügen-Propheten aufstehen
> und werden große Zeichen und Wunder geben,
> so dass sie – wenn möglich – auch die Auserwählten irreführen.
> 25 Siehe! Ich habe es euch vorhergesagt!
> 26 Wenn sie also zu euch sprechen: Siehe! In der Öde ist er!
> Geht nicht hinaus!
> Siehe! In den Kammern!
> Glaubt es nicht!
> 27 Denn wie der Blitz ausgeht von Osten und scheint bis Westen:
> so wird die Ankunft des Menschensohnes sein!
> 28 Wo immer das Aas ist – dort werden sich die Geier versammeln!

Die Gewebestruktur des Textes

Unser Text handelt von der Zeit direkt vor der Ankunft des Menschensohnes (24,27). Der erste Teil (24,15-22) stellt allgemein die große Bedrängnis dar, die in dieser Zeit herrscht, während der zweite Teil (24,23-28) spezieller die Situation der Gläubigen anspricht und ihnen konkrete Anweisungen für ihr Handeln gibt.

Das semantische Geflecht des Textes

24,15-22 Die große Bedrängnis

Das Prophetenzitat aus dem Buch Daniel sagt eine bevorstehende große Bedrängnis an, die aber angesichts der Auserwählten verkürzt werden wird. Dieses Doppelmotiv der Bedrängnis und der verkürzten Zeit greift Matthäus hier auf. Er wendet sich nun direkt an seine Leser: *der Lesende soll begreifen!* (24,15), was mit dem *Gräuel der Verwüstung am heiligen Ort* gemeint ist, der die Zeit unmittelbar vor der Ankunft des Menschensohnes bestimmt und jetzt *eine große Bedrängnis* (24,21) für die Menschen bedeuten wird.

Die Leser zur Zeit des Matthäus werden diesen Hinweis als Anspielung auf den zerstörten Tempel verstanden haben. Damit hat für sie schon die Zeit vor dem Kommen des Menschensohnes begonnen. Folglich liegt dann auch für die Leser die Zeit der eiligen *Flucht* aufgrund der Zerstörung des Tempels (24,16-20) und der darauf folgenden *großen Bedrängnis* des römisch-jüdischen Krieges (24,21) in der Vergangenheit. Da die Leser diese Zeit überlebt haben und nun auf sie zurückblicken, müssen sich also mit den *Auserwählten* identifizieren, die gerettet werden (24,22).

Dass immer die aktuellen Leser mit den *Auserwählten* gemeint sind, unterstreicht auch die doppelte Erwähnung der *verkürzten Tage* der großen Bedrängnis. Auch wenn es in der Gegenwart der Leser immer noch Bedrängnis gibt, sollen sie sich eindeutig nicht mehr in der schrecklichen Zeit dieser *großen Bedrängnis* wähnen. Da die aktuellen Leser genau wie Matthäus und die Leser zu seiner Zeit diese große Bedrängnis überlebten und nun sogar die

Die eschatologische Rede

"Muße" haben, das Evangelium zu lesen oder zu hören, blicken sie folglich von ihrer aktuellen Zeit auf diese verkürzten Tage der großen Bedrängnis zurück. Die Leser sollen also von der Perspektive ausgehen, dass sie selbst zu den Auserwählten gehören, die gerettet werden; andernfalls würden auch die folgenden Teile über die nötige Wachsamkeit angesichts des vor der Tür stehenden Menschensohnes (24,33-25,30) und die Handlungsanweisungen aufgrund des Endgerichts (25,31-46) sinnlos sein. Doch auch wenn die Leser zu den Auserwählten gehören, die gerettet werden, ergeben sich für sie andere Gefahren, auf die Matthäus nun im nächsten Teil eingeht.

24,23-28 Anweisungen für die Gläubigen

Die Zeit der aktuellen Leser – sowohl der Leser zur Zeit des Matthäus als auch der Leser heute – ist trotz vieler Bedrängnisse nicht mehr von *der großen Bedrängnis* (24,21), sondern vielmehr von *Lügen-Messiassen und Lügen-Propheten* geprägt, die die auserwählten Gläubigen irreführen wollen (24,24). Diese *Lügen-Messiasse und Lügen-Propheten* setzen bei der Hoffnung und Sehnsucht der Menschen nach dem Kommen des Messias an und versuchen sie durch *große Zeichen und Wunder* zu beeindrucken, um sie in die Irre zu leiten. Die aufmerksamen Leser wissen hier bereits, dass gerade nicht Zeichen und Wunder den Messias bzw. die Messianität beweisen (12,38-45), deshalb sollen sie diesen falschen Messiassen und Propheten nicht glauben.

Dadurch, dass das Auftreten der Lügen-Messiasse und Lügen-Propheten *euch vorhergesagt* wurde (24,25), können die Leser ihre aktuelle Zeit kritischer beurteilen. Doch obwohl sie vorgewarnt sind, sind sie deshalb nicht immun gegen die Versuchungen der Falschpropheten und Lügen-Messiasse, die, *wenn möglich*, die Auserwählten irreführen werden. Daher rät Matthäus zuerst eindringlich mit drei kurzen Imperativen (24,23b.26), den falschen Messiassen und Propheten *nicht zu glauben* und *nicht zu ihnen hinaus zu gehen*, ihnen also nicht zu folgen. Anschließend ergänzt er mit einem Bildwort (24,27), wie die Ankunft des Menschensohnes sein wird. Das Scheinen des Blitzes, das den ganzen Horizont von Osten bis Westen erhellt, verdeutlicht die in jeglicher Hinsicht außerordentliche Erscheinung der Ankunft des Menschensohnes. Im Vergleich dazu wirkt dann das Auftreten der Lügen-Messiasse in den Kammern oder in der Öde (24,26) trotz ihrer großen Zeichen und Wunder eher erbärmlich.

Das nun folgende Bild von den Geiern, die schnell und sicher das Aas finden (24,28), lässt sich in zweifacher Weise deuten. Auf die Ankunft des Menschensohnes bezogen, sagt Matthäus damit deren ganz sichere Unübersehbarkeit aus: sie ist so eindeutig, wie Geier das Aas finden. Möglich wäre allerdings auch, dieses Bild auf die Anziehungskraft der Lügen-Propheten und Lügen-Messiasse hin zu deuten: so wie die Geier vom Aas angezogen werden, werden auch die Leser von den falschen Propheten und Messiassen angezogen. Damit würde Matthäus noch einmal eindringlich vor den falschen Messiassen und Propheten warnen, die offensichtlich für die Leser eine unwiderstehliche Anziehungskraft besitzen, obwohl doch die Ankunft des Messias-Menschensohnes eindeutig unübersehbar sein wird und gar nichts mit dem jämmerlichen Auftreten der Lügen-Propheten und Lügen-Messiasse in der Öde oder in den Kammern gemeinsam hat.

Pragmatische Knotenpunkte des Textes

Für die aktuellen Leser zur Zeit des Matthäus und heute gibt der Text vor allem zwei bedeutende Signale. Einerseits sollen sich die Leser trotz aller Widrigkeiten und Bedrängnisse, die sie in ihrer aktuellen Situation erfahren, mit den Auserwählten identifizieren, die aus aller Bedrängnis gerettet werden. Andererseits sollen sie sich aber durch ihre Auserwählung nicht zu falscher Sicherheit verleiten lassen, denn gerade weil sie sich auserwählt wissen, bieten sie für falsche Messiasse und Propheten, die ihr „Geheimwissen" nur an „Auserwählte" weitergeben, ein „gefundenes Fressen".

Das Auserwählt-Sein kann die Leser auch in ihren schweren aktuellen Situationen ermutigen und trösten, wissen sie doch, dass Gott sie schon gerettet hat und sie auch weiterhin retten wird. Doch sollen sie weiterhin wachsam bleiben und sich nicht darauf verlassen, dass sie stets und überall gerettet werden, ohne selbst etwas dafür zu tun, denn Gott will keine Marionetten, sondern Personen, die sich frei entscheiden. Diese Spannung zwischen auserwählt sein einerseits und gefährdet sein andererseits müssen die Leser nicht einfach nur passiv aushalten, sondern sie müssen ihr durch überlegtes und entschiedenes Handeln begegnen, indem sie sich für die Ankunft des Messias-Menschensohnes bereit machen. Was sie dabei tun sollen und beachten müssen, erklärt Matthäus in den nächsten Abschnitten erst allgemein (24,29-44) und dann beispielhafter anhand von drei Gleichnissen (24,45-25,30).

Das Kommen des Menschensohnes: 24,29-44

Das Erscheinen des Menschensohnes
29   Sogleich aber – nach der Bedrängnis jener Tage –
       wird die Sonne verfinstert werden,
       und der Mond wird nicht mehr seinen Schein geben,
       und die Sterne werden vom Himmel *fallen*
       und die Kräfte der Himmel werden erschüttert werden. (*Jes 13,10; 34,4*)
30   Und dann   wird das Zeichen des Menschensohnes am Himmel erscheinen,
       und dann   werden alle Stämme der Erde trauern,
       und sie   werden sehen *den Menschensohn,*
                         kommend auf den Wolken des Himmels
                         mit Kraft und viel Herrlichkeit; (*Dan 7,13f*)
31   und er   wird seine Engel mit großem Trompetenstoß schicken,
       und sie   werden seine Auserwählten aus den vier Winden zusammenführen:
                         von dem einen Ende der Himmel bis zu ihrem anderen Ende.

Die Zeichen erkennen
32   Vom Feigenbaum aber lernt das Gleichnis:
       wenn schon sein Zweig zart wird und Blätter herauswachsen,
       erkennt ihr,   dass der Sommer nahe ist;

Die eschatologische Rede

33	So auch ihr: wenn ihr dieses alles seht,
	erkennt, dass er (= der Menschensohn) nahe vor den Türen ist!
34	Amen, ich sage euch: dieses Geschlecht vergeht nicht, bis all dieses geschieht!
35	Der Himmel und die Erde wird vergehen,
	meine Worte aber werden gewiss nicht vergehen.

Die nötige Wachsamkeit

36	Über jenen Tag aber und die Stunde weiß keiner,
	– auch nicht die Engel der Himmel, auch nicht der Sohn – nur der Vater allein.
37	Denn wie die Tage des Noah – so wird die Ankunft des Menschensohnes sein.
38	Denn wie sie in jenen Tagen vor der Sintflut waren essend und trinkend,
	heiratend und verheiratend,
	bis zu dem Tag, an dem Noah in die Arche hineinging,
39	und sie es nicht erkannten, bis die Sintflut kam und alle wegtrug,
	so wird auch die Ankunft des Menschensohnes sein.
40	Dann werden zwei auf dem Acker sein:
	einer wird mitgenommen und einer wird zurückgelassen;
41	es werden zwei Mahlende an der Mühle sein:
	eine wird mitgenommen und eine wird zurückgelassen.
42	Wacht also, weil ihr nicht wisst, an welchem Tag euer Herr kommt!
43	Jenes aber erkennt: Wenn der Hausherr wüsste,
	zu welcher Nachtwache der Dieb kommt,
	würde er wachen
	und ließe nicht zu, dass in sein Haus eingebrochen wird.
44	Deswegen: werdet auch ihr bereit!
	Denn der Menschensohn kommt zu einer Stunde, wenn ihr es nicht erwartet!

Die Gewebestruktur des Textes

Der zentrale Teil der eschatologischen Rede handelt vom Kommen des Menschensohnes und der nötigen Wachsamkeit der Gläubigen. Der Text lässt sich in drei Teile gliedern: zuerst beschreibt Matthäus alle äußeren Begleiterscheinungen des Ankommens des Menschensohnes (24,29-31), dann geht er auf die zeitlichen Hinweise ein (24,32-35), die das Nahen des Menschensohnes andeuten. Den dritten Teil bilden Ermahnungen zur Wachsamkeit (24,36-44).

Das semantische Geflecht des Textes

24,29-31 Das Erscheinen des Menschensohnes

Dieser erste Teil stellt das Nahen des Menschensohnes als kosmisches Ereignis dar, das so gewaltig ist, dass es selbst Sonne, Mond, Sterne und die Kräfte der Himmel erschüttert und aus ihrer Bahn wirft (24,29). Das dann am Himmel erscheinende *Zeichen des Menschensohnes* (24,30a) ist nicht näher bestimmt. Doch obwohl die Leser darüber im Unklaren gelassen werden, wie dieses Zeichen genau aussieht oder ob der Menschensohn selbst das Zeichen ist, können sie sicher sein, dass es mindestens ebenso mächtig ist, wie die zuvor beschriebenen gewaltigen, einschneidenden Veränderungen an den Himmelskörpern. Daher kann also kein Zweifel darüber bestehen, dass dieses Zeichen des Menschensohnes etwa nicht wahrgenommen werden könnte.

Aufgrund der enormen kosmischen Ereignisse wird auch die gesamte Erde in dieses Geschehen einbezogen (24,30b-d): einerseits werden *alle Stämme der Erde trauern*, andererseits *sehen aber auch alle das machtvolle Kommen des Menschensohnes in Herrlichkeit*. Matthäus spielt mit diesen Formulierungen auf das Endgericht an. Die Vielzahl der himmlischen Zeichen weist darauf hin, dass das Endgericht deutlich für alle wahrnehmbar ist, es kann sich also keiner dem bevorstehenden Endgericht entziehen. Das führt wiederum dazu, dass *alle Stämme trauern*, d.h. ihre Schuld erkennen und bekennen.

Mit dem für alle Menschen gut sichtbaren Kommen des Menschensohnes *auf den Wolken des Himmels mit Kraft und viel Herrlichkeit* deutet Matthäus die umfassende Vollmacht des Menschensohnes an. Das machtvolle Kommen des Menschensohnes im Zusammenhang mit dem *Schicken seiner Engel* und dem *Trompetenstoß* (24,31) lässt die Leser sowohl vom Evangelium als auch von der jüdischen Tradition her wieder an das bevorstehende Endgericht denken (13,37-50; Joel 2,1; Jes 27,13), so dass sie sich den kommenden Menschensohn als Richter vorstellen können. Das nahende Endgericht muss den *Auserwählten* jedoch keine Angst machen, im Gegenteil: es ist für sie eine beglückende Heilserfahrung, weil sie, die zuvor in aller Welt verstreut waren, nun *zusammengeführt* werden. Doch die erwartete Sammlung der Auserwählten am Ende der Zeit soll ebenso wenig wie zuvor die angekündigte Rettung der Auserwählten (24,22) die Gläubigen in Sicherheit wiegen: sie brauchen keine Angst zu haben, doch sie sollen bereit und wachsam sein. Das erläutern die folgenden Teile.

24,32-35 Die Zeichen erkennen
Der Vergleich mit dem Feigenbaum, dessen grünende Zweige und wachsende Blätter den nahen Sommer ankündigen (24,32), verdeutlicht den Lesern das wirklich nahe Kommen des Menschensohnes. Die anschließende Übertragung des Vergleichs (24,33) signalisiert unmissverständlich durch den Imperativ *erkennt, dass er nahe vor den Türen ist!*, dass die aktuelle Zeit der Leser bereits die begonnene Endzeit ist. Genau dasselbe unterstreicht das Amen-Wort, dass *dieses Geschlecht nicht vergeht, bis all dieses geschieht* (24,34).

Mit diesen wiederholten eindeutigen und nachdrücklichen Erklärungen bringt Matthäus die je aktuellen Leser seiner Zeit und uns heute dazu, dass sie, wenn sie diese Worte auf sich beziehen, ihre gegenwärtige Zeit als die begonnene Endzeit wahrnehmen. Dadurch erreicht er bei den Lesern die nötige Wachsamkeit, die für ein der Endzeit gemäßes Handeln nötig ist, denn nur wenn wir die Dringlichkeit verstehen, mit der wir unser Handeln der Endzeit entsprechend ändern müssen, werden wir es auch tun.

Über das Verb *vergehen* knüpft Matthäus eine kontrastierende Verbindung zwischen *diesem Geschlecht, das nicht vergeht* und dem offensichtlich nahe bevorstehenden Ende von *Himmel und Erde*, die *vergehen werden*. Damit erscheint den Lesern die ihnen noch verbleibende Zeit als sehr kurz und folglich die Notwendigkeit eines entsprechenden Handelns umso drängender. Doch auch diese kurze Zeit muss sie nicht erschrecken oder ihnen Sorge bereiten,

Die eschatologische Rede

denn als Ermutigung können sie wiederum die Zusage Jesu verstehen, dass *seine Worte gewiss nicht vergehen werden.*

Die gewiss nicht vergehenden Worte Jesu haben ja nur dann einen Sinn, wenn jemand da ist, der sie hört und auf sie antwortet. Die Leser können daraus erschließen, dass gerade diejenigen, die die Worte Jesu hören (7,24; 17,5) und darauf mit ihrem Handeln antworten, ebenso nicht vergehen werden. Das Nicht-Vergehen lässt sich sowohl in der Hinsicht verstehen, dass es immer Menschen geben wird, die auf Jesu Worte hören, als auch im Blick auf die eschatologische Zukunft derer deuten, die bisher auf Jesu Worte hörten.

Die Leser werden sich auch erinnern, dass ebenfalls von der Tora gesagt wurde, dass *bis Himmel und Erde vergehen, nicht ein einziges Jota oder ein einziges Häkchen von der Tora vergeht* (5,18). Die Intention des Matthäus war es auch an dieser Stelle, die bleibende Gültigkeit der Tora auszusagen und nicht etwa eine nur begrenzte, *bis Himmel und Erde vergehen.* Dass die Tora als ewiges Gottes Wort natürlich nicht vergehen kann, ist selbstverständlich. Ebenso wenig können die Worte Jesu die Worte Gottes der Tora „überbieten", weil sie das Vergehen von Himmel und Erde überdauern würden, denn Jesus *kam nicht, um die Tora aufzuheben, sondern um sie zu erfüllen* (5,17). Die Tora überdauert also ebenfalls das Vergehen von Himmel und Erde, weil sie das unvergängliche Wort Gottes ist und weil sie durch Jesus erfüllt wird: in vollem Umfang, sogar mit *überfließender Gerechtigkeit* (5,20).

24,36-44 Die nötige Wachsamkeit
Dass den genauen Zeitpunkt von Tag und Stunde der Ankunft des Menschensohnes niemand kennt, *nur der Vater allein* (24,36), signalisiert den Lesern, dass alles Geschehen der Endzeit zum Heilsplan Gottes gehört. Wenn auch die gewaltigen Ereignisse der Endzeit nicht erschrecken müssen, weil sie Teil des göttlichen Heilsplans sind, so verweist doch die Ungewissheit der Stunde die Gläubigen auf die nötige Wachsamkeit. Mit der Erinnerung an die Sintflut (24,37-39) warnt Matthäus die Leser eindringlich vor allzu großer Sorglosigkeit. Die Menschen zur Zeit des Noah *erkannten nicht* die bevorstehende Katastrophe, sondern lebten *essend und trinkend, heiratend und verheiratend* so, als ob ihnen nichts passieren könnte und wurden von der Flut überrascht. Die Leser hingegen kennen bereits die Anzeichen, die in ihrer Zeit das nahe Kommen des Menschensohnes ankündigen (24,33), sie können vorbereitet sein. Daher sollten ihren Vorteil ausnutzen und nicht allzu sorglos, sondern wachsam sein.

Die nötige Wachsamkeit illustriert Matthäus mit zwei Beispielen: das Bild von den *zwei Menschen auf dem Acker und zwei Mahlenden an der Mühle* (24,40-41) dient dazu, das plötzliche Kommen des Menschensohnes zu beschreiben. Weil ja bereits die Gegenwart der je aktuellen Leser die schon begonnene Endzeit ist, müssen sie jetzt jeden Moment in ihrem Alltag und bei ihrer täglichen Arbeit damit rechnen, dass der Menschensohn kommt, denn sie blicken ja auf die schon vergangenen Vorzeichen des Endzeitbeginns zurück (24,4-22). Dass von zwei Personen je nur eine Person mitgenommen wird, soll keine Willkürlichkeit beschreiben, sondern weist zusammen mit dem folgenden Bild vom *Dieb in der Nacht* (24,43) darauf hin, vorbereitet zu sein. So wie der Hausherr den Einbruch nicht zulassen würde, weil er sich auf das Kommen des Diebes vorbereiten und wachen würde, sollen auch die Leser auf das plötzliche Kommen des Menschensohnes vorbereitet sein. Dass aber gerade nicht alle vorbereitet sind, verdeutlicht das Mitnehmen von nur einer Person vom Acker und von der Mühle. Die Leser finden in diesem Bild eine implizite aber drängende Warnung, jetzt schon und in jedem Alltagsmoment vorbereitet zu sein.

Weil die Leser ja schon wissen, dass der Menschensohn jetzt jeden Augenblick kommen kann, sollten sie diesen Wissensvorteil ausnutzen. Es soll ihnen nicht so gehen, wie der Person, die zurückgelassen wird oder wie dem Hausherrn, dem ein Dieb seinen Besitz raubt. Mit zwei direkten Imperativen *wacht also* (24,42) und *werdet auch ihr bereit* (24,44) mahnt Matthäus die Leser, immer mit dem Kommen des Menschensohnes zu rechnen, da sie zwar wissen, dass der Menschensohn nahe ist, den Tag und die Stunde seines Kommens aber nicht kennen. Diesen doppelten Aspekt von der nötigen Wachsamkeit und Vorbereitung erläutert Matthäus anschließend durch drei Gleichnisse (24,45-25,30).

Pragmatische Knotenpunkte des Textes

Matthäus stellt keinen genauen Ablaufplan des Kommens des Menschensohnes und auch keine konkrete Ereignisfolge der Endzeit dar, denn seine Beschreibungen beschränken sich auf ein zeitliches *und dann* und bleiben auch inhaltlich nur Andeutungen eines kosmisch-gewaltigen Ereignisses. Da dieses Geschehen also für alle Menschen unübersehbar sein wird, kommt es ihm gar nicht auf ein genau dargestelltes „Wie" an. Matthäus akzentuiert vielmehr das „Dass" der schon begonnenen Endzeit: die je aktuellen Leser sollen ihre eigene Zeit als die Endzeit wahrnehmen und entsprechend handeln.

Die Endzeit ist also für sie nichts Zukünftiges mehr, sondern hat für Matthäus und die je aktuellen Leser bereits begonnen, da sie ja auf die große Bedrängnis bereits zurückblicken und sich als Auserwählte wissen. Entsprechend ausführlich, deutlich und eindringlich sind dann seine Beschreibungen der schon begonnenen Endzeit, die einerseits die Bedrohung durch falsche Messiasse und Propheten benennt (24,23-28), andererseits aber auch die offensichtliche Sorglosigkeit der Auserwählten als Gefahr sieht (24,37-44) und sie deshalb zur Wachsamkeit ermahnt.

Die Frage, ob Matthäus oder die Menschen seiner Zeit noch mit einer direkt bevorstehenden Parusie Jesu gerechnet haben, ist daher vor unserem Text falsch gestellt, denn da die Endzeit bereits begonnen hat, keiner aber den Tag und die Stunde kennt, liegt der Akzent dieser Rede nicht auf dem Wann, sondern eindeutig auf der schon gegenwärtigen Endzeit und dem entsprechenden Handeln. Gerade weil es nicht um den Zeitpunkt geht, ist diese Rede auch heute noch aktuell, denn auch für uns ist aus dieser Sicht unsere aktuelle Gegenwart die Endzeit. Heute rechnet allerdings kaum jemand damit, dass in der nächsten, nahen Zeit wirklich der Menschensohn kommt; möglicherweise war

Die eschatologische Rede

das auch schon zur Zeit des Matthäus so. Die Warnungen vor allzu nachlässiger Sorglosigkeit und die Imperative zur Wachsamkeit und Bereitschaft gelten auch damit den je aktuellen Lesern. Wozu aber ermahnt Matthäus die Leser, wachsam und bereit zu sein, wenn doch kaum jemand mehr mit dem nahen Kommen des Menschensohnes rechnet? Ein Grund wäre der unbekannte Zeitpunkt des Kommens, allerdings geht es Matthäus gerade nicht um diesen Zeitpunkt.

Hier wird deutlich, dass Matthäus zu einem Perspektivenwechsel auffordert: es geht ihm nicht um die Ankündigung der Parusie, die ohnehin mit der begonnenen Endzeit sicher, aber zeitlich unbekannt ist, sondern vielmehr darum, zu einem veränderten Handeln aufzufordern, das durch das bevorstehende Kommen des Menschensohnes bestimmt ist. Die Menschen sollen mit Blick auf das nahe Kommen des Menschensohnes so handeln, als ob jede Handlung und jeder Moment das letzte wären, was sie tun. Das bevorstehende Kommen des Menschensohnes soll als Ziel das Handeln der Menschen leiten, so dass der Blick auf die Zukunft ihr Handeln in der Gegenwart lenkt.

Dieser Perspektivenwechsel ist auch für uns heute aktuell: wie würde sich unser Umgang miteinander mit dem Blick auf „das letzte Mal" verändern? Wie würde sich unsere Einstellung zu unserem alltäglichen Arbeiten und Leben ändern? Was würden wir bereuen, getan oder nicht getan zu haben, was wir vielleicht gerade jetzt noch wiedergutmachen oder ändern könnten? Zugleich muss uns jedoch bewusst sein, dass dieser Perspektivenwechsel uns nicht unserer Verantwortung füreinander oder für die Erde und die menschliche Gesellschaft insgesamt enthebt, denn wir kennen gerade nicht den Zeitpunkt des Kommens des Menschensohnes.

Den Aspekt der bleibenden Verantwortung erläutert Matthäus in den anschließenden Gleichnissen vom klugen, wachsamen Knecht (24,45-51) und von den Talenten (25,14-30) sowie zum Schluss der Rede noch einmal generell unter dem Thema des Endgerichts (25,31-46).

Drei Gleichnisse: 24,45-25,30

Das Gleichnis vom treuen und verständigen Knecht
45 Wer also ist der treue und verständige Knecht,
    den der Herr über sein Hausgesinde stellte,
    damit er ihnen die Nahrung zur (bestimmten) Zeit gebe?
46 Selig jener Knecht, den so tuend, sein Herr – kommend – finden wird.
47 Amen, ich sage euch: Über all seinen Besitz wird er ihn stellen!
- - - - -
48 Wenn aber ein übler Knecht in seinem Herzen spricht: Mein Herr lässt sich Zeit!
49   und   er seine Mitknechte zu schlagen beginnt,
       auch noch   mit Betrunkenen isst und trinkt,
50 wird der Herr jenes Knechts an einem Tag kommen, an dem er es nicht erwartet
   und   in einer Stunde,   in der er es nicht erkennt,
51 und zweiteilen wird er ihn,
   und seinen Teil wird er mit den Heuchlern festsetzen:
   dort wird aber das Weinen sein und das Zähneklappern!

Mt 24,45-25,30

Das Gleichnis von den zehn Jungfrauen

25,1 Dann wird das Königtum der Himmel mit zehn Jungfrauen verglichen werden,
die – nehmend ihre Lampen – hinausgingen
    zur Begegnung mit dem Bräutigam.
2 Fünf aber von ihnen waren töricht und fünf verständig.
3 Die törichten nämlich – nehmend ihre Lampen – nahmen kein Öl mit sich.
4 Die verständigen aber nahmen mit ihren Lampen (auch) Öl in Gefäßen mit.
5 Als aber der Bräutigam sich Zeit ließ, nickten alle ein und schliefen.
    - - - - -
6 Mitten in der Nacht aber entstand Geschrei: Siehe! Der Bräutigam!
    Kommt heraus, zur Begegnung mit ihm!
7 Da standen alle jene Jungfrauen auf
und machten ihre Lampen zurecht.
8 Die törichten aber sprachen zu den verständigen:
    Gebt uns von eurem Öl,   weil unsere Lampen erlöschen!
9 Es antworteten aber die Verständigen – sagend –:
    Niemals!   Es würde nicht für uns und euch genügen;
    geht vielmehr zu den Händlern und kauft euch!
    - - - - -
10 Als sie aber weggingen zu kaufen,
    kam der Bräutigam,
    und die Bereiten gingen hinein mit ihm zur Hochzeit,
    und die Tür wurde verschlossen.
11 Zuletzt aber kommen auch die übrigen Jungfrauen,
sagend: Herr, Herr, öffne uns!
12 Der aber – antwortend – sprach:
    Amen, ich sage euch: Ich kenne euch nicht!
    - - - - -
13 Wacht also, denn ihr wisst weder den Tag noch die Stunde!

Das Gleichnis von den Talenten

14 Denn wie ein Mensch – verreisend – rief die eigenen Sklaven
und ihnen seinen Besitz übergab
15 – dem einen gab er fünf Talente, dem anderen zwei, dem anderen eines –
je nach der eigenen Kraft,
und er reiste ab.
Sogleich **16** ging der weg, der die fünf Talente empfangen hatte,
arbeitete mit ihnen und gewann andere fünf.
17 Ebenso der die zwei (empfangen hatte), gewann andere zwei.
18 Der aber das eine empfangen hatte,
– hingehend – grub die Erde auf und er verbarg das Silbergeld seines Herrn.
    - - - - -
19 Nach viel Zeit aber kommt der Herr jener Sklaven
und hält Abrechnung mit ihnen.
20 Und – hinzukommend – der, der die fünf Talente empfangen hatte,
brachte er andere fünf Talente hinzu,
sagend: Herr, fünf Talente übergabst du mir;
    sieh! Andere fünf Talente gewann ich!
21 Es sagte ihm sein Herr: Gut, guter und treuer Sklave!
    Über Weniges warst du treu,
    über Vieles werde ich dich stellen.
    Geh ein in die Freude deines Herrn.

Die eschatologische Rede

22 Aber auch – hinzukommend – der mit den zwei Talenten
    sprach: Herr, zwei Talente übergabst du mir;
                      sieh! Andere zwei Talente gewann ich!
23 Es sagte ihm sein Herr: Gut, guter und treuer Sklave!
                      Über Weniges warst du treu,
                      über Vieles werde ich dich stellen!
                      Geh ein in die Freude deines Herrn.
                      - - - - -
24 Aber auch – hinzukommend – der, der das eine Talent empfangen hatte,
    sprach: Herr, ich kannte dich, dass du ein harter Mensch bist:
                      erntend   – wo du nicht sätest
                      und sammelnd von dort – wo du nicht ausstreutest.
25   Und – dich fürchtend – hingehend –
                      verbarg ich dein Talent in der Erde;
                      sieh! Da hast du das Deine!
26 Antwortend aber sprach
    sein Herr zu ihm: Böser und träger Sklave!
                      Du wusstest (ja), dass ich ernte, wo ich nicht säte,
                      und von dort sammle, wo ich nicht ausstreute!
27   Du hättest also mein Silbergeld
                      den Geldwechslern hinlegen müssen!
                      Und – kommend – hätte ich das Meine mit Zins empfangen!
28 Also: nehmt von ihm das Talent weg!
    und: gebt es dem, der die zehn Talente hat!
29 Denn: jedem Habenden wird gegeben werden!
    und: er wird überreich gemacht werden!
                      Von dem Nicht-Habenden aber
                      – auch was er hat –
                      wird weggenommen werden von ihm!
30 Und den unnützen Sklaven werft hinaus in die Finsternis draußen!
    Dort wird das Weinen sein und das Zähneklappern!

Das Gleichnis vom treuen und verständigen Knecht: 24,45-51

Die Gewebestruktur des Textes

Das erste von diesen drei Gleichnissen thematisiert neben der nötigen Wachsamkeit auch die angesichts der Endzeit bleibende Verantwortung für andere Menschen. Es stellt dem idealen Handeln des *treuen, verständigen Knechts* (24,45-47) das abzulehnende Handeln des *üblen Knechts* (24,48-51) gegenüber. Durch die Nennung von *dem unerwarteten Tag* und *der nicht erkannten Stunde* (24,50) ist das Gleichnis mit der vorherigen eindringlichen Ermahnung zur Wachsamkeit (24,42.44) verbunden.

Das semantische Geflecht des Textes

24,45-47: Das vorbildliche Beispiel des treuen und verständigen Knechts, der die ihm anvertraute Aufgabe gewissenhaft erfüllt (24,45), wird durch eine Seligpreisung (24,46) noch einmal besonders hervorgehoben. Zusätzlich dazu ergänzt Jesus mit dem Amen-Wort eine Verheißung für die Zukunft des verlässlichen und fürsorglichen Knechts (24,47). Die Leser verstehen damit zweierlei: jedes Handeln wirkt sich auf ihre eschatologische Zukunft aus und zuverlässiges, verantwortungsbewusstes Handeln wird in der eschatologischen Zukunft belohnt. Hinter dieser Darstellung steckt implizit der Impuls an die Leser, dieses vorbildliche treue, verständige Handeln auch für sich selbst zu übernehmen.

24,48-51: Das negative Beispiel vom üblen Knecht greift mit der Ansicht *mein Herr lässt sich Zeit* (24,48) die nachlässige Sorglosigkeit auf, vor der Matthäus schon zuvor gewarnt hat (24,37-44). Hier wird aber aus dieser Sorglosigkeit, dass der Menschensohn ja noch lange nicht kommen wird, ein bewusstes egoistisches Handeln. Der üble Knecht nutzt die vermutlich lange Abwesenheit des Herrn zu seinem Vorteil aus: er beginnt die ihm zur Fürsorge anvertrauten Knechte zu misshandeln und anstatt ihnen zu essen zu geben, denkt er nur an sich und feiert mit Betrunkenen (24,49).

Der Herr kommt für diesen Knecht zu einem *unerwarteten Tag* und zu *unerkannter Stunde* zurück (24,50); er findet ihn also nicht nur unvorbereitet auf seine Ankunft, sondern sieht auch, dass er seinen Auftrag nicht erfüllt hat, daher bestraft er ihn (24,51). Diese überzogene drastische Strafe soll vor solchem verantwortungslosen Handeln warnen. Die Nennung der *Heuchler* dient hier den Lesern zusätzlich zur Erinnerung an das von Jesus geforderte Verhalten (23,13-36) und verdeutlicht damit die generelle Bedeutung dieses Gleichnisses, das sich nicht nur auf die Verantwortung für den Nächsten bezieht, sondern grundsätzlich das Tun des Willens Gottes meint.

Pragmatische Knotenpunkte des Textes

Matthäus hatte zuvor mit dem Bild vom Dieb (24,43) vor allzu nachlässiger Sorglosigkeit und der mangelnden Bereitschaft gewarnt. Doch angesichts des Ausbleibens des nahen Kommens des Menschensohnes, besteht für die Gläubigen auch die Gefahr, dass sie ihre Verantwortung (für ihre Mitmenschen und für die Schöpfung) vergessen oder nicht mehr ernst nehmen, weil sie wie der üble Knecht denken: *mein Herr lässt sich Zeit!* (24,48). Mit der Beschreibung der Belohnung des treuen, verständigen Knechts und der drastischen Bestrafung des üblen Knechts erinnert Matthäus an die weiterhin bestehende Verantwortung trotz des Ausbleibens des baldigen Kommens des Menschensohnes. Die Abwesenheit oder das verzögerte Kommen des Menschensohnes ist kein Grund, in seinem Handeln weniger verantwortungsbewusst zu sein.

Darüber hinaus lenkt Matthäus den Blick der Leser aber auch wieder auf das eigentliche Ziel, auf das bevorstehende Kommen des Herrn und Menschensohnes, das all ihr Handeln in der Gegenwart bestimmen soll. Weil der verlässliche, *verständige Knecht* das Kommen seines Herrn stets vor Augen hatte, hat diese Perspektive sein zuverlässiges und fürsorgliches Handeln bewirkt. Der üble Knecht hingegen hat das Kommen seines Herrn bewusst verdrängt; weil er es aus dem Blick verloren hat, hat er unverständig nur noch nach eigenen Interessen gehandelt. Der Perspektivenwechsel, den Matthäus

Die eschatologische Rede

im letzten Abschnitt andeutete: vom bevorstehenden Ende als Ziel her das aktuelle Handeln leiten zu lassen – oder kurz: mit Blick auf die Zukunft in der Gegenwart handeln – bewährt sich also als *verständiges* Handeln beim Ausbleiben des baldigen Kommens des Menschensohnes.

Eine mögliche Gefahr enthält jedoch auch dieser Perspektivenwechsel: wenn ich nämlich so lebe, als ob „heute mein letzter Tag ist", kann das dazu führen, dass ich meine, mich nicht mehr bemühen zu müssen. Auf diese Problematik antwortet das Gleichnis von den Talenten (25,14-30). Zuvor beleuchtet Matthäus aber noch einmal mit dem Gleichnis von den zehn Jungfrauen den Aspekt der Verständigkeit zusammen mit der nötigen Wachsamkeit und Bereitschaft (25,1-13).

Das Gleichnis von den zehn Jungfrauen: 25,1-13

Die Gewebestruktur des Textes

Das zweite Gleichnis beginnt mit einer ausführlichen einleitenden Situationsbeschreibung (25,1-5). Danach entfaltet sich das Handeln in zwei Szenen (25,6-9.10-12). Die ausdeutende Anwendung (25,13) benennt das Thema, indem sie mit dem unbekannten Zeitpunkt von *Tag und Stunde* zurück auf die nötige Wachsamkeit verweist (24,42.44). Die Charakterisierung der einen Gruppe der Jungfrauen als *verständige* (25,2.8.9) knüpft an das Gleichnis vom verständigen Knecht an (24,45-51) und deutet damit auf eine besondere Art der Wachsamkeit hin.

Das semantische Geflecht des Textes

25,1-5: Das Gleichnis wird einleitend als Gleichnis vom *Königtum der Himmel* gekennzeichnet, wobei schon gleich zu Beginn der Kontext der eschatologischen Rede und das Thema der Hochzeit andeuten, dass es um den endzeitlichen Aspekt des Himmelreiches geht. Dass die Jungfrauen *zur Begegnung mit dem Bräutigam hinausgehen* (25,1), ihn also erwarten, der *sich aber Zeit lässt* (25,5), verweist auf die Verzögerung des erwarteten Kommens des Menschensohnes. Während Matthäus bisher immer vom baldigen Kommen und deshalb von der erhöhten Wachsamkeit und ständigen Bereitschaft gesprochen hat, taucht jetzt erstmals der Aspekt der Verzögerung auf. Es ist also gut möglich, dass zur Zeit des Matthäus die Menschen nicht mehr mit dem unmittelbar bevorstehenden Kommen des Menschensohnes gerechnet haben.

Auch für Matthäus ist der konkrete Zeitpunkt des Kommens unbedeutend, da Tag und Stunde unbekannt sind (24,36; 25,13); ihm kommt es vielmehr auf das der Endzeit angemessene, verständige Handeln an, das sich vom Blick auf das bevorstehende Kommen des Menschensohnes leiten lässt, wann immer es auch eintreten möge. Diese Perspektive des Matthäus kann als Haltung des aktiven, bereiten Erwartens beschrieben werden, das in klarem Gegensatz zum passiven, unvorbereiteten Abwarten oder Ausharren steht.

Diese beiden Haltungen verkörpern die Jungfrauen: die törichten sind zwar mit den Lampen vorbereitet, doch sie gehen nur von einer kurzen Wartezeit, vom baldigen Kommen des Menschensohnes aus, sie denken einfach nur an das Abwarten bis zum Kommen (25,3). Die verständigen Jungfrauen hingegen gehen von einer möglichen Verzögerung des Kommens und einer längeren Wartezeit aus; sie nehmen noch Vorratsöl mit und sind deshalb nicht nur für den Augenblick, sondern auch für die nächste Zeit gut vorbereitet (25,4). Als deutlich wird, dass der Bräutigam nicht wie erwartet bald kommt, sondern zu einem unbekannten Zeitpunkt eintreffen wird, wird allen die Wartezeit lang und sie schlafen ein (25,5).

25,6-9: Das Kommen des Bräutigams mitten in der Nacht (25,6) erinnert an das Kommen des Diebes zur unbekannten Nachtwache (24,43), es beschreibt das plötzliche Kommen zu einem unerwarteten Augenblick. Alle Jungfrauen machen sich also wieder bereit, indem sie ihre Lampen zurecht machen (25,7). Jetzt bemerken die törichten Jungfrauen, dass ihr Öl nicht mehr ausreicht (25,8) und bitten die verständigen, ihnen von ihrem Öl abzugeben. Die Weigerung der verständigen Jungfrauen, das Öl mit den anderen zu teilen, wird einsichtig begründet: *es wird nicht für uns und euch genügen* (25,9a). Obwohl das Handeln der verständigen Jungfrauen als egoistisches Verhalten (miss)verstanden werden könnte, ist es für die Übertragung des Gleichnisses nötig: von dem eigenen Vorbereitet-Sein auf die Endzeit kann man schlecht etwas abgeben; daher kann man sich genauso wenig darauf verlassen, dass andere schon ausreichend für einen selbst mit-vorsorgen werden. Jeder ist selbst für sein Handeln angesichts der schon begonnenen Endzeit und des unbekannten Kommens des Menschensohnes verantwortlich. Dass die verständigen Jungfrauen ihre Weigerung jedoch nicht böse meinen, wird durch ihren Rat unterstrichen, sich von den Händlern Öl zu kaufen (25,9b).

25,10-12: Die törichten Jungfrauen nehmen den Rat der verständigen an und gehen sich das Öl kaufen (25,10a.11a). Während ihrer Abwesenheit kommt der Bräutigam und die verständigen Jungfrauen, die hier ausdrücklich als *die Bereiten* bezeichnet werden, *gehen mit ihm hinein zur Hochzeit* (25,10bc). Dass das Kommen ausgerechnet auf den Moment fällt, wo die törichten Jungfrauen weggegangen sind (25,10ab), betont noch einmal ihre mangelnde Bereitschaft und ihr ungenügendes Vorbereitet-Sein. Die verschlossene Tür (25,10d) signalisiert einen bestimmten Zeitpunkt, nach dem es definitiv zu spät ist. Daher werden auch die törichten Jungfrauen, die verspätet kommen (25,11), nicht mehr hineingelassen.

Ihre doppelte Anrede mit *Herr, Herr!* erinnert die Leser daran, dass gerade *nicht jeder, der zu Jesus Herr, Herr! sagt, in das Königreich der Himmel hineingehen wird, sondern nur der, der den Willen Gottes tut* (7,21). Die törichten Jungfrauen haben offensichtlich trotz ihrer mitgebrachten Lampen nicht den Willen Gottes getan, denn sie waren nicht für den unbekannten Zeitpunkt des Kommens bereit. Die Antwort des Bräutigams, der besonders betont durch das *Amen* sagt: *ich kenne euch nicht!* (25,12; 7,23), unterstreicht noch einmal, dass nicht einfach nur *Herr, Herr!* sagen genügt und dass auch nicht jedes Handeln das Tun des Willens Gottes ist: es gibt tatsächlich ein Zu-spät.

25,13: Die Anwendung des Gleichnisses wiederholt mit einem eindringlichen Imperativ noch einmal die nötige, ständige Bereitschaft für das Kommen des Menschensohnes, weil Tag und Stunde unbekannt sind. Das *Wachen* meint die Haltung des aktiven, bereiten Erwartens, das auch trotz Verzögerungen nicht nachlässt.

Pragmatische Knotenpunkte des Textes

Wenn das erwartete Kommen des Menschensohnes ausbleibt, kann das bei den Gläubigen wie zur Zeit Noahs zur nachlässigen Sorglosigkeit führen (24,37-39), aber auch dazu, wie der üble Knecht seine Verantwortung zu vergessen (24,45-51) oder dazu, nur noch halbherzig vorbereitet zu sein. Von der unzureichenden Vorbereitung erzählt das Gleichnis von den zehn Jungfrauen. Es gibt den Gläubigen erstmals Hinweise darauf, wie sie mit dem ausbleibenden Kommen des Menschensohnes umgehen sollen: sie müssen damit rechnen, dass der Erwartete gerade nicht wie erwartet bald kommt, sondern zu einer unbekannten Zeit.

Matthäus unterstreicht mit diesem Gleichnis noch einmal, dass verständiges Handeln, das mit dem Kommen des Menschensohnes auch zu unbestimmter Zeit rechnet, erfolgreich ist. Die gegenteilige Haltung, die wie die törichten Jungfrauen davon ausgeht, den Zeitpunkt des Kommens (annähernd) zu kennen, führt nicht zum Ziel und ist daher abzulehnen. Dieses Gleichnis bestätigt den von Matthäus schon zuvor angedeuteten nötigen Perspektivenwechsel: das gesamte Handeln der Gläubigen soll vom erwarteten Kommen des Menschensohnes her bestimmt sein. Als verständiges Handeln nimmt es die Haltung des Erwartens ein. Wirkliches Erwarten rechnet aber auch mögliche Verspätungen mit ein. Es ist deshalb vom konkreten Zeitpunkt her unabhängig, denn es ist die Haltung eines steten Bereit-Seins, das sein Handeln vom Ziel her vom erwarteten Kommen des Menschensohnes leiten lässt.

Das Gleichnis von den Talenten: 25,14-30

Die Gewebestruktur des Textes

Während es im vorigen Gleichnis um das aktive Erwarten ging, das auch mit dem verspäteten Kommen des Menschensohnes rechnen muss (25,1-13), erzählt dieses dritte Gleichnis nun von der Begegnung mit dem *nach viel Zeit* (25,19) gekommenen Herrn. Insofern dabei auf die Zeit vor seinem Kommen zurückgeblickt wird, knüpft es an das Gleichnis vom verständigen und vom üblen Knecht (24,45-51) an, denn auch jetzt wird das der Endzeit gemäße Handeln der Gläubigen angesprochen: was sollen wir tun, während wir auf den Kommenden warten? Das Beispiel der beiden Knechte akzentuierte das ständige Bereit-Sein für das Kommen des Herrn, der zu einem unerwarteten Zeitpunkt kommt. Der Gedanke, dass jeder Tag oder Moment der letzte vor dem Kommen des Menschensohnes sein könnte, sollte die Menschen stärker

zu verantwortungsbewusstem Handeln führen, enthält aber auch die Versuchung zur Gleichgültigkeit, die das Gleichnis von den Talenten thematisiert.
Eine ausführliche Einleitung beschreibt das Handeln der Sklaven während der Abwesenheit ihres Herrn (25,14-18). Die eigentliche Handlung setzt mit dem Wiederkommen des Herrn ein (25,19), der dann mit seinen Sklaven Abrechnung hält: die Abrechnung, die zur Belohnung der guten und treuen Sklaven führt, wird doppelt erzählt (25,19-23); die Abrechnung, die zur Bestrafung des bösen und trägen Sklaven führt (25,24-30), ist sehr ausführlich ausgestaltet und damit länger als die verdoppelte Abrechnung mit Belohnung. Für die Leser ist dadurch ersichtlich, dass der Akzent dieses Gleichnisses auf der Abrechnung mit dem bösen, trägen Sklaven liegt.

Das semantische Geflecht des Textes

25,14-18: Die Einleitung hält fest, dass der abreisende Mensch – die Leser werden an den Menschensohn denken – *den eigenen Sklaven seinen ganzen Besitz übergab* (25,14). Die eigentlich unnötige und dadurch betonte Formulierung *den eigenen Sklaven* dient dazu, die besondere Beziehung zwischen dem Herrn und seinen Sklaven auszudrücken, die die Leser beim Übertragen des Gleichnisses ebenso zwischen sich und dem Menschensohn sehen sollen. Diese besondere, vertrauensvolle Beziehung wird auch dadurch ausgedrückt, dass der Herr den Sklaven *seinen Besitz übergibt*. Die Zuteilung der Talente (eine sehr große Menge Geld) erfolgt ausdrücklich für jeden *je nach der eigenen Kraft* (25,15), d.h. keiner ist mit dem, was ihm anvertraut wird und was folglich von ihm erwartet wird, überfordert.

Sofort nach der Abreise des Herrn beginnen die ersten beiden Sklaven, mit den erhaltenen Talenten zu arbeiten, sie haben die Verantwortung, die ihnen ihr Herr übertragen hat, ständig vor Augen, obwohl sie gar nichts vom Zeitpunkt seines Wiederkommens wissen. Sie setzen sich so engagiert ein, dass sie das Erhaltene verdoppeln (25,16-17). Die knappe, gedrängte Form der Erzählung mit dem schnellen Erfolg weist auf einen sehr intensiven Einsatz und auf erfolgreiches Handeln der beiden Sklaven hin. Im krassen Kontrast zu ihrem Bemühen steht dann dazu das Handeln des dritten Sklaven, der das eine Talent in der Erde vergräbt (25,18).

25,19-23: Nach viel Zeit (25,19) bezeichnet eine lange Zeit der Abwesenheit des Herrn. Während Matthäus in den vorigen Gleichnissen vor allem die unbestimmte Zeit des Kommens akzentuierte, geht es jetzt zusätzlich zum unbestimmten Augenblick noch um *viel Zeit*, die bis zum Kommen des Herrn vergeht. Da es (auch heute) nicht einfach ist, eine große Menge Geld zu verdoppeln, können die Leser davon ausgehen, dass sehr viel Zeit vergangen ist. Mit dieser Andeutung trifft Matthäus die Situation der je aktuellen Leser.

Der Herr kommt zur *Abrechnung* mit den Sklaven, er verlangt von ihnen nicht nur die Rückgabe des Anvertrauten, sondern auch Rechenschaft über ihr Handeln. Daher weisen die Sklaven zuerst darauf hin, was sie von ihrem Herrn erhalten haben und benennen dann zu Recht und mit Stolz die Früchte ihrer Arbeit: *sieh! Andere fünf / zwei Talente gewann ich!* (25,20.22). Die bei-

Die eschatologische Rede

den ersten Sklaven, die den ihnen anvertrauten Besitz verdoppelten, werden vom Herrn für ihr Handeln gelobt und als *gute* und *treue* Sklaven bezeichnet. Weil sie *mit Wenigem* zuverlässig und *treu* umgegangen sind, werden sie *über vieles gestellt werden* (25,21.23), d.h. sie haben sich mit ihrem verantwortungsbewussten, zuverlässigen Handeln bewährt, so dass ihnen ihr Herr noch eine größere Verantwortung anvertrauen kann.

Der Zusatz *geh ein in die Freude deines Herrn* (25,21c.23c) verweist die Leser auf den eschatologischen Kontext. Im Zusammenhang mit dem vorherigen Gleichnis von den zehn Jungfrauen verstehen die Leser, dass diese beiden Sklaven verständiges, verantwortungsvolles und erwartendes Handeln gezeigt haben. Die beiden verantwortungsbewussten Sklaven werden nun wie die fünf verständigen Jungfrauen zusammen mit ihrem Herrn die eschatologische *Freude* teilen können.

25,24-30: Aufgrund des Lobes der beiden treuen, zuverlässigen Sklaven und der Parallele zum Gleichnis von den zehn Jungfrauen können die Leser schon das Urteil über den dritten Sklaven und sein Schicksal erahnen: er ist der *unnütze*, törichte Sklave, der *draußen* bleibt (25,30). Umso überraschender ist die dazwischen geschobene, lange Diskussion zwischen dem Herrn und seinem faulen Sklaven. Die Leser werden also gerade hier etwas Wichtiges erfahren und bedeutende Handlungsimpulse für das von ihnen erwartete Verhalten angesichts der begonnenen Endzeit bekommen.

Auch der dritte Sklave bringt dem Herrn das von ihm erhaltene Talent zurück (25,25) und muss Rechenschaft über sein Handeln ablegen. Er rechtfertigt sein Handeln damit, dass er den Herrn *kannte* und von seiner *Härte* wusste, auch dort zu *ernten* und zu *sammeln*, wo er *nicht gesät und nicht ausgestreut hatte*, so dass er aus *Furcht* so gehandelt habe (25,24-25). Auch hier erinnert das Ernten und Sammeln an die Endzeit (13,30.39).

In seiner Antwort wiederholt der Herr zuerst bestätigend die Charakteristik seines Knechts, jemand zu sein, der *erntet* und *sammelt*, wo er *nicht säte und nicht ausstreute* (25,26). Sein folgender Rat zu alternativ möglichem Handeln hilft zu verstehen, worin das Sammeln und Ernten von nicht Gesätem und Ausgestreutem besteht: der Sklave hätte das anvertraute Geld auch Zins bringend anlegen können (25,27). Ohne dass der Sklave dann selbst gearbeitet hätte, hätten dann andere, nämlich die Geldwechsler, mit dem Geld des Herrn gearbeitet und ihm Gewinn verschafft.

Damit wird deutlich: dem Herrn kommt es nicht auf die Höhe des Gewinns an, sondern nur auf das „Dass" des Gewinns, denn er unterscheidet auch nicht zwischen dem Sklaven der fünf und dem anderen, der „nur" zwei Talente hinzugewonnen hatte. Weil der träge Sklave ja wusste, dass sein Herr erntet und sammelt, wo er nicht gesät hat, hätte er entsprechend handeln müssen; er hat hingegen durch sein Handeln verhindert, dass der Herr überhaupt etwas erntet, deshalb ist sein Handeln *böse* und er wird bestraft.

Das Sammeln und Ernten des Herrn, wo er nicht gesät hatte, lässt die Leser an ihre aktuelle Zeit denken: Jesus selbst sät jetzt nichts mehr, sondern gegenwärtig sind sie es selbst, die säen müssen, damit Jesus zur Endzeit ernten kann, wofür er zwar den Grundstock legte, was er aber nicht mehr selbst gesät hat. Die Leser verstehen auf diesem Weg die Verantwortung, die sie nun für ihre aktuelle Zeit haben: sie sollen nicht nur mit dem arbeiten, was sie an Talenten empfangen haben, sondern sie müssen auch noch säen!

Der Herr gibt das Talent des trägen Sklaven dann dem ersten Sklaven, der durch seinen Einsatz am meisten gewonnen hat (25,28). Die Begründung greift 13,12 wieder auf, meint aber hier eine besondere Belohnung für außerordentlich engagiertes, verständiges, erwartendes Handeln. Das Vorbild des ersten Sklaven soll mit dieser zusätzlichen Belohnung die Leser ermutigen, so viel wie möglich hinzu zu gewinnen und so viel wie möglich auszusäen. Vor diesem Hintergrund ist es dann auch verständlich, dass demjenigen, der durch sein Handeln jeglichen Gewinn und jegliche Ernte verhindert hat, das genommen wird, was er hat und demjenigen anvertraut wird, der damit verantwortungsbewusst umgehen kann.

Der böse und träge Sklave wird für sein verantwortungsloses kurzsichtiges Handeln bestraft, indem er nicht an der Freude seines Herrn teilhaben kann, sondern *draußen in der Finsternis* bleiben muss, wo im extremen Gegensatz zur Freude seines Herrn *Weinen und Zähneklappern* herrschen (25,30).

Pragmatische Knotenpunkte des Textes

Angesichts der schon begonnenen Endzeit und des ungewissen, möglicherweise auch sehr späten Kommens des Menschensohnes erfahren die Leser durch dieses Gleichnis, dass sie verantwortungsbewusst mit dem ihm Anvertrauten umgehen müssen, da sie dem Menschensohn sowohl für das Anvertraute als auch für ihr Handeln Rechenschaft ablegen müssen. Diesen Aspekt der Rechenschaft und des Gerichts behandelt Matthäus dann noch ausführlicher im letzten Teil der Endzeitrede (25,31-46).

In unserem Gleichnis geht es wiederum um die Haltung des aktiven Erwartens des Kommens des Menschensohnes, dieses Mal steht aber nicht so sehr der Kommende im Mittelpunkt des Interesses, sondern jetzt wird der Blick auf die Menschen gerichtet: was tun sie oder was sollten sie tun, während sie den Kommenden erwarten? Matthäus geht in diesem Gleichnis davon aus, dass auch der Menschensohn von uns etwas erwartet, das wir in der Zwischenzeit unseres Wartens tun sollen. Die Zeit des Erwartens soll also gerade kein passives, gleichgültiges Abwarten sein, sondern mit einem verantwortungsbewussten Handeln gefüllt werden, das dem Willen des Herrn entspricht. Die Leser wissen bereits, dass es bei einem solchen Handeln auf das Frucht-Bringen ankommt (21,33-43).

Der dritte Sklave hat jedoch durch sein gleichgültiges, desinteressiertes Handeln sogar noch verhindert, dass irgendjemand anderes mit dem ihm anvertrauten Besitz arbeiten und Frucht bringen konnte. Sein Handeln erkennen die Leser als dem Willen des Herrn widersprechend und falsch. Der erste und der zweite Sklave hingegen, die *sofort* begonnen haben, das ihnen Anvertraute zu vermehren, sind für die Leser positive Identifikationsfiguren. Die Leser müssen je für sich aktualisieren, was ihnen anvertraut ist; dass es sich um den

Die eschatologische Rede

Besitz des Herrn (25,14) handelt, steigert nicht nur den Wert des Anvertrauten, sondern auch die große Verantwortung, die ihnen übergeben wird.

Nach dem von Matthäus angedeuteten Perspektivenwechsel (24,29-44) soll der Blick auf die Zukunft, auf das Kommen des Menschensohnes, das Handeln in der Gegenwart bestimmen. Es ist ein aktives Erwarten, das auch mit Verzögerungen oder spätem Kommen rechnet und deshalb stets vorbereitet ist. Damit diese Erwartungshaltung nicht als passives Abwarten missverstanden wird, ergänzt Matthäus als Kriterium den Aspekt der Rechenschaft.

Die Leser verstehen nun, dass sie die ihnen bleibende Zeit bis zum Kommen des Menschensohnes nicht nur mit erwartendem Warten verbringen sollen, sondern vielmehr kreativ und verantwortungsbewusst nutzen müssen, um das, was ihnen vom Menschensohn anvertraut wurde, zu vermehren. Unter dieser Hinsicht kann sogar das späte Kommen des Menschensohnes positiv gedeutet werden: umso mehr Zeit bleibt uns, das uns Anvertraute zu mehren und auszusäen, damit der Menschensohn am Ende der Zeit ernten kann. Wichtig ist aber, dass wir die uns verbleibende Zeit nutzen!

Das Kommen des Menschensohnes und das Gericht über die Völker: 25,31-46

Das Kommen zum Gericht
31 Wenn aber der Menschensohn in seiner Herrlichkeit kommt
 – und alle Engel mit ihm –,
 dann wird er sich auf den Thron seiner Herrlichkeit setzen.
  - - - - -
32 Und es werden vor ihm alle Völker versammelt werden,
 und er wird sie voneinander trennen
  – wie der Hirte die Schafe von den Böcken trennt –,
33 und er wird die Schafe zu seiner Rechten stellen, die Böcke aber zur Linken.

Das Urteil über die Gesegneten
34 Dann wird der König denen zu seiner Rechten sagen:
 Auf, ihr Gesegneten meines Vaters,
 erbt das Königtum, das euch seit Grundlegung der Welt bereitet wurde.
35 Denn ich hungerte   – und ihr gabt mir zu essen,
 ich dürstete   – und ihr tränktet mich,
 fremd war ich   – und ihr führtet mich ein,
36 nackt   – und ihr umkleidetet mich,
 krank   – und ihr schautet auf mich,
 im Gefängnis war ich   – und ihr kamt zu mir.
  - - - - -
37 Dann werden ihm die Gerechten antworten,
 sagend: Herr, wann sahen wir dich hungernd   – und wir speisten dich,
              oder dürstend   – und wir tränkten dich?
38   Wann aber sahen wir dich fremd   – und wir führten dich ein,
              oder nackt   – und wir umkleideten dich?
39   Wann aber sahen wir dich krank
              oder im Gefängnis   – und wir kamen zu dir?

```
                                    - - - - -
⁴⁰   Und – antwortend – wird der König ihnen sagen:
             Amen, ich sage euch:
                     In dem Maß ihr    einem dieser meiner kleinsten Brüder tatet,
                                       mir tatet ihr es!
Das Urteil über die Verfluchten
⁴¹   Dann wird er auch denen zur Linken sagen:
             Geht weg von mir, ihr Verfluchten,
             in das ewige Feuer, das für den Teufel und seine Engel bereitet wurde.
⁴²                   Denn ich hungerte      – und nicht gabt ihr mir zu essen,
                     ich dürstete           – und nicht tränktet ihr mich,
⁴³                   fremd war ich          – und nicht führtet ihr mich ein,
                     nackt                  – und nicht umkleidetet ihr mich,
                     krank
                     und im Gefängnis       – und nicht schautet ihr auf mich.
                                    - - - - -
⁴⁴   Dann werden auch sie antworten,
     sagend: Herr, wann sahen wir dich
                     hungernd oder dürstend oder fremd oder nackt
                     oder krank oder im Gefängnis,
             und wir dienten dir nicht?
                                    - - - - -
⁴⁵   Dann wird er ihnen antworten,
     sagend: Amen, ich sage euch:
                     In dem Maß ihr    nicht einem dieser Kleinsten tatet,
                                       auch mir tatet ihr es nicht!
Schluss
⁴⁶   Und weggehen werden diese       zu ewiger Strafe,
     die Gerechten aber              zum ewigen Leben.
```

Die Gewebestruktur des Textes

Die Leser wissen bereits aufgrund der Gleichnisse von den beiden Knechten (24,45-51) und von den Talenten (25,14-30), dass der Menschensohn nicht einfach nur „kommt", sondern dass er bei seinem Kommen auch von den Menschen Rechenschaft fordern wird über das, was er ihnen anvertraute: der Menschensohn kommt also zum Gericht. Der dritte Teil der eschatologischen Rede schließt daher mit dem Ausblick auf das Endgericht über alle Menschen aller Völker ab.

Der Schlussteil ist klar strukturiert: eine Einleitung beschreibt ausführlich das Kommen des Menschensohnes zum Gericht (25,31-33). Die Ereignisse nach dem Kommen des Menschensohnes (25,31) werden in einer Dreierfolge erzählt (25,32a.32b.33). Diese markante Dreierfolge wiederholt sich im Urteil über die Gesegneten (25,34-40) und über die Verfluchten (25,41-45): auf den ausführlich begründeten Urteilsspruch des Königs (25,34-36.41-43) folgt jeweils die Nachfrage der Beurteilten (25,37-39.44) und die Erklärung des Königs, die mit einem Amen-Wort eingeleitet wird (25,40.45). Ein knappes, einprägsames Schlusswort beendet sowohl die Erzählung über das Endgericht als auch die gesamte Endzeitrede (25,46).

Die eschatologische Rede

Das semantische Geflecht des Textes

25,31-33 Das Kommen zum Gericht
Das Kommen des Menschensohnes mit seinen *Engeln*, sein Platz-Nehmen auf dem *Thron seiner Herrlichkeit*, das *Versammeln aller Völker vor ihm* und das *Trennen* in zwei Gruppen (25,31-32) spezifizieren jetzt sein Kommen als Kommen zum Gericht. Das endzeitliche Kommen des Menschensohnes ist also mit dem Endgericht verbunden. Dass der Menschensohn in *seiner Herrlichkeit* kommt und *wie ein Hirte* beschrieben ist, deutet den Lesern das Endgericht aber auch als Heilsgericht an. Die bibelkundigen Leser werden beim Bild vom Hirten, der *Schafe* und *Böcke* trennt, auch an Ez 34,2-31 denken, wo Gott selbst als Hirte für Recht sorgt zwischen Schafen und Schafen (Ez 34,22), auf ein Weise, die sowohl den fetten als auch den mageren Schafen gerecht wird und beiden gibt, was sie brauchen (Ez 34,16).

25,34-40 Das Urteil über die Gesegneten
25,34-36: Der Menschensohn, der jetzt als *König* bezeichnet wird, spricht in seinem Urteil den Gesegneten das *Königtum* als Erbe zu, das ihnen von Anfang an bereitet wurde (25,34). Diese „Belohnung" entspricht dem, was den treuen Knechten als Eingehen in die Freude ihres Herrn (25,21.23) oder den verständigen Jungfrauen als Teilnahme an der Hochzeitsfeier (25,10) zugesprochen wird. Das *Erben des Königtums*, das *von Grundlegung der Welt an bereitet wurde*, verweist mit dem Passiv auf Gott als Handelnden und Bereitenden: die Leser können damit den Heilsplan Gottes assoziieren, an dessen „Ergebnis" sie durch das Erfüllen des Willens Gottes mitgearbeitet haben (7,21), weshalb sie als *die Gesegneten meines Vaters* bezeichnet werden und nun dieses „Ergebnis" erben.

Das Urteil über die Gesegneten wird ausführlich mit konkreten Beispielhandlungen begründet (25,35-36). Diese genannten Handlungen sind nicht spezifisch für eine Religion, sondern allgemein menschliche not-wendige Handlungen, daher werden die Menschen aller Völker danach beurteilt (25,32). Die Leser verstehen, dass das hier genannte Handeln zum Erben des Königtums führt, so dass sie hier sehr konkrete Handlungsanweisungen für ihr aktuelles Leben finden, wenn auch sie zu den Erben gehören möchten.
25,37-39: Die Nachfrage der Gerechten, die mit *Herr, wann sahen wir dich...* das an ihnen gelobte Handeln gerade nicht als ihr Handeln an ihrem *Herrn* und *König* identifizieren können, überrascht. Ihr Erstaunen verdeutlicht aber, dass sie bei ihrem Handeln allein an den Anderen, an den Bedürftigen dachten. Sie haben also nur um seinetwillen so gehandelt und nicht etwa mit der Intention, dadurch eigentlich ihrem Herrn etwas Gutes zu tun oder sich gar das Erbe zu verdienen. Dieses Handeln, das allein auf den Anderen sieht und dem es nur darum geht, dem Anderen um seinetwillen Gutes zu tun, werden die Leser als grundlegenden Motivationsimpuls erkennen, selbst wenn sie von ihrer aktuellen Perspektive aus wissen, dass sie nun auch Jesus Gutes tun, wenn sie etwas für die Kleinen tun.

25,40: Die erklärende und mit einem Amen-Wort eindringlich verstärkte Begründung des Königs identifiziert Jesus, den König und Menschensohn mit den *Kleinen*. Die Leser wissen bereits um die besondere Sorge Gottes und Jesu um die *Kleinen* (18,14). Die *Kleinen* sind generell die Verachteten und Marginalisierten; die Leser müssen für ihre je eigene Situation aktualisieren, wer konkret gemeint ist.

Die Kleinen werden hier nicht nur als Jesu *kleine Geschwister*, also als enge „Familienangehörige" bezeichnet, sondern Jesus selbst ist „in" ihnen: das Handeln an den Kleinen *ist* Handeln an Jesus. Diese Identifikation zwischen Jesus und den Kleinen ist aber keine Identitätsbeschreibung, sondern ein Handlungsimpuls: wenn den Kleinen etwas getan wird, wird zugleich dasselbe auch Jesus getan, daher erwartet umgekehrt jedes Handeln an Jesus ein entsprechendes Handeln an den Kleinen. Dieser Handlungsimpuls gilt umso mehr für die aktuellen Leser, die nicht mehr an Jesus direkt handeln können: all das, was sie für Jesus tun möchten, müssen sie den Kleinen tun. Indem sie „in" den Kleinen Jesus sehen, handeln sie auch an ihm.

25,41-45 Das Urteil über die Verfluchten

25,41-43: Das Urteil über die *Verfluchten* stellt sie auf die Seite des *Teufels*, auf die Seite des Widersachers Gottes (25,41): es sind diejenigen, die gegen den Willen Gottes gehandelt haben, bzw. die seinen Willen nicht getan haben. Sie trifft daher im Endgericht das *ewige Feuer* als Strafe, das ihnen, wie das Passiv verdeutlicht, von Gott bereitet wird. Diese harte ewige Strafe dient der Abschreckung vor einem Handeln, das dem Willen Gottes widerspricht. Wie ein solches Handeln aussieht, erklärt die ausführliche Begründung (25,42-43), die eigentlich die Umkehrung der zuvor dargestellten Handlungen als deren Nicht-Tun beschreibt. Die Leser erkennen folglich, dass schon allein das bloße Nicht-Tun dessen, was allein auf humaner Ebene gefordert ist, dem Willen Gottes widerspricht.

25,44: Auch die Verfluchten fragen nach: *Herr, wann sahen wir dich...* und beschreiben damit das eigentlich geforderte Handeln zusammenfassend als *Dienst* an Jesus. Auch sie wissen nicht, dass sie Jesus einen Dienst verweigerten, indem sie den Kleinen etwas nicht taten. Ihre Frage bringt zum Ausdruck, dass sie nicht erkennen, dass sie schon allein durch ihr Nicht-Tun etwas Schlechtes taten.

25,45: In seiner Antwort wiederum verstärkt durch das Amen-Wort, identifiziert sich der Menschensohn-Richter noch einmal mit den *Kleinsten*, denen etwas *nicht getan* wurde. Indem er dadurch das Nicht-Tun als eine „Straftat" kennzeichnet, ermahnt er wiederum eindringlich zum Handeln an den Kleinen. Die bibelkundigen Leser werden sich auch an die Weisungen der Tora erinnern, die schon angesichts eines verlaufenen oder leidenden Tieres davor mahnen, *so zu tun, als ginge es dich nichts an* (Dtn 22,1-4). Die Leser verstehen, dass ein aufmerksamer Blick besonders auf die Kleinen und Kleinsten gefordert ist, so dass sie an ihnen nicht durch Nichts-Tun schuldig werden.

Die eschatologische Rede

25,46 Schluss
Das Schlusswort setzt pointiert die *ewige Strafe* für die *Verfluchten* dem *ewigen Leben* für die *Gesegneten* entgegen. Angesichts der gleichen Handlungen, die entweder getan oder nicht getan werden, erkennen die Leser den schmalen Grat zwischen dem Handeln, das zur ewigen Strafe und zum ewigen Leben führt. Als Unterscheidungs- und Entscheidungskriterium für ein dem Willen Gottes gemäßes Handeln rät Matthäus zum Blick auf die Kleinen: „in" den Kleinen Jesus sehen und entsprechend an ihnen handeln.

Pragmatische Knotenpunkte des Textes

Die beiden Urteile des Menschensohn-Richters im Endgericht geben den aktuellen Lesern wichtige Hinweise für ihr Handeln. Sie erfahren, dass die elementaren, humanen Handlungen an den Kleinen dem Willen Gottes entsprechen, dass also gar keine großen, besonderen Taten notwendig sind, um das ewige Leben zu erben, so dass es prinzipiell jedem Menschen offen steht. Eine entscheidende Warnung bietet allerdings das Urteil über die Verfluchten: dem Willen Gottes widersprechend sind nicht nur „böse Taten", sondern es genügt schon das Nicht-Tun von den einfachsten menschlichen Handlungen für einen der Kleinen, um durch Unterlassung gegen den Willen Gottes zu handeln. Es ist das aktive, entschiedene Tun des Guten gefordert.

Matthäus beendet die eschatologische Rede Jesu mit dem Ausblick auf das Endgericht und führt die Leser nach und nach zu einer differenzierten Perspektive, die ihr Handeln in der Gegenwart vom Blick auf die Zukunft her leiten soll. Für die aktuellen Leser sowohl zur Zeit des Matthäus als auch heute hat die Endzeit bereits begonnen und das Kommen des Menschensohn steht bevor (24,25-28), die Ankunft des Menschensohns muss wachsam erwartet werden (24,29-44). Doch angesichts der bereits vergangenen Zeit ist es offensichtlich, dass der Menschensohn „verspätet" kommt: die Gläubigen sollen also wie der verständige Knecht (24,45-51) und die verständigen Jungfrauen (25,1-13) die Haltung eines aktiven Erwartens einnehmen.

Ihre Wartezeit sollen sie durch ihr kreatives Handeln gestalten, indem sie die Talente, die Gott ihnen gegeben hat, gewinnbringend und fruchttragend im Sinne des Willens Gottes nutzen (25,14-30). Dabei sollten sie ihr Handeln vom Blick auf die Kleinen her leiten lassen und ihnen Gutes tun (25,31-46). Diese Perspektive des Matthäus lässt sich kurz beschreiben als aktives Erwarten, das die verbleibende Zeit nutzt, um Gutes zu tun.

Mit der gesamten eschatologischen Rede präsentiert Matthäus den Lesern außerdem einen weiteren Aspekt Jesu: er ist der kommende Menschensohn und Richter, der zum Endgericht in seiner Herrlichkeit erscheinen wird. Sein Kommen und das Endgericht bedeuten für die Gläubigen das Anbrechen der Heilszeit: das Eingehen in die Freude ihres Herrn (25,21.23), das Erben des Königtums (25,34) und das ewige Leben (25,46). Die Gläubigen können das bevorstehende Kommen des Menschensohnes also jetzt schon mit Freude erwarten. Ihre Freude kann sie zum entschiedenen Handeln ermutigen, das dem erwarteten Kommen des Menschensohnes entspricht.

B. Leiden, Tod und Auferstehung: Die Inthronisation des Messias-Menschensohn – Mt 26,1-28,28

In dieser letzten Sektion des Evangeliums geht es nun um Passion, Tod und Auferstehung Jesu. Konfrontiert mit dem Leiden und Sterben Jesu müssen sich die Leser der Frage stellen, wie der leidende und gekreuzigte Jesus für sie der Messias ist.

So wie der erste Teil des Evangeliums aus sieben Perikopen besteht (1,1-4,16), können auch für den letzten Teil sieben große szenische Einstellungen festgestellt werden:

    I. Die Tage vor dem Pessach-Fest   (26,1-16)
    II. Das Pessach-Fest mit den Schülern   (26,17-29)
    III. Die Gefangennahme in Getsemani   (26,30-56)
    IV. Der Prozess vor den Juden   (26,57-27,10)
    V. Der Prozess vor den Römern   (27,11-31a)
    VI. Kreuzigung, Tod und Begräbnis   (27,31b-66)
    VII. Auferstehung und Sendung der Schüler (28,1-20).

Für diesen letzten Teil gibt es verschiedene Möglichkeiten der Strukturierung. Wir nehmen für die Gliederung Jesu Ankündigungen von Leiden, Tod und Auferstehung (16,21; 17,22-23; 20,18-19) auf. Sie beschreiben sein Schicksal in drei Schritten als *ausgeliefert werden* (παραδίδωμι), *getötet / gekreuzigt werden* (ἀποκτείνω / σταυρόω) und *erweckt werden* (ἐγείρω). Anhand dieser zentralen Verben lässt sich ebenfalls der letzte Abschnitt des Evangeliums in zwei Erzählbögen gliedern:

    a. 26,1-27,31a   Der ausgelieferte Messias-Menschensohn
    b. 27,31b-28,20   Der gekreuzigte
                      und inthronisierte Messias-Menschensohn

Der erste Abschnitt erzählt ausführlich die Auslieferung Jesu; das Verb *ausliefern / ausgeliefert werden* kommt von 26,2 bis 27,26 sehr häufig vor, danach jedoch nicht mehr. Der Vers 26,2 gibt das Thema des gesamten ersten Teils an: *der Menschensohn wird ausgeliefert, um gekreuzigt zu werden*. In 27,26 wird deutlich, dass Jesus zur Kreuzigung ausgeliefert wird, die dann ab 27,31b im zweiten Teil erzählt wird. Dieser erste Erzählbogen umfasst also die Tage kurz vor dem Pessach-Fest über das Pessach-Mahl mit den Schülern, die Gefangennahme Jesu in Getsemani und den doppelten Prozess zuerst vor den Juden, dann vor den Römern, bis hin zum Urteil, Jesus zu kreuzigen.

Der zweite Abschnitt handelt von der Kreuzigung, dem Tod, dem Begräbnis und der Auferstehung Jesu. Das Evangelium schließt mit der Erscheinung des Auferstandenen und seinem Auftrag an seine Schüler, alle Menschen zu lehren, Jesu Weisungen zu bewahren. Den Schluss bildet die bleibende Zusage des Auferstanden: *ich bin mit euch alle Tage bis zur Vollendung des Aions* (28,20) als Inklusion zu 1,23: *mit uns ist Gott*.

a. 26,1-27,31a Der ausgelieferte Messias-Menschensohn

Die Tage vor dem Pessach-Fest: 26,1-16

Die Entscheidung, Jesus zu töten
¹ Und es geschah – als Jesus alle diese Worte beendet hatte –,
sprach er zu seinen Schülern:
²   Ihr wisst,   dass in zwei Tagen das Pessach ist,
       und der Menschensohn wird ausgeliefert,
          um gekreuzigt zu werden.
³ Da versammelten sich die Hohenpriester und die Ältesten des Volkes
   in dem Hof des Hohenpriesters
   – der Kajaphas genannt wurde –,
⁴ und sie berieten sich,
   um Jesus mit List zu ergreifen und zu töten;
⁵ Sie sagten aber: Nicht am Fest,
       damit nicht im Volk ein Tumult entsteht.

Die Salbung Jesu durch die Frau
⁶ Als aber Jesus in Bethanien – im Haus Simons des Aussätzigen – war,
⁷ kam eine Frau zu ihm – habend eine Alabasterflasche kostbaren Öls –,
   und sie schüttete es über seinen Kopf, während er zu Tisch lag.
⁸ Aber die Schüler – es sehend – wurden unwillig,
   sagend: Wozu diese Vergeudung?
⁹   Denn dies hätte für viel verkauft werden können
      und den Armen gegeben werden können!
¹⁰ Aber – es erkennend – sprach Jesus zu ihnen:
      Was macht ihr der Frau Ärger?
      Denn   sie wirkte an mir ein gutes Werk!
¹¹   Denn   allezeit   habt ihr die Armen bei euch
      – mich aber   habt ihr nicht allezeit.
¹²   Denn   als sie dieses Öl auf meinen Leib schütte,
      tat sie es zu meinem Begräbnis.
¹³ Amen, ich sage euch:
      Wo immer dieses Evangelium in der ganzen Welt verkündet wird,
      wird auch geredet werden, was diese (Frau) tat,
      zum Gedenken an sie!

Die Entscheidung des Judas
¹⁴ Dann ging einer der Zwölf – der Judas Iskariot genannt wurde –
   zu den Hohenpriestern,
¹⁵ (und) er sprach: Was wollt ihr mir geben, wenn ich ihn euch ausliefere?
   Die aber legten ihm dreißig Silberstücke hin.
¹⁶ Und von da an   suchte er Gelegenheit,   dass er ihn ausliefere.

Mt 26,1-16

Die Gewebestruktur des Textes

Die erste der sieben szenischen Einstellungen handelt von den letzten beiden Tagen vor dem Pessach-Fest und besteht aus drei Akten, die von der Entscheidung, Jesus zu töten (26,1-5), von der Frau, die Jesus salbt (26,6-13), und von der Entscheidung des Judas, Jesus auszuliefern (26,14-16) erzählen. Das feindliche Handeln an Jesus – die Tötungsabsicht der Hohenpriester und Ältesten sowie der Verrat des Judas – rahmt das liebevolle Handeln der namenlosen Frau, die Jesus salbt. Dadurch entsteht zwischen beiden Handlungen ein scharfer Kontrast; zugleich wird aber auch deutlich, dass das Schicksal Jesu nun nicht mehr aufgehalten werden kann.

Das semantische Geflecht des Textes

26,1-5 Die Entscheidung, Jesus zu töten
Matthäus markiert durch die Formulierung *und es geschah, als Jesus alle diese Worte beendet hatte* (26,1a) einen deutlichen Einschnitt. Mit der eschatologischen Rede (24,1-25,46) sind nun *alle* Reden Jesu abgeschlossen. Das Gewicht der Erzählungen von Passion, Tod und Auferstehung liegt nun eindeutig auf den Handlungen, wobei Matthäus durch seine Darstellungsweise verdeutlicht, dass Jesus Herr der Ereignisse bleibt. Innerhalb der ausführlich erzählten Handlungen wirken die kurzen Worte Jesu besonders akzentuiert.

Der letzte Teil des Evangeliums beginnt mit einem Überblick (26,1b-2), der im Stil der vorherigen drei Ankündigungen von Leiden, Tod und Auferstehung den nun einsetzenden Beginn der Auslieferung des Menschensohnes anzeigt. Die Einleitung mit *ihr wisst* (26,2) signalisiert den Lesern, dass ihnen das jetzt Gesagte bereits bekannt ist, weil Jesus es zuvor mehrfach angekündigt hatte. Während in den Ankündigungen von Leiden, Tod und Auferstehung die Hohenpriester und Ältesten als Genitiv- bzw. Dativ-Objekte genannt wurden, denen der Menschensohn übergeben wird und durch die er leiden wird, treten sie jetzt als handelnde Subjekte auf. Der Anschluss mit *da / dann* (26,3) wirkt wie eine sofortige Konsequenz der Worte Jesu. Matthäus signalisiert damit das jetzige Einsetzen der Passion.

Das Zusammenkommen der Hohenpriester und Ältesten im Palast des Kajaphas ist von Matthäus nicht als offizielle Versammlung des Hohen Rates (Synedrium) gestaltet, denn der traf sich normalerweise im Tempelbereich und nicht im Palast des Hohen Priesters. Durch den anderen Ort bekommt diese Versammlung einen konspirativen Charakter, der sowohl durch die Bemerkung, dass sie *sich berieten, um Jesus mit List zu ergreifen und zu töten* (26,4), als auch durch ihre Überlegung, einen *Tumult im Volk* (26,5) zu vermeiden, noch unterstützt wird. Dass sie das Volk fürchten, verdeutlicht den Lesern, dass das Volk Israel gerade nicht am Plan, Jesus zu töten, beteiligt war. Auffallend ist weiterhin, dass der Plan der Hohenpriester und Ältesten nicht dem entspricht, was Jesus gerade zuvor angekündigte, denn sie wollen das Fest ausdrücklich vermeiden, während Jesus seine Auslieferung für das Pessach-Fest terminierte.

26,6-13 Die Salbung Jesu durch die Frau

Der zweite Akt spielt in Bethanien, im Haus Simons des Aussätzigen (26,6). Die zusätzliche Beschreibung des unbekannten Simon als *Aussätzigen* (nicht als früher aussätzig gewesener und / oder von Jesus geheilter Aussätziger) vergegenwärtigt den Lesern gleichsam nebenbei nicht nur Jesu Taten, sondern auch seine Zuwendung zu den Ausgegrenzten und Marginalisierten: Jesus ist bei einem Aussätzigen eingeladen und isst mit ihm (26,7).

Die Frau, die Jesu Kopf mit sehr viel kostbarem Öl salbt (26,7), bleibt anonym; auch über ihre Motivation berichtet Matthäus nur aus den deutenden Perspektiven der Schüler und Jesu. Die Schüler sehen in ihrem Handeln eine *Vergeudung* (26,8-9). Ihr Protest von der Perspektive der Armen her, denen mit dem Erlös für das verkaufte Öl viel Gutes hätte getan werden können, greift auf die Identifikation Jesu mit den Kleinen zurück (25,40.45) und ist daher konsequent, weil ja Jesus etwas Gutes getan wird, indem den Kleinen Gutes getan wird.

Diese unausgesprochene Begründung erkennt Jesus (26,10a) und weist sie als *der Frau Ärger machen* (26,10b) zurück, so dass deutlich wird, dass diese Überlegungen der Schüler hier falsch sind. Zusätzlich kennzeichnet Jesus das Handeln der Frau ausdrücklich als *gutes Werk an mir* (26,10c): das, was die Schüler wollten, nämlich Jesus Gutes tun, hat sie durch ihr Handeln also tatsächlich getan, ihr Handeln ist also richtig. Jesus fügt mit dem zweifachen *denn* noch eine doppelte Erklärung an (26,11.12): den Armen kann immer Gutes getan werden, *denn* es gibt sie immer, Jesus aber ist nicht immer so gegenwärtig, dass ihm direkt Gutes getan werden kann. Während sonst immer Jesus derjenige ist, der anderen Gutes tut, ist dieses einzige Mal er selbst der Empfänger des Guten: das Handeln der Frau steht damit in krassem Gegensatz zur bösen Absicht der Hohenpriester und Ältesten (26,4).

Diese Frau ist im gesamten Evangelium die Einzige, die Jesus etwas Gutes getan hat; das ist der erste Grund, weshalb im Zusammenhang mit dem Evangelium stets an sie gedacht werden wird (26,13). Der zweite wichtige Grund, weshalb an sie und besonders an ihr Handeln gedacht wird, liegt gerade darin, dass ihr Handeln zeigt, dass Jesus auch auf eine noch andere Weise etwas Gutes getan werden kann, als allein durch das Handeln und den Armen (und Kleinen).

Natürlich will Matthäus keinesfalls den Dienst an den Kleinen – den Sozialdienst – abwerten, doch er verdeutlicht mit der zweiten Begründung Jesu, dass es neben dem Sozialdienst noch den Liebesdienst gibt, den diese Frau Jesus erwiesen hat, *denn* sie salbte seinen Leib für sein Begräbnis (26,12). Durch das liebevolle Handeln der Frau wird klar, dass das Gute, das jemandem sofort, spontan und aus Liebe getan werden kann, ebenso ein Handeln an Jesus ist und ihm Gutes zu tun bedeutet, wie das Handeln, das man ihm dadurch tut, dass man ihn „in" den Kleinen sieht und ihnen Gutes tut.

Hinter dieser Parallelisierung wird die Absicht deutlich, nicht den Liebesdienst zugunsten des Sozialdienstes abzuwerten. Diese Gefahr der Abwertung des Liebesdienstes besteht dann, wenn man den Menschen, die man liebt oder denen man nahe steht, nichts Gutes mehr tut, weil man meint, alles (Zeit, Zuwendung, Geld...) für die Armen geben zu müssen, um an ihnen nicht durch Nicht-Tun schuldig zu werden (25,45). Ein solches Handeln stellt den Sozialdienst über den Liebesdienst und führt zu einem Verkümmern der Liebe. Auch das kann natürlich weder in der Absicht Jesu noch in der des Matthäus gelegen haben, denn beides ist nötig. Liebesdienst und Sozialdienst sind beides Dienste an Jesus, durch die Jesus Gutes getan wird! Genau das lehrt das liebevolle, beispielhafte Handeln der namenlosen Frau.

26,14-16 Die Entscheidung des Judas
Die Aktion des Judas, der Jesus ausliefern will, steht wiederum in starkem Kontrast zur liebevollen Handlung der Frau, die Jesus salbte. Matthäus beschreibt das Handeln des Judas als Pakt mit den Hohenpriestern (26,14): er kommt zu ihnen mit dem Angebot, ihnen Jesus gegen eine Belohnung *auszuliefern* (26,15). Das Verb παραδίδωμι, das in der Passionserzählung durchgängig gebraucht wird, heißt gerade nicht „verraten", sondern *übergeben, ausliefern* im Sinne von *jemanden in die Hände von anderen geben* (17,22; 26,45), die ihm vielleicht oder wahrscheinlich etwas Böses tun; es meint daher auch *zulassen*, dass jemandem Böses geschieht, ohne dass man selbst aktiv einschreitet, um es zu verhindern. In dieser Bedeutung wird es dann auf Gottes Heilsplan bezogen gebraucht (16,21; 26,54): der Menschensohn wird in die Hände von Menschen gegeben – ihnen sowohl anvertraut als auch ausgeliefert –, ohne dass Gott einschreiten würde, um etwas zu verhindern, das die Menschen an ihm tun würden.

Die Hohenpriester gehen auf Judas' Angebot ein und bezahlen ihn mit dreißig Silberstücken, wobei Matthäus offen lässt, welche Währung gemeint ist. Generell wird bei den dreißig Silberstücken jedoch an einen eher geringen Betrag gedacht, so dass auch Geldgier als Motiv nur scheinbar in Frage kommt, denn Judas bringt das Geld anschließend zurück bzw. wirft es in den Tempel (27,3.5). Mit dem Betrag von dreißig Silberstücken wird an Sach 11,12-13 angeknüpft, worauf Matthäus aber erst in 27,9 explizit hinweist. Die Leser verstehen dann, dass Jesu Schicksal sich schriftgemäß erfüllt.

Die Formulierung *und von da an* (26,16) gibt den Beginn eines neuen Zeitabschnitts an: Judas sucht nach einer Gelegenheit, Jesus auszuliefern. Was auch immer ihn zu seinem Handeln bewogen hat: indem er Jesus ausliefert, erfüllt er den Plan Gottes, so wie es Jesus angekündigt hat (26,2).

Pragmatische Knotenpunkte des Textes

Die Leser werden den Widerspruch zwischen dem Plan der Hohenpriester und Ältesten und der Ankündigung der Passion durch Jesus bemerkt haben. Die Ereignisse werden aber so ablaufen, wie Jesus sie ankündigte. Derselbe Bruch zwischen menschlichem Planen und dem göttlichen Plan wird in der Erzählung von der Entscheidung des Judas, Jesus auszuliefern, deutlich. Auch Judas kennt den Zeitpunkt nicht, sondern muss nach einer Gelegenheit suchen, Jesus auszuliefern; Jesus hat aber bereits mehrmals das Pessach-Fest als den Zeitpunkt seines Ausliefens angekündigt. So wird gleich zu Beginn der

Der ausgelieferte Messias

Passionserzählung deutlich, dass Jesus, der den Plan Gottes kennt, ihn bewusst – und nicht als Opfer – erfüllt. Hinter seinem bevorstehenden Leiden und Tod scheint also für die aufmerksamen Leser schon der Heilsplan Gottes durch: Gott verwirklicht seinen Plan trotz der ihm widersprechenden Pläne der Menschen und trotz Leiden und Tod, das die Menschen verursachen.

Das Beispiel der namenlosen Frau, die Jesus salbt, ist eine einladende Identifikationsrolle für die Leser. In ihrem Handeln finden sie noch einen weiteren Impuls: die Frau tut Jesus in verschwenderischer Weise etwas Gutes. Sicherlich kann Gutes auf unterschiedliche Weise und in verschiedener Intensität getan werden; das beispielhafte Handeln der Frau ermutigt dazu, mit dem Tun des Guten nicht zu geizen, nicht nur das Nötigste zu tun, sondern das Gute verschwenderisch zu tun. Damit eröffnen sich den Lesern viele Möglichkeiten, Jesus „in" anderen – in den Kleinen und in den uns lieben Menschen – zu sehen und ihm auf vielfältige, kreative Weise etwas Gutes zu tun.

Das Pessach-Fest mit den Schülern: 26,17-29

Die Vorbereitung des Pessach-Mahls
¹⁷ Aber am ersten Tag des Festes der Ungesäuerten Brote kamen die Schüler zu Jesus,
    sagend: Wo – willst du – sollen wir dir bereiten, das Pessach zu essen?
¹⁸ Der aber sprach:
    Geht in die Stadt zu dem und dem
    und sprecht zu ihm:
    Der Lehrer sagt: Meine Zeit ist nahe,
        Bei dir will ich das Pessach mit meinen Schülern halten.
¹⁹ Und es taten die Schüler, wie ihnen Jesus aufgetragen hatte,
    und sie bereiteten das Pessach.

Das Pessach-Mahl
²⁰ Als es aber Abend geworden war,
    lag er mit den Zwölf zu Tisch.
²¹ Und während sie aßen,
    sprach er: Amen, ich sage euch:
        Einer von euch   wird mich ausliefern.
²² Und – sehr betrübt – begannen sie zu ihm zu sagen
    – ein jeder –: Doch ich bin es nicht, Herr?
²³ Der aber – antwortend –
    sprach: Der mit mir die Hand in die Schüssel eintaucht, der wird mich ausliefern.
²⁴   Der Menschensohn geht seinen Weg
        – so wie über ihn geschrieben ist –,
    wehe aber jenem Menschen,
        durch den der Menschensohn ausgeliefert wird!
    Besser wäre es für ihn,
        wenn jener Mensch nicht gezeugt worden wäre!
²⁵ Antwortend aber sprach Judas – der ihn Ausliefernde –:
    Doch ich bin es nicht, Rabbi?
    Er sagt ihm: Du sagtest es.

- - - - -

Mt 26,17-29

> ²⁶ Während sie aber aßen,
> Jesus – nehmend Brot und segnend –,
> brach er es,
> und – gebend es den Schülern –,
> sprach er: Nehmt!
> Esst!
> Dies ist mein Leib.
> ²⁷ Und – nehmend einen Becher und dankend –,
> gab er ihn ihnen,
> sagend: Trinkt alle aus ihm!
> ²⁸ Denn dies ist mein Blut des Bundes,
> das für viele ausgegossen wird,
> zum Erlass von Sünden.
> ²⁹ Ich sage euch aber:
> Ab jetzt trinke ich nicht (mehr) aus diesem Ertrag des Weinstocks,
> bis zu jenem Tag,
> wenn ich ihn mit euch neu trinke im Königreich meines Vaters.

Die Gewebestruktur des Textes

Die zweite der sieben großen Szenen signalisiert mit der Zeitangabe *am ersten Tag des Festes der Ungesäuerten Brote* (26,17) den Beginn des Pessach-Festes und damit der Auslieferung Jesu (26,2). Unser Text erzählt in zwei Teilen vom Pessach-Mahl: zuerst von der Vorbereitung (26,17-19) und dann von der Feier des Pessach-Mahls (26,20-29), wobei sich dieser Teil noch einmal unterteilen lässt in die Feststellung der Auslieferung durch Judas (26,21-25) und in die Deutung von Brot und Wein als Leib und Blut Jesu (26,26-29).

Das semantische Geflecht des Textes

26,17-19 Die Vorbereitung des Pessach-Mahls
Matthäus stellt Jesus als denjenigen dar, der die Ereignisse seines bevorstehenden Schicksals genau kennt und sie in gewisser Weise auch lenkt. Er ist keine „Marionette" in einem unbekannten Spiel, sondern steuert durch seine Aktivität und bewussten Entscheidungen den Ablauf der Ereignisse. Die Schüler fragen daher danach, *wo sie ihm* (26,17) das Pessach bereiten sollen und er weist sie an, was sie genau tun sollen, was sie dann auch ebenso ausführen (26,19). Die Wendung *meine Zeit ist nahe* (26,18) verweist wiederum auf den Plan Gottes, den Jesus nicht nur passiv akzeptiert, sondern durch sein Handeln bewusst erfüllt.

26,20-29: Das Pessach-Mahl
Der zweite Teil der Szene wird mit der Zeitangabe *als es Abend geworden war* (26,20) eingeleitet. *Während sie aßen* (26,21a.26a) führt Jesus zwei bedeutende Aktionen aus: zuerst enthüllt er den anderen Schülern, wer ihn ausliefern wird (26,21-25), dann deutet er Brot und Wein auf seinen Leib und sein Blut (26,26-29).

Der ausgelieferte Messias

26,21-25: Mit einem Amen-Wort kündigt Jesus seine bevorstehende Auslieferung als eine Aktion eines Schülers aus dem Kreis der Zwölf an (26,21), was alle Beteiligten *sehr betrübt* werden lässt und *jeden* von ihnen dazu bringt, ihn zu fragen, ob *nicht ich es bin, Herr?* (26,22). Dass alle Schüler traurig werden, weil sich unter ihnen jemand befindet, der Jesus ausliefert, ist verständlich. Dass aber jeder der Schüler fragt, ob *nicht er es sei*, verwundert, denn eigentlich müsste jeder über sein Handeln informiert sein und selbst wissen, ob er es ist. Diese Frage ist nur dann sinnvoll zu verstehen, wenn die Schüler mit einem Handeln rechnen, dass sie selbst noch nicht kennen und durchschauen. Das könnte das Zulassen sein, dass Jesus etwas Böses geschieht oder auch das Übergeben Jesu in Hände von anderen, die ihm dann möglicherweise Übles tun. In diesem Sinne können sich auch die Leser diese Frage stellen: bewirke ich durch mein Handeln oder Zulassen, dass Jesus ausgeliefert wird, dass ihm oder seiner Botschaft geschadet wird?

Jesu Antwort (26,23-24) ist einerseits genau, bleibt aber andererseits auch generell und offen, denn *der mit mir die Hand in die Schüssel eintaucht*, ist beim Ritus des Pessach-Festes, wo Grünkräuter in Fruchtmus und in Salzwasser eingetaucht werden, grundsätzlich jeder der zwölf Schüler. Auch wenn das *Eintauchen mit mir* ein bestimmtes Eintauchen in einem bestimmten Moment meint, lässt Matthäus hier offen, welches Eintauchen gemeint ist, denn der Pessach-Ritus verlangt ausdrücklich ein zweimaliges Eintauchen. „An allen anderen Nächten brauchen wir nicht einzutauchen, auch nicht ein einziges Mal, in dieser Nacht zweimal", ist die nach dem Pessach-Ritus festgelegte dritte Frage des jüngsten Tischgastes. Indem Matthäus andeutet, dass alle Schüler Jesus ausliefern, weist er einerseits schon auf die Flucht der Schüler nach Jesu Verhaftung hin (26,56), andererseits hält er damit auch für die Leser die Möglichkeit und die Warnung offen, selbst zu denen zu gehören, die Jesus ausliefern, obwohl sie an seinem Gedächtnismahl teilnehmen.

Jesus ergänzt außerdem zwei Bemerkungen, die sowohl an den Plan Gottes erinnern, als auch die Schuld des Menschen festhalten: dass *der Menschensohn seinen Weg nach der Schrift geht*, bezeichnet alles Geschehen als schriftgemäß und damit als dem Willen Gottes entsprechend. Doch die Menschen sind keine „Marionetten" im Heilsplan Gottes, sie können sich frei dagegen entscheiden und daher auch schuldig werden, daher trifft *den Menschen, durch den der Menschensohn ausgeliefert wird,* das harte Urteil, dass es *für ihn besser wäre, dass er nicht gezeugt worden wäre*. Mit diesen sich scheinbar widersprechenden Aussagen deutet Matthäus an, dass Gott seinen Heilsplan verwirklichen wird, obwohl es immer Menschen gibt, die dagegen handeln: das menschliche Handeln kann den Heilsplan Gottes weder zerstören noch aufhalten.

Nun fragt auch Judas wie die anderen Schüler nach, ob nicht er es sei, der Jesus ausliefere (26,25). Der einzige Unterschied besteht darin, dass er Jesus nicht mit *Herr*, sondern mit *Rabbi* anredet. Das bedeutet nun aber keinen Bruch zwischen ihm und Jesus oder zwischen ihm und den anderen Schülern, da Jesus ja tatsächlich ihr Rabbi ist (23,8). Indem sich Judas zu Jesus mit der

Anrede *Rabbi* bekennt, ihn also als Lehrer anerkennt, erkennt er natürlich auch gleichzeitig Jesu Lehre an und ihn damit als *Herrn*.

Indem Matthäus Judas an dieser Stelle das zweite Mal (nach 10,4) ausdrücklich als *der ihn Ausliefernde* kennzeichnet, wirkt die Frage des Judas nun unverständlich, denn die Leser wissen ja bereits, dass es Judas ist, der Jesus ausliefert. Diese Kennzeichnung hat daher dazu geführt, dass Judas viel Übles angedichtet wurde. Da aber jeder der Schüler Jesus fragt (26,22), muss auch Judas fragen. Seine Frage bereitet auf der narrativen Ebene lediglich die Antwort Jesu vor; sie ist nur nötig, um zu verdeutlichen, dass Jesus wirklich wusste, wer ihn ausliefern würde. Auffallend ist, dass von Jesu Seite aus jetzt keine Kritik und kein Vorwurf mehr an Judas gerichtet werden. Matthäus deutet damit auch hier an, dass Jesus bewusst seinen Weg geht. Da Matthäus vom Weggehen des Judas hier nichts berichtet, kann davon ausgegangen werden, dass Judas auch beim folgenden Mahl dabei ist.

26,26-29: Während des Mahls führt Jesus noch eine weitere bedeutende Handlung aus: er deutet das Brot und den Wein auf seinen Leib und sein Blut. Die Handlungen des Segnens und Brechens des Brotes, von dem jeder der Teilnehmer des Pessach-Mahls ein Stück erhält (26,26), sowie das Dankwort über den Wein und das Trinken aus dem Becher (26,27) sind Teil des Pessach-Mahl-Ritus. Da Matthäus das Mahl Jesu ausdrücklich als Pessach-Mahl einführt (26,1-5.17-20), können wir davon ausgehen, dass er es auch als solches erzählen wollte. Wenn er nicht die gesamte Pessach-Haggadah nacherzählt und auch nicht auf alle Einzelheiten des Ritus eingeht, sondern nur Anspielungen bringt, genügt das für die Leser seiner Gemeinde, denn von ihrem jüdischen Kontext her war ihnen der Ablauf des Pessach-Mahls bekannt.

Dass später die Christusgläubigen das Herrenmahl nicht einmal im Jahr wie das Pessach-Mahl feierten, sondern wöchentlich, wird an der Parallele des Pessach-Mahl-Ritus zum Sabbat-Mahl liegen. Einen Auftrag an die Schüler, dieses Mahl auch zukünftig zu feiern, gibt Jesus bei Matthäus allerdings nicht. Matthäus schildert also hier ein einmaliges Ereignis, das aber später die Christusgläubigen als Gedächtnisfeier wiederholten.

Jesus deutet beim Mahl das Brot und den Wein im Blick auf die bevorstehende Passion und Kreuzigung auf seinen Leib und sein Blut. Die Leser bekommen daher hier schon die Deutung für das folgende Geschehen und den Tod Jesu vorgegeben: *Jesu Blut wird zum Erlass für die Sünden vergossen* (26,28). Damit verweist Matthäus auf den Anfang des Evangeliums zurück, wo er Jesus als denjenigen vorstellte, der *sein Volk von seinen Sünden retten* wird (1,21).

Dass das Blut Sühnekraft hat ist eine gängige Vorstellung: entweder hat der Schuldige seine Schuld durch sein eigenes Blut gesühnt oder stellvertretend wurde das Blut eines von ihm geopferten Tieres vergossen. Auch dem Blut der Gerechten (23,35) wurde daher stellvertretende Sühnekraft zugesprochen. Im selben Sinn sühnt auch Jesu Blut die Sünden, nun allerdings nicht nur von einzelnen, sondern *für viele*. Das *für viele* ausgegossene Blut meint von 1,21 her, wo es um die Errettung des ganzen Volkes von seinen Sünden geht: *für alle*. Jesu Blut hat also ein- für allemal den Erlass von Sünden *für alle* bewirkt. Das *für alle* bezeichnet nicht nur alle Menschen in der Vergangenheit, sondern bezieht auch die Gegenwart und Zukunft mit ein.

Die Bezeichnung des Blutes Jesu als *mein Blut des Bundes* greift Ex 24,8 auf. Wenn Jesu Blut *sein Volk von seinen Sünden retten* wird und *für alle* vergossen wird, dann kann Matthäus hier gar nicht von einem anderen oder von einem neuen Bund oder gar von einem anderen Volk sprechen. Es handelt sich um denselben Bund, den Gott mit seinem Volk für immer geschlossen hat. Der Bundesschluss am Sinai hat ja auch nicht den Bund mit Abraham oder mit Noah „abgelöst", sondern vielmehr das andauernde Bestehen des Bundes bestätigt. Durch das Personalpronomen *mein* wird das Blut Jesu besonders spezifiziert: Jesus bestätigt diesen immer bestehenden Bund mit seinem Blut.

Jesus beendet seine Worte mit einem Ausblick, der einerseits auf seinen nahen, bevorstehenden Tod, andererseits aber zugleich auf das eschatologische Ende verweist (26,29). *Ab jetzt* bezeichnet den Moment der Gegenwart zur Zeit Jesu, der für die aktuellen Leser schon in der Vergangenheit liegt und auf eine unbestimmte Zukunft ausblickt. Mit *bis zu jenem Tag* wird in der Zukunft ein noch unbestimmter Zeitpunkt festgelegt, der das Bestehen des *Königreiches meines Vaters* voraussetzt und im *mit euch* die weiterhin bestehende Gemeinschaft mit Jesus ankündigt. Die Leser können gewiss sein, dass trotz des bevorstehenden Todes Jesu Gottes Heilsplan nicht gefährdet wird.

Pragmatische Knotenpunkte des Textes

Das harte Urteil Jesu über Judas im Zusammenhang mit der Erfüllung der Schrift hat viel Leid verursacht, das die Christen den Juden angetan haben. Wie ist es zu verstehen, dass Judas einerseits so scharf verurteilt wird, andererseits aber doch den Heilsplan Gottes erfüllt? Wir dürfen uns Gottes Heilsplan nicht wie eine „Aufgabenliste" denken, die „nacheinander abgehakt" wird, sondern sollten ihn uns flexibel vorstellen: wenn etwas nicht wie geplant verläuft, findet Gott einen anderen Weg, um seine Schöpfung letztlich zum Heil zu führen.

Gottes Heilsplan sieht also gerade nicht definitiv vor, dass es Judas ist, der Jesus ausliefern „muss", das war Judas' eigene Entscheidung, deshalb macht er sich schuldig. Das Ausliefern Jesu meint in Bezug auf den Heilsplan Gottes, dass Gott Jesus in die Hände der Menschen gibt. Dadurch zeigt er sein Vertrauen in die Menschen und offenbart ihnen ihre Freiheit und Verantwortung – und damit auch seine eigene Schwachheit. Dass Judas Jesus ausliefert, also dafür sorgt oder es zulässt, dass ihm feindlich gesonnene Menschen Übles tun können, hätte nicht so sein müssen, zeigt aber wieder die Schwachheit Gottes – und entspricht darin auch dem Plan Gottes. Trotz seines Handelns ist Judas ein Teil des göttlichen Heilsplans. Das heißt aber nun gerade nicht, dass wir tun können, was wir wollen, weil Gott ja ohnehin alles wieder „gut" machen wird und es bedeutet auch keine „glückliche Schuld", denn dann würden wir die Schwachheit Gottes ausnutzen und sein uns geschenktes Vertrauen missbrauchen. Wir können also schuldig werden, aber keine Schuld ist so groß, dass sie Gottes Heilsplan verhindern könnte. Unser Ziel sollte allerdings sein, uns dem von Gott entgegengebrachten Vertrauen würdig zu zeigen und Gottes Schwachheit nicht auszunutzen, sondern ihr mit Liebe zu begegnen.

Dasselbe wird auch durch den Hinweis auf das durch Jesus für alle vergossene Blut zum Erlass von Sünden deutlich: die aktuellen Leser verstehen, dass sie Gott gegenüber keine Schuld mehr haben und auch nie mehr haben werden. Das heißt nicht, dass wir nichts Böses mehr tun oder nicht mehr schuldig werden können, sondern meint, dass von Gott her uns unsere Schuld bereits vergeben ist. Gott rechnet nicht kleinlich auf und trägt nichts nach, sondern vergibt uns von vornherein; dadurch eröffnet er uns ein ganz anderes, befreites Handeln und bietet uns jederzeit einen möglichen Neuanfang an.

Die Gefangennahme in Getsemani: 26,30-56

Ankündigung der Verleugnung
30 Und nachdem sie (den Lobgesang) gesungen hatten,
    gingen sie hinaus zum Ölberg.
31 Da sagt ihnen Jesus: Ihr alle werdet in dieser Nacht an mir Anstoß nehmen;
    Denn es ist geschrieben:
    Ich werde den Hirten schlagen,
    und die Schafe der Herde werden zerstreut werden. (*Sach 13,7*)
32   Aber nach meinem Erweckt-Werden
    werde ich euch vorangehen nach Galiläa.
33 Antwortend aber
    sprach Petrus zu ihm: Wenn   alle Anstoß nehmen werden an dir,
    – ich werde niemals Anstoß nehmen!
34 Es sagte ihm Jesus: Amen, ich sage dir: In dieser Nacht – ehe ein Hahn schreit –,
    wirst du mich dreimal verleugnen.
35 Es sagt ihm Petrus: Und wenn ich mit dir sterben müsste!
    – Ich werde dich nicht verleugnen.
Genauso sprachen auch alle Schüler.

Jesus betet – die Schüler schlafen
36 Dann kommt Jesus mit ihnen zu einem Platz – genannt Getsemani –,
    und er sagt den Schülern: Setzt euch da, während ich – dort hingehend – bete.
37 Und – mitnehmend den Petrus und die zwei Söhne des Zebedäus –
    begann er betrübt zu werden
    und Angst zu haben.
38 Da sagt er ihnen: *Ganz betrübt ist meine Seele bis zum Tod,* (*Ps 42,6.12; 43,5*)
    bleibt hier und wacht mit mir!
    - - - - -
39 Und – ein wenig vorgehend – fiel auf sein Gesicht,
    – betend und sagend –: Mein Vater,
        wenn es möglich ist – soll dieser Kelch an mir vorübergehen;
        aber nicht wie ich will – sondern wie du!
40 Und er kommt zu den Schülern
    und findet sie schlafend
    und er sagt dem Petrus: So vermochtet ihr nicht eine einzige Stunde mit mir zu wachen?

Der ausgelieferte Messias

⁴¹ Wacht und betet, damit ihr nicht in Versuchung (hinein)kommt!
Der Geist ist zwar bereit – aber das Fleisch ist schwach.

- - - - -

⁴² Wieder – zum zweiten Mal weggegangen –
betete er – sagend –: Mein Vater, wenn dieser (Kelch) nicht vorübergehen kann,
ohne dass ich ihn trinke – soll dein Wille geschehen!
⁴³ Und – gekommen – fand er sie schlafend,
denn ihre Augen waren schwer geworden.

- - - - -

⁴⁴ Und – lassend sie, wieder weggegangen –
betete er – zum dritten Mal – dasselbe Wort wieder sprechend.
⁴⁵ Dann kommt er zu den Schülern
und sagt ihnen: Ihr schlaft weiter und ihr ruht euch aus!
– Siehe! – nahe gekommen ist die Stunde,
und der Menschensohn
wird in die Hände von Sündern übergeben.
⁴⁶ Steht auf, gehen wir!
– Siehe! – nahe gekommen ist der mich Ausliefernde.

Die Verhaftung

⁴⁷ Und noch während er redet – siehe! – Judas – einer der Zwölf – kam,
und mit ihm (kam) eine große Volksmenge mit Schwertern und Hölzern
von den Hohenpriestern und Ältesten des Volkes.
⁴⁸ Der ihn Ausliefernde aber gab ihnen ein Zeichen,
sagend: Wen immer ich küssen werde – der ist es!
Ergreift ihn!
⁴⁹ Und sogleich – hinkommend zu Jesus –
sprach er: Gruß dir, Rabbi!
Und er küsste ihn.
⁵⁰ Jesus aber sprach zu ihm:
Freund, wozu / dazu bist du da?
Dann – hinzukommend – legten sie Hand an Jesus,
und sie ergriffen ihn.

- - - - -

⁵¹ Und – siehe! – einer derer mit Jesus – ausstreckend die Hand – zog sein Schwert heraus
und – schlagend den Knecht des Hohenpriesters – hieb er dessen Ohr ab.
⁵² Da sagt ihm Jesus: Stecke dein Schwert weg an seinen Platz!
Denn alle, die ein Schwert nehmen –
durchs Schwert werden sie vernichtet werden.
⁵³ Oder meinst du, dass ich nicht meinen Vater bitten kann,
und er wird mir jetzt mehr als zwölf Legionen Engel hinstellen?
⁵⁴ Wie nun würden die Schriften erfüllt, (die sagen,)
dass es so geschehen muss?

- - - - -

⁵⁵ In jener Stunde sprach Jesus zu den Volksmengen:
Wie gegen einen Räuber kamt ihr heraus –
um mich mit Schwertern und Hölzern festzunehmen?
Täglich saß ich im Heiligtum – lehrend –
und ihr ergrifft mich nicht!
⁵⁶ Dies Ganze aber geschah, damit erfüllt würden die Schriften der Propheten.
Dann flohen die Schüler,
– alle – ihn verlassend.

Mt 26,30-56

Die Gewebestruktur des Textes

Die dritte der sieben großen Szenen erzählt das Geschehen nach dem Pessach-Mahl am Ölberg, im Garten Getsemani (26,30.36). Die Erzählung entfaltet sich dort in drei Akten: im ersten Akt kündigt Jesus seine Verleugnung an (26,30-35); im zweiten Akt betet er drei Mal zu seinem Vater, während die Schüler immer wieder einschlafen (26,36-46) und der dritte Akt handelt von Jesu Auslieferung durch Judas und von seiner Verhaftung (26,47-56).

Während der erste Akt recht kurz das Gespräch zwischen Jesus und Petrus erzählt, sind die beiden anderen Akte ausführlicher gestaltet. Der zweite Akt lässt sich in vier Handlungsschritte einteilen: nach der Situationsbeschreibung (26,36-38) geht Jesus drei Mal etwas abseits, um zu beten; jedes Mal, wenn er zurück kommt, findet er seine Schüler schlafend vor, obwohl sie eigentlich mit ihm wachen sollten (26,39-41.42-43.44-46).

Der dritte Akt setzt sich aus drei Handlungsschritten zusammen, von denen der erste die Auslieferung durch Judas erzählt (26,47-50). Der zweite enthält aufgrund der Verletzung eines Knechts des Hohenpriesters durch einen Schüler Jesu ein längeres Wort Jesu (26,51-54). Der vierte Handlungsschritt stellt Jesu Reaktion auf seine Verhaftung gegenüber den Volksmengen dar (26,55) und schließt die gesamte große Szene mit der Flucht der Schüler ab (26,56).

Das semantische Geflecht des Textes

26,30-35 Die Ankündigung der Verleugnung

Der Hinweis *nachdem sie (den Lobgesang) gesungen hatten* (26,30), verweist auf das Hallel, das die Pessach-Feier abschließt. Der Ortswechsel *zum Ölberg* gibt den Rahmen der neuen Szene an. Jesus kündigt durch ein Schriftwort nicht nur an, dass alle seine Schüler an ihm Anstoß nehmen werden, sondern deutet noch einmal auf seinen bevorstehenden gewaltsamen Tod hin (26,31). Bedeutsam ist, dass Jesus wie schon bei den früheren Ankündigungen von Leiden, Tod und Auferweckung wieder ausdrücklich auf seine Auferweckung hinweist (26,32). Die Leser finden hier das deutliche Signal, Jesu Leiden und Tod immer im Zusammenhang mit der Auferweckung zu sehen: Jesu Tod bedeutet gerade nicht das Ende! Das verstärkt hier der neue Zusatz, dass Jesus seinen Schülern *vorangehen wird nach Galiläa*, womit Matthäus auf die Erscheinung des Auferstandenen und die Aussendung der Schüler verweist. Sowohl die Schüler als auch die Leser sollen wissen, dass der Tod weder für Jesus noch für Gott einen Beziehungsabbruch bedeutet. Insofern Jesus schon die Begegnung in Galiläa ankündigt, stellt Matthäus ihn wieder deutlich als denjenigen dar, der die bevorstehenden Ereignisse kennt und lenkt.

Petrus und auch alle anderen Schüler beteuern, dass sie nicht an Jesus Anstoß nehmen werden (26,33.35), im entscheidenden Moment verhalten sie sich aber doch anders (26,56). Die Schüler Jesu haben sich selbst überschätzt. Jesus, der um die Verleugnung durch Petrus weiß und sie ihm sogar zeitgenau vorhersagt (26,34), erscheint wieder als Kenner und Lenker der Ereignisse. Interessanterweise macht er weder Petrus noch den anderen Schülern Vorwürfe. Matthäus deutet den Lesern damit an, dass Selbstüberschätzung und Versagen auf dem Weg zur Nachfolge durchaus möglich sind und deshalb auch nicht davon entbinden, Schüler Jesu zu sein und zu bleiben.

26,36-46 Jesus betet – die Schüler schlafen
26,36-38: Die Ortsangabe *Getsemani* markiert den Beginn eines neuen Abschnitts (26,36). Jesus wählt aus dem Kreis seiner Schüler Petrus, Jakobus und Johannes aus, ihn zu begleiten (26,37). Es sind dieselben Schüler, die schon zuvor seine Verklärung und die himmlischen Erscheinungen auf dem Berg miterlebt haben (17,1-13). Sie sollen Jesus nun in seiner Angst und Trauer beistehen, *bei ihm bleiben und mit ihm wachen* (26,38). Jesus, der sonst in Not immer bei seinen Schülern war und sie errettet hat (8,23-27; 14,23-33), erbittet nun seinerseits etwas von den Schülern.

26,39-41: Jesus geht noch ein Stück weiter abseits, um allein zu beten (26,39a). Obwohl er sein bevorstehendes Schicksal kennt und selbst mehrfach seinen gewaltvollen Tod angekündigt hat, leidet Jesus Todesangst. Die Formulierung *wenn es möglich ist, soll dieser Kelch an mir vorüber gehen* (26,39b) drückt nicht nur seine Angst aus, sondern zeigt auch, dass er sich ganz in die Hände seines Vaters gibt. Matthäus unterstreicht damit, dass Jesus trotz der engen Beziehung zu seinem Vater und trotz seines Wissens um seine Auferweckung sehr menschlich und keinesfalls „gern" gelitten hat. *Wenn es möglich ist* hält prinzipiell einen anderen Ausgang offen und betont damit, dass Gott nicht an einen bestimmten Ablauf der Geschichte gebunden ist. Gott könnte auch anders handeln und Jesus *mehr als zwölf Legionen Engel schicken* (26,53). Deshalb bittet Jesus seinen Vater ausdrücklich darum, dass es geschehe *aber nicht wie ich will, sondern wie du* (26,39c). Damit vertraut Jesus darauf, dass Gottes Wille letztlich gut sein wird und zum Guten führen wird, auch wenn das aus seiner eigenen Sicht momentan nicht so erscheinen mag. Die Leser werden sich bei diesen Worten an die Bitte im Vaterunser *dein Wille geschehe* (6,10) erinnern, aber auch daran, dass Gott *schon weiß, was wir brauchen, noch bevor wir ihn darum bitten* (6,8.32). Jesu Gebet und seine Haltung gegenüber seinem Vater sind für die Leser vorbildlich.

Als Jesus nach seinem Gebet zurück zu den drei Schülern kommt, findet er sie schlafend (26,40). Seine Worte an die Schüler *so vermochtet ihr nicht eine einzige Stunde mit mir zu wachen?* bringen seine Enttäuschung über ihr Verhalten zum Ausdruck. Die Schüler, die ihm gerade zuvor ihre Solidarität bekundet hatten (26,35), sind nicht in der Lage, ihm in seiner schweren Stunde beizustehen. Matthäus verdeutlicht damit, dass das menschliche Selbstbild auch in Kleinigkeiten durchaus nicht immer der Wirklichkeit entspricht. Dass Anspruch und Wirklichkeit – *der Geist ist zwar bereit, aber das Fleisch ist schwach* (26,41b) – so sehr auseinander fallen, ist gerade keine dualistische Erklärung, die uns als Entschuldigung dienen könnte, denn die Erwartung Jesu an seine Schüler drückt ja klar die Möglichkeit aus, wozu wir fähig sein können und sein sollten.

Der Zusatz *wachet und betet, damit ihr nicht in Versuchung geratet* (26,41a) ist nicht nur auf die hier erzählte Situation bezogen, sondern erinnert auch an Jesu Aufforderung zur Wachsamkeit in der eschatologischen Rede (24,42; 25,13). Diese mögliche Verknüpfung ist ein Appell an die Leser, angesichts von Leid und Tod nicht die Augen zu verschließen, in Lethargie zu verfallen oder zu verzweifeln, sondern gezielt und aktiv den Herrn zu erwarten, der das Geschick der Welt zum Guten Ende führen wird.

26,42-43: Jesus geht zum zweiten Mal weg, um ähnlich wie zuvor zu beten. Sein Gebet *wenn dieser Kelch nicht vorübergehen kann, ohne dass ich ihn trinke – soll dein Wille geschehen* (26,42) drückt nun seine völlige Zustimmung zum Willen Gottes aus: Jesus entscheidet sich damit ganz bewusst, den Willen Gottes zu erfüllen, auch wenn das für ihn Leid und Tod bedeutet. Grundsätzlich bleibt mit dem *wenn…nicht* wieder die Möglichkeit eines anderen Geschehens offen. Jesus ist aber nun in der Lage, auch trotz Leid und Tod die Erfüllung des Heilsplanes Gottes zu sehen. Das heißt allerdings gerade nicht, dass Gott das Leiden oder den Tod will oder gar gut heißt. Gott ist nicht sadistisch; wenn wir leiden, tun wir Gott keinen Gefallen damit und erwerben uns auch keine „himmlische" Belohnung. Leid ist sinn-los und soll nicht sein. Wir dürfen aber sicher sein, dass Gott seinen Heilsplan trotz Leid und Tod erfüllt und dass weder Leid noch Tod Gottes Heilsplan aufhalten können. Das haben uns Jesu Leiden und Tod deutlich gezeigt.

Als Jesus zurück zu den Schülern kommt, schlafen sie schon wieder; die Begründung *denn ihre Augen waren schwer geworden* (26,43) ist kaum eine Entschuldigung, sondern eher ein deutlicher Hinweis auf ihr erneutes Versagen und damit eine klare Warnung an die Leser. Obwohl Jesus dieses Mal nichts zu seinen Schülern sagt, sondern nur ihr Schlafen bemerkt, können sich die Leser seine Enttäuschung vorstellen. Das Verhalten der Schüler, die trotz der Bitte Jesu und der vorigen Ermahnung nicht fähig sind, mit Jesus zu wachen und zu beten, stellt den Lesern ein deutliches Negativmodell vor Augen.

26,44-46: Zum dritten Mal geht Jesus weg, um mit denselben Worten wie zuvor zu beten, d.h. er bestätigt seine Haltung Gott gegenüber, dass er trotz Leid und Tod an die Erfüllung des Heilsplanes Gottes glaubt (26,44). Währenddessen schlafen seine Schüler immer noch. Jesu Worte können als Frage oder als ironischer Imperativ verstanden werden; sie drücken jedenfalls mit dem Vorwurf auch seine Enttäuschung aus (26,45).

Mit einem doppelten *siehe! – nahe gekommen ist…* (26,45-46) verweist Jesus auf die direkt bevorstehende Passion. Diese Ereignisse treffen jedoch erst dann ein, nachdem Jesus drei Mal im Gebet seine Bereitschaft zu seinem Leidensweg Gott gegenüber erklärt hat. Matthäus stellt damit Jesus als denjenigen dar, der durch seine Entscheidung das Geschehen lenkt. Das verdeutlicht auch sein Ruf: *steht auf, gehen wir!* (26,46); er ruft seine Schüler nicht nur auf, den nahenden Gegnern entgegen zu gehen, sondern fordert sie auch dazu auf, ihn auf seinem Leidensweg zu begleiten.

26,47-56 Die Verhaftung

26,47-50: Nachdem Jesus im Gebet Gott gegenüber seine Bereitschaft erklärt hat, auch den Weg des Leidens und Todes als möglichen Weg Gottes zum Heil zu erkennen, entwickeln sich nun die Ereignisse sehr schnell. *Während er noch redete*, kommt Judas, den Matthäus immer noch als *einer der Zwölf* kennzeichnet (26,47). Die Leser erkennen daran, dass das Geschehen so abläuft, wie es Jesus vorausgesagt hatte (26,21). Die Hohenpriester und Ältesten, mit denen Judas übereingekommen war, ihnen Jesus auszuliefern (26,3-5.14-16), begleiten Judas. Ihre starke Bewaffnung deutet ihre Absicht an, Jesus zu töten. Das Zeichen, das Judas mit seinen Begleitern vereinbart hatte, um Jesus in der Dunkelheit unter den Schülern zu identifizieren, ist ein Kuss (26,48). Matthäus weist hier schon mit dem Zusatz *ergreift ihn* darauf hin, dass Judas Jesus zwar ausliefern, aber nicht umbringen lassen wollte; daher wird er später auch von der Reue des Judas erzählen (27,3-5).

Judas tritt zu Jesus und begrüßt ihn, bevor er ihm einen Kuss gibt (26,49). Schon seine Begrüßung wirkt auf die Leser befremdend, denn Judas hatte ja gerade zuvor noch mit Jesus und den anderen Schülern das Pessach-Mahl gefeiert. Spätestens seine Anrede Jesu mit *Rabbi* wird die Leser an dieses gemeinsame Mahl erinnern (26,25); damit verstehen sie, dass alles so geschieht, wie es Jesus angekündigt hatte. Das Küssen drückt Zugehörigkeit, Freundschaft und Verehrung aus. Einen Kuss als Zeichen zu wählen, um jemanden auszuliefern, erscheint paradox, es ist aber auch ein taktisch sinnvolles Zeichen, um von vornherein Widerstand unter den Schülern zu vermeiden.

Für Matthäus drückt dieses widersprüchliche Zeichen recht genau das Ausliefern des Judas aus, der Jesus zwar in die Hände der Hohenpriester geben wollte (26,15-16), aber nicht dafür sorgen wollte, dass er verurteilt wurde, so dass er seine Tat bereut, als er die Konsequenzen sieht (27,3-5). Jesus redet Judas mit *Freund* an; die Formulierung *wozu / dazu bist du da* ist offen gelassen, so dass sie sowohl Jesu Wissen verdeutlicht, als auch Judas widerspiegelt, was er tut (26,50), ohne ihn zu verurteilen. Erst nach diesem kurzen Gespräch wird Jesus gefangen genommen, wodurch Matthäus wieder unterstreicht, dass alles auf Jesu Zustimmung hin geschieht.

26,51-54: Jetzt erst reagiert einer Schüler Jesu mit Widerstand und Gewalt, indem er mit dem Schwert den Knecht des Hohenpriesters verletzt (26,51). Jesus gebietet diesem Schüler jedoch sofort Einhalt und begründet seinen Befehl mit einer sprichwortartigen Wendung (26,52), die seiner Forderung nach Gewaltlosigkeit und bedingungsloser Vergebung entspricht (5,39-44; 18,21-35). Jesus selbst praktiziert nun das, was er gelehrt hat, indem er sich ohne Widerstand gefangen nehmen lässt, obwohl ihm mehr als zwölf Legionen Engel zur Verfügung stehen würden, wenn er seinen Vater darum bäte (26,53). Matthäus weist so darauf hin, dass grundsätzlich auch eine andere Entwicklung der Geschichte möglich bleibt, Jesus sich aber ausdrücklich dazu entscheidet, den Weg des Leidens und Todes ohne Widerstand zu gehen.

Gleich anschließend verdeutlicht Jesus seinen Schülern, dass er seine bewusste Entscheidung als Erfüllung der Schriften versteht (26,54). Jesu Entscheidung entspricht dem Grundgedanken der Schriften, dass sich Gottes Heilswillen auch trotz Leid und Tod erfüllen wird. Gerade das lässt sich aber nun nicht anders zeigen, als im freiwilligen Ertragen von Leid und Tod; die mächtigen einschreitenden Engelsheere würden diesem Grundgedanken völlig widersprechen, weil sie ja Leid und Tod verhindern würden.

26,55-56: Zum Schluss wendet sich Jesus an die Volksscharen, die im Auftrag der Hohenpriester und Ältesten gekommen sind (26,47). Er wirft ihnen – nicht Judas! – vor, ihn jetzt hinterhältig zu ergreifen, obwohl er tagtäglich im Tempel lehrte, wo sie ihn öffentlich hätten verhaften können (26,55). Dass seine Gefangennahme so hinterhältig geschieht, um die Schriften zu erfüllen (26,56a), betont noch einmal den Grundgedanken der Schriften, dass sich Gottes Heilsplan trotz Leid und Tod erfüllen wird. Eine öffentliche Verhaftung Jesu hätte zudem den Anschein von Schuld erwecken können. Diese verschwörerische Gefangennahme Jesu macht dagegen seine Unschuld unmissverständlich deutlich.

Alle Schüler Jesu fliehen nun und verlassen ihn (26,56b). Damit erfüllt sich das Schriftwort vom geschlagenen Hirten und der zerstreuten Herde (Sach 13,7), auf das Jesus schon zu Beginn dieser Szene hingewiesen hatte (26,31b). Zugleich erfüllt sich aber auch das Wort Jesu, der seinen Schülern mit diesem Schriftwort angekündigt hatte, dass sie alle an ihm Anstoß nehmen werden (26,31a). Jesus erscheint auch hier als derjenige, der die Ereignisse nicht nur kennt, sondern sie auch durch seine bewussten Entscheidungen lenkt.

Pragmatische Knotenpunkte des Textes

Petrus und die anderen Schüler, die zuerst meinen, an Jesus nie Anstoß zu nehmen, ihn dann aber doch verlassen, sind Identifikationsfiguren für die Leser. Die Schüler haben sich selbst, ihren Glauben und ihre Beziehung zu Jesus optimistisch gesehen, aber letztlich doch falsch eingeschätzt. Sie können nicht einmal eine Stunde mit Jesus wachen; ihr ständiges Einschlafen kann auch symbolisch verstanden werden als Verschließen der Augen vor Leid und Tod oder vor einer Geschichte, die nicht den eigenen Erwartungen (oder dem eigenen Gottesverständnis) entspricht.

Den Ausweg, den Jesus ihnen rät und ihnen durch seine eigene Haltung zeigt – zu wachen und zu beten –, also gerade im Moment der scheinbaren Verlassenheit Gott zu suchen, verstehen sie nicht. Die Haltung der Schüler dient den Lesern sowohl als Spiegel für ihr Glaubensleben und ihre Gottes- und Jesusbeziehung, als auch als negatives Beispiel, wie sie gerade nicht handeln sollen.

Im Gegensatz dazu sind Jesu eigene Haltung und besonders sein Gebet zum Vater für die Leser deutliche positive Beispiele. Jesu Haltung drückt in jeder Hinsicht seine Hoffnung aus, dass Gott seinen Heilsplan trotz Leid und Tod verwirklichen wird. Die Leser sollen sein bewusstes, entschiedenes Handeln als Erfüllen der Schrift verstehen, die immer gezeigt hat, dass Leid und Tod den Heilswillen Gottes nicht aufhalten können.

Der ausgelieferte Messias

Der Prozess vor den Hohenpriestern und Ältesten: 26,57-27,10

Jesus vor Kajaphas
⁵⁷ Die aber – Jesus ergreifend – führten ihn ab zu Kajaphas, dem Hohenpriester,
wo die Schriftkundigen und Ältesten zusammenkamen.
⁵⁸ Petrus aber folgte ihm von weitem bis zum Hof des Hochpriesters,
und – hineinkommend drinnen – setzte er sich mit den Dienern,
um den Ausgang zu sehen.
⁵⁹ Die Hohenpriestser aber und das ganze Synhedrion
suchten ein Falschzeugnis gegen Jesus,
damit sie ihn töteten,
⁶⁰ und nicht fanden sie eines, obwohl viele Falschzeugen hinzukamen.
Zuletzt aber zwei Hinzukommende
⁶¹ sprachen: Dieser sagte: Ich kann den Tempel Gottes zerstören
           und in drei Tagen bauen.
⁶² Und – aufstehend – sprach der Hohepriester zu ihm:
      Antwortest du nichts auf das, was diese gegen dich bezeugen?
⁶³ Jesus aber schwieg.
Und der Hohepriester sprach zu ihm:
      Ich beschwöre dich beim lebendigen Gott,
      damit du uns sagst, ob du der Messias bist, der Sohn Gottes.
⁶⁴ Es sagt ihm Jesus: Du sagtest es.
      Jedoch ich sage euch: Ab jetzt werdet ihr sehen
         den Menschensohn sitzend zur Rechten der Kraft
         und *kommend auf den Wolken des Himmels.* (*Dan 7,13*)
⁶⁵ Da zerriss der Hohepriester seine Gewänder,
 sagend: Er lästerte!
      Was haben wir noch Zeugen nötig?
      Sieh! Jetzt hörtet ihr die Lästerung!
⁶⁶   Was meint ihr?
Die aber – antwortend –
sprachen: Schuldig des Todes ist er!
⁶⁷ Dann spuckten sie in sein Gesicht,
und sie schlugen ihn,
sie aber ohrfeigten ihn,
⁶⁸ sagend: Prophezeie uns, Messias!
      Wer ist es, der dich schlug?

Die Verleugnung des Petrus
⁶⁹ Petrus aber setzte sich draußen im Hof,
und es kam zu ihm eine Magd,
 sagend: Auch du warst mit Jesus, dem Galiläer!
⁷⁰ Der aber leugnete vor allen,
 sagend: Ich weiß nicht, was du sagst!
⁷¹ Aber – hinausgehend zum Tor – sah ihnen eine andere,
und sie sagt denen dort: Dieser war mit Jesus, dem Nazoräer.
⁷² Und wieder leugnete er mit einem Eid:
      Ich kenne den Menschen nicht!
⁷³ Aber nach kurzem – hinzukommend –
sprachen die Dastehenden zu Petrus:
      Wahrhaft, auch du bist von ihnen,
      denn auch deine Rede macht dich offenbar.

[74] Dann begann er zu fluchen und zu schwören:
        Ich kenne den Menschen nicht!
Und sogleich schrie ein Hahn.
[75] Und es erinnerte sich Petrus an das Wort von Jesus,
der gesagt hatte: Ehe ein Hahn schreit – wirst du mich dreimal verleugnen.
Und – hinausgehend nach draußen – weinte er bitter.

Die Reue des Judas
[27,1] Als es aber früher Morgen geworden war,
fassten alle Hohenpriester und die Ältesten des Volkes gegen Jesus einen Beschluss,
um ihn zu töten.
[2] Und als sie ihn gebunden hatten,
führten sie ihn ab
und lieferten ihn Pilatus, dem Statthalter, aus.
[3] Dann – als Judas, der ihn Ausliefernde – sah, dass er verurteilt wurde,
– Reue bekommend –
brachte er die dreißig Silberstücke den Hohenpriestern und Ältesten zurück.
[4] sagend: Ich sündigte, ausliefernd unschuldiges Blut!
Die aber sprachen: Was betrifft das uns?
                  Das ist deine Sache!
[5] Und – hinwerfend die Silberstücke in den Tempel – entwich er,
und – weggehend – erhängte er sich.
[6] Die Hohenpriester aber – nehmend die Silberstücke –,
sprachen: Es ist nicht erlaubt, sie in den Tempelschatz zu tun,
          da es ein Preis für Blut ist.
[7] Aber – einen Beschluss fassend – kauften sie von ihnen (den Silberstücken)
den Acker des Töpfers zum Begräbnis für die Fremden.
[8] Deshalb wurde bis heute jener Acker „Blutacker" gerufen.
[9] Da wurde erfüllt das Gesagte durch Jeremia, den Propheten, den sagenden:
   Und sie nahmen die dreißig Silberstücke, den Schätzpreis des Geschätzten,
   den sie schätzen von Seiten der Söhne Israels,
[10] und sie gaben sie für den Acker des Töpfers,
   gleichwie mir *aufgetragen hatte der Herr.* (Sach 11,13)

Die Gewebestruktur des Textes

Die vierte der sieben großen Szenen handelt vom Prozess, den die Hohenpriester und Ältesten gegen Jesus führen, wobei schon der Ort und die Zeit – das Haus des Hohenpriesters und die Nacht nach dem Pessach-Mahl – darauf hinweisen, dass es sich nicht um einen legalen Prozess handelt. Im Zusammenhang mit dieser „Gerichtsverhandlung" wird außerdem die Verleugnung des Petrus und die Reue des Judas erzählt.

Diese Szene besteht aus drei Akten: der erste berichtet von den Versuchen, Jesus anzuklagen und für schuldig zu befinden, um ihn verurteilen zu können (26,57-68), der zweite Akt erzählt von Petrus, der dreimal behauptet, Jesus nicht zu kennen (26,69-75) und der dritte Akt fokussiert Judas, der, als er von Jesu Verurteilung hört, es bereut, Jesus ausgeliefert zu haben und sich umbringt (27,1-10).

Das semantische Geflecht des Textes

26,57-68 Jesus vor Kajaphas

Der Ortswechsel zum Haus und Hof des Hohenpriesters Kajaphas markiert den neuen szenischen Rahmen (26,57-58a). Das Haus des Hohenpriesters ist nicht der übliche Versammlungsort des Synhedriums, so dass Matthäus damit andeutet, dass es sich nicht um einen legalen Prozess und folglich auch nicht um eine legale Verurteilung gehandelt hat: Jesus ist unschuldig. Zwar folgt Petrus Jesus, jedoch nur von weitem und um den Ausgang zu beobachten (26,58). Narrativ ist die Anwesenheit des Petrus nötig, um anschließend plausibel von seiner Verleugnung erzählen zu können.

Im Haus des Hohenpriesters versammelt sich das ganze Synedrium, also der Rat der Ältesten und Priester, der im besetzten Judäa die Gerichtsbarkeit in religiösen Fragen besaß; die Versammelten versuchen nun, ein falsches Zeugnis gegen Jesus zu finden, um ihn töten zu können (26,59). Matthäus greift damit auf ihre schon zuvor beschlossene Absicht zurück (26,4), hält jedoch zugleich fest, dass sie trotz vieler falscher Zeugen kein falsches Zeugnis gegen ihn vorbringen konnten (26,60). Damit steht definitiv Jesu Unschuld auch für das Synedrium fest, auch wenn es die Versammelten nicht zugeben wollen, weil es ihrem zuvor festgesetzten Ziel, Jesus zu töten, widerspricht.

Zuletzt wird gegen Jesus der Vorwurf erhoben, er habe behauptet, den Tempel zerstören zu können und in drei Tagen (wieder) zu erbauen (26,61). In der Reihe der falschen Zeugnisse, die gegen Jesus vorgebracht werden, erscheint also auch diese Behauptung als falsch. Die Leser wissen nichts von einem derartigen Wort Jesu; Jesus hat nur die Zerstörung des Tempels als Zeichen des Anbruchs der Endzeit angekündigt, aber nicht auf sich bezogen (24,1-2). Zudem drückt die Formulierung *ich kann den Tempel Gottes zerstören* auch nur eine Möglichkeit aus, keinesfalls ein konkretes Vorhaben; sie sagt eigentlich nur Jesu Vollmacht aus, ohne auf bestimmte Taten oder gar auf Tempelkritik von Seiten Jesu zu zielen. Dass Jesus zu dieser Behauptung schweigt (26,62-63a), könnte zwar als indirekte Zustimmung gewertet werden, doch da dieser Vorwurf sonst im Prozess keine Rolle mehr spielt, sondern nur noch in der Verspottung des Gekreuzigten genannt wird (27,40), soll er wohl nur als weiteres Falschzeugnis dienen, das aber zugleich den Lesern die Vollmacht Jesu präsent hält.

Da die Falschzeugnisse nichts erreichen, geht der Hohepriester nun dazu über, Jesus direkt zu befragen. Er beschwört Jesus eindringlich, eine Aussage zu seiner Messianität zu treffen (26,63). Dabei verwendet er die Worte des Petrus-Bekenntnisses (16,16) als Frage: *ob du der Messias bist, der Sohn Gottes*. Die Leser wissen allerdings, dass Jesus von sich selbst niemals gesagt hat, er sei der Messias und der Sohn Gottes; er hat vielmehr den Schülern untersagt, jemandem zu sagen, er sei der Messias (16,20). Dass Jesus der Messias und Sohn Gottes ist, ist also keine Selbstaussage, sondern das Bekenntnis der Gläubigen. Die wahre Messianität Jesu lässt sich ohnehin nicht an bestimmten Handlungen (Wundern) oder Lehren festmachen, sondern nur im Gesamtblick auf sein Leben, Leiden, Sterben und Auferstehen erkennen. Entsprechend antwortet Jesus dem Hohenpriester mit *du sagtest es* (26,64), was zwar einerseits eine Bestätigung ist, andererseits aber auch offen lässt, ob der Hohepriester wirklich erfasst hat, wie umfassend die Messianität Jesu zu verstehen ist. Daher fügt Jesus noch eine Erläuterung an, wie dieses Messias-Sein zu verstehen ist: der Messias ist nicht nur der irdische Jesus, sondern auch der in der Vollmacht Gottes kommende Menschensohn-Richter. Nur als diesen Messias-Menschensohn werden ihn die Mitglieder des Synedriums – und die Leser! – *ab jetzt* noch sehen.

Der Hohepriester und die versammelten Mitglieder des Synedriums verstehen diese Worte Jesu als Gotteslästerung, woraufhin die Todesstrafe steht (26,65-66). Gotteslästerung meinte z.B. das Aussprechen des Namens Gottes, das Jesus aber gerade hier durch die Bezeichnung *zur Rechten der Kraft* eindeutig vermieden hat. Möglicherweise war das Verständnis von Gotteslästerung in jener Zeit unscharf bzw. weiter gefasst, so dass auch darunter Anmaßung im weitesten Sinn zu verstehen war. In ähnlicher Weise beschuldigten die Schriftkundigen Jesus der Lästerung, als er dem Gelähmten die Sündenvergebung zusprach (9,2-3); dort haben sie ihn deshalb allerdings weder angeklagt, noch verurteilt. Daher ist es hier wahrscheinlicher, dass immer noch ein falscher Grund für die Anklage gesucht wurde.

Der Hohepriester hat jetzt in den Worten Jesu, der ja bisher geschwiegen hat, nun irgendetwas für die Leser nicht Nachvollziehbares gefunden, das er als scheinbaren „Anklagegrund" gegen Jesus verwendet. Mit dieser falschen Anklage bleibt auch Jesu offensichtliche Unschuld weiterhin bestehen, die seinem freiwilligen Leiden und dem Heilsplan Gottes entspricht: obwohl er unschuldig war, wurde er verurteilt, hat gelitten und starb – und dennoch erfüllte sich an ihm der Heilsplan Gottes.

Der erste Akt schließt mit der Verspottung Jesu durch den Hohenpriester und die Mitglieder des Synedriums (26,67-68). Ihr Spott verdeutlicht, dass sie nicht verstanden haben, dass und wie Jesus der Sohn Gottes, Messias und Menschensohn-Richter ist. Ihr Missverstehen ist daher ein deutlicher Appell an die Leser, Jesu Messianität nicht auf einige Aspekte zu verkürzen, sondern umfassend zu begreifen.

26,69-75 Die Verleugnung des Petrus

Der Fokus der Erzählung wechselt nun zu Petrus, der Jesus von weitem gefolgt war und im Hof des Hohenpriesters den Ausgang der Ereignisse abwartet (26,58.69). Drei Mal wird er von anderen Leuten als jemand identifiziert, der auch zu Jesus gehört (26,69.71.73) und dreimal leugnet er es mit immer heftiger werdenden Reaktionen zuerst von der einfachen Beteuerung über das Leugnen mit einem Eid bis hin zum Leugnen mit deutlichem Fluchen und Schwören (26,70.72.74). Während die beiden Mägde Petrus vorwerfen, *mit Jesus* gewesen zu sein, stellen die versammelten Leute generell fest, dass Petrus einer *von ihnen* sei. Die Leser wissen von der Szene in Getsemani her, dass das Mit-Jesus-Sein zwar dem Ideal des Petrus entspricht, von er in der Wirklichkeit jedoch manchmal sehr abweicht (26,33.35.40; 14,28-31).

Der ausgelieferte Messias

Als die Leute Petri Zugehörigkeit zu Jesus feststellen, findet er sich in einer ähnlichen Situation wie die Christusgläubigen zur Zeit des Matthäus und in den ersten drei Jahrhunderten, denen ebenso in Prozessen die Zugehörigkeit zu Jesus vorgeworfen wurde. Die Leser werden vielleicht auch an 10,33 denken: *welcher mich verleugnet vor den Menschen, verleugnen werde auch ich ihn vor meinem Vater in den Himmeln.* Damit hätte sich Petrus mit seiner Beteuerung, Jesus nicht zu kennen, selbst das Urteil gesprochen. Dass er dann, als er sein Handeln mit dem Hahnenschrei erkennt, weggeht und bitterlich weint, zeigt seine Reue (26,75), doch er ändert nichts.

Die Leser erkennen, dass sich Jesu Ankündigung genauso erfüllt hat, wie er sagte (26,34). Petrus gleicht in seiner Haltung den anderen Schülern, die Jesus ebenfalls verlassen haben. Doch nach Jesu Auferweckung kommen die elf Schüler zur Begegnung mit dem Auferstandenen nach Galiläa (28,16), d.h. sie haben zwar Angst gehabt und Schwäche gezeigt, aber mit Jesus nicht definitiv gebrochen. Jesus macht ihnen dort keine Vorwürfe, sondern sendet nun gerade sie, die ihn in seiner Not verlassen und verleugnet haben, aus, um allen Völkern das Evangelium zu verkünden.

27,1-10 Die Reue des Judas

Die Zeitangabe (27,1) leitet einen neuen Akt im Haus des Hohenpriesters ein. Der Hohenpriester und die Ältesten *fassen den Beschluss, Jesus zu töten* und liefern ihn deshalb dem Statthalter Pilatus aus (27,1-2), weil die von den Römern besetzen Juden keine Kapitalgerichtsbarkeit mehr besaßen. Der Beschluss, Jesus zu töten, wird nicht begründet und nicht als Urteil deklariert, er entspricht aber dem anfänglichen *Beschließen* der Hohenpriester und Ältesten, *Jesus mit List zu ergreifen und zu töten* (26,3-4). Ihre Entscheidung wirkt daher wie eine ungerechte Verurteilung des Gerechten und Unschuldigen. Die Leser können hierbei an Ps 94,21 denken. Jesus hatte bereits seine Verurteilung und Auslieferung an die Heiden angekündigt (20,18-19), die nun genauso eintritt.

Als Judas, hier wieder zusätzlich als *der ihn Ausliefernde* bezeichnet, sieht, dass Jesus zum Tod verurteilt worden war, bekommt er *Reue* und *bringt die dreißig Silberstücke,* die ihm für die Auslieferung Jesu bezahlt worden waren, zurück (27,3). Er bekennt dabei öffentlich vor den Hohenpriestern und Ältesten mit *ich habe gesündigt* seine Sünde und bestätigt noch einmal ausdrücklich die Unschuld Jesu: *weil ich unschuldiges Blut ausgeliefert habe* (27,4).

Das Schuldbekenntnis des Judas ist also zugleich ein deutliches Bekenntnis zu Jesus. Die Reaktion des Judas kann daher auch als Gegenbild zur Reue des Petrus gesehen werden: während alle Schüler Jesus verlassen und Petrus ihn sogar verleugnet, aber weggeht, versucht Judas, den von ihm angerichteten Schaden wieder gut zu machen. Judas ist der einzige, der sich zu Jesus bekennt und gegen die Hohenpriester und Ältesten an der Unschuld Jesu festhält. Sein Schuldbekenntnis entspricht der in Dtn 27,25 genannten Schuld, weil er dazu beigetragen hat, dass unschuldiges Blut gegen ein Geschenk vergossen wird. Indem Judas aber nun das Silbergeld zurückbringt und sowohl seine Schuld als auch die Unschuld Jesu bekennt, versucht er, das ungerechte

Urteil gegen Jesus rückgängig zu machen. Damit zeigt er echte Reue und hat auch all sein Mögliches getan, um seine Schuld wieder gut zu machen.

Allerdings lassen sich die Hohenpriester und Ältesten weder auf sein Schuldbekenntnis noch auf die Bezeugung der Unschuld Jesu ein; die Leser können hier ergänzen: weil das ihrem Ziel, Jesus zu töten, widersprechen würde. Mit ihrer Reaktion *was betrifft das uns? Das ist deine Sache!* (27,4), weisen sie nicht nur Judas ab, sondern weigern sich auch, die Folgen des Bekenntnisses des Judas für sich selbst zu akzeptieren.

Natürlich sind gerade sie betroffen, da sie mit der Auslieferung Jesu im Begriff sind, unschuldiges Blut zu vergießen. Durch das Bekenntnis des Judas hätten sich die Hohenpriester und Ältesten eigentlich warnen lassen müssen und folglich von ihrem Handeln ablassen müssen. Insofern dieses die vernünftige und zu erwartende Folge auf das Bekenntnis des Judas wäre, hat er also sein Mögliches getan, um das Urteil gegen Jesus rückgängig und seine Schuld wieder gut zu machen. Die Hohenpriester und Ältesten, die sich nicht warnen lassen und es sogar ablehnen, die eigene Verstrickung in die Schuld am Vergießen von unschuldigem Blut zu sehen, machen sich damit schuldig.

Judas wirft das Geld in den Tempel, d.h. er will es nicht haben; dadurch bestätigt er noch einmal seine Schuld und die Unschuld Jesu. Dann geht er weg und erhängt sich (27,5). Der Selbstmord des Judas muss aber weder als Verzweiflungstat noch als Legende gesehen werden. Selbstmord war in der Antike und auch im Judentum nicht so stark negativ behaftet wie bei uns heute: Selbsttötung in ausweglosen Situationen oder um den Glauben nicht zu verraten, wurde nicht als verwerfliche Tat angesehen, sondern akzeptiert. Judas fügt sich selbst den Tod als Strafe für seine Tat zu, was in dem Sinne zu verstehen ist, dass er das Ausliefern Jesu bereut und nun auch durch seine Entscheidung zum Selbstmord mit seinem Blut gesühnt hat.

Die Hohenpriester nehmen das Silbergeld, können es aber nicht zum Tempelschatz legen, weil *es ein Preis für Blut ist* (27,6). Indem sie das Geld als Blutgeld erkennen, bestätigen sie zweierlei: Jesus ist unschuldig verurteilt und Judas hat richtig gehandelt, indem er seine Sünde bekannte und das Geld zurückbrachte. Aus dieser Erkenntnis hätten die Hohenpriester ihre Konsequenzen ziehen müssen; da sie das nicht tun, werden sie am Tod Jesu schuldig.

Von dem Silbergeld kaufen die Hohenpriester ein Grundstück als Begräbnisstätte für die Fremden (27,7-8). Matthäus schließt diesen Akt mit einem Erfüllungszitat ab (27,9-10), das er aber (wie auch in 2,17) durch die Formulierung mit *da erfüllte sich* von den anderen Schrift-Erfüllungszitaten (die *damit erfüllt würde* verwenden) abhebt, um nicht die Erfüllung mit der Absicht Gottes in Verbindung zu bringen. Auch wenn das Schriftzitat nicht aus Jeremia sondern aus Sacharja stammt, hat vielleicht die Verknüpfung mit dem Töpfer Matthäus an Jeremia denken lassen. Wichtig ist hier nur seine Absicht, das gesamte Geschehen als schriftgemäß zu kennzeichnen.

Der ausgelieferte Messias

Pragmatische Knotenpunkte des Textes

Das Verhör Jesu vor dem Hohenpriester Kajaphas und dem Synedrium verweist die Leser auf ihr Messiasverständnis. Sie erkennen das verkürzte Messiasbild der Opponenten, das sie durch ihr eigenes Messiasbekenntnis korrigieren können. Zugleich müssen sie sich mit dem unschuldig verurteilten Messias auseinandersetzen, der zu den falschen Anklagen schweigt. Jesu Aussage über den Menschensohn-Richter trifft jedoch die Situation aller Leser: der Jesus, den sie sehen werden, wird der Messias-Menschensohn-Richter sein, denn für sie hat die Endzeit schon begonnen. Das Messiasbekenntnis der aktuellen Leser muss also auch diesen Aspekt der Endzeit mit einschließen. Im Blick auf das der Endzeit angemessene Verhalten (24,3-25,46) wird auch deutlich, dass das Messiasbekenntnis nicht nur ein Lippenbekenntnis ist, sondern sich in entsprechendem Handeln zeigt.

Petrus ist ebenfalls eine Identifikationsfigur für die Leser. In seinem Selbstbild, das zwischen Anspruch und Wirklichkeit auseinander fällt, können sich die Leser kritisch selbst spiegeln. Zugleich erfahren sie, dass auch Selbstüberschätzung und Versagen auf dem Weg der Nachfolge durchaus möglich sind. Tröstlich ist dann, dass Jesus um unsere Schwäche weiß und uns keine Vorwürfe macht, sondern trotzdem von uns unser Glaubenszeugnis erwartet. Als solch ein Glaubenszeugnis sind ebenfalls die Reue und der Selbstmord des Judas zu verstehen; allerdings sollte sein Selbstmord den Lesern nicht mehr als Modell dienen, denn sie wissen ja, dass Gott alle Sünden vergibt.

Der Prozess vor den Römern: 27,11-31a

Jesus vor Pilatus
11 Jesus aber wurde vor den Statthalter gestellt,
und es befragte ihn der Statthalter,
sagend: Du bist der König der Judäer?
Jesus aber sagte: Du sagst es.
12 Und während er von den Hohenpriestern und Ältesten angeklagt wurde,
antwortete er nichts.
13 Da sagt ihm Pilatus: Hörst du nicht, was sie alles gegen dich bezeugen?
14 Und er antwortete ihm nicht,
auch nicht auf ein einziges Wort,
so dass der Statthalter sehr staunte.

Jesus und Barabbas
15 Aber zum Fest war der Statthalter gewohnt,
der Volksmenge einen Gefangenen – den sie wollten – freizulassen.
16 Sie hatten aber damals einen berühmten Gefangenen, genannt [Jesus] Barabbas.
17 Nachdem sie nun zusammengekommen waren,
sprach Pilatus zu ihnen: Wen wollt ihr, soll ich euch freilassen:
[Jesus den] Barabbas oder Jesus, den Messias genannten?
18 Denn er wusste, dass sie ihn wegen Neid auslieferten.

> ¹⁹ Als er sich aber auf den Richterstuhl gesetzt hatte,
> schickte seine Frau zu ihm,
> sagend: Nichts sei zwischen dir und jenem Gerechten!
> Denn vieles litt ich heute im Traum – seinetwegen!
> ²⁰ Aber die Hohenpriester und die Ältesten überredeten die Volksmengen,
> damit sie den Barabbas erbäten, Jesus aber vernichteten.
> ²¹ Antwortend aber sprach der Statthalter zu ihnen:
> Wen von den Zweien wollt ihr, soll ich euch freilassen?
> Die aber sprachen: Den Barabbas.
> ²² Es sagt ihnen Pilatus: Was nun soll ich mit Jesus, dem Messias genannten, tun?
> Sie sagen alle: Gekreuzigt soll er werden!
> ²³ Der aber sagte: Was tat er denn Schlechtes?
> Die aber schrieen übermäßig,
> sagend: Gekreuzigt soll er werden!
> ²⁴ Aber Pilatus – sehend, dass es nichts nützt, sondern noch mehr Tumult entsteht –,
> – nehmend Wasser – wusch er die Hände vor der Volksmenge,
> sagend: Unschuldig bin ich an diesem Blut!
> Das ist eure Sache!
> ²⁵ Und antwortend sprach das ganze Volk:
> Sein Blut (komme) über uns und unsere Kinder!
> ²⁶ Da ließ er ihnen den Barabbas frei,
> Jesus aber – ihn geißeln lassend – lieferte er aus, damit er gekreuzigt werde.
>
> Die Verspottung durch die Soldaten
> ²⁷ Dann nahmen die Soldaten des Statthalters Jesus mit ins Prätorium,
> (und) versammelten um ihn die ganze Kohorte.
> ²⁸ Und – ihn ausziehend – legten sie ihm einen scharlachroten Mantel um
> ²⁹ und – flechtend einen Kranz aus Dornen – legten sie diesen auf seinen Kopf
> und (gaben ihm) ein Rohr in seine Rechte,
> und – vor ihm auf die Knie fallend – verspotteten sie ihn,
> sagend: Gruß dir, König der Judäer!
> ³⁰ Und – spuckend auf ihn – nahmen sie das Rohr und schlugen auf seinen Kopf.
> ³¹ᵃ Und als sie ihn verspottet hatten,
> zogen sie ihm den Mantel aus,
> und sie zogen ihm seine Gewänder an.

Die Gewebestruktur des Textes

Die fünfte der sieben großen Szenen spielt vor dem Statthalter und erzählt vom Verhör und der Auslieferung Jesu durch Pilatus. Diese Szene lässt sich in drei Akte untergliedern: der erste Akt handelt von der Befragung durch den Statthalter (27,11-14), der zweite von der Freilassung des Barabbas und der Verurteilung Jesu (27,15-26) und der dritte berichtet von der Verspottung Jesu durch die Soldaten, bevor er zur Kreuzigung abgeführt wird (27,27-31a).

Das semantische Geflecht des Textes

27,11-14 Jesus vor Pilatus
Genauso wenig wie im Prozess vor den Hohenpriestern und Ältesten geht es Matthäus hier um die realistische Darstellung eines Verhörs. Ihm kommt es in

Der ausgelieferte Messias

erster Linie auf die Identität Jesu an, deshalb lässt er Pilatus gleich mit seiner Frage *du bist der König der Judäer?* (27,11) zum Kern kommen. Als *König der Judäer* hatten die Sterndeuter aus dem Osten das neugeborene Kind gesucht (2,2) und bei Jesu Einzug in Jerusalem hatte Matthäus durch das Schriftzitat (Sach 9,9) auf den Friedenskönig angespielt. Dass Pilatus hier eine Frage statt eines Vorwurfs oder eines Anklagepunktes formuliert, ist ebenfalls ein Hinweis an die Leser, sich dieser Frage zu stellen. Jesus antwortet direkt und bestätigend auf diese Frage mit *du sagst es*; danach schweigt er.

Die Frage des Pilatus ist von Matthäus wohl weniger vom politischen Interesse her gedacht. Zwar wäre der Machtanspruch eines potentiellen Aufrührers als Verbrechen (Hochverrat) gegen das Römische Imperium und gegen den Kaiser zu werten, doch dann hätte Jesu bestätigende Antwort schon für einen Urteilsspruch genügt. Stattdessen lässt Pilatus die Hohenpriester und Ältesten weitere Anklagen vorbringen, die unnötig gewesen wären, wenn hier schon eine Schuld Jesu festgestellt worden wäre. Demnach sieht Pilatus in diesem *König der Judäer* keine ernsthafte Bedrohung für das Römische Imperium. Er wird auch im Folgenden keine Schuld an Jesus feststellen. Eine solche Haltung entspricht der Absicht des Matthäus, denn so können die Christusgläubigen nicht als Anhänger eines Aufrührers und als Feinde Roms missverstanden werden.

Auch die Hohenpriester und Ältesten klagen Jesus nun an (27,12), doch Jesus antwortet ihnen nicht, was den Statthalter bewegt, nachzufragen, ob Jesus nicht höre, was gegen ihn vorgebracht werde (27,13). Doch auch ihm gibt er keine Antwort, weshalb Pilatus sehr staunt (27,14). Diese weiteren Anklagen verdeutlichen, dass der Vorwurf, *König der Judäer* zu sein, für Pilatus offensichtlich für eine Verurteilung nicht ausreicht und daher nicht im Sinne einer gewichtigen politischen Gefahr eingeschätzt wird. Matthäus akzentuiert nun deutlich das Schweigen Jesu. Das Nachfragen des Pilatus zeigt, dass Jesu Schweigen nicht als Eingeständnis zu verstehen ist. Insofern nun die Anschuldigungen unbeantwortet bleiben, werden sie durch Jesu Schweigen in Frage gestellt, wodurch wiederum die Unrechtmäßigkeit der Anklagen und Jesu Unschuld verdeutlicht werden.

27,15-26 Jesus und Barabbas

Jesus steht noch immer unschuldig vor dem Statthalter, da sich keine Anklagen finden lassen, aufgrund derer er verurteilt werden könnte. Der Statthalter bietet sogar an, ihn im Rahmen der Pessach-Amnestie freizulassen (27,15-18). Die Volksmenge soll wählen, ob der *berühmte Gefangene Jesus Barabbas* oder *Jesus, der Messias genannte* freigelassen werden soll. Es ist fraglich, ob es diese Pessach-Amnestie wirklich gab; als Erzählzug verdeutlicht sie, dass das Schicksal Jesu bis zu diesem Zeitpunkt keineswegs definitiv fest stand, denn gerade jetzt ist auch eine Wende denkbar. Der Zusatz *der Messias genannte* erfüllt die Funktion, den Lesern die Identität Jesu zu vergegenwärtigen. Auf der Erzählebene ist diese Bezeichnung im Mund des Pilatus eine Spitze gegen die Hohenpriester und Ältesten, die ja bestreiten, dass Jesus der

Messias ist (26,63-68). Das deutet Matthäus auch durch die Ergänzung an, dass Pilatus wusste, dass sie ihn aus Neid auslieferten.

Während der Verhandlung lässt die Frau des Pilatus ihrem Mann aufgrund eines *Traumes* eine Nachricht schicken (27,19): ihre Botschaft bezeichnet Jesus ausdrücklich als *Gerechten*. Dadurch wird für die Leser wiederholt deutlich, dass Jesus unschuldig ist. Träume gelten in der Antike als Botschaften Gottes (der Götter); in diesem Sinn bestätigt Gott die Unschuld Jesu. Das Zeugnis der Frau des Pilatus als Heidin ist ebenfalls bedeutend, denn sie bezeugt Jesu Unschuld und setzt sich mit allen ihr zur Verfügung stehenden Mitteln dafür ein, diesen für sie unbekannten Gerechten zu retten. Dazu steht das Handeln der Hohenpriester und Ältesten in scharfem Kontrast: während durch die Traumbotschaft die Unschuld Jesu bekräftigt wird, *überreden* sie die Volksmengen, *Jesus zu vernichten* (27,20).

Es schließt sich ein Wechselgespräch zwischen Pilatus und der Volksmenge an: er fragt sie, wen er freilassen soll und die Menge verlangt *den Barabbas* (27,21), wodurch sich zeigt, dass die Hohenpriester und Ältesten mit ihren Überredungen Erfolg hatten. Damit wäre eigentlich schon die Angelegenheit entschieden: Barabbas soll freigelassen werden, Jesus soll inhaftiert bleiben; Pilatus müsste nicht weiter fragen. Doch Matthäus benutzt das weitere Fragen des Pilatus, um die Unschuld Jesu auch von römischer Seite definitiv festzustellen.

Zuerst fragt Pilatus nach, was er denn mit *Jesus, dem Messias genannten* machen solle und erhält die Antwort *gekreuzigt soll er werden* (27,22). Auffälligerweise nennt Pilatus Jesus hier zum zweiten Mal *den Messias genannten*; indem er ihn als „so genannten" Messias bezeichnet, drückt er die für einen Andersgläubigen übliche Distanz aus; von einem Messiasbekenntnis kann also keine Rede sein. Narrativ weist diese Bezeichnung noch einmal auf die Identität Jesu hin, auch wenn sie für Pilatus selbst nichts bedeutet. Die Menschenmenge soll sich darüber klar sein, was mit dem *Messias* geschehen soll. Umso unverständlicher ist dann die Antwort der Menge, die die Kreuzigung des Messias fordert. Die Leser werden aber auch hier erkennen, dass die Hohenpriester und Ältesten dahinter stehen, die die Menschenmenge überredeten, Barabbas zu erbitten und *Jesus zu vernichten* (27,20).

Pilatus hätte sich mit dieser Antwort begnügen können, doch er fragt jetzt noch einmal nach: *was tat er denn Schlechtes?* (27,23). Mit dieser Frage ist eindeutig klar, dass Pilatus in Jesu Handeln nichts Schlechtes sieht. Auch dass Jesus *der König der Judäer* sei (27,11), ist also in den Augen des Pilatus nichts Schlechtes. Er entlarvt damit alle Vorwürfe der Hohenpriester und Ältesten als unbegründet. Seine Frage an die Volksmenge kann auch dazu dienen, sie zur Reflexion über ihr schnelles Urteil zu bringen. Indem er ihnen vor Augen hält, dass er nichts Schlechtes an Jesus sieht, müssten sie begründen können, weshalb sie meinen, dass Jesus gekreuzigt werden müsse. Doch die Menge ist dazu nicht in der Lage und verlangt nur noch lauter schreiend die Kreuzigung Jesu.

Matthäus zeichnet hier ein Bild von der Volksmenge, die sich hat aufputschen und mitreißen lassen, so dass sie nicht mehr fähig ist, über ihr Handeln und dessen Konsequenzen nachzudenken. Die Menschenmengen, die wenige Tage zuvor Jesus bei seinem Einzug jubelnd als *Sohn Davids* und *den Kommenden im Namen des Herrn* (21,9) begrüßt hatten, verlangen nun seine Kreuzigung. Ein solcher spontaner und radikaler Wandel wird aber dann nachvollziehbar, wenn nach der Darstellung des Matthäus die Führer des Volkes die Menschenmengen für ihr eigenes Interesse missbraucht haben.

Pilatus bemerkt nun, dass sein Reden *nichts nützt* (27,24). Mit diesem Erzählzug weist Matthäus darauf hin, dass Pilatus immer noch von der Unschuld Jesu überzeugt ist; der Statthalter hätte hier eingreifen können und nach seinen Vorstellungen entscheiden können, doch er fügt sich der Entscheidung des Volkes. Mit dem Hinweis auf den *entstehenden größeren Tumult* meint Matthäus wohl nicht nur lauteres Geschrei, denn das hat schon zuvor bei Pilatus keine Änderung seines Handelns, sondern nur erneutes Nachfragen bewirkt. Vielmehr deutet Matthäus mit dem *Tumult* an, dass wohl nicht alle anwesenden Menschen dafür waren, dass Jesus gekreuzigt werden solle. Denn ein Tumult entsteht gerade dann, wenn nicht alle einer Meinung sind, weshalb auch die Hohenpriester und Ältesten den Tumult am Fest verhindern wollten (26,5). Der entstehende Tumult bewegt Pilatus zu einer Änderung seiner Strategie, um wieder für Ruhe zu sorgen: er wäscht sich vor der Volksmenge die Hände zum Zeichen, dass er am Blut Jesu nicht schuldig ist (27,25), womit er wiederum Jesu Unschuld bestätigt.

Der Ruf der Volksmenge *sein Blut komme über uns und unsere Kinder* (27,25) wurde in der Geschichte zu starken antijüdischen Deutungen missbraucht. Hier ist aber weder eine Selbstverfluchung (die wäre widersinnig) noch eine Schuldzuschreibung gemeint. Eine (Blut-)Schuld wird biblisch durch die Formulierung ausgedrückt, dass das Blut des Schuldigen über ihn selbst kommt (2 Sam 1,16; 1 Kön 2,37; 2 Kön 2,32; Ez 33,4), um sein Handeln zu sühnen (vgl. Lev 20,9-16; Num 35,33). Die Volksmenge hätte also von ihrem Blut sprechen müssen, wenn sie damit ihre Schuld oder auch ihre Übernahme der Verantwortung hätte ausdrücken wollen. Das in der Sühnezeremonie vergossene Blut eines Tieres dient statt des eigenen Blutes zur Entsühnung der Menschen (z.B. Ex 30,10). Auch der Märtyrertod der Gerechten dient als Sühne (2 Makk 7,37-38; Dan 3,38-40). Das unschuldig vergossene Blut von den Gerechten hat also ebenso Sühnewirkung (23,35): es erklärt einerseits jemanden für schuldig (Jer 26,15), entsühnt aber auch.

Diejenigen aus der Menschenmenge, die wie die Hohenpriester und Ältesten von einer Schuld Jesu überzeugt waren oder die Menschen, die dazu überredet wurden, an eine Schuld zu glauben, drücken mit ihrem Ruf ihre Zustimmung zur Hinrichtung Jesu aus. In diesem Sinne versteht auch Pilatus ihren Ruf (27,26). Alle, einschließlich derer, die nicht von einer Schuld Jesu überzeugt waren, sagen aber auch: wir sind Sünder, wenn wir hier das unschuldige Blut eines Gerechten vergießen; möge seine sühnende Wirkung auch für uns und unsere Nachkommen gelten. Die Christusgläubigen nehmen diesen Gedanken auf, wenn sie sagen, dass durch das Blut Jesu alle Menschen entsühnt und gerecht gemacht worden sind (so schon Paulus in Röm 3,25; 5,9). Pilatus versteht den Ruf der Menschen als Forderung zur Kreuzigung; er fügt sich ihren Wünschen, lässt Barabbas frei und liefert ihnen Jesus aus (27,26). Auch wenn es so scheint, als gäbe Pilatus nur dem Wunsch der Menge nach, so wird er doch mitschuldig an Jesu Tod, zumal er Jesu Geschick durch seine Entscheidung hätte verhindern können. Obwohl Matthäus Pilatus weitgehend positiv darstellt und immer wieder betont, dass Pilatus Jesus für unschuldig hält, drückt er diese Mitschuld durch das Wort *ausliefern* aus, das jetzt zum letzten Mal im Evangelium erwähnt wird.

27,27-31a Die Verspottung durch die Soldaten
Pilatus liefert Jesus den Soldaten aus, die ihn als König der Judäer verspotten und misshandeln. Dazu führen sie ihn ins Prätorium vor die ganze Kohorte (27,27) und pervertieren die üblichen Königsinsignien des Mantels, der Krone und des Zepters zu einem scharlachroten (Soldaten-)Mantel, einer Dornenkrone und einem Rohr (27,28-29). Die Soldaten fallen vor ihm nieder und huldigen ihm als *König der Judäer* (27,29). Sie missverstehen Jesu König-Sein als Anspruch auf weltliche Herrschaft. Matthäus konfrontiert nach dem ersten Akt seine Leser wiederum mit dem Königtum Jesu; gleichzeitig signalisiert er ihnen durch den Spott der Soldaten, dass Jesus kein weltlicher König ist. Ihr Spott und ihre Misshandlung (27,30-31a) bilden eine Parallele zur Reaktion der Hohenpriester und Ältesten (26,67-68). Die Leser erkennen, dass Jesus „von allen" – von den Hohenpriestern, den Ältesten, den Volksmengen und den Römern – abgelehnt wird. Zugleich wird aber auch durch den Spott der Soldaten deutlich, dass sich Jesu Ankündigung von der Auslieferung an die Heiden (20,19) erfüllt hat.

Pragmatische Knotenpunkte des Textes

Die Darstellung des Prozesses vor Pilatus und die Reaktionen der Volksmengen sind natürlich kein historischer Bericht. Matthäus gestaltet das Geschehen vor Jesu Kreuzigung rückblickend aus seiner Glaubensperspektive. Dabei kommt es ihm darauf an, Jesus als den unschuldig verurteilten Gerechten darzustellen. Obwohl eigentlich für alle Beteiligten seine Unschuld offensichtlich war, liefern sie ihn aus und werden dadurch mitschuldig an seinem Tod.

Für die Leser steht die Identität Jesu im Mittelpunkt: im ersten und dritten Akt geht es besonders das König-Sein Jesu, im zweiten Akt um seine Messianität. Angesichts der Ablehnung Jesu, der Verspottung und Misshandlung müssen sich die Leser fragen, was für ein *König* Jesus ist und wie sein König-Sein zu verstehen ist. Dazu können sie sich an die Gleichnisse und Bilder erinnern, die von einem König sprachen, z.B. vom König, der für seinen Sohn (den Königssohn) die Hochzeit bereitete (22,2-13), vom (Friedens-)König, der in Jerusalem auf einem Esel reitend einzieht (21,2-9) und vom Menschensohn-Richter und König, der die Völker der Erde richtet (25,31-46). Jesus selbst hat allerdings nie beansprucht, ein König zu sein, aber er hat stets das *Königtum der Himmel* verkündet.

Die Bezeichnung *Jesus, der Messias genannte* konfrontiert die Leser mit dem bisherigen Messias-Bild. Ist der verspottete, misshandelte und zum

Der gekreuzigte und inthronisierte Messias

Kreuzestod verurteilte Jesus immer noch der Messias? Die Leser wissen aber auch von den dreifachen Ankündigungen von Leiden, Tod und Auferstehung her, dass auch das Leiden zur Messianität Jesu gehört. Der Messias Jesus leidet aber unschuldig als Gerechter. Sein unschuldiges Leiden sollen die Leser als weiteres Kennzeichen der Messianität Jesu bemerken, auch wenn ihnen der Sinn noch nicht verständlich ist.

Die Volksmenge bietet schließlich den Lesern heute ein Identifikationsmodell an, das helfen kann, das eigene Handeln kritisch zu reflektieren. Sie lässt sich manipulieren und dazu bringen, völlig gegenteilig zu ihrer ersten Absicht zu handeln. Doch auch wenn die Menge *gekreuzigt soll er werden!* geschrieen hat, entlastet sie die eigentlichen Schuldigen dadurch nicht.

b. 27,31b-28,20 Der gekreuzigte und inthronisierte Messias-Menschensohn

Kreuzigung, Tod und Begräbnis: 27,31b-66

Jesu Kreuzigung und Verspottung
³¹ᵇ Und sie führten in ab zum Kreuzigen.
³² Aber – hinausgehend – fanden sie einen Mann, einen Zyrener mit Namen Simon;
diesen zwangen sie, dass er sein Kreuz trage.
³³ Und – kommend an einen Ort, genannt Golgotha,
    welcher auch Schädel-Ort genannt wird –,
³⁴ gaben sie ihm Wein mit Galle gemischt zu trinken,
und – kostend – wollte er nicht trinken.
³⁵ Nachdem sie ihn aber gekreuzigt hatten,
teilten sie sich seine Gewänder auf – werfend ein Los. (Ps 22,19)
³⁶ und – sitzend – bewachten sie ihn dort.
³⁷ Und sie brachten über seinem Kopf seine Schuld geschrieben an:
    Dieser ist Jesus, der König der Judäer.
³⁸ Dann werden mit ihm zwei Räuber gekreuzigt,
einer zur Rechten und einer zur Linken.
- - - - -
³⁹ Die Vorbeigehenden aber lästerten ihn – ihre Köpfe schüttelnd –
⁴⁰ und sagend: Der den Tempel zerstören und in drei Tagen bauen wollte!
    Rette dich selbst,   wenn du der Sohn Gottes bist!
    Steig herab vom Kreuz!
⁴¹ Gleicherweise auch die Hohenpriester,
spottend mit den Schriftkundigen und Ältesten,
⁴² sagten: Andere rettete er – sich selbst kann er nicht retten!
    Er ist König Israels?
    Soll er jetzt herabsteigen vom Kreuz und wird werden an ihn glauben!
⁴³ *Er hat vertraut auf Gott,*
er soll ihn jetzt retten, wenn er will! (Ps 22,9)
    Denn er sprach: Ich bin Gottes Sohn.
⁴⁴ Auf dieselbe Weise aber schmähten ihn auch die Räuber, die mit ihm gekreuzigt waren.

Mt 27,31b-66

Jesu Sterben und die Begleiterscheinungen
⁴⁵ Von der sechsten Stunde an aber wurde Finsternis über die ganze Erde
bis zur neunten Stunde.
⁴⁶ Um die neunte Stunde aber schrie Jesus mit lauter Stimme,
sagend: *Eli, Eli, lema sabachthani?*
Das ist: *Mein Gott, mein Gott, warum verließest du mich? (Ps 22,2)*
⁴⁷ Aber einige der dort Stehenden – es hörend –,
sagten: Nach Elija schreit dieser.
⁴⁸ Und sogleich gab einer von ihnen
– laufend und nehmend einen Schwamm und füllend ihn mit Essig
und steckend ihn auf ein Rohr –
ihm zu trinken.
⁴⁹ Die übrigen aber sagten:
Lass, sehen wir, ob Elija kommt – ihn rettend!
⁵⁰ Jesus aber – wieder rufend mit lautem Schrei – gab den Geist auf.

- - - - -

⁵¹ Und – siehe! –
der Vorhang des Tempels wurde von oben bis unten in zwei (Stücke) gespalten,
und die Erde wurde erschüttert,
und die Felsen wurden gespalten,
⁵² und die Gräber wurden geöffnet,
und viele Leiber
der entschlafenen Heiligen wurden erweckt,
⁵³ und – herauskommend aus den Gräbern –
nach seiner (Jesu) Erweckung gingen sie hinein in die heilige Stadt
und erschienen vielen.
⁵⁴ Der Hauptmann aber und die mit ihm – bewachend Jesus –
– sehend das Erdbeben und die Geschehnisse – fürchteten sich sehr,
sagend: Wahrhaft Gottes Sohn war dieser!

Jesu Begräbnis und die Befürchtungen der Opponenten
⁵⁵ Es waren aber dort viele Frauen – von weitem schauend –,
welche Jesus von der Galiläa gefolgt waren, um ihm zu dienen;
⁵⁶ unter ihnen war Maria, die Magdalenerin
und die Maria, die Mutter des Jakobus und Joseph,
und die Mutter der Söhne des Zebedäus.
⁵⁷ Als es aber Abend geworden war,
kam ein reicher Mensch von Arimathäa – namens Joseph –
der auch selbst Schüler von Jesus geworden war;
⁵⁸ dieser – gehend zu Pilatus – erbat den Leib des Jesus.
Da befahl Pilatus, dass er hergegeben werde.
⁵⁹ Und – nehmend den Leib – hüllte ihn Joseph in reines Leinen
⁶⁰ und legte ihn in sein neues Grab, das er in den Felsen gehauen hatte
und – hinwälzend einen großen Stein zur Tür des Grabes – ging er weg.
⁶¹ Es war aber dort Maria, die Magdalenerin und die andere Maria,
sitzend vor dem Grabmal.

- - - - -

⁶² Am folgenden Tag aber – welcher der nach dem Rüsttag ist –
kamen die Hohenpriester und die Pharisäer bei Pilatus zusammen,
⁶³ sagend: Herr, wir erinnerten uns, dass jener Betrüger sprach – noch lebend –:
Nach drei Tagen werde ich erweckt.

Der gekreuzigte und inthronisierte Messias

> ⁶⁴ Befiehl also, dass das Grabmal bis zum dritten Tag gesichert werde, damit nicht – kommend – seine Schüler ihn stehlen und zum Volk sprechen: Erweckt wurde er von den Toten! Und es wird der letzte Betrug schlimmer sein als der erste. ⁶⁵ Es sagte ihnen Pilatus: Haltet Wache!
> Geht, sichert, wie ihr es kennt!
> ⁶⁶ Die aber – gehend – sicherten das Grabmal mit der Wache, nachdem sie den Stein versiegelt hatten.

Die Gewebestruktur des Textes

Die sechste große Szene thematisiert Jesu Kreuzigung, sein Sterben und sein Begräbnis. Sie lässt sich ebenfalls in diese drei Akte unterteilen: der erste (27,31b-44) berichtet von der Kreuzigung Jesu (27,31b-38) und der Verspottung durch die anwesenden und vorübergehenden Menschen (27,39-44). Der zweite Akt (27,45-54) handelt von seinem Sterben (27,45-50) und den terrestrischen Begleiterscheinungen (27,51-54). Der dritte Akt (27,55-66) erzählt schließlich von Jesu Begräbnis (27,55-61) und ergänzt die Befürchtungen der Hohenpriester und Pharisäer samt deren Lösungsstrategie (27,62-66).

Das semantische Geflecht des Textes

27,31b-44 Jesu Kreuzigung und Verspottung
27,31b-38: Obwohl es in diesem ersten Akt um die Kreuzigung Jesu geht, erwähnt Matthäus die Kreuzigung selbst nur in einem Nebensatz als schon bereits geschehen (27,35a), hingegen gestaltet er die begleitenden Umstände und Gegebenheiten stärker aus. Da die antiken Leser wahrscheinlich über die grausamen Einzelheiten der Kreuzigung Bescheid wussten, brauchte Matthäus sie gar nicht näher zu erwähnen und konnte das Gewicht der Erzählung auf andere Ereignisse legen. Die Leser erkennen daran, dass Matthäus keinen historischen Bericht schreibt, sondern nach seinem Interesse und aus seiner Glaubensperspektive erzählt und gewichtet.

Nachdem die Soldaten Jesus verspottet haben, führen sie ihn nun ab zur Kreuzigung (27,31b). Unterwegs finden sie einen Mann namens Simon aus Zyrene, den sie zwingen, Jesu Kreuz zu tragen (27,32). Da Matthäus keine Gründe für das Handeln der Soldaten angibt, können die Leser nur vermuten, dass Jesus nach der Geißelung und den Misshandlungen im Prätorium (27,26-31a) bereits zu schwach war, um selbst den Querbalken des Kreuzes zur Hinrichtungsstätte zu tragen, wo der Richtpfahl bereits stand.

Der hier namentlich genannte *Simon aus Zyrene* taucht später nicht mehr auf; ob er den Mitgliedern der matthäischen Gemeinde bekannt war, muss offen bleiben. Sein Name *Simon* weist ihn als Jude aus, der Zusatz *aus Zyrene* kennzeichnet ihn als Fremden in Jerusalem. Auf der narrativen Ebene ist dieser Simon derjenige, der buchstäblich Jesu Kreuz auf sich nimmt (16,24); allerdings tut er das nicht freiwillig, sondern wird dazu gezwungen und von der Nachfolge Jesu ist auch nicht explizit die Rede. Dennoch kann dieser Simon eine Identifikationsfigur für die Leser sein, denn gerade die wegen ihres Glaubens angefeindeten, benachteiligten oder verfolgten Gläubigen werden in ihrer Bedrängnis wie Simon dazu gezwungen, das Kreuz auf sich zu nehmen.

Die Ortsangabe *Golgotha* (27,33) bezeichnet den Ort der Kreuzigung, außerhalb der Stadt Jerusalem. Die Soldaten geben Jesus Wein mit Galle vermischt zu trinken (27,34). Möglicherweise denkt Matthäus hier und in 27,48 an den Psalm 69,22, doch da die dort genannten Verwünschungen der Feinde, die nicht an Gottes Gerechtigkeit teilhaben sollen, dem matthäischen Gottesbild widersprechen (vgl. 5,45; 22,10), vermeidet er vielleicht ein direktes Psalmzitat. Der mit Galle vermischte Wein ist wohl als weitere Art der Misshandlung und Verspottung zu verstehen, denn anders als in Mk 15,23 erhält Jesus keinen mit Myrrhe gemischten Wein mit betäubender Wirkung.

Die Kreuzigung selbst erwähnt Matthäus nur mit einem Partizip, denn das Gewicht der Erzählung liegt auf dem Verteilen der Kleider Jesu durch Los, das Matthäus mit einem Schriftzitat wiedergibt (27,35), um die Erfüllung der Schrift zu belegen. Den Psalm 22, den Matthäus hier zitiert, wird er noch zwei weitere Male anführen. Dieser Psalm beschreibt das unerschütterliche Vertrauen des leidenden Menschen auf Gott. In seiner offenen Weise kann er von jedem Menschen in Not und Leiden gebetet werden. Indem Matthäus diesen Psalm mit der Sterbestunde Jesu verbindet, spiegelt er für die Christusgläubigen noch zusätzlich das Vertrauen Jesu auf Gott in seinem Leiden und Sterben, so dass sich die Gläubigen beim Beten dieses Psalms auch besonders mit Jesus verbunden wissen können.

Die Bewachung Jesu (27,36) bereitet schon das Bekenntnis des Hauptmanns und der Soldaten vor (27,54); sie gehört zu den Aufgaben der Soldaten, um das Todesurteil zu vollstrecken. Matthäus gibt durch die Erwähnung der Bewachung durch die Soldaten zu verstehen, dass sie beim Sterben Jesu anwesend waren und seinen Tod bezeugen konnten. Dadurch wird Spekulationen, die davon ausgehen, dass Jesus gar nicht gestorben sei, sondern vorher von seinen Anhängern vom Kreuz gerettet worden sei, der Boden entzogen.

Eine Schrift über seinem Kopf gibt seine *Schuld* an (27,37): *Jesus, der König der Judäer*. Die Leser wissen natürlich, dass hier weder von einer Schuld noch von einem irdischen Königtum die Rede sein kann. Matthäus konfrontiert seine Leser noch einmal damit, wer dieser Gekreuzigte Jesus für sie eigentlich ist. Mit Jesus werden außerdem noch zwei Räuber gekreuzigt (27,38). Die Leser können die Bemerkung, dass sie zur Rechten und zur Linken Jesu gekreuzigt werden, als Anspielung an das Gottesknechtslied verstehen, denn der leidende Gerechte wurde ebenfalls unter die Verbrecher gezählt (Jes 53,12). Dass Jesus inmitten dieser Räuber gekreuzigt wird, kann aber auch als weitere Verspottung aufgefasst werden, denn damit erscheint der *König der Judäer* als Oberräuber oder Erzverbrecher, als Anführer der Bösen und Übeltäter.

Für viele Zeitgenossen des Matthäus war ein gekreuzigter Messias ein Anstoß. Die Leser müssen sich auch mit diesem Problem auseinandersetzen, dass sie an einen Messias glauben, der in den Augen anderer Menschen ein Verbrecher war. Dadurch könnten sich sogar ihre Wahrnehmung, ihre Einstellung und ihr Verhalten gegenüber den „Übeltätern" ihrer Zeit verändern (vgl. 25,36-44).

27,39-44: Im Anschluss an die Schilderung der Kreuzigung und der begleitenden Umstände erzählt Matthäus von der dreifachen Verspottung Jesu zuerst durch die vorbeigehenden Menschen, dann durch die Hohenpriester, Ältesten und Schriftkundigen und schließlich durch die beiden Räuber. Mit der Verspottung spielt Matthäus wieder auf Psalm 22,7-19 an, durch das Zitat im Mund der Hohenpriester, Ältesten und Schriftkundigen hebt er besonders Ps 22,9, das Vertrauen auf Gott hervor.

Die Passanten zielen mit ihrem Spott auf Jesu Vollmacht, indem sie den Vorwurf der Falschzeugen vor dem Sanhedrin als Tatsache wieder aufgreifen (26,61) und ihm aufgrund seiner „Macht" vorschlagen, als Sohn Gottes sich selbst zu retten (27,39-40). Die Formulierung *wenn du der Sohn Gottes bist* (27,40) erinnert an die Versuchungen Jesu in der Wüste (4,3.6). Die aufmerksamen Leser erkennen durch diese Anspielung, dass die Passanten von einem falschen Verständnis der Vollmacht des Sohnes Gottes ausgehen: so wie Jesus vor dem Satan seine Vollmacht nicht demonstriert hat und sie auch dort nicht zu eigenem Vorteil genutzt hat, genauso wenig wird er es hier tun.

Die Hohenpriester, Ältesten und Schriftkundigen greifen den Spott der Passanten wieder auf (27,41-43), indem sie darauf verweisen, dass Jesus anderen geholfen habe, sich selbst aber wohl nicht helfen könne. Sie schlagen ihm vor, vom Kreuz herabzusteigen, also seine Vollmacht zu demonstrieren. Zudem verspotten sie Jesus wegen seines Vertrauens auf Gott und behaupten, er hätte von sich gesagt, der Sohn Gottes zu sein (27,43). Die Leser wissen, dass Jesus das niemals von sich sagte, denn das ist das Bekenntnis derer, die an ihn glauben (14,33; 16,16; 27,54) sowie das Bekenntnis derer, die seine Vollmacht erfahren haben (wie die Dämonen in 8,29). Die Leser finden in diesem Spott auch die Anfragen wieder, die Nichtgläubige erheben oder die sie sich bereits selbst gestellt haben: sie müssen sich mit der „Machtlosigkeit" Jesu und seinem Vertrauen auf Gott auseinandersetzen. Gerade das Vertrauen Jesu auf Gott wird bei seinem Sterben noch einmal deutlich fokussiert.

27,45-54 Jesu Sterben und die Begleiterscheinungen

27,45-50: Die Zeitangaben (27,45) leiten einen neuen Abschnitt ein. Die Erscheinungen, die Jesu Sterben begleiten (27,45.51-52), weisen auf dieses erschütternde Ereignis hin, das buchstäblich die ganze Erde bewegt. Sie stehen ebenso in Zusammenhang mit den gewaltigen Erscheinungen am leeren Grab, denn auch dort bebt die Erde und der Stein vor dem Grab wird wegbewegt (28,2); während am Kreuz Dunkelheit herrscht, leuchtet der Engel in gleißendem Licht (28,3).

All diese kosmischen und terrestrischen Ereignisse verweisen auf Gott, auf seine Nähe und sein Wirken. Die *Finsternis*, die *über die ganze Erde* hereinbricht, ist mehrdeutig; doch ob sie den Tag des Herrn ankündigt (Am 5,18.20; Joel 2,1-2; Zeph 1,15) oder zur Umkehr mahnt (Ex 10,21-22; Ps 105,28; Mt 8,12; 22,13; 25,30), in jedem Fall zeigt sie Gottes Wirken und Gottes Nähe an (Dtn 4,11; 2 Sam 22,12; Ps 18,12; 139,12; Jes 9,1; 45,7). Die gleiche Funktion haben auch das Erdbeben und die gespaltenen Felsen (27,51), sie deuten ebenfalls die Gegenwart Gottes an (1 Kön 19,11; 2 Sam 22,8; Ps 18,8; 114,7; Joel 2,10).

Der Akzent der Erzählung liegt auf Jesu Schrei, den Matthäus doppelt, in aramäisch und griechisch wiedergibt (27,46). Jesus wendet sich mit den Worten des Psalms 22,2 an Gott, drückt aber zugleich sein Gefühl der Gottesverlassenheit aus. Sein Schrei ist der des gläubigen Psalmbeters, der einerseits glaubt, dass Gott immer da ist, andererseits sich aber gerade in seiner Not völlig allein und verlassen von Gott fühlt. In seiner tiefsten Not wendet sich der Gläubige deshalb vertrauensvoll an Gott, indem er ihn sogar zweimal als *mein Gott* anspricht; zugleich wirft er ihm aber vor, ihn verlassen zu haben.

Die Frage *warum hast du mich verlassen?* bringt als Sprach-Handlung (Sprechakt) nicht nur seine Verzweiflung, sondern gleichzeitig auch seine Glaubenshoffnung zum Ausdruck, dass Gott seine Gläubigen sonst nie verlässt. Da dieser Schrei nur sinnvoll verständlich ist, wenn mit der Gegenwart des ausdrücklich angesprochenen Gottes auch gerechnet wird, ist es eigentlich ein Hilferuf bzw. eine Bitte an Gott, sich doch jetzt gegenwärtig zu zeigen. Dieser Schrei ist also keine bloße Feststellung, sondern ausgedrückt als Frage erwartet er eine Antwort von Gott. Für die Nichtgläubigen bleibt diese Antwort aus, sie sehen dann in der Finsternis und den Naturerscheinungen eine Verurteilung Jesu. Die Gläubigen hingegen erkennen auch in diesen gewaltigen Erscheinungen die Gegenwart Gottes und vertrauen auf Gott, der trotzdem alles zum Guten wenden wird – allerdings auf seine Weise, die sich von menschlichen Erwartungen manchmal unterscheidet.

Jesu Schrei nach Gottes Gegenwart wird von den Anwesenden als Ruf nach Elija missverstanden (27,47-49), der in der damaligen Volksfrömmigkeit als Helfer in schwierigen Situationen galt. Der unbekannte *eine*, der Jesus Essig zu trinken gibt, wird von den anderen aufzuhalten versucht, weil sie *sehen wollen, ob Elija ihn rettet*. Auch hier drückt sich die Verachtung und der Spott der Anwesenden aus: sie sehen in Jesus den von Gott (und von Elija) verlassenen Sünder. Jesus stirbt *wieder rufend mit lauten Schrei* (27,50), was in diesem Kontext als Wiederholung des Ausdrucks der Gottverlassenheit und des Rufes nach einer Antwort von Gott verstanden werden kann.

27,51-54: Mit *und siehe!* weist Matthäus auf nun einsetzende Ereignisse hin, die unmittelbar im Zusammenhang mit dem Tod Jesu stehen (27,51-53): *der Tempelvorhang wurde gespalten, die Erde wurde erschüttert, Felsen wurden gespalten, Gräber wurden geöffnet und die Leiber der verstorbenen Heiligen wurden erweckt*. Das durchgehende Passiv in diesen Formulierungen zeigt (als Passivum Divinum) eindeutig das Wirken Gottes an, so dass diese Ereignisse als „Antwort" Gottes verstanden werden können: Gott ist im Tod Jesu gerade nicht fern, sondern – anders als erwartet – gegenwärtig! Der *gespaltene Tempelvorhang* kann als Zeichen der Trauer gedeutet werden, denn durch das Zerreißen (oder Einreißen) der Kleider (vgl. Gen 37,29.34; 2 Sam 13,31; 2 Kön 2,12 u.ö.) wird die Trauer über den Tod eines nahen, geliebten Menschen ausgedrückt. Das *Erdbeben* ist ein Zeichen der Gegenwart Gottes (Ex 19,18; Ri 5,4-5; Ps 68,9), ebenso wie die *gespaltenen Felsen* (1 Kön

19,11; Nah 1,5-6), die ihrerseits die *geöffneten Gräber*, die *Auferweckung der Leiber der Heiligen* (Ez 37,12-13) und deren *Erscheinung* ermöglichen.

Die auferweckten Heiligen – Matthäus denkt hier wohl an die Gerechten (23,35) –, die dann auch den Menschen in Jerusalem erscheinen, weisen auf Gottes Macht über den Tod hin. Dass Gott *viele Leiber der Heiligen* erweckt, illustriert die Größe seiner Macht über den Tod. Die Auferweckung Jesu ist nicht nur ein einmaliges Ereignis, sondern steht im Zusammenhang mit einem umfassenden, grundsätzlichen Sieg über den Tod. Indem Matthäus schon hier von der Auferweckung und Erscheinung der Heiligen erzählt und nicht erst nach Jesu Auferweckung und Erscheinung, verdeutlicht er, dass Jesu Auferweckung in diesem Horizont der Auferweckung der Heiligen zu verstehen ist: Jesus wird als Heiliger und Gerechter erweckt – er ist nicht von Gott verlassen als Sünder gestorben! Die anderen Heiligen wurden vor Jesus erweckt, doch erscheinen sie erst nach seiner Auferweckung, wodurch Matthäus einen gewissen „Ausgleich" konstruiert: Jesus ist zwar in jenem Moment der letzte der erweckten Heiligen, aber der erste, der den Menschen erscheint. Die Auferweckung der Heiligen zum Zeitpunkt des Todes Jesu hebt außerdem Gottes Gegenwart gerade in diesem Moment hervor: sicherlich anders als erwartet, handelt Gott nicht direkt an Jesus, sondern vielmehr generell und umfassend durch die Auferweckung der Heiligen.

Der Hauptmann und die anderen Soldaten, die Jesus bewachen, erleben die gewaltigen Ereignisse mit (27,54). Ihr Erschrecken und ihre Furcht entsprechen den üblichen Reaktionen auf eine Erscheinung der Gegenwart Gottes (vgl. 17,6-7; 14,26-27; 28,4-5) und geben damit zu verstehen, dass sie diese Geschehnisse als Handeln Gottes deuten. Der Hauptmann und die Soldaten erkennen deshalb im gerade gestorbenen Jesus den *Sohn Gottes*. Ihr Bekenntnis, das Matthäus durch *wahrhaft* unterstreicht, ist als vollwertiges Bekenntnis zu verstehen, das den Bekenntnissen der Schüler und des Petrus entspricht (14,33; 16,16). Der Hauptmann und seine Soldaten erkennen, dass die gewaltigen Erscheinungen gerade nicht die Strafe Gottes ankündigen, sondern vielmehr seine Gegenwart verdeutlichen.

Der Evangelist hebt mit dem Bekenntnis an dieser Stelle ausdrücklich hervor, dass Gott auch im Leid und im Moment des Todes präsent ist. Indem Matthäus das Bekenntnis des Hauptmannes und der Soldaten an dieser Stelle einfügt, unterstreicht er, dass Jesus trotz seines verzweifelten Schreis nach Gott als Sohn Gottes gestorben ist. Gott hat also hier deutlich auf Jesu Ruf geantwortet, allerdings nicht wie vielleicht erwartet mit dem Retten des Einzelnen aus seiner Leidsituation, sondern viel umfassender: mit Ereignissen, die den Tempel und die Erde bewegen und mit der Auferweckung vieler gerechter Heiliger, die seine Macht über den Tod veranschaulichen.

27,55-66 Jesu Begräbnis und die Befürchtungen der Opponenten
27,55-61: Matthäus beschreibt nun die Anwesenheit von *vielen Frauen*, die das Geschehen aus der Ferne beobachten (27,55-56). Diese Frauen charakterisiert er näher durch ihre *Nachfolge von Galiläa an* und ihr *Dienen*, wodurch er sie als Schülerinnen Jesu kennzeichnet. Ihr Dienen ist als Partizip formu-

liert, das die Dauer ausdrückt und natürlich nicht nur „bedienen" meint, sondern den Einsatz der ganzen Fähigkeiten und Kräfte im Dienst Jesu bezeichnet. Anders als die Zwölf haben diese Frauen Jesus nicht verlassen. Namentlich werden nur drei Frauen genannt, doch die Formulierungen *viele Frauen* (27,55) und *unter ihnen waren* (27,56) deuten auf eine größere Gruppe von Frauen hin, von denen nur diese drei exemplarisch erwähnt werden. Die Leser werden sich an die Mutter der Zebedäussöhne noch von ihrer Bitte für ihre Söhne her erinnern (20,21), ihre Anwesenheit verdeutlicht die kontinuierliche Nachfolge; Maria Magdalena und die andere Maria werden später noch am Grab Jesu sein (27,61; 28,1).

Mit der Zeitangabe leitet Matthäus zu einem reichen Menschen, zu Joseph von Arimathäa über, der zwar zuvor im Evangelium noch nicht erwähnt wurde, der aber auch ein Schüler Jesu war (27,57). Die ausdrückliche Bezeichnung, dass es sich um einen Reichen handelt, erinnert die Leser an die Begegnung mit dem reichen jungen Mann, der Jesus nach dem ewigen Leben fragte (19,16-24). Jesu Ausspruch, dass *müheloser ein Kamel durch ein Nadelöhr hindurchgeht, als dass ein Reicher in das Königtum Gottes hineingeht* (19,24), ist hiermit exemplarisch belegt: Reiche entscheiden sich vielleicht nur schwer dazu, ins Königtum Gottes hineinzugehen, aber das Beispiel des Joseph von Arimathäa zeigt, dass solch eine Entscheidung auch für Reiche durchaus möglich ist.

Joseph sorgt mit seinen eigenen Mitteln für die Bestattung Jesu (27,58-60). Sein Handeln steht in deutlichem Kontrast zu den Misshandlungen und Verspottungen durch die Mitglieder des Sanhedrins und die Soldaten. Er erbittet von Pilatus den Leichnam Jesu, den er auch erhält. Matthäus ist hier nicht an den näheren Umständen in Bezug auf das Handeln Josephs interessiert, sondern ihm kommt es darauf an, das Begräbnis Jesu zu schildern. Durch den Einsatz des Joseph wird Jesus in einem neuen Felsengrab bestattet, was sich sonst nur Reiche leisten konnten. Auch das reine Leinen(tuch), in das der Leichnam Jesu gewickelt wird, weist auf eine ehrenvolle Bestattung hin. Die Erzählung des Begräbnisses Jesu schließt damit ab, dass Joseph das Grab mit einem großen Stein verschließt und dann weggeht. Die Erwähnung des Steins weist hier schon auf die nächste große Szene hin (28,2). Nur zwei Frauen bleiben am Grab zurück (27,61); sie sind jetzt Zeuginnen des Todes und Begräbnisses Jesu und werden Zeuginnen seiner Auferstehung sein.

27,62-66: Matthäus schiebt eine kleine Episode ein, die die Auferweckung Jesu aus der Perspektive seiner Gegner, der Hohenpriester und Pharisäer, thematisiert. Die Hohenpriester haben die Verhaftung Jesu initiiert und seine Kreuzigung bewirkt, sie verkörpern die eigentlichen „Drahtzieher" im Prozess gegen Jesus. Dass plötzlich die Pharisäer genannt werden, die zuletzt bei einem Disput mit Jesus im Tempel erwähnt wurden (22,41-46), deutet ein aktuelles Problem in der Gemeinde des Matthäus an. Um welches Problem es sich dabei handelt, erläutert die Erklärung, dass es unter Juden (gemeint sind die seiner Gemeinde und seines Umfeldes) ein Gerücht gab, das *bis zum heutigen Tag* verbreitet, die Schüler Jesu hätten seinen Leichnam gestohlen (28,11-15).

Der gekreuzigte und inthronisierte Messias

Um diesem Gerücht zu begegnen, konstruiert Matthäus die folgende kleine Einheit, die vom Bestreben der Hohenpriester und Pharisäer erzählt, das Grab Jesu zu sichern, um dadurch zu verhindern, dass Jesu Schüler seinen Leichnam stehlen und verkünden, Jesus sei von den Toten auferweckt (27,64). Dazu begeben sich die Hohenpriester und Pharisäer zu Pilatus (27,62) und erbitten eine Wache von ihm für das Grab, weil sie sich erinnern, dass Jesus seine Auferweckung nach drei Tagen angekündigt habe.

Matthäus spielt hier mit der Formulierung *nach drei Tagen werde ich erweckt* (27,63) auf die drei Ankündigungen von Leiden, Tod und Auferweckung an (16,21; 17,22-23; 20,18-19), die Jesus zu seinen Schülern sagte, nicht aber zu den Pharisäern. Die Pharisäer könnten höchstens aus den Reden Jesu im Tempel, speziell aus dem Gleichnis von den bösen Winzern auf seine Auferweckung schließen (21,33-42). Somit dienen diese Worte, die Jesu Rede zitieren, den Lesern als Erinnerung, dass alles sich so ereignen wird, wie Jesus es angekündigt hatte. Möglich ist auch, dass die Pharisäer sich an ihre Zeichenforderung erinnern (12,38-41), die sich nun als *Zeichen des Jona* erfüllt.

Pilatus gestattet ihnen die Wache und trägt ihnen auf, das Grab zu bewachen (27,65). Die Hohenpriester und Pharisäer sichern nun mit der Wache das Grab und versiegeln sogar den Stein (27,66). Damit möchten sie verhindern, dass die Schüler Jesu seinen Leichnam stehlen, doch das Wirken Gottes, der die Erde beben lässt, Felsen spaltet und Tote erweckt, können sie so nicht aufhalten. Auch die Verkündigung der Schüler, die *zum Volk sagen: erweckt wurde er von den Toten!* (27,64), können sie dadurch nicht mehr verhindern.

Pragmatische Knotenpunkte des Textes

Matthäus konfrontiert seine Leser mit dem Sterben des Sohnes Gottes und führt sie damit zum letzten aber zentralen Punkt der Messianität Jesu. Jesus zeigte sich in seinen Worten und Werken als der Messias und wurde auch von vielen Menschen darin als Messias erkannt. Doch dann wird Jesus unschuldig verurteilt und stirbt den Verbrechertod am Kreuz. Die Vorstellung eines leidenden oder gar sterbenden Messias war zu jener Zeit im Judentum unbekannt. Die (antiken) Leser stehen also vor der Frage: ist Jesus als Messias gescheitert, weil er gestorben ist? Im Spott der Passanten, Hohenpriester, Schriftkundigen und Ältesten schwingt auch die Frage mit, ob Jesus als Sohn Gottes wirklich sterben musste. Hätte er nicht auch seine Macht und sich als Sohn Gottes erweisen können, indem er sich selbst geholfen hätte? Zudem drückt Jesu Todesschrei seine Verlassenheit von Gott aus: ist Jesus am Ende doch an Gott verzweifelt?

Zum Spott der Gegner Jesu steht das Bekenntnis des Hauptmannes und seiner Soldaten in deutlichem Kontrast: *wahrhaft Gottes Sohn war dieser!* Ihr Bekenntnis ist für die Leser eine Herausforderung, trotz dieses schändlichen Verbrechertodes und trotz der Angst der Verlassenheit von Gott in diesem Jesus den Sohn Gottes und den Messias zu erkennen. Matthäus möchte sie mit seiner Darstellung des Sterbens Jesu zu diesem Perspektivenwechsel führen.

Jesus hatte im Garten Getsemani die Hilfe der zwölf Legionen Engel abgelehnt (26,53). Matthäus deutet damit an, dass Jesus sich schon selbst hätte helfen können, dass er aber auf jegliche Demonstration von Macht verzichtet hat. Der Evangelist stellt Jesus als den unschuldig leidenden Gerechten dar, so dass sein Schrei, *mein Gott, mein Gott, warum hast du mich verlassen?* seine völlige Verlassenheit ausdrückt. Doch selbst in seiner größten Verzweiflung wendet er sich an Gott: *mein* Gott, *mein* Gott, warum hast *du...* unterstreicht mit dieser persönlichen Anrede die von ihm immer noch aufrecht erhaltene Beziehung zu Gott. Obwohl er sich verlassen fühlt, kann er von Gott nicht lassen und zeigt damit sein unerschütterliches Vertrauen in Gott. Jesu Frage zielt aber auch auf eine antwortende Reaktion von Gott.

Doch Gott greift nicht ein, auch nicht im letzten Moment, sondern lässt seinen Sohn sterben. Dieses Handeln Gottes ist vielen Menschen unverständlich, würden sie doch selbst, wenn sie könnten, in dieser Situation ganz anders handeln. Allerdings verweist Matthäus durch die gewaltigen Erscheinungen gleichzeitig ausdrücklich auf die Gegenwart Gottes: obwohl Gott seinen Sohn sterben lässt, ist er nahe! Jesus stirbt also gerade nicht verlassen von Gott, sondern in der Gegenwart Gottes. Warum hat Gott dann aber nicht eingegriffen und den Tod verhindert?

Gottes Nicht-Eingreifen zeigt hier, dass Gott nicht den Tod vermeidet oder zu umgehen versucht, sondern ihn aushält. Damit verdeutlicht er, dass er selbst in der Todesstunde und im Moment des tiefsten Verlassenseins anwesend ist, gerade auch bei denen, die unschuldig leiden und sterben – auch dann, wenn seine Anwesenheit wie Abwesenheit erscheint. Der Tod ist Gott nicht fremd und ist nun eindeutig nichts mehr, was ihm „fern" sein oder widersprechen könnte. Jesus hat den Tod eines unschuldig Verurteilten, verraten und verlassen von seinen Freunden erlitten, so dass auch dieses Schicksal Gott nicht fremd ist.

Indem Matthäus im Moment des Todes Jesu Gott die Leiber vieler Heiliger erwecken lässt, verdeutlicht er, dass der Tod kein Hindernis für Gott ist: die Vielzahl der erweckten Heiligen veranschaulicht Gottes großen Triumph über den Tod. Die Erweckung Jesu ist damit nicht eine einmalige Ausnahmehandlung, sondern steht im Kontext der grundsätzlichen Überwindung des Todes.

Außerdem betont Matthäus dadurch, dass gerade im Moment des Todes Jesu die Heiligen auferweckt werden, den unmittelbaren Zusammenhang von Tod und Auferstehung: vor Gott muss Tod stets in Zusammenhang mit Auferweckung gedacht werden. Nicht der Tod hat das letzte Wort, sondern Gott, der die Menschen auferweckt. Dieser prinzipielle Sieg Gottes über den Tod durch die Auferweckung kann aber nicht dadurch gezeigt werden, dass Jesus den Tod vermeidet, sondern eben nur durch das Aushalten und Durchleiden des Todes. Indem Jesus sich dazu bereit erklärt hat, erweist er sich wahrhaft als Gottes Sohn und als Messias.

Der gekreuzigte und inthronisierte Messias

Die Auferweckung: 28,1-20

„Er ist erweckt worden von den Toten!"
1 Spät aber am Sabbat – beim Aufleuchten zum Ersten der Woche –,
kam Maria, die Magdalenerin und die andere Maria, um das Grab zu sehen.
2 Und – siehe! – es geschah ein großes Erdbeben,
denn ein Engel des Herrn
– herabsteigend aus dem Himmel und hinzukommend –,
wälzte den Stein weg und setzte sich auf ihn.
3 Es war aber sein Aussehen wie ein Blitz und sein Gewand weiß wie Schnee.
4 Aber aus Furcht vor ihm erbebten die Bewachenden
und sie wurden wie Tote.
5 Antwortend aber sprach der Engel zu den Frauen:
    Fürchtet euch nicht,
    denn ich weiß, dass ihr Jesus, den Gekreuzigten sucht.
6 Er ist nicht hier, denn er ist erweckt worden, so wie er gesprochen hatte.
    Auf! Seht den Ort, wo er lag!
7 Und – schnell gehend – sprecht zu seinen Schülern:
    Er ist erweckt worden von den Toten!
Und – siehe! – er geht euch voran in die Galiläa,
dort werdet ihr ihn sehen!
– Siehe! – ich sprach zu euch.
8 Und – schnell weggehend vom Grab mit Furcht und großer Freude – liefen sie,
es seinen Schülern zu melden.
9 Und – siehe! – Jesus begegnete ihnen,
sagend: Gruß euch!
Die aber – hinzukommend – ergriffen seine Füße und fielen nieder vor ihm.
10 Da sagt ihnen Jesus:
    Fürchtet euch nicht!
    Geht, meldet meinen Brüdern, dass sie in die Galiläa gehen,
    und dort werden sie mich sehen.

Die Erklärung des leeren Grabes
11 Während sie aber gingen
– siehe! – einige der Wache – kommend in die Stadt –
meldeten den Hohenpriestern alles Geschehene.
12 Und – sich versammelnd mit den Ältesten und einen Beschluss fassend –
gaben sie beträchtliches Silbergeld den Soldaten,
13 sagend: Sagt: Seine Schüler – des Nachts kommend – stahlen ihn,
während wir schliefen.
14 Und wenn dies beim Statthalter gehört wird,
werden wir ihn überreden und euch sorgenfrei machen.
15 Die aber – nehmend das Silbergeld – taten, wie sie belehrt worden waren.
Und dieses Wort wurde bei Judäern bis zum heutigen Tag herumerzählt.

Epilog: Das Testament des Auferstandenen
16 Die elf Schüler aber gingen in die Galiläa auf den Berg, wohin Jesus sie bestellt hatte,
17 und – sehend ihn – fielen sie (vor ihm) nieder,
aber sie zweifelten.
18 Und – hinzukommend – redete Jesus mit ihnen,
sagend: Mir wurde alle Vollmacht im Himmel und auf der Erde gegeben.

Mt 28,1-20

> 19 – Gehend nun –:
> macht alle Völker zu Schülern,
> – sie taufend auf den Namen
> des Vaters und des Sohnes und des Heiligen Geistes –,
> 20 – sie lehrend – alles zu bewahren [zu befolgen und zu erfüllen],
> was ich euch geboten habe!
> Und – siehe! – ich bin mit euch alle Tage – bis zur Vollendung des Aions.

Die Gewebestruktur des Textes

Die letzte der sieben großen Szenen stellt in drei Akten den Zusammenhang von Tod und Auferweckung Jesu dar. Der erste Akt (28,1-10) schildert mit der Erscheinung des Engels am Grab die bereits geschehene Auferweckung Jesu, die dann durch Jesu Begegnung mit den Frauen manifestiert wird. Der zweite Akt (28,11-15) greift auf das Gerücht vom gestohlenen Leichnam Jesu zurück, das versucht, das leere Grab zu erklären. Der dritte Akt (28,16-20) enthält gleichsam das Testament des Auferstandenen, der als erhöhter Menschensohn den elf Schülern erscheint und sie mit seinem Auftrag in alle Welt aussendet.

Das semantische Geflecht des Textes

28,1-10 „Er ist erweckt worden von den Toten!"
Die Zeitangabe *spät aber am Sabbat beim Aufleuchten zum Ersten der Woche* (28,1), die den neuen Tag kennzeichnet, leitet das Ereignis am Grab ein. Die Nennung der beiden Marien am Grab knüpft an 27,61 an: die Frauen, die beim Grab gesessen haben, kommen nun (nach dem Sabbat), um das Grab zu sehen. Mit dem Aufmerksamkeitssignal *und siehe!* führt Matthäus die nun einsetzende Theophanie ein (28,2-4): das *starke Erdbeben* ist wieder das Zeichen der Gegenwart Gottes; dazu erscheint *ein Engel des Herrn vom Himmel*. Die Beschreibung des Aussehens des Engels (28,3) erinnert an die Verklärung Jesu (17,2). Der Engel *wälzt den Grabstein weg und setzt sich darauf* (28,2). Sein Handeln verdeutlicht, dass das Grab Jesu nun definitiv offen ist, womit Matthäus auf die Öffnung der Gräber und die Erweckung der Heiligen anspielt (27,52). Der Engel bleibt auf dem Grabstein sitzen (das Imperfekt drückt die Dauer aus) und veranschaulicht damit den dauerhaften Triumph Gottes über den Tod.

Die Wächter, die im Auftrag der Hohenpriester und Pharisäer von Pilatus dazu abgestellt waren, das Grab zu sichern (27,62-66), reagieren mit *Furcht* auf die Erscheinung des Engels und *werden wie Tote* (28,4). Das bedeutet allerdings nicht, dass sie von dem folgenden Geschehen nichts mitbekommen, denn anschließend gehen sie ja und melden *alles Geschehene* (28,11) den Hohenpriestern. *Furcht* ist die Reaktion auf eine Theophanie (so auch in 27,54; 17,7; 14,27), so dass das Erschrecken der Wächter verständlich ist. Entsprechend wendet sich auch der Engel an die Frauen mit den Worten *fürchtet euch nicht* (28,5), was voraussetzt, dass auch die Frauen Furcht als Reaktion auf die Theophanie zeigen (28,8). Während die Wächter wie Tote werden, vermischt sich bei den Frauen die Furcht mit Freude; dadurch drückt Matthäus aus, dass sie die Botschaft des Engels wirklich verstanden haben.

Der Engel *weiß*, dass die Frauen *Jesus, den Gekreuzigten* suchen (28,5), womit Matthäus dessen himmlische Herkunft unterstreicht. Die Botschaft des Engels *er ist nicht hier, denn er ist erweckt worden, so wie er gesprochen hatte* (28,6), verbindet die Auferweckung Jesu mit seinen dreifachen Ankündigungen von Leiden, Tod und Auferweckung und mit dem leeren Grab. Daher sollen die Frauen den *Ort* ansehen, *wo Jesus lag* (und nun nicht mehr liegt); dieser Hinweis ist bedeutend, weil die Auferweckung Jesu nicht erst durch den Engel, sondern bereits zuvor geschah. Das Wegwälzen des Steins durch den Engel führte ja nicht erst zur Auferweckung Jesu, sondern bestätigt nur die bereits geschehene Auferweckung.

Die Auferweckung Jesu ist im Passiv ausgedrückt, wodurch sie als Handeln Gottes (Passivum Divinum) gekennzeichnet ist. Außerdem ist die Auferweckung im Aorist (in der Vergangenheitsform) formuliert, wodurch sie als vorheriges Geschehen ausgewiesen ist. Gott hat Jesus bereits erweckt, als das Grab noch verschlossen war. Das leere Grab und der Ort, wo Jesus lag, dienen daher nur zur unterstützenden Bestätigung, nicht als Beweis. Aus diesem Grund erzählt Matthäus zuerst von der Botschaft des Engels, die mit den Begleiterscheinungen als Theophanie geschildert wird, also eine Botschaft Gottes ist. Erst danach fügt er die Einladung zur Besichtigung des leeren Grabes als Bestätigung an: die Botschaft von der Auferweckung basiert damit auf der Offenbarungsbotschaft des Engels und nicht auf dem leeren Grab. Daher erzählt Matthäus auch nicht, dass die Frauen in das Grab hineingehen müssen, um zu glauben (so in Joh 20,1-9). Den Frauen genügt das Wort des Engels und nicht das leere Grab, um den Schülern die Auferweckung zu verkünden.

Bedeutend ist für Matthäus die ausdrückliche Bezeichnung Jesu als *Jesus, der Gekreuzigte* in Verbindung mit *er ist erweckt worden*. Es ist dieser unschuldig leidende Jesus, der als Gekreuzigter gestorben ist und erweckt wurde: Leiden, Tod und Auferweckung gehören zusammen und verdeutlichen ein zentrales Element der Messianität Jesu. Genau *so wie Jesus es bereits angekündigt* hatte, hat sich nun auch seine Auferweckung erfüllt.

Dann beauftragt der Engel die Frauen, den Schülern die Auferweckungsbotschaft zu verkünden: *er ist erweckt worden von den Toten* (28,7b). Als Bestätigung dient für die Schüler gerade nicht das leere Grab, sondern die zu erwartende Begegnung mit dem auferstandenen Jesus in Galiläa *und siehe! er geht euch voran in die Galiläa, dort werdet ihr ihn sehen* (28,7c). Damit markiert Matthäus den zweiten Grund für den Glauben an die Auferweckung: neben der Offenbarungsbotschaft des Engels begründen vor allem die Begegnungen mit dem Auferstandenen den Glauben an seine Auferweckung.

Den Frauen, die nun den Auftrag des Engels erfüllen und mit Furcht und Freude *schnell vom Grab weggehen*, um den Schülern die Botschaft von der Auferweckung zu verkünden (28,8), *begegnet Jesus* (28,9). Mit dem Aufmerksamkeitssignal *und siehe!* weist Matthäus auf diese Begegnung hin. Jesus begrüßt die Frauen mit einer üblichen Begrüßung. Die Frauen reagieren darauf, indem sie *seine Füße ergreifen und vor ihm niederfallen*. Matthäus verdeutlicht mit dieser ausführlich beschriebenen Handlung der Frauen, dass sie Jesus sofort erkennen (nicht wie in Joh 20,14-15 oder Lk 24,31): der auferweckte Jesus ist also derselbe, den die Frauen von Galiläa an bis zum Kreuz und zum Grab begleitet haben.

Dass sie seine Füße ergreifen können, unterstreicht, dass es sich nicht um einen „Geist" oder nur eine Einbildung handelt, sondern dass es wirklich Jesus selbst ist, dem sie begegnen. Da das *Niederfallen* vor Jesus nicht mit einer Bitte verbunden ist, drückt es die Verehrung der Frauen aus, so wie auch die Magier Jesus verehrten (2,11). Matthäus gibt damit zu verstehen, dass die Frauen erkannt haben, dass der auferweckte Jesus der von Gott bestätigte Messias-Menschensohn ist. Jesu Worte *fürchtet euch nicht!* (28,10) deuten darauf hin, dass diese Begegnung mit ihm einen besonderen Charakter hat, der auch den anderen außerordentlichen Erscheinungen Jesu eigen ist (14,27; 17,7) und damit auf die göttliche Wirklichkeit verweist. Diese göttliche Wirklichkeit haben die Frauen bereits erkannt.

Jesus beauftragt die Frauen, seinen *Brüdern* zu sagen, dass sie *nach Galiläa gehen sollen, um ihn dort zu sehen*. Die Bezeichnung *Brüder* für die Schüler fällt hier besonders auf, weil die Schüler Jesu ihn in seiner schwersten Stunde verlassen und verleugnet haben. Doch Jesus hält ihnen das nicht vor. Die Leser wissen, dass Bruder und Schwester Jesu diejenigen sind, die den Willen seines Vaters tun (12,50); genau dazu braucht und beauftragt Jesus seine Brüder (und Schwestern), wenn er sie aussenden wird, zu lehren, das *zu bewahren, was er geboten hat* (28,20).

Die Leser können den wiederholten Auftrag, nach Galiläa zu gehen, mit der Ankündigung Jesu in Getsemani verbinden, dass er ihnen nach Galiläa vorausgehen wird (26,32). Alles erfüllt sich so, wie Jesus es angekündigt hat. Anders als der Engel trägt Jesus den Frauen nun nicht mehr auf, explizit seine Auferweckung zu verkünden. Sie ist impliziert im Auftrag, nach Galiläa zu gehen, *um ihn dort zu sehen*. Jesu Begegnung mit den Frauen und sein Auftrag bestätigen damit die Offenbarungsbotschaft und den Auftrag des Engels. Aber nun spielt die Erscheinung des Engels keine bedeutende Rolle mehr. Ab jetzt wird die Erfahrung der Begegnung mit dem Auferstandenen zum zentralen Bekenntnis der Auferweckung (1 Kor 15,4-8; Lk 24,34-35).

28,11-15 Die Erklärung des leeren Grabes

Insofern nun die Erfahrung der Begegnung mit dem auferweckten Jesus zum Kernpunkt des Auferweckungsbekenntnisses wird, sind die Erscheinung des Engels und das leere Grab nur noch von untergeordneter Bedeutung. Das hebt Matthäus auch in diesem zweiten Akt hervor, mit dem er an die zuvor beschriebene Episode von der Sicherung des Grabes zur Verhinderung des Diebstahls des Leichnams Jesu anknüpft (27,62-66). Hintergrund dieser Erzählung ist ein Gerücht, das in der Gemeinde des Matthäus vor allem unter denen kursiert, die nicht den Glauben an die Auferweckung Jesu teilen und deshalb behaupten, dass die Schüler Jesu den Leichnam geraubt hätten, um seine Auferweckung erzählen zu können (28,15). Für Matthäus und die Gläubigen ist das leere Grab ohnehin kein Beweis der Auferweckung Jesu, denn die Erscheinungen und Begegnungen mit dem auferstandenen Jesus bezeugen seine Auferweckung viel eindrücklicher. Dennoch ist dieses Gerücht ärgerlich, so dass Matthäus ihm widerspricht, indem er erklärt, wie es entstand.

Einige von der Wache gehen nun zu den Hohenpriestern und berichten ihnen *alles Geschehene* (28,11). Damit sind die Ereignisse am Grab gemeint, denn von der Erscheinung des auferweckten Jesus können sie nichts wissen, weil sie nicht mehr am Grab geschieht, sondern während die Frauen unterwegs sind (28,8). Die Reaktion der Hohenpriester und Ältesten auf das berichtete Geschehen hätte ein Glaubensbekenntnis sein können, doch sie glauben nicht. Die Leser erinnern sich in diesem Zusammenhang auch an den Anfang des Evangeliums, wo die Hohenpriester und Schriftkundigen in der Heiligen Schrift den Beleg für die Geburt des Messias in Bethlehem finden, aber trotzdem nicht glauben, dass der Messias geboren ist (2,1-6).

Die Hohenpriester und Ältesten reagieren mit einer Vertuschungsaktion. Eigentlich müssten sie aufgrund des Berichts der Soldaten die Auferweckung Jesu glauben, da der Leichnam eindeutig nicht gestohlen wurde und sie nun alles in die Wege leiten, um das Gegenteil zu behaupten. Letztlich zeigt also gerade ihre Reaktion ein indirektes Bekenntnis zur Auferweckung Jesu, obwohl und gerade weil sie dieses Bekenntnis verhindern wollen. Matthäus deutet damit schon hier seinen Lesern an, wie sehr sich die Hohenpriester und Ältesten selbst widersprechen. Auf das Gerücht „Jesus ist nicht auferweckt worden, sondern sein Leichnam wurde nur gestohlen" reagiert Matthäus so, indem er diese Behauptung als nur fingiert und mit Geld bezahlt darstellt.

Er erzählt also, dass sich aufgrund des Berichts der Soldaten die *Hohenpriester* mit den *Ältesten* versammeln und *einen Beschluss fassen* (28,12). Die Akteure und die Wortwahl erinnern die Leser an das Komplott von 26,3-4 und 27,1, das die Tötung Jesu beschlossen hat, so können sie folgern, dass auch dieser Beschluss nichts Gutes bringen wird. Die Hohenpriester und Ältesten geben den Soldaten beträchtliches Silbergeld und instruieren sie, das Gerücht zu verbreiten, die Schüler Jesu hätten seinen Leichnam gestohlen (28,13). Das Silbergeld, das die Hohenpriester und Ältesten den Soldaten bezahlen, wird zwar nicht an dieser Stelle (28,12), aber anschließend (28,15) mit demselben generellen Begriff bezeichnet, der auch das Geld, das Judas für die Auslieferung Jesu erhält, benennt. Matthäus belässt es hier bei einer leichten Anspielung auf Geld, das zu üblem Zweck gebraucht wird.

Der Auftrag, den die Hohenpriester und Ältesten den Soldaten erteilen, sagt genau das, was sie eigentlich durch die Wache und die Sicherung des Grabes verhindern wollten (27,64): dass das Grab leer ist, weil die Schüler Jesu seinen Leichnam gestohlen hätten. Um dieses Gerücht zu verbreiten, hätte es aber weder der Wache, noch der Sicherung des Grabes bedurft. Daher sollen die Soldaten nun sagen, dass sie geschlafen hätten. Weil sie damit ihre Dienstpflicht verletzt haben und ihnen daraus Schwierigkeiten entstehen können, beruhigen sie die Hohenpriester und Ältesten, dass sie mit dem Statthalter reden würden, so dass sich die Soldaten keine Sorgen machen müssen (28,14).

Die Soldaten stimmen diesem Vorschlag zu und führen ihn aus, wodurch Matthäus erklärt, weshalb sich *dieses Wort unter Judäern* bis zu seiner Gegenwart *verbreitet* (28,15). *Unter Judäern* ohne den bestimmten Artikel meint, dass nur einige – natürlich nicht alle Juden – dieses Gerücht verbreiten und für wahr halten, nämlich speziell die Juden aus der Gemeinde des Matthäus, die nicht zu seiner christusgläubigen Gemeinde gehören und deshalb Jesus auch nicht als Messias anerkennen.

Letztlich verdeutlicht Matthäus seinen Lesern mit dieser Episode, dass das leere Grab auf verschiedene Weisen erklärt werden kann. Er hält jedoch gleichzeitig fest, dass es keinen überzeugenden Widerspruch gegen die Auferweckung Jesu gibt. Denn um das Gerücht vom geraubten Leichnam verbreiten zu können, muss ja das Grab leer gewesen sein, was genauso für die Auferweckung Jesu sprechen kann. Weil das leere Grab als Argument für bzw. gegen die Auferweckung Jesu missverständlich und unentscheidbar ist, legt Matthäus in seiner Erzählung von der Auferweckung den Akzent eindeutig auf die Begegnungen mit dem Auferstandenen. Dass erst die Frauen und dann auch die Schüler dem auferweckten Jesus begegnet sind, bestätigt seine Auferweckung viel deutlicher als das leere Grab, denn diese Erfahrungen der Frauen und der Schüler lassen sich nicht widerlegen.

28,16-20 Epilog: Das Testament des Auferstandenen

Den Schluss des Evangeliums bildet die Erscheinung des auferweckten Jesus vor seinen Schülern als der von Gott bestätigte und in seine Vollmacht eingesetzte Messias-Menschensohn. Dabei ist die Erscheinung Jesu nicht näher beschrieben, so dass diese Begegnung mit dem auferweckten Jesus nur den Rahmen darstellt für das, was er seinen Schülern sagt. Der Akzent liegt damit nicht auf der Erscheinung, sondern auf dem Auftrag des Auferstandenen. Im auffallenden Unterschied zu den anderen Evangelisten beendet Matthäus sein Evangelium nämlich nicht mit einer eigenen Zusammenfassung, sondern mit der Zusage des auferweckten Jesus, der seinen Schülern und uns verspricht: *ich bin mit euch alle Tage bis zu Vollendung des Aions* (28,20).

Die Schüler sind dem Auftrag gefolgt, den ihnen die Frauen vom auferweckten Jesus (und vom Engel) ausgerichtet haben und sind nach Galiläa gegangen (28,16). Dass sie Jesus auf einem *Berg* begegnen würden, haben zwar weder Jesus noch der Engel explizit gesagt, doch Matthäus spielt damit auf die Erzählung von der Verklärung Jesu an (17,1-9), die ebenfalls auf einem Berg stattfand. Damals hatte Jesus die Schüler beauftragt, keinem von ihrem Erlebnis zu erzählen, bis dass der Menschensohn aus Toten erweckt ist (17,9); die jetzige Begegnung mit dem Auferweckten knüpft also auch an dieses Erlebnis an. Die Leser können aber auch an den Berg denken, auf dem Jesus seine erste große Rede gehalten hat (5,1-8,1), denn auch dazu findet sich hier eine deutliche Verbindung, weil Jesus seine Schüler beauftragt, das zu lehren und zu bewahren, was er ihnen geboten hat (28,20a).

Die Reaktion der Schüler auf die Begegnung mit dem auferweckten Jesus beschreibt Matthäus genau wie bei den Frauen als verehrendes *Niederfallen* (28,17a), doch dann ergänzt er, dass *sie aber zweifelten* (28,17b). Matthäus lässt hier offen, weshalb und woran die Schüler zweifeln, denn die Leser wissen aus eigener Erfahrung, dass sich Zweifel auf einem lebendigen Glau-

Der gekreuzigte und inthronisierte Messias

bensweg nicht immer vermeiden lassen. Matthäus hat die Schüler stets sehr menschlich dargestellt: einerseits sehr engagiert und begeistert, andererseits oft als Zweifelnde und Kleingläubige (6,30; 8,24-26; 14,29-31; 16,8; 17,19-20). Das Zweifeln der Schüler in diesem Augenblick spiegelt daher auch die Glaubenszweifel der matthäischen Gemeinde und der Gläubigen heute. Obwohl die Schüler den auferweckten Jesus erkennen und ihn verehren, sind sie nicht frei von Zweifel. Doch Jesus geht auf ihren Zweifel gar nicht ein und macht ihnen auch keine Vorwürfe – im Gegenteil: trotz ihres Zweifels beauftragt er sie und sendet sie in die Welt! Auch wenn ihr Glaube klein und voller Zweifel sein mag, sollen sie alle Völker zu Schülern machen und sie Jesu Lehre lehren. Dass Jesus ihnen das alles trotz ihres Zweifelns zutraut, ermutigt die Leser, auch ihren nicht perfekten Glauben zu bezeugen und weiterzugeben.

Nach dieser einführenden Beschreibung instruiert Jesus seine Schüler. In seiner Rede (28,18-20) fällt das viermal wiederhole *alle / alles* auf (*alle Vollmacht, alle Völker, alles zu bewahren, alle Tage*) das jeweils die absolute, umfassende und grundsätzliche Bedeutung hinsichtlich seiner Aufträge und seiner Zusage betont. Wenn Jesus *alle Vollmacht im Himmel und auf Erden gegeben wurde* (28,18), bedeutet das in der Formulierung des theologischen Passivs (Passivum Divinum), dass Gott Jesus als Messias-Menschensohn bestätigt und eingesetzt hat. Indem Gott Jesus auferweckte, hat er ihn nicht nur in seinem Wirken und Lehren beglaubigt, sondern auch sein Leiden bis zum Tod am Kreuz anerkannt: Jesus hat in allem den Willen Gottes erfüllt. Da Gott ihm nun die umfassende Vollmacht überträgt, setzt er ihn als Menschensohn zu seiner Rechten ein (26,64).

Während die Auferweckung Jesus in allem bestätigte, bedeutet die Übertragung der Vollmacht noch mehr: Jesu sanftmütige Haltung, sein barmherziges Handeln und seine Lehre des Willens Gottes werden zum Maßstab für die Gläubigen. Die Leser werden diesen mit der umfassenden Vollmacht ausgestatteten Messias-Menschensohn als den endzeitlichen Menschensohn-Richter identifizieren, der am Ende der Zeit alle Völker richten wird (25,31-32).

Der bevollmächtigte Messias-Menschensohn Jesus beauftragt nun seine Schüler, *alle Völker zu Schülern zu machen* (28,19a). Was das als Aufgabe bedeutet, erläutert Matthäus dann näher durch die Partizipien *taufend* (28,19b) und *lehrend, alles zu bewahren, was Jesus geboten hat* (28,20a), die ein wiederholtes, dauerhaftes Handeln ausdrücken. Der Auftrag Jesu lautet, auch andere *zu Schülern zu machen*, also zu Lernenden. Wichtig ist dabei, dass die Schüler (sowohl die Schüler Jesu als auch die neuen Schüler) immer Schüler bleiben, gleichsam stets dazu lernen und nie auslernen werden. Schüler-Sein heißt, ständig von Jesus als dem Lehrer zu lernen und auch voneinander, nämlich von den anderen Schülern zu lernen. Das beinhaltet auch den Anspruch, durch das eigene Beispiel zu lehren, also dem Willen Gottes entsprechend zu leben. Schüler-Sein ist damit eine Lebensaufgabe, sowohl als lernender als auch als lehrender, vorbildlicher Schüler.

Die Schüler sollen lernen, das *zu bewahren und zu befolgen, was Jesus geboten hat* (28,20a): das ist natürlich der Wille Gottes (7,21; 12,50; 18,14). Jesus hat den Willen Gottes so gelehrt, wie er in der Tora steht (5,17-20) und wie er als Tun der überfließenden Gerechtigkeit praktiziert werden sollte (5,21-7,27). Das *Bewahren* meint natürlich kein Konservieren, sondern das *Befolgen* und *Erfüllen* dessen, was Jesus geboten und vorgelebt hat; so lehrte Jesus z.B. dass Gott Barmherzigkeit will statt Opfer, was ein entsprechendes Verhalten fordert (9,10-13; 12,7-12). Schließlich gehört all das dazu, was Jesus in seinen großen Reden lehrte, wobei seine Lehre sowohl auf das Verhältnis zu den anderen Menschen zielte, als auch jeden Menschen individuell betraf, wie z.B. die Sorge um die Kleinen (18,3-14), das ständige Verzeihen (18,15-22) und das wachsame, aktive Erwarten der Endzeit (24,42-25,46).

Vor diesem Hintergrund erklärt sich dann auch, wer mit *allen Völkern* gemeint ist, die zu Schülern gemacht werden sollen: es sind alle Menschen, die von dem, was Jesus lehrte, noch nichts wissen. Damit sind die Juden bzw. Israel in der Bezeichnung *alle Völker* gleichzeitig ein- und ausgeschlossen: die Sendung richtet sich explizit grundsätzlich an *alle Völker* (und nicht an „alle außer Israel"); allerdings kennen die Juden ja schon den Willen Gottes und die Tora seit Mose, so dass es für sie nichts Neues mehr ist, sie können also nicht mehr zu Schülern gemacht werden, da sie schon bereits auf dem Weg der Tora gehen, also schon längst Schüler des Willens Gottes sind. Dass die Juden aber schon Schüler des Willens Gottes sind, schließt allerdings nicht aus, sondern ein, dass sie sich auch in eigener Verantwortung mit der Tora-Interpretation Jesu auseinandersetzen sollten. *Zu Schülern machen* meint also im Blick auf die Juden nicht Mission, sondern Diskussion. Im Blick auf die Heiden bedeutet *zu Schülern machen*: sie durch ihr Glaubenszeugnis im Leben und Handeln für Jesu Lehre so zu begeistern, dass sie sich – wie die Menschenmengen – entscheiden, ebenfalls Jesus nachzufolgen.

Das *Taufen* derjenigen, die zu Schülern gemacht werden, darf nicht von unserem heutigen kirchlichen Taufverständnis her auf die Zeit des Matthäus zurückprojiziert werden, so dass eine Taufe als „Zugangsvoraussetzung" (Initiationsritus) und damit auch die Zwangstaufe, wie sie im Lauf der Kirchengeschichte in vielen Ländern praktiziert wurde, grundsätzlich ausgeschlossen sind. Auch ein trinitarisches Verständnis darf noch nicht in die Tauformel *auf den Namen des Vaters und des Sohnes und des Heiligen Geistes* hineingelesen werden, weil sich die Trinitätslehre erst wesentlich später entwickelte. Die Leser können bei dieser Tauformel eher an Gott, den Vater denken, der Jesus bei seiner Taufe im Jordan durch den Heiligen Geist als seinen Sohn bestätigt hat (3,16-17). Auf diesen Gott, den Jesus ihnen als Vater geoffenbart hat (11,27), auf Jesus, den Gott, der Vater als seinen Sohn geoffenbart hat (3,17; 17,5) und auf den Geist des Vaters, der in ihnen selbst wirkt und redet (10,20), sollen die neuen Schüler getauft werden.

Jesus selbst hat nicht getauft, obwohl Johannes der Täufer ankündigte, dass Jesus *mit Heiligem Geist und Feuer taufen* würde (3,11). Jesus wurde aber von Johannes getauft (3,13-16) und gibt den Hohenpriestern und Ältesten zu verstehen, dass die Taufe des Johannes *vom Himmel* sei (21,25). Wenn Jesus jetzt seine Schüler ausschickt, die neuen Schüler zu taufen, so muss diese Taufe vor dem jüdischen Hintergrund der matthäischen Gemeinde und im

Zusammenhang mit den Schilderungen im Evangelium verstanden werden. Ähnlich wie die Taufe des Johannes kann dann das *Taufen* der Schüler zum Zeichen der Umkehr geschehen, so wie es die Anhänger der Gemeinde von Qumran und anderer Täuferbewegungen in Waschungen und Reinigungsbädern vollzogen. Wird Taufe als Zeichen der Umkehr verstanden, können sich in diesem Sinne auch Juden taufen lassen. Für die Nicht-Juden kann die Taufe außerdem als Zeichen der Zugehörigkeit verstanden werden, so wie damals die Proselytentaufe praktiziert wurde.

Das Evangelium schließt mit einem Versprechen Jesu, das durch das Aufmerksamkeitssignal *und siehe!* noch einmal besonders betont wird: *ich bin mit euch alle Tage – bis zur Vollendung des Aions* (28,20b). Die Leser erinnern sich an die Bedeutung des Namens Jesu-Emmanuel: *Gott (ist) mit uns* (1,23): diese Zusage erfüllt Jesus nun sogar über seinen Tod hinaus bis zur Vollendung der Zeit. Jesus sagt den an ihn Glaubenden seine immerwährende, uneingeschränkte Gemeinschaft zu, die an keine Bedingung geknüpft ist.

Dieses Versprechen gilt aufgrund seiner Universalität auch den Lesern heute. Wenn Jesus sogar den zweifelnden Schülern ein solches umfassendes Versprechen gibt, brauchen sich weder die Schüler noch die Leser wegen ihres Glaubenszweifels zu schämen noch zu fürchten. Jesus erklärt auf diese Weise jedem einzelnen seine persönliche Wertschätzung und sagt damit auch, dass er jeden einzelnen Menschen als Schüler wünscht und braucht. Deshalb ist Jesu Zusage zugleich ein Appell, nach dem besten Vermögen den Glauben zu bezeugen, sei er auch noch so klein und defizitär. Mit seiner Zusage ermutigt Jesus seine Schüler und uns, nimmt uns die Angst und spornt uns an. Sein Versprechen enthält aber auch einen gewissen Anspruch, denn wenn Jesus immer mit uns ist, haben wir nun keine Ausrede mehr, Gottes Willen nicht zu tun.

Pragmatische Knotenpunkte des Textes

Mit der Auferweckung Jesu haben sich die Ankündigungen von Leiden, Tod und Auferstehung erfüllt und Gott hat Jesus durch die Auferweckung bestätigt. Doch dadurch, dass er ihm jetzt alle Vollmacht im Himmel und auf Erden übertragen hat, hat er diese Bestätigung generalisiert und universalisiert. Dieser auferweckte und inthronisierte Messias-Menschensohn sagt nun nicht nur den Schülern, sondern allen Gläubigen als Schülern seine immerwährende Gegenwart zu. Diese Gegenwart Jesu ist für uns heute nicht nur ein Trost, sondern auch eine Herausforderung, denn Jesus erwartet von uns als seinen Schülern, all das zu bewahren, zu befolgen und zu erfüllen, was er gelehrt hat. Wir Christen haben im Lauf der Geschichte viel von unseren jüdischen Wurzeln verloren und verleugnet, doch kann für uns heute die geschichtliche Entwicklung nicht mehr als Entschuldigung dienen, denn so lange wir das Matthäusevangelium in unserem Kanon haben, gilt uns seine herausfordernde Botschaft.

Positiv bedeutet das für uns, dass wir uns durch unsere jüdischen Wurzeln beleben lassen können. Unser Problem ist allerdings, dass wir uns oft mit der Tora überfordert fühlen. Doch gerade jetzt gilt uns die Aufforderung Jesu, als seine Schüler immer weiter zu lernen und dabei seiner Gegenwart gewiss zu sein. Die Weise, wie Matthäus in seiner Darstellung Jesu die Tora bewahrt, wertschätzt und für den Alltag aktualisiert, veranschaulicht, wie leicht das Erfüllen des Willens Gottes gemäß der Tora sein kann, so dass ein solches Handeln und Leben auch für uns trotz unserer Zweifel möglich ist. Jesu Lehre des Erfüllens des Willens Gottes ist leicht und will uns beglücken, befreien und das Leben schenken: *kommt zu mir alle sich Mühenden und Belasteten: ich werde euch ausruhen lassen. Nehmt mein Joch auf euch und lernt von mir, weil ich sanftmütig und demütig von Herzen bin und ihr werdet Ruhe finden für eure Seelen. Denn mein Joch ist erträglich und meine Last ist leicht* (11,28-30). Matthäus kann uns heute mit der Tora-Interpretation Jesu lehren, unseren Glauben durch die Kraft unserer jüdischen Wurzeln zu stärken und zu vertiefen.

Es gibt viel, was wir aus unseren jüdischen Wurzeln lernen können, auch was es heißt, *Schüler* zu sein, denn das Lernen der Tora, das Lernen, den Willen Gottes zu erfüllen, ist eine Lebensaufgabe, die nie abgeschlossen ist. Jesu Auftrag, *alle Völker zu Schülern zu machen*, gilt daher in erster Linie den gläubigen Lesern selbst, die sich ihr eigenes Schüler-Sein vergegenwärtigen müssen, wenn sie andere zu Schülern machen wollen. Denn wir sollen ja nicht Lehrer werden, da Jesus allein unser einziger Lehrer bleibt und wir untereinander immer voneinander lernende Geschwister sind (23,8). Als Jesu Schüler, die bewahren und befolgen, was Jesus uns geboten hat, können wir andere nur so zu guten Schülern machen, indem wir ihnen ein Vorbild geben, was es heißt, ein guter Schüler Jesu zu sein. In diesem Auftrag ist daher ein deutlicher Anspruch an die Haltung und das Handeln der Schüler selbst enthalten, denn nun sind wir verantwortlich dafür, dass die anderen Menschen zu guten Schülern des Willens Gottes werden.

Indem Matthäus aber gerade vor diesem entscheidenden Auftrag auf das Zweifeln der Schüler Jesu aufmerksam macht, deutet er an, dass wir trotzdem als Schüler gerufen und beauftragt sind, auch wenn wir keine „Musterschüler" sind. Als ständig Lernende (nicht als solche, die meinen, schon alles zu wissen) sollen wir den anderen Menschen vorbildliche Schüler sein. Daher kann jeder, besonders auch ein Kind (18,3-4), ein Vorbild für andere sein. Die Haltung des Schüler-Seins lässt sich so zusammenfassen: im Blick auf meine Verantwortung für die anderen Schüler soll ich ein Musterschüler sein – im Blick auf mein eigenes Lernen bin ich immer ein Anfänger, der noch von anderen lernen kann.

Die Zusage Jesu *ich bin mit euch alle Tage bis zur Vollendung des Aions* als Sprach-Handlung (Sprechakt) verstanden, ist natürlich mehr als nur eine Information. In erster Linie handelt es sich um ein Versprechen: Jesus drückt seine Selbstverpflichtung aus, uns durch alle Zeiten hindurch nicht zu verlassen und immer mit uns zu sein, in jeder Situation. Damit ermutigt er uns und will uns unsere Zweifel und Ängste nehmen. Seine Zusage heißt aber nicht, dass er uns die Arbeit und Verantwortung abnimmt. Seine Worte wollen nicht entmündigen, sondern uns vielmehr anspornen, nun selbst nicht nur in seinem Namen (7,21-23), sondern vor allem nach seinem Vorbild zu handeln und den Willen Gottes in seiner überfließenden Gerechtigkeit zu erfüllen.

In dieser Hinsicht ist die zugesagte Gegenwart Jesu auch eine herausfordernde Aufgabe für uns, denn als Leser der eschatologischen Rede (25,31-46) wissen wir, wo wir in unserer aktuellen Zeit Jesus finden: in den Hungernden, Dürstenden, Fremden, Armen, Gefangenen, Kranken, Einsamen,… in allen Kleinen, Geringen, Marginalisierten. Diese Art der Gegenwart Jesu verpflichtet uns als Einzelne, aber vor allem als Gemeinschaft der Gläubigen, als Kirche, die in dem *euch* in der Zusage Jesu (*ich mit bei euch*) besonders angesprochen ist. Jesus gibt damit seine herausfordernde Gegenwart der Gemeinschaft der Gläubigen als Aufgabe auf.

Die Gemeinschaft der Gläubigen weiß, dass *wo immer sich zwei oder drei in Jesus Namen versammeln, er mitten unter ihnen ist* (18,20). Der Auferstandene verdeutlicht mit der Zusage seiner herausfordernden Gegenwart, dass diese Versammlung keinen Selbstzweck haben darf, sondern der Intention Jesu, der Erfüllung des Willens Gottes dienen soll: *zu bewahren, zu befolgen und zu erfüllen, was ich euch geboten habe*. Jede kleine Gruppe, die sich in ihrer Nachbarschaft im Namen Jesu der Kleinen annimmt, erfüllt auf diese Weise die Aufgabe Jesu und den Willen Gottes. Die herausfordernde Gegenwart Jesu in den Kleinen ist damit nicht nur Aufgabe, sondern zugleich auch ein Kriterium für die Gemeinschaft der Gläubigen, ob sie tatsächlich den Auftrag Jesu erfüllen.

Ein weiteres Merkmal dieser Zusage Jesu ist die völlige Bedingungslosigkeit seiner Gegenwart. Die Schüler müssen keinerlei „Mindestanforderungen" erfüllen, denn trotz ihres Zweifelns und Kleinglaubens sagt Jesus ihnen seine Gegenwart zu. Diese Haltung Jesu gilt daher sowohl den einzelnen Gläubigen als auch der Gemeinschaft der Gläubigen als Leitbild für ihr Verhalten: sie sollen sich ebenfalls bedingungslos den Kleinen, den Sündern und Zweiflern zuwenden und sie annehmen, ohne ihnen Vorwürfe zu machen.

Jesu Versprechen seiner Gegenwart gilt bis zur Vollendung des Aions, also bis zum Ende der Zeit. Wir können darauf vertrauen, dass nichts diese Gegenwart Jesu verhindern oder zerstören kann, weder der Tod noch unsere Schwachheit und Unvollkommenheit. Dasselbe darf auch die Gemeinschaft der Gläubigen hoffen: trotz äußerer und innerer Krisen wird Jesus bei ihr sein. Durch die Zusage der Gegenwart Jesu sollte sie sich allerdings nicht zu Überheblichkeit und falscher Selbstgewissheit verleiten lassen, denn Jesus ist *der Menschensohn, der nicht kam, um bedient zu werden, sondern um zu dienen* (20,28).

Literaturhinweise

Wir stellen Ihnen hier eine Auswahl von Büchern vor, wenn Sie Gelesenes vertiefen möchten, noch eine andere wissenschaftliche Meinung kennen lernen wollen, an unserer Arbeitsweise interessiert sind oder mehr über den geschichtlichen und sozio-kulturellen Hintergrund erfahren möchten:

Kommentare zum Matthäusevangelium

FIEDLER, P., Das Matthäusevangelium (ThKNT 1) Stuttgart 2006
FRANKEMÖLLE, H., Matthäus: Kommentar, 1 / 2, Düsseldorf 1994/1997
FRANKEMÖLLE, H., Das Matthäusevangelium, Stuttgart 2010
GNADT, M. S., Das Evangelium nach Matthäus. Judenchristliche Gemeinden im Widerstand gegen die Pax Romana, in: SCHOTTROFF, L / WACKER, M.-TH. (Hg), Kompendium feministische Bibelauslegung, Gütersloh 1998 (483-498)
LIMBECK, M., Matthäus-Evangelium (SKK-NT 1) Stuttgart ³1991
LUZ, U., Das Evangelium nach Matthäus (EKK I,1-4) Zürich 1985-2002
SAND, A., Das Evangelium nach Matthäus (RNT) Regensburg 1986
SCHNACKENBURG, R., Matthäusevangelium 1 / 2 (NEB I,1-2) Würzburg 1985/1987

Zur pragmatischen und kommunikativen Perspektive

DILLMANN, R. / GRILLI, M. / MORA PAZ, C., Vom Text zum Leser. Theorie und Praxis einer handlungsorientierten Bibelauslegung (SBS 193) Stuttgart 2002
DORMEYER, D. / GRILLI, M, Gottes Wort in menschlicher Sprache. Die Lektüre von Mt 18 und Apg 1-3 als Kommunikationsprozess (SBS 201) Stuttgart 2004

Zum geschichtlichen und sozio-kulturellen Hintergrund

EBNER, M., Jesus von Nazaret. Was wir von ihm wissen können, Stuttgart 2007
FRANKEMÖLLE, H., Frühjudentum und Urchristentum. Vorgeschichte – Verlauf – Auswirkungen, Stuttgart 2006
KLAUCK, H-J., Die religiöse Umwelt des Urchristentums 1 / 2., Stuttgart 1995 / 1996
MAIER, J., Judentum. Studium Religionen, Göttingen 2007
STEGEMANN, E. W / STEGEMANN, W., Urchristliche Sozialgeschichte. Die Anfänge im Judentum und die Christusgemeinden in der mediterranen Welt, Stuttgart 1995
WANDER, B., Trennungsprozesse zwischen Frühem Christentum und Judentum im 1. Jh. n. Chr., (TANZ 16) Tübingen 1994

 # Kommentare für die Praxis

Fritzleo Lentzen-Deis (Hg.)
Das Markus-Evangelium
Ein Kommentar für die Praxis
14,5 x 22,5 cm;
350 Seiten; kartoniert
ISBN 978-3-460-**33121**-1

Rainer Dillmann,
César Mora Paz
Das Lukas-Evangelium
Ein Kommentar für die Praxis
14,5 x 22,5 cm;
435 Seiten; kartoniert
ISBN 978-3-460-**33126**-6

Sjef van Tilborg
Das Johannes-Evangelium
Ein Kommentar für die Praxis
14,5 x 22,5 cm;
322 Seiten; kartoniert
ISBN 978-3-460-**33128**-0

Auf neuartige Weise verbinden die **„Kommentare für die Praxis"** die Strenge historisch-kritischer Exegese mit dem Engagement des einzelnen Bibellesers. Die Kommentare wurden unter Beteiligung einer Gruppe von Bibelwissenschaftlern aus Europa, Lateinamerika und Indien als Modell gemeinsamen Bibellesens erarbeitet. Jede Perikope wird in drei Schritten behandelt:

- Graphische Textgestaltung: Aufbau und Struktur des Textes sind auf den ersten Blick erkennbar.
- Texterklärung: Das zum Verstehen notwendige Sachwissen wird vermittelt.
- Handlungsimpuls: Die „Wahrheit" des biblischen Textes erfährt nur, wer sie lebt.

Die Reihe wird fortgesetzt.

 Verlag Katholisches Bibelwerk • Silberburgstraße 121 • 70176 Stuttgart
Tel. 0711/61920-37 • Fax -30 • impuls@bibelwerk.de • **www.bibelwerk.de**